신약 강해시리즈 (4)

Salvation

구원(Salvation) + 상(Reward)

REWARD

히브리서 강해

신약 강해시리즈 **(4)**

Salvation
REWARD 히브리서 강해

이중수 글
처음 찍은날 · 2023년 4월 5일
처음 펴낸날 · 2023년 4월 10일
펴낸이 · 오명진
펴낸곳 · 양들의식탁
출판등록 · 제2015-00018호
주소 · 서울시 노원구 동일로 221길 22 대림 아파트 5동 109호
전화 · (02)939-5757
보급 · 비전북 전화 (031)907-3927팩스 080-907-9193
이메일 · jsleemar22@gmail.com(이중수), boseokdugae@hanmail.net(오명진)

ISBN 979-11-90206-03-7 04230
ISBN 979-11-960446-3-3 04230 (세트)

신약 강해시리즈 (4)

Salvation

구원(Salvation) + 상(Reward)

REWARD

히브리서 강해

양들의식탁

|저자 서문|

본 강해서는 필자가 〈양들의 식탁〉 출판사에서 상하권으로 낸 '유업으로 본 여호수아' 강해의 후편입니다. 본 서의 내용에는 본문 강해 이외에도 세 편의 부록이 포함되었습니다

구약에서 유업의 주제를 다룬 대표적인 책은 여호수아서이고 신약에서는 히브리서입니다. 히브리서는 유업의 획득을 위해 전진하는 신약 성도들의 제2의 가나안 정복사라고 할 수 있습니다. 그래서 필자의 여호수아서 강해와 히브리서 강해를 함께 보시기를 권합니다.

참고로 본 강해서의 부피를 줄이기 위해 원본의 부록에 포함됐던 다음 원고들은 [양들의 식탁] 웹사이트(jesuswayforyou.com)에 올렸습니다.

1) 예수님의 왕권은 언제부터 시작되었는가?
2) 예수님은 선택받은 자들만을 위해서 돌아가셨는가?
3) 하나님의 안식은 무엇인가?
4) 하나님의 형상은 무엇인가?
5) 히브리서의 기독론(A-B)

이중수

[참고 도서]

Alexander Maclaren, Hebrews, Expositions of Holy Scripture
Andrew Murray, The Holiest of All, Hebrews
David Allen, Hebrews, The New American Commentary.
David Gooding, An unshakeable Kingdome, IVP
Donald Guthrie, Hebrews, Tyndale NT Commentary
F.F. Bruce, Hebrews, NICNT
Four Views on the Warning Passages in Hebrews. R. C. Gleason,
George H. Guthrie, Hebrews – The NIV Application Commentary
George Henderson, Hebrews
Joseph C. Dillow, The reign of the servant kings
J. Vernon McGee, Hebrews Chapters 8-13
Michael Eaton, No condemnation, Piquant editions
Michael Eaton, The Branch Exposition, Hebrews, New Testament,
M.R. De Haan, Studies in Hebrews, Kregel Publications
Peter O' Brien, Hebrews, PNTC
Robert. N. Wilkin, The road to reward
R.T. Kendall, Well Done!
R.T. 캔덜, 한번 구원은 영원하다 (양무리서원, 이중수 역)
Ray Stedman, Hebrews, IVP New Testament Commentary Series
Raymond Brown, The Message of Hebrews, IVP
R. Kent Hughes, Hebrews, Vol. 1&2 (Crossway books)
Stuart Olyott, Hebrews, The Banner of Trust Trust
Thomas Schreiner, Hebrews, Biblical Theology for Christian proclamation
William Lane, Hebrews, Word Biblical Commentary

CONTENTS

CONTENTS

CONTENTS

CONTENTS

1.
히브리서 강해를 시작하면서

아이작 뉴톤(Isaac Newton)은 거인들의 어깨 위에 올라가면 거인들보다 더 멀리 본다고 하였습니다. 피터 오브라이언(Peter O'Brien)은 그의 히브리서 주석 서문에서 자신이 히브리서와 씨름할 때 거인들의 어깨 위에 서 있는 작은 아이처럼 느꼈다고 했습니다. 필자는 거인들의 어깨 위에는 올라가지 못하고 겨우 그들의 발등 위에 올라가서 거인들의 어깨 위에서 바라볼 수 있는 말씀의 세계가 얼마나 클 것인지를 상상해 보았을 뿐입니다.

그런데 사실상 히브리서의 거장들은 그리 많지 않습니다. 종교 개혁자들은 히브리서를 좋아하지 않았습니다. 예로써 마틴 루터는 야고보서뿐만 아니라 히브리서도 신약 경전에 들어간 것을 달가워하지 않았습니다. 특히 히브리서 6장은 믿음에 의한 영원한 칭의 교리와 배치된다고 보았기 때문입니다.

그러나 히브리서는 신자의 영원한 구원을 위협하지 않습니다. 필자는 히브리서는 구원과 배도에 대한 문제를 다루었다기보다는 성도들이 받을 구원 이후의 유업에 대한 말씀이라고 믿습니다. 그런데 최근의 활발해지기 시작한 히브리서 연구에도 불구하고 유업의 관점에서 히브리서를 강해하거나 주석한 책들은 아직은 희소한 편입니다. 이것이 본 강해서를 쓰게 된 주된 이유입니다. 그나마 필자 자신의 독특한 연구와 통찰의 결과라기보다는 앞서간 소수의 개척자들의 전망대에서 얻은 아이디어들에 힘입은 바 큽니다. 특별히 아프리카 케냐를 중심으로 선교 활동 중에 소천한 마이클 이튼(Dr. Michael Eaton)의 연구와 가르침에서 큰 도움을 받았습니다.

필자는 부족하나마 히브리서에 나타난 유업 신앙을 강해 메시지의 형태로 제시해 보려고 시도하였습니다. 히브리서는 오랫동안 많이 연구되지 않았다가 최근에 학문적인 주석들과 논문들이 계속 나오고 있습니다. 이것은 매우 고무적인 일입니다. 데이빗 알렌(David L. Allen)은 그의 히브리서 주석 서문에서 말합니다.

> 히브리서로 알려진 신약 서신의 스핑크스에 대한 주석들과 논문들이 지난 35년 동안 쏟아져 나왔다. 여러 해 동안 정경의 다락에서 시들어 간 후에 이 보배가 최근에 먼지를 털고 재 발견되어 새로운 기운으로 연구됨으로써 교회에 유익을 준다 (David L. Allen, The New American Commentary, Hebrews)

그런데 히브리서 연구의 역사는 급속도로 활발해진 최근의 학문적 활동에도 불구하고 대체로 짧은 편입니다. 히브리서는 정경으로 인정된 것도 4세기 후반이었을 뿐만 아니라 신학 연구의 대상으로서도 다른 책들에 비하면 별로 인기가 높지 않았습니다. 그 까닭이 무엇일까요?

첫째, 종교개혁자들의 영향이라고 봅니다.

종교개혁의 중심 모토는 의인은 믿음으로 말미암아 살리라(롬 1:17)는 것이었습니다. 당시의 최대 이슈는 사람이 어떻게, 무엇으로 구원을 받느냐는 것이었습니다. 즉, 칭의론이 종교개혁의 중심 주제였습니다. 구원은 율법이나 행위가 아닌 오직 그리스도를 믿음으로 받는다는 것이었습니다. 그래서 히브리서를 읽는다고 하여도 이를 바울 신학의 눈으로 해석하는 경향이 농후하였습니다. 그러나 로마서의 주제와 히브리서의 주제는 다릅니다. 히브리서의 주제를 로마서의 주제에 맞추려고 하면 히브리서를 제대로 파악할 수 없습니다.

종교개혁자들에게는 히브리서의 경고 구절들이 구원을 상실할 수 있다는 말로 들렸기 때문에 별로 환영하지 않았습니다. 로마서는 구원의 확신과 안전을 가르치는데 비해서 히브리서의 경고 구절들은 이 교리에 잘 맞지 않는 것처럼 비쳤던 것입니다. 그래서 히브리서는 칼빈주의자들보다 웨슬리안들에게 더 인기가 있었습니다. 존 웨슬리는 히브리서를 칼빈이나 루터의 경우보다 훨씬 더 많이 인용하였습니다.

둘째, 설교자들에게도 히브리서는 인기가 없습니다.

잉글런드의 청교도인 존 오웬(John Owen)은 7권에 달하는 방대한 히브리서 주석을 노년에 완성하고 이제는 자신의 사역이 끝났으니 죽을 때가 되었다고 했습니다. 아서 핑크(Arthur Pink)도 거의 8백 쪽이나 되는 히브리서 강해를 남겼습니다. 폴 엘링워스(Paul Ellingworth)의 히브리서 주석도 736쪽에 이릅니다. 데이빗 알렌(David Allen)의 경우는 671쪽입니다. 이러한 주석들은 읽는 데에도 많은 시간이 소요될 뿐만 아니라 설교를 위해 준비까지 하려면 더 많은 시간이 요구되는 것은 말할 나위도 없습니다.

존 파이퍼(John Piper)는 히브리서 강해를 하면서 시간의 부족을 한탄하였습니다.

짧은 인생을 살면서 설교의 가장 큰 제한을 받게 하는 것의 하나는 히브리서와 같은 책에서는 거의 모든 단어마다 여러 편의 설교를 할 가치가 있다는 것이다.

밥 데핀보우(Bob Deffinbaugh)는 훌륭한 강해 설교자임에도 이렇게 고백하였습니다.

나는 내가 겁쟁이라고 고백한다. 나는 거의 40년 동안 설교를 해왔다. 그럼에도 나는 히브리서를 설교하는 일을 회피해 왔다. 나는 이것이 항상 의식적인 회피였는지 확실하지 않지만 어떤 이유에서였든지 히브리서를 강해하게 되기까지 이처럼 오랜 세월이 흘렀다. 사실 나만 그런 것이 아니다. 나는 다른 설교자들도 히브리서 설교를 꺼린다는 것을 안다. 물론 성경을 각 장마다 강해하지 않는 설교자들도 많다. 그러나 히브리서 전체를 강해하는 엄청난 작업에 손을 댄 용감한 설교자들이 있을지라도 그들이 나에게 반드시 격려가 되지는 못하였다. 나는 그들의 가르침을 읽기도 하고 듣기도 했지만 여전히 그전처럼 어리둥절할 뿐이었다. 나는 히브리서를 처음부터 끝까지 가르쳤던 분들 중에는 자신들도 확신을 못하고 나중에 해석의 입장을 바꾸었다는 것을 안다.

설교자들이 히브리서를 꺼리는 또 다른 이유의 하나는 경고 본문들을 다루기가 쉽지 않기 때문입니다. 예를 들어 히브리서 6장은 구원의 상실 가능성을 말하는 것인지 아니면 구원의 진위성 여부를 가려내려는 것인지를 결정하기가 어렵습니다. 이에 대한 해석도 수십 가지입니다. 데이빗 알렌(David Allen)은 히브리서 6:4~6절에 대한 주석을 하는데 34 쪽이나 할애하였습니다. 그래서 일반 신자들은 말할 나위도 없거니와 목회자들도 어떤 해석을 택해야 할지 망설이게 됩니다. 최근에는 「제발 누가 나에게 히브리서를 좀 설명해 주세요!」 (I wish someone would explain Hebrews to me! Stuart Olyott) 라는 제목의 강해서가 나오기도 했습니다

설상가상으로 히브리서에서는 구약 인용이 많을 뿐만 아니라 제사 제도에 대한 세세한 서술이 여러 장을 차지하기 때문에 일반 신자들은 흥미를 잃습니다. 히브리서는 신약의 레위기라고 불릴 만큼 성막과 제사제도에 대한 설명이 장황합니다. 그래서 목회자가 회중에게 지루하지 않도록 설교하기가 매우 어렵습니다. 일반 신자들에게는 히브리서라고 하면 잘 알려진 다음과 같은 서너 구절을 제외하면 별로 아는 것이 없다고 해도 과언이 아닙니다.

> 한번 죽는 것은 사람에게 정해진 것이요 그 후에는 심판이 있으리니 (히 9:27)
> 믿음은 바라는 것들의 실상이요 보이지 않는 것들의 증거니 (히 11:1)
> 예수 그리스도는 어제나 오늘이나 영원토록 동일하시느니라 (히 13:8)

셋째, 부흥사들이 끼친 부정적인 영향입니다.

우리나라 교회는 부흥집회의 오랜 전통을 지니고 있습니다. 초기에는 사경회라고 해서 주로 성경을 배우는 특별 집회였으나 점차 '부흥 사경회'라는 말로 바뀌다가 70년대에 와서는 '부흥회'라는 말로 정착되었습니다. 주로 '심령대부흥회'라는 이름으로 전국 각지에서 부흥사들이 주도하는 집회가 성행했는데 그 내용은 한 마디로 '예수

믿으면 형통하고 복받는다'는 것이었습니다. 또 '많이 바치면 많이 받는다'는 식으로 헌금과 십일조를 강조하였습니다. 소위 축복 신앙에 근거한 기복주의가 거의 대부분의 부흥회를 주도하였습니다. 더구나 현세 축복만이 아니고 내세 축복까지 받을 수 있다고 하면서 현세에서의 헌신은 내세의 상급으로 이어진다고 가르쳤습니다. 예를 들면, 세상에서 주님을 잘 섬기고 교회 봉사 잘하면 사후에 천국에서 금면류관을 쓰지만 그렇지 않은 자들은 개털 모자를 쓴다거나 혹은 십일조 잘한 교인들은 천국에서 받을 맨션의 잔디가 파랗고 십일조 떼어먹은 신자의 오두막에는 잔디가 타죽는다고 하였습니다. 또한 천국에 가면 자신의 공로에 따라서 누구는 홍삼 뿌리를 먹고 또 누구는 무우 뿌리를 먹는다는 식의 유치한 비유를 하였는데 아직도 이런 표현들이 돌아다닙니다.

이러한 부흥사들의 가르침이 일반 교회의 목회자들과 성도들에게 잘못된 영향을 준 것은 아무도 부정할 수 없습니다. 이런 풍조 때문에 일부 목회자들과 신학자들은 상급 교리를 상업적인 교리라고 경계하며 비판합니다. 상에 대한 성경의 가르침이 번영주의와 세속적 물질주의로 변질된 것은 매우 유감된 일입니다. 그릇된 상급 설교나 비성경적인 상급 신학은 비판을 받아 마땅합니다. 그러나 성경에 분명히 나오는 상급 사상을 모두 부정하는 것도 비판을 받아야 합니다.

히브리서에는 유업에 대한 가르침이 많습니다. 유업 혹은 기업은 일반적으로 말해서 상, 상속, 상급, 안식이라는 말과 거의 동의어입니다.

1:2 이 아들을 만유의 상속자로 세우시고 ...

3:11 내가 노하여 맹세한 바와 같이 그들은 내 안식에 들어오지 못하리라 하였다 하였느니라

4:1 그러므로 우리는 두려워할지니 그의 안식에 들어갈 약속이 남아 있을지라도 너희 중에는 혹 이르지 못할 자가 있을까 함이라

4:9 그런즉 안식할 때가 하나님의 백성에게 남아 있도다

6:12 게으르지 아니하고 믿음과 오래 참음으로 말미암아 약속들을 기업으로 받는 자들을 본받는 자 되게 하려는 것이니라

6:17 하나님은 약속을 기업으로 받는 자들에게 그 뜻이 변하지 아니함을 충분히 나타내시려고 그 일을 맹세로 보증하셨나니

11:6 하나님께 나아가는 자는 반드시 그가 계신 것과 또한 그가 자기를 찾는 자들에게 상 주시는 이심을 믿어야 할지니라

11:24, 26 믿음으로 모세는 … 그리스도를 위하여 받는 수모를 애굽의 모든 보화보다 더 큰 재물로 여겼으니 이는 상 주심을 바라봄이라

이러한 유업 사상이 히브리서에 널려 있음에도 불구하고 이를 잘 받아들이지 않으려는 까닭이 무엇일까요? 그 이유의 하나는 일반 목회자들이나 부흥 강사들 가운데 상급 교리에 대한 관련 본문들을 충분한 주해를 거치지 않고 재래 종교의 세속적 축복사상에 대입하여 변질시켰기 때문입니다. 그 결과 일부에서 유업 주제를 기피하거나 유업 신학을 경멸하는 풍조를 낳았습니다. 그러나 이제는 유업 교리를 전통적이고 시대적인 편견에서 벗어나 다시 들여다 보고 회복시켜야 할 때가 되고도 남았습니다.

구원받은 이후의 일차적이고 직접적인 목표는 유업의 땅으로 들어가는 것입니다. 출애굽한 이스라엘 백성은 천국으로 직행하는 것이 아니고 모두 유업의 땅인 가나안으로 들어가는 것이 목표였습니

다. 구원의 즉각적인 목표는 현세에서부터 그리스도 안에서 약속된 유업의 축복들을 찾아 누리는 것이며, 궁극적인 목표는 그리스도의 심판대에서 예수님으로부터 **잘하였도다 착하고 충성된 종아**(마 25:21, 23)라는 칭찬과 호평을 받는 것입니다. 이것은 믿음과 인내로 획득되어야 할 신자들의 몫이며 소명입니다(히 6:12).

[히브리서의 해석]

히브리서는 지금까지 주로 알미니안주의와 칼빈주의라는 두 개의 대표적인 신학 전통의 틀 안에서 해석되어 왔습니다.

❖ 알미니안주의는 히브리서가 구원의 영원성을 보장하지 않는다는 것을 증명한다고 봅니다.

❖ 칼빈주의는 성도의 보존을 믿기 때문에 배도는 있을 수 없다고 봅니다.

히브리서는 알미니안주의나 혹은 칼빈주의의 신학적 선입견을 지니고 교리적으로 맞추려고 해서는 올바른 이해에 닿을 수 없다는 것이 본인의 소신입니다. 히브리서의 일차적인 목적은 구원론 강설이 아닙니다. 히브리서 연구는 이 양 진영의 틀을 벗어나지 못했기 때문에 수백 년 동안 별다른 진전을 하지 못하고 신학적 선입견에 편향된 고전적인 입장만 주장하는 답보 상태에 머물렀습니다. 최근에 활기를 띄고 있는 히브리서 연구에도 불구하고 이러한 현상은 그리 달라지지 않은 듯합니다. 데이빗 알렌은 알미니안과 칼빈주의 진영의 대표적인 해석 실례를 든 후에 이런 코멘트를 하였습니다.

주석가들은 아마 자신들의 전제들을 논증 속으로 밀수해 들였다는 사실을 항상 의식하지 못하는 듯하다. 설령 히브리서 6:4~6절과 10:26~31

절에 대한 그들의 해석이 맞다고 하여도 본문의 가정된 의미를 주석의 초기 작업도 하기 전에 끌어들이는 것은 문제가 된다. (NAC, David Allen, 538쪽).

[그럼 왜 히브리서가 유업론의 관점에서 연구되지 못했을까요?]

무엇보다도 종교 개혁의 교리적 풍토에서 받은 영향이 큽니다. 당시에는 가톨릭의 행위 구원에 대한 반발로서 이신칭의의 구원론이 크게 강조되었을 때였습니다. 종교개혁자들이 내건 슬로건은 '구원은 행위가 아닌 오직 믿음으로 받는 하나님의 선물'이라는 것이었습니다. 이 견해는 로마서나 갈라디아서에 대한 많은 연구를 일으켰습니다. 그 이후로 개혁 교회에서는 칭의 교리의 구원론에 편중된 전통적 잣대에 맞추어 신약의 다른 여러 서신들까지 해석해 왔습니다. 예를 들어 요한1서나 히브리서 6장을 해석할 때 구원을 받고 못 받는 문제에 대한 것으로 귀착시켰습니다. 또한 유업의 주제도 행위와의 관계를 제거시키기 위해서 구원과 직결시키고, 유업은 곧 천국을 뜻하는 것으로 간주하였습니다. 이러한 식의 피상적인 대입은 히브리서 자체의 중요한 주제들을 본뜻에 따라 깊이 있게 다룰 수 없게 만들었습니다. 유업론을 기피하는 또 다른 이유는 공로 사상이 은혜 구원과 배치된다고 보기 때문입니다. 따라서 인간의 노력이나 기여에 의한 대가로서의 상급 사상은 수용될 수 없었습니다.

이러한 반(反)유업론은 구원론이 출애굽과 십자가 구원의 일단계에 머물기 때문에 생긴 것이라고 말할 수 있습니다. 일반적으로 대중적 구원론은 구원의 목표를 출애굽의 구원에서 멈추는 경향이 있습니다. 물론 구원 이후의 성화의 삶을 강조합니다. 그러나 성화는 구원의 확실성 때문에 그리 염려할 문제가 아닌 것처럼 말합니다. 일단 믿음으로 구원받은 사람은 성화가 되지 못해서 천국에 못 들어가는 사람은 없다는 것입니다. 예수님이 재림하실 때 모두 점도 없고 흠도 없이 될 것이기 때문입니다. 그래서 십자가를 믿고 구원을 받았으면 그 다음 단계는 천국에 가는 것으로 확신합니다. 그러나 이것은 구원의 우선적인 목표를 사후 천국으로 보는 논리입니다.

주 예수 그리스도를 구주로 믿는 신자들은 사후 천국에 들어갑니다. 그러나 적어도 히브리서에서 말하는 구원의 일차적인 목적지는 젖과 꿀이 흐르는 가나안 땅입니다. 가나안 땅은 천국의 그림이 아니고 실제적이고 지상적인 목표입니다. 유업은 단순한 사후 천국이 아니고 하나님께서 십자가로 구속한 자기 백성이 현세에서 누려야 할 안식의 땅입니다(히 4장). 이 안식에 들어가는 삶이 구원의 지상 목표입니다. 다시 말해서 구원의 실제적인 목표는 언약 백성을 위해서 하나님께서 마련하신 유업의 축복을 지상에서부터 누리는 삶입니다. 구원의 지상적인 목표를 등한시하는 것은 구원의 일단계 성취에 머물기 때문입니다.

일반적으로 신자는 거룩한 삶을 살아야 하고 또 살게 되어 있다고 가르칩니다. 그런데 성화의 삶이 잘 이루어지지 않는 까닭은 무엇입니까? 그냥 행위의 열매가 없으면 처음부터 구원받은 사람이 아니라고 치부하면 되는 것일까요? 신자들의 거룩한 삶이 잘 이루어지지 않는 이유는 여러 가지일 수 있습니다. 그 원인의 하나는 첫 구원의 다음 단계인 유업의 목표에 성화를 포함시키지 않기 때문입니다. 신약의 대부분의 가르침은 구원받은 신자들에게 주는 말씀입니다. 한 마디로 묶으면 바울이 말한 대로 **항상 복종하여 두렵고 떨림으로 너희 구**

원을 이루라(빌 2:12)는 것입니다. 이것은 첫 구원의 목표인 지상에서의 유업의 확보와 직결된 말씀입니다.

종교개혁의 이슈가 어떻게 무엇으로 구원을 받느냐는 것이었다면, 현재 우리가 다루어야 할 이슈는 믿음으로 구원받은 이후에 신자들이 닿아야 할 구원의 목표가 무엇이냐는 것입니다. 이 점에서 히브리서는 중요한 책입니다. 그러나 유업의 관점에서 히브리서를 보지 않기 때문에 그 영향은 로마서나 갈라디아서에 비하면 매우 미약한 편입니다. 이제는 히브리서에 담긴 유업 교리를 밝혀내어 첫 구원 이후에 오는 하나님의 축복을 충분히 누리는 삶으로 이어져야 하겠습니다.

성경을 보는 사람들은 대체로 기존의 신학적 틀을 가지고 있습니다. 아무도 혼자서 방대한 성경의 가르침을 일일이 다 분석하거나 종합할 수 없습니다. 이것은 주석 한 권에 실린 참고 문헌의 긴 목록만 보아도 쉽게 알 수 있습니다. 그래서 신학자건 설교자건 일단은 자신이 물려받은 신학적 전망대에서 성경을 볼 수밖에 없습니다. 이것은 대체로 안전하고 용이한 방법입니다. 그러나 전망대 자체는 중요하여도 신성불가침은 아닙니다. 전망대의 전경은 보다 나은 성경 이해에 따라 조절되거나 수정되면서 점차 넓혀져야 합니다. 우리가 만약 이런 자세를 갖는다면 본 강해는 기존의 전통적 해석의 틀을 벗어난 또 다른 가능성에 대한 계기가 될 수 있을 것입니다. 본 강해서에서는 히브리서를 처음부터 구원의 관점이 아닌, 유업의 관점에서 강해하였습니다.

히브리서의 배경

1) 누가 썼는가?

본 서신에 저자의 이름이 나오지 않기 때문에 정확하게 알 수 없습니다. 당시의 수신자들은 분명 누구에게서 온 서신이었는지를 알았을 테지만 그 이후로 저자의 신원은 가려졌습니다. 다만 디모데가 언급된 것으로 보아(13:23) 저자가 디모데처럼 바울의 동역자 가운데 한 사람이었을 듯합니다(12:13). 아마 헬라어와 구약 성경에 정통했던 아볼로가 아니면 레위 지파에 속했던 바나바나 혹은 누가가 본 서신의 저자일 가능성이 있지만 확정할 수는 없습니다. 학자들은 원문 스타일이 바울과 너무 다르다는 점에서 바울이 저자일 가능성은 낮은 것으로 봅니다.

2) 누구에게 보낸 서신인가?

수신처는 정확하게 알 수 없지만 아마 로마에 사는 유대인 크리스천들이 아니면 유대 지방에 있는 크리스천들일 것으로 추측됩니다. 발신인의 위치도 분명하지 않습니다(히 13:24).

3) 언제 쓰여졌는가?

대부분의 학자들은 AD 70년 전이었다고 봅니다. 유대인 크리스천들은 동족으로부터 유대교로 돌아오라는 압력을 받았습니다. 그러나 로마군에 의해서 유대교의 상징인 성전이 파괴된 AD 70년 이후에는 유대인들이 크리스천들에게 성전 중심의 유대교와 타협하거나 복귀하라고 강권할 수 없었을 것입니다. 아마 AD 70년 예루살렘 함락이 거의 임박한 때에 쓰여졌을 것으로 짐작됩니다.

4) 독자들의 상황은 어떠하였는가?

독자들은 유대인 크리스천들로서 사도들의 메시지를 들었습니다 (2:3). 그러나 그들은 예수님을 단지 위대한 천사 정도로 보아야 한다는 낮은 기독론을 수용하고 유대교 안에 머물라는 압력에 직면하였습니다. 유대교에서 천사의 위치는 매우 높았습니다. 천사들은 미래 세계에서 큰 권세와 영광을 누릴 것인데 인간들이 그들을 섬길 것이라는 사상이 유대교와 쿰란 공동체에 있었습니다(2:5). 히브리 교인들은 유대인들로부터 예수를 일종의 위대한 천사로 믿는 것은 인정할 테니까 유대교의 전통에서 벗어나지 말라는 유혹을 받았을 것입니다.

그럼 이들이 어떻게 이러한 유혹을 감당했을까요? 이들은 과거에도 박해를 받았습니다. 그때는 잘 견뎠습니다. 그러나 지금은 계속되는 시련으로 지쳐 있었습니다. 그래서 저자는 "전날에 너희가 빛을 받은 후에 고난의 큰 싸움을 견디어 낸 것을 생각하라"(히 10:32)고 했습니다. 또한 큰 구원을 등한시하는 것을 경고한 것으로 보아(2:1, 3) 히브리 교인들의 영적 상태는 매우 저조했던 것으로 보입니다.

5) 본 서신은 무엇에 대한 것인가?

히브리 교인들이 박해와 시련으로 "흘러 떠내려가지 않도록"(2:1) 붙들어 주는 것은 예수 그리스도입니다. 예수님은 "영혼의 닻"(6:19)처럼 튼튼하고 견고합니다. 예수님이 누구이시며 현재 하늘 성소에서 어떤 일을 하고 계신지를 아는 것은 히브리 교인들에게 가장 필요한 일이었습니다. 그래서 히브리서는 예수님을 만유의 상속자와 우주의 창조주로 제시하고 더 나아가 하늘의 대제사장과 구원의 창시자로 소개합니다. 예수님은 지금도 하나님의 자녀들을 영광으로 데리고 가기 위해서 역사하시므로(2:10) 오직 주님만을 더욱 신뢰하며 믿음의 전진을 하라는 것입니다. 그러나 만약 태만과 불신에 빠지면 믿음의 목표인 유업을 상실한다고 경고합니다. 그렇게 되면 광야 첫 세대의 이스라엘 백성처럼 젖과 꿀이 흐르는 가나안 땅으로 들어가지 못하고 많은 영적 축복을 놓치게 될 것입니다(3:1~4:13). 히브리서는 하나님이 주신 약속들을 상속받는 것에 대한 것입니다. 그래서 저자는 이렇게 격려하였습니다.

> 우리가 간절히 원하는 것은 너희 각 사람이 동일한 부지런함을 나타내어 끝까지 소망의 풍성함에 이르러 게으르지 아니하고 믿음과 오래 참음으로 말미암아 약속들을 기업으로 받는 자들을 본받는 자 되게 하려는 것이니라 (히 6:11~12).

[부록 1]
히브리서의 주제는 무엇인가?

히브리서의 주제를 바르게 파악하느냐 않느냐는 히브리서 전체의 해석에 영향을 줍니다. 전통적으로 히브리서의 주제는 구원에 대한 것이라는 견해가 지배적입니다. 이것은 교회사적으로 교회의 순수성에 대한 관심이 높았기 때문이라고 할 수 있습니다. 교회는 항상 진짜와 가짜에 대한 시비를 가리는 일에 신경을 써왔습니다. 신약 성경의 상당 부분이 거짓된 가르침과 거짓 신자들에 대한 경고입니다. 구교와 신교 사이의 불꽃 공방도 어느 쪽이 정통 기독교인지를 가려내려는 싸움이었습니다. 또한 자체적으로도 교회 내에 거짓 신자들이 있다는 사실을 밝혀내기 위해서 구원받지 않은 자들의 특징을 제시할 필요성이 있었습니다. 이러한 실제적인 필요성에서 보면 히브리서는 경고 구절들이 많기 때문에 매우 적합한 책으로 간주할수 있었습니다.

이러한 배경 때문에 히브리서는 처음부터 본뜻이 가려지고 구원 주제에 편향된 해석으로 인해 로마서나 요한복음과 같은 책들에 비해서 교회에 끼친 영향력이 미미하였습니다. 이 같은 원인의 하나는 교부 시대를 지나면서 초대교회가 여러 가지 이교적인 미신의 영향을 받으며 은혜 구원에서 멀어지기 시작했기 때문입니다. 예로써, 히브리서 6장 4~6절에 나오는 "한 번 빛을 받고 … 타락한 자들은 다시 새롭게 하여 회개할 수 없다"는 말에서 빛을 받는 것을 세례와 관련시킨 것입니다. 그런데 물세례의 아이디어가 교부 시대에는 매우 오염된 것이었습니다. 고대 종교에서는 물을 사용하는 의식이 많았습니다. 기독교는 타종교에 대한 우월성을 강조하기 위해 교회의 세례가 더 영적이며 효력이 크다고 주장하였습니다. 세례에 대한 첫 문서는 터툴리안(Tertullian)이 썼는데 그는 물세례를 받지 않으면 구원받은 것이 아니라고 하였습니다.

크리스천은 물에서 태어난 작은 물고기들이다. 믿음을 갖게 되었어도 아직 구원받은 것이 아니다. 물이 구원을 한다. 그래서 세례를 반드시 받아야 한다.

이러한 가르침은 구원을 세례에 접목함으로써 물세례 의식을 구원의 보증처럼 간주하게 하였고 세례가 곧 빛을 받고 구원에 이른 것으로 보았습니다. 지금도 대부분의 교회에서 세례받은 것을 곧 구원받은 것으로 간주하고 세례 교인이라야 교회에서의 법적 권리를 행사하게 하는 전통을 따릅니다.

그런데 교부시대로부터 세례받은 후에 죄를 지으면 구원받지 못한다는 가르침이 퍼졌습니다. 그러니까 빛을 받은 것을 물세례를 받은 것으로 보았기 때문에 세례 이후에 타락하면 다시 새롭게 될 수 없다고 믿었습니다. 2세기 기독교 문서인 '헤르마스의 목자'(The Shepherd of Hermas)는 말하기를 하나님은 한 번의 심각한 죄는 용서하시지만 두 번째는 안 된다고 하였습니다. 그는 이 아이디어를 히브리서에서 추출하였는데 "한 번 빛을 받고"(히 6:4) 죄를 지으면 용서받지 못한다고 보았습니다. 그는 "다시 새롭게 하여 회개하게 할 수 없다"(히 6:6)는 말을 한 번은 회복될 수 있지만 그 이상은 안 된다는 의미로 해석하였습니다. 이 사상은 중세기 가톨릭 교회의 참회와 고행 시스템으로 발전하여 중세기 교인들의 신앙생활을 지배하였습니다. 한 번 용서받은 후에는 다시 용서받을 수 없다는 가르침은 많은 성도에게 무거운 짐이 되었고 세례 이후에 짓는 죄를 용서받기 위해서 참회와 여러 종류의 고행이 반복되었습니다.

세례를 받기 위해서 세밀한 준비가 필수적이었다. 왜냐하면 세례는 일반적으로 수(受) 세례자의 과거의 부패를 다루고 미래의 허물은 취급하지 않기 때문이다. 이것은 세례받는 일을 지연시킨 이유를 설명해 준다. 터툴리언(Tertullian)까지도 세례받기 전의 순결을 주장하였는데 세례가 거의 상을 따내는 것과 같이 되었다 (The History of Christianity, p.116, Lion

Publishing).

로마 황제인 콘스탄틴은 자신이 살인과 같은 죄를 범하면 구원받지 못할 테니까 세례받기를 연기하다가 죽기 직전에 받았습니다. 히브리서의 경고 구절들은 교부들의 잘못된 해석으로 인해 세례에 대한 두려움을 일으켰고 중세기 교인들을 무지와 의식주의에 빠지게 하였습니다. 그러나 유아세례가 점차 확산하면서 세례 이전의 죄들을 정리하기 위한 여러 가지 번거로운 사전 규례들은 많이 완화되었지만 히브리서의 경고 구절들은 여전히 어두운 그늘이 되었습니다. 이렇게 하여 히브리서는 출발이 나빴고 여러 세기 동안 손대기가 무서운 '뜨거운 감자'였습니다.

그 후 16세기에 루터, 칼빈, 쯔윙글리와 같은 종교 개혁자들에 의해서 이신칭의 교리가 회복되었고 많은 사람이 가톨릭의 행위 구원과 여러 그릇된 규범들로부터 해방되었습니다. 그러나 히브리서는 믿음에 의한 영원한 구원 교리에 비추어 볼 때 종교개혁 사상에 일치시킬 수 없어 보였습니다. 그래서 루터는 히브리서를 싫어했으며, 계시록(Revelation)은 별로 계시하는 것이 없다고 보았고, 야고보서는 지푸라기라서 짚처럼 태워야 한다고 생각했습니다. 사실상 루터가 번역한 성경에는(Luther Bible, Die gantze Heilige Schrifft Band 3) 이 세 권의 책들이 제일 뒤로 밀쳐져 있습니다. 그렇다고 해서 루터가 이러한 책들을 정경에서 배제한 것은 아닙니다. 예로써 그는 갈라디아서 주석을 쓰면서 칭의 구원과 관련하여 히브리서에서 언급된 믿음을 여러 번 인용하였습니다. 이제 히브리서의 주제와 관련된 주된 두 가지 견해들을 살펴봅니다.

1) 히브리서의 주제는 내가 정말 구원을 받았는지를 확인하는 것이라

는 견해

이 주장의 키 워드는 '비춤' 입니다. "한 번 빛을 받고" (enlightened, 히 6:4)라는 말에 근거해서 비춤을 받고도 진정으로 구원받지 못할 수도 있다는 해석을 내립니다. 풀이하면 내가 빛을 받은 후에 탈선하면 내가 받았던 빛에 저항한 것이기 때문에 구원받지 못한다는 것입니다. 이 견해에 따르면 그런 탈선자는 처음부터 구원받은 것이 아니라고 봅니다. 그러니까 받은 빛을 포기하는 것은 끝까지 가기 전에 탈선한 것이기 때문에 스스로 구원의 기회를 박탈하고 애당초 자신이 주 예수를 믿고 구원받은 사람이 아님을 입증한다는 것입니다.

이들의 주장으로는 '빛을 받은 것'은 온전하게 복음을 깨닫고 믿은 것이 아니고 절반 정도에서 그친 것입니다. 그래서 빛을 밀어내지 말고 끝까지 가서 온전한 구원을 받아야 한다는 것입니다. 즉, 나의 구원은 내가 빛을 받고 온전한 구원에 이르기까지 빛에 머물고 있는지의 여부를 보면 알 수 있다는 것입니다.

그러나 이 견해는 내가 참으로 구원을 받았는지 아니면 단지 일시적인 비춤만 받은 상태인지를 항상 염려하게 만듭니다. 그래서 자신을 늘 들여다보고 조금이라도 죄를 짓는다고 생각하면 불안해합니다. 더구나 큰 실수를 했거나 죄에 빠졌을 경우 자신의 구원을 의심하지 않을 수 없습니다. 그래서 당신이 정말 구원을 받았다고 생각하느냐고 도전하면 대부분 자신이 없어 합니다.

19세기 미국의 전도자였던 Ashahell Nestleton은 히브리서에 나온 경고 구절의 영향으로 자신의 구원을 확신할 수 없었습니다. 그는 "내가 자신에 대해서 고작 말할 수 있는 것은 내가 아마 천국에 들어갈지도 모른다"라고 했습니다. 그러나 이것은 성경이 주 예수를 믿는 성도들에게 기대하는 말이 아닙니다. 성경이 무엇이라고 말합니까?

> 나는, 내가 믿어 온 분을 잘 알고 있고, 또 내가 맡은 것을 그분이 그날까
> 지 지켜 주실 수 있음을 확신합니다.(딤후 1:12, 새번역).

크리스천은 내가 믿는 하나님을 알고 복음과 구원을 확신하는 사람입니다. 자신이 일시적으로 빛을 받았는지 아닌지를 늘 의아해하면서 전전긍긍하는 것은 적극적인 신앙생활에 걸림돌이 됩니다. 자신의 구원을 처음부터 확신하지 못하게 하는 내성주의 성향을 마치거룩한 삶을 위한 대안인 것처럼 제시하는 가르침은 도덕적 경건주의가 갖는 약점입니다. 이런 교리로는 제대로 신앙생활을 할 수 없습니다. 항상 자신의 구원 여부를 의심하고 불안해 할 것이기 때문입니다. 히브리서의 경고 구절들은 격려를 위한 것이지 구원의 진위를 가리는 잣대나 성화의 방책이 아닙니다.

2) 히브리서의 주제는 받은 구원을 지키는 문제를 다룬 것이라는 견해

구원을 유지하지 못하고 탈선하면 받은 구원도 잃게 된다는 주장입니다. 이 주장에 따르면 빛을 받은 것은 진정으로 구원을 받은 것을 의미하지만 빛을 거부하거나 멸시하면 구원이 상실된다는 것입니다.

그러나 이 주장은 히브리서 자체의 증언에서도 견지될 수 없습니다. 주 예수께서는 우리의 영원한 속죄를 위해서 온전한 희생제물이 되셨고 하나님께서 이를 받으셨습니다.

> 염소와 송아지의 피로 하지 아니하고 오직 자기의 피로 영원한 속죄를
> 이루사 단번에 성소에 들어가셨느니라 (히 9:12).

하물며 영원하신 성령으로 말미암아 흠 없는 자기를 하나님께 드린 그
리스도의 피가 어찌 너희 양심을 죽은 행실에서 깨끗하게 하고 살아 계
신 하나님을 섬기게 하지 못하겠느냐 (히 9:14).
이 뜻을 따라 예수 그리스도의 몸을 단번에 드리심으로 말미암아 우리
가 거룩함을 얻었노라 (히 10:10).

주 예수를 믿는 자들은 예수님의 단번의 십자가 죽음에 의해 온전
히 거룩하게 되었습니다. 예수님이 하늘 성소로 들어가셨다는 것은
영원한 구속이 확보되었다는 뜻이며 예수님의 십자가 희생이 아버지
에 의해서 완전하게 받아졌다는 뜻입니다. 예수님에 의한 구원은 일
시적인 것이 아니며 조건적인 것도 아닙니다. 예수님은 십자가에서
나의 모든 죄를 지시고 일체의 죗값을 지불하셨습니다. 나는 주 예수
를 믿는 순간에 십자가에 달리신 그리스도의 대속으로 영원히 거룩
하게 되었습니다. 구원은 받았다가 잃고 또다시 받고 하는 것이 아닙
니다. 주님의 십자가는 영원한 십자가입니다. 십자가가 대변하는 일
체의 진리는 모두 영원한 것입니다.

내가 그들에게 영생을 주노니 영원히 멸망하지 아니할 것이요 또 그들
을 내 손에서 빼앗을 자가 없느니라 (요 10:28).

예수님이 주시는 영생은 한번 받았으면 영원한 것입니다. 예수님
은 영생을 주셨다가 다시 회수하시지 않습니다. 영생이 영원하듯이
영생을 주는 행위의 효력도 영원합니다.

그런데 히브리서의 주제에 대한 상기 두 견해는 히브리서를 달가
워하지 않는 나름의 이유를 안고 있습니다. 구원을 잃을 수 없다고

보는 측에서는 히브리서의 경고 구절들이 구원의 상실 가능성을 시사하는 것처럼 들리기 때문에 싫어합니다. 반면, 구원을 잃을 수 있다고 보는 측에서는 회개하면 다시 회복된다고 믿기 때문에 역시 히브리서가 마음에 들지 않습니다. 본문에서 타락한 자들은 다시 회개할 수 없다고 했기 때문입니다. 히브리서는 이편에도 걸리고 저편에도 걸립니다. 그러나 우리가 이러한 전통적인 해석의 테두리를 벗어나면 제3의 옵션이 있습니다.

[풍성한 유업의 길]

히브리서는 구원 여부를 가리기 위한 것도 아니고 구원의 상실 가능성을 다룬 책도 아닙니다. 히브리서는 신약 대부분의 서신들이 그렇듯이 이미 구원받은 성도들에게 주는 격려와 권면의 메시지입니다. 히브리서는 우리의 구원을 위협하거나 구원을 입증하기 위해서 쓰인 글이 아닙니다.

그럼 무엇을 위한 것입니까? 히브리서는 구원 이후에 오는 하나님의 복을 받게 하려는 취지에서 쓰인 설교체의 권면입니다. 말을 바꾸면 우리가 구원받은 것은 하나님의 크나큰 축복이지만 그 자체로서 끝나는 것이 아니라 하나님께서 의도하신 다음 단계의 축복을 체험하게 하는 목적을 가졌다는 것입니다. 그래서 구원 이후의 복을 받아 누리기 위해서 믿음과 인내로 전진하라는 격려입니다. 쉽게 말해서 우리가 구원을 받았으면 그다음 단계의 목적이 있는데 이것을 잃어서는 안 된다는 것입니다.

예수님은 내가 온 것은 양으로 생명을 얻게 하고 더 풍성히 얻게 하려는 것이라(요 10:10)고 하셨습니다. 우리는 주 예수를 믿고 영생을 받습니다. 그러나 주님이 주시는 영생은 정적이거나 제한적인 것이 아니고 동적이며 무한대입니다. 그래서 생명 위에 더 풍성한 생명을 부어 주신다고 했습니다. 바울은 우리가 주 예수를 믿을 때 성령의 내주를 받을 뿐만 아니라 성령으로 말미암아 하나님의 사랑이 우리 마음속에 부어진다고 하였습니다(롬 5:5). 부어지는 것은 더 풍성히 받는 것입니다. 실로 우리 하나님은 **더욱…넘치게**(롬 5:17, 20) 주시는 분입니다.

미국의 어떤 TV를 보면 뉴스 리더가 한참 뉴스를 읽다가 광고 시간이 되면 으레 하는 말이 있습니다. "자리를 떠나지 마세요. 앞으로 무슨 뉴스도 있고 또 무슨 뉴스도 있습니다" 그리고 나서 덧붙이는 말이 plus much more 라고 합니다.

우리 하나님은 much more의 하나님이십니다. 주고 또 주시는 분입니다.

> 우리 가운데 역사하시는 능력대로 우리가 구하거나 생각하는 모든 것에
> 더 넘치도록 능히 하실 이에게 (엡 3:20).
> 자기 아들을 아끼지 아니하시고 우리 모든 사람을 위하여 내주신 이가
> 어찌 그 아들과 함께 모든 것을 우리에게 주시지 아니하겠느냐 (롬 8:32).

우리가 받은 구원의 일차적인 목적은 첫 구원의 연장선에 있는 유업의 복을 소유하고 누리는 것입니다. 저자는 이 점을 히브리서 3~4장에서 출애굽 사건을 기점으로 삼는 광야 스토리에서 잘 예시하였습니다. 이스라엘 백성은 사백 년 동안 애굽에서 종살이하다가 아브라함에게 주셨던 약속대로 해방되었습니다(창 15:13~14).

그런데 그다음 날로 그들은 즉시 젖과 꿀이 흐르는 땅으로 들어가지 않았습니다. 그들이 출애굽을 하고 나서 첫발을 디딘 곳은 가나안

복지가 아니고 광야였습니다. 이스라엘 백성은 출애굽 이후로 홍해 바다를 지나야 했고 그다음 시내 산으로 가야 했습니다. 그 이후로 가나안 땅의 변방에까지 갔다가 불신으로 광야로 다시 들어가서 방황하였고 그다음 세대가 마침내 요단 강을 건너 약속의 땅으로 진입하였습니다.

그런데 가나안 땅은 빈 땅이 아니었습니다. 이미 정착한 원주민들이 성을 쌓고 살고 있었습니다. 가나안 복지는 그냥 들어가서 아무도 없는 빈 땅을 차지하는 것이 아니라 거주민들을 몰아내는 정복에 의해서 내 것으로 소유하는 곳이었습니다. 이것이 구원을 받은 기본적인 목적이었습니다. 이스라엘 백성은 애굽에서 어린 양의 피로써 보호된 집 안에 있었기 때문에 죽임을 당하지 않고 구원을 받았습니다. 그다음 단계에서 그들은 적들이 터를 잡고 사는 가나안 땅에 들어가서 정복을 하고 마침내 정착하였습니다. 이것이 곧 이스라엘 백성이 구원을 받은 일차적인 목적이었습니다. 즉, 젖과 꿀이 흐르는 약속의 땅을 정복하고 그 땅의 산물을 즐기는 것이었는데 이것이 출애굽의 구원 이후에 그들이 누리는 안식이었습니다.

다시 말해서 어린 양의 피로써 구속을 받은 후에 광야를 거쳐 가나안 복지를 쟁탈하는 것은 하나님의 선한 뜻에 따라 자신들의 소명을 성취하는 것이었습니다. 이것은 그들이 받는 유업의 상이었습니다. 유업의 상은 하나님께서 구원하신 백성에게 주기를 기뻐하시는 복들입니다.

그런데 이 유업(상)의 복은 구원을 받자마자 즉시 누리는 것이 아닙니다. 구원은 믿음으로 즉시 받지만 유업의 누림은 시간이 걸립니다. 유업도 믿음이 있어야 받습니다. 그러나 하나님의 약속을 믿는 첫 단계의 단순한 믿음 이상의 믿음이 있어야 합니다. 유업을 받는 믿음은 게으르지 않고 오래 참는 꾸준한 믿음입니다(히 6:12).

출애굽 백성은 애굽 땅을 떠나자마자 가나안 복지로 금방 들어가지 않았습니다. 그들은 우선 어린 양의 피를 믿고 구원을 받았습니다. 하나님의 심판은 애굽의 모든 사람에게 내렸습니다. 그러나 어린 양의 피 아래로 피신한 이스라엘 사람들은 죽음의 심판에서 보호되었습니다. 이스라엘 백성이 하나님의 심판을 받지 않은 것은 그들 자신이 훌륭하거나 하나님 앞에서 죄 없는 거룩한 삶을 살았기 때문이 아니었습니다. 그들도 애굽 백성들처럼 죄가 많았고 하나님으로부터 특혜를 받을만한 공로를 세운 것도 없었습니다. 그들은 단지 하나님의 지시에 순종하여 양의 피를 집에 바르고 그 피 아래로 들어갔기 때문에 구원을 받았습니다. 그들이 악했거나 선했거나 아무런 차이가 없었습니다. 그들은 양의 피로 구원을 받는데 기여한 것이 아무것도 없었습니다. 「양의 피 +Nothing」이었습니다. 그들은 오직 어린 양의 피로써 구원을 받았습니다. 이것이 하나님께서 모든 백성에게 제시하신 구원의 길이었습니다. 오늘날도 마찬가지입니다. 이 구원의 길에 조금이라도 변경이 됐거나 보태거나 뺀 것이 없습니다. 「예수 + Nothing」입니다.

출애굽의 구원은 다음 단계의 갈 길을 위한 첫 출발이었습니다. 그들은 샌들을 신고 지팡이와 함께 가벼운 복장을 하고 누룩 없는 빵을 여행용으로 가지고 나왔습니다. 그런데 출애굽은 양의 피가 흘려지지 않았다면 불가능한 일이었습니다. 어린 양의 피가 흘려지기 전까지는 애굽에 무서운 여러 재앙이 일어났음에도 떠날 수가 없었습니다. 그러나 일단 어린 양의 피가 흘려진 이후에는 이스라엘 백성은 더 이상 애굽 땅에 머물 수 없었습니다. 그들은 죽음의 심판에서 구출되었고 영원한 자유를 얻었습니다. 양의 피는 예수 그리스도께서 자신의 몸을 갈보리 십자가에 바치실 대속을 상징적으로 예시하는 것이었습니다.

지금도 하나님의 어린 양으로 오신 주 예수 그리스도의 십자가 대속을 믿으면 죽음의 심판에서 보호받고 사탄의 왕국에서 그리스도의 왕국으로 즉시 옮겨집니다(요 3:18; 골 1:13). 이 구원은 영원한 것입니다. 출애굽 백성이 애굽에서 구출된 것이 영원한 해방이었듯이, 주 예수를 자신의 구주로 영접하는 자들은 영원한 하나님의 자녀가 됩니다(요 1:12).

그런데 구원은 이 첫 단계의 해방에서 그치지 않습니다. 출애굽 백성에게는 가나안이 목적지였습니다. 출애굽 해방은 하나님께서 약속하신 젖과 꿀이 흐르는 땅으로 들어가기 위한 첫걸음이었습니다. 이것은 매우 중요한 사실입니다. 구원받고 나서 가야 할 길이 있다는 점을 분명히 알지 못하면 구원을 오해합니다. 구원을 받았으면 사후에 천국에 들어가기 때문에 다 된 것도 아니고 구원받은 이후에 죄를 지으면 받은 구원이 취소되거나 혹은 구원의 진정성이 의심되는 것도 아닙니다. 구원 이후에 유업의 땅으로 들어가는 것은 구원의 확보나 구원의 진위성을 판별하려는 것이 목적이 아니고, 약속된 유업의 소명을 성취하느냐 못하느냐 하는 문제입니다. 출애굽 백성의 경우를 생각해 보십시오.

그들은 출애굽 이후 광야에 첫발을 들여놓으면서부터 양의 피를 믿었던 자신들의 믿음을 꾸준히 적용해야 했습니다. 그들은 도중에 어려움이 있었을 때 하나님을 계속 신뢰해야 하였고 모세의 말을 순종해야 했습니다. 유업의 길은 일사천리가 아닙니다. 유업의 상은 테스트를 거쳐야 받습니다. 그들은 물이 없는 건조한 땅과 양식이 없는 조악한 광야를 지나면서 전적으로 하나님의 공급과 보호를 믿으며 가나안으로 들어가서 적들과 싸워야 했습니다. 그런데 그들은 가나안에 들어가기도 전에 하나님께 계속해서 반항하였습니다.

이스라엘 백성은 하나님께서 출애굽의 구원이 유업으로 이어지게끔 계획하신 것 자체를 싫어한 것은 아니었습니다. 그들은 모두 젖과 꿀이 흐르는 가나안의 유업을 원했습니다. 그들이 원하지 않은 것은 가나안에 들어가기 위해서 광야를 거치는 것이었습니다. 그래서 모세에게 애굽에 매장지가 없어서 자기들을 광야에서 죽게 하려고 출애굽 시켰느냐고 항의하였습니다(출 14:11). 또 광야에는 생선도 없고 부추와 파와 마늘도 없으니 애굽으로 돌아가자고 했습니다. 나중에는 그들이 가나안 정탐병들의 보고를 받고 가나안 정복을 거부하며 밤새도록 통곡했을 때 하나님께서 진노하시며 그들이 모두 광야에서 죽게 될 것이라고 맹세하셨습니다(민 11::4~5; 14장). 이것은 무엇을 의미할까요? 출애굽 세대는 그들의 조상들에게 하나님께서 맹세로 주신다고 약속하신 땅을 얻지 못한다는 뜻이었습니다. 다시 말해서 그들은 유업으로 받아야 할 가나안 땅을 잃었습니다.

그러나 이것은 그들이 구원을 잃었다는 뜻은 아닙니다. 흔히 광야에서 하나님께 반항하다가 죽은 자들은 모두 구원을 잃은 자들이라고 봅니다. 그렇지 않습니다. 그들이 잃은 것이 있다면 출애굽의 구속이 아니고 구원 이후에 차지했어야 할 유업의 땅이었습니다. 단순히 광야에서 죽고 가나안에 못 들어갔다고 해서 구원을 상실했다고 보는 것은 가나안을 천국으로 잘못 대입시켰기 때문입니다. 광야에서 죽은 자들 가운데는 모세와 아론도 있었고, 이스라엘의 70인 장로들과 미리암도 포함되었습니다. 그들이 모두 구원을 못 받았을까요? 모세는 변화산에서 엘리야 선지자와 함께 나타나서 예수님과 대화하였습니다(막 9:2~4).

출애굽 세대는 다시 애굽으로 회송되지 않았습니다. 출애굽은 한 번 발생했으면 영원한 것입니다. 한 번 주 예수를 믿었으면 어둠의 나라에서 하나님의 아들의 나라로 영원히 옮겨진 것입니다(골 1:13). 어린 양의 피가 주 예수를 믿는 자들에게 한 번 적용되면 어떤 일이 있어도 그 효력이 죽지 않습니다. 출애굽 세대는 역구속(逆救贖, unredeemed)이 되지 않았습니다. 그들이 받은 구속은 취소되지 않았습니다. 그들은 다시 애굽으로 돌아가서 바로의 노예들로 복귀되지 않았습니다. 물론 그들은 모두 광야에서 죽었지만 한 사람도 애굽으로 되돌려진 자가 없었습니다. 그들은 40년 동안 광야에서 방황하며 가나안 땅을 향해 전진하지 못하였습니다. 그들은 제자리걸음을 하였기에 유업의 땅으로 들어갈 수 없었습니다. 그렇지만 그들이 바로 왕의 억압에서 풀려나 홍해를 건넌 사건은 확정적이고 영구적인 해방이었습니다. 그들은 출애굽 백성으로 머물렀습니다. 그러나 그들은 약속된 가나안 땅의 유업을 받지 못하고 광야에서 죽었습니다. 그들은 구원 이후에 꾸준한 믿음과 인내로써 가나안의 안식에 이르는 소명을 성취하지 못하고 말았습니다.

히브리서의 주제는 구원의 유무에 대한 확인이 아닙니다. 유업은 천국도 아니고 구원도 아닙니다. 첫 구원은 단순한 믿음으로 간단하게 받습니다. 그러나 6장 12절에서 게으르지 아니하고 믿음과 오래 참음으로 말미암아 약속들을 기업으로 받는 자들을 본받는 자 되게 하려는 것이

라고 했습니다. 여기서 상속받는 것이 구원이거나 천국이라면 말이
되지 않습니다. 구원은 오직 믿음으로만 받기 때문입니다. 구원받기
위해서 기다리거나 인내할 필요가 없습니다. 구원은 인내하면서 기
다리는 것이 아니고 즉석에서 주 예수의 대속의 피를 믿고 받습니다.
하나님 나라에 들어가는 것도 인내가 아닌, 주 예수를 자신의 대속주
로 믿으면 됩니다. 그러나 구원 이후에 오는 유업(기업, 상)을 받기 위
해서는 좌절과 회의와 두려움에도 하나님을 끝까지 신뢰하는 지속적
인 믿음과 오래 참음이 필요합니다. 유업의 약속은 꾸준한 믿음과 인
내로 상속받는다는 것이 히브리서의 강조점입니다.

　　우리가 주 예수를 믿었다면 어린 양의 피로써 구속함을 받은 것입
니다. 우리는 이 구속을 잃지 않습니다. 그러나 우리 앞에는 하나님
께서 의도하신 구원 이후의 유업이 기다립니다. 하지만 유업의 땅은
자동이 아니므로 꾸준한 믿음으로 하나님을 신뢰하며 우리 편에서
쟁취해야 합니다. 구원만 받고 안주하면 광야에서 죽습니다. 유업의
축복은 하나님의 도우심으로 우리가 받아 누리도록 의도된 것이지만
관심이 없으면 비록 하나님께서 조상들에게 맹세하신 복이라도 상실
하게 됩니다. 물론 하나님이 맹세하신 것은 절대로 철회되지 않습니
다. 그러나 꾸준한 믿음으로 전진하지 않는 백성은 불이익을 당합니
다. 하나님이 맹세하신 유업은 꾸준한 믿음으로 오래 참는 백성만이
차지하기 때문입니다.

　　내 영광과 애굽과 광야에서 행한 내 이적을 보고서도 이같이 열 번이나
　　나를 시험하고 내 목소리를 청종하지 아니한 그 사람들은 내가 그들의
　　조상들에게 맹세한 땅을 결단코 보지 못할 것이요 또 나를 멸시하는 사
　　람은 한 사람도 그것을 보지 못하리라 그러나 내 종 갈렙은 그 마음이 그

들과 달라서 나를 온전히 따랐은즉 그가 갔던 땅으로 내가 그를 인도하여 들이리니 그의 자손이 그 땅을 차지하리라 (민 14:22~24).
너희가 사로잡히겠다고 말하던 너희의 유아들은 내가 인도하여 들이리니 그들은 너희가 싫어하던 땅을 보려니와 너희의 시체는 이 광야에 엎드러질 것이요 (민 14:31~32).

히브리서 저자는 우리가 이같이 큰 구원을 등한히 여기면 어찌 그 보응을 피하리요(히 2:3)라고 했습니다. 이 말은 오해하기 쉽습니다. '보응'이라는 말은 본 절의 원문에는 없으나 번역자가 이해를 돕기 위해 히브리서 2:2절에 나온 '보응'이란 말을 이끌어 넣은 것입니다. 그래서 개역성경에는 작은 글자로 '그 보응'이란 말을 삽입하였고 새번역에는 "갚음"이라고 옮겼지만, 양편 다 마치 구원을 잃는 보복을 당한다는 인상을 줍니다.

또 하나의 오해의 소지는 '등한히 여긴다'는 말입니다. 등한시하는 것을 구원을 배척한다는 의미로 보면 안 됩니다. 등한(neglect)과 배척(reject)은 다른 것입니다. 등한시하는 것은 이미 받아서 소유하고 있는 것을 소홀히 여기는 것이고, 배척하는 것은 오퍼 된 것을 원하지 않고 거절하는 것입니다. 등한시하는 것은 받은 것을 사용하지 않는다는 뜻이기 때문에 구원을 상실하거나 혹은 구원을 못 받았다는 증거가 아닙니다. 하나님께서는 이스라엘 백성 전체를 한 사람도 남기지 않고 출애굽 시켰으며 모두 가나안으로 향하는 광야 길로 인도하셨습니다.

어린 양의 피를 믿는 순간에 출애굽의 구원이 이루어집니다. 그런데 출애굽의 구원은 즉시 유업의 길로 들어서게 합니다. 이것은 불가피한 일입니다. 바로 왕의 속박에서 벗어났던 이스라엘 백성은 예외

없이 광야로 들어갔습니다. 그들은 가나안 땅의 유업을 받을 수 있는 순례의 길에 올랐습니다. 그러나 그들이 실제로 가나안의 유업을 취하는 일은 불가항력적인 것이 아니었기 때문에 광야에서 얼마든지 머물 수 있었습니다. 이것이 출애굽 세대에서 실제로 일어난 일이었습니다. 히브리서는 이러한 일에 대한 경고를 중심 주제로 삼습니다. 히브리서의 주제는 우리가 구원받았다는 것을 확인하는 것도 아니고 혹은 구원을 잃을 수 있다는 것을 말하는 것도 아닙니다. 일단 받은 구원은 절대로 잃지 않습니다. 하나님께서는 믿음으로 의롭게 된 자들을 영화롭게 하셨고 그들에게 영생을 주셨으며 아무도 주님의 손에서 그들을 빼앗지 못한다고 하셨습니다.

> 내가 그들에게 영생을 주노니 영원히 멸망하지 아니할 것이요 또 그들을 내 손에서 빼앗을 자가 없느니라 (요 10:28).
> 또 미리 정하신 그들을 또한 부르시고 부르신 그들을 또한 의롭다 하시고 의롭다 하신 그들을 또한 영화롭게 하셨느니라 (롬 8:30).

히브리서의 주제는 구원 여부가 아니고, 이미 받은 구원에 이어서 오는 유업의 축복들을 놓치지 말고 줄기찬 믿음으로 획득하라는 격려이며 아울러 유업의 땅에 닿지 못하는 위험을 경고하는 것입니다. 히브리서의 메시지는 구원을 잃을 수 있다거나 혹은 받았다고 하는 구원이 진짜인지 가짜인지를 가리는 것이 아닙니다. 히브리서의 주된 관심은 우리가 무엇을 위해 구원을 받았는지를 지적하고 유업의 목표를 향해 줄기찬 믿음과 인내로 나아가야 할 것을 권면하는 것입니다.

히브리서가 역설하는 것은 우리에게 천사보다 더 위대하시고 모세보다 더 우월하신 하나님의 아들이신 주 예수님이 계신다는 것입니다. 예수님은 하늘 대제사장으로서 주님이 현재 누리시는 하늘 영광에 우리가 닿도록 중보하십니다(히 2:10; 4:14~16). 우리에게 이러한 대제사장이 계시기 때문에 하나님의 크나큰 구원을 등한시할 수 없다는 것입니다. 그러니까 히브리서는 주 예수를 믿는 신자의 위치가 안전하다는 확신과 하나님 나라를 위해서 각자가 받은 소명을 성취하라는 동기를 부여합니다. 단순하게 영원한 구원을 받았다고 해서 아무렇게 살아도 천국은 보장되었다는 것이 아닙니다. '한 번 구원 영원하다'(Once saved, always saved)는 말은 영원한 은혜 구원을 단적으로 표현한 것이지만, 유업의 가르침이 따르지 않으면 동기부여가 되지 않습니다. 히브리서는 한 번 구원이 영원한 것임을 믿지만 거기서 그치지 않고 신자마다 하나님의 나라를 위해서 무엇을 성취하도록 계획되었음도 믿습니다. 구원은 출애굽의 해방에서 끝나는 것이 아니고 광야를 거쳐 가나안 땅으로 들어가는 것이 목표입니다. 히브리서의 주제는 출애굽 하여 광야를 지나며 어려움을 극복하고 요단 강을 건너 적들을 무찌른 후, 젖과 꿀이 흐르는 복을 누리는 안식에 들어가는 것입니다. 이 일은 아직 끝나지 않았으므로 낙심하거나 포기하지 말고 유업을 붙들라는 것입니다.

히브리서의 주제는 우리의 구원을 확실하게 하려는 것이 아닙니다. 받은 구원은 이미 확실하며 영구적입니다. 우리는 구원을 잃지 않기를 바라면서 전전긍긍하지 말아야 합니다. 우리가 명심해야 하는 것은 하나님께서 우리를 구속하신 목적을 알고 이를 확실하게 붙잡는 것입니다. 바울은 이렇게 자신이 붙잡힌 것을 붙잡으려고 달려간다고 하였습니다.

내가 이미 얻었다 함도 아니요 온전히 이루었다 함도 아니라 오직 내가
그리스도 예수께 잡힌 바 된 그것을 잡으려고 달려가노라 (빌 3:12).

자신의 구원을 확신하십시오. 그러나 구원받았다고 해서 이래도
좋고 저래도 좋다는 식으로 "이같이 큰 구원을 등한히 여기면" (히 2:3)
그리스도의 심판대에서 크게 부끄러움을 당할 것입니다. 또한 주님
으로부터 '잘하였도다 착하고 충성된 종아' 라는 칭찬을 받지 못합니
다. 우리 각자가 구원 이후에 받은 각자의 소명에 따라 힘써 주를 섬
김으로써 하나님이 준비하신 안식에 들어가야 한다는 것이 히브리서
의 일관된 권면입니다.

2.
예수님을 아는 것이 신앙의 근본입니다.
히브리서 1:1∼4

히브리서는 짧은 서신이 아닙니다. 그래서 전체적인 윤곽을 잡기 위해 단원별로 나누어 보는 것이 이해에 도움이 됩니다.

1:1∼2:4 하나님께서 자신의 아들을 세상에 보내셨음을 먼저 전제하고 예수님의 위대성을 열거합니다. 예수님은 하나님의 마지막 말씀이며 만유의 상속자며 창조주이십니다. 예수님은 하나님의 형상이며 만유를 보존하십니다. 예수님은 십자가 사역을 마치시고 현재 하나님 우편에 좌정해 계십니다. 예수님은 유대인들이 우러러보는 천사보다도 비교할 수 없이 높으신 분입니다. 예수님은 하나님의 아들이시므로 하나님의 완전한 대리자이십니다. 하나님께서는 아들이신 예수님을 통해 모든 창조와 구원을 이루십니다. 그러므로 예수님의 최고의 신분을 망각하거나 그분의 크나큰 구원을 등한시하는 것은 하나님의 진노를 일으킨다고 경고합니다.

2:5∼18 하나님께서는 원래 만물을 인간의 통제 아래 두셨습니다.

그러나 인간의 타락으로 이 통제권이 박탈되었습니다. 타락한 세상은 아담과 하와를 유혹했던 사탄의 손아귀에 들어갔습니다. 그래서 예수님은 인성을 입고 십자가와 부활로 사탄을 정복하여 인류를 구출하고 사망을 이기셨습니다.

예수님은 십자가의 고난을 당하셨으나 이제는 영광과 존귀의 관을 쓰고 계심으로써 원래 하나님께서 인간을 위해 계획하셨던 선한 뜻을 성취하셨습니다. 예수님은 자신이 받은 고난의 체험이 있기에 우리의 연약함과 시련의 고통을 동정하시고 능히 도우실 수 있는 하늘의 대제사장이십니다. 이것은 하나님의 징계 가능성에 대한 경고 말씀에 이어 나오기 때문에 격려가 됩니다.

3:1~6 모세는 옛 언약의 지도자였습니다. 그는 장막을 건축하였고, 예수님은 손으로 짓지 않은 하나님의 집을 세웠습니다. 예수님은 하나님의 집을 맡은 아들이십니다. 그래서 그는 종으로 섬겼던 모세보다 훨씬 더 위대하신 분입니다. 하나님의 집은 성전처럼 하나님의 임재와 영광을 드러냅니다. 우리가 하나님의 집이 되는 한 가지 조건은 믿음을 굳게 유지하는 것입니다. 우리가 믿음을 꾸준히 지킬 때 하나님의 집으로서의 기능을 제대로 발휘합니다. 성막에서 하나님의 영광을 볼 수 있었듯이, 우리 안에서 하나님의 영광과 복음의 빛이 비쳐나갑니다.

3:7~4:13 하나님의 안식에 들어가는 주제가 긴 경고와 함께 소개됩니다. 한 마디로 마음이 완고하여 떨어져 나가지 말아야 한다는 것입니다. 하나님을 불신하기 때문에 반항과 불평만 하면 하나님께서 주시려고 계획하신 유업의 땅을 잃습니다. 이것은 구원을 받거나 천

국에 들어가는 문제가 아니고, 하나님께서 그의 자녀들에게 주기를 원하시는 유업의 복을 받느냐 못 받느냐 하는 것에 대한 경고입니다.

4:14~7:28 예수님은 멜기세덱과 같은 제사장으로서 하나님의 백성을 약속의 땅으로 인도하시는 분임을 주지시킵니다. 저자는 6장에서 잠시 유업 상실 가능성에 대한 경고와 격려를 한 후에 다시 멜기세덱과 예수님에 대한 진술을 이어나갑니다. 멜기세덱의 계통을 따른 예수님의 제사장직은 아론의 제사장직보다 더 우월합니다. 아론과 그의 후손은 먼저 자신들의 죄를 위한 속죄가 필요하였고 마침내 다 죽었지만 예수님은 죄가 없으시며 영원히 살아 계십니다. 예수님과 아론의 제사장직의 큰 차이는 하나님께서 맹세로 예수님의 제사장직을 확정하신 것입니다. 예수님은 단번에 자신을 드려 영원한 속죄를 성취하셨습니다. 그러므로 주 예수를 믿음과 오래 참음으로 끝까지 신뢰하면 하나님의 축복의 맹세를 받기 때문에, 광야 세대처럼 하나님의 진노의 맹세를 받고 가나안에 못 들어가는 일이 없습니다.

새 언약의 대제사장은 자비하십니다. 우리는 필요한 때마다 예수님의 은혜를 받을 수 있습니다. 그래서 은혜의 보좌 앞에 담대히 나아가라고 했습니다. 주님은 우리가 주께로 가서 우리의 필요를 말씀드리며 교제하기를 원하십니다. 아브라함은 전쟁으로 큰 어려움에 빠졌을 때 멜기세덱에게서 필요한 은혜를 입었습니다. 멜기세덱은 아브라함에게 필요한 양식을 넉넉히 공급하였습니다. 우리도 날마다 하늘의 대제사장이신 예수님의 보살핌을 의존하고 살아야 합니다. 우리를 위해 하늘에서 쉬지 않고 중보하시는 주님은 우리의 연약함을 깊이 동정하시는 자비하신 대제사장이십니다.

8:1~10:18 예수님의 속죄 피에 대한 긴 항목입니다. 예수님은 새 언약의 중보자로서 하늘 성소에서 자신을 아버지 앞에 제시하시고 우리를 위해 중보하십니다. 예수님은 모세 율법에 근거한 구약 시대의 성소와 희생제물과 제사장직을 자신의 속죄 피로써 단번에 성취하셨습니다. 옛 언약의 제사 제도는 동물 희생을 드림으로써 외적인 죄의 오염을 제거시키는 것이 핵심이었습니다. 그러나 이것은 새 언약이 세워질 때까지 잠정적으로 죄를 덮는 임시 방편이었기에 죄를 완전히 처리할 수 없었으며 죄인의 양심을 깨끗하게 할 수 없었습니다.

그러나 새 언약에서는 예수님이 자신을 하나님께서 온전히 받으실 수 있는 완전한 희생 제물로 바치셨습니다. 이로써 주 예수를 믿는 자들을 죄책으로부터 해방시키고 깨끗한 양심으로 하나님께 나아갈 수 있게 하셨습니다. 옛 언약에서는 제사장이라도 대속죄일을 제외하고는 성막에 커튼이 가려져 있어 자유롭게 하나님의 존전으로 나아갈 수 없었습니다. 그러나 예수님은 자신의 피로써 완전하고 영구적인 속죄 제물이 되셨기 때문에 그의 대속을 믿는 성도들이 하나님과 화평을 누리며 두려움 없이 거룩하신 하나님의 존전으로 나아갑니다.

예수님은 우리가 이 세상을 사는 동안 하나님의 안식에 들어갈 수 있도록 성령과 말씀으로 인도하시고 하늘 상급을 받도록 선구자로서 길을 닦으셨습니다. 이것은 그리스도의 피의 희생이 지닌 크나큰 능력입니다.

10:19~11:40 우리가 예수님의 피를 힘입어 꾸준한 믿음과 영적 담대성을 지니고 소망과 사랑의 삶을 살 것을 권면합니다. 복음의 진리를 거슬러 하나님의 심판을 자초하지 말고, 시련 속에서 인내하여

큰 상을 받으라고 촉구합니다. 우리에게 그러한 확신의 근거가 있기에 진지하게 살아야 한다는 호소입니다. 그래서 11장에 믿음의 조상들의 열전(列傳)이 나옵니다. 이 목록은 유업의 상을 위해 믿음의 선열들이 어떻게 살았는지를 예시합니다. 여기서 언급된 믿음은 첫 구원을 받기 위해 필요한 단순한 믿음이 아니고 하나님의 뜻에 따라 자신의 소명을 성취하게 한 줄기찬 믿음입니다.

12:1~29 꾸준한 믿음으로 지연과 역경을 견디며 하나님께서 약속하신 유업의 상을 향해 달렸던 믿음의 선진들의 실례가 끝난 후에 12장에서 예수님을 최고의 모범으로 제시합니다. 예수님도 믿음과 인내로 자신의 유업을 받으셨기 때문입니다. 우리에게는 경주를 하듯이, 각자가 달려야 할 특정된 루트가 있습니다. 트랙 끝에서 큰 무리가 우리를 기다리며 응원합니다.

「당신들은 경주를 잘 마칠 수 있소. 우리는 믿음과 인내로 애굽의 바로 왕을 이겼다오. 여리고 성을 무너뜨렸고 가나안 족속을 내쫓았소. 우리가 할 수 있었다면 당신들도 할 수 있소. 힘을 내시오.」

예수님도 말씀하십니다.

「나도 그렇게 이겼노라.」

우리는 믿음의 창시자며 완성자이신 예수님을 바라보며 달립니다. 나에 대한 하나님의 뜻을 성취하기 위해 믿음과 인내로 소명의 길을 달립니다. 도중에 한눈을 팔거나 죄의 덫에 걸려 넘어질 때에는 주님이 나를 징계하시고 단련하십니다. 그러나 이것은 자비를 담은 사랑의 매질입니다. 그래서 하나님으로부터 징계를 받더라도 낙심하지 말아야 하는 것은 그것이 우리의 영적 유익을 위한 것이기 때문입니다. 우리에게는 하나님을 기쁘게 섬길 수 있는 이유들이 많습니다.

그러므로 기회를 놓치지 말고 하나님이 주시는 은혜를 받기 위해 경고를 받고 피곤한 손과 연약한 무릎을 일으켜 세우며 유업의 상을 위해 달리라는 것입니다.

13:1~25 12장의 마지막 권면은 하나님은 소멸하는 불이시니 하나님을 기쁘게 섬기라는 것이었습니다. 이제 13장에서 어떤 일들이 하나님을 기쁘게 섬기는 것인지를 예시합니다. 나그네를 접대하고 갇힌 자들을 동정하며 결혼을 존중하고 돈을 사랑하지 말라는 것입니다. 마지막 부분은 일반 서신에서처럼 소식과 함께 문안과 축도로 마칩니다.

위에서 잠시 훑어본 대로 히브리서의 중심 주제는 신자들이 하나님을 위해서 무엇을 성취함으로써 하나님의 안식에 들어가는 것입니다. 신자들이 하나님의 후한 맹세로 유업을 받는 길은 하늘 성소에서 우리를 위해 섬기시는 예수 그리스도의 제사장 사역에 적극적으로 의존하면서 꾸준한 믿음과 인내를 보이는 것입니다. 신자의 삶은 예수님으로부터 "잘하였도다 착하고 충성된 종아"(마 25:21, 23)라는 칭찬과 인정을 받는 문제입니다. 이것은 현재 이 세상에서부터 하나님의 안식에 들어가는 것이며 천국에 보물을 쌓는 일입니다(마 6:20). 그러므로 "이같이 큰 구원을 등한히"(2:3) 여기지 말고 "참 마음과 온전한 믿음으로 하나님께 나아가자"(10:22)고 했습니다. 이 주제는 예수님에 대한 폭넓고 드높은 기독론을 바탕으로 하고 있습니다. 그래서 예수님의 속죄 피와 대제사장되심에 깊이 의존하면서 거룩한 삶을 살게 하는 강한 동기부여를 제공합니다.

[히브리서에는 왜 초두에 인사말이 없을까요?]

히브리서 저자는 본 서신의 초두에서 관례적인 인사말을 생략하였습니다. 그대신 예수님의 최고성에 대해 단도직입적으로 진술하기 시작합니다. 당시의 유대교에서 보면, 크리스천들은 유대인들이 수천 년 동안 믿어온 여호와 종교를 떠난 배교자들이었습니다. 모세는 일찌기 이스라엘 백성에게 여호와만 유일한 하나님이라고 선포하였고(신 6:4) 유대인들은 누구나 이 교리를 믿고 대대로 전수하였습니다. 그런데 크리스천들은 십자가에 처형된 나사렛 예수를 하나님과 동등시하며 유일한 구원자라고 외쳤습니다. 그들은 유대교의 최고 지도자들인 대제사장과 산헤드린이 예수를 이단으로 정죄하고 처형시킨 것을 인정하지 않았습니다. 그래서 그들은 동족으로부터 박해를 받았습니다. 그렇지만 그들은 유대인 랍비들과 성전 지도자들을 대항하여 반박할 수 있는 성경 지식이나 권위가 없었습니다. 그들은 점차 유대교의 압력에 눌려 예수님에 대한 확신이 흔들리기 시작하였고 함께 모이는 일조차 두려웠습니다(히 10:25). 그래서 그들은 유대교와 완전히 절연하기보다는 적당히 타협하며 사는 편이 낫다고 여겼을 것입니다.

이러한 상황을 고려한다면 히브리서의 저자가 처음부터 기독론의 깃발을 높이 흔들어 보이는 것을 쉽게 이해할 수 있습니다. 예수 그리스도의 신분과 사역에 대한 심층적인 인식은 히브리서 교인들의 당면한 신앙 문제에 대한 시급한 대안이었습니다. 그래서 저자는 그림자에 해당했던 유대교의 의식과 제도는 예수님에 의해 대치되었고 유대교에서 대망했던 메시아는 십자가 희생을 거쳐 현재 하나님 우편에 계신 예수님이심을 큰 그림으로 진술하였습니다. 이러한 기독론은 현대 교회에도 여전히 적용되어야 합니다. 예수님이 과연 누구이시며 어떤 일을 행하셨는지를 알고 믿는 것이 가장 근본적인 신앙의 받침대입니다.

♣ 예수님은 우리가 고백하는 신앙의 대사도이시며 하늘의 대제사장이십니다(히 3:1; 7:21).

♣ 예수님은 창조의 대행자며 만물을 상속받으실 하나님의 아들이십니다(히 1:2).

♣ 예수님은 속죄 사역을 마치시고 세상 만사를 섭리하시며 보존하십니다(히 1:3).

♣ 예수님은 세상의 모든 악한 세력들과 원수들을 제압할 때까지 하나님 우편에 좌정하신 왕이십니다(히 1:3; 시 110:1).

♣ 예수님은 하나님의 영광의 광채이시며 하나님의 본체의 형상이십니다(히 1:3; 빌 2:6; 고전 8:5~6).

이러한 예수님의 자리를 누구와 교체할 수 있단 말입니까? 예수님을 바르게 아는 것이 신앙의 기본입니다. 예수님의 최고성과 독특성을 반대하는 세상의 여러 주장들에 흔들리지 마십시오. 세상의 어떤 종교의 지도자도 예수님의 신분과 역할을 능가할 존재는 없습니다. 예수님이 유일한 길과 진리와 생명입니다. 예수님은 누구와도 비교할 수 없는 지극히 높으신 하나님의 유일무이한 신적 아들이십니다. 예수님은 일찍이 가이사랴 빌립보에서 제자들에게 물으셨던 질문을 우리에게도 던지고 계십니다. "너희는 나를 누구라 하느냐?"(마 16:15). 시몬 베드로의 대답에 전적으로 동의하십니까?

주는 그리스도시요 살아 계신 하나님의 아들이시니이다 (마 16:16).

우리는 히브리서의 저자가 선포한 예수 그리스도의 기독론에 아멘으로 응답할 수 있어야 합니다. 우리를 잡아당기며 유혹하고 협박하는 불의한 세상을 이기는 자가 누구입니까?

> 세상을 이기는 승리는 이것이니 우리의 믿음이니라 예수께서 하나님의 아들이심을 믿는 자가 아니면 세상을 이기는 자가 누구냐 (요일 5:4~5).

성경이 선포하는 기독론만이 우리의 방패입니다. 예수님의 기독론을 양보하거나 타협하면 모든 것이 무너집니다. 오직 주 예수만 바라보고 세상의 다른 어떤 유사품에도 속거나 흔들리지 마십시오. 우리도 히브리서 저자처럼 관례적인 인사말을 생략하더라도 더 시급하고 중요한 기독론에 온 정신을 쏟아야 합니다. 교회와 각 신자의 당면한 최대 이슈는 예수님이 누구이신지를 아는 것입니다. 바울처럼 우리도 주 예수를 알기 위해 모든 것을 배설물로 여기고(빌 3:8) 오직 주님만을 귀히 받들며 그분에게 우리의 몸과 마음을 드려야 하겠습니다.

3.
하나님의 아들
히브리서 1:5~6

지금까지 저자는 예수님의 신분과 사역을 핵심적으로 간명하게 진술하였습니다. 이제부터는 이러한 예수님에 대한 진술들을 구약의 인용들을 통해서 상세히 논증하는 새 단원입니다.

예수님은 '하나님의 아들'이라는 직분을 받으셨습니다.

하나님의 아들이라고 하면 고대 신화에 나오는 특출한 인물이나 신에 거의 버금가는 초능력을 가진 존재를 연상할지 모릅니다. 그러나 예수님이 하나님의 아들이시라는 말은 단순히 어떤 신적인 권위를 가진 인물이라는 의미 이상입니다. 5절에는 두 개의 구약 인용문이 나옵니다.

❖ 너는 내 아들이라 오늘 내가 너를 낳았다.

이것은 시편 2:7절의 인용인데 예수님의 독특한 아들직에 대한 것입니다. 그런데 여기서 '내가 너를 낳았다'고 했기 때문에 전체 문맥을 무시하고 유사 기독교나 타종교에서 예수님의 신성을 부인하는 근거로 삼습니다. 그러나 우리는 성경의 다른 증언들도 아울러 살펴야 합니다. 예를 들면 요한복음 1:1~3절과 히브리서 1:2~3절에서 예수님을 태초부터 하나님과 함께 계셨던 창조주 하나님으로 진술하였고 하나님과 동일한 본질과 속성을 가진 분으로서 현재 하나님 우편에 좌정하신 분으로 증언합니다.

❖ **나는 그에게 아버지가 되고 그는 내게 아들이 되리라.**

이것은 사무엘하 7:14절의 인용으로서 예수님이 아버지 하나님의 대표자라는 의미입니다. 성경의 저자들은 하나님의 아들이라는 말을 강조점에 따라서 한 가지 이상의 의미로 사용하였습니다. 그래서 문맥으로 이해해야 합니다. 먼저 시편 2편을 살펴보겠습니다. 여기 보면 지상의 군왕들이 하나님과 그의 기름 부음 받은 메시아를 대항합니다(시 2:2). 하나님께서는 이들을 비웃으시고 진노하시면서 "내가 나의 왕을 내 거룩한 산 시온에 세웠다"(시 2:6)라고 선포하십니다. '나의 왕'은 메시아 왕입니다. 하나님은 그에게 **너는 내 아들이라 오늘 내가 너를 낳았도다**(시 2:7)라고 하십니다. 이 시점에서 '아들됨'(sonship)은 대표자 또는 대행자라는 의미입니다. 하나님의 메시아 왕은 하나님을 대표합니다. 다윗 왕의 후손에서 나온 왕들은 하나님의 의를 이스라엘 땅에 세우고 보존해야 했습니다. 그들은 하나님의 나라를 위해 하나님을 대항하는 원수들을 물리치는 소명을 받았습니다. 이러한 의미에서 다윗 왕조의 왕들은 하나님의 아들들이며 궁극적으로 하나님의 메시아 왕, 곧 예수 그리스도를 가리키는 화살표입니다.

신약의 저자들은 시편 2편의 '내 아들'(7절)을 예수님에게 적용시켰습니다(행 13:33; 롬 1:4; 히 1:5; 5:5). '오늘 내가 너를 낳았다'는 말은 예수님이 피조물이거나 혹은 하나님께서 그를 양자로 삼으셨다는 의미가 아닙니다. 하나님께서 그를 인간으로 태어나게 하시고 만국을 다스리도록 하나님의 대표자로서 세우셨다는 뜻입니다(눅 1:32).

[그럼 언제 예수님이 하나님의 아들로 임명되셨을까요?]

'오늘'이라고 했습니다. 이 '오늘'이 언제입니까? 예수님의 생애에서 자신을 메시아로 입증하신 때입니다. 이때는 예수님이 십자가에 달리시고 장사된 지 사흘 만에 부활하신 때입니다 그렇다면 이런 질문이 나올 수 있습니다. 예수님은 세상에 오시기 전부터 하나님의 아들이시지 않습니까? 그렇습니다. 예수님은 영원 전부터 하나님의 아들이십니다. 히브리서 1: 8절에서 아들에 관해서 말할 때 "주의 보좌는 영원"하다고 했습니다. 그러나 이것은 5절에서 언급된 '내 아들을 낳았다'는 의미와는 같지 않습니다.

하나님께서는 예수님의 부활 때에 그를 하나님의 아들로 세우셨습니다.

성결의 영으로는 죽은 자들 가운데서 부활하사 능력으로 하나님의 아들로 선포되셨으니 곧 우리 주 예수 그리스도시니라 (롬 1:4).

마태복음 28:18절도 히브리서 1:5절의 평행절인데 예수님은 부활하신 후에 제자들에게 아버지께로부터 '모든 권세를 내가 받았다'고 하셨습니다. 또한 사도행전 13:33절도 평행절입니다.

곧 하나님이 예수를 일으키사 우리 자녀들에게 이 약속을 이루게 하셨다 함이라 시편 둘째 편에 기록한 바와 같이 너는 내 아들이라 오늘 너를 낳았다 하셨고 (행 13:33).

이러한 구절들은 예수님이 하나님의 아들로서 영원 전부터 선재하신 사실을 부인하지 않으면서 예수님의 독특한 아들되심을 드러내고 있습니다. 조금 더 설명해 보겠습니다.

첫째, "너는 내 아들이라 오늘 내가 너를 낳았다"는 구절이 나오는 시편 2편은 원래 다윗 왕통의 대관식 로열 시편이었습니다. 예수님은 다윗의 자손으로 오신 메시아 왕이십니다(마 1:1). 그는 다윗 계통의 종말론적 왕권을 계승하는 아들이 되셨기 때문에 시편 2편의 궁극적인 성취입니다(눅 1:32; 시 89:3~4). 예수님은 십자가의 속죄 사역을 마치시고 부활하신 후에 하나님 우편에 좌정하셨습니다. 이것은 예수님의 천상 대관식이었습니다. 예수님은 부활 승천으로 하나님을 대행하여 온 세상을 통치하는 자리에 오르셨습니다. 예수님은 하나님의 최상의 아들로서 아버지의 권위로 절대적인 왕권을 행사하는 우주의 왕이십니다. 여기서도 이런 질문이 나올 수 있습니다. 예수님의 신성을 인정한다면, 예수님은 영원 전부터 항상 왕 중의 왕이시지 않습니까? 이 질문은 둘째 포인트에서 다루겠습니다.

둘째, 예수님이 하나님의 독특한 아들직을 부여받은 것은 모든 이름 위에 뛰어난 이름을 유업으로 받으신 때였습니다(히 1:4, 빌 2:9). 이 영예는 예수님이 인간으로 태어나시기 전에는 주어지지 않았습니다. 예수님이 하나님의 독특한 아들이 되신 것은 인류 역사에서 처음으로 세상 통치가 하나님의 메시아로서 사람의 몸을 입고 오셨던 「인간, 예수」에게 넘겨진 때였습니다. 이것은 예수님이 인간으로 죽으셨다가 부활하신 가장 심오한 사건입니다. 예수님은 천상에서 현재 「인간, 예수 그리스도」로 계십니다(계 1:13). 그리고 「인간, 예수 그리스도」로서 재림하실 것이며 「인간, 예수 그리스도」로서 온 우주를 심판하실 것입니다. 예수님은 지극히 경이로운 하나님의 구원 사건의 실체가 되었던 인간의 몸을 불멸의 인장으로 영원히 지니고 계십니다. 우리는 인간이 되셨던 예수님을 구주 하나님으로 섬깁니다. 예수님은 우리 자신들과 같은 인간의 모습을 지니셨기 때문에 영원히 우리 인간들의 구주가 되십니다.

> 나는 그에게 아버지가 되고 그는 내게 아들이 되리라 (5절).

이 말씀도 유사한 포인트를 다룹니다. 본 구절의 출처인 사무엘하 7장은 하나님께서 다윗에게 주신 약속들입니다. 하나님은 다윗의 이름을 위대하게 만들어 주고 이스라엘 백성이 자리잡고 살 수 있는 땅을 주신다고 하였습니다. 또한 다윗 집안을 한 왕조가 되게 하여 왕들이 나올 것이며 그의 아들이 성전을 건축하고 하나님이 그의 아버지가 되고 그가 하나님의 아들이 될 것이라고 말씀하셨습니다(삼하 7:9~14). 원래는 다윗의 아들인 솔로몬을 가리켰지만 더 깊은 의미가 있습니다. 왜냐하면 다윗의 씨가 세우는 나라의 왕위는 영원하다고 했기 때문입니다.

> 네 수한이 차서 네 조상들과 함께 누울 때에 내가 네 몸에서 날 네 씨를 네 뒤에 세워 그의 나라를 견고하게 하리라 그는 내 이름을 위하여 집을 건축할 것이요 나는 그의 나라 왕위를 영원히 견고하게 하리라 (삼하 7:12~13).

다윗 왕가의 왕들은 '다윗의 아들'로 오실 예수님을 예기하는 전주자들이었습니다. 그들은 예루살렘에서 나라를 다스렸지만 임시적이었고 장차 영원한 왕국을 세우실 다윗의 한 씨에 대한 화살표였습니다. 한편, 시편 2편을 비롯하여 구약에서 '하나님의 왕'에 대해서 말할 때에는 그 왕의 신분이나 통치 영역에 대해서 매우 포괄적인 과장법을 사용합니다. 예를 들어 온 세상을 통치한다든지 왕국이 영원히 존속한다든지 혹은 왕은 신적인 존재라고 말합니다. 그런데 이스라엘은 중동 지역에서도 소왕국이었다는 사실을 생각한다면 이러한 과장된 왕권 서술은 전혀 비현실적으로 들립니다. 그러나 구약 시대의 이스라엘의 왕권 사상은 당시에 알려진 그 어떤 왕국의 왕들보다도 더 위대한 메시아 왕을 바라보았기 때문에 이것은 예언적인 약속의 전망에서 나온 사실적 진술이었습니다.

원래부터 하나님과 이스라엘 백성은 부자 관계였습니다. 그래서 하나님께서는 모세를 보시고 바로에게 가서 이 점을 지적하라고 하셨습니다.

> 너는 바로에게 이르기를 여호와의 말씀에 이스라엘은 내 아들 내 장자라 내가 네게 이르기를 내 아들을 보내 주어 나를 섬기게 하라 하여도 네가 보내 주기를 거절하니 내가 네 아들 네 장자를 죽이리라 하셨다 하라 하시니라 (출 4:22~23).

호세아서에도 이스라엘을 하나님의 아들이라고 하였습니다.

> 이스라엘이 어렸을 때에 내가 사랑하여 내 아들을 애굽에서 불러냈거늘

(호 11:1).

아버지와 아들의 관계는 아들이 아버지의 공급과 보호와 인도를 받고 아버지께로 나아갈 수 있는 사이라는 것입니다.

이러한 부자 관계는 다윗의 씨로 오는 로열 메시아 왕과 하늘 아버지와의 관계를 내다보는 것이었습니다. 그래서 예수님은 구약의 이스라엘 왕권 제도가 상징하고 바라보았던 메시아 시대의 성취입니다.

하나님의 아들이 된다는 것은 예수님께 어떤 의미를 주었을까요?

무엇보다도 하나님은 자신의 아들이 맡은 대리적 사역을 수행하기 위해 필요한 자원을 공급해 주셨습니다. 하나님께서는 아들에게 "성령과 능력을 기름 붓듯"(행 10:38) 하셔서 하나님의 구원이 성취되게 하셨습니다. 예수님은 아버지로부터 인류를 구원할 말씀을 날마다 받아서 선포하셨고 매 걸음마다 성령의 인도를 따르며 순종하심으로써 구원을 이루셨습니다. 아들은 아버지께로부터 받은 분부를 신실과 충성으로 이행하고 모든 일에서 아버지께 복종하셨습니다. 이러한 아들을 아버지가 보호하시고 인정하셨습니다.

이 아들은 아버지를 그대로 닮기에 부자 사이에 성품이 일치하고 신성도 공유합니다. 이 아들은 아버지의 이름과 권위로 모든 일을 행하기 때문에 아버지의 완전한 대행자입니다. 이 아들에게는 다른 피조물과는 달리 아무런 제한이 없이 아버지께로 가장 가까이 나아가는 문이 항상 열려져 있습니다. 하나님과 예수님과의 사이는 전적으로 독특하므로 다른 존재에게서는 찾을 수 없습니다. 그래서 히브리서 저자는 묻습니다. 하나님께서 그 어떤 천사와 이런 관계를 가지

시냐는 것입니다. 하나님께서 아들에 대해서 가지신 숭고하고 원대한 계획이 천사들에게 주어진 적이 없다는 것입니다. 어떤 천사를 보고서도 하나님의 아들이라고 부르지 않았습니다. 예수님은 피조물의 영역을 벗어날 수 없는 천사의 신분이 아니라는 것입니다. 그래서 저자는 서두에서부터 예수님이 창조주이시며 만물의 상속자며 하나님의 본체의 형상이라고 선포하였습니다.

> 또 그가 맏아들을 이끌어 세상에 다시 들어오게 하실 때에 하나님의 모든 천사들은 그에게 경배할지어다 말씀하시며 (1:6).

본 절은 어디서 인용한 말씀일까요? 정확하게 알기 어렵습니다. 헬라어 구약 성경인 70인역의 신명기 32:43절의 인용으로 보기도 하고, 시편 97:7절이나 혹은 원래 히브리어 구약 성경의 해당 절에서 인용했지만 여기서 인용된 부분이 원문에서는 나중에 누락되었을 것으로 추측하기도 합니다. 그러나 학자들에 의하면 70인역에서와 해당 쿰란 성경에서 그 내용을 유추할 수 있다고 봅니다.

고대 문서에는 인용부호가 없었기 때문에 인용이 어디서 시작되고 어디서 끝나는지를 정확하게 파악하기 어려운 경우도 있습니다. 또한 두 개 이상의 인용문을 하나로 엮어서 사용하기도 했습니다. 예를 들어 마가복음 1:2절은 "선지자 이사야의 글"이라고 하면서 실제로 인용한 구절들은 출애굽기(23:20)와 말라기(3:1)와 이사야(40:3)를 포함시켰습니다. 인용문은 문자적으로 옮기기도 하지만 저자가 통찰한 의미의 중요성을 강해의 형태로 함께 사용되는 때도 많습니다. 아무튼 신명기 32장에 실린 '모세의 노래'는 이스라엘을 위시한 열방이 모두 하나님을 경배할 것을 촉구합니다. 그 까닭은 출애굽 때부터 하나님의 주권적이고 왕권적인 심판이 우상 숭배에 빠진 이스라엘과 이방 나라에서 계속하여 일어났기 때문입니다.

신약에서 '모세의 노래'는 예수님의 왕권에서 성취된 것으로 간주하였습니다. 예로써, 바울은 신명기 32:43절의 전반절을 로마서 15:10절에서 "열방들아 주의 백성과 함께 즐거워하라"고 인용하였습니다. 요점은 예수님이 하나님의 구원 계획과 목적을 성취하는 신적 왕이라는 것입니다. 그래서 천사들도 예수님의 왕권적 통치를 존중하고 경배한다고 하였습니다.

또 하나의 질문은 맏아들이 세상에 들어오는 때가 있다고 했는데 그때가 언제일까요? 이것은 특별한 때를 염두에 둔 말이기 때문에 밝혀 볼 필요가 있습니다. 개역개정판에서는 **또 그가 맏아들을 이끌어 세상에 다시 들어오게 하실 때에** 라고 번역되었기 때문에 마치 맏아들이 두 번째 세상에 들어오는 때를 가리키는 것처럼 들립니다. 그런 경우라면 예수님의 재림을 의미합니다. 그러나 '다시'라는 말은 또 한 번의 다른 인용을 한다는 의미로 어순을 앞으로 놓는 것이 옳습니다. 1:5절에서 같은 단어의 위치가 앞으로 나와서 "또 다시" 하고서 사무엘하 7:14절을 인용했기 때문입니다. 환언하면 '또'와 "다시"를 별도로 떼어놓지 말고 5절에서처럼 "또 다시"(And again)로 붙이라는 말입니다(NIV. ESV. KJV 영문성경 참조). 원문에는 '다시'라는 단어가 5절에서 사용된 동일한 용법으로 6절에도 그대로 사용되었습니다. 이렇게 되면 또 하나의 다른 인용을 한다는 의미가 되기 때문에 맏아들을 세상에 들어오게 하는 때를 재림 때로 한정시킬 필요가 없어집니다.

맏아들을 세상에 들어오게 하는 때도 특정한 시점이기보다는 일정 기간을 포함하는 것으로 보는 편이 낫습니다. 왜냐하면 천사들은 예수님의 부활 승천으로 예수님이 부여받으신 권능을 새롭게 인식하였기 때문입니다(딤전 3:16). 예수님은 승천하신 후에 하나님 오른편에 좌정하심으로써 우주의 통치자가 되셨고 모든 이름 위에 뛰어나셨으며 교회의 머리가 되셨습니다(엡 1:20~22). 이것은 예수님이 부활 승천으로 천사들보다 높여지셨기 때문에 천사들의 복종과 경배를 받으실 위치에 오르셨음을 의미합니다.

> 그는 하늘에 오르사 하나님 우편에 계시니 천사들과 권세들과 능력들이
> 그에게 복종하느니라 (벧전 3:22).

한편, 새번역에서는 '다시'를 빼고 '그러나'를 문장 앞에 두었기 때문에 예수님의 초림을 가리키는 듯합니다. 그런데 예수님의 출생은 십자가 죽음과 함께 그가 최하로 낮아지신 때였습니다(빌 2:7~8). 천사들은 예수님이 태어나셨을 때 하나님을 찬송하였습니다(눅 2:13~14). 그런데 그들은 이스라엘에 메시아를 태어나게 하신 하나님을 찬송했지만 당시에는 아기 예수의 영광이 어떻게 나타날 것인지를 잘 알지 못하였습니다. 아직은 아기 예수는 천사들보다 낮은 위치에 있었고 하나님께서 아기 예수를 우주의 왕으로 세우실 계획이 구체적으로 드러나지 않은 때였습니다. 이 시점에서는 천사들은 초림 때의 아기 예수를 우주의 왕으로 경배한 것이 아니었습니다. 예수님은 유대인의 왕으로 나신 이 (마 2:2; 27:37)였지만 아직은 전우주적인 왕권이 확립되기 이전이었습니다.

[모든 천사들은 그에게 경배할지어다(1:6)라는 말씀은 언제 응하게 되었을까요?]

예수님이 지상 생애의 구속 사역을 마치신 십자가 죽음과 부활 승천하신 때를 기점으로 잡는 것이 옳을 것입니다. 물론 십자가와 부활 승천은 초림의 연장선상에 있습니다. 그러나 예수님은 아기 예수로 오신 때가 아닌, 십자가에서 죽으시는 때를 자신이 영광을 받으시는 때라고 하셨습니다(요 7:39). 예수님은 또한 부활 승천으로 크게 높임을 받으셨습니다(빌 2:6~11). 예수님의 십자가가 하나님의 아들로서 왕관을 받는 메시아의 순종을 테스트 받는 일이었다면, 예수님의 부활은 예수님의 십자가 대속의 유효성을 인증하는 사건이었습니다. 그리고 예수님의 승천은 메시아의 천상 대관식이었습니다.

히브리서는 서두에서 하나님의 아들이신 예수님을 만유의 상속자로 세우셨다고 했습니다. 이 일은 예수님의 십자가 사역에서 시작되었고, 하나님 우편 보좌에 앉으신 천상 대관식으로 선포되었으며, 마침내 구속받은 모든 백성이 모여질 갱신된 새 하늘과 새 땅에서 완성될 것입니다. 우리는 천사들과 함께 세세토록 예수님을 경배하고 찬송할 것입니다. 따져보면 예수님의 초림부터 재림까지의 모든 구원 활동이 찬양의 대상입니다. 하나님의 크신 구원을 깨닫고 나면 하나님께서 인류를 위해서 행하신 크고 작은 일들이 모두 기이한 하나님의 섭리이며 은혜입니다.

천사들이 예수님을 우주의 왕으로서 경배하는 일은 지금도 계속 중입니다. 예수님의 재림 때에 비로소 천사들이 예수님을 경배하는 것이 아니라 예수님의 부활 승천 이후부터 재림 사이의 전 기간에 걸쳐 역사의 운명이 담긴 두루마리의 봉인을 떼실 예수님을 경배합니다(계 5:1~14). 천사들은 현재 주님의 왕권이 예수님을 머리로 삼은 교회를 통해서 확장되고 있음을 기뻐하며 더 알기를 원합니다.

이는 이제 교회로 말미암아 하늘에 있는 통치자들과 권세들에게 하나님
의 각종 지혜를 알게 하려 하심이니 (엡 3:10).

이 구원에 대하여는 … 하늘로부터 보내신 성령을 힘입어 복음을 전하
는 자들로 이제 너희에게 알린 것이요 천사들도 살펴보기를 원하는 것
이니라 (벧전 1:10~12).

하나님께서는 천사들이 예수 그리스도의 속죄 사역의 의미를 깨
닫고 그분이 하나님의 우편 보좌에 좌정하실 때까지의 부활과 승천
의 모든 과정을 보면서 주님을 경배하기를 원하셨습니다. 다시 말해
서 하나님께서는 천사들이 구원의 십자가와 부활 승천에 담긴 뜻을
깨달은 후에 예수님을 더욱 찬양하고 경배하도록 의도하셨습니다.

우리는 천사들이라면 이런 과정이 필요하지 않을 것으로 생각할
지 모릅니다. 그러나 천사들이라고 해서 모든 것을 다 잘 아는 것이
아닙니다. 그들도 하나님께서 계시해 주시는 범위 내에서만 압니다.
그뿐만 아니라 그들은 예수님의 십자가 사랑을 체험적으로 알지 못
합니다. 예수님은 타락하지 않은 천사들을 위해서 십자가로 가시지
않았기 때문입니다. 자신들의 창조주 하나님이 인간의 몸으로 세상
에 오셔서 죄인들을 위해 그토록 참혹한 처형을 당하셨다는 사실은
무척 당황스럽고 신비하게 느껴질 것입니다. 물론 그들은 하나님의
구원 계획에 대해서 상당한 깊이의 지식을 가지고 있습니다. 예를 들
어 가브리엘 천사는 다니엘과 사가랴 제사장과 마리아에게 나타나서
하나님의 구원 계획을 알리고 장차 될 일도 예고하였습니다. 아기 예
수가 태어났을 때 천군 천사들이 "지극히 높은 곳에서는 하나님께 영
광이요 땅에서는 하나님이 기뻐하신 사람들 중에 평화로다"(눅 2:14)
라고 찬양하였습니다.

그러나 천사들은 구약에서부터 예언된 구원이 예수님에 의해서 성취되고 제자들을 통해서 세상에 전파되는 신비를 다 알지 못하였습니다(벧전 1:12). 그들은 예수님이 교회의 머리로서 왕권을 행사하시는 일들에 대한 이해도 부족하였습니다. 그들은 주님을 충성되게 따르는 성도들에게 약속된 유업의 상이 지닌 영광에 대해서도 잘 몰랐기 때문에 더욱 알고 싶어하였습니다(벧전 1:4). 그래서 베드로는 "천사들도 살펴보기를 원하는 것이니라"(벧전 1:12)고 증언하였습니다.

신자들 앞에 놓인 영광은 천사들도 경탄하며 우러러보지 않을 수 없을 만큼 풍성하고 경이로운 것입니다. 그래서 베드로는 그의 독자들이 예수 그리스도를 보지 못하였고 아직도 못 본 상태에서(벧전 1:7) "믿고 말할 수 없는 영광스러운 즐거움으로 기뻐"(벧전 1:8)한다고 했습니다. 이것은 우리에게 큰 도전이 됩니다. 천사들은 이미 우리의 구원에 대해서 상당한 분량의 지식이 있음에도 계속하여 더 깊이 알려고 하였습니다. 또한 초대교회의 성도들은 구원에 대한 넘치는 기쁨이 있었습니다. 우리는 어떠합니까? 바울의 말처럼 "측량할 수 없는 그리스도의 풍성함"(엡 3:8)의 은혜를 아는 깊은 감격이 있습니까?

하나님께서는 깨달음도 없고 감격도 없는 경배를 원하시지 않습니다. 심령에서 우러나는 경외심이나 별다른 감동이 없이 습관적으로 교회를 다니지 말아야 합니다. 그렇게 되지 않으려면 하나님의 구원이 어떻게 이루어졌는지를 더 깊고 더 넓게 깨달아가야 합니다. 바울이 에베소 성도들을 위해서 무엇을 위해 기도했는지를 상기해 보십시오.

우리 주 예수 그리스도의 하나님, 영광의 아버지께서 지혜와 계시의 영을 너희에게 주사 하나님을 알게 하시고 너희 마음의 눈을 밝히사 그의 부르심의 소망이 무엇이며 성도 안에서 그 기업의 영광의 풍성함이 무엇이며 그의 힘의 위력으로 역사하심을 따라 믿는 우리에게 베푸신 능력의 지극히 크심이 어떠한 것을 너희로 알게 하시기를 구하노라 (엡 1:17~19).

예수님은 천사들의 자리 위로 높여지셨습니다. 예수님은 맏아들의 타이틀을 받으셨습니다(1:6). 이것은 시편 89:27절에서 따온 것입니다. '맏아들'은 특별한 특권을 누렸습니다. 창세기 49:3절은 장자에 대해서 '위풍이 월등하고 권능이 탁월하다'고 하였습니다. 시편 89편의 문맥에서는 맏아들(장자)은 다윗 왕에게 적용되었습니다. 그렇지만 다윗 왕통의 왕들은 다윗의 후손으로 오실 왕중의 왕이신 예수님을 바라보는 화살표들이었습니다(롬 8:29). 예수님은 하나님의 메시아 왕으로서 부활 때 세상을 다스리는 최상의 권세와 세상의 미래를 이끌어 가는 맏아들의 특권을 받으셨습니다.

예수님은 천사들보다 더 높은 이름과(히 1:4) 만국을 다스리는 통치권을 받으셨으며(엡 1:21), 교회의 머리가 되셨습니다. 승천하신 예수님은 하나님 우편에서 현 세상뿐만 아니라 미래의 모든 세대에 왕으로 다스리십니다(마 28:18). 그래서 천사들도 그에게 복종합니다(벧전 3:22). 예수님은 요한계시록에서 하나님의 미래의 계획과 목적들이 적힌 두루마리의 인봉을 뗄 수 있는 유일하게 합당하신 분으로 나옵니다(계 5:9). 예수님은 만왕의 왕이시며 역사의 주인이시며 만물을 새롭게 하시는 분입니다.

그분은 육신으로 나타나시고 성령으로 의롭다는 인정을 받으셨습니다. 천사들에게 보이시고 만국에 전파되셨습니다. 세상이 그분을 믿었고 그분은 영광에 싸여 들려 올라가셨습니다. (딤전 3:16, 새번역).

그렇다면 하나님께서 천사들에게 그의 맏아들을 경배하라고 하신 것은 너무도 당연한 일이었습니다. 또한 천사들이 이러한 예수님의 신분과 사역과 영광에 대한 것을 더 자세히 알기를 원한 것도 당연한 반응입니다. 그럼 우리는 어떤 반응을 보여야 하겠습니까? 하나님께서는 천사들에게 예수님의 십자가 죽음과 부활과 승천의 의미를 깨닫고 주님을 계속해서 경배하도록 하셨습니다. 우리도 구원의 내용과 주님이 누구이신지를 더욱 알아가며 섬겨야 합니다. 사실상 우리는 천사들보다 훨씬 더 주님을 잘 섬길 수 있는 위치에 있습니다. 우리는 모두 예수 그리스도의 구원을 이 세상에서부터 체험하고 확신할 수 있는 새 언약 시대에 살기 때문입니다.

4.
기름 부음을 받으신 아들
히브리서 1:7~9

본문은 천사들과 하나님의 아들에 대한 뚜렷한 대조를 두 개의 시편 인용으로 제시합니다. 7절은 천사들에 관한 시편 104편의 인용이고, 8절과 9절은 아들에 관한 시편 45편의 인용입니다.

> 그는 그의 천사들을 바람으로, 그의 사역자들을 불꽃으로 삼으시느니라
> (히 1:7).

본 절은 시편 104편에서 하나님을 대 창조주로 읊은 대목의 일부입니다(시 104:4). 빛을 창조하신 하나님은 자신이 빛으로 옷을 입으셨습니다(시 104:2). 그는 빛이시며 빛을 주시는 분입니다. 그는 "물에 자기 누각의 들보를 얹으시며 구름으로 자기 수레를 삼으시고 바람 날개로 다니시며"(시 104:3) 구름과 바람을 자신의 운송 수단으로 사용하십니다. 하나님은 천사들을 시켜 바람과 불꽃의 형태로 온 세상의 모든 곳에 임의로 나타나게 하십니다.

우리는 여기서 하나님께서 자신을 나타내실 때 바람, 구름, 불꽃

등을 사용하신다는 것을 알 수 있습니다. 그러나 구약에서 하나님이 사람의 모습으로 나타난 듯한 경우도 있기 때문에 다소의 혼란이 일어납니다. 대표적인 실례는 아브라함을 찾아왔던 세 명의 사람들입니다(창 18:2). 그런데 두 명은 소돔을 향하여 떠났지만 아브라함은 '여호와 앞에'(창 18:23) 그대로 서 있으면서 소돔 성읍을 위해 중보하였습니다. 반면, 소돔에 도착한 두 사람의 정체는 천사였다고 합니다(창 19:1). 그러니까 아브라함에게 세 명의 남자로 나타났던 사람 중의 한 사람은 여호와 하나님이었다는 말이 됩니다. 그렇다면 하나님이 사람의 모습으로 자신을 나타내셨다고 볼 수 있습니다.

그래서 기독교 초기에는 아브라함에게 나타났던 세 사람이 삼위일체 하나님이었다는 해석까지 나왔고 A.D. 165년 경에 로마에서 순교한 저스틴 마터(Justin Martyr)는 인간으로 나타난 하나님을 그리스도로 간주하였습니다. 그는 창세기 18장, 28장, 출애굽기 3장, 여호수아 5장에서 '하나님의 사자/주의 천사'(the angel of the Lord) 또는 여호와의 군대장관은 천사로 가장된 예수님이라고 주장하였습니다. 알렉산드리아의 클레멘트(Clement of Alexandria)와 터툴리언(Tertullian)도 유사한 주장을 하였습니다.

이 해석은 초기 크리스천들에게 유행이었는데 사실상 지금까지도 대부분의 복음주의 주석들이 따르고 있습니다.

❖ ESV Study Bible에서는 창세기 18:2절에 대한 주석에서 "두 사람은 천사들이고(창 19:1) 세 번째 인물은 주님이시다(창 18:22). 하나님이 인간의 모습으로 나타난 것은 하나님의 아들의 성육신을 예기한다(요 1:1~18)" 라고 하였습니다. 또한 삼손의 부모에게 찾아온 "하나

님의 사람/하나님의 사자"(삿 13:8~9)에 대해서도 그리스도의 성육신을 예고하는 하나님 자신이라고 말합니다.

❖ Reformation Study Bible에서도 "사람 셋"(창 18:2)은 '여호와와 두 천사들이다'(창 18:1, 13; 19:1)라고 주해하였습니다.

❖ 햄튼 키스리(J. Hampton Keathley)는 그의 천사론(The doctrine of angels)에서 말합니다.

"주의 천사라는 용어를 사용하는 여러 본문들을 예의 검토해 보면 보통 천사가 아님을 시사한다. 이것은 여호와의 현현(Theophany)이다. 더 정확하게는 그리스도의 현현(Christophany), 즉, 성육신 이전의 그리스도의 나타나심이다"

❖ 고든 웬함(G.J. Wenham)도 그의 창세기 주석에서(New Bible Commentary) 아브라함이 만났던 사람들에 대해 "여기 남자들은 천사들인데 그 중의 한 천사는 하나님의 사자(the angel of God), 곧 주님 자신인 듯하고(창 18:22) 소돔으로 간 다른 두 명은 그의 수행원들이다(창 19:1)"라고 하였습니다.

❖ 데렉 키드너(Derek Kidner)도 그의 창세기 주석에서(Tyndale OT Commentaries) "주님과 그의 두 명의 동반자들이 분명하게 구별되었다"고 봅니다.

이러한 입장은 대부분의 복음주의 주석가들이 사도행전 7장의 스데반의 메시지에서 언급된 '천사'(행 7:30, 35, 38, 53)를 성육신 이전의 그리스도라고 보기 때문에 더욱 강화된 듯합니다. 그런데 구약에서 '여호와의 사자'(여호와의 천사)와 '여호와'는 상호교환적으로 사용되었습니다. 여호와의 사자가 나타났다고 하고서 곧 이어 여호와께서 말씀하신 것으로 말합니다. 예로써, 하갈은 광야에서 '여호와의 사자'

를 만났는데 자신이 하나님을 뵈었다고 했습니다(창 16:16:7, 13). 혹은 야곱의 경우처럼 "어떤 사람"(창 32:24, 27)과 씨름을 했는데 나중에 '하나님'과 겨룬 것이라고 했습니다(창 32:28, 30). 그러나 여호와의 사자(천사)와 여호와가 상호교환적으로 사용되거나 '사람'의 모습을 한 존재가 알고보니 여호와 하나님인 것처럼 진술되었다고 해서 구약에서 하나님 혹은 그리스도 자신이 사람이나 천사의 모양으로 나타났다고 보는 것은 무리한 해석입니다.

❖ 예를 들어 기드온에게 '여호와의 사자'가 나타났지만 곧 이어 "여호와께서 그를 향하여 이르시되"(삿 6:14, 16)라고 했습니다. 여기서도 여호와의 사자와 여호와가 동격처럼 사용되었습니다. 그런데 여호와의 사자는 기드온에게 나타나서 하는 말이 "여호와께서 너와 함께 하시도다"(삿 6:12)라고 했습니다. 만약 기드온이 여호와의 사자를 여호와로 인식했었다면 이런 말은 불필요했을 것입니다. 이것은 기드온이 여호와의 사자를 천사로 의식했다는 시사입니다. 그럼에도 기드온은 자신이 여호와의 사자를 보았기 때문에 죽을 것이라고 두려워했습니다. 하나님께서는 그에게 죽지 아니하리라고 하셨습니다(삿 6:22~23). 이것은 기드온이 본 하나님의 사자는 하나님 자신이 아니고 하나님이 보내신 천사였기 때문입니다. 만약 기드온이 하나님을 계신 그대로 보았다면 이미 죽었을 것입니다.

❖ 삼손의 부모도 여호와의 사자를 만났을 때 그에게 음식을 대접하려고 하자 "번제를 준비하려거든 마땅히 여호와께 드릴지니라"(삿 13:16)고 했습니다. 이렇게 하나님의 사자는 자신을 여호와와 구별해서 말했으나 삼손의 아버지인 마노아는 그의 아내에게 "우리가 하나

님을 보았으니 반드시 죽으리라"(삿 13:22)고 오해하였습니다.

❖ 야곱의 경우에도 마찬가지입니다. 그는 자신과 씨름했던 사람을 하나님으로 생각하고는 "내가 하나님과 대면하여 보았으나 내 생명이 보전되었다"(창 32:30)고 하고서 그곳 이름을 브니엘(하나님의 얼굴)이라고 지었습니다. 천사는 때로 매우 엄위한 모습으로 나타나기 때문에 다니엘의 경우, 가브리엘 천사를 만났을 때 얼굴을 땅에 대고 기절했습니다(단 8:15~18). 사도 요한은 그에게 하나님의 말씀을 전언하는 천사에게 압도되어 그 앞에 경배하려고 했습니다(계 22:8~9).

그러나 하나님께서는 모세에게 "네가 내 얼굴을 보지 못하리니 나를 보고 살 자가 없음이니라"(출 33:20)고 하셨고, 바울은 하나님을 "가까이 가지 못할 빛에 거하시고 어떤 사람도 보지 못하였고 또 볼 수 없는 이"(딤전 6:16; 요 1:18)시라고 분명히 지적했습니다. 그래서 우리는 성경에 나오는 '하나님의 사자'(천사)라는 말은 하나님 자신이 아니고 하나님의 특별한 소명을 받은 구별된 천사를 가리키는 것으로 보는 것이 타당할 듯합니다. 이 하나님의 사자는 때로는 주의 임재를 확인시켜 주려고 제물을 받기도 하지만(삿 6:18~21; 13:19, 23) 이것은 반드시 주의 천사가 곧 하나님 자신이나 성육신 이전의 그리스도라는 증거는 아닙니다.

바울은 로마로 압송되는 배에서 하나님의 천사를 꿈에서 보고 "내가 속한 바 곧 내가 섬기는 하나님의 사자가 어제 밤에 내 곁에 서서"(행 27:23) 말했다고 증언하였습니다. 그는 여기서 자기가 본 천사를 그리스도나 하나님과 구별하고 있습니다. 말을 전하는 자는 천사지만 말씀을 주신 분은 하나님이십니다. 그리고 전갈의 소명을 받은 천사는 인간의 눈으로 볼 수 없는 하나님을 가시적으로 대표하기 위해 하나님으로부터 보내심을 받고 나타났다고 보는 것이 더 자연스럽습니다(참조. 단 10:11).

사도행전 7:30절에서 "사십 년이 차매 천사가 시내 산 광야 가시나무 떨기 불꽃 가운데서" 모세에게 보이셨다는 대목의 천사는 사도행전 7장 53절에서 "너희는 천사가 전한 율법을 받고도 지키지 아니하였도다"라는 대목의 '천사'(혹은 '천사들' 새번역)와 다르지 않습니다. 천사는 천사이지, 천사가 곧 예수님은 아닙니다. 천사의 모습으로 그리스도가 나타나신 것이 아니고 하나님께서 천사를 대신 보내신 것입니다. 하나님을 보았다고 하는 구약 성도들의 증언은 하나님 자신의 신적 본체를 보았다는 의미가 아니고 하나님을 대표하는 천사들을 본 것이었습니다. 아무도 하나님의 본질에 속하는 영광을 그대로 보고 살지 못합니다. 그러나 하나님은 천사들을 보내어 하나님을 대표하는 가시적인 현상들을 보여줄 수 있습니다. 성경의 여러 곳에서 천사를 하나님과 일치시키는 듯하지만 실은 '주의 천사'는 하나님의 특별한 소명을 받고 하나님을 대표하기 위해 보냄을 받은 자들입니다.

히브리서 1~2장의 요점이 무엇입니까? 예수님이 천사라는 것을 부정하고 천사보다 월등하신 분임을 입증하는 것이 아닙니까? 예수님은 출생 때에 천사보다 낮아지셨지만 부활과 승천으로 천사들보다 무한히 높아지셨습니다. 예수님은 성육하시기 이전이나 이후에 천사가 되신 적이 없으며 신약에서 예수님을 「천사/인간」으로 서술한 곳도 없습니다. 히브리서는 그런 가르침이 잘못임을 명증하기 위해 처음부터 천사와 예수님을 극명하게 대조시켰습니다.

초대 교회의 터툴리언(Tertullian)은 그리스도가 나중에 되실 인성을 매우 일찍 입으셨다고 하였습니다. 물론 예수님은 하나님께서 구약 시대에 활동하실 때 임재하셨습니다. 그러나 예수님의 인간 역사는 구약 시대에서부터 인간의 모습으로 나타나서 시작된 것이 아니고 1세기 베들레헴에서부터 시작되었습니다. 예수님이 이 세상에 오셔서 인간이 되시기 이전에 인간으로 나타나셨다는 아이디어는 자연스럽지도 않을 뿐만 아니라 하나님의 아들이 인간이 되시기 위해서 세상으로 보내심을 받고 마리아의 몸에 잉태되셨다는 성육신 교리와도 맞지 않습니다.

그는 그의 천사들을 바람으로, 그의 사역자들을 불꽃으로 삼으시느니라 (7절)는 말은 하나님께서 바람과 불로써 자신의 임재를 드러낼 수 있다는 뜻입니다(출 19:18; 24:17; 나훔 1:3). 그러나 가시적으로 드러나는 현상은 하나님의 신적 본질이 아닙니다. 예를 들어 모세가 본 하나님도 현상적인 것이었지 하나님 자신의 신적 본질은 아니었습니다. 모세는 하나님의 얼굴을 보지 못하고 하나님의 등을 보았다고 했는데 영이신 하나님께 등이 있다는 의미는 아닙니다. 이것은 인간의 육안으로 하나님을 볼 수 없다는 것을 시사할 뿐입니다. 하나님은 모세를 반석 틈에 두시고 자신의 영광이 지나가는 동안 손으로 그를 덮으셨습니다. 하나님께 손이 있다는 것도 신인동형(神人同形)의 상징적인 그림 언어입니다. 그러한 것들은 천사들이 하나님의 메신저로서 가시적인 형태를 취하는 것에 지나지 않습니다.

[우리는 하나님을 전혀 볼 수 없을까요?]
하나님의 본질은 아무도 볼 수 없습니다. 우리는 믿음의 눈으로

예수님을 볼 때에만 하나님을 봅니다(요 14:9). 예수님은 "하나님의 영광의 광채시요 그 본체의 형상"(히 1:3)이십니다. 이것은 예수님의 신성을 드러내는 표현입니다. 요한은 이렇게 증언합니다. "일찍이 하나님을 본 사람은 아무도 없다. 아버지의 품속에 계신 외아들이신 하나님께서 하나님을 알려 주셨다." (요 1:18, 새번역). 우리는 예수 그리스도의 인격을 통해 성령 안에서 하나님이 어떤 분인지를 영적으로 의식합니다.

사도 요한은 밧모섬에서 예수님의 환상을 보았습니다. 그런데 주님의 모습이 모두 상징적이었습니다(계 1:12~16). 요한은 주님의 신적 본질을 본 것이 아니었습니다. 그런데 요한은 상징적인 주의 환상을 보고도 죽은 자처럼 되었습니다(계 1:17). 하물며 하나님의 본질에 속하는 내적 속성과 신성의 광채를 그대로 보고서 살 자가 없습니다. 사도 바울은 부활하신 주님의 광채만 보고도 눈이 멀었습니다(단 10:8~9; 계 1:17; 행 9:3, 8~9). 이사야 선지자도 보좌에 앉으신 하나님의 환상을 보고 자신에게 재앙이 곧 닥쳐 망한다고 생각했습니다(사 6:5). 환상은 실체가 아닙니다. 환상은 다분히 상징적입니다. 그럼에도 거룩한 하나님의 종들이 하나님의 환상을 보고서도 도무지 감당할 수 없었습니다. 하나님은 영이시며(요 4:24) 죄인이 접근할 수 없는 거룩한 빛 가운데 계시기 때문입니다.

한편, 하나님은 지금도 자신을 매우 비상한 방식으로 계시하실 수 있습니다(행 7:56; 27:23~24; 창 16:13; 32:30; 출 33:20). 그러나 대부분은 성령과 성경 말씀을 통해 비가시적으로 자기 백성에게 임재하심을 영적으로 깨닫고 느끼게 하십니다

[천사들의 신분과 역할은 하나님의 시종들입니다.]

히브리서 1:7절이 강조하려는 것은 천사들은 하나님을 대표하는 종들이라는 것입니다. 천사들은 섬기는 영으로서(히 1:14) 대체로 자신들을 숨기기 때문에 우리의 눈에 잘 보이지 않습니다. 그러나 특별한 목적으로 하늘의 군대(왕하 6:17; 눅 2:13), 생물의 형상(겔 1:5), 폭풍, 연기, 구름, 불꽃, 혹은 사람의 형태를 취할 수 있습니다. 성경에서 가장 자주 나타나는 천사의 모습은 사람과 같은 형태입니다(창 18:2; 단 8:15; 9:21; 10:5, 16, 18; 삿 13:8, 10~11).

히브리서 1:7절에서 시편 104편을 인용한 것은 예수님이 천사들과 대조해서 얼마나 위대하신지를 보여 주기 위해서였습니다. 천사들에 비해서 하나님의 아들은 전혀 차원이 다른 분이십니다. '내 아들'은 원래 다윗 왕통의 왕들에게 준 칭호로서 궁극적으로 메시아를 가리키는 타이틀이었습니다(히 1:5). 이 '아들'이라는 타이틀은 이제 예수님에게 적용되었는데 예수님은 다윗 왕가의 자손이며 상속자로서 메시아 왕이십니다(참조. 롬 1:3~4).

1:8~9절은 본 서신의 서두에서 이미 언급된 하나님의 아들에 관한 만유의 통치권을 더욱 강화하는 내용으로서 시편 45편의 인용입니다. 예수님은 영원한 왕권을 상징하는 정의의 규/지팡이(圭, scepter)를 가지셨으며 하나님으로부터 기름 부음을 받으셨습니다.

> 하나님이여 주의 보좌는 영영하며 주의 나라의 규는 공평한 규이니이다
> 주께서 의를 사랑하시고 불법을 미워하셨으니 그러므로 하나님 곧 주의
> 하나님이 즐거움의 기름을 주께 부어 주를 동류들보다 뛰어나게 하셨도
> 다 (8~9절).

히브리서 저자가 여기서 시편 45:6, 7절을 인용한 것은 시편 45편

전체를 염두에 둔 것이었습니다. 본 시편은 로열 결혼식을 위한 것이었습니다. 그래서 왕을 찬양하고 왕비의 아름다움을 노래합니다. 왕은 열국을 정복하고 영원한 보좌에서 "진리와 온유와 공의"(시 45:4)로 위엄 있게 다스립니다. 그에게는 최고의 아름다움을 지닌 여왕이 있고 온 세상에 큰 영향을 끼치는 자녀들이 있습니다(시 45:9, 16). 이 왕에 대한 서술은 과장적이지만 미래에 오실 하나님의 메시아 왕에 대한 희미한 그림자입니다. 이 신적인 왕은 영원한 왕국의 왕이며 그의 왕국은 군사적이기보다는 의의 왕국입니다. 그래서 주의 나라의 규는 공평한 규라고 하였고 왕의 마음은 왕국의 의에 대한 열정으로 정의를 사랑하고 악을 미워합니다.

히브리서의 저자는 시편 45편에 나오는 영광의 왕이 예수님에 의해서 성취되었다고 보았습니다. 예수님은 유니크한 하나님의 아들이십니다. 그래서 만유의 상속자로 세우심을 받았고, 세상 창조의 대행자였으며, 속죄 사역을 마치시고 하나님 우편에 좌정하셔서 온 우주를 다스리는 중입니다(히 1:2~3). 반면, 천사들은 주 예수를 존경하고 경배하는 자들입니다. 그들은 하나님의 종들입니다. 시편 45편에서는 이들이 "왕의 동료"(시 45:7)로 나오는데 결혼식 때의 도우미들입니다. 그러나 히브리서에서는 이들은 하나님이 부리시는 천사들로서 그리스도를 경배합니다(히 1:6). 예수님도 이런 천사 도우미들을 대동하고 계십니다. 예수님은 이제 하나님 우편에 앉으셨기에 우주를 다스리는 통치권을 행사하십니다. 이것은 예수님이 부활 이후에 세상을 상속받으셨음을 의미합니다. 그래서 예수님이 천사들보다 비교할 수 없이 월등하시다는 점이 크게 부각되었습니다. 그런데 예수님이 천사들보다 무한히 탁월하심은 하나님께서 그에게 기름을 부어주셨다는 특기 사항에서 더욱 두드러집니다.

그러므로 하나님 곧 주의 하나님이 즐거움의 기름을 주께 부어 주를 동
류들보다 뛰어나게 하셨도다 (9절).

성경에는 왕이나 선지자를 세울 때나 혹은 귀빈에게 기름을 부었
습니다. 기름 부음은 성령과 밀착된 개념입니다. 예수님은 나사렛 회
당에서 "주의 성령이 내게 임하셨으니 이는 가난한 자에게 복음을 전
하게 하시려고 내게 기름을 부으시고 … 주의 은혜의 해를 전파하게
하려 하심이라"(눅 4:16~19; 사 61:1~2)고 선포하셨습니다. 예수님의 생
애에서 성령의 기름 부음은 세 측면에서 관찰될 수 있습니다.

첫째, 예수님은 성령으로 잉태되셨습니다(눅 1:35; 2:40). 크리스천
의 거듭남도 성령으로 일어납니다(요 3:5; 고전 2:14; 12:3; 딛 3:5).

둘째, 예수님은 요단 강에서 세례를 받으실 때 자신의 아들되심을
확증받았습니다. 그때 "성령이 비둘기 같은 형체로 그의 위에 강림"
하였고 하늘로부터 "너는 내 사랑하는 아들이라 내가 너를 기뻐하노
라"는 소리가 들렸습니다(눅 3:22). 예수님은 어렸을 때부터 자신이 하
나님의 아들이심을 알았습니다(눅 2:49). 그래서 세례 때에 이중으로
하나님의 아들되심에 대한 확증을 받았으며 하나님의 아들로서 맡으
신 소명의 성취를 위해서도 능력을 받으셨습니다.

하나님이 나사렛 예수에게 성령과 능력을 기름 붓듯 하셨으매 그가 두
루 다니시며 선한 일을 행하시고 마귀에게 눌린 모든 사람을 고치셨으
니 이는 하나님이 함께 하셨음이라 (행 10:38).

예수님이 세례 때에 받으신 기름 부음과 능력은 예수님의 성령 세례였습니다. 우리도 성령에 의해 능력을 받지만 거듭남(신생)과는 다른 것입니다. 우리는 주 예수를 믿고서 거듭나고 성령에 의해서 우리의 구원이 날인됩니다.

> 우리를 너희와 함께 그리스도 안에서 굳건하게 하시고 우리에게 기름을 부으신 이는 하나님이시니 그가 또한 우리에게 인치시고 보증으로 우리 마음에 성령을 주셨느니라 (고후 1:21~22).

이러한 기름 부음은 성령의 역사로 거듭나는 중생과는 다른 성격의 체험입니다. 이것은 구원의 확신을 강화할 뿐만 아니라 하나님의 뜻을 행하게 하고 복음전파의 능력을 받게 합니다.

셋째, 예수님은 부활 영광의 성령을 체험하셨습니다.

> 성결의 영으로는 죽은 자들 가운데서 부활하사 능력으로 하나님의 아들로 선포되셨으니 곧 우리 주 예수 그리스도시니라 (롬 1:4).

예수님은 성령에 의해 부활의 능력을 받으시고 변화된 몸으로 승천하여 하나님 우편에 좌정하셨습니다. 그래서 예수님은 아버지로부터 약속하신 성령을 받아 제자들에게 부어 주실 수 있게 되었습니다.

> 하나님이 오른손으로 예수를 높이시매 그가 약속하신 성령을 아버지께 받아서 너희가 보고 듣는 이것을 부어 주셨느니라 (행 2:33).

그런데 주 예수를 믿는 우리는 지상에서의 성령 체험만이 아니고 사후에 예수님처럼 성령으로 부활한 영적 새 몸을 받게 될 것입니다. 예수님을 죽은 자들로부터 일으키신 거룩하신 성령께서 우리의 죽을 몸에 부활 생명을 넣어 주실 날이 올 것입니다(롬 8:11, 23).

히브리서 1:9절에서 말하는 "즐거움의 기름"은 예수님이 부활로 천사들보다 높아지셨고 예수님 자신이 성령에 의한 부활 영광의 능력을 체험하신 것을 가리킵니다. 이 부활 영광의 성령 체험은 가장 높은 레벨의 차원에서 받는 것이기에 "즐거움의 기름"입니다. 이것은 예수님을 천사들과 현격하게 구별짓는 특징입니다.

한편, 영광된 몸의 부활과 관련해서 받는 성령은 이 세상에 살고 있는 성도들에게는 아직 일어나지 않았습니다. 우리의 죽을 몸은 부활 영광에 이를 때에 새 하늘과 새 땅에서 하나님의 뜻을 행하며 영원히 살게 하는 완벽한 새 몸으로 변화될 것입니다.

그럼 하나님의 아들에게 기름을 부은 까닭이 무엇입니까? 단순히 신적인 아들이기 때문일까요? 그렇지 않습니다. 본문은 "그러므로" 주께 기름을 부어 동류들보다 뛰어나게 하셨다고 했습니다. 그러니까 "그러므로"의 전제가 있었기 때문에 아들에게 기름 부음을 준 것임을 알 수 있습니다. 따라서 "그러므로"의 내용과 기름 부음은 전후 관계에 있습니다. 말을 바꾸면 전자가 있기 때문에 후자가 있다는 것입니다. 그럼 전자가 무엇입니까? "주께서 의를 사랑하시고 불법을 미워"하신 것입니다(9절 상반절). 구체적으로는 하나님의 뜻에 따라 죄를 정결하게 하는 속죄 사역을 하신 것입니다(1:3). 예수님이 천사보다 더 큰 이름을 얻으신 것도 자신이 받은 소명을 위해 죽기까지 아버지께 복종하며 죄를 짓지 않았기 때문이었습니다(2:9, 17; 4:15).

그래서 빌립보서에 나오는 기독론에서도 예수님이 자신을 낮추시고 십자가에서 자신을 바쳤기 때문에 "그러므로"(빌 2:9) 하나님이 그를 지극히 높여 모든 이름 위에 뛰어난 이름을 주셨다고 했습니다. 그렇다면 하나님께서 자기 아들을 천사들보다 뛰어나게 하시고 기름을 부으신 것은 예수님이 자신이 받은 소명을 순종과 희생으로 온전하게 완수했기 때문에 받게 된 상이었습니다.

예수님이 받은 상은 그의 기업(유업)입니다. 예수님의 유업은 세 측면에서 그 성격이 두드러집니다.

첫째, 예수님은 천사보다 더 아름다운 이름을 기업으로 받았습니다(1:4). 이것은 그의 평판입니다.

둘째, 예수님은 하나님의 보좌 우편에서 천사들의 섬김과 경배를 받습니다(1:3, 6~7). 이것은 그의 권위입니다.

셋째, 예수님은 영원한 보좌에서 공의로운 통치를 하십니다(1:8~9, 13). 이것은 그의 왕권입니다.

예수님이 받으신 유업은 높은 평판과 권위와 왕권의 상이었습니다. 여기서 우리는 다시 한 번 유업이 히브리서의 중심 주제임을 확인할 수 있습니다. 유업은 하나님의 뜻을 행한 것에 대한 보상입니다. 다르게 말하면 하나님으로부터 "잘하였도다 착하고 충성된 종아"(마 25:21, 23)라는 칭찬을 듣는 것입니다. 유업은 하나님 나라를 위해서 무엇인가 선한 목적에 이바지하고 하나님을 기쁘게 해 드린 행위에 대한 후한 상급입니다.

[왜 저자는 천사들과 예수님을 대조하였을까요?]

히브리서의 저자가 하나님의 아들의 위대함을 천사들보다 훨씬 우월하다는 식으로 논증하는 방식을 보면 본 서신의 수신 공동체는 예수를 일종의 높은 천사로 간주하라는 유혹을 받았다는 인상을 줍니다.

지금도 예수는 훌륭한 종교 지도자나, 소외된 민중을 위한 해방 운동자나 혹은 이슬람교의 코란에서 말하듯이, 일개 선지자로 취급되고 있습니다. 그러나 예수님은 공자, 석가, 모하멧, 소크라테스와 같은 인물이나 타종교의 창시자나 유명한 성인들과 대등한 범주에 넣을 수 없습니다. 히브리서의 저자가 역설하듯이, 예수님은 하나님의 신적 아들이시며 만유의 상속자이십니다. 사실상 예수님은 창조의 대행자였고 하나님의 본체의 형상으로서 하나님과 본질이 동일합니다. 그는 아무도 해결할 수 없었던 인류의 죄를 십자가로 정결케 하는 속죄 사역을 이루셨고 승천하신 후 하나님 우편에 앉으셨습니다. 이제 예수님은 주 하나님으로서 온 세계를 통치하고 계시는 만왕의 왕이십니다. 그의 왕국은 영원합니다(1:8). 인간의 생사와 영원한 운명이 예수님의 장중에 들어 있습니다. 그런데 어찌 예수님을 천사에 비교할 수 있으며 다른 어떤 인물과 유사한 범주에 넣을 수 있겠습니까?

1세기 당시의 유대교에서는 천사를 매우 위대한 존재로 보았습니다(골 2:18). 그러나 예수님은 천사보다 더 높은 이름을 받으셨고, 천사들을 일꾼으로 삼으시며, 천사들의 경배를 받으시는 신적인 아들이십니다(1:4~7). 8절에서는 아들을 '하나님'이라고 불렀습니다. 예수님의 부활 이후에 제자들은 예수님을 하나님으로 경배하였으며(요 20:28; 마 28:17) 신약의 여러 곳에서 예수님을 하나님이라고 불렀습니다(요 1:1, 18; 롬 9:5; 딛 2:13; 벧후 1:1~2; 고전 12:3).

이러한 예수님의 위치와 영예는 어떤 천사에게도 주어지지 않았습니다. 예수님이 하늘 아버지와 갖는 관계는 전적으로 독특하며 어떤 피조물도 끼어들 수 없는 성부와 성자만의 고유한 관계입니다. 예수님은 자신의 의로 우리의 죄와 불의를 덮고 공의로 하나님의 나라를 세우시기에 아버지로부터 기름 부음을 받으셨습니다. 주님은 하나님으로부터 열국을 상속받는 유업을 받으셨기 때문에 우리를 죄악 된 길에서 구출하고 하나님이 주시는 유업을 받도록 도우실 수 있습니다(시 2:8; 히 2:10). 그렇다면 우리가 받드는 예수님에게는 어떤 경쟁자도 허용될 수 없습니다. 오직 주 예수님만이 우리의 모든 것입니다.

5.
하나님 우편에 앉으신 예수님
히브리서 1:10~13

주여 태초에 주께서 땅의 기초를 두셨으며 하늘도 주의 손으로 지으신
바라 그것들은 멸망할 것이나 오직 주는 영존할 것이요 ⋯ 주는 여전하
여 연대가 다함이 없으리라 하였으나 (히 1:10~12).

본문은 시편 102편 25~27절의 인용입니다. 이것은 히브리서 저
자가 서두에서 이미 언급한 하나님의 아들이 창조를 대행하시고 온
세상을 상속하시는 왕권적 통치에 대한 추가 확인입니다(1:2~3). 아
들은 창조를 대행하셨으며 만물을 보존하시고 역사를 주관하시며 온
세상을 상속하실 분으로 하나님 우편에 좌정하셨습니다.

히브리서 저자의 본문 인용에 대한 의도를 잘 파악하려면 시편
102편을 전반적으로 훑어보는 것이 좋습니다. 본 시편의 저자는 죽
음의 위험에 놓였습니다. 그래서 그는 근심하며 자신의 곤고한 처지
를 토로합니다.

나의 괴로운 날에 주의 얼굴을 내게서 숨기지 마소서 ⋯ 내 날이 연기 같

이 소멸하며 내 뼈가 숯 같이 탔음이니이다 … 내 날이 기울어지는 그림
자 같고 내가 풀의 시들어짐 같으니이다 … 하나님이여 나의 중년에 나
를 데려가지 마옵소서 (시 102:11, 24).

사람은 누구나 죽음 앞에서 진지해집니다. 그런 때 신자는 자신의
절박한 처지를 하나님 앞에 쏟아놓으며 응답을 간구합니다(2~11절).
본 시편 저자는 자신의 죽음에 직면하여 하나님께 호소합니다. 그런
데 매우 놀라운 일이 일어났습니다. 그것은 그가 하나님의 영존하심
과 위대하심을 묵상하게 된 것입니다.

이것은 우리에게 중요한 교훈을 줍니다. 우리는 자신의 문제에 휩
싸이면 다급하게 주의 이름을 부를지 몰라도 주님이 어떤 분인지는
잘 생각하지 않습니다. 이것이 본 시편 저자와 우리가 다른 점입니
다. 그는 자신의 비참한 처지에서 자신에게 몰두하지 않고 하나님의
위대하심과 그분의 보호에 시선을 돌렸습니다. 그는 하나님께서 시
온에 긍휼을 베푸실 것을 기대하며 열방이 여호와를 찬양하고 섬길
날을 바라봅니다. 그리고 천지는 없어져도 주 하나님은 영존하시며
한결같으실 것과 주의 자손이 안전할 것을 믿습니다(12~28절). 히브리
서 본문에서 인용된 부분은 시편 102편의 마지막 단원입니다. 이 부
분은 다음과 같이 요약될 수 있습니다.

하나님은 온 우주를 지으신 창조주이십니다(시 102:25).

하나님께서 태고에 땅과 하늘의 기초를 놓으셨습니다. 천지 만물
은 모두 하나님의 작품으로서 지으신 이의 솜씨를 자랑합니다. '땅과
하늘'은 온 우주 만상을 다 포함한다는 것을 표현하는 일반적인 술어

입니다. 하나님이 창조하시지 않은 것은 우주 전체에서 한 가지도 없습니다. 우리가 보지 못하고 의식하지 못하는 것일지라도 존재하는 것은 모두 하나님이 만드신 것입니다. 하나님의 아들을 통하여 온 세상을 지으셨다는 것은 히브리서의 서두에서부터 이미 언급되었습니다(1:2~3). 우주는 지금도 하나님의 아들에 의해서 보존되고 통제됩니다. 우리가 당하는 여러 위기와 힘든 상황에서 예수님이 창조의 대행자며 보존자라는 사실을 진정으로 믿고 그분의 능력과 지혜에 맡긴다면 두려워하지 않고 하나님을 더욱 신뢰하게 될 것입니다.

시편 저자는 땅과 인생의 유한성을 깊이 의식하면서도 회복의 때를 확신합니다.

온 세상은 부패의 속박 아래에서 썩어짐의 종살이를 하고 있는 중입니다(롬 8:21). 인간이 타락했을 때 우주도 함께 타락하여 지금까지 피조물도 고통으로 탄식하고 있습니다(롬 8:22). 우리가 살고 있는 지구는 하나님의 자비하심으로 아직도 인간들이 생존할 수 있는 자연환경을 제공합니다. 그러나 세상은 점차 부패의 속도를 올리며 파국을 향해 돌진하는 중입니다. 죄와 죽음이 온 세상을 정복하고 또 정복합니다. 악취가 나는 이 세상은 신음하며 부패의 종살이에서 해방되기를 고대합니다. 세상이 가는 길을 성경은 분명하게 지적합니다. 본 시편 저자는 현 세상이 옷처럼 낡아지고 변할 것이라고 하였습니다.

하늘과 땅은 모두 사라지더라도, 주님만은 그대로 계십니다. 그것들은 모두 옷처럼 낡겠지만, 주님은 옷을 갈아입듯이 그것들을 바꾸실 것이니, 그것들은 다만 지나가 버리는 것일 뿐입니다. (시 102:26, 새번역).

세상은 옷처럼 다 헤어지고 낡아버립니다. 세상은 부패의 과정을 스스로 정지시키거나 역전시킬 수 없습니다. 지구는 하나님이 원래 만드셨던 심히 좋은 모습을 잃어가며 급속으로 부식되는 중입니다. 죄의 세상은 현재 심판 아래 있습니다. 세상은 낡은 옷처럼 삭아가는 중입니다. 그러나 주님은 옷을 갈아입듯이 부패한 세상을 변화시킬 것입니다. 부패의 속박에 잠긴 세상이 허무에서 해방된다는 것은 성경 전체의 주제입니다. 세상은 죄로 인해 침식되었고 죽음의 수레바퀴에서 빠져나올 수 없습니다. 그렇지만 인간들의 고통과 불행을 동정하시는 은혜의 하나님께서 자기 아들을 구원자로 보내셨습니다. 하나님의 어린 양이신 예수님은 세상 죄를 지고 십자가로 가셨습니다. 아버지를 대신하여 세상을 창조하셨던 예수님은 십자가에서 죄의 문제를 해결하셨습니다. 이제 주님은 낡고 더러운 세상을 마치 헌옷을 내던지고 깨끗한 새옷으로 바꿔입듯이 새롭게 바꾸실 것입니다.

세상은 부패에 오염되지 않은 곳이 없습니다. 인류는 죽음의 묘지를 떠날 수 없습니다. 아무도 세월을 막을 수 없듯이, 날로 쌓이는 죄의 오물을 처리할 수 없는 세상은 썩어짐과 허무에 굴복하고 맙니다. 타락한 인간에게서 나오는 것은 더러운 쓰레기들입니다. 인간의 마음이 성령의 역사로 바뀌고 거듭나지 않는 한, 세상 부패의 바퀴는 멈출 수 없습니다. 죄와 죽음의 옛 세상은 하나님께서 원래 의도하셨던 선한 목적을 성취할 수 있는 가능성을 상실하고 공전만 거듭하는 중입니다. 그런데 세상은 부패의 세월 속에서 스러져가지만 하나님은 변함이 없습니다.

주님은 언제나 한결같습니다. 주님의 햇수에는 끝이 없습니다 (시 102:27, 새번역).

주님은 부패와 죄악으로 스러져가시는 분이 아닙니다. 주님은 죄에 물드신 분이 아닙니다. 주님은 오히려 세상의 부패를 내던지고 새로운 생명을 낳습니다. 세상이 부패를 거듭하며 낡아지는 것은 하나님께서 그렇게 되도록 정하신 것입니다(롬 8:20). 이것은 하나님의 심판입니다.

그런데 낡은 옷을 내던지고 새 옷으로 갈아입게 하시는 것도 하나님의 섭리입니다. 하나님은 새 창조의 하나님이십니다. 하나님께서는 갈보리 십자가로 모든 죄인들을 부르시고 새 옷으로 갈아입게 하십니다. 심령이 거듭나고 하나님을 아버지로 부르는 자들은 죄의 용서와 함께 주님의 새로운 창조의 세계로 들어갑니다. 이것이 이 세상의 소망입니다(롬 8:20~25).

본 시편의 저자는 자신의 죽음의 위협에 직면하여 하나님을 묵상했기 때문에 새 창조의 소망을 확신할 수 있었습니다. 그래서 우리도 자신의 위기 앞에서 주님을 묵상할 때 천지를 지으신 주님께서 온 세상을 새롭게 하실 것을 소망하며 힘을 낼 수 있다는 권면입니다.

현 세상은 끝나는 때가 옵니다. '변한다'(히 1:12)는 말은 옛 세상이 새 세상으로 바뀔 것을 암시합니다. 세상 부패는 자신의 코스를 다 달린 후에 종식될 것입니다. 그 다음은 주 예수께서 십자가 피로써 구속하신 새 백성으로 채워진 새 하늘과 새 땅의 영광이 온 세상을 채울 것입니다.

히브리서 1:10~12절에서 인용된 시편 102편은 원래 시편 저자가 생명의 위협을 받고 하나님에게 기도할 때 스스로에게 주는 격려로서 하나님에게 드린 말씀이었습니다. 그러나 히브리서 저자는 시편 102편에 나오는 '여호와'라는 호칭을 모두 예수님에게 적용시켰습니다. 예수님은 창조와 새 창조의 주인이십니다. 그는 세상을 시작하셨고 세상을 마감하실 것입니다(계 22:13). 그는 세상처럼 낡아지거나 세월에 묶이지 않는 영원하신 주님이십니다. 그의 연대는 끝이 없습니다. 예수님은 영원히 살아계시면서 하나님 우편 보좌를 지키시고 우리를 위해 중보하십니다. 이러한 예수님의 신분과 역할이 모두 시편 102편의 '여호와'의 행사와 일치합니다.

예수님은 구속받은 모든 백성의 본향이 될 새 하늘과 새 땅의 창조주이십니다. 새 하늘은 공해나 사고의 위험으로부터 벗어나고 아름답기 그지없는 영롱한 광채를 발산할 것입니다. 새 땅에서는 풍성한 열매와 화려한 꽃들이 만발하고 사막과 메마른 땅에 시내가 흐를 것입니다. 그곳에서는 각종 피조물이 고통의 신음 대신에 하나님을 찬양하며 즐거워할 것입니다(시 67:6; 72:16; 사 35:1~2, 6, 7). 인간의 죄로 인해 피조계 위에 내렸던 부패와 질병과 죽음의 저주는 제거되고 온 세상은 완전히 회복되어 평화와 자유와 안전을 누릴 것입니다.

내 거룩한 산 모든 곳에서 해 됨도 없고 상함도 없을 것이니 이는 물이 바다를 덮음 같이 여호와를 아는 지식이 세상에 충만할 것임이니라 (사 11:9).

히브리서의 요점은 이 모든 축복이 주 예수 그리스도의 손에 들어 있다는 것입니다. 그런데 예수님을 일개 천사로 본다면 어떻게 되겠습니까? 아무리 높은 천사라도 새 창조의 회복이 가져오는 축복은 줄 수 없습니다. 하나님께서는 천사를 통해서 세상을 지으시지 않았습니다. 하나님의 아들만이 무에서 유를 만들어내시고, 창조계를 보존하시며, 파손된 세계를 온전하게 복구하셔서 오히려 처음 것보다 더 낮게 만드십니다. 하나님은 이 세상을 사랑하십니다. 완전한 세상을 보시고 심히 좋아하셨던 하나님은 죄로 물든 썩은 세상을 보시고 깊이 동정하셨습니다. 하나님은 부패한 세상을 버리고 전적으로 새로운 세상을 창조하시는 것이 아닙니다.

많은 사람이 이 세상은 폭발하여 사라지고 새 별이 생길 것으로 생각합니다. 이것은 성경의 새 창조관이 아닙니다. 지구 해체설에 의하면 이 세상은 다 타고 없어진다고 합니다. 근거본문은 베드로후서 3:10~12절입니다. 거기서 땅과 그 중에 있는 모든 일이 타버리고 하늘도 풀어지고 물질이 뜨거운 불에 녹아진다고 했습니다. 이 본문을 바르게 이해하려면 후반부의 권면을 주목해야 합니다. 11절을 보십시오. 이 모든 것이 이렇게 풀어지리니 너희가 어떠한 사람이 되어야 마땅하냐는 것입니다. 즉, 거룩한 행실과 경건함으로 새 하늘과 새 땅을 바라보라는 것입니다. 예수님이 재림하실 때 이 세상이 없어지는 것이 아니라 이 세상에 있었던 모든 궂고 좋은 일들이 다 노출되니까 신자들은 옳은 행실로 경건하게 살라는 권면입니다. 과거에는 10절 하반부의 '땅과 그 중에 있는 모든 일이 타지리니'라고 번역했습니다. 지금은 개역개정에서 '드러나리로다'라고 바르게 옮겼습니다.

이 세상은 파괴되어 사라지는 것이 아니고 새롭게 갱신됩니다. 마치 크게 파손된 차량처럼 그냥 폐기 처분하는 것하고, 다 찌그러진 폐차를 다시 새롭게 고쳐서 오히려 그 전보다 더 좋은 성능으로 바꾸는 것을 비교해 보십시오. 어떤 편이 더 쉽겠습니까? 당연히 전자가 더 쉽습니다. 그러나 하나님께서는 더 어려운 쪽을 택하셨습니다. 이 병든 세상에 대한 하나님의 능력과 사랑을 드러내기 위해서입니다.

본문을 세상이 다 없어지고 하나님께서 다시 새로운 창조를 하신다는 의미로 보는 것은 문맥에 맞지 않습니다. 물질계는 여전히 노아홍수 이후처럼 남아 있으면서 갱신과 회복의 때를 기다립니다. 베드로는 그의 솔로몬 행각 설교에서 만물이 갱신되고 회복되는 것으로 보았지, 해체되고 없어지는 것으로 보지 않았습니다(행 3:21). 바울도 피조물이 다 없어진다고 말하지 않고 종노릇에서 '해방' 된다고 하였습니다. 존재의 소멸이 아니고 같은 존재가 부패와 종노릇에서 갱신을 통해 회복되는 것으로 보았습니다.

> **그 바라는 것은 피조물도 썩어짐의 종 노릇 한 데서 해방되어 하나님의**
> **자녀들의 영광의 자유에 이르는 것이니라** (롬 8:21).

그러므로 우리는 본 항목에 나오는 파괴적인 불을 하나님의 도덕적 심판의 불로 이해해야 합니다. 이런 의미에서 이것은 홍수 때의 하나님의 심판의 파괴적인 물과 정확하게 평행됩니다. 홍수 때에 멸망된 것이 무엇입니까? 지구 자체가 아니고 당시에 땅에서 살았던 악인들이었습니다. 이처럼 불로써 파괴될 것이 무엇입니까? 땅 자체가 아니고 땅 위의 모든 죄악된 것들입니다. 드러나는 것이 무엇입니까? 심판을 받기 위해 모든 인간의 행위가 밝혀지는 것입니다. 따라서 우리는 해당 본문에서 우주 해체설을 볼 것이 아니고 심판에 비추어 거룩한 삶을 위한 도덕적 쇄신을 생각해야 합니다.

"하나님이 세상을 이처럼 사랑하사 독생자를 주셨으니…"(요 3:16) 라고 했습니다. 사랑의 대상이 누구입니까? 일차적으로 세상의 죄인들입니다. 이것은 구속론적인 말씀입니다. 독생자를 주신 것은 세상 자체가 아닌 세상의 죄인들을 위한 것이었습니다. 그러나 세상 죄인들을 구속하는 일은 인간의 자연환경도 필연적으로 포함됩니다. 죄로부터의 구속은 죄의 영향을 받은 물질계의 구속을 제외할 수 없기 때문입니다(롬 8:21~22). 인간과 자연은 처음부터 상호 불가결한 관계 속에서 태어났습니다. 몸을 가진 인간에게는 물질계가 필요하고 물질계는 인간의 돌봄이 필요합니다. 그래서 "그 바라는 것은 피조물도 썩어짐의 종 노릇 한 데서 해방되어 하나님의 자녀들의 영광의 자유에 이르는 것"(롬 8:21)이라고 했습니다.

이런 의미에서 하나님의 능력 중에 새 창조의 능력보다 더 큰 것이 없습니다. 또한 다 썩은 세상과 그 안에서 죽어가는 속절 없는 인간들을 그리스도의 십자가로 다시 영원히 새롭게 태어나게 하는 사랑처럼 더 위대한 사랑도 없습니다. 이 같은 지고(至高)의 사랑과 최대의 능력을 하나님께서 천사들에게 주셨을 리 만무합니다. 세상의 온전한 회복은 오직 주 예수 그리스도를 통해서만 성취됩니다. 예수님은 그 어떤 천사보다도 비교할 수 없이 무한히 크신 주님이시라는 것이 히브리서의 강조점입니다.

예수님은 완전한 제사장이시며 절대적인 왕이십니다.

> 어느 때에 천사 중 누구에게 내가 네 원수로 네 발등상이 되게 하기까지
> 너는 내 우편에 앉아 있으라 하셨느냐 (히 1:13).

본 절은 히브리서 1장에 나오는 일곱 개의 구약 인용 중의 마지막인데 시편 110:1절에서 따온 것입니다. 첫 번째 인용은 5절에서 "하나님께서 어느 때에 천사 중 누구에게 …"로 시작되었는데 마지막 인용도 동일한 방식으로 "어느 때에 천사 중 누구에게 …"로 마무리됩니다. 이것은 괄호에 해당하는 표현으로서 이제 천사와 아들에 대

한 모든 인용이 끝났음을 알립니다. 지금까지의 인용들은 천사들에 대한 그리스도의 우월성을 보여 주고 예수님을 단지 한 천사로 보려는 그릇된 주장을 퇴치하려는 목적을 가졌습니다. 마지막 인용에서는 "지극히 크신 이의 우편"(1:3)에 좌정하신 예수님의 절대적 왕권을 다시 한 번 확증해 줍니다.

시편 110편은 신약에서 가장 많이 인용되었습니다(고전 15:25; 행 2:34~35). 히브리서의 경우에는 시편 110편이 예수님과 그의 백성에게 어떻게 적용되는지를 반복해서 언급하며 설명합니다(히 1:3, 13; 5:6,10; 6:20; 7:3, 11, 17, 21; 8:1; 10:12~13; 12:2). 사실상 예수님 자신이 본 시편을 먼저 자신에게 적용하셨습니다(마 22:41~45; 막 12:35~37; 눅 20:41~44). 예수님은 하나님 우편 보좌에 계시면서 원수들을 제압하고 세상을 다스리시는 절대 주권자이십니다. 다윗이 시편 110편에서 읊은 내용은 하나님께서 장차 오실 영원한 「제사장/왕」에게 통치권을 주시고 원수들을 제압하게 하신다는 것입니다.

본 시편에서 다윗 자신으로 대표되는 하나님의 메시아는 시온(예루살렘)에서 다스립니다(시 110:2). 그러나 그의 둘레에는 원수들이 많습니다. 아직 완전한 승리는 오지 않았습니다. 그럼에도 하나님의 메시아는 그의 원수들 가운데서 전적인 통치를 하고 있습니다. 또한 그에게는 헌신된 백성이 있으며 메시아가 권능을 펼칠 때 기꺼이 자원하여 싸울 것입니다. 이 메시아는 다름 아닌 예수님입니다.

히브리서의 저자는 본 시편의 멜기세덱 제사장과 메시아 왕을 예수님에게 적용함으로써 천사들이 들어설 수 있는 여지를 원천적으로 봉쇄하였습니다. 어떤 천사에게도 하나님으로부터 대적들을 그의 발판이 되게 할 때까지 우편 보좌에 앉아 있으라고 한 적이 없습니다.

또한 예루살렘의 멜기세덱이 누렸던 제사장직과 왕권을 상속받게 한 천사가 없습니다. 예수님은 다윗의 후손과 상속자로서 예루살렘의 제사장직과 왕권직의 마지막 소유자였습니다. 예수님은 유대인의 왕으로 태어나셨고(마 2:2; 눅 1:32; 렘 23:5) 대제사장으로서 지금도 살아서 하나님 우편 보좌에서 자기 백성을 위해 중보하십니다.

여호와는 맹세하고 변하지 아니하시리라 이르시기를 너는 멜기세덱의 서열을 따라 영원한 제사장이라 하셨도다 (시 110:4).

여기서 다윗 계통의 왕을 멜기세덱의 서열을 따른 왕이라고 하였고 동시에 영원한 제사장이라고 하였습니다. 원래 아브라함이 만났던 멜기세덱은 살렘 왕이었고 하나님의 제사장이었습니다(창 14:18). 그의 「제사장~왕권직」은 여호수아 10:1절에서 언급된 예루살렘의 아도니섹(Adonizek)과 같은 왕들을 통해서 계승된 듯합니다. 아도니섹이라는 이름은 형태와 의미에서 멜기세덱(Melchizedek)과 유사합니다. 멜기세덱은 「제사장~왕」이었습니다. 그래서 다윗이 예루살렘을 정복했을 때 멜기세덱의 서열을 따르는 「제사장/왕」의 직분과 타이틀을 취한 셈이었습니다. 그러나 이스라엘에서는 제사장과 왕은 구별된 직분이었습니다. 그런데 다윗 왕가에서 제사장과 왕을 겸한 인물은 없었기 때문에 본 시편이 직접적으로 적용될 수 있는 왕이 없었습니다.

한편, 스가랴 선지자는 이 두 직분이 '싹'(슥 6:12)이라는 이름을 가진 분에게서 겸직으로 소유될 것을 내다보았습니다(슥 6:9~15). '싹' 혹은 '가지'는 메시아의 타이틀입니다(사 4:2; 11:1; 렘 23:5; 33:15). 그러니까 멜기세덱의 서열을 따르는 「제사장/왕」에 대한 예언은 다윗의 자손으로 오셔서 예루살렘의 '제사장직과 왕권직'(Priesthood and

Kingship)을 동시에 취하실 예수님에게서 성취된다는 것입니다(슥 6:13). 그래서 하나님은 완전한 「제사장/왕」이신 메시아에게 "내가 네 원수로 네 발등상이 되게 하기까지 너는 내 우편에 앉아 있으라"(시 110:1; 히 1:13)고 하셨습니다. 이런 특권과 권세는 아무리 위대한 천사라도 감히 상상도 할 수 없다는 것이 히브리서 저자의 요지입니다.

[히브리서의 저자가 곤경에 처한 독자들을 어떻게 도왔습니까?]

히브리서의 독자들은 큰 어려움을 겪고 있었습니다. 그러나 저자는 독자들의 개인적 곤경에 대해 먼저 말하지 않았습니다. 우리는 개인적인 문제 해결에 더 관심을 둡니다. 그래서 우리는 그런 필요에 맞춘 기도를 먼저 올립니다. 그런데 저자는 그들의 문제를 먼저 다루지 않았습니다. 그 까닭이 무엇일까요? 그들이 가진 여러 어려움을 동정하지 못해서도 아니고 무관심해서도 아닙니다. 그는 그들을 돕는 길이 복음의 객관적 사실을 되새겨주는 것이라고 믿었기 때문입니다. 바울도 빌립보서에서 예수님의 기독론을 먼저 깊이 다룬 후에 맨 나중에 가서 하나님께서 그들의 필요를 채워주실 것이라고 격려하였습니다(빌 2:6~11; 4:19).

히브리서의 저자는 서신의 초두부터 예수님의 위대성을 역설하였습니다. 예수님은 창조의 대행자며 우주의 보존자며 온 세상의 상속자며 심판주이십니다. 그는 나를 위해 대속의 십자가에서 자신을 내어주셨고 다시 살아나신 후 하나님 우편에서 다스리는 우주의 왕이십니다. 이러한 복음의 객관적 사실에 내 영혼의 닻을 내리고 있으면 내가 힘들 때에도 주님의 사랑과 크신 능력에 의존하며 심령의 평안을 되찾을 수 있습니다. 결국 예수님이 누구이신지를 확실하게 믿는 것이 우리 문제의 해결책입니다. 그래서 저자는 예수를 깊이 생각하라고 권면하였습니다(히 3:1).

우리는 예수님을 너무 피상적으로 믿지 말아야 합니다. 신자들의 큰 위험의 하나는 예수님을 이미 다 아는 것으로 여기고 더 이상 배우려고 하지 않는 것입니다. 예수님을 단지 십자가에서 내 죄를 위해 죽으셨다는 사실만 믿고 소원기도만 올리며 습관적으로 교회에 다닐 수 있습니다. 이런 정도라면 예수님을 잘 알 수 없습니다. 예수님을 잘 모르면 신앙생활도 피상적이 됩니다. 복음에 대한 이해에 깊이가 없고 내용이 부족하면 예수님을 건성으로 믿기 쉽습니다. 예수님을 바르고 심도 깊게 배우지 않으면 구원에 대한 감격이 없고 영적 생동력이 일어나지 않습니다. 특히 인생의 여러 어려움을 당할 때 낙담하며 쉽게 무너집니다.

우리는 그리스도를 아는 지식에서 자라가야 합니다(벧후 3:18). 바울이 기도했듯이(엡 3:14~21) 우리의 속사람이 능력으로 강건하게 되려면 무한히 깊고 넓은 그리스도의 십자가 사랑을 깨달아야 합니다. 그런데 그리스도가 어떤 분이시며 그분에 대한 성경의 증언이 무엇인지를 심층적으로 이해하지 못한다면 어떻게 우리의 속사람이 강건할 수 있으며 하나님에 대한 경외심이 우러날 수 있겠습니까?

우리는 예수님이 한 위대한 천사에 불과하다는 식의 그릇된 가르침을 따르지는 않을 것입니다. 그러나 우리는 예수님이 만유의 상속자며 창조의 대행자며 보존자이심을 충분히 인식하지 못하고 살 수 있습니다. 그뿐만 아니라 십자가에서 속죄 사역을 마치신 예수님이 하나님 우편에 좌정하신 「제사장/왕」이신 사실도 잘 모를 수 있습니다. 너무도 많은 교인이 복음과 그리스도를 피상적으로 알고 교회에 다닙니다. 오늘날 교회들이 겉으로는 크고 힘이 있는 듯하여도 속은 허약한 까닭의 하나는 교회에서 복음을 원론적으로 깊이 있게 다루지 않고 개별 성도들도 별 관심이 없는 것입니다. 상식적인 수준의 도덕 설교나 복음의 핵심에서 벗어난 가르침으로는 그리스도의 형상이 우리 속에서 능력으로 형성될 수 없습니다. 우리는 훨씬 더 진지하게 예수님을 믿어야 합니다. 그러기 위해서는 성경 말씀이 심령에 젖어들도록 더욱 마음을 쏟아야 합니다. 그래야만 우리의 신앙생활에 무엇이 잘못된 것인지를 볼 수 있는 분별력이 생기고 이를 바로잡을 수 있는 능력이 갖추어집니다. 우리가 히브리서를 공부하는 까닭도 이러한 목적에 부응하기 위한 것입니다.

6.
천사들은 누구인가?
히브리서 1:14

모든 천사들은 섬기는 영으로서 구원 받을 상속자들을 위하여 섬기라고
보내심이 아니냐 (히 1:14).

이 말씀은 구약 인용은 아니지만 1장에 대한 최종적인 코멘트입니
다. 지금까지 천사들의 존재가 예수님의 신적 신분이나 권위와 특권
에 비추어 얼마나 열등한지를 대조시켰습니다. 이제는 높고 낮은 "모
든 천사들"이 구원받을 상속자들을 위해서 섬기는 소명을 받은 영들
이라고 한마디로 묶어서 정의합니다. 그런데 '천사'라는 말은 누구나
알지만 구체적으로 천사들의 존재에 대해서는 추상적인 개념에 그치
는 듯합니다. 성경에는 '주의 천사'들이 나타난 경우가 적지 않습니
다. 어떤 사람들은 천사를 보았다고 간증하기도 합니다. 그러나 일반
적으로 우리는 천사를 의식하지 못하는 경우가 대부분입니다. 그럼
성경에서는 천사에 대해서 어떻게 말하고 있을까요?

♣ 천사들은 피조물입니다.

히브리서에서 천사와 예수님을 대조할 때 가장 먼저 강조하는 것이 예수님은 창조주고 천사들은 피조물이라는 것입니다. 그래서 하나님의 모든 천사들은 그에게 경배할지어다(히 1:6)라고 했습니다. "모든 천사들"이라고 했기 때문에 예외가 없습니다. 아무리 높은 천사라도 모두 예수님 아래에 있는 피조물들입니다. 우리가 이 사실을 숙지한다면 천사들에게 기도를 한다든지 천사 숭배를 하는 어리석은 짓은 하지 않을 것입니다. 유감스럽게도 중세기 가톨릭 교회의 전통을 따르는 교회에서는 아직도 천사들에게 기도합니다. 천사들을 비롯하여 마리아와 소위 말하는 '성자'(saint)들에게까지 기도하는 관습은 성경이 금하는 일입니다(골 2:18). 상식적으로 생각해도 피조물을 섬기거나 그들에게 기도한다는 것은 말이 되지 않습니다. 사람들은 비성경적인 종교적 전통이나 그릇된 교리에 쉽게 넘어갑니다. 그래서 교회에는 항상 사탄이 거짓의 씨앗을 뿌리면서 어리석은 신자들을 유혹하며 많은 수확을 거둡니다. 천사들은 하나님이 지으신 존재들입니다. 그들이 아무리 위대하여도 절대로 그들을 경배해서는 안 됩니다.

천사는 우리를 압도할 수 있습니다. 다니엘은 가브리엘 천사를 보고 기절하였고(단 8:18, 27) 사도 요한도 천사를 보고 "그 발 아래 엎드려 경배하려" 했다가 두 번씩 저지를 당하였습니다(계 19:10; 22:8~9).

내가 그 발 앞에 엎드려 경배하려 하니 그가 나에게 말하기를 나는 너와 및 예수의 증언을 받은 네 형제들과 같이 된 종이니 삼가 그리하지 말고 오직 하나님께 경배하라 (계 19:10).

천사는 하나님을 대표하여 메시지를 전달하지만(계 1:1) 너무도 권위가 있고 압도적인 모습이어서 하나님으로 착각할 수 있습니다. 그럴지라도 경배는 오직 하나님께만 드려야 합니다. 하나님께 속한 천사들은 아무리 눈부신 모습으로 나타나도 자신들이 경배를 받는 것을 허락하지 않습니다. 천사들은 피조물이지만 정확하게 언제 피조되었는지는 알 수 없습니다. 아마 물질계와 인간이 창조되기 이전의 어떤 시점이었을 것입니다. 욥기에 의하면 하나님께서 땅의 기초와 모퉁잇돌을 놓으셨을 때 하늘의 천사들이 창조주를 찬양하며 환성을 질렀다고 했습니다(욥 38:4~7).

♣ 천사들은 무수합니다.

> 내가 보니 왕좌가 놓이고 옛적부터 항상 계신 이가 좌정하셨는데 … 그를 섬기는 자는 천천이요 그 앞에서 모셔 선 자는 만만이며 심판을 베푸는데 책들이 펴 놓였더라 (단 7:9~10).

하나님을 모시는 천사들은 헤아릴 수 없이 많습니다. 아람 군대가 엘리사가 머무는 도단을 에워쌌을 때 두려워하는 사환에게 엘리사는 "두려워하지 말라 우리와 함께 한 자가 그들과 함께 한 자보다 많으니라"(왕하 6:16)고 말했습니다. 그런데 엘리사 편은 사람들이 아니고 하늘의 천사들로 구성된 천군(天軍)이었습니다.

> 기도하여 이르되 여호와여 원하건대 그의 눈을 열어서 보게 하옵소서 하니 여호와께서 그 청년의 눈을 여시매 그가 보니 불말과 불병거가 산에 가득하여 엘리사를 둘렀더라 (왕하 6:17).

예수님은 겟세마네 동산에서 가룟 유다의 배신으로 붙잡히셨을 때 칼을 뺀 베드로에게 말씀하셨습니다(요 18:10).

> 너는 내가 내 아버지께 구하여 지금 열두 군단 더 되는 천사를 보내시게
> 할 수 없는 줄로 아느냐 (마 26:53).

로마의 일개 군단은 6천 명이었습니다. 열두 군단은 7만 2천 명입니다. 겟세마네 동산을 가득 채우고도 남을 숫자입니다.

베들레헴 목자들에게 나타난 주의 천사가 그들에게 구주 탄생 소식을 알렸을 때 "홀연히 수많은 천군이"(눅 2:13) 그 천사와 함께 하나님을 찬송하였습니다. 히브리서 12:22절에는 "천만 천사"라고 표현하였습니다. 그런데 천사들의 수효는 줄지도 않고 늘지도 않습니다. 그 까닭은 그들은 죽지도 않고 재생산도 하지 않기 때문입니다. 그들에게는 성(性)도 없고 결혼도 하지 않으며 죽는 일도 없습니다.

> 예수께서 이르시되 이 세상의 자녀들은 장가도 가고 시집도 가되 저 세
> 상과 및 죽은 자 가운데서 부활함을 얻기에 합당히 여김을 받은 자들은
> 장가 가고 시집 가는 일이 없으며 그들은 다시 죽을 수도 없나니 이는 천
> 사와 동등이요 부활의 자녀로서 하나님의 자녀임이라 (눅 20:34~36).

천사들은 영들이며 비물질적인 존재들입니다. 그러나 인격을 가지고 있으며 때때로 물체적이고 가시적인 형태로 나타날 수 있습니다. 성경에서 천사들이 사람의 모습으로 나타날 때에는 남성입니다. 소돔의 동성연애자들은 천사들을 욕보이기 위해서 롯의 집을 에워싸고 "우리가 그 남자들과 상관 좀 해야 하겠소"(창 19:5, 새번역)라고 요

구하며 난동을 부렸습니다. 한편, 성경에는 여성 천사에 대한 기록은 없습니다. 이것은 아마 남자의 역할을 중시했던 당시의 문화적 풍습 때문이었을 것입니다. 그러나 천사들에게는 남자라고 해서 특별할 것은 없었습니다. 그들에게는 성기능이 없기 때문입니다.

한편, 악한 천사들은 마지막 심판 때에 마귀와 함께 모두 불못에 던져질 것입니다. 또 왼편에 있는 자들에게 이르시되 저주를 받은 자들아 나를 떠나 마귀와 그 사자들을 위하여 예비된 영원한 불에 들어가라 (마 25:41). 그러나 "택하심을 받은 천사들"(딤전 5:21)은 영원토록 하나님을 섬기며 찬양하면서 여러 가지 맡은 일들을 계속 수행할 것입니다.

♣ 천사들 사이에는 직분과 역할의 차이가 있습니다.

천사들은 하나님의 통제 아래 있는 시종들입니다. 그런데 천사들이 어떤 형태로 서로 협력하고 어떤 체계로 다스려지는지는 잘 알 수 없습니다. 하나님과 더 가깝고 매우 큰 능력을 가진 천사들도 있습니다. 예를 들어 세례 요한의 부친이었던 사가랴 제사장에게 나타났던 가브리엘은 하나님의 존전에 서 있는 천사라고 했습니다(눅 1:19). 천사가 자신의 직분을 밝힌 것은 드문 일입니다. 가브리엘 천사는 성경에서 네 번 언급되었는데(단 8:16; 9:21; 눅 1:19, 26) 알기 어려운 환상을 설명하거나 중요한 메시지를 전달하였습니다. 그는 다니엘에게 하나님의 왕국에 대한 메시지를 주었습니다(단 8:15~27). 가브리엘이 하나님 앞에 대령해 있는 천사라면 그는 분명 중책을 맡은 자로서 지극히 거룩하고 신실한 종임에 틀림 없습니다. 천사들 중에는 그룹과 스랍들도 있습니다(창 3:24; 출 25:22; 사 6:2~3). 이들의 모양은 날개가 있는 생물의 형태를 가졌는데 하나님의 거룩한 보좌를 보호하고 찬양하는 일에 관련된 듯합니다.

미가엘은 천사장으로서 이스라엘 민족의 수호자입니다(단 10:13, 21; 12:1; 유 9절, 새번역). 그는 하나님으로부터 보내심을 받은 한 천사가 바사 왕국의 악한 천사장의 방해로 다니엘에게로 올 수 없었던 때에 그 천사를 구출해 주었습니다(단 10:13, 21). 한편, 악한 천사들 중에서도 천사장이 있습니다. 바사의 군주(천사)는 페르시아를 지키는 악한 천사장입니다(단 10:13, 20).

천사들 사이에서는 한 천사가 다른 천사에게 질문을 하고 답변을 받기도 하고(단 8:13~14), 명령을 주고받기도 합니다(단 8:15~16). 이것은 지식의 레벨에 차이가 있음을 시사합니다. 천사들 사이에는 일종의 상하 계급 질서가 있어 보이기도 하지만 정확한 성격은 알 수 없습니다. 그러나 천사들마다 독특한 직분이 있고 능력과 지식과 역할이 다른 것은 확실해 보입니다.

하나님이 보내신 천사들은 대체로 큰 권위와 위엄과 놀라운 메시지를 전하며 눈부신 모습으로 나타납니다. 예를 들어 다니엘이 힛데겔 강 가에서 본 천사는 그 모습이 거의 예수님을 닮았습니다.

또 그의 몸은 황옥 같고 그의 얼굴은 번갯빛 같고 그의 눈은 횃불 같고 그의 팔과 발은 빛난 놋과 같고 그의 말소리는 무리의 소리와 같더라(단 10:6).

이 모습은 에스겔이 본 하늘 보좌에 계신 분의 영광이나(겔 1:26~28) 요한계시록 1장에 나오는 예수님의 환상과 흡사합니다(계 1:12~16). 이런 종류의 형태로 나타난 '주의 천사'는 하나님을 지극히 강력한 권위로 대변하기 때문에 하나님을 보는 것에 가장 근접한 경우라고 할 수 있습니다(참조. 삿 13:21~22). 그래서 반사적으로 경배하고 싶은 충동이 일어날 수 있습니다. 다니엘의 경우에는 감사하게도 그런 충동이 있기 전에 정신을 잃고 말았습니다!

그런데 같은 천사라도 경우에 따라 기절할만큼 큰 권위와 영광스런 모습으로 나타나기도 하고 혹은 대화를 나눌 정도로 덜 두려운 상황도 있습니다. 예로써 가브리엘 천사는 다니엘에게 큰 영광과 두려움으로 나타나서 다니엘이 혼절했지만(단 8:17~18), 사가랴의 경우에는 비록 가브리엘 천사의 갑작스런 나타남으로 퍽 무서워했음에도 말대꾸를 할 정도였습니다(눅 1:12~20).

♣ 천사들은 하나님께 대한 순종과 충성과 신실로 유명합니다.

성경에는 하나님께 속한 천사들의 활동에 대해서 많이 언급합니다. 그런데 한 천사라도 하나님으로부터 받은 소명에 불신실했다는 기록이 없습니다. 그들은 전심전력으로 하나님을 섬기는 자들이기에 우리의 좋은 모범이 됩니다. 그들은 항상 하나님을 뵈옵고 쉬지 않고 하나님을 경배하며 찬양합니다(사 6:3; 마 18:10).

> 모든 천사가 보좌와 장로들과 네 생물의 주위에 서 있다가 보좌 앞에 엎드려 얼굴을 대고 하나님께 경배하여 이르되 아멘 찬송과 영광과 지혜와 감사와 존귀와 권능과 힘이 우리 하나님께 세세토록 있을지어다 아멘 하더라 (계 7:11~12).

하나님은 일찍이 모든 천사들이 여호와를 찬양하라고 하셨습니다(시 148:2). 하나님께서는 예수님을 세상에 들어오게 하셨을 때 모든 천사들에게 그를 경배하라고 명령하셨습니다(히 1:6). 천사들은 항상 예수님에게 집중합니다. 그래서 예수님에게 일어나는 일들을 주목하며 활동합니다. 그들은 예수님이 하나님의 구원 목적을 지체없이 신실하게 시행해 나가시는 것을 보고 경배합니다. 그들은 예수님이 지상에서 얼마나 많은 시련과 유혹 속에서 하나님께 전적으로 순종하며 사셨는지를 압니다. 그들은 예수님의 왕권이 그를 머리로 한 지상의 교회에서 날로 확장되고 있음을 보며 감사와 찬사를 보냅니다. 그들은 주님이 과거의 이스라엘 역사와 초림 이후에 새 이스라엘로 재구성된 교회를 통해서 해오신 일과 현재도 행하고 계신 여러 구속 사역들을 보고 감탄하며 고개를 숙입니다.

> 이는 이제 교회로 말미암아 하늘에 있는 통치자들과 권세들에게 하나님
> 의 각종 지혜를 알게 하려 하심이니 (엡 3:10).

교회는 하나님께서 하늘의 천사들에게 "측량할 수 없는 그리스도의 풍성함"(엡 3:8)을 펼쳐 보이시는 대형 스크린입니다. 천사들은 그리스도를 통해 전개되는 놀라운 하나님의 구원을 살펴보기를 열망합니다(벧전 1:12). 그렇다면 하나님의 구원의 지혜와 능력이 펼쳐지는 현장에 있는 우리는 교회를 얼마나 더 귀히 여겨야 하겠습니까? 천사들은 구원의 대상이 아님에도 교회를 통해 나타나는 하나님의 갖가지 지혜를 더 보기를 원하는데 당사자들인 우리가 이런 일에 관심이 없거나 교회를 소홀히 대한다면 부끄러운 일입니다.

천사들은 하나님의 거룩하신 성품을 닮았으며 자신들의 섬김을 좀체 드러내지 않고 뒤에서 조용히 활동합니다. 천사들은 겸손합니다. 그들은 자신들을 숨기면서 일합니다. 우리는 천사들의 임재를 거의 느낄 수 없습니다. 천사들은 시내 산에서 율법을 모세에게 전달하

는 중대한 책임을 맡았지만 이스라엘 백성은 이를 의식하지 못하였습니다. 천사들은 큰 능력이 있고 권위가 있음에도 보이지 않게 자기할 일을 충실하게 이행합니다. 이것도 우리가 본받아야 할 점입니다. 중요한 일을 하지만 나서지 않고 드러내지 않으면서 겸손하게 주님만 응시하고 섬기는 것은 하나님 나라 백성의 아름다운 성품입니다.

히브리서는 특별히 천사들은 종들이라고 강조합니다. 그들은 섬기라고 보냄을 받은 영들입니다. 그들은 하나님의 뜻과 주님의 지시에 따라 "구원 받을 상속자들을 위하여"(히 1:14) 봉사합니다.

♣ 천사들은 신자들을 여러 방면으로 돕습니다.

천사들은 예수님이 40일 동안 광야에서 사탄의 시험을 받으시면서 심히 굶주리고 지치신 것을 일일이 목격하였습니다. 그다음 일어난 일을 주목하십시오.

이에 마귀는 예수를 떠나고 천사들이 나아와서 수종드니라 (마 4:11).

천사들이 하는 일은 마귀가 떠난 후에 예수님의 지친 몸을 돌보는 것이었습니다. 그들은 예수님이 받는 사탄의 시험을 대신 받거나 도와준 것이 아닙니다. 사탄의 공격은 예수님이 고스란히 받으셨습니다. 천사들은 예수님이 사탄의 공격과 장기간의 금식에서 회복될 수 있도록 도왔습니다. 천사들은 예수님이 겟세마네 동산에서 기도하실 때에도 도왔는데 "천사가 하늘로부터 예수께 나타나 힘을 더하더라"(눅 22:43)고 했습니다. 천사들은 예수님의 기도를 대신 올리거나 대신 믿어주지 않았습니다. 그러나 믿음 생활에 필요한 에너지를 공급하며 사탄을 이기도록 도왔습니다. 우리는 천사들의 도움을 내가 행해야 할 일까지 맡아주는 것으로 생각하지 말아야 합니다. 우리가 기도해야 하고, 우리가 믿어야 하며, 우리가 사탄의 시험을 이겨내야 합니다.

♣ **천사들은 하나님의 백성을 보호하고 보존하는 일을 합니다.**

❖ 천사는 하갈이 광야에서 목말라 했을 때 샘물 곁에서 만나주었습니다(창 16:7).

❖ 아브라함은 자기 종을 보내어 이삭을 위해 아내를 택하게 할 때에 "주님께서 천사를 너의 앞에 보내셔서, 거기에서 내 아들의 아내 될 사람을 데려올 수 있도록 도와주실 것이다"(창 24:7, 새번역)라고 했습니다.

❖ 모세는 에돔 왕에게 그들의 땅을 지나가게 해 달라고 요청했을 때 "우리가 여호와께 부르짖었더니 우리 소리를 들으시고 천사를 보내사 우리를 애굽에서 인도하여 내셨나이다"(민 20:16)라고 하였습니다. 천사는 이스라엘 백성의 출애굽을 도왔습니다.

❖ 천사들은 주를 경외하는 자들을 위험에서 구출합니다.

"여호와의 천사가 주를 경외하는 자를 둘러 진 치고 그들을 건지시는도다"(시 34:7).

"그가 너를 위하여 그의 천사들을 명령하사 네 모든 길에서 너를 지키게 하심이라"(시 91:11).

❖ 하나님은 자기 백성의 고난에 동참하시며 주의 임재를 대신하는 천사들을 통해 도우십니다.

"주께서 그들의 모든 고난 속에서 고난을 당하셨고, 그의 임재 앞에 있는 천사가 그들을 구원하였도다"(사 63:9, 한글 킹제임스역).

❖ 천사는 사자 굴 속에 던져졌던 다니엘을 보호하였습니다.

"나의 하나님이 이미 그의 천사를 보내어 사자들이 나를 상해하지 못하였사오니…"(단 6:22).

❖ 엘리야가 광야에서 지쳐 죽게 되었을 때 천사가 와서 음식을 챙겨 주었습니다(왕상 19:5~8).

❖ 예수님은 칼을 휘두른 베드로에게 "너는 내가 내 아버지께 구하여 지금 열두 군단 더 되는 천사를 보내시게 할 수 없는 줄로 아느냐"(마 26:53)고 하셨습니다.

❖ 베드로가 투옥되었을 때 천사가 나타나서 기적으로 그를 출옥시켰습니다(행 12:3~11).

이처럼 천사들은 하나님의 자녀들이 위기를 겪고 시련을 당할 때 여러 방면으로 도와줍니다. 우리가 특별한 도움을 받을 때에는 천사들의 임재를 의식하지 못할지라도 그들이 활동한 경우일 가능성이 높습니다.

♣ 천사들은 우리의 기도에 관련되어 있습니다.

여호와의 천사가 대답하여 이르되 만군의 여호와여 여호와께서 언제까지 예루살렘과 유다 성읍들을 불쌍히 여기지 아니하시려 하나이까 이를 노하신 지 칠십 년이 되었나이다 하매, 여호와께서 내게 말하는 천사에게 선한 말씀, 위로하는 말씀으로 대답하시더라 (슥 1:12~13).

여호와의 천사는 하나님께 유다 백성에 대한 70년 동안의 심판을 종식시켜 달라고 중보하였고 하나님께서는 그의 탄원을 긍정적으로 들어주셨습니다. 그래서 스가랴 선지자는 이 좋은 소식을 전하라는 분부를 받았습니다(슥 1:14~17).

> 또 다른 천사가 와서 제단 곁에 서서 금 향로를 가지고 많은 향을 받았으
> 니 이는 모든 성도의 기도와 합하여 보좌 앞 금 제단에 드리고자 함이라
> 향연이 성도의 기도와 함께 천사의 손으로부터 하나님 앞으로 올라가는
> 지라 (계 8:3, 4).

천사들은 성도의 기도를 하나님께 가지고 갑니다. 이것은 우리 눈에 보이지 않습니다. 기도 전달자로서의 그들의 사역은 비밀리에 진행되고 있습니다. 그러나 우리는 천사들에게 기도하거나 천사들의 기도에 의존하지 말아야 합니다. 천사들이 우리의 기도가 하나님께 열납되도록 영향을 주는 것은 아니기 때문입니다. 우리는 때때로 어떻게 기도해야 좋을지 모를 때에 성령께서 "우리를 위하여 친히 간구"(롬 8:26)하신다는 사실로 위로를 받아야 합니다.

◑ 천사들은 성도들의 사후에 즉시 그들의 영혼을 하나님께로 데리고 가는 안내자의 역할을 하는 듯합니다(눅 16:22). 이것은 부자와 나사로의 비유에서 언급되었기 때문에 어디까지 사실로 받아들여야 할지 애매하지만 죽은 성도가 안내자가 없이 혼자 하나님께 가지는 않을 것입니다.

천사의 거처는 하늘이지만(막 13:32; 사 6:1~3) 활동 영역은 하늘과 땅을 다 포함합니다(단 9:21; 10:1). 악한 천사들의 거처는 하늘이 아닌 다른 지역인 듯하지만 사탄이 천 년이 찰 때까지 무저갱에 갇혀 있을 것이라는 언급 이외에는(계 20:3) 그들의 정확한 거처는 알려지지 않았

습니다. 그들은 모두 영원한 불에 던져질 것입니다(마 25:41; 계 20:10).

천사는 흔히 영토적이고 지리적이라는 주장이 있습니다(territorial spirits). 증거 본문으로 다니엘 10장을 댑니다. 한 천사가 다니엘에게 오려고 했지만 바사 왕국의 악한 군주(천사)가 막아서 지체되었는데 미가엘 천사가 와서 구출을 받았습니다(단 10:13). 그래서 악령들이 어떤 장소나 영토를 지배하고 버티는 곳이 있다고 해석합니다. 그러나 역사적으로 헬라 제국이 바사 제국을 빼앗았는데 두 제국들은 대체로 동일한 지역을 놓고 정복을 하고 정복을 당한 셈이었습니다. 이것은 바사 제국의 악령들과 헬라 제국의 악령들이 서로 싸웠다는 뜻이 아닙니다. 악령들은 특정 지역을 터줏대감처럼 지키는 것이 아니고 세상에 속한 정권들을 뒤에서 조종하는 세력입니다. 바사 왕국의 군주와 헬라 왕국의 군주는 자신들이 지배하는 서로 다른 영역의 영들이 아니고 모두 악마적인 존재들로서 하나님의 나라가 발전하는 것을 저지하려는 세력들입니다.

성경에는 영토적인 영들이 존재한다는 증거가 없습니다. 이교도들은 자주 악령들이 지역적이라고 생각하였습니다. 우리나라에도 이런 사상이 전통적으로 내려오고 있지만 성경의 저자들은 이러한 이교적 사상을 배척합니다. 영토적 악령의 이름을 대면서 떠나가라고 소리를 지르거나 악귀가 붙어서 터가 나쁘다거나 악령들이 자리를 지키고 있기 때문에 흉한 일이 생긴다고 생각하는 것은 전혀 성경적인 근거가 없습니다.

◑ 선한 천사들은 "거룩한 자들"(시 89:5, 7) 혹은 "거룩한 천사들"(막 8:38; 눅 9:26)로 불립니다. 거룩한 목적을 위해 성별되었기 때

문일 것입니다. 그들은 율법을 전달하였고(행 7:53; 갈 3:19), 주의 백성을 보호하고 인도하며 필요를 공급하고 힘을 북돋아줍니다. 그러나 주의 뜻에 순종하여 백성을 경고하고 견책하거나 악인들에게 징벌도 내립니다(창 19:17; 민 22:32~33; 시 91:11; 마 2:19~20; 눅 1:20; 행 12:23). 선한 천사들은 예수님의 재림 때에 함께 와서 악인을 거두어 내어 풀무불에 던져 넣고, 택하신 자들을 사방에서 모을 것입니다(마 13:41~42, 50; 24:31).

천사들은 인간보다 훨씬 더 지적이며 더 큰 능력을 가지고 있습니다. 그들은 죽지 않기 때문에 인간들의 유한한 능력에 비해 월등하게 강합니다. 그러나 그들은 전능하지 않습니다. 그들의 능력과 지혜에는 제한이 있으며 하나님과의 관계에서 보면 인간의 특권을 따를 수 없습니다. 인간은 하나님의 형상으로 지음을 받았으며 그리스도로 말미암는 영광스런 구속의 대상입니다. 현재에도 천사들은 택함 받은 백성을 돕는 하나님의 종들이며 새 하늘과 새 땅에서는 인간들이 천사들보다 더 높여질 것입니다(마 24:36; 단 10:13; 고전 6:3).

현재 신자들은 "잠시 동안 천사보다 못하게"(히 2:6, 9) 된 상태에서 삽니다. 비록 유한하고 연약하지만 위치적으로 보면 그리스도와의 연합으로 이미 주님과 함께 하늘 보좌에 앉혀 있습니다(엡 1:20~22; 2:5~6). 그러나 마지막 심판 때에 신자들은 천사들보다 높여지고 세상을 심판하는 일에 참여할 것입니다(고전 6:3).

◐ 천사들은 신자들이 마지막 구원의 상을 받도록 돕습니다.
히브리서 1장에서 지금까지 인용한 일곱 개의 구약 본문들은 한결같이 예수님이 천사들에 비해서 비교가 되지 않을 정도로 높고 독특하다는 것입니다. 천사들은 아무리 탁월하여도 예수님을 경배하는 피조물이며 구원받을 상속자들을 위해 섬기도록 보내심을 받은 영들이라는 것이 본 항목의 결론입니다(히 1:14).

7.
상속과 마지막 구원
히브리서 1:14

> 모든 천사들은 섬기는 영으로서 구원받을 상속자들을 위하여 섬기라고
> 보내심이 아니냐 (히 1:14).

본 절은 히브리서 전체의 유업 주제를 이해하는 중요한 열쇠를 제
공합니다. '구원받을 상속자'란 무슨 의미일까요? 이 말의 의미를 바
르게 파악하면 유업에 대한 히브리서의 나머지 부분들을 핵심적으로
포착하는데 큰 도움이 됩니다.

첫째, 천사들이 구원받게 될 모든 성도를 섬긴다는 뜻이 아닙니
다. 물론 천사들이 신자들을 여러 방식으로 돕지만 여기서 말하는 천
사들의 도움은 신자들이 유업(기업, 상)을 상속받는 일에 초점이 잡혀
있습니다.

둘째, 유업 주제와 관련해서 언급하는 '상속'의 의미는 일반적인
상속의 의미와 다른 것입니다. 일반적으로 상속은 상속권만 있으면

유산으로 그냥 받습니다. 내 편에서 아무 하는 일이 없이 재산을 물려받는 것을 말합니다. 그러나 유업 주제에서 다루는 상속인의 법적 자격은 그리스도를 구주로 믿는 자면 누구나 될 수 있습니다. 그러나 유업은 보상이기 때문에 자동으로 받는 것이 아닙니다. 유업은 받는 사람의 꾸준한 믿음과 인내가 있어야만 상속됩니다. 그러니까 내 편에서 아무 노력도 하지 않고 받는 일반적인 의미의 상속과 내 편에서 힘써야 받는 상속의 의미를 구별해야 합니다. 히브리서의 상속의 의미는 후자입니다.

> 우리가 간절히 원하는 것은 너희 각 사람이 동일한 부지런함을 나타내어 끝까지 소망의 풍성함에 이르러 게으르지 아니하고 믿음과 오래 참음으로 말미암아 약속들을 기업으로 받는 자들을 본받는 자 되게 하려는 것이니라 (히 6:11~12).

셋째, '구원받을 상속자'란 앞으로 구원을 받게 될 자라는 의미가 아닙니다. 히브리서의 독자들은 이미 구원을 받았습니다. 히브리서에서는 다른 모든 신약 서신에서처럼 대부분의 내용이 이미 주 예수를 구주로 믿는 신자들을 대상으로 쓴 글들입니다. 그럼 첫 구원을 받은 자들이 나중에 종국적으로 받게 될 구원이 있다면, 이 구원은 첫 구원과 어떻게 다른 것일까요? 흔히 마지막 때에 가서 예수님이 재림하시면 구원이 완성된다고 말합니다. 처음 주 예수를 믿고 받은 구원이 최종적으로 완결되는 때가 있는데 그때 몸의 부활이 있고 모든 신자가 새 하늘과 새 땅에서 영원히 산다는 것입니다. 그때까지 신자들은 주 예수를 끝까지 붙들고 믿어야 하는데 이것을 성도의 견인(堅忍) 혹은 성도의 인내라고 합니다. 최근에는 '성도의 보존'이라는 말로 대치해서 사용하기도 합니다. 성도의 견인이라고 하면 구원이 신자 편의 인내에 달린 듯한 인상을 주기 때문입니다. 그래서 하나님이 붙잡아 주신다는 의미에서 '성도의 보존'이라는 말로 흔히 바꾸어 씁니다. 처음 받은 구원이 성화의 과정을 거쳐서 하나님의 보존하시는 은혜로 구원의 완성에 이른다는 것은 잘 알려진 칼빈주의 교리입니다. 그러나 히브리서에서 말하는 구원은 그러한 과정을 거치는 '구원의 서정(序程)'(혹은 '구원의 순서', order of salvation)을 말하는 것이 아니고 유업의 달성과 관계된 개념입니다.

이해를 돕기 위해서 구원을 세 가지로 나누어 설명하도록 하겠습니다. 성경에서 구원은 여러 의미로 사용되었습니다. 보통 예수를 믿으면 구원받는다고 말할 때에는 많은 내용이 생략된 것입니다. 그 중에서 구원의 시제에 대한 이해가 부족하면 성경을 읽으면서 혼란이 올 때가 많습니다.

구원에는 세 가지 종류의 시제가 있습니다.

먼저 '구원'의 의미를 살피는 것이 좋습니다. 구원은 매우 광범위한 의미로 사용되었습니다. 기본적인 의미는 어려운 상황에서 구출되는 것입니다. 그래서 저자가 어떤 의미로 구원이라는 단어를 사용하는지를 문맥에 따라 살펴야 합니다. 저자들에 따라서 자신의 특별한 목적에 맞는 의미를 선호하기도 하고 혹은 같은 저자라도 한 가지 이상의 의미로 사용할 수 있습니다.

구원은 편의상 영적 구원과 비영적 구원으로 나눌 수 있습니다. 영적 구원은 죄와 사망과 사탄의 권세에서 구출되어 주님의 나라로 옮겨지는 것입니다. 비영적 구원은 질병과 시련, 위기와 재난으로부터 구출되는 것입니다. 그런데 영적 구원의 경우에는 시제상으로 보면 과거적 구원, 현재적 구원, 미래적 구원으로 나누어집니다.

1) 과거적 구원

너희는 그 은혜에 의하여 믿음으로 말미암아 구원을 받았으니 (you have been saved) **이것은 너희에게서 난 것이 아니요 하나님의 선물이라** (엡 2:8).

이것은 처음 주 예수를 믿고 구원받은 것을 말합니다. 구원을 받았다는 것은 시제상 과거적 구원으로서 하나님 앞에서 유죄가 아니라는 판정과 함께 하나님의 눈에 의롭다는 선언을 받은 것을 말합니다(딛 3:2, 7). 신자 편에서 보면 거듭난 것이며 하나님의 자녀로 입양된 것을 가리킵니다. 죄와 죽음이 다스리던 어둠의 왕국에서 하나님의 아들의 빛의 왕국으로 옮겨진 첫 구원을 말합니다(골 1:13~14).

2) 현재적 구원

십자가의 도가 멸망하는 자들에게는 미련한 것이요 구원을 받는 우리에게는 (to us who are being saved) **하나님의 능력이라** (고전 1:18).

이것은 첫 구원을 받고 난 이후에 점차적으로 옛 사람에 속한 과거의 행습들로부터 구출되고 있다는 의미입니다. 그래서 지금 현재 거룩한 삶이 진행 중이라는 말입니다. 다시 말해서 구원받은 신자들이 점진적으로 죄의 능력을 깨어가면서 하나님의 형상으로 빚어지고 있다는 것입니다. 물론 성화의 삶이 구원 이후에 반드시 점진적 상승을 한다는 의미는 아니지만 어둠에 속했던 죄인의 신분에서 벗어나 의인의 삶을 구현하면서 산다는 뜻입니다. 이것을 가리켜 신자들이 현재의 삶 속에서 구원을 받고 있다고 표현합니다.

3) 미래적 구원

또 너희가 내 이름으로 말미암아 모든 사람에게 미움을 받을 것이나 끝까지 견디는 자는 구원을 얻으리라 (But the one who endures to the end will be saved) (마 10:22).

미래적 구원이란 끝까지 견디면 의롭게 되거나 하나님의 자녀로 입양되거나 혹은 거듭나게 되어 나중에 천국에 들어간다는 의미가 아닙니다. 주 예수를 믿는 자들은 이미 그리스도 안에서 하늘에 앉히웠다고 했습니다(엡 2:6). 구원의 자리는 이미 확보되었습니다. 주 예수를 하나님께서 보내신 유일한 대속주로 믿고 자신의 주님으로 영접하면 그 순간에 거듭나고 의롭게 되며 하나님의 자녀가 되어 사망에서 생명으로 옮겨집니다. 그래서 신자들은 현재 그리스도의 부활 생명을 가지고 있습니다(요 5:24).

미래적 구원은 크리스천 삶의 전 과정에서 선한 영적 싸움을 마치고 마지막 단계의 최종 구원을 받는 것을 가리킵니다. 이 최종 구원에는 다음 사항이 포함됩니다.

- 현재의 죽을 몸이 부활하여 변화된 새 몸을 받는 것
- 죄의 임재로부터 완전히 해방되는 것
- 사탄의 모든 시험과 악영향으로부터 벗어나는 것
- 유업을 상속받는 것

마지막 구원의 하일라잇은 그리스도의 심판대에서 착하고 충성된 종이라는 칭찬을 받는 것입니다. 이 칭찬은 주님을 신실하게 섬긴 자들이 상속으로 받게 될 유업에 대한 포괄적인 표현입니다. 이것이 히브리서 1:14절에서 말하는 "구원받을 상속자들"이라는 의미의 핵심입니다.

구원을 상속받는다는 의미는 마지막 단계의 구원을 가리킵니다. 이 구원은 유업(기업 혹은 상)을 받는 최종적인 구원과 관계된 것으로서 신약 성경에서 자주 등장합니다. 예를 들어 예수께서 제자들에게 부자가 하나님 나라에 들어가는 것보다 낙타가 바늘귀로 지나가는 것이 더 쉽다고 하셨을 때(마 19:23) 제자들이 놀라서 "그렇다면 누가 구원을 얻을 수 있으리이까"(마 19:25)라고 물었습니다. 베드로는 또 예수님에게 제자들이 모든 것을 버리고 주를 따랐다고 하면서 "그런즉 우리가 무엇을 얻으리이까"(마 19:27)라고 물었습니다. 예수님의 답변이 무엇이었습니까? 그들이 열두 보좌에 앉아 이스라엘 열두 지파를 심판하고 "또 영생을 상속하리라"(마 19:28~29)고 하셨습니다. 예수님이 '상속한다'(inherit)고 하신 말씀을 주목하십시오. 여기서 예수님이 말씀하시는 것은 미래적인 구원이며 상을 유업으로 상속하는 것을 가리킵니다.

원래 예수님과 제자들 사이의 대화는 부자 청년에게 예수님이 "네 소유를 팔아 가난한 자들에게 주라 그리하면 하늘에서 보화가 네게 있으리라"(마 19:21)고 약속하신 말씀에서 연유된 것이었습니다. 본 대화의 주제는 단순히 재산을 뿌리면 사후에 천국에 들어간다는 것이 아니고, 천국에서 상을 받게 된다는 것입니다. 예수님이 모든 것을 다 버리고 주를 따른 제자들에게 주신 약속도 열두 보좌에 앉아 심판하는 특권이었습니다. 이것은 그들이 상속받을 보상이었습니다.

'영생을 상속하리라'(마 19:29)는 말을 사후 천국에 들어간다는 의미로 보면 전혀 문맥에 맞지 않습니다. 본 항목과 이어서 나오는 마태복음 20장의 포도원 품꾼들의 비유가 '상속'이라는 단일 주제로 일관하고 있기 때문입니다. 주 예수를 위해서 모든 것을 버린 자는 이미 주 예수를 자신의 구주로 믿은 사람입니다. 그런 신자를 보고 사후에 천국에 들어간다는 말을 유업의 주제 뒤에 꼬리표로 덧붙일 필요가 무엇입니까? 이것은 불필요한 말입니다. 여기서 말하는 '영생'은 사후 천국이 아니고 하나님이 주시는 넘치는 생명입니다. 이기는 자들에게는 생명나무의 열매와 생명의 면류관이 약속되었습니다(계 2:7, 10). '영생'은 하나님의 생명입니다. 하나님의 생명은 역동적이며 생동적입니다. 하나님의 생명은 넘칩니다. 그러나 받는 편에서 보면 영생은 현세에서부터 적게 받을 수도 있고 많이 받을 수도 있습니다. 그래서 바울도 '영생'을 취하고 거두는 것으로 표현하였습니다.

❖ 믿음의 선한 싸움을 싸우라 영생을 취하라 (딤전 6:12).

바울이 여기서 디모데를 보고 선한 싸움을 싸워서 천국에 들어가라고 말한 것이 아닙니다. 천국은 싸워서 들어가는 곳이 아니지 않습니까?

❖ 성령을 위하여 심는 자는 성령으로부터 영생을 거두리라 (갈 6:8).

바울은 여기서도 사후 천국이 아닌 하나님의 영원한 생명을 넘치게 경험하는 것을 말하고 있습니다. 우리가 성령으로 행하며 선한 싸움을 싸우면 하나님과의 밀착된 교제를 하고 영적 에너지가 넘침을 체험하며 성령의 열매와 하나님께서 주시는 능력과 활력을 풍성하게 누린다는 것입니다.

❖ 하나님의 사랑 안에서 자신을 지키며 영생에 이르도록 힘쓰라 (유 21 절).

이 영생은 주 예수를 믿을 때에 하나님의 생명이 우리에게 들어오기 때문에 현세에서부터 상으로 누릴 수 있습니다(막 10:30).

❖ 또한 너희가 이 시기를 알거니와 자다가 깰 때가 벌써 되었으니 이는 이제 우리의 구원이 처음 믿을 때보다 가까웠음이라 (롬 13:11).

여기서 말하는 구원도 사후 천국이 아니고 마지막에 받는 유업입니다. 예수님의 재림이 날로 가까워져 옵니다. 주께서 다시 오실 때 주님을 위해 꾸준한 믿음과 순종의 삶을 산 성도들은 주님의 칭찬을 받고 자신들의 행위에 따라 상이한 레벨의 상을 받게 될 것입니다(고후 5:10).

보라 내가 속히 오리니 내가 줄 상이 내게 있어 각 사람에게 그가 행한 대로 갚아 주리라 (계 22:12).

히브리서의 저자는 말합니다.
그러므로 자기를 힘입어 하나님께 나아가는 자들을 온전히 구원하실 수 있으니 이는 그가 항상 살아 계셔서 그들을 위하여 간구하심이라 (히 7:25).

'온전히 구원한다'는 것은 하나님께서 우리에게 상속을 위해 구원하신 목적을 성취하실 수 있음을 확신케 하는 말씀입니다. 여기서의 구원은 마지막 상입니다. 그러니까 히브리서 1장 끝에서 천사들의 역할을 언급한 것은 단순히 신자들이 천국에 들어갈 수 있도록 천사들이 돕는다는 것이 아닙니다. 이것은 마지막 단계의 구원인 유업의 상속을 받는 일에 천사들이 도우미로서 보내심을 받았다는 뜻입니다.

천사들의 이러한 섬김의 목적은 하나님의 백성이 그들의 마지막 구원, 곧 하늘 영광의 마지막 상을 받도록 돕는 것이다. (Michael Eaton).

히브리서는 서두에서 예수님을 만유의 상속자라고 하였고 이제 본 장의 끝에서 성도들을 구원받을 상속자라고 하였습니다. 히브리서 1장이 상속으로 시작해서 다시 상속으로 종결된 것은 히브리서의 주제가 처음부터 유업을 염두에 두고 있다는 증거입니다.

본 항목에서 힘있게 입증하는 것은 예수님이 천사들에 비해서 무한히 월등하시다는 것입니다. 천사들을 예수님과 비교하고 대조하는 것은 히브리 교인들이 직면했던 낮은 기독론의 유혹을 물리치라는 강력한 설득이었습니다. 그래서 저자는 결론으로 천사들이란 구원받을 상속자들을 위해서 보내심을 받은 자들이라는 사실을 지적하며 유업의 주제로 마무리하였습니다.

한편, 신약에서 상과 구원은 분명히 구별되지만(고전 3:14~15) 때

로는 너무도 밀착되어 미래적 구원이 상을 받는 마지막 단계의 사건
과 겹치는 경우도 있습니다(마 19:23, 25, 27~29; 막 10:30; 롬 13:11; 딤전
6:12).

8.
구원을 등한시하는 위험
히브리서 2:1~4

히브리서에는 여섯 개의 경고 본문들이 있습니다(2:1~4; 3:7~4:13; 6:4~8; 10:26~31; 12:15~17; 12:25~29). 2장 1~4절은 첫 번째 경고문입니다. 경고 본문들은 히브리서를 가장 논쟁적인 책으로 만든 도화선의 역할을 해 왔습니다. 경고 본문들은 구원과 관련해서 해석해 왔기 때문에 구원의 상실 가능성과 불가능성을 놓고 공방전을 벌입니다. 한편에서는 경고 본문들을 구원이 상실될 수 있기 때문에 주는 강력한 경고라고 보고, 다른 한편에서는 구원은 상실될 수 없기 때문에 이러한 본문들은 믿음을 끝까지 지키게 하기 위한 목회적인 독려라고 봅니다. 혹은 경고 본문들은 믿음의 회색 지대에 있는 사람들에게 주는 도전이라고 해석합니다. 그러나 1장에서 살펴보았듯이 히브리서의 중심 주제를 '유업'으로 보면, 경고 본문들은 구원이 아닌 유업 상실의 가능성에 대한 경고이며 동시에 그리스도의 최고성과 우위성에 의존해서 유업의 길로 나아가라는 촉구입니다.

표류하는 위험

그러므로 우리는 들은 것에 더욱 유념함으로 우리가 흘러 떠내려가지

않도록 함이 마땅하니라 (히 2:1).

히브리서 1장에서의 초점은 하나님의 아들이신 예수님이 천사들과 비교할 때 무한히 월등하시다는 것이었습니다. 그렇다면 예수님에 대한 크리스천들의 자세가 어떠해야 하겠는지를 저자는 경고의 말씀으로 연결시킵니다. 그의 경고의 주안점은 신성을 가지신 예수님이 하나님의 아들로서 누리시는 우주적인 차원의 권세와 특권이었습니다. 2장의 경고 본문에서는 최고의 영광과 능력으로 구원을 성취하시고 하나님 우편 보좌에 좌정하시어 천사들의 경배를 받으시는 예수님으로부터 시선을 떼어서는 안 된다는 것입니다.

본 절은 흘러 떠내려가지 않기 위해서 들은 말씀을 유념하라는 권면으로 시작합니다. 이 첫 번째 권면은 히브리서 전체에서 메아리칩니다(3:1, 6, 13, 14; 4:11, 14; 6:11; 10:23).

이러한 권면들은 "더욱 유념하라"는 말 속에 담긴 뜻을 공명합니다. 유념한다는 것은 마음에 담아두고 생각한다는 의미입니다. 이 말은 사도행전과 베드로후서에서도 주의를 기울여서 귀담아 듣는다는 뜻으로 사용되었습니다(행 8:6; 16:14; 벧후 1:19. 직역성경).

주의해서 경청하고 마음에 담아두면 생각하게 되므로 잊지 않습니다. 그런데 잊지만 않으면 되는 것이 아니라 마음에 담긴 것을 끝까지 붙잡는 인내가 필요합니다. 그래서 히브리서 저자는 서신 전체에서 '더욱', '끝까지', '굳게 잡고', '힘쓸지니', '매일 피차 권면'하라는 표현을 사용하였습니다. 다시 말해서 들은 진리의 말씀을 '매일' 상기하며 여러 유혹에 굽히지 않는 믿음과 인내가 있어야 한다는 말

입니다. 이것이 흘러 떠내려가지 않는 길입니다. 그래서 먼저 들은 말씀이 있어야 하고 또 어떻게 듣는지가 중요합니다. 그렇지 못하면 아무런 유익이 없습니다.

> 그들과 같이 우리도 복음 전함을 받은 자이나 들은 바 그 말씀이 그들에게 유익하지 못한 것은 듣는 자가 믿음과 결부시키지 아니함이라 (4:2).

믿음의 첫 출발은 복음을 듣는 것입니다. "믿음은 들음에서 나며 들음은 그리스도의 말씀으로 말미암았느니라"(롬 10:17)고 했습니다. '그리스도의 말씀'은 복음에 담겨 있습니다. 이 복음은 예수님이 직접 선포하셨고 사도들에 의해 전달되었으며 신약 성경에 기록되었습니다. 그런데 바른 복음을 들어야 합니다. 처음부터 잘못된 복음을 듣고 배우면 신앙생활이 바로 세워지지 않습니다. 교회의 설교 중에는 성경의 가르침보다는 재래 종교의 축복사상이나 이교적인 신관에 더 가까운 것들도 많습니다. 이런 사이비 복음에 속지 않으려면 예수님의 가르침을 경청해야 하고 예수님에 대한 사도들의 증언을 "더욱 유념"해야 합니다.

사복음서의 한 책이나 한 두 편의 신약 서신이라도 착념하고 깨달아서 마음에 담아 둔다면 유치하고 피상적인 거짓된 가르침들로부터 보호될 수 있습니다. 이것은 그리 어려운 일이 아니며 신자라면 이 정도의 성경 지식은 당연히 가져야 합니다. 히브리서 저자는 "들은 것에 더욱 유념"하라고 했습니다. 그는 1장에서 예수님의 신분과 능력과 현재의 위치가 무엇인지를 구약의 여러 말씀들을 인용하며 입증하였습니다. 그가 전개한 기독론은 장엄하고 압도적입니다.

우리는 예수님에 대한 성경의 증언을 귀담아 들어야 하고, 들은 것을 마음에 담고 생각하며 살아야 합니다. 이것이 말씀의 묵상입니다. 우리는 먼저 성경이 말하는 예수님이 누구이신지를 들어야 하고 알아야 합니다. 그런데 한 번 듣고 스쳐가는 말씀이 아니고 성경이 진술하는 거창한 기독론의 증언 내용이 나의 마음 속에서 항상 약동하고 있어야 합니다. 우리가 왜 성경을 읽어야 하고 공부해야 합니까? 예수님이 살아 계신 하나님의 아들로서, 자신의 피로써 대속을 성취하시고 하나님 우편에 좌정하신 만유의 주님으로서 우리 안에 머물러 계시게 하기 위한 것입니다.

예수님은 제자들에게 "너희는 나를 누구라 하느냐"(막 8:29)라고 물으셨습니다. 예수님은 똑같은 질문을 우리에게도 하십니다. 어떻게 대답하시겠습니까? 내가 듣고 깨닫고 믿고 확신하고 묵상한 예수님이 누구이신지를 분명하게 성경의 가르침대로 고백할 수 있겠습니까? 막연하거나 두리뭉실한 대답이 아니라 내가 알고 믿는 예수님이 성경의 증언과 일치해야 합니다. 세상에는 예수님의 얼굴을 오염시키는 거짓된 가르침과 내 마음과 생각을 오도하는 세속적 영향들이 많습니다. 히브리서의 독자들에게는 유대교적 천사론이 그리스도의 우월성과 신적 권위를 축소시키는 유혹이었습니다. 우리에게도 함량 미달의 기독론과 불투명한 구원론이 신앙의 질을 떨어트리고 있습니다. **그러므로 우리는 들은 것에 더욱 유념**(2:1)해야 합니다. 우리가 복음을 바르게 들었다면 히브리서 전체의 권면처럼 끝까지 이를 간직하고 힘써 보존해야 할 책임이 있습니다. 그렇지 않으면 흘러 떠내려간다는 것이 히브리서의 경고입니다.

무엇으로부터 흘러 떠내려가는 것일까요?

한 마디로 성경이 증언하는 높은 기독론으로부터 떨어져 나가는 것입니다. 하나님의 아들이시며 창조의 대행자며 대속주이신 예수님의 지고한 신분이 내 영혼을 압도하지 않으면 그리스도와 비교할 수도 없는 것들에게 마음을 빼앗기게 되고 여러 종류의 탈선을 하게 됩니다. 예를 들어 히브리서의 독자들처럼 교리적인 표류를 합니다. 그들은 천사들이 예수님보다 더 위대하다는 거짓 교리에 유혹을 받고 마음이 흔들렸습니다.

갈라디아교인들은 할례나 성일 준수를 구원의 표시로 보려는 유혹을 받았습니다. 그래서 바울은 그들에게 십자가 구원을 다시 상기시켰습니다.

> 어리석도다 갈라디아 사람들아 예수 그리스도께서 십자가에 못 박히신
> 것이 너희 눈 앞에 밝히 보이거늘 누가 너희를 꾀더냐 (갈 3:1).

십자가 구원이 흐려지면 율법과 구원을 동일시합니다. 우리도 구원이 마치 율법을 지키는 것인 양 여러 가지 전통적인 규례에 매어서 신앙생활을 할 수 있습니다. 예수님이 얼마나 높은 분인지를 확지하지 못하고 살면 도덕적인 면에서도 표류합니다. 예수께서 나를 위해 십자가의 수치와 고난을 당하셨다는 사실이 내 마음속에 생생하지 않으면 사랑이 없고 자기 중심적이며 육욕의 눈짓에 끌립니다. 하나님의 인도와 명령을 거역하는 불순종의 원인도 예수님이 대속주로서 치르신 희생에 눈이 멀었기 때문입니다. 출애굽 백성은 양의 피로써 그들을 구속하신 하나님의 구원의 뜻을 저버렸기 때문에 광야에서

방황하였습니다. 예수님과 복음의 진리에서 마음이 멀어지면 맘몬신을 따라가다가 믿음의 선한 싸움에서 표류하게 됩니다. 바울은 "돈을 사랑함이 일만 악의 뿌리"(딤전 6:10)가 된다고 했습니다. 예수님은 "하나님과 재물"(마 6:24)을 함께 섬길 수 없다고 하셨습니다.

그래서 저자는 1장의 기독론을 마친 후에 곧바로 2장 5절로 넘어가지 않고 경고 항목을 넣었습니다. 2장이 "그러므로"로 시작되는 점을 주목하십시오. '그러므로'는 위에서 말한 것을 가리킵니다. 즉, 1장에서 서술된 신적 아들에 대한 증언입니다. 예수님은 만유의 상속자며 하나님의 형상으로서 만유를 지으시고 보존하시는 분이며 속죄 사역을 마치시고 하나님 우편에 앉으신 위대한 왕이십니다. 그렇다면 아무리 높은 천사라도 감히 예수님과 비교할 수 없습니다. '그러므로' 이러한 예수님의 신분에 비추어 생각해 보라는 도전입니다. 예수님이 이처럼 위대하시고 인류에게 주는 하나님의 마지막 말씀이라면 그분으로부터 잠시도 눈길을 돌려서는 안 된다는 것입니다. 예수님을 바라보지 않는 순간부터 우리의 영적 삶은 뗏목처럼 흘러 떠내려 간다는 경고입니다.

예수님만이 우리가 몸과 마음을 다해 섬겨야 할 하나님의 아들이십니다. 예수님 이외의 것들은 모두 가짜이며 열등한 것들입니다. 예수님이 아닌 것들은 우리를 구원하지 못합니다. 오직 예수님만 바라보고 예수님만 생각해야 합니다. 히브리서에서 얼마나 자주 예수님을 생각하게 하고 예수님께 시선을 주목하게 하는지를 짚어보십시오.

믿음의 주요 또 온전하게 하시는 이인 예수를 바라보자(12:2)고 하지 않았습니까? 또한 우리가 믿는 도리의 사도이시며 대제사장이신 예수를 깊이 생각하라(3:1)고 하였고 자기에게 거역한 일을 참으신 이를 생각하라(12:3)고 하였습니다. 또 어떻게 경고하였습니까?

> 하물며 하나님의 아들을 짓밟고 … 은혜의 성령을 욕되게 하는 자가 당연히 받을 형벌은 얼마나 더 무겁겠느냐 너희는 생각하라 (10:29).

우리가 이같이 큰 구원을 등한히 여기면 어찌 그 보응을 피하리요(2:3)라는 첫 번째 경고는 예수님이 누구이신지에 대한 전제에서 나온 말입니다. 나는 과연 예수님을 누구라고 생각합니까? 내가 믿는 예수님은 정말 어떤 분이십니까? 내가 가진 기독론의 높낮이는 나의 영적 삶의 고저(高低)를 결정합니다. 우리는 1장에서 기술된 영광스럽고 위대하신 예수 그리스도로부터 시선을 돌리는 일이 없어야 하겠습니다.

예수님으로부터 시선을 떼는 순간부터 교회나 성도는 영적 탈선과 도덕적인 표류를 하기 시작합니다. 예수님은 "영혼의 닻"(히 6:19)과 같습니다. 배가 닻에 든든히 고정되어 있지 않으면 파도와 바람에 흔들리고 떠내려가듯이 우리도 예수님의 영광스런 모습에 몸과 마음이 단단히 붙잡혀 있지 않으면 이 바람 저 바람 속에 휩쓸려가고 이런저런 속풍(俗風)에 밀려다닙니다. 그래서 교회는 항상 자신의 위치를 점검해야 합니다. 어디로 가는지를 모르면서 남따라 가다보면 엉뚱한 방향으로 꺾어져서 다시 돌아서기가 쉽지 않습니다.

초기 기독교는 성례주의(sacramentalism)로 미끌어졌습니다. 세례를 구원과 동일시하거나 성찬을 과도하게 신비적으로 대하거나 혹은 성경의 근거가 없는 여러 의식들을 유입하였습니다. 점차 이러한 성례 의식들은 미신적인 이교도의 배경을 가진 중세기 교인들의 신앙을 더욱 흐리게 하였고 성례 의식은 신부들이 주관했으므로 세속적 교권을 다지는 권위주의적인 종교 시스템으로 작용하였습니다. 그래서 종교개혁이 일어나지 않을 수 없었습니다. 이제 종교개혁도 수백 년이 지났습니다. 개신교는 오직 믿음과 은혜와 성경으로 돌아가자는 기치를 흔들며 시작되었지만 오늘날의 교회는 혼란스럽기 그지 없습니다. 어떻게 보면 믿음과 은혜와 성경으로부터 다 떠내려간 듯한 느낌입니다. 세상은 복음을 배척하고 교회는 복음을 등한시합니다. 그럼 복음이 설 자리가 어디에 있단 말입니까?

그렇다면 구체적으로 우리가 구원을 등한시하는 것은 어떤 것들일까요? 무엇보다도 우리가 어떤 분에 의해 구원을 받았는지를 생각하지 않는 것입니다. 구원의 주체는 예수님입니다. 예수님이 어떤 분이십니까? 영존하시는 거룩하신 하나님의 아들이십니다. 그는 창조의 대행자며 만유의 상속자이십니다. 그는 인류의 재판장이시며 온 세상을 다스리는 왕이십니다. 그분이 우리를 어디에서 구원하셨습니까? 죄와 죽음과 정죄와 사탄의 마수에서 구출하셨습니다. 주 예수의 구원을 받은 성도들은 사후에도 새 하늘과 새 땅에서 영생할 것입니다. 그들에게는 죄의 형벌이 없고 죄의 임재로부터도 완전히 해방될 것입니다. 그들은 이 세상에서 성령의 인도와 보호를 받으며 주님과 교제합니다. 그런데 이런 복음의 특권들을 누릴 생각도 없고 예수님을 진지한 자세로 대하지 않으며 자신이 십자가의 대속적 희생으로 용서받은 사실을 감사하지 않는다면 구원을 등한히 하는 것입니다. 그런 사람들은 그냥 예수님을 믿고 구원을 받았으니 됐다고 생각하고 형식적인 교인생활에 안주합니다. 그들은 무엇을 위해서 왜 구원을 받았는지를 염두에 두면서 삶에 적용하지 않습니다. 이런 게으

른 자세로 사는 것이 구원을 가볍게 여기는 것입니다. 즉, '큰 구원'
을 '작은 구원'으로 대하는 것입니다.

오늘날의 교회들은 **이같이 큰 구원**(2:3)을 잘 알지 못합니다. 일반적
으로 말해서 교회는 세속적 성공주의를 숭배하고, 예수님을 알기보
다 자신의 심리를 더 알고 싶어 하며, 하나님의 나라보다 내가 잘되
는 것에 더 관심이 높습니다. 더 심각한 문제는 "이같이 큰 구원"으
로부터 떠내려간다기보다는 "이같이 큰 구원"이 무엇인지조차도 모
르는 경우가 허다하다는 사실입니다. 안다고 하여도 오염도가 너무
높아서 어느 만큼이 복음이고 아닌지를 분간하기 어려울 정도입니
다. 하나님의 구원을 잘못 알고 있으면 하나님을 잘못 섬깁니다. 복
음은 퇴색되고 부패하고 오염되어 복음의 영광된 모습을 잃어가고
있습니다. 그래서 교회가 다시 개혁되어야 합니다. 우리는 주 예수
께서 전파하시고 그의 사도들이 가르쳤던 최초의 복음으로 돌아가야
합니다. 이것은 오직 믿음과 은혜와 성경으로 돌아가자던 종교개혁
의 깃발을 다시 흔들어야 하는 것을 의미합니다. 교회의 금권주의와
율법주의와 오염된 메시지들로부터 멀리하고 오직 주 예수의 영원한
닻에 자신들을 묶어두어 떠내려가지 않도록 하나님의 자비와 성령의
도우심을 빌어야 하겠습니다.

누구에게 준 경고일까요?

히브리서의 경고 구절들을 파악하기 위해 제일 먼저 짚어보아야
하는 것은 본 서신의 독자들이 거듭난 교인들이냐 아니냐 하는 것입
니다. 그런데 일부에서는 '흘러 떠내려간다'는 말 때문에 독자들이 진

정으로 거듭난 성도들이 아니고 형식적인 회색 지대의 교인들이라고 봅니다. 이들이 떠내려가는 것은 믿음에 제대로 묶여 있지 않기 때문이라는 것입니다. 다시 말해서 반쪽 크리스천이며 교인 행세만 하는 사람들에게 주는 경고라는 말입니다. 그런데 과연 회색 지대의 교인들이 있을까요? 구원은 받았거나 못 받았거나 둘 중의 하나입니다. 구원을 받았다면 구원 상실에 대한 경고가 불필요하고, 구원을 받지 못했다면 경고는 모순입니다. 물론 한 번 받은 구원도 상실할 수 있다고 믿는다면 히브리서의 경고는 필요한 권면이라고 주장할 것입니다.

또 다른 주장에 따르면 경고 구절들은 구원받은 신자들에게 주는 것으로서 그 목적은 신자들의 구원 상실 가능성 때문이 아니고, 한 번 받은 구원이 안전하게 보존되기 위해서라고 변호합니다. 즉, 경고를 받음으로써 신자들은 자신의 구원으로부터 흘러 떠내려가지 않는다는 것입니다. 다시 말해서 경고가 구원의 안전을 위해 하나님께서 사용하시는 안전장치라는 것입니다. 이렇게 되면 경고를 받지 않는 자들은 진정한 구원을 받지 않은 자들입니다. 그러나 이것은 위험하지도 않은 안전한 길에 위험 표시를 해 놓는 것과 같습니다. 구원 상실을 믿지 않으면서 구원이 상실되지 않도록 경고 표시를 한다는 것은 모순입니다. 히브리서에서 경고의 목적을 구원 유지를 위한 것이라고 진술하지 않았습니다. 구원의 안전은 그리스도의 십자가 대속을 믿고 칭의의 선언을 받는 것에 달린 것이지 내가 경고를 받고 안 받는 것에 좌우되는 문제가 아닙니다.

[히브리서의 독자들이 구원받은 신자들이라는 증거는 무엇입니까?]

첫째, 히브리서의 저자는 2장의 경고 구절이 있은 후에 그들을 "함께 하늘의 부르심을 받은 거룩한 형제들"(히 3:1)이라고 했습니다. 그들은 예수님께 느슨하게 묶여 있다가 유혹이 오면 쉽게 풀어져버리고 떨어져나가는 가짜 교인들이 아닙니다. 저자는 그의 독자들의 믿음이 참되다는 것을 의심하거나 그들의 구원이 착각일 수 있다고 위협하지 않았습니다. 본 서신의 저자는 독자들이 주 예수를 믿고 구원을 받은 신자들임을 확신합니다. 본 서신이 전개됨에 따라 이 점은 더욱 분명해집니다. 저자는 독자들의 구원이 떠내려갈 수 있다고 경고한 것이 아니라 믿음을 굳게 지속시켜야 한다고 촉구하였습니다. 다시 말해서 그들이 믿음을 꾸준히 붙들지 않으면 하나님께서 구원 이후에 주기를 원하시는 유업의 복을 잃을 수 있다는 경고였습니다. 저자는 독자들이 구원을 받았다고 간주했기 때문에 경고 구절들을 먼저 준 다음에 그들을 "함께 하늘의 부르심을 받은 거룩한 형제들" 이라고 말했습니다. 그리고 나중에 가서 저자는 다시 "이 뜻을 따라 예수 그리스도의 몸을 단번에 드리심으로 말미암아 우리가 거룩함을 얻었노라"(히 10:10)고 했습니다.

둘째, 저자는 "우리가 이같이 큰 구원을 등한히 여기면 어찌 그 보응을 피하리요"(2:3)라고 했습니다. 이 구절에서 '등한히 여긴다'는 말을 주목하십시오. 본 절의 키워드입니다.

> 본문은 구원이 배척되었다고 말하지 않는다. 배척하는 것(rejecting)과 등한히 여기는 것(neglecting)은 차이가 있다. (David L. Allen, NAC, p. 194).

구원을 등한시한다는 것은 구원을 배척한다는 뜻이 아닙니다. 이렇게 보면 구원을 받았다가도 버릴 수 있다는 말이 됩니다. 혹은 구원을 배척하는 것은 처음부터 구원을 받은 적이 없음을 입증하는 것이라고 보아야 합니다. 구원을 등한히 여기는 것과 배척하는 것은 전혀 다른 개념입니다. 등한히 여기는 것은 가진 것을 잘 사용하지 않고 소홀히 여기는 것입니다. 같은 단어가 다른 곳에서도 유사한 의미로 사용되었습니다(마 22:5; 딤전 4:14; 히 8:9). 반면, 배척하는 것은 주는 것을 거절하는 것입니다. 저자는 구원을 등한시하는 것을 경고했기 때문에 그의 독자들이 이미 구원을 받았음을 전제하였다고 보아야 합니다. 저자의 요지는 예수 그리스도의 신분과 그분의 크나큰 구원에 비추어 주님을 가장 귀히 여기는 삶을 등한시하지 말라는 것입니다(참조. 부록 1. 히브리서의 주제는 무엇인가?)

셋째, 본 경고가 반쪽 교인들에게 준 것이라면 실제성이 없습니다.

만약 나에게 구원의 확신이 있다고 칩시다. 성령이 나의 영과 함께 내가 하나님의 자녀라고 증언합니다(롬 8:16). 그런 구원의 확신을 갖고서 본문을 읽는다면 어떤 생각을 할 것 같습니까? 아마 이렇게 말할 것입니다.

「이 말씀은 내게 적용되지 않는다. 나는 그리스도를 분명히 믿고 구원을 받았다. 나는 회색 지대에 있는 반쪽 교인이 아니다. 나에게는 이 경고가 해당되지 않는다.」

반대로 이 경고를 읽었을 때 나의 구원을 확신하지 못한다면 어떻게 말할까요?

「이 경고 말씀은 내게 필요하다. 나는 희지도 않고 검지도 않은 회색 지대에서 사는 반쪽 교인인지 모른다. 어쩌면 나는 크리스천이 된 일이 없었을지 모른다.」

　이런 경우에는 나의 믿음을 의심하게 되고 다시 거듭나 보려고 시도할 것입니다. 이 같은 방식으로 경고·본문을 대하는 것은 양편 다 도움이 될 수 없습니다. 구원의 확신을 가진 경우에는 불필요한 말씀이 되고 구원의 확신이 없는 경우에는 예수를 믿으면서도 자신의 구원을 의심하게 만들 것이기 때문입니다. 구원은 받았지만 여러 이유에서 확신은 매우 약하거나 없을 수 있습니다. 한 예로써, 행위가 없는 믿음은 죽은 것이라는 말씀에 근거해서 자신의 구원을 행위로써 증명하려고 하면 구원의 확신을 갖기 어렵습니다. 자신이 어느 정도로 선하고 도덕적인 삶을 살아야 구원이 증명되는지 알 수 없기 때문입니다. 그래서 심지어 죽어 보아야 정말 구원을 받았는지 못 받았는지를 알 수 있다는 말까지 나옵니다. 이것은 성경의 가르침이 아닙니다. 성경은 신자가 구원의 확신을 가지고 사는 것을 당연시합니다. 바울은 말합니다.

　이로 말미암아 내가 또 이 고난을 받되 부끄러워하지 아니함은 내가 믿는 자를 내가 알고 또한 내가 의탁한 것을 그 날까지 그가 능히 지키실 줄을 확신함이라 (딤후 1:12).

　바울은 자신이 믿는 자를 안다고 확신했습니다. 내가 예수님을 나의 대속주로서 믿고 나의 주님으로 영접했는지 안 했는지는 나 자신이 분명하게 아는 일입니다. 내가 주 예수를 믿었다면 구원을 받은 것입니다(행 16:31). 주님을 믿고 하나님의 자녀가 되었으면 아무도 나를 예수님과 하나님의 손에서 빼앗지 못합니다(요 10:28~29). 그런데 이러한 가르침의 약화로 자신의 구원을 확신하지 못하는 경우가 있습니다. 그런 형편에 빠진 사람이 본 경고 구절을 읽는다면 자신의 구원을 더욱 의심하며 다시 구원을 받으려고 애쓸지 모릅니다. 혹은 자신이 구원을 받았는지를 확인하기 위해서 선을 행하고 보다 더 도덕적으로 살아보려고 애쓸지도 모릅니다. 이런 시도는 모두 비현실적입니다. 구원을 받은 사람이 확신이 없다고 해서 다시 구원을 받으려고 하거나 혹은 행위로 자신의 구원을 입증하려고 하면 아무것도 이루지 못하고 깊은 회의에 빠지게 됩니다.

크리스천은 오직 그리스도만 믿고서 구원의 확신을 갖도록 의도되었습니다. 구원은 나의 선행에 따라 결정되는 것이 아닙니다. 바울이 분명하게 "행위에서 난 것이 아니니 이는 누구든지 자랑하지 못하게 함이라"(엡 2:9)고 하지 않았습니까? "경건하지 아니한 자를 의롭다 하시는 이를 믿는 자에게는 그의 믿음을 의로 여기"(롬 4:5)신다고 하였으므로 자신의 구원을 확신할 수 있어야 합니다.

그런데 왜 구원의 확신 문제가 생깁니까? 히브리서의 경고 구절들을 구원의 진위성 여부나 구원 상실에 대한 경고로 보기 때문입니다. 이렇게 보기 시작하면 히브리서는 갈수록 더 어려운 책이 되고 칼빈주의와 알미니안주의의 구원론에 대한 첨예한 대립적 논쟁에 휘말리게 됩니다.

경고 구절은 구원 여부나 구원 상실 가능성에 대한 말씀이 아닙니다. 이것은 하나님의 크나큰 구원을 귀히 여겨야지 가볍게 대하는 삶을 살아서는 안 된다는 경고입니다. 다시 말해서 유업의 목표를 향해 전진하기 위해 하나님의 아들이신 주 예수의 비교할 수 없는 신분과 절대적 권위로부터 한 눈을 팔지 말고 하나님께서 주기를 원하시는 온전한 상을 획득하라는 독려입니다. 말을 바꾸면 주 예수로부터 시선을 떼다가 거짓 가르침에 속고 그리스도의 삶으로부터 흘러 떠내려가는 낭패를 당해서는 안 된다는 것입니다. 본 경고 구절은 구원을 반신반의하거나 믿었다가 안 믿었다가 하거나 혹은 믿는 것처럼 보이는 모방 교인들을 보고 한 말씀이 아닙니다. 본 강해에서 여러 번 반복한 말이지만 경고 구절들은 구원의 상실 가능성에 대한 것이 아니고, 유업의 상실 가능성에 대한 내용입니다.

9.
큰 구원인 그리스도의 복음
히브리서 2:2~4

> 천사들을 통하여 하신 말씀이 견고하게 되어 모든 범죄함과 순종하지 아니한 자들이 공정한 보응을 받았거든 우리가 이같이 큰 구원을 등한히 여기면 어찌 그 보응을 피하리요 이 구원은 처음에 주로 말씀하신 바요 들은 자들이 우리에게 확증한 바니 하나님도 표적들과 기사들과 여러 가지 능력과 및 자기의 뜻을 따라 성령이 나누어 주신 것으로써 그들과 함께 증언하셨느니라 (히 2:2~4).

히브리서의 저자는 구원을 등한히 여기는 문제의 심각성을 부각시키기 위해서 율법과 구원의 차이를 대조시킵니다. 히브리인들에게는 율법은 국법이면서 종교법이었습니다. 율법은 이스라엘 국가의 근간이었고 그들을 다른 이방 민족들과 확연하게 구별하는 표식이었습니다. 그러나 율법은 유대인들에게만이 아니고 크리스천들에게도 중요한 측면이 있습니다. 신약 교회는 옛 언약의 배경을 안고 출범하였습니다. 예수님이 유대인이었고 열두 사도들도 모두 유대인이었습니다. 오순절 이후 약 십 년 동안은 그리스도의 복음은 유대인들만 믿었습니다. 그 후에 안디옥에서 이방인들에게 복음이 처음으로 전해졌습니다(행 11:19~26).

이 사건을 계기로 바울이 이방인의 사도로서 활약하게 되었고 지중해 중심의 선교 활동이 급속하게 팽창하였습니다. 그러나 곳곳에서 유대인들이 여전히 자신들의 유대교 전통에 따라 모세 율법을 지켰습니다. 히브리서의 독자들도 이산 유대인들로서 모세법을 존중하는 문화적 가치관을 가지고 있었습니다. 그래서 저자는 유대인들이 크게 존중하는 율법을 예수 그리스도의 구원과 대조시키면서 이 큰 구원을 등한히 여기면 하나님의 보응을 피할 수 없을 것이라고 경고하였습니다.

예수 그리스도의 구원은 큰 구원입니다.

우리는 예수님이 대속주가 되시기 위해 하나님의 아들로서 우리 대신 십자가에서 형벌을 받으신 것을 믿고 구원을 받았습니다. 그러나 우리는 평소에 십자가 구원이 얼마나 "큰 구원"(2:3)인지는 별로 의식하지 않고 당연시하는 경향이 있습니다. 그러나 어째서 십자가의 구원이 "큰 구원"인지를 자주 마음에 새기면서 살지 않으면 구원을 등한시하게 됩니다. 히브리서의 저자는 초두에서부터 곧장 예수님이 하나님의 마지막 말씀이라고 선포하였습니다. 그는 이어서 예수님이 만유의 상속자며 창조의 대행자며 보존자로서 죄를 씻는 십자가 사역을 끝내시고 하나님 우편 보좌에 앉으셨다고 했습니다.

예수님은 천사들로부터도 경배를 받기 때문에 그들보다 높으신 분입니다. 이렇게 진술하는 까닭이 무엇입니까? 예수님을 통한 하나님의 구원이 "큰 구원"이라는 것을 강조하기 위한 것입니다. 예수님에 대한 이러한 묵상이 없으면 하나님의 구원이 그처럼 크다는 것을 실감하지 못합니다. 그래서 우리는 히브리서의 저자가 진술하는 예수님의 신분과 행하신 일들을 감동이 올 때까지 자주 생각해 보아야 합니다.

첫째, 구원은 역사적인 사실입니다.

기독교는 다른 종교에서는 찾아볼 수 없는 특징이 많습니다. 그 중의 하나가 복음의 역사성입니다. 물론 다른 종교도 인류 역사의 한 시점에서 태동하였습니다. 석가모니와 마호멧도 실제로 세상에서 태어난 인물들입니다. 그러나 그들은 신이 아니고 인간들입니다. 그들이 신령한 진리를 깨닫고 신의 계시를 받았다고 주장하지만 그들의 신은 인간 역사 속에서 인류를 구원하기 위해서 활동하지 않았습니다. 석가모니나 혹은 힌두교의 신들이 인도의 역사를 주관하지도 않았고 알라 신이 중동 역사 속에서 나라들을 세우고 무너뜨리면서 사람들을 구원해 나가지 않았습니다. 그들의 신은 추상적이며 초월적일 뿐 인류의 역사 속에 들어와서 세상을 이끌어가지 못합니다.

그러나 성경의 하나님은 우주의 주권자로서 세상을 창조하셨고 태초부터 인류의 구원을 계획하시고 아들을 이 세상에 보냈습니다. 구주로서의 예수님의 탄생은 창세기 때부터 아담과 하와에게 알려졌습니다. 예수님은 인간의 몸을 지니고 2천 년 전에 유대 베들레헴에서 태어났습니다. 물론 모든 인간이 세상에서 태어납니다. 그러나 예수님이 누구시냐는 것이 중요합니다. 누가 베들레헴에서 출생하였습니까? 단순한 인간이 태어난 것이 아니고 "하나님의 영광의 광채시요 그 본체의 형상"(히 1:3)이신 하나님의 아들이 태어났습니다. 쉽게 말하면 신이 인간으로 태어난 것입니다. 이런 일이 있을 수 있을까요?

성육신 스토리는 성경에만 있습니다. 다른 경전에는 크리스마스가 없습니다. 신이 아기로 태어난 일이 없기 때문입니다. 신이 인간으로 태어났다는 것은 일반적인 신관에 맞지 않습니다. 인간과 떨어져 있어야 할 거룩한 신이 어떻게 죄악의 세상에 태어날 수 있으며 창조주가 어떻게 피조물이 될 수 있습니까? 이것은 불경한 이야기입니다. 그래서 유대인들도 예수님이 자신을 하나님과 동등시했다고 해서 그를 죽이려고 했습니다(요 5:17~18). 일개 인간이 어떻게 자신을 하나님이라고 말할 수 있단 말입니까? 예수님은 아브라함이 태어나기 전부터 자신이 존재했다고 하셨습니다. 이 말을 들은 유대인들은 돌을 들어 그를 치려고 했습니다(요 8:58~59). 예수님은 사실상 "나와 아버지는 하나이니라"(요 10:30)고 하셨습니다. 그때에도 유대인들은 예수님이 "사람이 되어 자칭 하나님이라"(요 10:33)고 한다면서 신성모독자로 보고 돌을 던지려고 했습니다(요 10:32~33).

기독교의 하나님은 세상 역사를 주관하실 뿐만 아니라 실제로 인간 역사 속으로 들어오셔서 인류를 구원하십니다. 하나님께서는 듣기 좋은 교훈이나 도덕 사상이나 존경받을 수 있는 정도의 모범으로서 인간들을 구원하시지 않습니다. 인간의 문제는 그런 수준의 방법으로 해결하기에는 훨씬 더 심각한 난제들을 안고 있습니다. 인간은 죄와 죽음과 사탄의 권세 아래 사로잡힌 존재들입니다. 누가 이런 속절없는 인간들을 해방시킬 수 있겠습니까? 사람의 머리에서 나온 인조신들이나 악령들은 인간을 구할 수 없습니다. 죄의 문제를 해결할수 없으면 인간의 운명은 바뀌지 않습니다. 어떤 신이 나의 죄를 위해 십자가에 달려 죽었습니까? 인간으로 태어난 신도 없고 나의 죄를 속량하기 위해 십자가에 매달린 신도 없습니다. 오직 예수 그리스도만이 인류의 죄를 대속하기 위해서 죄가 없는 분으로서 하늘 아버지의 뜻에 따라 십자가에서 속죄의 피를 흘리셨습니다.

예수님만이 실제로 인간이 되셨고 인간의 죄를 지고 우리 대신 끔찍한 형벌을 받았습니다. 그 결과 주 예수의 대속을 믿는 자들은 죄의 용서를 받고 죽음과 사탄의 권세에서 풀려나 하나님의 영원한 자녀로 회복됩니다. 이것이 복음입니다. 이런 좋은 소식을 다른 어떤 종교나 철학이나 도덕 사상에서 들을 수 있습니까? 기독교는 역사에서 증명된 복음을 선포합니다. 크리스마스와 예수님의 십자가는 신화가 아닌, 실제로 일어난 역사적 사실입니다. 그래서 하나님의 구원은 "큰 구원"입니다.

둘째, 구원을 이루기 위해서 치른 희생의 대가와 하나님의 은혜가 넘치기 때문에 '큰 구원'입니다.

예수님은 하나님과 동등하신 신적 아들이시지만 세상 죄를 지고 십자가에 달려 고난을 받으시고 자신의 목숨을 대속물로 내어주셨습니다.

그는 근본 하나님의 본체시나 하나님과 동등됨을 취할 것으로 여기지 아니하시고 오히려 자기를 비워 종의 형체를 가지사 사람들과 같이 되셨고 사람의 모양으로 나타나사 자기를 낮추시고 죽기까지 복종하셨으니 곧 십자가에 죽으심이라 (빌 2:6~8).
인자가 온 것은 섬김을 받으려 함이 아니라 도리어 섬기려 하고 자기 목숨을 많은 사람의 대속물로 주려 함이니라 (막 10: 45).

단순한 한 인간의 생명이 십자가에서 끊어진 것이 아닙니다. 인간의 몸으로 오신 하나님의 참아들의 생명이 처형을 받고 죽었습니다. 1세기 당시에 십자가 처형을 받았던 죄수들은 수천 명이었습니다. 그럼 예수님의 십자가 죽음이 특별한 이유가 무엇입니까? 베드로는 유대인들을 향해 "너희가 거룩하고 의로운 이를 거부하고 도리어 살인한 사람을 놓아 주기를 구하여 생명의 주를 죽였도다"(행 3:14~15)라고 했습니다. '생명의 주'를 죽였다는 말은 모순입니다. 생명의 근원이신 분이 어떻게 죽을 수 있습니까? 그러나 실제로 일어난 일입니다. 예수님은 우리와 동일한 인간의 몸을 가지셨기 때문에 죽을 수 있었습니다.

그런데 이야기는 여기서 끝나지 않습니다. 만약 십자가만 있고 부활이 없었다면 기독교는 무익합니다(고전 15:12~19). 자신도 다시 살아나지 못하는데 어떻게 다른 사람들을 살릴 수 있겠습니까? 그렇게 되면 "나는 부활이요 생명이니 나를 믿는 자는 죽어도 살겠고"(요 11:25)라는 주님의 선언이나 "내가 그들에게 영생을 주노니"(요 10:28)라는 말씀은 공허한 말이 되었을 것입니다. 그러나 "하나님이 죽은 자 가운데서 그를 살리셨으니 우리가 이 일에 증인이라"(행 3:15)고 했습니다. 예수님은 무덤에 묻힌 지 사흘 만에 다시 살아나셨습니다(고전 15:4).

하나님의 구원이 "큰 구원"인 것은 예수님의 십자가와 부활이 심대한 사건이기 때문입니다. 십자가는 중범자들을 극형에 처하는 가장 잔인한 형틀이었습니다. 예수님이 십자가 처형을 당한 것은 자신이 중죄를 지었기 때문이 아닙니다. 그는 하나님을 전적으로 순종하였으며 죄를 지은 적이 없습니다. 그가 십자가 처형을 당한 것은 완전히 불의한 일이며 공의의 전복입니다. 빌라도 총독도 예수님을 심문하고서 죄를 찾지 못했다고 하면서 "그가 행한 일에는 죽일 일이 없느니라"(눅 23:15)고 밝혔습니다. 그러나 빌라도는 결국 유대인들의 환심을 사기 위해 그들의 요구에 굴복하고 예수님을 처형시켰습니다. 그래서 베드로는 오순절 설교에서 이렇게 말했습니다.

> 이스라엘 사람들아 이 말을 들으라 너희도 아는 바와 같이 하나님께서 나사렛 예수로 큰 권능과 기사와 표적을 너희 가운데서 베푸사 너희 앞에서 그를 증언하셨느니라 그가 하나님께서 정하신 뜻과 미리 아신 대로 내준 바 되었거늘 너희가 법 없는 자들의 손을 빌려 못 박아 죽였으나 하나님께서 그를 사망의 고통에서 풀어 살리셨으니 이는 그가 사망에 매여 있을 수 없었음이라 (행 2:22~24).

예수님은 일개 극악범이 로마법에 따라 처형된 것이 아닙니다. 예수님의 죽음은 하나님께서 미리 예정한 일이었습니다. 인간들의 관점에서 보면 예수님은 유대인들이 로마 당국에 고발하여 처형을 당하게 한 일이었지만 실상은 하나님의 주권적인 구원 계획에 따라 하나님의 뜻대로 된 일이었습니다. 그 목적은 죄 없는 예수님이 죄인들의 죄를 인류의 대표자로서 대신 감당하기 위함이었습니다. 세상의 어떤 범죄자도 이 같은 하나님의 구속 목적을 위해 인류의 죄를 짊어지고 처형된 일이 없습니다. 범죄자는 자기 죗값을 받아 처형되는 것이 마땅합니다. 그러나 예수님은 전혀 죄가 없음에도 하나님께서 우리 대신으로 그에게 죄를 씌우셨습니다.

하나님이 죄를 알지도 못하신 이를 우리를 대신하여 죄로 삼으신 것은 우리로 하여금 그 안에서 하나님의 의가 되게 하려 하심이라 (고후 5:21).

　죄 없는 자가 처형되는 것은 불의한 일입니다. 그런데 세상에서 예수님을 제외하고 죄가 전혀 없는 자는 아무도 없습니다. 모두 하나님의 영광의 수준에 미치지 못합니다(롬 3:23). 예수님은 십자가에서 "나의 하나님 어찌하여 나를 버리시나이까"라고 부르짖었습니다. 하나님이 자신의 아들을 버려야 하는 까닭이 무엇입니까? 하나님의 아들은 불의의 죽음을 당하고 우리는 하나님의 의를 받게 하기 위해서였습니다. 이 말을 조금 풀어서 설명해 보겠습니다.

　하나님께서는 타락한 인간들을 구원하기를 원하셨습니다(요 3:17). 그렇게 되려면 우선 죄인이 죗값을 지불하게 하는 것이 하나님의 공의입니다. 죄의 삯은 사망입니다(롬 6:23). 그런데 죽은 후에는 어떻게 됩니까? 모든 인간은 육체적으로 다 죽습니다. 이것은 아담과 하와에게 내렸던 형벌이었습니다. 모든 인간은 타락 이후로 이 형벌을 받아오고 있습니다. 흙에서 났으니 흙으로 돌아가라고 하나님께서 선고하셨기 때문입니다. 그런데 죽음으로 모든 것이 다 끝나는 것이 아닙니다. 죽음 후에 또 다른 형태의 더 무서운 죽음이 있습니다. 곧 지옥입니다. 구원을 받지 못한 사람들은 사후에 하나님의 심판대 앞에 서게 되고 모두 지옥으로 들어가는 최종 심판을 받습니다. 죗값은 단순히 육체적인 죽음으로 다 갚아지는 것이 아닙니다. 많은 사람이 죽으면 모든 것이 끝난다고 생각합니다. 최근에 전세계적으로 유행하는 대부분의 임사체험(臨死體驗, Near Death Experience=NDE) 스토리에 의하면 사후에 심판이 없다고 합니다. 더러 지옥에 대한 체험담도 나오지만 대부분 세상에서 경험할 수 없었던 무조건적인 깊은 사랑을 느꼈다고 합니다. 그래서 죽음을 전혀 두려워하지 않게 되었다고 말합니다. 이들은 전통적인 기독교의 사후 심판을 부정하고 악한 사람도 결국에는 다 구원받는다고 생각합니다. 이것은 거짓입니다. 성경이 무엇이라고 증언합니까?

> 한번 죽는 것은 사람에게 정해진 것이요 그 후에는 심판이 있으리니 (히 9:27).

사후에 정죄의 심판을 받지 않으려면 예수 그리스도의 복음을 믿고 구원을 받아야 합니다. 구원의 길은 간단합니다. 하나님께서는 예수님에게 우리의 죄를 모두 씌우고 사형을 집행하셨습니다(고후 5:14; 벧전 2:24). 인간의 모든 죄는 예수님의 대속적 속죄로 이미 처리되었습니다. 그래서 예수님을 나의 대속주로 믿고 하나님께로 돌아오면 하나님의 자녀가 됩니다. 하나님의 눈에는 나는 더 이상 하나님의 진노를 받아야 하는 죄인이 아닙니다. 예수님이 나 대신 하나님의 진노의 형벌을 다 받으셨기 때문입니다. 그런데 여기서 그치지 않습니다.

하나님께서는 우리 죄를 예수께 모두 씌워 처형하시고 우리를 용서하셨습니다. 그런데 그 자체로서는 하나님의 눈에 죄인들이 의인으로 간주되지 않습니다. 죄만 용서받고 의인이 되지 못하면 반쪽 구원입니다. 하나님과의 교제가 회복되려면 내 죄를 맡아 줄 대속주가 필요할 뿐만 아니라 나에게 의로움도 넘겨 줄 "거룩하고 의로운 이"(행 3:14; 사 53:11)가 필요합니다. 그래서 하나님께서는 예수님에게 우리의 죄를 넘기셨듯이, 예수님의 죄 없는 삶과 거룩한 의인의 신분을 우리에게 넘어오게 하십니다. 죄인의 신분이 의인의 신분으로 변경됩니다. 우리는 주 예수를 자신의 대속주로 믿을 때 그분의 완전한 의로 덮여졌고 그분 안에서 하나님의 눈에 죄도 없고 신분도 의로운 하나님의 자녀들이 됩니다. 하나님께서는 주 예수를 믿는 자들에게 속죄와 칭의를 모두 은혜로 주십니다. 이렇게 하는 것이 "하나님의 의"(고후 5:21)며 '그리스도의 의'입니다. 속죄와 칭의가 한 묶음이 되어 온전한 구원을 이룹니다.

이러한 구원은 인간의 머리에서 나올 수도 없고 어떤 종교에서도 찾아볼 수 없습니다. 죄의 수렁에 빠져 날마다 죽어가는 죄인들이 이런 방식으로 구원될 수 있을 것이라고 누가 상상이라도 했겠습니까? 왜 그러지 못했을까요? 이 '큰 구원'은 하나님이 계획하시고 계시로 알려주신 것이기 때문입니다. 구원의 복음은 하늘의 계시로 우리에게 전해진 진리입니다. 그러므로 예수님을 통하지 않는 다른 구원의 길에 현혹되거나 속지 마십시오(요일 4:1). 하나님의 구원은 너무도 "큰 구원"(2:3)입니다. 하나님의 구원은 생각할수록 경이로워서 하나님께 감사와 경외의 고개를 숙이지 않을 수 없습니다.

셋째, 하나님의 구원은 결과가 심대하기 때문에 "큰 구원"입니다.

구원을 받는 것은 상상을 초월하는 축복이지만 구원을 받지 못하면 최악의 불행입니다. 구원을 받으면 죄에 대한 하나님의 무서운 심판과 진노로부터 벗어납니다(요 3:18). 구원은 하나님의 용서를 받게 하고 죄의 형벌로부터 구출되게 합니다(히 1:3; 2:17). 구원은 죄의 능력을 이기게 하고 죄의 오염으로부터 정화되게 하며 종국에는 죄의 임재로부터 완전히 자유하게 합니다(2:10; 9:14). 구원은 하나님과의 관계를 영원히 바꾸어 놓습니다.

구원받기 전의 우리의 상태를 생각해 보십시오. 그때 우리는 하나님으로부터 소외되었고 하나님을 사랑하지 않았으며 육체의 욕심과 사탄의 영을 따랐습니다. 우리는 본질상 진노의 자녀였습니다(엡

2:2~3). 그러나 구원을 받으면 하나님과의 관계에서 전격적인 변화가 옵니다. 진노의 자녀가 하나님의 사랑을 받는 자녀로 바뀝니다. 예수 그리스도의 피로써 하나님과의 적대 관계가 부자(父子) 관계로 회복되고 인종과 문화의 장벽을 넘어 그리스도를 믿는 모든 사람과 동일한 하늘 가족이 됩니다(엡 2:12~19). 우리 안에 성령이 들어오셔서 하나님을 아빠 아버지라고 부르게 합니다(롬 8:15). "성령이 친히 우리의 영과 더불어 우리가 하나님의 자녀인 것을 증언"(롬 8:16)합니다. 우주의 창조주이시며 만물의 주권자이신 하나님을 아버지라고 부를 수 있는 특권을 생각해 보십시오. 하나님과 원수가 되었던 우리가 예수 그리스도의 십자가 대속으로 하나님과 화해가 되고 그리스도의 의로 덮인 하나님의 자녀들이 되었다면 이것이 얼마나 "큰 구원"입니까!

구원을 받았다는 것은 사탄의 영역에 갇혀 있다가 그리스도의 나라로 옮겨진 것을 의미합니다. 죽음의 영역에서 나와서 생명의 영역으로 들어가는 것입니다. 주 예수를 믿고 구원을 받으면 예수님에게 일어났던 일들이 모두 우리에게 적용됩니다. 예수님은 우리의 대표자로서 하나님을 순종하여 십자가에 달리셨고 부활하셨습니다. 그래서 예수님이 십자가에 달리신 일이 마치 내가 달려 처형된 것으로 간주되고 예수님의 부활이 마치 내가 다시 살아난 것으로 간주됩니다. 그래서 바울은 하나님께서 허물과 죄로 죽었던 우리를 그리스도와 함께 살리셨고 그리스도 예수 안에서 하늘에 함께 앉게 하셨다고 했습니다(엡 2:1, 5~6). 우리는 주 예수를 믿는 순간에 다시 살아납니다. 영적으로 살아날 뿐만 아니라 그리스도와 함께 하늘에서 다스리는 위치에 있습니다. 이것은 놀라운 말씀입니다. 우리는 육신이 아직 세상에 있지만 영적 위치와 활동으로 보면 부활하신 예수님과 연합

되어 있습니다. 또한 우리는 언젠가 몸의 부활을 하게 될 것입니다(롬 8:23).

> 하나님이 주를 다시 살리셨고 또한 그의 권능으로 우리를 다시 살리시
> 리라 (고전 6:14).

예수님은 죽은 자 가운데서 첫 열매로 다시 살아나셨기 때문에 그에게 속한 우리도 다시 살아나게 될 것입니다(고전 15:20~23, 51~52). 인류의 원수는 죽음입니다. 타락의 가장 큰 해악의 하나는 몸이 부패하는 것입니다. 죽음은 모든 것을 원점으로 돌아가게 합니다. 흙으로 돌아가는 인생처럼 허무한 것이 없습니다. 죽음은 우리의 자랑과 즐거움을 파묻습니다. 죽음은 외면상으로 보면 고통과 불행을 그치게 하는 듯합니다. 하지만 죽음 뒤에는 하나님의 심판이 있습니다. 죽은 자들이 모두 다시 살아서 하나님의 엄중한 심판을 받을 것입니다. 주 예수를 믿고 구원받은 자들은 천국의 영생을 누리지만, 불신자들은 둘째 사망의 심판을 받습니다(계 20:11~15). 구원받은 성도들은 다시는 질병이나 사고나 전쟁 등으로 죽거나, 불의와 폭력으로 피해를 입거나, 슬픔과 고통을 당하지 않는 새 몸으로 부활하여 영원한 생명을 향유할 것입니다. 그때 우리는 새 하늘과 새 땅에서 주님과 함께 온 우주를 다스리고 돌보는 영광스런 섬김에 참여할 것입니다. 이 얼마나 "큰 구원"입니까! 반대로 구원을 못 받았을 경우의 불행을 생각해 보십시오. 우리는 이 큰 구원을 결코 가볍게 여길 수 없습니다.

넷째, 구원에는 현세와 내세에서의 유업의 상이 포함되었기 때문에 "큰 구원"입니다.

첫 구원은 예수님을 대속의 주님으로 영접하는 단순한 믿음으로 받습니다. 이 구원은 처음부터 확정적입니다. 그러나 구원에는 유업(상)이 약속으로 따라 나옵니다. 출애굽 세대는 바로의 압제로부터 해방되는 첫 구원을 받았습니다. 그런데 다음 단계로 그들은 매우 귀한 약속을 받았습니다. 그것은 부단한 믿음과 오래 참음으로 가나안의 유업을 차지할 수 있다는 것이었습니다. 유업은 현세에서도 받고 내세에서도 받습니다. 그러나 현세에서 받는 유업의 상은 극히 부분적이며 궁극적으로 영적인 축복에 대한 한 예시입니다. 하나님의 구원이 "큰 구원"인 까닭은 첫 구원에 이어 유업의 상이 약속으로 덧붙기 때문입니다.

　　첫 구원을 받았다고 해서 하나님의 구원의 목적이 다 이루어진 것은 아닙니다. 유업의 약속들이 실현되어 실제로 우리의 것이 되는 것은 무조건적이거나 자동적인 것이 아닙니다. 유업은 조건부로 주어지는 하나님의 축복이기에 조건 충족이 되지 않으면 받을 수 없습니다. 그래서 유업을 받을 수 있는 자격은 사후가 아닌 지상에서의 구체적인 삶 속에서 확보됩니다. 히브리서 11장에서 믿음의 선열들을 열거한 까닭은 그들이 어떻게 해서 구원을 받았는지를 말하려는 것이 아니고 그들이 어떻게 유업의 상을 받았는지를 예시하기 위한 것이었습니다. 그들은 한결같이 꾸준한 믿음을 보였고 하나님의 약속을 끝까지 신뢰하는 순종의 삶을 살았습니다. 그들은 많은 시련과 고난 속에서도 하나님은 "자기를 찾는 자들에게 상 주시는 이심을"(히 11:6) 믿고 포기하지 않았습니다. 그들은 이러한 조건을 충족시켰기 때문에 하나님의 임재와 능력을 체험하였고 사후의 상급을 바라볼 수 있었습니다. 이렇게 사는 것은 구원받은 모든 성도들에 대한 하나님의 뜻입니다(히 9:15).

이로 말미암아 그는 새 언약의 중보자시니 이는 첫 언약 때에 범한 죄에서 속량하려고 죽으사 부르심을 입은 자로 하여금 영원한 기업의 약속을 얻게 하려 하심이라 (히 9:15).

"큰 구원"을 알고 믿으면 떠내려가지 않습니다. 히브리서의 저자는 그의 독자들에게 '큰 구원'에 비추어 양면적인 도전을 합니다. 하나는 하나님의 큰 구원을 깨닫고 유념하여 예수님의 지존하신 신분을 피조물인 천사에 비교하는 어리석은 가르침에 속지 말라는 것입니다. 다른 하나는 이 같이 큰 구원을 소홀히 하는 삶에는 율법을 어겼을 때 받는 형벌보다 훨씬 더 엄중한 벌을 받는다는 경고입니다.

그런데 우리는 본문에서 긍정적이고 힘이 되는 동기부여가 있다는 사실도 간과해서는 안 됩니다. 하나님께서 경고하시는 목적은 벌 주기를 기뻐하시기 때문이 아닙니다. 하나님은 자녀들을 사랑하십니다. 그래서 형벌과 징계의 경고 뒤에 받은 구원을 잘 깨닫고 구원의 목적인 유업을 향해 나아가라는 격려가 있습니다. 즉, "인내와 믿음으로"(살후 1:4; 히 6:11~12) 달리는 신실한 삶에는 하나님의 칭찬과 더 많은 섬김의 기회가 주어진다는 약속입니다. 흘러 떠내려가지 않는 자녀들은 주님과 말씀에 가까이 있기 때문에 주님의 임재와 말씀의 능력을 체험합니다. 그들은 성령의 위로를 받고(행 9:1; 고후 1:4~5) 주님의 자랑이 됩니다(살후 1:4). 그래서 바울은 에베소 장로들에게 준 고별 메시지에서 자신이 꺼리지 않고 하나님의 구원의 뜻을 다 전하였다고 하면서 그 은혜의 말씀이 그들을 거짓 가르침과 악한 지도자들로부터 보호할 것이라고 하였습니다(행 20:27~32). 바울의 요지는 구원의 말씀을 숙지하고 그 말씀이 주는 약속을 믿음과 인내로 굳게 붙잡고 살면 유업을 받는다는 것이었습니다.

나는 이제 하나님과 그의 은혜로운 말씀에 여러분을 맡깁니다. 하나님의 말씀은 여러분을 튼튼히 세울 수 있고, 거룩하게 된 모든 사람들 가운데서 여러분으로 하여금 유업을 차지하게 할 수 있습니다 (행 20:32; 새번역).

유업은 예수님만 믿으면 그냥 내 손으로 굴러 들어오는 것이 아니고 내가 차지해야 합니다. 경고의 말씀들은 우리가 약속으로 받은 유업을 차지하게 하려는 긍정적인 목적을 가지고 있습니다. 우리가 구원을 등한시하는 삶을 살면 하나님의 자랑거리가 될 수 없고 오히려 징계를 받습니다. 그러나 믿음에 꾸준하고, 구원을 소중히 여기면서 주를 위해 시련을 참고 신실한 사랑의 삶을 살면 하나님의 칭찬을 상으로 받습니다. 히브리서 11장에 나오는 믿음의 선진들은 모두 주님이 주시는 상의 약속들을 바라보며 달렸기에 하나님의 자랑과 칭찬거리가 되었습니다.

히브리서는 우리에게 구원의 확신을 주고 유업의 상을 향해 힘써 달음질하는 동기를 부여합니다. 단순한 형태의 '한 번 구원 영원하다'(Once saved always saved)는 안전 교리는 유업 신앙의 삶에 대한 후속적인 가르침이 따르지 않으면 변화와 성숙을 위한 동기부여가 되지 않기 때문에 비난의 대상이 됩니다. 구원은 한 번 받았으니까 다 됐다고 생각하고 그리스도를 닮는 삶에 무관심하다면 지탄을 받아 마땅합니다.

하나님의 구원은 새 삶의 교제 속으로 들어가는 것입니다. 하나님과의 새로운 관계 속에서 하나님을 기쁘게 해 드리며 그의 나라와 의를 우선으로 삼는 삶은 하나님께서 작정하신 선한 뜻입니다. 우리는 선한 일을 행하기 위해서 새로운 피조물로 지음을 받았습니다(엡

2:10). 히브리서의 강조점은 단순히 한 번 구원을 받았으니까 그것으로 만족하라는 것이 아니고, 받은 구원을 확신하는 가운데 말씀 안에서 성령의 능력으로 하나님의 선한 뜻을 이루어 나가라는 것입니다. 이러한 삶에는 그에 따른 상까지 기다리고 있으니 힘을 내라는 말씀입니다. 더구나 예수님은 우리의 하늘 대제사장으로서 하나님 앞에서 우리가 하늘의 상을 차지하도록 도우신다고 하였습니다. 예수님은 우리가 연약할 때 동정하시는 사랑의 주님이십니다(히 4:14~16). 주님은 우리가 세상에 보물을 쌓아 두지 말고 하늘에 보물을 쌓아 두도록 격려하시고, 잘하였다는 칭찬을 해 주기를 원하십니다. 주님은 우리를 유업의 영광으로 데리고 가시는 중입니다(2:10).

상 받는 일을 유치하거나 상업적인 거래로 여기지 마십시오. "이같이 큰 구원"을 소홀히 하는 일에는 하나님께서 주기를 기뻐하시는 유업을 무시하는 것도 포함됩니다. 마치 하나님께서 기꺼이 주시려는 상을 사양하고 전혀 관심을 보이지 않는 것이 더 경건하고 영적인 것처럼 착각하지 마십시오. 하나님께서 원하시는 것을 거들떠보지 않겠다는 것은 완고한 마음입니다. 첫 세대 광야 백성이 가나안 땅의 유업을 주시려는 하나님의 선한 뜻을 완악한 마음으로 밀어내고 시련을 통해서 받았어야 할 유업의 땅을 싫어했을 때 어떤 일이 일어났습니까? 모두 광야에 묻혔습니다. 이것은 그들의 불순종과 불신의 결과였습니다.

우리는 위대한 주님으로부터 위대한 구원을 받았습니다. 그렇다면 이토록 큰 구원을 귀히 여겨야 합니다. 그래서 주님의 선한 뜻에 열심을 품고 부단한 믿음으로 시련을 견디며 하나님이 주신 약속의 소명에 충성해야 하겠습니다. 우리는 주 예수의 십자가 피로써 날마다 더럽혀진 양심을 씻고 자비하신 하늘 아버지의 용서를 체험하며 하늘에 보화를 쌓아 두는 유업 신앙을 지니고 살아야 합니다. 그러면 풍성한 보상을 받는다는 것이 성경의 약속입니다. 이처럼 고귀한 약속을 믿고 사는 삶이 하나님께 영광을 돌리는 것이며 하나님의 자비와 크신 사랑을 찬양하는 일입니다. 하나님의 칭찬과 인정과 상을 받지 못하는 성도의 삶이야말로 부끄러운 것이며 비영적인 수준에 머무는 것입니다. 하나님께서 주시는 은혜의 구원을 받았다면 그 후에 더 넘치게 주시는 유업의 복도 받기 위해 달리는 삶이 하늘 아버지의 크나큰 구원을 더 빛나게 합니다. 우리는 언젠가 주님을 얼굴과 얼굴을 맞대고 만나게 될 것입니다. 그때 "착하고 충성된 종아 잘하였도다"라는 놀랍고 감격스러운 주님의 음성을 듣게 될 날을 기대하며 살아야 하겠습니다.

[부록 2]
율법과 복음의 차이는 무엇인가?

율법과 복음의 관계는 매우 큰 주제입니다. 그러나 반드시 알아야 할 사항이기 때문에 간략하게나마 다루기로 합니다. 히브리서 2:1~4절의 주안점은 모세 율법과 예수님의 복음을 비교하고 복음의 우위성을 강조하는 것입니다. 율법은 "천사들을 통하여 하신 말씀"(2:2)이고, 복음은 "주"(主)로 말씀하신 바"(2:3)라고 했습니다. 이렇게 구분해서 비교하는 까닭이 무엇일까요? 양편에 차이가 있기 때문입니다. 율법도 복음도 근원은 같습니다. 모두 하나님에게서 나왔습니다. 그러나 목적과 내용과 적용에서 중요한 차이가 있습니다. 우리는 율법을 단순히 십계명으로 축소시키거나 구약 시대의 법이었다는 정도로 이해하면 복음의 위대성을 잘 보지 못합니다. 복음의 영광은 율법에 대한 올바른 이해가 있을 때 환히 비칩니다. 히브리서의 저자가 본항목에서 의도하는 것도 율법과 복음을 비교함으로써 복음의 진가를 드러내고 복음을 소중히 여기게 하려는 것이었습니다.

첫째, 전달자가 누구냐에 따라 전달품의 가치와 중요성이 부각됩니다.

만일 대통령이 나에게 직접 찾아와서 어떤 물건을 전달해 주었다면 그 물품을 매우 귀중하게 여길 것입니다. 그런데 같은 물건이라도 장관이 전달해 주었다면 그 가치가 그만큼 감소할 것입니다.

율법은 천사들을 통해서 전달되었다고 했습니다(히 2:2; 행 7:53; 갈 3:19). 유대인들은 천사들의 권위를 알아주었기 때문에 천사들이 전달한 율법을 중시하였습니다. 그래서 스데반은 예루살렘 공회에서 증언할 때 "너희는 천사가 전한 율법을 받고도 지키지 아니하였도다"(행 7:53)라고 나무랐습니다.

한편, 모세가 시내 산에서 율법을 받는 스토리가 실린 출애굽기 19~24장의 본문을 보면 천사들이 모세에게 율법을 전달했다는 언급이 없습니다. 그 대신 하나님 자신이 나타나신 것처럼 묘사되어 있습니다. 그럼 왜 히브리서의 저자는 "천사들을 통하여 하신 말씀"(히 2:2)이라고 했을까요? 구약 시대에 하나님은 자신을 여러 형태로 드러내실 수 있었습니다. 예를 들면 불, 빽빽한 구름, 천둥, 번개, 나팔 소리, 바람 등을 통해 자신의 임재를 알리셨습니다. 그러나 가시적으로 보이는 것은 하나님의 본질이 아닙니다. 하나님은 아무도 볼 수 없는 분입니다.

> 오직 그에게만 죽지 아니함이 있고 가까이 가지 못할 빛에 거하시고 어
> 떤 사람도 보지 못하였고 또 볼 수 없는 이시니 그에게 존귀와 영원한 권
> 능을 돌릴지어다 아멘 (딤전 6:16).

1세기 구약 독자들은 출애굽기 19~24장에 나오는 하나님의 나타나심을 천사들이 하나님의 영광을 대표한 것이라고 여겼습니다. 히브리서의 저자는 하나님께서 "그의 천사들을 바람으로, 그의 사역자들을 불꽃으로 삼으신다"(히 1:7)고 하였습니다. 이 포인트는 스데반의 설교에서도 두 번씩 지적되었습니다. 그는 모세가 광야 가시나무 떨기에서 본 불꽃을 "천사가 시내 산 광야 가시나무 떨기 불꽃 가운데서"(행 7:30) 나타났다고 했습니다. 그러나 그다음 절을 보면 그가 그 광경을 보려고 가까이 갔을 때 주의 음성을 들었다고 했습니다(행 7:31). 주님의 임재임이 확실하지만 그러한 현상은 천사들을 통한 것이라는 말입니다. 그래서 그는 율법도 "천사가 전한 율법"(행 7:53)이라고 하였습니다. 바울도 동일한 방식으로 이해했기 때문에 시내 산에서 모세가 받은 율법은 천사의 손을 통해서라고 했습니다(갈 3:19). 강조점은 율법은 천사의 손을 거친 것이고 복음은 주님 자신이 직접 주셨다는 것입니다. 율법의 하위성과 복음의 상위성은 전자는 하나님이 천사를 통해서 인간 중보자인 모세에게 준 것이고 후자는 자기 아들을 직접 보내어 선포하셨다는 점에서 두드러진 차이를 냅니다.

> 요한이 잡힌 후 예수께서 갈릴리에 오셔서 하나님의 복음을 전파하여

이르시되 때가 찼고 하나님의 나라가 가까이 왔으니 회개하고 복음을

믿으라 하시더라 (막 1:14~15).

율법은 모세로 말미암아 주어진 것이요 은혜와 진리는 예수 그리스도로

말미암아 온 것이라 (요 1:17).

하나님의 아들이 실제로 세상에 오셔서 전파하신 복음이기에 천사가 전한 율법보다 더욱 귀하고 중요한 것은 말할 나위도 없습니다. 율법의 열등성과 복음의 우월성은 전달자의 신분의 차이이며 그림자와 실체의 차이입니다. 예수님은 율법이 지향했던 모든 목표의 완성이며 성취입니다. 예수님의 신분은 하나님의 아들이시기 때문에 예수님 이전에 섬겼던 하나님의 다른 여러 종들과 비교할 수 없이 높으신 분입니다.

히브리서의 저자가 지적하려는 것은 율법이 천사들을 통해서 주어졌기 때문에 하나님의 아들에 의해서 전해진 복음보다 훨씬 낮은 레벨의 계시라는 것입니다. 물론 율법이 악하거나 전적으로 무익하다는 말이 아닙니다. 율법은 원래 하나님이 주신 것이기에 거룩하고 의롭고 선한 것입니다(롬 7:12). 그러나 율법은 복음보다 영광과 권위의 레벨이 훨씬 낮습니다.

둘째, 율법과 복음은 형벌에서도 큰 차이가 있습니다.

율법은 효력을 냅니다. "천사들을 통하여 하신 말씀이 견고하게 되었다"(2:2)는 것은 율법의 신뢰성과 유효성을 가리킵니다. 율법을 어긴 자들은 범죄자가 받는 공정한 보응을 받았습니다. 율법을 거스르는 죄는 하나님의 거룩한 계명을 깨는 것이므로 심각한 범죄였습니다. 예를 들어, 살인, 간음, 근친상간, 짐승과의 교접, 동성애, 정혼

한 처녀의 강간, 납치, 무당 행위, 신성모독, 우상 숭배, 인신 제물 등에 사형이 선고되었습니다. 심지어 부모를 저주하거나 안식일을 위반해도 극형에 처하였습니다. 일반적인 죄도 그냥 넘어가지 않고 벌금이나 태형을 받게 하였습니다. 율법이 형벌로서 적용될 때에는 자비의 여지가 없었습니다.

그런데 하물며 하나님의 아들이 전하신 복음을 배척한다면 어떻게 되겠습니까?

"우리가 이같이 큰 구원을 등한히 여기면 어찌 그 보응을 피하리요"(2:3)라는 말은 복음이 부정적으로 적용될 때에는 율법의 형벌보다 훨씬 더 무서운 심판이 기다린다는 뜻입니다. 율법을 어기면 지상에서 벌을 받지만 복음을 경시하고 주 예수를 멸시하면 사후에 영원한 형벌을 받습니다. 요점은 간단합니다. 천사들을 통해 주어진 율법을 어겨도 큰 벌을 받았습니다. 그렇다면 하나님의 아들이신 예수님이 육신으로 오셔서 자신의 피를 걸고 전하신 복음을 경시한다면 모세법을 위반했을 때의 형벌보다 더 엄중할 것은 말할 나위도 없다는 것입니다.

셋째, 율법과 복음은 유효 기간에 차이가 있습니다.

"율법은 천사들을 통하여 한 중보자의 손으로 베푸신 것인데 약속하신 자손이 오시기까지 있을 것"(갈 3:19)이라고 했습니다. 율법은 예수님의 초림과 함께 자신의 달려갈 코스를 다 마치고 예수님께 배턴(baton)을 넘겼습니다. 그때부터 주 예수를 믿는 성도들과 교회는 모세법이 아닌 "그리스도의 법"(갈 6:2)으로 삽니다. 신약 교회는 모세의 권위 아래 있지 않고 그리스도의 권위 아래 있습니다. 율법은 구약 시대에 잠정적으로 유효했지만 예수님의 오심을 바라본 임시 방편이었습니다. 우리는 율법이 영원법이 아닌 잠정법이었음을 주지할 필요가 있습니다. 율법은 처음부터 일정 기간 동안만 유효하도록 의도된 것이었습니다. 반면, 예수님의 복음은 세상 끝날까지 유효합니다.

> 그런즉 율법은 무엇이냐 범법하므로 더하여진 것이라 천사들을 통하여
> 한 중보자의 손으로 베푸신 것인데 약속하신 자손이 오시기까지 있을
> 것이라 (갈 3:19).

이 구절에 대해서 ESV Study Bible은 다음과 같이 주석하였습니다.

"모세법은 영원하도록 의도된 적이 없었던 잠정적인 언약의 일부였다. 이제 예수님이 아브라함의 참 후손으로 오셨기 때문에 율법은 더 이상 효력을 내지 않는다."

(The Mosaic law was part of a temporary covenant never intended to last forever. Now that Jesus has come as the true offspring of Abraham, the Mosaic law is no longer in force.)

히브리서 7장은 하나님께서 아론의 계통이 아닌, 멜기세덱의 계통을 따른 자를 영원한 제사장으로 세우셨다고 지적하였습니다(히 7:17; 시 110:4). 이것은 율법 제도의 제사장들이나 동물 희생으로는 하나님께서 원하시는 온전한 하나님 나라의 백성을 창출할 수 없음을 시사합니다. 또한 제사장 직분에 큰 변화가 생겼다는 것은 율법 시스템이 모두 폐기될 것을 당연시한 것이었습니다.

> 제사 직분이 바꾸어졌은즉 율법도 반드시 바꾸어지리니 … 전에 있던
> 계명은 연약하고 무익하므로 폐하고 (율법은 아무 것도 온전하게 못할지라) 이

에 더 좋은 소망이 생기니 이것으로 우리가 하나님께 가까이 나아가느니라 (히 7:12, 18~19).

이것은 예수님이 새로운 대제사장으로서 모든 죄인을 위해 자신을 단 한 번의 희생제물로 바치시고 영원한 대제사장이 되셨다는 말입니다. 율법은 임시적이었고 예수님은 영구적입니다. 율법은 그리스도를 가리키는 화살표였습니다. 예수님은 율법이 바라보았던 것을 성취하셨습니다. 율법은 이스라엘을 잠정적으로나마 악을 어느 정도 억제함으로써 완전히 이교국이 되지 않도록 하는 데 기여하였습니다. 그러나 그 효력은 제한적이었습니다. 죄인들을 하나님께로 온전히 나아가게 하는 것은 율법에 의해 운영되는 모세 시스템이 아니고 예수님의 복음입니다.

예수님은 "불멸의 생명의 능력"(히 7:16)으로 율법이 우리에게 결코 줄 수 없었던 것을 주십니다. 예수님이 승천하신 이후의 첫 오순절에 어떤 일이 일어났습니까? 오순절은 원래 율법 수여를 기념하는 날이었습니다. 그러나 하나님께서는 오순절에 제자들에게 새 율법을 주신 것이 아니라 성령을 주셨습니다. 율법은 죄인들을 정죄할 수는 있지만 거듭나게 하거나 선을 행할 수 있는 능력을 주지 못합니다. 그러나 성령은 거듭나게 하고 하나님의 말씀을 깨닫고 행하도록 도와줍니다. 이것은 율법 아래에서는 받을 수 없는 축복입니다.

예수님은 성령을 통해 우리에게 구원의 확신을 심어 주고 거룩한 삶으로 인도하시며 믿음과 소망과 사랑을 일으키십니다. 물론 구약 시대에도 하나님을 깊이 경험하며 매우 경건하게 산 성도들이 있었습니다. 그러나 그들은 이러한 수준의 삶을 율법의 도덕적 규정이나 희생제사를 통해서 달성하지 않았습니다. 그들은 아브라함처럼 하나님의 약속을 믿음으로써 하나님에게 직접 나아갔습니다. 그럴지라도 그들이 하나님께 가까이 나아갈 수 있는 데에는 한계가 있었습니다. 그들은 사실상 예수님의 이름도 몰랐습니다. 그들은 멀리서 그리스도가 오실 것을 믿음으로 소망하며 살았을 뿐이었습니다(요 8:56).

우리는 이제 예수님이 실제로 세상에 오신 이후의 복음 시대에서 삽니다. 모세법은 이제 더 이상 유효하지 않습니다. 예수님이 오심으로써 율법의 시효는 끝났습니다. 우리는 잠정적인 시스템이었던 모세 율법이 아닌, 예수님의 영원한 복음 아래에서 삽니다. 그리스도 안에 있는 "더 좋은 소망"(히 7:19)은 율법의 소망보다 훨씬 더 크고 영구적입니다. 율법은 양심을 깨끗하게 하지도 못하였고 살인이나 동성애나 안식일 위반과 같은 심각한 죄를 용서할 수도 없었습니다. 그러나 복음 안에서는 용서의 길인 예수님을 배척하지 않는 한, 어떤 중죄도 용서됩니다.

율법은 복음의 길을 준비하는 역할을 하였습니다. 율법은 하나님의 성품을 여러 측면에서 드러내었습니다. 그러나 그것으로 백성이 온전해지기에는 역부족이었습니다. 모세법은 여러 세기 동안 이스라엘 백성을 억제하고 통제하였지만 사사기 때부터 서서히 하강하는 도덕적이고 종교적인 타락의 내리막길을 막을 수가 없었습니다. 마침내 북이스라엘과 남부 유다가 이방 국가의 포로가 되는 망국의 문턱에 이르러서야 율법으로 옛 언약 백성이 온전히 세워질 수 없다는 사실이 분명해졌습니다. 그러나 사실상 이것은 그렇게 되도록 의도된 것이었습니다.

저 첫 언약이 무흠하였더라면 둘째 것을 요구할 일이 없었으려니와 …

새 언약이라 말씀하셨으매 첫 것은 낡아지게 하신 것이니 낡아지고 쇠하는 것은 없어져 가는 것이니라 (히 8:7, 13).

그런데도 신약 교인이라고 자처하는 현대 교인들 중에는 아직도 교회당을 성전이라고 부르며 건물을 신성시하거나 십일조나 교회 행사나 기타 종교의식이 마치 거룩한 삶의 표지라도 되듯이 집착하는 경향이 있습니다. 우리는 마치 구약 성도인 듯이 처신하지 말아야 합니다. 우리는 생명의 원천이신 예수 그리스도로부터 직접 영적 힘을 얻고 성령의 도움으로 하나님을 섬겨야 합니다. 십계명마저도 신약 성도들에게는 낮은 수준입니다. 새 언약 백성의 수준은 산상보훈의 가르침과 사도들의 교훈이며 성령 안에 있는 새 생명의 능력입니다.

넷째, 율법과 복음 사이에는 언약의 성격도 다릅니다.

율법으로 주어진 언약은 시내 산에서 받았습니다. 그때 이스라엘 백성이 율법을 순종하며 주 하나님을 섬기겠다고 맹세하였습니다(출 19:8; 24:3, 6~7). 반면, 복음은 예수님의 피로써 맺어진 새 언약으로서 시내 산과 같은 장소에 제한되지 않고 어디에서나 적용됩니다. 맹세의 주체가 새 언약에서는 백성이 아니고 예수님 자신입니다. 복음 언약은 율법 언약에서처럼 백성이 입으로 약속하는 것이 아니고 예수님의 피로써 세워지는 맹세입니다. 따라서 새 언약의 약속들이 반드시 성취될 것을 보장합니다.

저녁 먹은 후에 잔도 그와 같이 하여 이르시되 이 잔은 내 피로 세우는 새 언약이니 곧 너희를 위하여 붓는 것이라 (눅 22:20).

율법 언약에서는 축복의 내용이 이스라엘 나라를 대상으로 한 것으로서 국가적 안정, 경제적 번영, 무병장수 등이었습니다. 그러나 복음 언약에서는 이러한 지상적이고 물질적인 축복을 넘어갑니다. 무엇보다도 율법 시대의 희생 제물과는 달리(히 10:1~4, 11), 오직 믿음으로 죄를 완전히 용서받고 대제사장이신 예수님을 의지하여 은혜의 보좌로 담대히 나아갑니다(히 4:14~16). 그리고 주님을 순종하며 섬기는 신실한 삶에서 오는 현세와 내세에서의 유업이 약속되어 있습니다(히 6:10, 12; 9:15; 10:35~36; 11:16). 복음 언약에는 영원한 생명을 받고 주 예수와 함께 새 하늘과 새 땅을 다스리는 소망도 포함됩니다. 이러한 약속들은 율법을 순종하여 확보할 수 있는 지상의 축복들보다 훨씬 더 큰 것입니다.

다섯째, 복음은 율법의 한계를 상회합니다.

율법 아래에서는 죄는 동물의 피로써 일시적이고 상징적으로 가려졌습니다. 그러나 그리스도를 통한 구원은 우리를 죄로부터 철두철미하게 씻깁니다. 예수님은 모든 죄를 지시고 십자가로 가심으로써 율법이 할 수 없던 영원한 용서와 구원의 길을 열었습니다.

죄를 정결케 하는 예수님의 속죄 사역은 완료되었습니다(히 10:10, 12, 14, 17~18). 구약 시대의 제사장들은 매년 대속죄일에 백성의 죄를 위해 성소에 들어가서 제물의 피를 언약궤에 뿌리고 다시 나와서 백성에게도 뿌렸습니다. 그러나 이것은 그리스도가 오셔서 자신을 십자가에서 속죄 제물로 바칠 때까지만 잠정적으로 유효했습니다. 성소에는 의자가 없었습니다. 제사장의 속죄 사역이 반복되어야 했기 때문에 제사장이 항상 서서 봉사하였습니다. 그러나 예수님은 십자가에서 "다 이루었다"(요 19:30)고 선포하시고 부활 승천하여 하나님

보좌 우편에 앉으셨습니다(히 1:3). 율법은 마침표가 될 수 없지만 예수님은 구원의 마침표입니다. 율법은 자신이 갈 수 있는 한계선을 넘지 못합니다. 그러나 예수님은 율법이 넘어갈 수 없는 한계를 넘어 영원한 속죄를 단번에 이루셨습니다(히 9:12, 28).

여섯째, 율법과 복음의 분위기는 대조적입니다.

이스라엘 백성이 율법을 받기 위해 도착한 곳은 시내 산이었습니다. 그런데 시내 산에는 "우레와 번개와 나팔소리와 산의 연기"(출 20:18)로 가득 찼고 "온 산이 크게 진동"(출 19:18)하였습니다. 이 광경은 너무도 무서워서 백성은 멀리 서서 떨며 하나님이 그들을 치실까봐 두려워했습니다(출 19:21~25; 히 12:18~20). 모세까지도 "심히 두렵고 떨린다"(히 12:21)고 했습니다. 율법은 형벌에 대한 두려움을 일으킵니다. 율법이 주어졌던 시내 산은 하나님의 거룩하심이 가시화된 공포 분위기였습니다. 그러나 복음은 위협적이지 않으며 형벌에 대한 두려움을 거룩한 삶을 살게 하는 동기로 삼지 않습니다. 복음은 예수 그리스도의 십자가에서 드러난 하나님의 사랑과 자비의 은혜에 호소함으로써 성도의 거룩한 삶을 일으킵니다.

> 그러므로 형제들아 내가 하나님의 모든 자비하심으로 너희를 권하노니
> 너희 몸을 하나님이 기뻐하시는 거룩한 산 제물로 드리라 이는 너희가
> 드릴 영적 예배니라 (롬 12:1).

시내 산에서는 백성이 하나님의 음성을 직접 듣기를 원치 않았습니다(히 12:19). 하나님이 자신의 거룩한 임재를 물체적이고 가시적으로 표출하실 때에 동반되는 공포적인 분위기에 압도되었기 때문입니

다. 그러나 복음은 시내 산에서 선포되지 않았습니다. 복음은 우리 대신 죽임을 당하신 예수 그리스도의 십자가가 세워진 시온 산에서 선포되었습니다. 우리는 모세 시대의 이스라엘 백성처럼 공포의 시내 산 둘레에서 장막을 치고 율법을 듣지 않습니다. 우리는 시온 산의 십자가 아래에서 하나님이 세상을 이처럼 사랑하여 독생자를 주셨다는 기쁜 소식(복음)을 듣습니다. 시내 산에서는 백성이 너무도 두려워서 하나님의 엄위한 음성을 듣지 않게 해 달라고 호소하였습니다. 그러나 우리는 시온 산의 십자가에서 울려 퍼지는 하나님의 온유하고 사랑에 찬 음성을 듣기를 기뻐합니다. 히브리서 12:18~22절은 새 언약 백성은 시내 산으로 대표되는 모세 율법 아래 있지 않고 예루살렘으로 대표되는 그리스도의 복음 아래 있다는 사실을 진술합니다.

우리는 두려움을 자아내는 율법의 분위기와 자비가 부어지는 복음의 분위기가 정반대라는 사실을 숙지해야 합니다. 모세 율법은 그리스도가 오시기 전까지 이스라엘 백성을 형벌의 두려움을 사용하여 일정 수준의 도덕을 유지하게 하였습니다. 그러나 궁극적으로 율법으로서는 소기의 목적을 달성할 수 없었습니다. 형벌을 피하기 위해서 율법을 지키는 것은 결국은 실패로 돌아갑니다. 하나님을 기쁘게 해 드리지 못할까 봐 두려워하는 참된 경외심은 시내 산이 아닌 시온 산에서만 생깁니다. 시온 산이 있는 예루살렘에서 갈보리 십자가가 세워졌고 성령이 부어졌습니다. 이곳에서부터 공포의 율법이 아닌, 은혜의 복음이 온 세상으로 전파되었습니다. 그러나 중요한 것은 장소가 아니고 그리스도의 복음 자체입니다. 시내 산이든지 시온 산이든지 그것들이 상징하는 의미를 포착한 후에는 하나님께로 나아가는 보다 나은 새 길로 들어서야 합니다. 시내 산이니 예루살렘이니 혹은 시온 산이니 하는 성지들은 역사적인 의미가 있을지라도 하나님과의 관계에서는 중요하지 않습니다. 우리가 시온 산에 도착했다고 해서 지리적인 거룩한 장소에서 하나님을 만나게 되었다는 뜻이 아닙니다. 새 언약은 순례지나 성지와 관계된 것이 아니고 마음으로 주 예수 그리스도의 대속을 믿는 것으로 출발합니다.

'율법'은 대부분 우리가 어떻게 하나님과 관계를 맺는지에 대한 것입니다. 율법은 갖가지 제사 제도를 비롯하여 여러 가지 규정들로 짜인 법적 시스템입니다. 그러나 이것들은 모두 예수 그리스도의 오심으로 자신의 코스를 마쳤습니다. 그래서 새 언약 백성은 모세 시스템에 죽었다고 보아야 합니다. 율법은 원래 이스라엘 백성이 출애굽하여 국가로서의 형태를 갖추기 시작했을 때 "더하여진 것"(갈 3:19)이었습니다. 그러나 예수님의 십자가 이후로 하나님의 백성은 이스라엘이라는 민족적인 울타리를 벗어나 모든 사람을 포함하는 새 언약 백성으로 재정립되었습니다. 그러므로 이스라엘에게 잠정적으로 주어졌던 모세 율법 제도는 그리스도의 복음에 의해서 물러났습니다. 이제는 율법이 아닌, 예수님의 가르침으로 살면서 예수님의 대속적 공로에 의지하여 하나님께 직접 나아가야 합니다.

일곱째, 복음의 유효성은 예수님과 제자들과 하나님께서 삼중으로 확증하셨습니다.

율법은 천사들만 전했지만 복음은 처음에는 예수님이 직접 세상에 오셔서 전하셨습니다(히 2:3). 그다음 단계에서는 제자들이 사방에서 복음 전파를 하였는데 그때 하나님께서는 성령의 은사에 따라 기적들이 일어나게 하셨습니다. 표적들과(signs) 기사들과(wonders) 여러 가지 능력(various miracles, 4절)은 초자연적인 하나님의 기적들을 가리킵니다. 이것은 복음 메시지가 신적 근원을 가진 것임을 드러냅니다. 이러한 기적들의 목적은 사도들의 사역에 신령한 권위를 입히며 사람들의 이목이 쏠리게 함으로써 구원의 말씀을 듣게 하려는 것이었습니다(롬 15:19; 고후 12:12; 갈 3:5; 살전 1:5). 그러니까 말씀의 요지는 하나님과 그가 보내신 아들과 사도들을 통해 확증된 구원을 등한시하는 것은 징벌을 받지 않을 수 없다는 것입니다.

그런데 우리는 여기서 한 가지 반성해 볼 것이 있습니다. 초대 교회의 첫 세대에게는 많은 은사들이 부어졌습니다. 사도들은 기적을 자주 행하였고 그들의 메시지에는 성령의 강력한 능력이 드러났습니다. 사도행전에서 보듯이 베드로의 오순절 설교를 비롯하여 스데반의 설교와 바울과 아볼로의 메시지는 대표적인 실례들입니다.

교회사적으로 유럽에서 종교 개혁도 있었고 여러 나라에서 부흥도 일어났습니다. 그러나 현대 교회에서는 그런 강력한 메시지를 쉽게 들을 수 없습니다. 물론 20세기 후반부터 성령 운동이 전 세계적으로 일어났지만 첫 세대의 사도들이 행했던 것과 같은 경이로운 기적들에 상응하는 능력들은 보기 힘듭니다. 초대교회의 사도들에게는 특별한 능력의 은사들이 더 부어졌던 것으로 보입니다. 그러나 하나님의 기적들은 성령께서 "자기의 뜻을 따라" 분배된 것임을 기억해야 합니다(4절). 우리는 마음대로 표징과 기이한 일들을 행할 수 없습니다. 그래서 우리는 성령께서 복음 증거에 힘을 실어 주시고 여러 가지 능력들을 드러내시도록 하나님께 간구할 필요가 있습니다.

현대 교회에는 목사들은 많지만, 성령의 능력이 드러나는 강력하고 설득력 있는 설교를 하는 분들은 그리 많지 않습니다. 성령을 믿는다는 신자들은 많습니다. 그러나 성령의 초자연적인 은사로 하나님의 구원을 확증하는 일은 그다지 많은 편이 아닙니다. 만약 성령의 영감과 능력으로 복음이 전해지지 못하고 교회가 성숙하지 않으면 구원을 등한시하는 일은 더욱 심각해질 것입니다. 우리는 무엇보다도 구원의 복음이 하나님께서 보내시는 "표적과 기사들과 여러 가지 능력"으로 드러나고 성령의 주권적인 분배로 더 많은 은사를 받도록 날마다 기도해야 합니다. 그래서 하나님의 구원의 능력이 강하고 확실하게 설교자들과 성도들을 통해서 드러나야 하겠습니다. 그렇게 될 때 "우리가 이같이 큰 구원을 등한히 여기면 어찌 그 보응을 피하리요"(2:3)라는 도전에 무게가 더 실리게 될 것입니다.

복음은 천사들이 아닌 예수님 자신이 세상에 오셔서 전해 주신 구원의 말씀입니다. 율법을 통해 주신 약속들은 이스라엘 국가를 위한 지상적이고 민족적이며 한시적인 약속들이었습니다. 반면, 예수님의 복음에 담긴 약속들은 완전한 죄의 용서와 칭의와 양자 됨과 새 하늘과 새 땅에서의 영생입니다.

복음의 선포는 예수님에게서 그치지 않고 그의 사도들을 통해서 신약 교회에 전수되었으며 지금까지 성령에 의해 온 세상에 전해지고 있습니다. 복음은 교회를 통해 성령의 능력으로 예수님의 재림 때까지 모든 민족에게 퍼져 나갈 것입니다(마 24:14; 28:20; 계 6:2).

예수님은 삼 년 반 동안 하나님의 나라를 선포하신 후에 십자가에서 대속의 죽음을 치르셨습니다. 그런데 예수님은 짧은 지상 생애 동안에 구원과 하나님의 나라에 대한 모든 것을 다 가르칠 수 없었습니다. 예수님은 세상에서 날마다 배척을 당하셨고 복음 전파에 큰 방해를 받았습니다. 그의 제자들까지도 처음에는 예수님의 사역과 말씀을 제대로 이해하지 못하였습니다. 그래서 주님은 "내가 아직도 너희에게 이를 것이 많으나 지금은 너희가 감당하지 못하리라"(요 16:12)고 하셨습니다. 그러나 이어서 이렇게 약속하셨습니다.

> 진리의 성령이 오시면 그가 너희를 모든 진리 가운데로 인도하시리니 그가 스스로 말하지 않고 오직 들은 것을 말하며 장래 일을 너희에게 알리시리라 (요 16:13).

과연 주님은 약속하신 대로 부활하신 이후에 제자들에게 성령을 보내시고 지상 사역 동안에 가르치신 것들과 나머지 부분들을 선명하게 깨닫게 하셨습니다. 그 결과 우리 손에 구원의 진리가 밝고 충만하게 담긴 신약성경이 들어오게 되었습니다. 그렇다면 우리는 신약이 집성되기 이전에 살았던 히브리서의 독자들보다 훨씬 더 복음의 위대성과 구원의 심대성을 잘 깨달을 수 있는 복 된 시대에 살고 있습니다. 그렇다면 구원의 복음을 소홀히 하는 일이 없어야 하겠습니다.

10.
왜 구원을 등한히 여길까요?
히브리서 2:4

각자의 신앙생활의 질과 수준에는 차이가 있습니다. 그 이유는 여러 가지입니다. 그래서 일률적으로 다 설명할 수 없습니다. 또한 다른 사람의 신앙에 대해서 모르는 부분이 많고 우리의 판단도 정확하지 않을 수 있기 때문에 한 두 마디로 진단하는 것은 조심해야 합니다. 그러나 우리는 보다 나은 신앙생활을 위해서 "지각을 사용함으로 연단을 받아 선악을 분별하는 자들"(히 5:14)이 되어야 합니다. 판단에 오류가 있다고 해서 잘못의 원인을 찾고 시정하려는 일 자체를 포기하면 아무런 발전도 없습니다. 입을 조심한다고 해서 입을 완전히 다물고 있는 것이 원래의 의도가 아닌 것과 같습니다. 우리는 자신이 처한 특수한 여건에서 왜 구원을 등한시하는지를 생각해 보아야 하고 동시에 일반적인 원인으로 볼 수 있는 것들 중에서도 자신에게 해당되는 부분이 있는지를 살펴야 하겠습니다.

첫째, 구원의 확신이 부족하면 구원을 등한시하게 됩니다.

사람들은 자신이 확신하지 않는 일에 투신하지 않습니다. 자신이 구원을 받았는지 못 받았는지 확신하지 못하면 하나님의 일에 적극적이거나 주님의 이름을 높이는 일에 앞장 서지 않습니다. 그런데 구원을 확신하면서도 구원을 등한시할 수 있습니다. 이것은 모순처럼 들립니다. '한 번 구원 영원하다'(Once saved always saved)는 안전 교리는 구원을 확신하게 하지만 역효과를 낼 수 있습니다. 구원은 일단 받은 것이 확실하니까 더 이상 어떻게 살든지 신경 쓸 것이 없다는 반응을 한다면 문제가 됩니다. 흔히 구원은 맡아놓았다는 식으로 생각하고 교인답지 않게 사는 것을 비판할 때 '한 번 구원 영원하다'는 교리를 그 원인으로 삼습니다. 그럼 한 번 받은 구원은 영원하다는 가르침 자체를 완전히 부정해야 할까요?

주 예수를 구주로 믿으면 영원한 구원을 받습니다. 언제 하나님이 죄인을 의롭다고 판정하십니까? 마지막 심판대라고 말하는 것이 순서에 맞는 대답일 것입니다. 그러나 칭의는 주 예수를 대속주로 믿는 순간에 내리는 하늘 법정의 선언입니다. 마지막 심판 때에 받아야 할 공개적인 판정을 미리 받는 셈입니다(롬 4:3; 5:1).

그리스도 예수 안에 있는 속량으로 말미암아 하나님의 은혜로 값없이 의롭다 하심을 얻은 자 되었느니라 (롬 3:24).

일을 아니할지라도 경건하지 아니한 자를 의롭다 하시는 이를 믿는 자에게는 그의 믿음을 의로 여기시나니 (롬 4:5).

내가 진실로 진실로 너희에게 이르노니 내 말을 듣고 또 나 보내신 이를 믿는 자는 영생을 얻었고 심판에 이르지 아니하나니 사망에서 생명으로 옮겼느니라 (요 5:24).

이것이 복음입니다. 구원은 우리의 행위에 의한 것이 아닙니다.

구원은 예수님을 세상의 구주로 보내신 하나님을 신뢰하고 십자가의 대속을 나를 위한 것으로 믿을 때 거저 받습니다. 그래서 우리가 의롭게 되는 것은 우리의 선행에 따른 의가 아닌, 그리스도를 통해서 오는 하나님의 의를 받는 것입니다(롬 3:21~22).

그럼 이런 무상의 구원을 받은 자라면 어떤 반응을 보여야 하겠습니까? 하나님께 감사하지 않을 수 없을 것입니다. 그런데 감사가 하나님을 기쁘게 해 드리는 섬김과 순종의 삶으로 나타나지 않는 경우가 있기 때문에 문제입니다. 그 원인도 밝혀내야 합니다. '한 번 구원 영원하다'는 교리는 기본적으로 옳지만 여기서 그치면 구원의 목적이 달성되지 않습니다. 출애굽의 구원은 가나안 복지로 들어가는 목표를 가진 것이었습니다. 양의 피로써 구원을 받은 것으로 안주하면 하나님께서 주시려는 유업의 땅에 들어가지 못합니다. 무상의 구원을 받았으면 그 후에 하나님이 인도하시는 유업을 받기 위해 광야를 지나는 순종과 인내가 있어야 합니다. 그렇지 않으면 유업을 받지 못하고 광야에서 빈손으로 묻히고 만다는 것이 히브리서의 경고입니다.

'한 번 구원 영원하다'는 안전 교리는 이해의 폭과 깊이에 따라 상이한 반응을 나타냅니다. 세상 모든 죄인들을 값없이 용서하고 구원하기 위해서 하나님께서 독생자를 세상에 보내시고 십자가에 달리게 하셨습니다. 예수 그리스도는 우리가 받았어야 할 하나님의 무서운 진노를 홀로 다 맡아서 당하셨습니다. 아무리 악한 죄인이라도 예수님의 십자가 희생을 하나님께서 마련하신 사랑의 선물이라고 믿고 그분을 구주로 영접하면 모든 죄를 용서받고 하나님의 영원한 자녀가 됩니다. 세상의 어떤 종교에도 이 같은 놀라운 구원이 없습니다. 그러나 십자가의 구원을 피상적으로 알고 믿으면 그 반응도 피상적일수 밖에 없습니다.

물론 우리는 처음 믿을 때부터 구원의 심오한 내용을 다 알지 못합니다. 사실인즉 거저받는 영원한 구원을 다 이해한 후에 비로소 예수를 믿는 사람은 아무도 없습니다. 사람들은 대부분 매우 작은 분량의 복음을 듣고 구원을 받습니다. 구원받기 위해서 신학자가 되어야 하는 것도 아니고 성경을 통달해야 하는 것도 아닙니다. 구원은 몇 마디 복음의 핵심만 듣고서도 성령의 역사에 의해 즉시 받을 수 있습니다. 그런데 여기서 그치면 신자의 삶이 자리를 잡지 못하고 자랄 수 없습니다. 흔히 한 번 구원은 영원하다는 가르침의 영향 때문에 믿음 생활을 잘 하지 않는다고 비난합니다. 그러나 실제로 구원은 맡아놓았으니까 적당히 살다가 죽어서 천국가면 된다는 식으로 생각하고 교회에 다니는 사람들이 과연 얼마나 될런지는 의문입니다.

히브리서는 첫 구원을 받은 이후에 하나님을 기쁘게 해 드리는 꾸준한 믿음과 인내의 삶을 강조합니다. 그릇된 천사론을 배격하고 유대교와 타협하지 않는 신자들은 상을 받게 될 것입니다. 주 예수를 믿고 처음으로 구원을 받은 것은 그 자체가 목적이 아니고 유업의 상을 받기 위한 첫 출발입니다.

갓난아기처럼 세상에 태어났으니까 엄마 젖만 먹고 자기만 하면 다 되는 것이 아니듯이, 거듭난 신자도 속히 젖을 떼고 성인으로 성장해야 합니다. 히브리 교인들은 젖을 먹고 있었기 때문에 "의의 말씀을 경험하지 못한 자"(히 5:12~13)라고 했습니다. 이런 교인들이 되면 하나님의 큰 구원을 등한시하게 됩니다. 평소에 성경을 읽고 배우면서 자라지 않으면 영적 이해력이 둔화되고 점차 성경 말씀 자체에 대한 관심이 줄어듭니다. 조금만 초보적인 수준을 벗어나도 말씀이 어렵다고 하고 지루해합니다. 그래서 복음의 초보를 다진 후에 앞으로 더 나아가면서 유업에 대한 동기부여를 받아야 할 필요가 있습니다.

유업 신앙은 성화와 직결된 가르침입니다. 하나님을 기쁘게 해 드리기 위해 고난을 참고 주 예수의 모범을 따르며 날로 힘쓰는 것은 주님으로부터 착하고 충성된 종이라는 칭찬을 받는 길입니다. 이것은 하나님의 인정을 받는 일이기에 모든 신자가 추구해야 할 영적 소명입니다. 이 같은 동기부여는 우리로 하여금 예수님의 고귀한 구원을 소홀히 여기면서 살 수 없다는 깊은 자각이 일어나게 하고 감사한 마음으로 주님을 순종하게 하는 동력이 됩니다.

둘째, 유업과 그리스도의 심판대에 대한 가르침이 없기 때문입니다.

구원을 소홀히 여기는 또 다른 원인은 유업에 대한 가르침이 없거나 혹은 있어도 유치한 기복 신앙적이고 상리적인 상급 사상만 강조하고 그리스도의 심판대는 생략하는 것입니다.

유업 신앙을 가르치려면 반드시 그리스도의 심판대를 언급해야 합니다. 히브리서 저자는 유업의 가르침 속에서 심판을 다루었습니다.

또 다시 주께서 그의 백성을 심판하리라 말씀하신 것을 우리가 아노니 살아 계신 하나님의 손에 빠져 들어가는 것이 무서울진저 (히 10:30~31).

사도 바울도 신자들이 심판대 앞에 서게 될 것이라고 경고하였습니다.

이는 우리가 다 반드시 그리스도의 심판대 앞에 나타나게 되어 각각 선
악간에 그 몸으로 행한 것을 따라 받으려 함이라 (고후 5:10).
네가 어찌하여 네 형제를 비판하느냐 어찌하여 네 형제를 업신여기느냐
우리가 다 하나님의 심판대 앞에 서리라 (롬 14:10).

우리는 복음을 사실대로 균형 있게 이해해야 합니다. 현재 구원을
받았다고 해서 마지막 날에 심판대로부터 제외되지는 않습니다. 물
론 신자들은 그리스도의 심판대에서 정죄는 당하지 않습니다(요 3:18;
롬 8:1). 그러나 주 예수의 큰 구원을 어떻게 대하고 살았는지에 대한
주님의 질문에 책임 있는 대답을 할 수 있어야 합니다. 주님은 각 신
자의 삶을 낱낱이 평가하실 것입니다. 하나님의 마지막 심판대는 신
자들에게는 지옥의 선포가 아니고 상과 칭찬과 하나님의 인정을 받
고 못 받는 지극히 엄숙한 순간이 될 것입니다. 이때 선악간의 행위
에 따라 받는 평가는 큰 기쁨이 아니면 큰 슬픔이 되어 우리를 압도
할 것입니다(요일 2:28). 많은 교인이 자신은 구원받고 천국에 들어가
는 것만으로 만족하기 때문에 상에는 관심이 없다고 말합니다. 이것
은 겸비의 말로 받아들일 수 있습니다. 그러나 나에게는 만족이 될지
몰라도 하나님은 결코 만족하시지 않습니다. 하나님께서는 우리 각
자가 하나님 나라를 위한 희생과 선행을 통해 상 받기를 기대하시기
때문입니다.

크리스천의 삶은 내가 만족한다고 되는 것이 아닙니다. 하나님이
표준이시기 때문에 하나님께서 만족하셔야 합니다. 세상 종교는 자기
만족을 추구합니다. 내가 행하고 내가 만족하면 됩니다. 타종교는 인
간을 위해서 존재합니다. 신을 섬긴다고 하지만 내 마음 편하고 내 일
잘되기 위한 것입니다. 그러나 복음은 내가 중심이 아니고 그리스도가

중심입니다. 우리는 모두 주 예수와 그의 나라를 위해서 삽니다.

　구원을 받았지만 자기를 위해서만 사는 신자들은 마지막 심판대에서 크게 후회할 것입니다. 많은 교인이 하나님으로부터 받아낼 생각만 하지 하나님을 위해 살려고 하지 않습니다. 그런 신자들은 구원을 소홀히 여깁니다. 오로지 자신과 가족의 유익에만 집착하면 주님을 위해 드릴 시간도 없고 주님과 교제하며 복음을 전할 마음도 일어나지 않습니다. 이기적인 신앙 스타일이 몸에 배여서 사랑과 헌신의 삶을 살지 않습니다. 내 일이 잘되면 잠시 감사했다가 다시 어려움이 오면 그제서야 하나님을 찾는 일을 반복한다면 하나님을 우상신으로 대하는 것입니다. 평소에 하나님의 크나큰 구원의 경륜을 마음에 새기며 하나님을 사랑하는 삶에 관심이 없으면 받을 상도 없습니다. 주님은 여러 번 산상 설교에서 자기 상을 이미 받은 자들의 이기적이고 위선적인 그릇된 자세에 대해 경고하셨습니다. 바울도 그의 독자들에게 사랑의 삶을 권면한 후에 주님의 재림 때에 모두 거룩한 모습이기를 기원하였습니다.

> 또 주께서 우리가 너희를 사랑함과 같이 너희도 피차간과 모든 사람에 대한 사랑이 더욱 많아 넘치게 하사 너희 마음을 굳건하게 하시고 우리 주 예수께서 그의 모든 성도와 함께 강림하실 때에 하나님 우리 아버지 앞에서 거룩함에 흠이 없게 하시기를 원하노라 (살전 3:12~13).

　바울은 마지막 심판의 문맥에서 거룩한 삶이 구원받은 성도들을 위한 하나님의 뜻임을 밝히고 이어서 동기부여로서의 유업의 상을 아울러 언급하였습니다.

무슨 일을 하든지 사람에게 하듯이 하지 말고, 주님께 하듯이 진심으로 하십시오. 여러분은 주님께 유산을 상으로 받는다는 사실을 기억하십시오. 여러분이 섬기는 분은 주 그리스도이십니다. (골 3:23~24, 새번역).

개역개정에서는 "기업의 상을 주께 받을 줄 아니, 너희는 주 그리스도를 섬기느니라"(골 3:24)고 했습니다. 상은 동기부여로 준 것입니다. 사후에 상을 받고 못 받는 일은 그리스도의 심판대에서 최종적으로 드러날 것이기 때문에 상을 받는 삶은 살아도 좋고 안 살아도 무관한 것이 아닙니다. 상은 긍정적인 동기부여도 되지만 부정적인 동기부여도 됩니다. 그래서 우리는 상을 생각할 때마다 받는 것만 원하지 말고, 그리스도의 심판대도 함께 떠올려야 합니다. 만일 첫 구원을 받은 것으로 다 끝나는 문제라면 심판대는 불필요할 것입니다. 그러나 심판대가 엄연히 있다는 사실은 구원 이후의 삶을 하나님의 선하신 뜻에 따라 살아야 할 것을 가리킵니다. 하나님은 자기 자녀들에 대한 원대한 뜻을 품고 우리 각자를 십자가 희생의 피로써 구속하셨습니다. 그러나 거기서 그치지 않고 우리로 하여금 하나님의 아들의 형상을 닮게 하시고 유업의 "큰 상"(히 10:35)을 받는 일에 주님과 공동 상속자가 되게 하려는 것이 하나님의 선한 뜻입니다. 심판대는 이에 대한 상이 있음을 알리는 격려의 동기부여이며 동시에 하나님의 구원을 등한히 하는 자녀들에게 주는 엄숙한 경고이기도 합니다.

우리는 심판대에서 하나님의 징벌을 받는 일이 심히 무서운 일임을 기억해야 합니다(히 10:31). 하나님의 크나큰 구원을 소홀히 하는 신자들은 구원을 등지는 배도자가 아니고 첫 단계의 구원에 머물면서 자라지 않는 세속적인 교인들입니다. 나는 구원을 소홀히 하지 않습니까? 그렇다면 그리스도의 심판대를 생각하고 돌이켜야 합니다.

셋째, 우리가 구원을 등한히 하는 또 다른 원인은 실망하기 때문입니다.

응답 없는 기도를 오래 해 본 신자라면 실망해 보았을 것입니다. 어려운 일이 있어서 주님께 매달렸는데 아무리 호소해도 응답이 없으면 처음에는 몰라도 나중에는 지치게 되고 그런 일이 반복되면 기도할 용기가 나지 않습니다. 주를 위해서 헌신적으로 섬기는데도 아무런 열매가 없고 어려운 일들이 겹치면 맥이 풀립니다. 하나님께서 왜 해결해 주시지 않는지 여러 가지 질문이 일어나고 섭섭해집니다. 히브리 교인들도 낙심하였기 때문에 격려가 필요했습니다.

> 자기에 대한 죄인들의 이러한 반항을 참아내신 분을 생각하십시오. 그리하면 여러분은 낙심하여 지치는 일이 없을 것입니다. … 내 아들아 주님의 징계를 가볍게 여기지 말고, 그에게 꾸지람을 들을 때에 낙심하지 말아라. (히 12:3, 5 새번역).

신약 성경의 다른 곳에도 낙심하지 말라는 권면이 많습니다.

> 예수께서 그들에게 항상 기도하고 낙심하지 말아야 할 것을 비유로 말씀하여 이르시되 (눅 18:1~8).
> 우리가 선을 행하되 낙심하지 말지니 포기하지 아니하면 때가 이르매 거두리라 (갈 6:9).

좌절과 낙심은 속히 극복하지 못하면 믿음 생활의 행보를 늦추게 하고 하나님을 원망하게 합니다. 이스라엘의 광야 세대는 가나안으로 들어가는 길이 평탄치 않았기 때문에 불평하고 원망하였습니다.

그들은 하나님을 끝까지 신뢰하지 않았습니다. 그 결과 그들은 가나안의 유업을 받지 못하였습니다. 그래서 히브리서는 부단한 믿음과 굳건한 인내로 유업을 상속받아야 한다고 말합니다(히 6:11~12).

구원을 등한히 여기는 근본적인 원인은 낮은 기독론에 있습니다. 예수님이 어떤 분으로서 십자가 구원을 이루셨는지를 확실하고 깊이 있게 안다면 구원을 가볍게 여기지 않을 것입니다. 또한 구원 이후에 하나님께서 주시려고 하는 유업의 상에 담긴 아버지 하나님의 사랑의 뜻을 잘 안다면 하나님을 기쁘게 해 드리려고 힘쓸 것입니다. '한 번 구원 영원하다'는 교리는 그 자체로 만족하면 동기부여가 되지 않습니다. 그래서 우리는 상의 동기부여를 받아야 합니다. 바울은 "푯대를 향하여 그리스도 예수 안에서 하나님이 위에서 부르신 부름의 상을 위하여 달려가노라"(빌 3:14)고 고백하였습니다.

또 한 가지 반드시 기억하고 살아야 하는 것은 우리 삶에 대한 엄숙한 평가가 선포되는 날이 올 것이라는 사실입니다. 우리는 모두 그리스도의 심판대 앞에 서게 될 것입니다. 그때 하나님의 크나큰 구원을 등한히 하며 살았는지 아닌지가 각자의 삶에서 낱낱이 들추어지고 평가될 것입니다. 주님의 '잘하였도다'라는 칭찬을 받기 위해 달린 신자들은 크게 기뻐할 것이지만 그렇지 않은 삶을 산 신자들은 크게 부끄러워할 것입니다. 이날의 엄숙함을 생각한다면 우리는 결코 구원을 등한히 여길 수 없습니다. 바울은 빌립보서에서 말합니다.

그는 근본 하나님의 본체시나 하나님과 동등됨을 취할 것으로 여기지 아니하시고 오히려 자기를 비워 종의 형체를 가지사 사람들과 같이 되

셨고 사람의 모양으로 나타나사 자기를 낮추시고 죽기까지 복종하셨으
니 곧 십자가에 죽으심이라.

이러므로 하나님이 그를 지극히 높여 모든 이름 위에 뛰어난 이름을 주
사 하늘에 있는 자들과 땅에 있는 자들과 땅 아래에 있는 자들로 모든 무
릎을 예수의 이름에 꿇게 하시고 모든 입으로 예수 그리스도를 주라 시
인하여 하나님 아버지께 영광을 돌리게 하셨느니라 (빌 2:6~11).

이러한 숭대한 기독론을 감동 깊게 선포한 후에 바울이 이어서 준
명령이 무엇이었습니까?

그러므로 나의 사랑하는 자들아 … 항상 복종하여 두렵고 떨림으로 너
희 구원을 이루라 (빌 2:12).

여기서 말하는 '너희 구원'은 주 예수를 처음 믿고 받는 구원이 아
닙니다. '구원을 이루라'는 말은 하나님의 흠 없는 자녀로서 사랑의 삶
을 살면서 세상에서 빛이 되는 성화의 삶을 가리킵니다(빌 2:15). 즉, 이
미 받은 구원을 그리스도의 기독론에 비추어 거룩한 삶으로 실생활에
서 구현하라는 것입니다(참조. 딛 2:14). 이것은 곧 구원의 이차적인 목표
인 유업의 상을 위해 달리는 것과 같은 맥락입니다. "두렵고 떨림으로
너희 구원을 이루라"고 하였습니다. 이것은 그리스도의 심판대를 상
기하게 합니다. 하나님께서는 우리에게 믿음으로 말미암는 영원한 구
원을 순전한 은혜의 선물로 주셨습니다. 그러나 우리는 모두 언젠가
그리스도의 심판대 앞에 서야 합니다. 그러므로 마지막 구원의 목표를
향해 낙심하지 말고 꾸준한 믿음과 오래 참음으로 달음질하라는 것이
바울의 권면이며 또한 히브리서 저자의 가르침입니다.

11.
사람이 무엇이기에
히브리서 2:5~10

　히브리서의 저자는 1장에서 드높은 그리스도의 신성이 지닌 절대적인 우위성을 피력하였습니다. 그리스도는 하나님의 마지막 말씀이며 하나님의 아들로서 만유의 상속자로 세우심을 받았습니다. 그는 하나님의 영광의 광채시며 그 본체의 형상이십니다. 이 말은 예수 그리스도의 신성에 대한 그림 언어입니다. 그는 온 우주를 창조하시고 보존하십니다. 그는 속죄 사역을 마치시고 지극히 높은 곳에 계신 하나님 우편에 앉으셨습니다(1:2~3). 그는 천사들보다 비교할 수 없이 월등하시고 천사들을 사역자로 부리시며 천사들이 그에게 경배합니다(1:6~7). 이러한 최상의 기독론은 압도적입니다.

　그래서 아무도 이처럼 초월적인 그리스도 앞으로 감히 나아갈 수 없을 듯합니다. 그리스도는 너무도 위대하시고 누구도 도전할 수 없는 거창한 스케일의 권위와 능력을 가지신 분이기에 우리 인간들의 문제는 그분의 관심사가 아닐 것이라는 생각이 듭니다. 다행히도 저자는 본 항목에서(2:5~18) 예수 그리스도의 인성이 지닌 특징을 두드러지게 부각시킵니다. 요점은 예수님이 연약한 우리를 깊이 이해하시고 동정하실 수 있는 인간이 되셨다는 것입니다. 그리스도는 사람이 되셨고 고난을 받으시면서 하나님을 끝까지 섬겨 승리하셨기에 시험받는 자들을 넉넉히 이해하시고 도우신다는 것입니다. 이렇게 하여 저자는 그리스도의 신성과 인성을 균형 있게 펼쳐 나갑니다. 그래서 우리는 그리스도의 무비(無比)의 기독론에 위압되지 않고 인성을 입으신 예수님이 우리의 연약함을 도우신다는 말씀으로 큰 격려를 받습니다.

히브리서는 유업에 대한 저자의 줄기찬 관심을 표명합니다.

> 하나님이 우리가 말하는 바 장차 올 세상을 천사들에게 복종하게 하심이 아니니라 (2:5).

여기서 "우리가 말하는 바"는 지금까지 말해 온 것과 앞으로 말하게 될 내용까지 포함한 히브리서 전체를 가리킵니다. 그러니까 히브리서의 내용은 한 마디로 "장차 올 세상"에 대한 것이라는 말입니다. 그런데 장차 올 세상은 단순히 천국이 도래한다는 말도 아니고, 천사들이 지배하는 세상이라는 뜻도 아닙니다. "장차 올 세상"은 유업(賞)과 관련된 세상입니다. 히브리서의 주제가 유업(賞)이기 때문에 "우리가 말하는 바"는 몸의 영화와 상급을 포함한 새 하늘과 새 땅에서의 복입니다. 새 하늘과 새 땅에서의 유업(賞)은 천사들이 관여하거나 그들이 누리기 위해서 주어지는 것이 아닙니다. 이것은 꾸준한 믿음과 순종으로 하나님을 위해서 산 충성된 성도들이 거두는 수확입니다. 이런 의미에서 장차 올 세상은 하나님의 약속을 따라 믿음을 지킨 성도들의 미래의 유업(賞)을 내포하고 있습니다.

저자는 1장 2절에서 하나님께서 예수님을 만유의 상속자로 세우셨다고 하였고, 예수님의 속죄 사역에 근거해서 하나님 우편 보좌에 앉으셨다고 진술했습니다. 그리고 1장 마지막 절에서 모든 천사들은 구원받을 상속자를 위해서 섬기는 자들이라고 언급했습니다. 또한 2:5절에서 천사들은 장차 올 세상을 상속받거나 다스릴 자들이 아님을 재언합니다. 저자의 의도는 예수님이 하나님의 아들로서 우주의 상속자가 되셨고 자신의 소명을 완전하게 이루고 천사들보다 더 빼어난 이름을 유업(상)으로 물려받으셨다는 것입니다. 그래서 우리도 주 예수께 속하여 그분이 가신 길을 따라 하나님을 순종할 때 새 하늘과 새 땅에서 유업(상)을 받는다는 말입니다.

그럼 저자가 '오는 세상'은 천사들의 몫이 아님을 구태여 재언하는 까닭은 무엇일까요? 1세기 유대인들은 천사들을 신령한 존재로 여겼기 때문에 그들 가운데서 함께 하나님을 찬양하기를 흠모했다고 합니다. 그들이 볼 때, 천사들은 인간들보다 훨씬 더 위대해 보였습니다. 그들은 죽지도 않고 능력이 크며 지력이 탁월하였습니다. 그들은 항상 거룩하신 하나님을 가까이 모시며 순복하기 때문에 미래의 영광의 나라는 천사들에게 더 합당하다고 여겼습니다. 당시 유대인들 사이에서는 천사들은 거의 신들에 가까운 신령한 존재라는 인식이 보편적이었습니다. 쿰란 공동체의 한 문서에 의하면 마지막 영광은 "원더풀한 거처에 있는 왕의 천사들"을 위한 것이라고 했습니다. 이러한 천사 우월 사상 때문에 예수님마저도 천사들보다 낮은 위치에 있다고 보았고 하나님의 백성도 천사 아래 있다고 생각했습니다. 히브리서의 저자는 이러한 잘못된 인식을 바로잡기 위해 장차 올 세상이 천사들의 지배를 받지 않고 구속 받은 하나님의 자녀들의 통제

속에 들어올 것이라고 밝혔습니다. 바울도 고린도 교인들이 너무 유치한 문제들로 서로 다투기 때문에 "우리가 천사들을 판단할 것"(고전 6:2)이라고 하면서 견책하였습니다.

인간은 잠시 동안 천사보다 낮은 위치에 있습니다.

사람이 무엇이기에 주께서 그를 생각하시며 인자가 무엇이기에 주께서 그를 돌보시나이까 그를 잠시 동안 천사보다 못하게 하시며, 영광과 존귀로 관을 씌우시며 만물을 그 발 아래에 복종하게 하셨느니라 (6~7절).

본문은 시편 8편의 인용입니다. 저자가 본 시편을 인용한 것은 "큰 구원"(2:3)이 가진 유업의 목표를 예수 그리스도의 영광에 초점을 맞추고 풀어나가기 위해서였습니다. 여기서 인용된 시편 8:4~6절은 하나님께서 인간을 창조하신 궁극적인 운명에 대한 플랜이 어떤 것인지를 진술합니다. 본 시는 '인자'라는 말을 사용했지만 직접적으로 예수님을 언급한 것은 아닙니다. 그러나 히브리서 저자가 가르치려는 것은 인류에 대한 하나님의 크나큰 계획이 예수 그리스도를 통해서 성취된다는 것입니다. 그래서 시편 8편에 나오는 인간에 대한 종국적인 운명이 예수님이 받으신 영광과 존귀의 관에서 피어남으로써 (2:9) 1장에서 서술된 기독론이 절정에 이릅니다.

예수님은 장차 올 세상으로 우리를 인도하시는 중입니다. 장차 올 세상은 천사들을 위해서 존재하는 것이 아니라 우리를 위해서 있습니다. 그런데 현재의 인간의 모습과 형편을 보면 장차 올 세상에서 받게 될 영광과 존귀와는 거리가 멉니다. 인간은 매우 탁월한 점이 있지만 결국은 죽습니다. 아무도 죽은 인간을 보고 영광스럽다거나 존귀하다고 말하지 않습니다. 타락의 결과로 인류의 삶은 구석구석까지 부패의 영향을 받았습니다. 인간은 고도의 문명을 발전시켰지만 그 안에는 갖가지 죄악들이 우글거립니다. 인간은 존귀한 존재가 아니고 추악한 본성을 가진 불의한 인격체입니다.

타락한 인간의 실체를 이해하려면 에덴 동산의 이벤트로 돌아가야 합니다. 하나님께서는 인간을 창조하시고 에덴 동산을 다스리게 하셨습니다. 그런데 이 다스림은 하나님의 통제와 지시에 따라 시행되어야 했습니다. 인간은 자기 마음대로 살아도 좋은 독립적인 존재가 아니라 창조주 하나님의 뜻에 따라 살면서 하나님으로부터 생명의 에너지를 공급받는 피조물이었습니다.

한편, 하나님께서는 인간에게 많은 자유를 허용하셨습니다. 아담과 하와는 에덴 동산의 각종 나무의 열매는 모두 먹고 싶은 대로 다 먹을 수 있었습니다(창 2:16). 그러나 선악과는 먹지 말라는 금령을 받았습니다. 왜 그랬을까요? 하나님의 테스트를 거쳐야 했기 때문입니다. 이것은 하나님께서 인간을 위해 가지신 궁극적인 목표와 관계된 것입니다. 그 목표는 인류에게 영광과 존귀의 관을 씌우는 것이었습니다. 우리는 아담과 하와가 낙원에 있었으니까 그 이상 더 무엇을 바라겠느냐고 말할지 모릅니다. 하나님이 보시기에 심히 좋은 세상에서 완전하게 지음을 받고 행복하게 사는데 더 이상의 축복은 없지 않겠느냐고 생각할지 모릅니다.

그러나 하나님의 마음에는 인간들을 위한 더 많은 축복이 쌓여 있었습니다. 하나님은 넘치도록 부어주시는 much more의 하나님이십니다(말 3:10). 예수님은 그의 양들이 생명을 얻고 더 풍성히 얻도록 하려고 선한 목자로 세상에 오셨습니다(요 10:10).

에덴 동산에서의 인간의 통치는 지구 전체와 온 우주로 확대될 것이었습니다. 인간은 하나님의 대리자로서 온 세상을 다스리며 돌보는 소명과 특권을 누릴 존재로 예정되었습니다. 이것은 무엇을 의미합니까? 인류에 대한 하나님의 궁극적인 뜻은 에덴의 축복을 넘어가는 유업이라는 것입니다. 에덴의 복을 넘어가는 것이 어떤 것인지 우리는 가히 상상하기조차 힘듭니다. 더 풍성하게 하고 더 넘치게 하는 것이 하나님의 후한 은혜입니다. 우리의 빈손을 은혜와 사랑으로 채우시고, 우리 영혼을 더욱 윤택하게 하시며, 받고 또 받아 넘치도록 누리게 하려는 것이 하나님의 선한 뜻입니다(엡 3:20). 그래서 바다가 물로 덮이듯이 온 세상이 하나님의 영광으로 가득하며 하나님을 깊이 아는 지식으로 충만하게 하려는 것이 하나님의 작정된 계획입니다(사 11:9; 합 2:14; 민 14:21).

그런데 에덴의 수준을 넘어가는 축복은 자동이 아닙니다. 에덴을 상회하는 축복은 조건부로 주어지는 유업(賞)입니다. 하나님께서 처음에 인간을 창조하셨을 때 완전하게 지으셨습니다. 그러나 아직 테스트를 거친 상태가 아니었습니다. 아담과 하와는 에덴 동산에서 마음대로 먹고 즐길 수 있었지만 하나님께서 원하시는 유업의 높고 풍성한 차원의 축복에는 이르지 않은 상태였습니다. 이 much more의 축복은 하나님께서 명하신 순종의 테스트에 합격해야만 향유할 수 있었기 때문입니다. 다시 말해서 아담과 하와가 순종의 테스트를 끝까지 잘 거친 후에 영광과 존귀의 면류관을 받도록 하는 것이 하나님의 계획이었습니다. 이러한 과정을 거쳐야 하는 인간의 상태는 천사들보다 못한 것이었습니다.

그런데 시편 8편의 본문을 보면 히브리서의 인용 본문처럼 인간을 '천사'가 아닌 "하나님보다 조금 못하게 하시고 영화와 존귀로 관을 씌우셨나이다"(시 8:5)라고 되어 있습니다. 그 까닭은 '하나님'(히. 엘로힘)이라는 히브리 단어는 '신들'이라는 의미도 있지만 '천상적 존재들'(the heavenly beings=NIV, ESV)이라는 뜻도 됩니다. 히브리서의 저자는 천사들에 대해서 말하고 있기 때문에 '하나님' 대신에 '천사'라는 의미를 택했을 것입니다(2:7).

하나님께서 의도하신 것은 인간의 존재를 천사들보다 높이는 것이었습니다. 이것은 영광과 존귀의 면류관을 상으로 받는 축복이었으며 이를 위해 순종의 테스트를 거치는 잠정적인 조치가 필요하였습니다. 하나님께서는 인간을 "잠시 동안"(2:7)만 천사들보다 낮추셨지만 불행하게도 인간은 타락하였고 영광과 존귀의 자리에 오르기보다는 수치와 죽음의 나락으로 내려갔습니다. 이렇게 하여 "잠시 동안"은 장구한 세월이 되었고, 인류는 아직도 원래 하나님께서 의도하셨던 영광과 존귀의 유업을 받지 못한 상태에 머물러 있습니다.

하나님은 인류에게 책임과 누림의 영역을 주셨습니다.

지구는 '에덴 동산'이라 부르는 한정된 땅으로 시작되는데 인간의 돌봄 아래 있었습니다(창 1:28). 하나님께서는 아담에게 에덴 동산을 "경작하고 지키게"(창 2:15) 하는 책임을 주셨습니다. 이것은 쉽고 즐거운 일이었습니다. 에덴 동산을 맡은 것은 인간에게 낙원의 복지를 누리는 특권을 부여하였습니다. 땅이 저주를 받고 삶이 수고롭게 된 것은 실락원의 특징이었지(창 3:17) 원래는 없던 것이었습니다. 하나님의 본래 의도는 인류가 지구를 전적으로 다스리면서 하나님을 대신

하여 주인 노릇을 하는 것이었습니다. 하나님을 제외하고는 누구도 인간을 통치할 수 없고 오히려 인간이 온 세상의 동식물을 지배하고 관리하게 하는 것이 하나님의 본 의도였습니다.

우리는 인류에 대한 하나님의 원래의 계획과 뜻을 알 때에 인간의 가치와 가능성을 올바르게 가늠할 수 있습니다. 인간의 진가는 자신에게 있지 않습니다. 자신이 잘나서가 아니고 위대하신 하나님이 인간에게 각별한 뜻을 가지고 계시기 때문에 인간은 귀한 존재입니다. 인간은 하나님의 형상으로 지음을 받은 유일한 피조물입니다. 원래 인간은 하나님과 가장 가까운 존재로서 하나님을 대표하여 세상 만물을 돌보는 최상의 특권과 책임을 맡았습니다. 우리는 이 놀라운 하나님의 선한 뜻을 각자 자신에게 적용해야 합니다. 하나님께서는 내 삶에 대한 계획을 가지고 계십니다. 우리 각자에게 맡기시는 청지기 직이 무엇인지를 알고 이 세상에서 하나님의 원래의 의도가 살아나는 선한 일을 하면서 살아야 합니다. 그렇게 할 때 그리스도가 주시는 생명이 우리 삶에서 더욱 풍성해지고 주님의 영광의 빛이 희미하게나마 드러나기 시작하여 점점 더 밝은 빛으로 들어가게 될 것입니다. 이것이 영생의 삶입니다. 그리스도의 영광과 존귀는 사후에 가서 완연히 드러날지라도 현 세상에서부터 체험할 수 있어야 합니다.

> 우리는 그가 만드신 바라 그리스도 예수 안에서 선한 일을 위하여 지으심을 받은 자니 이 일은 하나님이 전에 예비하사 우리로 그 가운데서 행하게 하려 하심이니라 (엡 2:10).

하나님께서 인간에게 이처럼 고귀한 특권을 누리게 하시는 것은 너무도 감격스런 일입니다. 다윗은 시편 8편에서 이렇게 감탄하였습니다.

주의 손가락으로 만드신 주의 하늘과 주께서 베풀어 두신 달과 별들을
내가 보오니 사람이 무엇이기에 주께서 그를 생각하시며 인자가 무엇이
기에 주께서 그를 돌보시나이까 (시 8:3~4).

다윗이 이 시를 읊었을 때에는 큰 침체에 빠져 있었습니다. 그는
압살롬의 반역으로 광야로 대피하였지만 "원수들과 보복자들"(시 8:2)
의 추적을 당하고 있었습니다. 그는 이러한 위기 속에서 늦은 밤과
이른 새벽에 하나님께 간절한 기도를 올렸습니다(시 3:5; 4:4, 8; 6:3, 6;
8:3). 본 시는 한밤중에 하늘의 뭇별들을 바라보며 묵상한 것을 읊은
것입니다. 그는 하늘의 무한한 공간과 별들을 응시하면서 인간은 얼
마나 작은 존재인지를 절감하였습니다. 그럼에도 하나님께서는 작은
인간을 택하시고 온 세상을 다스리는 책임과 특권을 부여하셨습니
다.

궁지에 빠졌던 다윗이 황량한 광야에서 하늘을 덮은 주의 영광을
보았을 때(시 8:1) 자신의 곤고한 처지를 다 잊고 "여호와 우리 주여 주
의 이름이 온 땅에 어찌 그리 아름다운지요"(시 8:1, 9)라고 외쳤습니
다. 우리가 당한 여러 어려움에서 헤어나는 길은 자신에게서 시선을
돌려 창조주 하나님의 위대한 세계를 응시하는 것입니다.

하늘과 땅은 언제나 볼 수 있습니다. 하나님께서 땅을 만드시고
하늘을 지으셨습니다. 땅을 지어 인간에게 복을 내리시고 하늘을 만
들어 우리의 가슴에 감동이 일게 하십니다. 광활한 우주를 창조하신
하나님께서 작고 유약한 인간들에게 세상의 통치권을 대행하게 하셨
다고 생각해 보십시오.

히브리서의 저자가 시편 8편을 인용한 것은 일차적으로 인류를 위한 하나님의 계획이 더 많고, 더 크고, 더 넘치는 much more의 구원이라는 것을 드러내기 위함이었습니다. 그러나 동시에 이러한 하나님의 배려가 짙고 깊은 하나님의 무한한 사랑에서 나온 것이라는 사실도 암시합니다. 구원의 최종 단계에서는 유업(상)을 받는 것이 하일라잇입니다. 그런데 유업은 무조건적인 것이 아닙니다. 하나님을 순종하는 불굴의 믿음과 인내가 필요합니다. 하나님은 누구에게도 빚진 것이 없습니다. 하나님은 우리의 선행을 갚아 주신다고 하셨지만 그렇게 하셔야 하는 의무나 책임이 없습니다. 구속받은 주의 백성은 모두 주의 종들입니다. 종이 주인에게 충성하는 것이 자신의 마땅한 본분입니다.

> 명한 대로 하였다고 종에게 감사하겠느냐 이와 같이 너희도 명령 받은 것을 다 행한 후에 이르기를 우리는 무익한 종이라 우리가 하여야 할 일을 한 것뿐이라 할지니라 (눅 17:9~10).

그런데도 하나님께서는 종을 자녀로 대하시고 청지기의 일을 맡기시며 착하고 충성스러운 종들에게 상을 주십니다. 온 우주를 창조하신 하나님께서 속절없는 인간들에게 자비와 사랑을 베푸시고 그들의 작은 선행까지 보답해 주신다는 것은 하나님의 기이한 사랑입니다. 하나님은 아름다운 세계를 지으셨지만 인간들은 타락하였고 세상을 날로 흉칙한 곳으로 만들고 있습니다. 그러나 하나님께서는 이 죄악의 세상을 회복시키고 십자가로 구속한 자기 백성으로 하여금 하나님의 원래의 계획대로 영광과 존귀의 자리를 차지하게 하실 것입니다. 놀랍게도 하나님께서는 "어린 아이들과 젖먹이들"(시 8:2)을 택하여 새 창조의 경이를 드러내시고 그들로 하여금 세상 통치의 대리자들이 되게 하십니다(고전 1:26~29). 예수님은 시편 8편을 인용하여 무시받는 어린이들까지도 주님을 찬양하는 일에 쓰임을 받는다고 하셨습니다(마 21:15~16). 우리는 어린아이들처럼 연약하고 무시를 받을지 모릅니다. 그러나 하나님의 약속을 믿고 주님을 끝까지 의지하면 타락한 세상에서 하나님의 돌보심과 친밀하신 임재를 체험하게 됩니다. 그리고 나같이 연약한 사람에게 온 우주를 주와 함께 다스리는 권세와 영광을 누리게 하실 것이기에 깊은 감사와 경외의 고개를 숙이며 주를 찬양하지 않을 수 없습니다.

인간을 위한 궁극적인 영광과 존귀는 예수 그리스도를 통해서만 성취될 수 있습니다.

히브리서 저자는 2:6~7절에서 인류의 현재와 미래에 대한 하나님의 장기적인 계획을 시편 8:4~5절의 인용으로 제시합니다. 하나님은 인간을 '잠시 동안'만 천사들보다 낮게 두셨지만 나중에는 인류가 천사들보다 높아지도록 계획하셨습니다. 이 놀라운 계획은 인간이 하나님을 순종하고 하나님의 형상을 닮는 거룩한 삶으로 성취될 것이었습니다. 만약 아담과 하와가 하나님의 선한 뜻을 받들었다면 그들은 천사들보다 높은 위치로 올라가서 영광과 존귀의 왕관을 쓰게 되었을 것입니다. 유감스럽게도 인류는 에덴 동산에서 타락하였고 자신의 운명에 치명적인 손상을 입혔습니다. 그들은 세상을 다스리는 영예로운 특권을 누리기 전에 먼저 자신들을 다스릴 줄 알았어야 했습니다. 아담은 하나님을 정면으로 거역하는 죄를 범함으로써 인류에 대한 하나님의 선한 계획을 망가트렸습니다. 아담 이후로 인간들은 시편 8편에 나오는 영광과 존귀의 관을 쓰는 일을 성취하지 못한 채 죽음의 세상에서 스러져갑니다.

> 만물로 그에게 복종하게 하셨은즉 복종하지 않은 것이 하나도 없어야
> 하겠으나 지금 우리가 만물이 아직 그에게 복종하고 있는 것을 보지 못
> 하고 (2:8).

아담의 후손들은 지금까지 세상을 다스리는 왕권을 제대로 행사하지 못하고 있습니다. 세상은 부패와 불의로 가득하지만 인간 스스로가 심히 타락했기 때문에 절대로 바로잡을 수 없습니다. 만물은 인간의 지혜로운 통제 아래에서 질서와 번영을 누리는 대신에 "가시덤불과 엉겅퀴"(창 3:18)를 냅니다. 첨단 과학을 발전시켜 우주를 정복하겠다고 위성들을 쏘아 올리지만 세상은 쓰레기장으로 변하고 있습니다. 인간들은 탐욕과 착취에 혈안이 되고 전쟁과 자연 파괴를 일삼습니다. 인간의 삶은 피곤하고 허무하며 평생을 수고하다가 질병과 사고로 일생을 마칩니다. 상대적으로 여유 있게 산다고 해도 무익하기는 마찬가지입니다. 더러 선을 행하는 자들이 있을지라도 아담의 후손으로서 하나님께서 원래 의도하셨던 영광과 존귀의 관을 쓴 자는 아직 보이지 않습니다. 인간은 하나님의 이상적인 수준에서 너무도 멀리 떨어져 삽니다. 어떤 인간도 스스로의 힘으로 하나님께서 의도하신 영광과 존귀의 수준에 이를 수 없습니다.

그럼 무슨 소망이 있습니까? 인류는 계속 실패와 죄악이 연속되는 비참한 삶을 살다가 흙으로 돌아가는 것일까요? 인간이 흙으로 돌아가는 것은 하나님의 심판입니다(창 3:19). "한 번 죽는 것은 사람에게 정해진 것이요 그 후에는 심판이 있으리라"(히 9:27)고 했습니다.

하나님의 진노의 심판과 형벌이 모든 악인들이 맛보게 될 사후의 몫입니다. 그러나 하나님께서는 아무도 멸망되기를 원치 않으십니다.

> 주 여호와의 말씀이니라 내가 어찌 악인이 죽는 것을 조금인들 기뻐하
> 랴 그가 돌이켜 그 길에서 떠나 사는 것을 어찌 기뻐하지 아니하겠느냐
> (겔 18:23).

하나님은 악인이 심판을 받고 영영 죽는 것을 원치 않으십니다. 그래서 그들에게 살 길을 열어 주시고 적극적으로 구원의 손길을 뻗히십니다. 생명의 길은 곧 예수 그리스도입니다. 예수님은 이 세상에 인간으로 오셨습니다. 첫째 아담은 하나님을 배신하고 인류의 영광스런 미래에 먹칠을 하였습니다. 죽음이 드리운 암울한 인류의 운명을 아담은 바꿀 수 없었습니다. 그의 후손들도 하나님께서 주시려고 계획하셨던 영광과 존귀의 관을 쓸 수 있는 능력이나 자격을 모두 상실하였습니다. 인류는 하나 같이 타락한 존재이기 때문입니다. 그런데 감사하게도 하나님께서는 마지막 아담인 예수님을 인류의 새 머리로 삼으시고 세상에 보내셨습니다. 하나님은 예수님에게 영광과 존귀의 관을 씌우셨습니다. 물론 예수님은 하나님을 전적으로 순종하셨기 때문에 영광과 존귀의 관을 받으심이 합당합니다. 그런데 예수님이 쓰신 영광의 면류관은 자신을 위한 것이 아니었습니다. 예수님은 성육신 이전에 이미 왕관을 쓰신 삼위 하나님의 한 분이십니다. 그러나 그가 인간 예수로 세상에 오셔서 받으신 왕관은 인류를 대표하는 대속적 죽음을 통해 받은 것입니다(히 2:9). 즉, 인류의 타락으로 받을 수 없었던 영광과 존귀의 관을 하나님께서 주 예수를 통해 받을 수 있는 길을 여신 것입니다.

예수께서 다만 잠시 동안 천사들보다 낮아지셔서, 죽음의 고난을 당하심으로써, 영광과 존귀의 면류관을 받아쓰신 것을, 우리가 봅니다. 그는 하나님의 은혜로 모든 사람을 위하여 죽음을 맛보셔야 했습니다. (히 2:9, 새번역).

두 가지 질문을 던질 수 있습니다. 첫째는 예수께서 어떻게 영광과 존귀의 관을 받아쓰셨느냐는 것입니다. 그다음은 예수님의 이러한 영광과 존귀가 우리에게 무슨 의미가 있느냐는 것입니다.

첫째, 예수님은 하나님을 전적으로 순종하며 자신의 소명을 달성함으로써 인류의 운명을 성취하셨습니다. 예수님은 하나님과 동등한 신성을 가지셨지만 아버지의 뜻에 따라 자신을 낮추고 인간이 되셨으며 십자가에서 죽기까지 복종하셨습니다(빌 2:6~8).

이러므로 하나님이 그를 지극히 높여 모든 이름 위에 뛰어난 이름을 주사 하늘에 있는 자들과 땅에 있는 자들과 땅 아래에 있는 자들로 모든 무릎을 예수의 이름에 꿇게 하시고 모든 입으로 예수 그리스도를 주라 시인하여 하나님 아버지께 영광을 돌리게 하셨느니라 (빌 2:9~11).

"이러므로"(빌 2:9)를 주목하십시오. 예수님이 최고의 이름을 받으시고 천지의 통치자와 주권자로서 하나님 우편에 앉으신 것은 그의 "이러므로"의 내용에 나오는 낮아지심과 죽음의 순종이 있었기 때문이었습니다. 이것은 예수님이 받으신 보상이었습니다.

총독의 병사들이 예수를 총독 관저로 끌고 들어가서 온 부대를 다 그의

앞에 불러모았다. 그리고 예수의 옷을 벗기고, 주홍색 걸침 옷을 걸치게
한 다음에, 가시로 면류관을 엮어 그의 머리에 씌우고, 그의 오른손에 갈
대를 들게 하였다. 그리고 그분 앞에 무릎을 꿇고, '유대인의 왕 만세!' 하
고 말하면서 그를 희롱하였다. (마 27:27~29, 새번역).

로마의 병사들은 이러한 행위를 하나의 게임으로 여겼습니다. 그
러나 그들은 하나님의 섭리에 의해 예수님이 십자가 사건으로 영광
과 존귀의 관을 쓰실 것과 만인이 그분 앞에 무릎을 꿇고 그의 주되
심을 고백할 것을 정확하게 예고한 셈이었습니다. 이것은 그들이 무
의식 중에 예수님의 천상 대관식을 미리 내다본 역설적 예행연습이
었습니다.

이러한 수치와 고난을 겪으시고 아버지의 구원의 뜻을 따라 십자
가 죽음을 당하셨기에 "이러므로"(빌 2:9) 그를 하나님께서 지극히 높
이셨습니다. 예수님의 낮아지심은 "잠시 동안"(빌 2:7)이었고 그의 높
아지심은 영원한 것이었습니다. 이렇게 하여 예수님은 원래 인류를
위한 아버지의 계획을 성취시켰습니다.

인간들은 아담 때로부터 범죄하고 하나님께서 의도하신 영광과
존귀로 향하는 길에서 탈선하였습니다. 그러나 예수님은 둘째 아담
으로 세상에 오셔서, 첫째 아담이 불순종으로 받지 못했던 유업의 상
인 영광과 존귀의 면류관을 온전한 순종과 희생의 삶으로 받아쓰셨
습니다(히 1:4; 빌 2:6~11).

둘째, 영광과 존귀의 면류관을 쓰신 예수님을 보면 예수님이 하나
님께서 계획하신 우리의 유업을 성취하셨음을 알 수 있습니다.

예수께서 다만 잠시 동안 천사들보다 낮아지셔서, 죽음의 고난을 당하심으로써, 영광과 존귀의 면류관을 받아쓰신 것을, 우리가 봅니다. (2:9, 새번역).

8절과 9절은 대조적입니다. 8절에서는 만물이 인간에게 복종하지 않는 것을 우리가 본다고 하였고, 9절에서는 예수님이 만물을 복종시키고 영광과 존귀의 면류관을 쓰신 것을 우리가 본다고 했습니다. 이렇게 양편을 대조시킨 까닭은 인류에 대한 하나님의 궁극적인 목표가 예수님에 의해서 성취되었다는 사실을 지적하려는 것입니다. 8절은 인류의 운명이 여전히 절망적인 상태에 빠져 있습니다. 그러나 9절에서는 인류를 대표하는 예수님이 우리의 운명을 하나님의 계획대로 성취하는 유업의 개척자입니다.

이 사실이 무엇을 시사합니까? 우리가 믿음으로 예수님과 연결되면 하나님께서 예수님을 통해 우리에게 영광과 존귀의 면류관을 씌우신다는 뜻입니다. 다시 말해서 인류를 위한 하나님의 오리지널 플랜은 예수님 안에서 성취된다는 것입니다. 결국 시편 8편에 나오는 영광과 존귀의 관은 예수 그리스도 안에서 인류에게 씌워진다는 결론입니다. 이것은 얼마나 경이로운 소식입니까! 인류는 예수님이 아니면 영광과 존귀의 관을 쓰지 못하고 썩어짐과 죽음의 운명에서 벗어날 수 없습니다. 그러나 예수님이 우리 대신 온갖 수치와 멸시를 당하시고 가시 면류관을 쓰셨기 때문에 우리에게 영광과 존귀의 면류관이 돌아오게 된 것입니다.

예수님은 두 종류의 면류관을 쓰셨습니다. 하나는 십자가 위에서 쓰신 가시 면류관입니다. 이것은 예수님이 우리를 위해 대신 쓰셨습니다. 다른 하나는 하나님 우편 보좌에서 쓰신 존귀와 영광의 면류관입니다. 이것은 예수님이 우리를 위해 받으신 유업의 면류관입니다.

그런데 이것은 모든 인류가 자동적으로 천사보다 높여진다는 뜻은 아닙니다. 히브리서의 중심 주제가 오는 세상에서의 유업이라는 점을 기억하십시오. 유업의 상급은 자동적이거나 당연한 것이 아닙니다. 예수님은 불절의 믿음과 희생으로 자신을 하나님께 복종시켰습니다. 그는 인류가 잃은 것을 되찾으시고 인류가 실패한 것을 성공시키심으로써 하나님 우편 보좌에까지 높여지셨습니다. 예수님은 우리의 대리자이실 뿐만 아니라 모범이시며 앞서 가시면서 길을 여신 개척자이십니다. 그러므로 예수님과 자신을 일치시키고 그가 가신 정로를 택할 때에만 "그러므로"에 따르는 영광과 존귀의 상을 받습니다.

하나님께서는 많은 아들들을 이끌어 영광에 들어가게 하시는 일 (2:10)을 위해 예수님으로 하여금 고난의 십자가를 거치게 하셨습니다. 그러므로 우리도 예수님이 가신 길을 따라서 살아야만 영광과 존귀에 도달하고 주님과 함께 온 세상을 다스리는 왕권적 권세를 회복하여 하나님께 영광을 돌릴 수 있습니다. 주님은 오늘도 우리에게 존귀와 영광의 길을 따르라고 독려하십니다.

그런데 예수님을 따라 산다는 것은 말이 쉽지 실제는 어렵기 그지없습니다. 날마다 주를 위해 살리라고 결심하여도 하루가 끝나면 자신에 대해 실망하기 일쑤입니다. 우리는 너무도 자주 여러 죄를 반복하며 예수님의 형상과 다른 모습으로 삽니다. 내 속에서 나오는 것들은 선하고 아름다운 것들보다는 악하고 추한 것들이 더 많습니다. 물론 이런 수준에서 많이 벗어난 분들도 계실 것입니다. 그러나 대부분은 바리새인적인 자기 의로 살거나 아니면 그리스도 안에서 진보가 매우 더딘 삶을 산다고 해도 과언이 아닐 것입니다. 그럼 어떻게 해야 합니까? 유업의 상은 게으르고 불신실한 청지기에게서는 기대할 수 없습니다(히 6:11~12; 마 25:24~30).

> 하나님이 주신 재능을 지혜롭고 생산적으로 사용하는 것은 제자됨의 중요한 측면이다. 이것은 하나님을 신실하고 열매가 많이 달리도록 섬길 수 있는 추가적인 기회들을 상으로 받게 할 것이다. (ESV Study Bible Notes, Matt. 25:29).

유업의 길은 「구원(Salvation) + 상(Reward)」의 길입니다. 첫 구원을 받은 것으로 그치는 것이 아닙니다. 유업의 길은 구원 이후로 이어지는 소명의 성취와 하나님을 기쁘게 해 드리는 거룩한 삶으로 연속되는 길입니다. 구원만 달랑 받고 끝나는 것이라면 유업(상)에 대한 가르침이 필요하지 않았을 것입니다. 첫 구원은 주 예수에 대한 단순한 믿음으로 받습니다. 그러나 유업은 자신을 하나님의 뜻에 복종시키며 꾸준히 달려야 하는 인내와 희생을 요구합니다. 그래서 어렵습니다. 하지만 하나님께서는 우리의 이러한 연약함을 동정하십니다. 우리에게는 십자가에서 빛나는 하나님의 사랑과 주 예수의 부활 능력과 우리가 천사들보다 높여지는 영광에 대한 동기부여가 있습니다. 그뿐만 아니라 하나님께서 많은 자녀를 영광으로 데리고 가시기 위해 예수님을 먼저 우리 앞에 달리게 하셨습니다.

예수님은 먼저 가 보신 길이기 때문에 우리를 잘 인도하실 수 있습니다. 선한 목자는 양 떼를 앞에서 인도합니다. 음침한 사망의 골짜기는 정상에 이르는 통로입니다. 그곳은 머무는 곳이 아니고 통과하는 곳입니다. 그러기에 두려워하지 말아야 합니다(시 23:4). 이러한 격려가 있기에 우리는 하나님을 믿고 비록 실패가 많아도 "피곤한 손과 연약한 무릎을 일으켜 세우고"(히 12:12) 다시 달릴 수 있습니다. 우리는 자신의 힘으로는 감당할 수 없어도 바울이 고백했듯이 하나님께서 주시는 격려로 선한 싸움을 싸우고 달려갈 길을 마치면 의의 면류관을 받게 될 것입니다(딤후 4:7~8).

예수님은 먼저 영광과 존귀의 목표에 닿으셨습니다. 또 수많은 성도가 얽매는 죄와 싸우면서 달음질하여 유업의 상을 받았습니다. 그들이 우리를 향해 포기하지 말고 계속 달리라고 응원합니다. 히브리서는 유업의 길이 쉽다고 말하지 않습니다. 그러나 우리가 영광과 존귀의 문으로 들어갈 수 있도록 하나님께서 동행하시며 능력을 주신다고 약속하셨습니다.

> 이러므로 우리에게 구름 같이 둘러싼 허다한 증인들이 있으니 모든 무거운 것과 얽매이기 쉬운 죄를 벗어 버리고 인내로써 우리 앞에 당한 경주를 하며 믿음의 주요 또 온전하게 하시는 이인 예수를 바라보자 그는 그 앞에 있는 기쁨을 위하여 십자가를 참으사 부끄러움을 개의치 아니하시더니 하나님 보좌 우편에 앉으셨느니라 (히 12:1~2).

우리는 히브리서의 저자가 인용한 시편 8편이 다윗이 깊은 좌절과 수치와 원수들과의 극한적인 대치 속에서 쓰여졌다는 사실을 유념해야 합니다. 그는 주의 이름이 온 땅에 어찌 그리 아름다운지 모른다고 감탄하는 말로 시작하고 다시 같은 감탄으로 마칩니다(시 8:1, 9). 자신의 생명과 왕관이 풍전등화의 위기를 맞았음에도 이렇게 하나님을 찬양할 수 있었던 것은 인류에 대한 하나님의 선하고 경이로운 큰 뜻을 깨달았기 때문이었습니다. 우리도 악한 무리로 쫓기고 자신의 연약함으로 침체하였을 때 영광과 존귀의 길로 인도하시는 주님을 신뢰하면 새 힘을 얻게 될 것입니다. 인간으로 오셔서 갖은 시험을 당하시고 고난을 겪으셨던 예수님은 시련에 빠진 우리를 넉넉히 도우실 수 있습니다(히 2:18). 예수님은 고난으로 '온전하게'(2:10) 되셨습니다. 온전하게 되신 것은 우리가 하늘의 영예를 받도록 인도하시는 일에서 완전한 능력과 자격을 갖추었다는 뜻입니다.

많은 아들들을 이끌어 영광에 들어가게 하시는 일(2:10)은 문맥상 상을 가리킵니다. 예수님은 순종으로 영광의 관을 쓰셨습니다. 십자가 후에 면류관이 오는 것은 하나님께서 정하신 상급의 원리입니다. 우리도 같은 방식으로 우리의 면류관을 받게 됩니다. 예수님은 가장 동정적이고 완전한 자격을 갖춘 구주로서 자신이 이미 개척한 유업의 길을 따라 자기 백성을 데리고 가십니다. 예수님은 이제 하나님 우편 보좌에서 만물을 다스리는 유업을 받으셨으므로 자기 백성이 그들의 유업을 받도록 도우실 수 있습니다. 이것이 예수님의 두 번째 단계의 사역입니다. 하나님의 계획은 그의 자녀들을 불러 세상을 다스리게 하고 영광과 존귀의 관을 씌우는 것입니다. 이것은 천국에 들어가는 구원이 아니고 이미 받은 구원의 출발점에서부터 하나님을 섬기는 것에 대한 보상입니다. 영광과 존귀는 단순히 천국이 아니고 하늘에 쌓이는 보물입니다.

하나님께서는 자신의 아들을 구속주로서 세상에 보내셨을 뿐만 아니라 구원받은 백성을 하늘의 영광과 존귀의 자리로 인도하기 위해서도 예수님을 보내셨습니다. 그래서 우리가 예수님을 계속 신뢰하고 그분이 가신 루트를 신실하게 따를 때 하늘 보상에 이르도록 하십니다. 세상에는 우리가 하나님의 구원의 목적인 유업의 영광에 이르지 못하도록 방해하는 것들이 많습니다. 그러나 주님은 우리의 연약함을 동정하시고 믿음의 길에 놓인 장애물들을 극복하도록 도와주십니다. 예수님의 이 두 번째 단계의 사역은 만왕의 왕으로서 하나님 우편 보좌에 앉으신 주님이 주관하십니다.

바울은 자기를 위해 의의 면류관이 예비되었다고 했습니다(딤후 4:7~8). 우리도 바울처럼 고백할 수 있다면 의의 면류관을 받을 것입니다. 그런데 나는 면류관에 관심이 없다고 말할지 모릅니다. 사후에 천국만 들어가면 만족한다고 여길 수 있습니다. 바울처럼 면류관 받기 위해 고생하기보다 적당히 믿고 살면 안 될까요? 천국에 들어가는 것도 감지덕지한데 무슨 상을 바라겠느냐고 반문할 수 있습니다. 상을 바라지 않는 것이 더 경건하고 비이기적인 신앙생활이 아닐까요?

그런데 하나님께서는 우리가 상을 받기를 원하십니다. 주님이 주기를 원하시는 것을 감사한 마음으로 힘써 받으려고 하는 것이 진정한 경건입니다. 상을 받는 것은 주님을 기쁘게 해 드리는 일이기 때문입니다. 주님으로부터 착하고 충성스러운 종이라는 칭찬을 받으려면 청지기의 소명에 신실해야 합니다. 그런 종을 하나님은 기뻐하시고 보상하십니다. 그래서 주님은 하늘에 보물을 쌓아 두라고 하셨고 주님 자신이 "그 앞에 있는 기쁨을 위하여"(히 12:2) 사셨습니다. 그 앞에 있는 기쁨은 상의 기쁨입니다. 주님이 받으신 상은 하나님 우편 보좌였습니다.

바울은 빌립보 성도들이 그의 기쁨이며 면류관이라고 했습니다(빌 4:1). 이처럼 예수님도 그의 신실한 자녀들을 '나의 기쁨이며 나의 면류관'이라고 하십니다. 자녀가 학교에서 상을 받으면 누가 제일 기뻐 합니까? 부모입니다. 우리가 착하고 충성된 종이라는 칭찬을 받으면 성삼위 하나님이 제일 기뻐하십니다. 왜 면류관을 위해 바울처럼 선한 싸움을 싸우고 달려갈 길을 마치고 믿음을 지켜야 합니까? 나 자신의 영예를 위한 것입니까? 상의 동기는 나의 영예가 아니고 주님의 기쁨을 위한 것입니다. 주님이 우리로 인해 보람을 느끼시고 자랑스럽게 여기시기 위한 것입니다. 그렇다면 상을 바라고 달리는 삶은 이기적인 영예나 상거래가 아닙니다. 이것은 주 예수의 기쁨과 영광을 위한 것이기에 신자라면 누구나 추구해야 할 일입니다.

12.

우리와 같이 되신 분
히브리서 2:10~18

> 그러므로 만물이 그를 위하고 또한 그로 말미암은 이가 많은 아들들을
> 이끌어 영광에 들어가게 하시는 일에 그들의 구원의 창시자를 고난을
> 통하여 온전하게 하심이 합당하도다 (히 2:10).

본문은 히브리서의 주제인 유업(상)과 관련해서 이해하는 것이 좋습니다. 얼핏 들으면 하나님이 창조의 목적과 원인임을 지적하는 말처럼 들립니다. 물론 하나님은 창조의 근본이시지만 본문의 주안점은 그리스도를 통한 인류의 새 창조 계획이 하나님을 위한 것이며 하나님에게서 나왔다는 것입니다.

예수님은 대속주로 세상에 오셨습니다.

성육신의 최대 목적은 예수님이 대속주가 되시는 것이었습니다. 그 방법은 예수님이 선한 목자가 되어 자신의 목숨을 바치는 것입니다(요 10:11).

그는 하나님의 은혜로 모든 사람을 위하여 죽음을 맛보셔야 했습니다.

(히 2:9, 새번역)

죄에 대한 형벌은 죽음입니다(창 2:17; 롬 5:12; 6:23). 예수님은 인류를 대표하여 죽음의 형벌을 받으시고 죄인들은 살게 하려고 세상에 오셨습니다(고후 5:21). 이것이 하나님께서 죄인들을 구원하는 방법이 었습니다. 우리 죄를 용서하기 위해 하나님의 아들을 세상에 보내시고 극심한 고난과 처참한 죽음을 당하게 하셨다면 인류에 대한 하나님의 사랑은 절대적인 사랑입니다. 그래서 다윗은 "사람이 무엇이기에 주께서 그를 생각하시며 인자가 무엇이기에 주께서 그를 돌보시나이까"(시 8:4)라고 감탄하였습니다.

예수님은 백성의 죄를 속량하기 위해 오셨습니다(2:17). '속량'은 두 가지 의미가 있습니다. 죄를 없애버린다는 속죄제물의 뜻도 있고 하나님의 진노를 거두는 화목제물이라는 뜻도 있습니다(롬 3:25). 예수님은 십자가에서 우리 대신 형벌을 받으심으로써 우리의 죄가 없어지게 하셨고, 죄에 대한 하나님의 진노가 우리 위에 머물지 않게 하셨습니다(롬 1:18). 우리는 이제 죄의 용서를 받고 하나님과 화해되었으므로 죄인에게 내리는 하나님의 진노 대신에 하나님의 사랑을 받는 주의 백성이 되었습니다.

예수님은 상실된 인류의 영광과 존귀의 회복을 위해 오셨습니다.

하나님께서는 아담과 하와를 그의 형상대로 창조하시고 하나님을 대리하여 온 우주를 다스리도록 계획하셨습니다. 그런데 그들이 하나님을 전적으로 신뢰하고 순종할 때에 영광과 존귀의 관을 쓰게 될 것이었습니다. 이것은 하나님께서 그들에게 순종의 상으로 주는 많은 복을 가리킵니다. 불행하게도 아담과 하와는 하나님 대신에 사탄의 말에 순종하였습니다. 그 결과가 무엇이었습니까? 낙원에서 쫓겨났습니다. 그들은 영광과 존귀의 상을 받지 못하고 생명 대신에 죽음의 선고를 받았습니다. 그런데 인류의 운명은 여기서 끝나지 않았습니다. 하나님께서는 다른 어떤 피조물보다도 인간을 더 사랑하십니다. 하나님의 형상대로 지음을 받은 피조물은 오직 인간뿐입니다.

하나님은 불순종으로 타락한 인류를 포기하지 아니하시고 자기 아들을 보내어 원래 의도하셨던 영광과 존귀를 받아 누리도록 계획하셨습니다. 그래서 많은 아들들을 이끌어 영광에 들어가게 하시는 일(10절)을 위해 그리스도가 고난을 당하신 것이 합당하다고 하였습니다. 영광에 들어가는 것은 단순히 천국에 들어가는 것이 아니고 십자가로 구속된 성도들이 예수님을 따라 순종의 삶을 살 때 받는 유업의 상을 가리킵니다. 예수님은 고난과 거룩한 삶을 통해 하나님 우편에 앉는 영광과 존귀의 관을 쓰셨습니다. 하나님께서 원래 인간들에게 주기를 원하셨던 창조의 궁극적인 목표가 예수님을 통해 달성된 것입니다. 그래서 예수님은 그를 대속주로 믿고 따르는 성도들을 영광과 존귀의 길로 인도하실 수 있습니다. 이런 의미에서 예수님은 구원의 개척자며 창시자이십니다.

구원은 단순히 천국 가는 것이 아닙니다. 하나님의 구원은 매우 크고 깊어서 그 은혜의 복을 다 짚어볼 수 없습니다. 성경은 구원의 여러 측면들을 이모저모로 설명합니다. 그 중의 하나가 죄의 용서를 받고 하나님의 의로운 자녀로 입양되는 것입니다. 그다음 하나님의 자녀의 신분을 얻은 후에 하늘에 쌓이는 영광과 존귀를 누리는 것입니다. 이것은 믿음과 오래 참음으로 하나님의 약속을 기다리는 자들이 받는 조건부 축복입니다(히 6:11~12).

예수님은 믿음과 오래 참음으로 하나님의 유업의 약속을 상속받은 믿음의 선구자이십니다(히 1:4). 그래서 예수님은 그의 자녀들도 마지막 하늘 영광에 이를 때까지 믿음을 지키며 인내하도록 격려하시고 도우십니다. 하나님이 자기 아들을 세상에 태어나게 하셨다는 것은 타락한 인간들을 십자가로 구원하실 뿐만 아니라 그들을 영광과 존귀의 길로 인도할 구주 예수님을 보내셨다는 뜻입니다.

예수님의 성육신은 예수님이 우리와 근원이 같다는 뜻입니다.

예수님이 인간의 몸으로 세상에 오신 것은 자신을 낮추어 우리와 완전히 일치시킨 사건입니다. 예수님의 성육신이 지닌 의미는 신비하고 놀라워 다 헤아릴 수 없지만 본문에서 제시된 몇 가지 함의를 살펴볼 수 있습니다.

첫째, 예수님의 성육신은 "거룩하게 하시는 이와 거룩하게 함을 입은 자들이 다 한 근원에서"(11절) 났음을 가리킵니다. "거룩하게 하시는 이"는 예수님입니다. 그런데 "한 근원"이란 말은 아버지가 같다는 뜻이 아닙니다. 예수님과 그의 자녀들이 모두 하나님께서 왔다고 하면, 인간도 예수님처럼 하나님의 신성을 공유하는 존재라는 뜻이 됩니다. 저자의 포인트는 예수님이 우리와 동일한 인간의 본성(one human nature)을 가지신 분이라는 것입니다. 우리는 예수님의 경우처럼 하나님의 아들로서의 신성을 갖지 않았습니다. 예수님은 성육신을 통해 우리와 공통된 인종(common humanity)에 속하셨지만, 우리는 예수님의 고유한 신적 아들의 신분을 공유하지 않습니다. 히브리서 저자의 요점은 예수님이 우리와 동일한 인간 본성을 지닌 인종에 속한 분으로서 근원이 같다는 것입니다. 이런 의미에서 예수님이 우리를 형제라 부르시고 우리와 같은 모양으로 혈과 육을 함께 지니셨다고 하셨습니다(12, 14절).

둘째, 예수님의 성육신은 하나님께서 인류에 대한 절대적인 사랑을 가장 실체적으로 표현한 것입니다. 하나님은 높고 먼 하늘에서 타락한 인류를 동정하고 사랑하신다고 말로만 선포하시지 않았습니다. 예수님은 인간 세계에 직접 들어와서 인간의 상황을 현장에서 경험하셨습니다. 그래서 예수님은 우리의 고통을 그대로 이해하십니다.

우리에게 있는 대제사장은 우리의 연약함을 동정하지 못하실 이가 아니요 모든 일에 우리와 똑같이 시험을 받으신 이로되 죄는 없으시니라 (히 4:15).

예수님도 우리처럼 시험을 받아 고난을 당하셨기 때문에 시험받는 자들을 능히 도우실 수 있습니다(2:18). 물론 시험을 받고 어려움을 겪었다고 해서 다른 사람을 반드시 도울 수 있는 것은 아닙니다. 도우려면 능력이 있어야 합니다. 그러나 적어도 고난의 체험을 가진 자들은 다른 사람의 고통을 동정하고 이해합니다. 그런데 예수님은 우리의 고통을 이해하시고 동정만 하시는 분이 아닙니다. 예수님은 "죽은 자들 가운데서 부활하사 능력으로 하나님의 아들로 선포"(롬 1:4)되셨기 때문에 어떤 어려움에 빠진 사람도 능히 도우실 수 있습니다.

현재 하나님 우편에서 우리를 위해 중보하시는 대제사장은 인간의 몸으로 세상에 오셨던 예수님입니다. 예수님은 승천하셨을 때 인성을 벗어버리지 않았습니다. 예수님은 재림 때에도 인간의 모습으로 오실 것입니다(행 1:9~11). 이것은 심히 놀라운 사실입니다. 성자 하나님이신 예수님이 인성을 그대로 지니신 것은 인류에 대한 영원한 사랑의 인장(印章)입니다. 그렇다면 인간이 겪는 모든 고통을 아시고 깊이 동정하시는 예수님께 도움을 구하는 것은 당연한 일입니다(히 4:15~16).

예수님은 마귀를 멸하기 위해 인간으로 오셨습니다.

> 자녀들은 혈과 육에 속하였으매 그도 또한 같은 모양으로 혈과 육을 함께 지니심은 죽음을 통하여 죽음의 세력을 잡은 자 곧 마귀를 멸하시며 또 죽기를 무서워하므로 한평생 매여 종 노릇 하는 모든 자들을 놓아 주려 하심이니 (2:14~15).

예수님은 우리와 동일한 인성을 지닌 인간으로 태어나셔서 십자가 죽음을 통해 우리를 대속하셨습니다. 예수님은 천사들이 아닌 인간들을 구원하시려고 오셨습니다(16절). 그래서 인간의 몸으로 인간이 지은 죄를 감당하기 위해 십자가의 형벌을 받으셔야 했습니다. 하나님은 죽을 수 없습니다. 예수님의 신성은 죽음이 터치할 수 없습니다. 그러나 육신을 가진 예수님은 죽을 수 있기 때문에 예수님은 신성을 가지셨음에도 피와 살을 가진 속죄의 희생양으로 죽을 수 있었습니다. 이것이 예수께서 인간으로 세상에 오신 가장 중요한 이유의 하나입니다.

그런데 예수님은 자신의 죽음으로 죽음의 세력을 잡은 마귀를 멸하셨다고 했습니다. 이것은 무슨 뜻일까요? 마귀가 멸망되어 없어졌다는 뜻일까요? 그렇다면 왜 아직도 세상이 악마의 손 아래 놓여 있다고 했을까요? (요일 5:19). 사탄은 지금도 불신자들의 마음을 혼미하게 하여 "그리스도의 영광의 복음의 광채"(고후 4:4)가 비치지 못하도록 활동하고 있습니다. 죽음의 세력을 쥐고 있는 마귀가 죽지 않은 것은 분명합니다. 날마다 사람들은 죽어갑니다. 예수님은 마귀를 멸하기 위해 십자가에서 죽으셨고 다시 살아나셨지만 마귀가 완전히 멸망하여 존재가 없어진 것은 아닙니다. 그럼 예수님이 어떤 점에서 마귀를 멸하신 것일까요?

'멸한다'는 단어는 헬라어로 카타르게오(katargeo)라는 동사입니다. 이 단어는 효율성이 없는 땅이나 열매가 없는 과수를 가리킵니다. 마귀(히 2:14)나 죄의 몸(롬 6:6)이나 혹은 죽음(딤후 1:10)에 대해서 사용될 때에는 완전히 파괴되었다는 의미가 아니고 무력하게 되었다는 뜻입니다. 마귀와 죄의 몸과 죽음은 아직 사라진 것이 아니고 여전히 존재합니다. 마귀를 멸했다는 말은 마귀 자체를 죽였다는 말이 아닙니다. 마귀의 세력을 무기력하게 하여 제대로 능력 발휘를 못하게 만들었다는 의미입니다. 마치 공격을 받고 대파된 전함이 침몰 직전에 있으면서 어느 정도 포를 쏘며 저항할 수 있는 상태와 같습니다.

예수님의 십자가는 사탄의 권세를 결정적이고 압도적으로 꺾은 사건이었습니다. 그래서 사탄의 재기는 불가능합니다. 그는 완전히 파멸될 수밖에 없는 치명상을 입었습니다. 예수님이 죄의 형벌을 받고 죽음을 이기고 승리하셨을 때 사망과 지옥의 열쇠를 받으셨습니다(계 1:18). 그러나 사탄의 종결적 파멸은 예수님의 마지막 심판 때 발생할 것입니다. 그때 마귀와 그에게 속한 자들과 죽음까지도 불못에 던져질 것입니다(계 20:10, 14; 고전 15:26). 이것은 사탄의 모든 권세가 박탈되고 다 벗겨진 사실이 온 천하에 드러나는 것이므로 마귀를 멸한 최종적 증거가 될 것입니다.

그렇다면 마지막 심판이 있기 이전의 지상에서 마귀의 능력이 꺾어진 사실은 어떻게 확인할 수 있을까요? 몇 가지 실례를 들 수 있습니다.

무엇보다도 사탄이 통치하는 암흑의 권세에 사로잡혔던 자들이 구출되어 예수 그리스도의 나라로 옮겨집니다(골 1:13~14). 이것은 사탄의 능력이 박탈되었다는 증거입니다. 구원받은 성도는 죽음의 형벌을 두려워할 필요가 없습니다. 죽음의 공포에서 해방되려면 예수님의 대속적 형벌을 믿어야 하고 죽음을 주무기로 사용하는 사탄이 패했다는 것을 알아야 합니다. 죽음은 지금도 발생하지만 성도는 현세에서부터 그리스도의 부활 생명을 누립니다. 그리스도 안에서 거듭난 새 생명의 삶은 죽음의 세력을 잡았던 사탄의 능력이 패했음을 증명합니다. 성도는 자신의 삶이 성령의 인도와 복음의 진리를 따라 변화되고 있음을 체험합니다. 거듭난 성도는 그리스도의 형상을 닮아가는 성품의 변화를 의식합니다. 사탄은 자기의 형상을 인간들이 닮도록 유혹합니다. 성도의 삶이 그리스도의 형상을 반영한다는 것은 사탄의 영향력이 크게 약화되었음을 뜻합니다. 또 한 가지 사탄의 머리가 치명타를 입었다는 것은 악귀가 일으킨 질병의 치유나 축귀 사역에서 보듯이 악령들이 예수의 이름으로 쫓겨나는 것입니다.

그런데 마귀가 멸했다고 해서 우리 편에서 손놓고 살아도 된다는 것은 아닙니다. 마귀의 멸망은 단일 이벤트가 아니고 십자가와 부활 승리에서부터 시작되어 마지막 심판에서 종결되는 단계적 사건입니다. 마귀는 아직도 "우는 사자 같이 두루 다니며 삼킬 자를 찾습니다."(벧전 5:8). 그래서 "믿음을 굳건하게 하여 그를 대적하라"(벧전 5:9)고 했습니다. 마귀는 예수님의 십자가와 부활로 인해 결정적인 참패를 당하였습니다. 그는 조만간 불못에 들어가게 될 시한부 존재입니다.

그러나 그는 예수님의 재림 때까지 세상에 악한 영향을 주면서 신자들을 넘어뜨리려고 유혹합니다. 그래서 신자는 깨어 있어야 하고 믿음으로 마귀를 대적해서 이겨야 합니다. 가만히 있으면 마귀의 세력이 무너졌다는 것을 확신할 수 없습니다. 내가 주 예수의 십자가 승리를 확신하고 믿음을 발휘해야 합니다. 그래서 이기는 자들이 될 때에 사탄의 세력이 무너진 것을 체험으로 알고 두려워하지 않게 됩니다(계 2:7, 11, 17, 26; 3:5, 12, 21). 예수님의 십자가 승리의 혜택은 사탄의 완패를 확신하고 믿음으로 그를 대적할 때에 받습니다.

예수님은 내가 세상을 이겼다고 하셨습니다(요 16:33). 예수님은 율법을 다 이루셨고, 육신의 정욕을 물리치고 세상의 왜곡된 가치관을 거부하셨습니다. 예수님은 사탄의 유혹을 항상 멀리하고 오직 하나님을 위해서 살았습니다(요 2:15~16). 그래서 우리도 그리스도를 통해서 믿음으로 이기는 자가 된다고 하였습니다(요일 5:4~5). 그런데 주변을 보면 신자도 넘어지고 죄에 눌리거나 죽음의 공포에서 벗어나지 못하는 경우가 있습니다. 하지만 내가 진다고 해서 사탄의 세력이 꺾어지지 않았다는 뜻은 아닙니다. 예수님은 십자가와 부활로 사탄의 세력을 압도적으로 제압하셨습니다. 그러나 그 유익은 그리스도의 구원 사역의 승리를 믿고 믿음을 행사하여 사탄을 대적할 때에만 효능을 체험합니다. 그런데 한두 번 사탄을 무기력하게 했다고 해서 자동으로 내가 악한 유혹과 죄를 언제나 물리칠 수 있는 것은 아닙니다. 그래서 오직 주 예수의 십자가 승리에 대한 믿음을 지니고 마귀를 대항하는 자세를 항상 유지해야 합니다.

> 무릇 하나님께로부터 난 자마다 세상을 이기느니라 세상을 이기는 승리는 이것이니 우리의 믿음이니라 (요일 5:4).

예수님은 죽음의 공포로 종노릇 하는 사람들을 해방시키기 위해 오셨습니다.

> 또 죽기를 무서워하므로 한평생 매여 종노릇 하는 모든 자들을 놓아 주려 하심이니 (히 2:15).

누구나 죽음을 두려워합니다. 정상적인 인간의 감정을 가졌다면 죽음에 대한 두려움은 본능적인 것입니다. 사후 세계를 믿지 않는 자들은 속임을 당한 것입니다. 성경은 사후에 반드시 하나님의 심판이 있다고 가르칩니다(히 9:27; 나훔 1:3). 그러나 신자들은 죽음을 두려워할 필요가 없습니다. 예수님이 죽음의 공포에서 우리를 해방시켰기 때문입니다. 예수님은 자신의 죽음으로 죽음의 세력을 가진 마귀를 멸하셨습니다. 예수님은 십자가에서 우리가 받았어야 할 죄의 심판을 받으셨습니다. 그는 자신의 대속적 죽음으로 죄를 처리함으로써 죄의 삯인 죽음으로부터 우리를 해방시켰습니다. 이제 죽음의 세력은 깨어졌고 주 예수의 대속을 믿는 자들은 용서를 받아 하나님의 자녀가 됩니다. 예수님이 십자가에서 인류의 죄를 대신 지고 형벌을 받은 것은 죄인들을 죽음의 폭압에서 해방시키고 새 생명을 주기 위함이었습니다. 예수님은 그를 구주로 믿는 자들에게 자신의 부활 생명을 나누어주십니다. 죽음은 더 이상 하나님의 자녀들을 속박하거나 해를 입힐 수 없습니다. 그래서 바울은 "사망아 너의 승리가 어디 있느냐 사망아 네가 쏘는 것이 어디 있느냐"(고전 15:55)라고 외쳤습니다.

그렇다면 죽음에 대한 크리스천의 자세는 어떠해야 할까요? 신자들도 육체적으로 죽음을 맞습니다. 신자들도 사후에 하나님의 심판을 받을 것을 두려워하거나 구원의 확신이 약할 때 죽음을 무서워합니다. 그러나 엄밀히 말해서 우리는 죽지 않습니다. 하나님의 자녀가 된 신자들에 대한 정죄의 심판은 예수님이 십자가에서 감당하셨습니다. 그래서 하나님께서는 우리에게 진노하실 것이 없습니다. 육체적 생명은 끝날지라도 진정한 의미에서의 '죽음'은 아닙니다. 신자들은 주 예수를 믿었을 때 이미 주님의 부활 생명으로 되살아났습니다. 이 생명은 육체적인 죽음이 와도 죽지 않습니다. 우리는 그리스도 안에 있는 새 생명으로 항상 살아있기 때문입니다.

예수께서 이르시되 나는 부활이요 생명이니 나를 믿는 자는 죽어도 살겠고, 무릇 살아서 나를 믿는 자는 영원히 죽지 아니하리니 이것을 네가 믿느냐(요 11:25~26).

크리스천들이 죽음을 두려워하는 것은 불필요한 일입니다. 예수님이 죽음의 세력을 가진 마귀를 압도하고 그의 사망 권세를 파괴하셨습니다. 사망이 신자들에게 해를 끼칠 수 있는 파워는 상실되었습니다. 예수님은 십자가에 반쯤 달리신 것이 아닙니다. 예수님의 십자가는 온전한 대속의 십자가 형벌이었습니다. 그렇지 않았다면 예수님은 십자가에서 다 이루었다고 외칠 수 없었을 것이며(요 19:30) 다시 살아날 수도 없었을 것입니다. 사망이 예수님을 묶어둘 수 없었듯이 그리스도 안에 있는 우리도 묶어두지 못합니다. 죽음을 두려워하는 것은 인간의 본능적인 반응이지만 예수 그리스도께서 십자가와 부활로 죽음을 정복하신 사실을 믿고 그분께 자신의 운명을 의탁한다면 죽음의 공포에서 해방될 수 있습니다. 진정한 의미에서 주 예수를 믿는 신자들만이 죽음을 두려워하지 않고 부활을 확신하며 자신의 몸과 영혼을 주 예수께 의탁할 수 있습니다.

예수님은 우리의 맏형과 대제사장이 되시기 위해 세상에 오셨습니다.

> 이르시되 내가 주의 이름을 내 형제들에게 선포하고 내가 주를 교회 중에서 찬송하리라 하셨으며 또 다시 내가 그를 의지하리라 하시고 또 다시 볼지어다 나와 및 하나님께서 내게 주신 자녀라 하셨으니 (히 2:12~13). 그러므로 그가 범사에 형제들과 같이 되심이 마땅하도다 이는 하나님의 일에 자비하고 신실한 대제사장이 되어 백성의 죄를 속량하려 하심이라 그가 시험을 받아 고난을 당하셨은즉 시험 받는 자들을 능히 도우실 수 있느니라 (히 2:17~18).

예수님은 연약한 인간 본성을 취하셨습니다. 그는 우리처럼 피와 살을 가진 인간이 되셨습니다. 그래서 우리가 받아야 할 죄의 형벌을 지고 인간 예수로서 많은 고난을 겪고 십자가에서 죽임을 당하셨습니다. 예수님은 자신을 우리 인간과 완벽하게 일치시켰습니다. 그래서 "다 한 근원"(11절)에서 났다고 하였고 우리를 형제라 부르기를 부끄러워하시지 않는다고 했습니다(11절).

예수님이 나를 부끄러워하시지 않는다는 것을 아는 것은 큰 위로가 됩니다. 우리는 부끄러운 일을 행하고 수치를 느낄 때가 있습니다. 사람과의 관계에서도 그렇지만 주님 앞에서는 더욱 얼굴을 들 수 없는 곤고한 처지가 되기도 합니다. 그런 때 예수님이 나를 부끄러워하시지 않는다는 사실을 안다면 마음이 놓일 것입니다. 예수님은 나의 실수와 수치를 다 아시지만 나를 외면하시지 않습니다. 나는 예수님의 형제이기 때문입니다. 예수님은 인간의 본성을 지니셨습니다. 죄를 지으신 적은 없지만 죄의 유혹과 압력이 어떤 것인지를 잘 아십니다. 그래서 연약한 나를 동정하시고 용서하시며 영광의 길로 이끌어 주십니다.

예수님은 모든 신자의 맏형입니다. "이제 저와, 여호와께서 제게 주신 자녀들이 여기에 있습니다"(13절. 직역성경)라는 말씀은 이사야 8장 18절의 인용입니다. 이것은 동생들을 거느리고 돌보는 큰 형에 대한 그림입니다. 예수님은 이사야 선지자의 이상을 성취시켰습니다. 그렇다면 이사야 선지자보다 더 크신 예수님이 그가 맡은 하나님의 자녀들에게 더 큰 사랑을 베풀며 챙겨줄 것은 말할 나위도 없습니다. 그래서 우리도 도움을 받기 위해 우리의 맏형이신 예수님을 바라보아야 한다는 교훈입니다.

그런데 예수님은 우리의 맏형일 뿐만 아니라 우리를 위해 중보하시는 하늘의 대제사장이십니다. 구약 성전 시대의 대제사장은 직분상 백성을 대표하여 하나님께 제사를 올렸습니다. 그는 존경을 받았고 의식주 문제를 걱정할 필요가 없었습니다. 그는 편하게 살았기 때문에 보통 사람들의 생활고를 경험하지 못했습니다. 그러나 예수님은 말구유에서 태어나셨고 가난했으며 멸시와 모욕을 당하셨습니다. 예수님의 생애는 고난의 연속이었습니다. 그래서 "그가 시험을 받아 고난을 당하셨은즉 시험 받는 자들을 능히 도우실 수 있느니라"(18절)고 했습니다. 예수님은 우리의 연약함에서 오는 온갖 어려움들을 다 이해하시고 깊이 동정하십니다(히 4:15). 예수님은 우리의 연약함을 돕는 대제사장이 되기 위해 인간으로 오셔서 실제로 고통스런 삶을 사셨습니다. 이 사실은 우리가 기도할 때 큰 힘이 됩니다. 내가 어렵고 힘들 때 자신을 돌아보면 부끄럽기도 하고 처량하기도 합니다. 그러나 우리에게는 나의 모든 사정을 다 아시는 큰 형이 나를 위한 대제사장이 되셔서 하나님 앞에서 기도하십니다.

예수님이 누구를 붙들어 주신다고 했습니까? 천사들이 아닌 아브라함의 자손을 붙들어 주신다고 했습니다(2:16). 아브라함의 자손은 육신적인 유대인이 아니고 주 예수를 믿는 모든 성도를 가리킵니다(갈 3:7, 29). 천사들은 예수님의 피로써 씻을 죄도 없고 연약하여 하나님의 뜻을 행할 수 없는 존재도 아닙니다. 그러나 아브라함의 자손은 비록 믿음으로 의롭게 되었지만(창 15:6; 갈 3:6), 아브라함처럼 연약하여 시험에 잘 빠집니다. 아브라함은 가나안 땅을 떠나 애굽으로 내려갔었고 사라를 자기 누이라고 속였습니다. 그는 아들에 대한 하나님의 약속을 기다리지 못하고 여종인 하갈을 통해 이스마엘을 낳았습니다. 우리 모두에게 아브라함의 약점이 있습니다. 부끄러운 일을 행한 적이 한두 번이 아닐 것입니다. 그럼에도 우리에게는 내 손을 붙들고 나를 영광의 길로 인도하시는 맏형이 계십니다. 그는 모든 아브라함의 자손을 위해 하나님께 중보하시는 "자비하고 신실한 대제사장"(17절)이십니다. 그래서 주님은 말씀하십니다.

「나는 너의 실수와 삶의 여러 고통을 다 알고 깊이 동정한다. 나는 세상에서 하나님을 항상 의지하고 순종하여 나의 영광에 도달하였다. 너는 나의 모범을 따라 나를 신뢰하라. 너도 내가 닿은 유업의 영광에 닿을 수 있다. 내가 도울테니 두려워말고 나를 바라보라. 네가 어떤 환경에 있든지 나는 너를 버리지 않을 것이다. 나는 너를 동정하는 맏형이다. 나는 날마다 하늘 아버지 앞에서 너를 위해 변호하며 간구하는 너의 대제사장이다.」

[예수님은 모든 성도의 모범이며 길잡이십니다.]

예수님은 하나님께 기도하며 하나님을 찬양하셨습니다. 예수님은 우리와 같은 동류의 경배자이십니다.

> 내가 주의 이름을 내 형제들에게 선포하고 내가 주를 교회 중에서 찬송
> 하리라 (12절).

이 말씀은 시편 22편의 인용입니다. 예수님이 십자가에서 "나의 하나님 나의 하나님 어찌하여 나를 버리셨나이까"(마 27:46)라고 절규하셨던 외침이 본 시편의 첫 절에 나옵니다. 본 시편은 복음서에서 여러 번 예수님의 십자가 수난과 관련해서 언급되었습니다(마 27:35, 39; 막 15:29; 마 27:43). 히브리서의 저자도 본 시편이 궁극적으로 예수님을 바라본 것으로 간주하였습니다. 본 시는 세 단락으로 나눌 수 있습니다.

첫째 단락 : 고난을 당하고 크게 당황합니다(시 22:1~10).

둘째 단락 : 구출을 호소합니다(시 22:11~21).

셋째 단락 : 기도 응답을 받고 형제들과 함께 하나님을 찬양하며

온 세상이 하나님을 경배하도록 초대합니다(시 22:22~31).

본 시편에서 심한 고난을 받는 장면을 거의 문자적으로 예수님의 십자가 수난에 적용한 것은 분명 성령의 조명입니다. 예수님은 고난을 거쳐 찬양하는 맏형이 되셨고 기도 응답을 받는 대제사장이 되셨습니다. 예수님은 이제 자신이 당도한 영광의 자리로 우리를 인도하는 믿음과 유업의 개척자가 되셨습니다. 예수님이 우리의 찬양대장이 되셔서 예배를 이끄시며 신실한 대제사장이 되어 우리를 하늘 영광으로 인도하신다고 생각해 보십시오(2:10, 12). 예수님은 지금도 교회 공동체에서 우리와 함께 찬송하십니다. 예수님이 성령으로 우리의 찬송을 인도하신다는 말씀은 성경에서 매우 드문 실례이기에 더욱 귀한 말씀입니다.

예수님은 "내가 그를 의지하리라"(13절; 사 8:17)고 하셨습니다. 히브리서의 저자가 예수님의 동정적인 인성을 언급하면서 믿음에 대한 이사야서의 본문을 인용한 것은 주목할만합니다. 예수님도 하나님을 기다리며 의지하는 믿음으로 사셨습니다. 이것은 예수님이 우리와 같은 인성을 가지셨다는 증거입니다. 인간은 연약하기 때문에 믿음으로 살아야 합니다. 예수님이 믿음으로 사신 것은 인간 본성의 연약함을 예수님이 우리와 함께 공유하셨다는 것을 의미합니다.

신약에는 '그리스도의 믿음'을 말하는 곳이 많습니다(롬 3:22, 26; 갈 2:16, 20; 3:22; 엡 3:12; 빌 3:9; 계 2:13). 이러한 구절들은 흔히 '그리스도를 믿는 믿음'(faith in Christ)으로 번역되었지만 최근에는 '그리스도의 믿음'(the faith of Christ)을 가리키는 것으로 번역되기도 합니다. 예수님은 믿음의 사람이었습니다. 예수님은 연약한 인간의 몸으로 오셨기 때문에 믿음을 행사하며 기도하시면서 사셨습니다. 우리는 맏형이시며 대제사장이신 예수님의 온전한 믿음을 신뢰하고 그분을 따를 때에 하나님께서 계획하신 영광에 들어갈 수 있습니다. 이 길에는 여러 종류의 인생의 역경과 유혹과 방해가 있습니다. 그러나 예수님이 모두 경험하신 일들이기에 깊이 동정하시고 이해하십니다. 그래서 **그가 시험을 받아 고난을 당하셨은즉 시험 받는 이들을 능히 도우실 수 있느니라** (18절)고 하였습니다.

고통스런 체험을 한 자들은 고통받는 다른 사람들에게 매우 동정적입니다. 예수님은 "나도 그런 상황에 빠졌었다. 나는 너의 고통이 어떤 것인지를 정확하게 안다"라고 하시면서 우리의 눈물을 닦아 주시고 아픈 마음을 위로하십니다. 그래서 우리의 맏형이시며 신실한 대제사장이신 예수님을 바라보고 살아야 합니다. 주님은 우리를 도와 유업의 영광으로 데리고 가시려고 헌신하셨습니다. 그런데 우리 편에서 주의 이름을 부르지 않고 괴로워만 한다면 주님을 기쁘게 해 드리지 못하고 성령을 근심하게 할 것입니다.

13.

예수를 깊이 생각하라

히브리서 3:1~6

> 그러므로 함께 하늘의 부르심을 받은 거룩한 형제들아 우리가 믿는 도
> 리의 사도이시며 대제사장이신 예수를 깊이 생각하라 (히 3:1).

"예수를 깊이 생각하라"는 말은 예수님에게 시선을 집중하고 그 분을 깊이 묵상하라는 뜻입니다. 이것은 히브리서 전체의 대표적인 교훈입니다. 그런데 예수님을 묵상하려면 구체적인 내용이 있어야 합니다. 히브리서의 저자는 그 내용을 자신의 서신에서 처음부터 다룹니다. 예수님을 깊이 생각하려면 예수님이 누구이시며(신분), 어떤 분이시며(성품), 무엇을 행하셨는지를(사역) 알아야 합니다. 히브리서의 저자는 서두에서 예수님에 대한 소개를 간략하고 무게 있게 진술하였습니다(1:2~3). 즉, 예수님은 하나님의 아들이십니다. 그는 만유의 상속자며 온 세상을 창조하셨으며 이를 보존하십니다. 그는 하나님의 영광의 광채이며 완전한 형상입니다. 그는 속죄 사역을 마치시고 하나님 우편에 좌정하셨습니다. 이 주제들은 앞으로 더 자세히 전개될 히브리서의 기본 내용입니다.

1장에서는 예수님이 천사들보다 훨씬 뛰어나신 분임을 지적하였고, 2장에서는 예수님의 인성과 고난이 구속 사역을 위해 필요했음을 역설하였습니다. 이제 3장에서는 예수님을 모세와 대조시킵니다.

사도이신 예수님을 깊이 생각해야 합니다.

사도는 다른 사람들을 대표하기 위해서 보냄을 받은 자입니다. 예수님은 **우리가 믿는 도리의 사도** (3:1)라고 했습니다. 우리는 사도라고 하면 열두 사도를 떠올립니다. 그래서 예수님을 사도라고 하면 다소 어색하게 들립니다. 그러나 히브리서의 서두에서 전제한 1장 2절과 연결해서 보면 예수님은 하나님의 보내심을 받은 아들로서 마지막 말씀을 전하셨기 때문에 유일무이한 대사도이십니다.

사도는 좁은 의미에서는 열두 사도지만 바울의 경우에는 예수님이 부활하신 후에 그를 사도로 임명하셨습니다. 이들은 부활하신 예수님을 목격한 자들로서 한 세대에 한정되었습니다. 이들은 교회의 기틀이 되었고 다른 신약 저자들과 함께 기독교 교리를 확정시켰습니다. 이러한 의미의 사도들은 더 이상 존재하지 않습니다. 그러나 넓은 의미에서는 예수님의 승천 이후에 교회의 보냄을 받은 디모데, 디도, 아볼로와 같은 교회 지도자들을 포함합니다(엡 4:11; 고전 12:28).

그럼 현대 교회에도 사도들이 있을까요? 이것은 논쟁거리지만 있다고 하여도 그들은 부활하신 예수님을 목격한 첫 세대의 증인들이 아닙니다. 그들은 성경을 저술하거나 구원 교리를 정립하는 자들이 아닙니다. 어떤 경우에도 그들은 첫 세대의 사도들이 놓은 가르침에서 이탈할 수 없습니다. 하나님은 누구에게도 성경 이외에 새로운 계시를 주시지 않았습니다. 그런 주장을 하는 자들은 비록 사도의 타이들을 사용하여도 모두 거짓 사도들입니다. 히브리서의 저자가 우리에게 권면하는 것은 하나님의 마지막 말씀으로 보내심을 받은 대사도이신 예수님에게 시선을 집중하고 그분의 신분과 성품과 사역을 깊이 숙고하라는 것입니다.

대제사장이신 예수님을 깊이 생각해야 합니다.

예수님의 대제사장직은 히브리서의 큰 주제입니다. 그래서 저자는 앞으로도 계속해서 본 주제를 발전시키며 상세하게 다룰 것입니다(4:14; 5:4~6, 9~10; 6:20; 7장~10장). 지금까지는 예수님의 인성에 비춘 대제사장의 성격과 역할을 언급하였습니다. 예수님은 인간의 몸으로 사셨기 때문에 우리가 당하는 고통과 연약함을 자신의 경험으로 아십니다. 그래서 고난과 시험에 빠진 자들을 넉넉히 도우실 수 있는 동정에 찬 대제사장이 되셨습니다. 또한 인간의 몸으로 오셨기 때문에 인간의 죄를 속량할 수 있었습니다(2:17~18). 예수님의 대제사장 되심을 숙고한다면 어떤 결론에 이르게 될까요? 예수님이 나의 고통을 이해하고 도울 수 있는 자격을 갖춘 분임을 믿게 될 것입니다. 또한 예수님이 나의 죄를 속량하셨고 대제사장으로서 하늘 아버지 앞에서 나를 위해 중보하신다는 사실을 알고 담대함과 감사한 마음으로 주 앞에 엎드리게 될 것입니다.

예수님을 묵상하면 신앙생활의 질이 향상됩니다. 예수님의 신분과 성품과 그분의 구속 사역을 곰곰이 생각해 볼수록 그분의 위대하심과 자비하심에 고개가 숙여집니다. 예수님을 깊이 생각하는 성도들은 기도의 사람으로 변해가고 심령에 평안과 기쁨을 누리며 주님을 더욱 신뢰하고 사랑하게 됩니다.

모세보다 더 위대하신 예수님을 깊이 생각해야 합니다.

그는 모세보다 더욱 영광을 받을만한 것이 마치 집 지은 자가 그 집보다
더욱 존귀함 같으니라 (3:3).

히브리서의 저자가 염두에 두고 전개하는 주제의 하나는 모세를
통해서 이스라엘 백성과 맺은 율법 언약과 예수님이 세상에 오셔서
그에게 속한 자녀들과 직접 맺은 은혜 언약 사이의 대조입니다. 이것
은 2장 1~4절에서 잠시 언급되었다가 다시 본 항목에서 모세와 그리
스도의 역할 대조로 이어집니다.

첫째, 예수님은 모세처럼 신실하셨습니다.

그는 자기를 세우신 이에게 신실하시기를 모세가 하나님의 온 집에서
한 것과 같이 하셨으니 (3:2).

모세가 하나님의 온 집에 신실했다고 한 것은 하나님의 후한 평가
입니다. 그런데 예수님이 모세처럼 하나님을 신실하게 섬겼다는 말
은 모세에게는 황송하기 그지없는 크나큰 영광입니다. 사실상 모세
는 처음부터 그렇게 훌륭한 인물은 아니었습니다.
• 그는 이스라엘 백성을 애굽에서 이끌고 나오라는 소명을 받았
을 때 이런저런 핑계를 대며 사양했습니다. 자기가 하나님을 만났다
는 말을 아무도 믿지 않을 것이라고 하였습니다. 하나님은 그에게 기
적의 능력을 주시면서 백성에게 가라고 하셨지만 자기는 말재간이
없다면서 보낼만한 사람을 보내시라고 했습니다(출 4:1~13).

• 그는 백성이 만나는 질려서 못 먹겠으니 애굽에서 먹던 고기를 달라고 하며 울고불고 했을 때 하나님을 크게 원망하며 항의했습니다. 그는 자신이 이스라엘 백성을 낳지도 않았는데 왜 그들 때문에 고통을 받아야 하느냐면서 차라리 즉시 죽여달라고 했습니다(민 11:11~15).

• 그는 백성이 시내산 아래에서 금송아지를 만들고 난잡하게 놀았을 때 십계명이 새겨진 두 돌판을 산 아래로 던져 깨뜨리고 송아지 우상을 부수어 가루로 만들어 물에 뿌린 후에 백성에게 마시게 했습니다(출 32:20).

모세는 처음에는 하나님의 명령을 즉석에서 순종하지 않았고 문제가 생기면 하나님을 원망하였으며 성격도 과격하였습니다. 그런 모세에 대한 하나님의 평가를 들어 보십시오.

이 사람 모세는 온유함이 지면의 모든 사람보다 더하더라 (민 12:3).
나의 종 모세는 다르다. 그는 나의 온 집을 충성스럽게 맡고 있다 (민 12:7, 새번역).

하나님께서는 우리의 많은 결함과 불순종에도 언제나 후한 평가를 하십니다. 하나님은 우리의 죄악은 쉽게 용서하시고 잊으시지만, 주님을 위해 행한 일들은 아무리 작아도 기억하시고 칭찬하시며 갚아주기를 기뻐하십니다.

나 곧 나는 나를 위하여 네 허물을 도말하는 자니 네 죄를 기억하지 아니하리라 (사 43:25).
하나님은 불의하지 아니하사 너희 행위와 그의 이름을 위하여 나타낸

사랑으로 이미 성도를 섬긴 것과 이제도 섬기고 있는 것을 잊어버리지
아니하시느니라 (히 6:10).

모세도 연약한 인간이었기에 실수도 하고 하나님의 뜻을 벗어나
기도 했습니다. 그러나 그는 고난 속에서 순종과 충성을 익혔고 하나
님과의 가까운 교제를 통해 신실하게 살면서 자신의 소명을 완수하
였습니다. 우리도 그의 모범을 따른다면 주께서 우리를 신실하다고
칭찬하실 것입니다. 놀랍고 황송하기 그지없지만 우리를 십자가의
피로 구속하신 주님은 우리의 결점에는 관대하시고 장점은 항상 후
하게 평가하십니다. 주님은 우리의 작은 섬김도 다 기억하신다고 하
셨습니다. 우리는 세월이 지나면 과거의 선행도 잊기 쉽지만 주님은
기억하십니다. 과거에 성도를 섬긴 일을 잊지 않으신다면 현재의 섬
김은 말할 것도 없습니다. 그런데 주님이 우리의 섬김을 기억하신다
는 것은 무엇을 의미할까요? 갚아주신다는 뜻입니다. 주님은 물 한
잔의 선행도 결코 상을 잃지 않는다고 하셨습니다(막 9:41; 마 10:42).
이 말씀은 섬김이 있는 성도들에게는 큰 격려가 될 것입니다. 물 한
잔의 섬김은 누구도 행할 수 있습니다. 그런 작은 선행을 기억하시고
상주시는 주님이시라면 누가 보든지 말든지 더욱 열심히 섬겨야 할
것입니다.

둘째, 예수님은 모세보다 더 위대하신 분입니다.
예수님이 모세처럼 신실하셨다고 해서 모세가 예수님과 같다는
뜻은 아닙니다. 유대인들은 모세를 매우 존경하였고 그들의 종교 활
동은 모세의 권위에 근거하였습니다. 그래서 히브리서 저자는 모세
는 비록 신실하여 하나님의 인정과 후한 평가를 받았지만, 예수님은

하나님의 구원 사역에서 모세보다 훨씬 더 큰 역할과 위치를 차지한다고 믿습니다. 따라서 예수님은 모세보다 더 큰 영광을 받기에 합당하신 분이라고 하였습니다(3절). 예수님은 몸과 마음과 뜻을 다하여 하나님을 섬겼습니다(신 10:12). 예수님은 "나의 양식은 나를 보내신 이의 뜻을 행하며 그의 일을 온전히 이루는 이것이니라"(요 4:34)고 하셨습니다. 예수님은 죽기까지 하나님께 충성하셨습니다(빌 2:8; 막 10:32).

히브리서 저자는 모세와 예수님의 대조를 두 개의 집으로 예시합니다. 모세는 한 '집'을 지었는데 은금과 염색한 천과 염소 가죽 등으로 만든 장막이었습니다. 그러나 예수님은 이 세상에 속하지 않은 것으로 하나님의 집을 건축하셨습니다. 모세는 물질로 된 장막 집을 지었고 예수님은 영적 집을 지으셨습니다. 모세는 이 영적 집의 한 멤버입니다. 그는 백성에게 성령을 부어주지도 않았습니다. 그는 세상을 떠난 후로는 예수님처럼 하늘 아버지 앞에서 자기 백성을 위해 중보하지 않습니다. 모세는 하나님의 구원 계획을 성취한 자가 아닙니다. 모세는 존경을 받기에 합당한 위대한 지도자였습니다. 그러나 하나님께 속한 범세계적인 교회를 건축하지 않았습니다.

모세는 하나님의 온 집에서 신실하였습니다. 미리암과 아론이 모세를 비방했을 때 하나님은 모세를 변호하셨습니다. 내 종 모세는 그렇지 아니하니 그는 내 온 집에 충성함이라(민 12:7). 그런데 모세가 충성했던 '온 집'은 하나님의 '온 백성'이 아니었습니다. 그의 장막은 이스라엘 백성을 위한 것이었지 하나님의 모든 백성을 포함하지 않았습니다. 그의 장막은 하나님이 옛적에 선지자들을 통하여 말씀하셨던 "여러 부분과 여러 모양"(1:1)의 일부였습니다. 그래서 "모세는 장래에 말할 것을 증언하기 위하여 하나님의 온 집에서 종으로 신실하였다"(5절)고 했습니다. 모세의 장막은 예수님이 지으실 영적 성전에 대한 예시였습니다. 예를 들어, 장막의 촛대는 빛이신 예수님을 가리키고, 진설대는 그리스도를 통한 하나님과의 교제를 바라보며, 향은 예수님의 중보기도를 대변하고, 법궤는 하나님의 임재의 상징으로서 그리스도의 성육신으로 실현되었습니다. 모세의 동물 희생과 각종 절기도 그리스도의 속죄 사역에 대한 상징이었습니다. 그의 장막 사역은 예고였고 예수님의 사역은 장막이 가리키는 구원 사역의 성취였습니다.

신적 능력으로 하나님의 교회를 건축하신 예수님을 깊이 생각해야 합니다.

모세는 위대한 하나님의 종이었지만(5절) 예수님은 "하나님의 집을 맡은 아들"(6절)이십니다. 강조점은 그리스도가 하나님의 교회를 세우는 신적 건축가라는 것입니다. 히브리서 서두에 나오는 예수님에 대한 서술은(1:1~4) 신적 차원의 내용이므로 모세에게 적용될 수 없습니다. 예수님은 창조의 대행자며 구속주로서 하늘의 유업을 이을 대제사장이십니다. 모세의 기원은 땅이고 예수님의 기원은 하늘입니다. 모세는 신적 차원의 영역에 속하는 인물이 아닙니다. 그래서 예수님은 모세보다 더 큰 영광을 누리기에 합당하신 분입니다. 여기서 말하는 영광은 사후 세계에서의 영광이 아니고 이 땅에서 우리가 주님을 존귀한 분으로 섬기며 찬양하고 경배하는 것을 가리킵니다(3절). 모세는 존경할만한 큰 인물이지만 경배의 대상은 아닙니다. 천사들도 예수님은 경배하지만 모세는 경배하지 않습니다.

4절은 예수님의 신성에 대한 지적입니다.

집마다 지은 이가 있으니 만물을 지으신 이는 하나님이시라 (3:4).

여기서 '하나님'은 누구를 가리키는 것일까요? 성부 하나님이실까요? 문맥으로 보면 예수님인 듯합니다. 저자는 이미 그리스도가 신적이라고 언급하였습니다. 그는 우주의 창조와 보존을 맡은 하나님의 아들이십니다. 그래서 하나님의 백성이 집과 같다면, 그 집을 지은 이가 있을 것이고 그분은 곧 예수님이라는 말입니다. 물론 하나님이 예수님을 통해서 만물을 지으셨다는 의미가 함축되었다고 볼 수 있습니다. 구원의 궁극적인 근원은 성부 하나님입니다. 2장 10절에서처럼 많은 아들을 영광으로 데리고 가시는 분은 예수님을 보내신 하늘 아버지이십니다. 그런데 예수님의 신적 사역과 역할에 대한 언급이 히브리서의 서두에서 이미 진술되었고 구체적으로 "그로 말미암아 모든 세계를 지으셨느니라"(1:2)고 하였습니다. 특히 본 절에서 (4절) 모세와 예수님을 대조하고 있는 점을 고려한다면 4절의 '하나님'은 예수님을 가리킨다고 봅니다.

6절은 7절부터 4장 13절까지 나오는 긴 경고 본문의 연결점으로서 본 서신에서 자주 나오는 꾸준하고 부지런한 믿음에 대한 호소입니다(3:12, 14; 6:12).

그리스도는 하나님의 집을 맡은 아들로서 그와 같이 하셨으니 우리가 소망의 확신과 자랑을 끝까지 굳게 잡고 있으면 우리는 그의 집이라 (3:6).

'집'은 택함 받은 자들이나 혹은 하나님의 참된 교회를 의미하지 않습니다. 이 '집'은 기능적인 집입니다. 내가 하나님의 집으로 지어졌는데 불신이나 불순종으로 물러서면 하나님의 집으로서의 기능을 다하지 못하는 위험에 빠진다는 경고입니다. 2장 1절에서 언급된 "그러므로 우리는 들은 것에 더욱 유념함으로 우리가 흘러 떠내려가지 않도록 함이 마땅하니라"는 내용의 경고성 권면입니다.

히브리서의 저자는 신자 생활을 체험적인 측면의 영적 축복들에 초점을 맞추고 있습니다. 그래서 우리가 불신실과 불신으로 물러서면 하나님의 집으로서 사용되는 기능과 영적 체험에 손상이 온다는 것입니다. 히브리서 전체에서 강조하는 것은 하나님을 확신하는 믿음과 인내가 유업의 상을 받게 한다는 것입니다(14절). 불신실은 심각한 손실을 초래합니다. 잃어버리는 것은 "영원한 속죄"(9:12)의 구원이 아니고 하나님의 집으로서 갖는 복음 증거의 기능과 유용성의 상실입니다.

하나님이 거하시면서 그의 영광을 드러내는 '집'이 되려면 한 가지 조건이 있습니다. 즉, 구원의 소망을 확신하고 자랑스럽게 여기며 이를 담대하게 붙잡고 사는 것입니다(6, 14절). 대부분의 신자는 주 예수의 자녀라고 믿지만 하나님의 구원과 은혜를 적극적으로 찬양하며 복음을 증거하지 않는 경우도 적지 않습니다. 그러나 확신에 찬 꾸준한 믿음으로 하나님의 유업의 약속을 기뻐하며 복음의 빛을 반사하는 삶을 산다면 하나님의 집이 됩니다. 모세의 장막이 예수님에 대한 증거였듯이, 우리도 하나님께 속한 증거의 집입니다. 그래서 하나님의 임재와 영광을 드러내는 기능을 갖습니다. 그런데 이러한 기능과 역할은 담대한 믿음과 자랑스런 소망에 꾸준해야 한다는 조건이 붙어 있습니다. 불신실하면 하나님의 은혜에 대한 증거로서의 집의 역할을 할 수 없습니다.

저자는 이미 "이같이 큰 구원"(2:3)을 등한시하는 위험을 경고하였습니다. 만약 신자가 이 경고를 듣지 않고 살면 귀한 복들을 잃습니다. 예를 들면, 현세에서 하나님의 집이 되어 사는 기쁨을 잃고 주님의 임재와 안식을 누리지 못합니다. 그런 불신실한 삶이 계속되면 하나님의 징계를 받기 쉽습니다. 더욱 심각한 것은 사후에 그리스도의 심판대에서 약속된 내세의 유업을 받지 못합니다. 그때 영원한 구속이 철회되는 것은 아닙니다. 주 예수를 믿고 거듭난 자들은 모두 천국에 들어갑니다. 그러나 하늘에 보물을 쌓아 두지 않은 자들은 부끄러움을 당할 것입니다(마 6:19~20; 고전 3:12~15; 요일 2:26). 상실하는 것은 영원한 구원이 아니고 하나님이 신실한 성도들에게 약속하신 유업의 복들입니다. 다시 말해서 구원의 신분에 대한 것이 아니고 하나님의 집으로서의 기능과 유업 상실에 대한 경고입니다.

우리는 본 절에서 히브리서 저자가 자신을 포함해서 우리가 소망의 확신과 자랑을 끝까지 굳게 잡고 있으면 우리는 그의 집이라 (3:6)고 한 점을 주목해야 합니다. 만일 본 절이 구원의 상실 가능성이나 혹은 구원받은 성도의 신분의 진위성을 판별하는 것이었다면 히브리서 저자가 자신을 포함시키지 않았을 것입니다.

여기서 한 가지 더 주목할 것은 본문의 시제입니다. 본문은 '그의 집이라'는 현재형인데 '그의 집이 될 것이라'는 미래형으로 바꾸면, 구원 여부는 나중까지 가 보아야 안다는 말이 됩니다. 히브리서 저자는 현재 우리가 그의 집이라고 하였지(We are his house.) 미래에 하나님의 집이 될 것이라고 말하지 않았습니다(We shall be his house.). 그래서 미래의 구원에 초점을 맞추면 신실하지 못한 신자들은 구원을 잃는다는 의미가 됩니다. 그러나 잃는 것은 한 번 받은 구원이 아니고 하나님의 집으로서 기능하는 체험적 은혜들입니다. 즉, 하나님의 각별한 임재와 복음의 증인이 되는 기회와 신실한 섬김에서 오는 기쁨과 안식 등의 영적 체험들입니다. 이런 축복을 잃는 것은 큰 손실입니다. 그렇지만 구원받은 하나님의 자녀로서의 신분은 잃지 않습니다.

예를 들면, 레위인들은 장막에서 봉사하였습니다. 그런데 그들의 장막 사역의 기능은 중단될 수 있었습니다. 사실상 그들은 모세법에 의해서 50세에 정년 퇴직을 하였지만 계속해서 이스라엘 백성의 멤버로 머물렀습니다. 이와 유사한 일이 신자들에게도 일어납니다. 신자가 은퇴하는 일은 없지만 하나님의 집으로서의 기능이 정지된 듯한 삶을 살 수 있습니다.

모세보다 더 위대하신 예수님이 우리 신앙의 전부입니다.

히브리서의 저자는 지금까지 예수 그리스도에 대해서 많이 말하였습니다. 이제 예수님의 위대성을 숙고하라는 의미에서 3장 첫 절을 "그러므로"로 시작하였습니다. 그는 본 항목에서 모세와 예수님을 대조하며 예수님의 탁월성을 강조하였습니다. 그런데 우리 편에서 보면 예수님이 모세보다 더 훌륭하시다는 사실은 너무도 당연합니다. 그래서 우리에게는 예수님이 모세보다 더 탁월하신 분이라는 말은 별 의미가 없어 보입니다. 우리에게는 예수님과 비교할 수 있는 어떤 민족적이고 종교적인 위대한 지도자의 전례가 없습니다. 그러나 유대인들의 입장에서 보면 모세는 거의 신격화된 민족의 영웅입니다(요 6:31~33). 유대인들은 모세 율법의 전통 속에서 살았기 때문에 모세의 권위는 거의 절대적이었습니다. 그래서 예수님이 모세보다 더 위대하다는 주장은 유대인들에게는 엄청난 도전이었습니다.

그런데 현대 교회는 유대교의 전통을 그대로 따르지는 않을지라도 상당 부분 모세의 권위 아래에서 신약 성도의 삶을 살려고 합니다. 성전 건축, 율법적 주일 성수, 십일조, 절기 준수, 외형주의, 십계명 신앙 등등입니다. 그렇지만 예수님이 모세보다 더 위대하신 분이라면 모든 면에서 신약 교회는 예수님의 권위 아래 있어야 합니다. 모세의 사역은 끝났습니다. 그러나 예수님의 사역은 계속됩니다. 예수님은 하나님의 집을 다스리기 위해서 항상 살아 계시면서 지금도 자기 백성을 돌보십니다.

신약 성도는 십계명 수준이 아닌 사랑의 계명과(요 13:34) 산상보훈의 수준으로 올라가야 하고 문자로 된 율법이 아닌 심령에 새겨진 성령의 인도로 살아야 합니다. 눈에 보이는 교회당 건물에 치중할 것이 아니라 보이지 않는 하나님의 집을 기능적으로 섬기는 일에 힘써야 합니다.

모세 율법은 모두 예수 그리스도를 가리키는 화살표였습니다(요 5:46). 이제 그 화살은 표적에 닿았습니다. 그 표적이 무엇입니까? 예수 그리스도입니다. 따라서 신약 교회는 율법을 자신의 삶과 죽음으로 완전하게 성취하시고 부활 생명의 새삶을 주시는 예수님의 가르침으로 살아야 합니다. 그러면 율법의 요구를 자연히 만족시키고 더 나아가 예수님이 요구하시는 하나님 나라의 새로운 영역으로 들어가게 됩니다. 이것이 크리스천 라이프의 본질입니다. 즉, 주 예수 그리스도를 마음에 항상 두고 그분을 깊이 생각하는 것입니다. 오직 주 예수만이 길과 진리와 생명입니다(요 14:6). 예수님의 신적 권위와 그분의 가르침만이 믿음 생활의 본질적인 요소가 되어야 합니다. 예수님보다 더 귀하고 더 중요한 것은 없습니다. 예수님의 참 제자는 예수님을 깊이 생각하는 사람들입니다. 우리 각자가 하나님의 집으로서의 기능을 제대로 하고 있는지 반성해 보아야 하겠습니다.

14.

하나님의 음성을 들으라
히브리서 3:7~10

히브리서의 저자는 3장 6절에서 하나님의 집에 대한 격려와 경고를 한 후에 이어서 두 번째 경고를 합니다. 이 항목은 3:7~4:13절까지인데 2:1~4절의 경고를 발전시킨 것입니다. 여기에는 하나님의 '안식'과 '맹세'라는 매우 중요한 주제가 나옵니다. 저자는 이스라엘 백성의 광야 체험을 본 주제를 설명하기 위한 예시로 삼습니다.

성령은 성경을 통해 지금도 말씀하십니다.

> 그러므로 성령이 이르신 바와 같이 오늘 너희가 그의 음성을 듣거든 광
> 야에서 시험하던 날에 거역하던 것 같이 너희 마음을 완고하게 하지 말
> 라 (히 3:7~8).

3장 7절에서 11절까지는 시편 95:7~11절까지의 인용입니다. 그런데 14절에서처럼 일반적인 표현으로 "성경에 일렀으되"라고 하지 않고 '성령이 이르신 바와 같이'라고 한 점을 주목하십시오. "모든 성

경은 하나님의 영에 의한 것"(딤후 3:16. 직역성경)입니다. 그런데 성경은 성령의 감동으로 쓰여졌을 뿐만 아니라 성령의 조명에 의해서 깨닫게 됩니다. 우리가 성경을 읽기 전에 기도하는 것도 하나님께서 성령을 통해 말씀을 깨닫게 해 달라는 간구입니다.

히브리서 저자는 시편 95편이 성령이 주신 말씀임을 지적한 후에 "오늘 너희가 그의 음성을 듣거든"이라고 했습니다. 시편 95편은 먼 옛날에 쓰여졌지만 '오늘' 주시는 말씀으로 들어야 한다는 것입니다. 우리가 성경을 읽는 까닭의 하나는 '오늘' 성령의 음성을 듣기 위한 것입니다. 성령의 도우심을 간절히 구하며 성경을 읽는 습관은 하나님의 음성을 들을 수 있는 가장 좋은 방법입니다. 하나님께서는 우리가 성경을 읽을 때 성령의 조명으로 뜻을 밝혀 주시고 나에게 필요한 은혜를 내리십니다. 우리는 좋은 설교나 훌륭한 강해서를 통해서 많은 도움을 받지만 내가 읽는 성경이 가장 은혜로워야 합니다. 성경은 언제나 쉽게 읽을 수 있고 시간도 내가 편리한 때로 정할 수 있습니다. 성령의 빛에 의존하여 간절한 마음으로 성경 말씀을 읽도록 하십시오. 주의 음성이 들리고 말씀이 때로는 잔잔한 감동으로 혹은 강력한 능력으로 임하는 것을 체험하게 될 것입니다. 주님은 성경을 일용할 영적 양식으로 주셨습니다. 주님은 '오늘'도 주님의 식탁으로 우리를 초대하시고 성령의 음성을 듣게 하십니다.

그런데 왜 조건부로 "오늘 너희가 그의 음성을 듣거든"이라고 했을까요? 성령의 음성을 듣지 않는 사람들도 있기 때문입니다. 광야 세대의 이스라엘 백성이 그런 사람들이었습니다. 하나님은 그들에게 누차 말씀하셨지만 그들은 애굽을 그리워하며 온갖 불평과 불순종으로 일관하였습니다. 히브리서의 성도들도 유대교의 옛 습관으로 돌아갈 위험이 있었습니다. 그래서 광야 세대의 불신실한 역사에서 교훈을 받아야 했습니다. 이것은 곧 우리 자신들에게 주시는 '오늘'의 말씀입니다. '오늘' 듣는 것이 중요합니다. 내일은 하나님의 음성을 못 들을 수도 있습니다. 하나님이 말씀하시는 때에 응답해야 합니다. 이것이 영적 진보의 비결입니다.

광야 세대를 본받지 말아야 합니다.

> 광야에서 시험하던 날에 거역하던 것 같이 너희 마음을 완고하게 하지 말라 거기서 너희 열조가 나를 시험하여 증험하고 사십 년 동안 나의 행사를 보았느니라 (8~9절).

광야 세대는 출애굽 구원 이후에 광야를 거쳐 가나안 복지에 들어가도록 되어 있었습니다. 그들에게는 구원받은 다음에 당도해야 할 목적지가 있었습니다. 이것은 매우 중요한 사실입니다. 한 번 구원받으면 곧바로 사후 천국에 들어가는 것이 아닙니다. 광야를 거쳐 하나님께서 준비하신 가나안의 유업을 받아야 합니다. 성경은 첫 구원을 어떻게 받느냐는 문제보다는 구원 이후에 이 세상에서 어떻게 믿음 생활을 해야 하는지를 더 많이 가르칩니다. 주 예수를 자신의 대속주로 믿고 하나님의 자녀가 되는 것은 한 순간에 일어날 수 있습니다. 그러나 성도로서 사는 것은 평생이 걸립니다. 가나안에 도착하는 것은 광야 백성처럼 사십 년이 걸릴 수도 있고, 혹은 비교적 짧은 기간일 수 있으며 아예 들어가지 못할 수도 있습니다. 광야의 첫 세대는 소수를 제외하고는 가나안에 들어가지 못하였습니다. 이들의 행위와 결말을 보고 교훈을 제시하려는 것이 히브리서 저자의 의도입니다.

광야는 시험의 장소입니다. 그런데 광야의 시험은 쌍방적입니다. 하나님은 백성을 시험하고, 백성은 하나님을 시험합니다. 그럼 하나님께서 백성을 시험하는 목적은 무엇일까요?

네 하나님 여호와께서 이 사십 년 동안에 네게 광야 길을 걷게 하신 것을 기억하라 이는 너를 낮추시며 너를 시험하사 네 마음이 어떠한지 그 명령을 지키는지 지키지 않는지 알려 하심이라 (신 8:2).

하나님이 시련과 역경을 통해 시험하신 목적은 백성이 하나님을 신뢰하고 순종할 것인지를 알기 위함이었습니다(출 15:25~26). 그럼 백성은 무슨 목적으로 하나님을 시험하였을까요?

그들이 그들의 탐욕대로 음식을 구하여 그들의 심중에 하나님을 시험하였으며 그뿐 아니라 하나님을 대적하여 말하기를 하나님이 광야에서 식탁을 베푸실 수 있으랴 보라 그가 반석을 쳐서 물을 내시니 시내가 넘쳤으나 그가 능히 떡도 주시며 자기 백성을 위하여 고기도 예비하시랴 하였도다 (시 78:18~20).

그가 그 곳 이름을 맛사 또는 므리바라 불렀으니 이는 이스라엘 자손이 다투었음이요 또는 그들이 여호와를 시험하여 이르기를 여호와께서 우리 중에 계신가 안 계신가 하였음이더라 (출 17:7).

광야 세대는 하나님의 능력과 임재를 시험하였습니다. "왜냐하면 그들이 하나님을 믿지 않고 그의 구원을 의지하지 않았기 때문"(시 78:22, 직역성경)이었습니다. 하나님이 백성을 시험하는 것은 그들로 하여금 순종과 신뢰로 복을 받게 하려는 것이었습니다(출 15:26). 반면, 백성이 하나님을 시험하는 것은 불신과 반항, 탐욕과 불순종의 소치였습니다(시 78:40~41; 출 17:2). 광야 세대는 마음이 완고해졌습니다. 그들이 이유도 없이 마음이 완고해졌을까요? 그 원인은 하나님의 음성을 듣고 순종하지 않았기 때문입니다. 그래서 히브리서 저자는 특별히 "너희 마음을 완고하게 하지 말라"(8절)고 권면하였습니다. 하나님의 음성을 듣고서도 계속 밀어내면 영적 난청이 됩니다. 점점 더 하나님의 음성에 둔해지고 마음이 굳어져서 하나님의 음성이 자신에게 아무런 영향을 주지 못하는 매우 위험한 지경에 이릅니다. 그렇게 되면 조만간 전혀 아무것도 들리지 않습니다.

우리는 하나님의 음성을 들음으로써 성장합니다. 그러나 마음을 계속 완고하게 함으로써 영적 귀머거리가 되면 회개할 수 없습니다. 회개를 가능하게 하는 것은 하나님의 음성인데 이를 들을 수 없으면 회개가 불가능하고 하나님의 뜻을 따를 수 없습니다. 그래서 히브리서 저자는 광야 세대를 연상시키며 그들처럼 마음을 완고하게 먹지 말라고 하였습니다.

하나님의 음성은 어떤 방법으로 우리에게 전달될까요?

• 우선적으로 성경 말씀입니다. 그런데 성경을 읽어도 하나님의 음성을 듣지 못할 수 있습니다. 예수님을 정죄하고 처형했던 유대인 지도자들은 구약 성경에 정통했습니다. 그러나 그들은 하나님의 음성은 듣지 못하였습니다. 그들은 구약이 예수님에 대한 증언임을 알

지 못하였습니다(눅 24:27).

• 설교를 통해서도 하나님의 음성을 들을 수 있습니다. 광야의 이스라엘 백성에게는 문서화된 성경책이 없었습니다. 그들은 모세를 통해서 전달되는 하나님의 지시를 받았습니다. 신명기는 모세가 이스라엘 백성에게 준 일종의 설교집입니다. 그러나 현대 설교자들은 모세처럼 오류가 없는 하나님의 직접적인 계시를 받은 자들이 아닙니다. 그래서 그들의 설교에는 복음이 아닌 세속 사상이나 잘못된 성경 해석이 포함될 수 있으므로 전적으로 신뢰할 수 없습니다. 그럼에도 건전한 성경 강해를 통해서 하나님은 자기 백성에게 필요한 영적 양식을 공급하십니다.

• 성령으로 밝혀진 민감한 양심도 내적 확신과 환경적 변화를 통한 하나님의 뜻을 분별하는 통로가 될 수 있습니다. 하나님의 음성은 드물게는 초자연적으로도 인지될 수 있지만 성경의 가르침과 모순되거나 성경의 계시를 넘어설 수 없습니다.

광야 세대는 하나님의 길을 알지 못했습니다.

그러므로 내가 이 세대에게 노하여 이르기를 그들이 항상 마음이 미혹되어 내 길을 알지 못하는도다 하였고 (10절 상반).

광야 첫 세대는 사십 년 동안 하나님의 인도와 돌봄을 체험하였습니다. 그런데도 그들은 항상 불평하였고 하나님을 원망하였습니다. 하나님께서 그들을 시험할 때마다 불신과 불순종의 반응을 보였습니다. 하나님께서 그들을 광야로 인도하신 목적은 광야의 시험에 합격한 자들로 하여금 가나안 복지를 유업으로 받게 하려는 것이었습니다. 광야는 성격상 거칠고 위험한 곳입니다. 불뱀과 전갈이 다니고 물을 구하기 어려우며 음식을 구할 수 없습니다(신 8:15; 렘 2:2). 뜨거운 햇볕과 사막의 모래 바람 속에서 남녀노소를 포함한 백성 전체가 온갖 짐들을 가지고 함께 이동하는 모습을 상상해 보십시오.

왜 하나님께서 자기 백성을 애굽에서 큰 능력으로 해방시킨 후에 이런 고생을 하게 하셨을까요? 그 이유를 알지 못하면 크게 실망합니다. 광야 세대는 자신들이 왜 광야에서 시련을 겪는지를 이해할 수 없었습니다. 그래서 모세를 탓하고 하나님을 원망하며 하나님의 능력을 시험하는 일을 다반사로 행하였습니다. 그들은 하나님이 그들을 애굽에서는 구출하셨지만 광야에서도 구출하실 수 있을지를 의심하며 물과 양식을 요구하였습니다. 하나님은 그들의 요구를 들어주셨습니다. 반석에서 물이 넘쳐 나오게 하시고 하늘에서 만나가 비 오듯 내리게 하셨습니다.

그렇지만 백성은 갈증과 더위와 배고픔에 시달렸습니다. 시냇물이 흐르지도 않았고 만나에 고기 반찬이 섞여 있지도 않았습니다. 광야는 호위호식을 하는 곳이 아닙니다. 광야는 영적 원리를 익히는 훈련장입니다. 광야에서는 오직 하나님만 굳게 신뢰하는 믿음과 오래 참음으로 살아야 합니다. 반석에서 생수가 나오는 것은 하나님이 생수의 근원이시며 만나는 사람이 음식으로만 사는 것이 아니라 여호와의 입에서 나오는 모든 말씀으로 살아야 한다는 것을 가르치는 실물 교재였습니다(신 8:3). 하나님은 백성의 마음을 시련으로 떠보셨습니다.

하나님은 이스라엘 백성이 오직 하나님만 신뢰하고 그분의 말씀을 순종하면서 살아야 한다는 것을 가르치기 위해 광야의 시험을 거치게 하셨습니다. 하나님은 백성으로 하여금 믿음과 순종과 오래 참음에 대한 영적 원리를 체득하게 한 후에 가나안으로 들어가서 예비된 유업의 복을 받게 하실 것이었습니다. 이것을 하나님의 길이라고 하였습니다(3:10).

> 오늘 내가 네게 명령하는 여호와의 규례와 명령을 지키라 너와 네 후손이 복을 받아 네 하나님 여호와께서 네게 주시는 땅에서 한 없이 오래 살리라 (신 4:40).

광야의 훈련을 거치지 않은 백성은 가나안에 못 들어간다는 것이 하나님께서 자기 백성을 인도하시는 원칙입니다. 하나님은 자신의 사랑과 능력을 출애굽 사건을 비롯하여 광야 사십 년 동안 충분히 보여 주셨습니다. 그럼에도 광야 세대는 자신들의 마음이 원하는 것에 끌려 불평불만으로 일생을 광야에서 허송하였습니다.

우리는 그들의 전철을 밟지 말아야 합니다. 광야의 영적 원칙을 무시하면 신앙생활에 진보가 없고 마음이 완고해집니다. 우리는 예수 믿으면 복 받고 잘 될 줄 알았는데 왜 이렇게 시련이 많고 일이 안 풀리는지 모르겠다는 넋두리를 자주 듣습니다. 광야의 시련을 원하는 사람은 아무도 없습니다. 누구나 애굽에서 나왔으면 가나안 복지로 직행하기를 원합니다. 그러나 하나님은 광야의 훈련을 절대로 생략하시지 않습니다. 광야는 우리 마음의 중심을 달아보는 장소이기 때문입니다. 하나님께서는 사랑하는 아들도 광야의 시험을 거치게 하셨습니다. 가시 면류관을 쓰지 않고 십자가에 달린 구주는 하나님이 보내신 메시아가 아닙니다. 광야를 포함하지 않는 복음은 '다른 복음'(갈 1:6~8)입니다. 광야의 테스트를 전제하지 않은 가나안 복지의 약속은 세속적 복음입니다.

광야의 시험은 훈련이기 때문에 성과가 없으면 반복하고 교정하며 견책하는 과정을 거칩니다. 광야의 시험은 그 자체가 목적이 아니고 잘못을 바로잡고 가나안으로 전진하라는 초대장입니다. 하나님은 우리가 광야에서 꾸준한 믿음으로 하나님의 지시를 잘 받고 있는지 눈여겨보십니다. 이스라엘 백성은 광야에서 여러 번 테스트를 받았습니다. 그러나 하나님의 테스트에 거부 반응만 보였습니다. 그들은 결국 하나님의 진노를 받고 가나안 목적지에 이르지 못하였습니다. 우리는 하나님께서 자기 백성을 가나안으로 인도하기 위해 특정한 방식을 사용하신다는 것을 속히 인정하고 순응해야 합니다. 광야의 시련을 통해 우리를 단련시키고 약속의 땅으로 들어가게 하는 것이 하나님의 길입니다(10절).

하나님은 여러 상황에서 위기가 오는 것을 허락하십니다. 약속이 지연되게 하시거나 여러 장애물이 생기게 하십니다. 이것은 하나님께서 정기적으로 행하시는 훈련 방식입니다. 하나님께서는 우리의 믿음을 테스트하기 위해서 시련을 허락하십니다. 그러나 구출도 하십니다. 광야 세대는 시련을 겪을 때마다 불평으로 일관했지만 하나님은 그들을 구출하는 일에서 일관하셨습니다. 그들은 하나님의 반복된 구출을 받고 하나님을 신뢰했어야 했습니다. 영원한 구원은 믿기 쉬울지 모릅니다. 그런데 현재 내가 만나는 오늘의 새로운 시련 앞에서는 하나님을 잘 믿지 못합니다. 우리는 영원한 구원뿐만 아니라 오늘 현재의 구원도 믿어야 합니다.

우리가 하나님을 꾸준히 신뢰하며 그분의 길을 따라 인내하며 사는 일을 등한히 하면 많은 것을 잃습니다. 우선 유업의 땅을 받지 못하고 광야를 벗어나지 못합니다. 또한 하나님의 안식을 누리지 못하고 하나님의 집이 되는 기쁨과 은혜의 통로로 쓰임을 받는 특권을 놓칩니다. 그리고 마지막 날에 그리스도의 심판대 앞에서 수치를 당합니다.

하나님의 음성을 들으라는 권고는 경고면서 격려입니다. 듣지 않으면 하나님의 진노를 받아 광야에서 죽고 가나안에 들어가지 못합니다. 그러나 들으면 하나님께서 기뻐하시고 가나안의 풍성한 복을 받게 하십니다. 광야는 거친 곳입니다. 그렇지만 우리가 완고한 마음을 버리고 하나님의 음성을 들으면 하나님의 길을 알게 되고 익숙하게 되어 우리의 광야를 훨씬 수월하게 지날 수 있습니다.

15.
하나님의 맹세는 무엇인가?
히브리서 3:11~19

내가 노하여 맹세한 바와 같이 그들은 내 안식에 들어오지 못하리라 하였다 하였느니라 (3:11).

또 하나님이 누구에게 맹세하사 그의 안식에 들어오지 못하리라 하셨느냐 곧 순종하지 아니하던 자들에게가 아니냐 이로 보건대 그들이 믿지 아니하므로 능히 들어가지 못한 것이라 (히 3:18~19).

성경에서 하나님의 맹세는 매우 중요한 주제입니다. 히브리서에서도 출애굽 첫 세대와 아브라함 및 예수님의 대제사장직과 관련해서 하나님의 맹세가 어떻게 일어나고 어떤 결과를 낳는지를 거론합니다. 하나님의 맹세는 두 가지 종류입니다. 진노의 맹세가 있고 축복의 맹세가 있습니다. 맹세의 특징은 불변입니다. 일단 맹세를 하면 변경하거나 취소할 수 없습니다. 맹세한 내용은 반드시 성취됩니다. 맹세는 "다투는 모든 일의 최후 확정"(6:16)이며 약속의 보증입니다 (6:17).

맹세는 단순한 서약이나 보장이 아니고 언약입니다. 언약은 맹세가 들어간 약속입니다. 그래서 깨어질 수 없습니다. 고대 근동에서는 국가 사이에 조약을 체결할 때 제물을 잡아 피를 흘렸습니다. 하나님께서 아브라함과 언약을 세우실 때의 장면을 연상해 보십시오. 아브라함이 제물을 준비했는데 "타오르는 횃불이 갑자기 나타나서, 쪼개 놓은 희생제물 사이로 지나갔다"(창 15:17, 새번역)고 했습니다. 바로 그날 여호와께서 아브라함과 언약을 세우시고 가나안 땅 전체와 그 주변 지역을 그의 자손에게 주신다고 하셨습니다(창 15:18~21).

맹세는 생명을 걸고 하는 엄숙한 행위입니다. 예수님도 마지막 유월절 만찬에서 자신의 죽음을 "언약의 피"(막 14:24)라고 하셨습니다. 이것은 맹세의 성격을 가진 것으로서 그의 십자가 대속을 믿는 자들에게 주는 구원의 약속입니다. 하나님은 "진실로 내가 살아 있는 것"(민 14:21)을 두고 맹세한다고 하셨습니다. 하나님께서 자신의 생명을 걸고 맹세하시는 것은 어떤 경우에도 성취됩니다. 아브라함과 그의 후손에게 가나안 땅을 주신다고 맹세하신 것은 실제로 일어난 역사적 사실입니다. 이스라엘 백성은 우상 숭배에 대한 형벌로 바벨론으로 잡혀갔다가 다시 가나안으로 귀향하였습니다. 이것은 하나님이 자신의 생명을 담보하고 맹세하셨기 때문에 발생한 사건이었습니다(겔 17:18~20; 20:42).

진노의 맹세

출애굽 세대는 하나님의 진노의 맹세를 받았습니다. 출애굽 세대가 가나안 땅에 못 들어간 까닭은 불신이었습니다(18절). 그런데 그들의 가나안 진입 실패의 근본적인 원인은 하나님이 진노의 맹세를 하섰기 때문이었습니다. 그들이 가나안 정탐 보고를 듣고 두려워하며 울고불고했을 때 모세는 하나님께 용서와 자비를 구하였습니다. 하나님은 그들을 용서하셨습니다. 그럼에도 하나님은 그들이 가나안에 결단코 못 들어간다고 맹세하셨습니다.

> 여호와께서 이르시되 내가 네 말대로 사하노라 그러나 진실로 내가 살아 있는 것과 여호와의 영광이 온 세계에 충만할 것을 두고 맹세하노니 내 영광과 애굽과 광야에서 행한 내 이적을 보고서도 이같이 열 번이나 나를 시험하고 내 목소리를 청종하지 아니한 그 사람들은 내가 그들의 조상들에게 맹세한 땅을 결단코 보지 못할 것이요 또 나를 멸시하는 사람은 한 사람도 그것을 보지 못하리라 (민 14:20~23).

하나님이 맹세하신 일은 반드시 이루어집니다. 그런데 하나님의 약속을 불신하고 멸시하는 자들에게는 도리어 해가 되어 진노의 맹세를 받습니다. 가나안 복지에 대한 약속은 아브라함과 그의 후손에게 준 것이지만(창 28:4, 13~15) 모든 이스라엘 백성에게 자동으로 적용되지는 않았습니다. 출애굽 세대는 가나안에 들어가지 못했고 그들의 자녀들만 갈렙과 여호수아와 함께 들어갔습니다(민 14:29~30). 백성은 뒤늦게 잘못을 깨닫고 첫 번째 가나안 점령을 시도했지만 모세의 말대로 형통하지 못하고 적군인 아말렉인과 산지에 거주하는 가나안인들에게 참패하였습니다(민 14:39~45). 그들은 출애굽의 구원은 잃지 않았지만 조상 때부터 약속된 유업의 땅인 가나안 복지는 상실하였습니다. 이것은 하나님의 백성으로서 받을 수 있는 최대의 손실입니다. 안락한 삶의 터전이 되었어야 할 땅을 상속받지 못한 것은 두고두고 한(恨)이 될 일이었습니다. 그들의 앞길은 막혔고 광야를 벗어날 수 없었습니다.

하나님의 진노의 맹세는 세상 끝은 아닐지라도 광야 40년의 고달픈 삶이 아무런 보람이 없이 죽음으로 종식되는 무서운 심판입니다. 고생 끝에 낙이 온다는 말이 있습니다. 그러나 출애굽 세대에게는 고생 끝에 낙이 아닌 화가 왔습니다. 그들은 첫 단계 구원에서는 애굽의 종살이에서 해방되었으므로 화가 복이 되었습니다. 그러나 두 번째 단계에서는 광야의 화가 복이 되지 못하고 절망과 죽음의 재앙으로 바뀌었습니다. 그들은 첫 단계에서는 유월절 양의 피를 믿고 구원을 받았지만 두 번째 단계에서는 하나님에 대한 불신과 불순종으로 유업의 땅을 향해 전진하지 않았기 때문에 심판을 받았습니다. 하나님께서는 그들이 믿음과 인내로 가나안으로 들어가서 하나님께서 준비하신 구원 이후의 은혜들을 넘치게 체험하기를 원하셨습니다. 그들은 하나님과 함께 살면서 새 땅의 자유와 풍요를 즐기고 하나님과의 친밀한 교제 속에서 열방을 향한 복음의 증인과 복의 통로가 되는 소명을 받들어야 했습니다(창 12:3).

유감스럽게도 그들은 가나안에서의 하나님의 가까운 임재도 체험하지 못하고 국가 공동체 차원에서 함께 성전 예배에 참여하는 특권도 잃었습니다. 또한 그들은 율법을 통해 하나님을 실생활에서 알아가는 유익을 놓쳤습니다. 그들은 하나님 나라를 위해 무엇인가 기여할 수 있는 기회를 받지 못하고 광야에 모두 엎드러지는 불행한 최후를 맞았습니다. 그들은 출발은 좋았지만 끝이 좋지 않았습니다. 그래서 히브리서의 저자는 **우리가 시작할 때에 확신한 것을 끝까지 견고히 잡고 있으면 그리스도와 함께 참여한 자가 되리라** (3:14)고 격려하였습니다.

우리는 어떤 일이 있어도 하나님의 진노의 맹세를 받는 일이 없어야 합니다. 그렇다고 해서 날마다 전전긍긍하며 자신이 하나님의 진노의 맹세를 받지 않았는지 불안해할 필요는 없습니다. 그런 불안감과 두려움이 있다는 것은 하나님의 진노가 내리지 않았다는 증거입니다. 거듭된 불순종과 의도적인 일탈이 있다면 속히 회개하고 하나님의 용서를 받아야 합니다. 하나님께서 출애굽 세대의 절대 다수에게 진노의 맹세를 하셨다는 사실은 우리 모두에게 엄중한 경고가 되어야 할 것입니다.

축복(자비)의 맹세

진노의 맹세처럼 축복(자비)의 맹세도 하나님이 내리시면 변경되거나 취소되지 않고 반드시 성취됩니다.

❖ 가장 대표적인 실례는 아브라함입니다. 하나님은 아브라함에게 나타나셔서 고향을 떠나라고 하시면서 "내가 네게 보여 줄 땅으로 가라"(창 12:1)고 지시하셨습니다. 그때 이런 약속을 하셨습니다.

> 내가 너로 큰 민족을 이루고 네게 복을 주어 네 이름을 창대하게 하리니 너는 복이 될지라 너를 축복하는 자에게는 내가 복을 내리고 너를 저주하는 자에게는 내가 저주하리니 땅의 모든 족속이 너로 말미암아 복을 얻을 것이라 하신지라 (창 12:2~3).

그런데 이 약속은 여러 형태로 반복되었습니다.

> 여호와께서 나타나 이르시되 내가 이 땅을 네 자손에게 주리라 하신지라 (창 12:7).

하나님께서 처음 아브라함에게 주셨던 약속은 아브라함 개인에게 집중되었습니다. 아브라함이 큰 민족을 이루고 그의 이름이 창대하게 되며 그가 저주와 복의 원인이 된다고 하였습니다. 그러나 그다음 말씀에서는 아브라함의 자손에게도 땅을 주신다고 했습니다. 아브라함이 롯과 함께 가나안 땅에 들어갔을 때 다시 땅의 약속을 받았습니다.

> 롯이 아브람을 떠난 후에 여호와께서 아브람에게 이르시되 너는 눈을 들어 너 있는 곳에서 북쪽과 남쪽 그리고 동쪽과 서쪽을 바라보라 보이는 땅을 내가 너와 네 자손에게 주리니 영원히 이르리라 내가 네 자손이 땅의 띠끌 같게 하리니 사람이 땅의 티끌을 능히 셀 수 있을진대 네 자손도 세리라 너는 일어나 그 땅을 종과 횡으로 두루 다녀 보라 내가 그것을 네게 주리라 (창 13:14~17).

여기서는 땅이 아브라함이 눈으로 볼 수 있는 동서남북의 영역입니다. 그리고 그의 자손이 땅의 티끌처럼 많을 것이라고 하였습니다. 그다음 하나님께서 아브라함과 언약을 맺으셨을 때 주신 약속에는 땅의 영역이 가나안뿐만 아니라 애굽 강에서부터 유브라데까지 확장됩니다(창 15:18~21). 한편, 바울에 의하면 아브라함에게 약속된 땅은 사실상 온 세상을 포함한 것이었습니다.

> 아브라함이나 그 자손에게 주신 하나님의 약속, 곧 그들이 세상을 물려받을 상속자가 되리라는 것은, 율법으로 말미암은 것이 아니라, 믿음의 의로 말미암은 것입니다. (롬 4:13, 새번역).

그런데 아브라함과 그의 자손이 언제 온 세상을 물려받았습니까? 가나안 땅은 출애굽한 이스라엘 백성이 한때 유업으로 받았지만 많은 세월이 지난 지금도 땅에 대한 약속은 완전히 성취되지 않았습니다. 그렇다면 과연 이 약속이 언제 이루어질까요? 아무도 모릅니다. 그러나 하나님의 약속이 언젠가 반드시 이루어질 것을 확신할 수 있습니다.

그 증거가 무엇입니까? 하나님께서 아브라함에게 주신 축복(자비)의 맹세입니다. 하나님이 맹세하신 것은 세월이나 환경의 변화나 기타 일체의 방해에도 불구하고 성취됩니다. 하나님께서 아브라함에게 주셨던 약속은 순종과 믿음을 전제로 한 조건부 약속이었습니다. 아브라함이 하나님의 약속을 믿었을 때 그는 의롭다는 선언을 받았습니다(창 15:6). 그다음 하나님은 아브라함과 언약 의식을 행하셨습니다. 언약은 피로써 맺는 약속입니다(창 15:4~21). 고대 세계에서 언약 의식에는 동물 희생이 필요하였고 법적 구속력이 있었습니다. 이것은 일반적인 약속보다 훨씬 더 엄숙한 서약이었습니다. 하나님의 약속의 말씀이 언약을 오퍼한 상태를 가리켰다면, 언약은 하나님의 맹세로 이어지는 출발점이라고 할 수 있습니다. 언약과 맹세는 거의 동일한 개념이지만 언약은 맹세에 앞서기 때문에 전후 관계입니다. 그러나 언약의 핵심에는 맹세가 내포되었으므로 절차상 맹세가 나오지 않아도 언약이 성립된 것으로 보아야 합니다. 예를 들어 예수님은 제자들과 마지막 식사 때에 언약을 하셨지만 아브라함의 경우처럼 자신을 가리켜 맹세하시지는 않았습니다(창 22:16).

이것은 죄 사함을 얻게 하려고 많은 사람을 위하여 흘리는 바 나의 피 곧 언약의 피니라 (마 26:28).

예수님은 자신의 생명을 대속의 희생제물로 내놓으실 것이기 때문에 '언약의 피'라고 하셨습니다. 즉, 피의 언약이므로 맹세의 문구가 없어도 맹세가 들어간 것이라고 보아야 합니다. 사실상 예수님이 말씀하실 때 자주 '내가 진실로 진실로 너희에게 말하노니'라는 형식을 사용하셨습니다. 문자적으로 옮기면 '진실로 진실로'는 '아멘, 아멘'입니다.

> 아멘, 아멘, 너희가 내 말을 듣고 또 나 보내신 이를 믿는 자는 영생을 얻었고 심판에 이르지 아니하나니 사망에서 생명으로 옮겼느니라 (요 5:24).
> 아멘, 아멘, 예수께서 이르시되 인자의 살을 먹지 아니하고 인자의 피를 마시지 아니하면 너희 속에 생명이 없느니라 (요 6:53).
> 아멘, 아멘, 내가 너희에게 말하노니 나는 양들의 문이라 (요 10:7).
> 아멘, 아멘, 내가 너희에게 말하노니 아브라함이 나기 전부터 내가 있느니라 (요 8:58).

예수님이 말씀하실 때 '아멘, 아멘'을 사용하신 것은 구약에서 하나님이 "나의 삶을 두고 맹세하노니"(겔 14:20; 17:19; 20:33; 습 2:9)라고 하신 맹세의 형식과 내용상 유사합니다. 이렇게 이해하면 예수님의 말씀의 엄숙성과 확실성이 크게 강화됩니다. 예수님의 말씀은 자신의 피를 담보하고 주시는 불변의 진리입니다. 피로 맺은 언약이기 때문에 맹세가 핵심입니다. 그래서 취소되거나 변경되지 않습니다. 예수님의 말씀은 언제나 진리이며 반드시 성취됩니다.

한편, 아브라함의 경우 언약과 맹세는 두 단계를 거친 것처럼 보입니다. 처음에는 창세기 15장에서 하나님께서 동물의 피를 흘리는 의식을 통해 아브라함과 언약을 맺으시고 땅을 주신다고 약속하셨습니다(창 15:8~21). 이로써 땅의 약속은 언약으로 확보되었습니다. 그런데 하나님이 축복의 맹세를 하시는 대목은 아브라함이 이삭을 번제로 바치는 창세기 22장에 나옵니다(창 22:12, 16). 이것은 언약을 맺은 이후 상당한 세월이 지난 후였습니다. 그러니까 창세기 15장의 언약이 한 번으로 종결된 것이 아니라 진행 중이었음을 알 수 있습니다. 그 까닭은 이삭이 자란 후에 아브라함이 그를 번제로 바치는 순종의 테스트를 통과해야만 하나님의 맹세가 선포될 것이기 때문이었습니다.

하나님의 첫 단계 약속은 순종과 믿음을 전제로 하는 조건부 약속입니다. 그래서 순종과 믿음의 조건 충족이 된 후라야 맹세로 확정됩니다. 하나님의 약속은 맹세에 의해서 비준될 때까지는 확정된 것이 아닙니다. 그러나 일단 언약이 맹세로 비준되면 아무도 이것을 막을 수 없습니다(갈 3:15). 언약은 맹세에 의해서 법적으로 확보된 약속입니다. 하나님의 약속이 처음에 주어질 때는 언약이 오퍼된 상태에 있습니다. 그런데 순종과 믿음의 테스트를 통과하여 맹세가 취해지면 약속은 법적으로 확정이 되고 철회나 취소가 불가능합니다. 그래서 맹세는 언약의 절정이며 하나님의 안식으로 들어가는 관문입니다. 아브라함이 순종하여 이삭을 실제로 번제단에 올려놓았을 때 어떤 일이 일어났습니까? 하나님이 축복의 맹세를 하셨습니다.

이르시되 여호와께서 이르시기를 내가 나를 가리켜 맹세하노니 네가 이같이 행하여 네 아들 네 독자도 아끼지 아니하였은즉 내가 네게 큰 복을 주고 네 씨가 크게 번성하여 하늘의 별과 같고 바닷가의 모래와 같게 하리니 네 씨가 그 대적의 성문을 차지하리라 또 네 씨로 말미암아 천하 만

민이 복을 받으리니 이는 네가 나의 말을 준행하였음이니라 하셨다 하
니라 (창 22:16~18).

아브라함에게 이러한 맹세가 주어졌을 때 그의 씨를 통해 세상
에 오실 메시아에 대한 약속은 변경될 수 없는 확고부동한 실체가 되
었습니다. 이 순간에 아브라함은 자신의 안식에 들어갔으며 하나님
이 주신 약속을 유업으로 확보하였습니다. 그 이전에는 조건부 약속
이기 때문에 유산(流産)될 수 있었지만 이제는 반드시 실현될 것이었
습니다. 이 일은 아브라함이 여러 해에 걸친 믿음과 순종의 테스트
후에 하나님께서 "이제야 네가 하나님을 경외하는 줄을 아노라"(창
22:12)라는 결정적인 확증으로 날인되었습니다. 그래서 예수님의 탄
생은 필연적이었고 그를 통해 천하 만민이 복을 받게 될 것이었습니
다. 아브라함의 믿음의 후손이 세상을 상속받고 하나님의 안식에 들
어가는 일은 지금도 진행 중입니다. 중요한 것은 하나님의 축복의 맹
세가 있으면 반드시 성취된다는 것입니다. 그래서 우리는 하나님께
서 "내가 이제야 네가 하나님을 경외하는 줄 아노라"(창 22:12)라고 확
증하시는 지점에까지 이르도록 믿음과 순종과 인내로 유업의 상을
위해 힘써야 합니다. 이것이 구원받은 이후부터 살아가야 할 성도의
기본 자세이며 목표입니다.

❖ 다윗도 하나님의 맹세를 체험하였습니다. 그 역시 여러 해의
시련과 순종의 테스트를 받은 후에 드디어 번복의 가능성이 없는 하
나님의 맹세를 받고 안식에 들어갔습니다.

왕이 그의 집에 살 때 여호와께서 주위에 있는 그의 모든 원수로부터 안

식하게 하셨다. (삼하 7:1, 직역성경).

하나님께서는 다윗에게 그의 자손의 보좌가 영원할 것이라고 맹세하셨습니다.

> 주께서 이르시되 나는 내가 택한 자와 언약을 맺으며 내 종 다윗에게 맹세하기를 내가 네 자손을 영원히 견고히 하며 네 왕위를 대대에 세우리라 하셨나이다 (시 89:3~4).

하나님 편에서는 맹세가 취해졌고, 다윗 편에서는 여러 해에 걸친 원수들과의 싸움을 이기고 주께서 주시는 안식을 누렸습니다. 하나님의 맹세는 다윗 왕가를 통해 오시는 예수 그리스도의 왕권이 영원할 것을 보장하였으며 다윗 개인에게도 외부로부터의 안전과 내적 안식을 주었습니다. 다윗의 후손으로 오시는 메시아에 대한 하나님의 맹세는 예수 그리스도의 영원한 대제사장직과도 관계됩니다(히 4:14~16). 예수님의 대제사장직이 영원하다는 것을 어떻게 믿을 수 있습니까? 하나님이 맹세하셨기 때문입니다.

> 주님께서 맹세하시기를 너는 멜기세덱을 따른 영원한 제사장이다 하셨으니 그 뜻을 바꾸지 않으실 것입니다. (시 110:4, 새번역).

> 또 예수께서 제사장이 되신 것은 맹세 없이 된 것이 아니니 (그들은 맹세 없이 제사장이 되었으되 오직 예수는 자기에게 말씀하신 이로 말미암아 맹세로 되신 것이라 주께서 맹세하시고 뉘우치지 아니하시리니 네가 영원히 제사장이라 하셨도다) 이와 같이 예수는 더 좋은 언약의 보증이 되셨느니라 … 예수는 영원히 계시므

로 그 제사장 직분도 갈리지 아니하느니라 (히 7:20~24).

히브리서 저자는 예수님의 대제사장 직분이 하나님의 맹세로 영원하다는 것을 지적하고 이에 근거해서 우리가 주께 담대히 나아가 도움을 청할 것을 권고하였습니다(히 4:16; 8:25, 28). 예수님이 하나님의 맹세로 영원한 대제사장이 되셨다는 것은 우리를 위해 하나님 존전에서 기도하시는 영원한 중보자가 계시다는 뜻입니다. 또한 예수님은 인간으로 사셨기 때문에 우리의 연약함을 십분 이해하십니다. 그뿐 아니라 고난을 통해 순종을 배우셨기에 우리를 충분히 격려하며 도우실 수 있습니다(히 4:15~16; 5:7~10). 예수님의 대제사장직은 하나님의 맹세로 된 것이므로 영원히 변치 않습니다. 우리가 이 사실을 기억한다면 주님의 여러 가지 약속의 말씀들이(히 6:15; 7:6; 11:9, 17) 이루어질 것을 확신하며 어떤 상황에서도 낙심하거나 포기하지 않고 주님께 더 가까이 나아가게 될 것입니다. 하나님의 약속은 우리가 꾸준한 믿음과 신실함을 보일 때 하나님의 맹세를 체험하게 하고 안식으로 들어가게 합니다.

하나님은 우리에게 많은 은혜로운 약속들을 주셨습니다. 성경에 나오는 약속들은 모두 우리를 위한 것입니다. 그러나 하나님의 약속들은 순종과 믿음을 전제한 조건부 약속들이므로 취소될 수 있습니다. 반면, 하나님이 축복의 맹세를 하시면 약속들은 무조건적인 언약이 되어 반드시 성취됩니다. 그런데 하나님의 맹세가 주어졌다고 해서 그 성취가 반드시 한 세대 안에 일어난다는 보장은 없습니다. 아브라함은 가나안 땅에 대한 하나님의 맹세를 받았지만 그는 평생을 가나안에서 나그네로 살았습니다. 다윗도 자신의 후손으로 오실 예수 그리스도에 대한 하나님의 맹세를 받았지만(마 1:1) 예수님의 탄생은 먼 후일의 일이었습니다.

그럼에도 하나님은 축복의 맹세를 받는 자녀들에게 약속들이 완전하게 성취되지 않을지라도 하나님이 주시는 안식과 자신이 받은 소명이 열매를 맺고 있음을 감지할 수 있게 하십니다. 이런 영적 체험은 심령의 평안을 주고 하나님의 동행을 확신케 합니다. 이러한 레벨의 복을 받으려면 죄의 유혹을 받아 마음이 굳어지지 않도록 해야 하고 하나님의 뜻을 행하는 꾸준한 순종이 따르도록 성령의 음성에 민감해야 합니다.

예수님은 십자가의 수치를 개의치 아니하시고 참으셨을 때 하나님의 축복의 맹세를 체험하셨습니다(사 53:11; 히 12:2). 바울도 빌립보 교회를 섬긴 후에 하나님의 축복의 맹세에 이른 것을 확신하고 그들을 그가 받을 상으로서 "나의 기쁨이요 면류관인 사랑하는 자들"(빌 4:1)이라고 불렀습니다.

우리가 꾸준한 믿음과 인내로 순종하면 **내가 이제야 네가 하나님을 경외하는 줄을 아노라** (창 22:12, 16, 17, 18)는 말씀을 듣게 될 것입니다. 그 때 우리는 이 세상에서 가장 높은 단계의 축복 속으로 들어갑니다. 이런 식으로 하나님을 섬기고 주의 나라와 복음을 위해 쓰임을 받는 것은 현세에서 체험할 수 있는 기쁨과 특권입니다. 그러나 궁극적으로 하나님이 주신 맹세의 언약은 새 하늘과 새 땅에서 유업의 상으로 온전히 성취될 것입니다.

16.
피차 권면하라
히브리서 3:12~13

형제들아 너희는 삼가 혹 너희 중에 누가 믿지 아니하는 악한 마음을 품고 살아 계신 하나님에게서 떨어질까 조심할 것이요 오직 오늘이라 일컫는 동안에 매일 피차 권면하여 너희 중에 누구든지 죄의 유혹으로 완고하게 되지 않도록 하라 (히 3:12~13).

저자는 3장 7~11에서 시편 95편을 인용하여 불신과 마음을 완고하게 먹는 위험에 대해서 경고하였습니다. 하나님을 신뢰하지 못하여 하나님을 시험하고, 시련을 통해 가나안 복지에 이르게 하시는 '하나님의 길'(3:10)을 알지 못하고 반항하는 자들은 하나님의 안식에 못 들어간다는 것이었습니다. 본문은 과거에 주셨던 이러한 경고를 현재의 상황에 그대로 적용시켰습니다.

[경고는 누구에게 준 것입니까?]
불신자들에게 준 것일까요? 모든 교인들에게 준 경고입니다. 12절에서 "형제들아 너희는"이라고 했습니다. 이미 3장 1절에서 "그러

므로 함께 하늘의 부르심을 받은 거룩한 형제들아"라고 불렀습니다. 사실 교인들에게 준 경고라는 것은 2장 초두에서부터 지적되었습니다. "우리가 들은 것에 더욱 유념함으로 … 우리가 이같이 큰 구원을 등한히 여기면 어찌 그 보응을 피하리요"(2:1~4). 여기서 "우리"는 히브리서 저자를 포함한 모든 신자들임이 분명합니다.

[무엇에 대한 경고입니까?]

12절에서 "너희 중에 누가 믿지 아니하는 악한 마음을 품고 살아계신 하나님에게서 떨어질까 조심할 것"이라고 했기 때문에 처음 받은 구원을 불신으로 상실하는 듯이 들립니다. 혹은 불순종과 반항으로 하나님을 떠나는 자들은 처음부터 신자가 아니었다고 생각하기 쉽습니다. 그러나 본 절은 받은 구원을 잃을 수 있다는 것을 시사하지도 않으며 경고의 대상이 가짜 교인이라는 말도 아닙니다. "믿지 않는 악한 마음"은 구원의 복음을 믿지 않는다는 뜻이 아니고 이스라엘 백성이 광야에서 하나님을 신뢰하지 않았듯이, 하나님의 보호와 인도를 받지 않고 하나님을 시험하며 마음을 완고하게 먹는 것을 가리킵니다. 하나님에게서 떨어져 나가는 것은 하나님을 버렸기 때문에 구원을 잃는다는 말이 아닙니다. 2장 1절에서 흘러 떠내려간다는 의미와 비슷합니다. 뗏목이 물에 떠내려 가듯이 영적으로 방향을 잃고 방황하는 상태를 가리킵니다. 하나님에게서 떨어져 나가는 것은 하나님과의 밀착된 교제를 떠나 아무런 영적 진보가 없이 목표를 잃고 세월을 허송하는 것입니다. 그런 삶에는 하나님의 임재나 능력을 느낄 수 없고 하나님과의 가까운 동행이 주는 안전과 평안이 없습니다.

지금까지 저자는 큰 구원을 등한시하는 것(2:3), 마음을 완고하게 갖는 것(3:8), 하나님을 시험하는 것(3:9), 죄의 유혹에 빠지는 것(3:10), 하나님의 길에 대해 무지한 것(3:10) 등을 언급하였습니다. 광야 세대는 이러한 위험에 빠졌고 하나님의 진노의 맹세를 받아 가나안 입성이 거부되었습니다(3:11). 그래서 저자는 그들의 실패를 상기시키면서 하나님으로부터 떨어져 나가는 일이 없어야 한다고 권고하였습니다.

성령의 음성을 듣고도 무시해 버리면 어떤 일이 일어날까요? 하나님의 진노의 맹세를 받습니다. 그러면 크리스천의 영적 삶에 진보가 없고 하나님의 임재나 위로나 능력을 체험하지 못합니다. 광야 세대는 불평불만으로 세월을 보냈습니다. 그들은 하나님을 신뢰하는 믿음을 보이지 않았고 출애굽한 것을 후회하였습니다. 광야의 삶은 물론 거칠고 힘듭니다. 광야는 각종 편의시설을 갖춘 관광지가 아닙니다. 편하게 살 수 없는 곳이기 때문에 하나님께서 백성을 광야로 인도하시고 그들이 악조건에서 하나님에 대한 믿음을 드러내게 하셨습니다. 이런 방법으로 자기 백성을 훈련시킨 후에 가나안 복지로 데리고 가는 것이 "내 길"(3:10) 곧 하나님의 길이었습니다.

그런데 하나님의 길을 거부하고 반항하면 가나안을 향해 한 걸음도 가까이 가지 못합니다. 하나님의 길을 밀어내면 신자의 삶은 그 순간부터 어두워지고 만사를 부정적으로 보게 됩니다. 많은 신자가 주 예수를 믿고 구원을 받았음에도 기쁨과 감사함으로 주님을 섬기지 못하고 믿음 생활에 진전이 없는 주된 이유는 하나님의 길을 거부하기 때문입니다. '나의 길'이 형통하지 못하여 불편하고 불안할지라도 '주님의 길'이 형통하면 된다고 생각해야 합니다.

어떻게 하는 것이 주님의 길이 형통하는 것일까요? 내 생각과 내

욕심으로 원하는 '나의 길'을 포기하는 것입니다. 나의 길은 애굽으로 돌아가는 길이고, 주님의 길은 가나안으로 들어가는 길입니다. 내가 믿음과 인내와 순종으로 주님의 길을 받아들이면 주께서 필요한 은혜를 내리십니다. 그래서 광야에서 하나님을 신뢰했던 자들은 여호수아와 갈렙의 경우처럼 가나안 정복을 확신하였고 하나님이 함께 하신다고 믿었습니다. 그들은 같은 광야 생활을 했지만 삶이 어둡거나 부정적이지 않았습니다.

출애굽의 구원을 체험했다면 광야에서도 하나님의 구원을 신뢰해야 합니다. 애굽에서의 열 재앙의 기적을 통해 하나님은 자기 백성을 충분히 돌보시고 약속의 땅으로 데리고 가실 수 있는 분임을 증명하셨습니다. 우리가 예수 그리스도의 십자가 구원을 받고 하나님의 자녀가 되었다면 우리 인생의 광야에서 계속하여 주님의 큰 구원을 확신하고 어려움 속에서 역사하시는 하나님의 능력과 돌보심에 자신을 맡겨야 합니다. 그렇게 할 수 있다면 극히 작고 단조로운 것에서도 하나님의 은혜를 체험하고 시련 속에서도 하나님의 사랑을 느낄 수 있습니다.

만나는 매우 작은 양식이었지만 하늘에서 내려온 신령한 음식이었습니다. 그러나 이스라엘 백성은 그런 초자연적인 양식으로 만족할 수 없었습니다. 오히려 만나가 불평거리가 되었고 애굽의 고기가마를 더 생각나게 하였습니다. 하지만 40년 동안 하나님이 만나로 모든 백성을 다 먹이신 사실을 생각해 보십시오. 인류 역사에서 그런 양식을 먹어본 사람은 아무도 없었습니다. 하나님은 애굽의 열 재앙처럼 드라마틱한 기적으로만 살게 하시지 않습니다. 극히 작은 만나도 놀라운 기적이며 하나님의 큰 은혜입니다. 이것을 알아보고 감사하며 마침내 젖과 꿀이 흐르는 땅의 양식으로 살게 하실 하나님을 신뢰하며 기뻐한다면 하나님의 길이 형통하여 우리에게 큰 복이 될 것입니다.

살아 계신 하나님은 어떤 분이십니까?

우리는 하나님께서 행하신 일로 분명하게 느껴질 때 하나님이 살아 계시다는 말을 종종 사용합니다. 하나님은 항상 살아 계십니다. 그런데 하나님의 개입이나 섭리가 매우 선명하고 강력할 때가 있습니다. 하나님은 자신의 살아 계심을 부정적으로 드러내시기도 하고 긍정적으로 드러내시기도 합니다. 죄인을 심판하실 때는 부정적입니다. 예를 들어 모세와 아론을 반대하고 여호와께 반역한 고라와 그의 무리를 땅이 입을 벌려 삼켰습니다(민 26:9~10). 신약 시대에는 아나니아와 삽비라가 성령을 속이고 땅 값의 일부를 감추었다가 즉석에서 심판을 받고 죽었습니다(행 5:1~11). 헤롯 왕이 방자하여 하나님께 영광을 돌리지 않았을 때 "주의 사자가 곧 치니 벌레에게 먹혀"(행 12:23) 죽었습니다.

구약 시대의 하나님이나 신약 시대의 하나님은 항상 살아 계신 동일한 하나님이십니다. 다행히도 부정적인 하나님의 심판은 자주 일어나지 않습니다. 하나님은 일벌백계(一罰百戒)의 원칙으로 다스리십니다. 교회 안에는 크고 작은 형태의 재정 비리가 늘 있어왔습니다. 초대교회 이래로 지금까지 아나니아와 삽비라를 처벌하셨듯이 일일이 다 징벌하셨다면 2천 년 동안 즉사한 신자들의 수효는 무수할 것입니다. 그렇지만 우리는 횟수가 적다고 해서 마음을 놓을 것이 아니라 경각심을 일으키기 위한 부정적 본보기의 사례를 심각하게 여기고 하나님을 두려워해야 합니다.

하나님의 활동이라고 확신할 수 있는 긍정적 행위는 하나님이 살아 계셔서 개인과 국가의 운명을 통제하신다고 굳게 믿었던 성도들의 삶에서 강력한 능력으로 드러났습니다. 다윗은 블레셋의 거인 장수인 골리앗과 싸울 때 이스라엘을 "살아 계시는 하나님의 군대"(삼상 17:26)라고 자부하며 골리앗을 죽여 "온 땅으로 이스라엘에 하나님이 계신 줄 알게 하겠다"(삼상 17:46)고 장담하였습니다. 그의 말대로 골리앗은 다윗의 돌팔매에 고꾸라졌고 전쟁은 이스라엘의 승리로 끝났습니다. 다니엘은 모함으로 사자굴에 던져졌지만 죽음의 웅덩이 속에서도 하나님을 굳게 신뢰하였기에 조금도 상하지 않고 구출되었습니다(단 6:23). 그때 다리오 왕은 조서를 내려 다니엘의 하나님은 "살아 계시는 하나님"(단 6:26)이라고 공포하였습니다.

하나님이 살아 계신 분임을 드러내는 긍정적 사건들은 초대교회의 사도들에 의해 많은 이적과 표적으로 나타났습니다(행 2:43). 베드로가 투옥됐을 때 천사가 나타나서 그를 감옥 밖으로 데리고 나왔습니다(행 12:1~11). 바울도 빌립보 감옥에서 지진이 나서 옥문이 다 깨어지는 것을 경험하였습니다(행 16:25~26). 하나님은 위기 때에 사도들에게 자주 갈 길을 보여주시고 초자연적인 방식으로 보호하셨습니다(행 8:26~40; 9:36~43; 16:6~10; 23:11; 28:3~6). 이와 같은 기적이나 환상이 아니더라도 하나님의 행위임을 확신하고 기뻐하며 격려를 받을 수 있는 일들은 우리에게도 크고 작은 방식으로 자주 일어납니다. 그래서 하나님이 과연 살아 계시다는 것을 고백하지 않을 수 없습니다.

그런데 광야 세대는 하나님의 긍정적인 활동을 통해 그분을 살아 계신 하나님으로 체험하지 못하였습니다. 잘 먹고 잘사는 것보다 하나님의 긍정적인 활동이 우리의 삶 속에서 일어나고 있음을 의식하는 것이 더 중요하고 더 필요한 은혜입니다. 하나님께서 강력한 방식으로 살아 계심을 드러내실 때나 혹은 조용한 방식으로 우리와 함께 하심을 나타내실 때 우리의 마음은 기쁨과 감사로 채워지고 어려움을 견딜 수 있는 힘을 얻습니다. 하나님의 임재와 개입이 생생한 체험으로 나타나면 영혼 깊은 곳에서 찬송이 우러나오고 기도의 레벨이 상승합니다. 하나님께서는 그의 모든 자녀들이 이러한 하나님의 살아 계심을 체험적으로 알기를 원하십니다. 그러기 위해서 우리에게 복음이 있고 성령의 음성이 있습니다. "귀 있는 자는 들을지어다"라고 하셨습니다. 우리가 주님의 말씀을 듣고 꾸준히 신뢰하며 순종과 겸비한 마음으로 실천해 나가면 하나님이 살아 계신 것을 체험하게 됩니다. 그렇지 않고 하나님을 형식적으로 대하거나 그분을 의심하거나 전적으로 신뢰하지 못하거나 진지하지 못하면 하나님을 살아 계신 분으로 체험하지 못합니다. 내가 '하나님은 과연 살아 계신다'고 고백한 때가 언제였습니까? 지금도 같은 고백을 하며 살 수 있어야 하겠습니다.

서로 격려하며 삽시다.

오직 오늘이라 일컫는 동안에 매일 피차 권면하여 너희 중에 누구든지
죄의 유혹으로 완고하게 되지 않도록 하라 (3:13).

흔히 교회를 믿음 공동체라고 부릅니다. 공동체는 동일한 목적을 추구하는 유기적 연합체로서 각 구성원들 사이의 협력에 의해 조화와 통일을 이루며 발전해 나갑니다. 교회는 예수 그리스도의 지체입

니다. 예수님이 머리시고 우리는 그의 몸입니다. 몸은 각 부분이 갖는 독특한 역할과 기능으로 유지됩니다. 그래서 조화롭고 건강한 몸이 되려면 머리의 지시를 잘 따르며 서로 돌보고 협력해야 합니다. 이것은 당연한 일이지만 실제로는 잘 실행되지 않습니다. 인간은 본능적으로 이기적입니다. 자신의 복지가 항상 우선입니다. 그래서 교인이 된 후에도 이기적인 성향이 쉽게 사라지지 않습니다. 그렇지만 복음이 더 깊이 깨달아지고 예수님이 어떤 분이시며 어떤 삶을 사셨는지를 더 배워가면서 점차 이타적인 사랑의 사람으로 바뀌기 시작합니다. 그럼에도 하나님께 저항하며 죄에 빠지거나 도움이 필요한 다른 성도에게 무관심한 경우가 적지 않습니다. 그래서 히브리서 저자는 그런 일이 생기지 않도록 매일 서로 권면하며 격려하라고 했습니다. 격려와 돌봄의 단위는 **오늘**이고 **매일**(13절)입니다. 이것은 우리가 하루라도 방심할 수 없다는 것입니다. 죄의 유혹으로 마음이 완고하게 되는 일은 언제라도 일어날 수 있습니다. 그래서 교회는 믿음 공동체의 영적 건강 상태에 민감한 반응을 보이고 적절한 조치를 취해야 합니다. 몇 가지 기본적인 대안을 제시해 봅니다.

첫째, 하루 단위로 기도하는 팀을 구성하면 전 교인이 차례로 기도할 수 있습니다. 물론 개인이 날마다 다른 교우의 영적 필요를 위해 개인적으로 기도하는 것은 매우 바람직합니다.

둘째, 죄의 유혹을 받고 있거나 탈선이 진행 중인 교우는 특별한 돌봄이 필요합니다. 함부로 정죄하거나 우월한 자세로 대하지 말고 모든 일을 다 아시고 동정하시는 대제사장되신 예수님을 바라보도록 권유해야 합니다. 필요에 따라 기독교 전문 상담자나 영적으로 성숙한 성도의 도움을 청할 수 있습니다. 다른 성도의 문제를 다룰 때에는 자신의 경험을 내세워 설득하려고 하지 말아야 합니다. 그런 조언은 주관적이어서 부적절한 경우가 많습니다. 나의 경험을 감추고 예수님을 내세워야 합니다. 예수님의 말씀으로 설득하고 격려하도록 하십시오. 또 돌본다는 명목으로 지나치게 챙기거나 간섭하지 말아야 합니다. 흔히 교회에서 교인을 붙잡아두기 위해서 각 부서의 리더가 그런 압력을 넣는 경우가 있다면 자중해야 합니다. 잘못된 열심으로 자기가 원하는 방향으로 멤버들을 통제하려는 것은 불필요한 갈등과 상처를 주기 쉽습니다.

상대방의 비밀이나 약점에 대해서 다른 사람에게 말하지 말고 계속해서 간절히 기도하십시오. 상대방의 은사와 소명을 상기시키고 하나님을 위해서 아직도 섬길 일이 많이 남았음을 알려 주고 다시 일어서도록 온유한 자세로 격려하십시오.

셋째, 복음의 말씀으로 격려해야 합니다.

본문이 말하는 구체적인 격려의 내용은 처음 받았던 복음의 약속들을 확신하고 끝까지 붙잡으라는 것입니다(14절). 구원은 확보되었습니다. 그러나 앞으로 차지해야 할 약속된 유업의 땅이 있습니다. 그런데 이 약속의 땅은 불신과 불순종으로 상실될 수 있습니다. 그래서 꾸준하고 끈기 있는 믿음이 필요합니다. 우리는 누구나 연약합니다. 신자라고 하지만 복음과 배치되는 불일치의 삶이 있고 여기저기 부끄러운 부분이 있습니다. 이런 때에 히브리서의 저자가 지적하는 것은 우리를 약속의 땅으로 데리고 가기 위해서 투신하신 하늘의 대제사장이 계신다는 사실입니다. 히브리서 11장에 나온 믿음의 선열들에 대한 초상화는 그들의 심각한 실족에도 불구하고 하나님을 위해서 끝까지 달릴 수 있었음을 증언합니다.

우리는 서로 권면하고 격려해야 합니다. 죄의 유혹으로 힘들어하는 형제자매에게는 예수님이 언제라도 도우실 수 있음을 상기시키고 하나님의 은혜가 실족이나 죄 중에서도 열려 있음을 알리십시오. 그리고 돌아서는 자를 하나님이 받아주시고 위로하시며 새 힘으로 살게 하신다고 말하십시오. 특별히 예수님이 지극히 높으신 하나님의 우편에서 나를 위해 중보하신다고 강조하십시오. 우리의 부끄러운 처지에도 불구하고 예수님이 우리를 위해 지금도 기도하신다는 사실보다 더 큰 격려가 되는 것은 없을 것입니다.

넷째, 격려와 함께 경고도 해야 합니다. 복음을 감상적이거나 피상적으로 알고 있지 않은지 확인하고 그에 따른 도움을 주어야 합니다. 하나님은 사랑이시니까 모든 허물을 덮어주시고 그냥 넘어가신다고 생각하거나 다른 사람들도 흔히 저지르는 죄라고 보고 회개하지 않는다면 경고해야 합니다. 이것은 교회 공동체의 설교나 성경공부 등의 가르침에서부터 분명하게 드러나야 합니다.

경고 메시지가 없는 설교나 가르침은 진리의 복음이 아닙니다. 내일 잘되게 한다는 듣기 좋은 말이나 심장 마사지와 같은 부드럽고 부담없는 메시지에 쏠리지 마십시오. 경고의 메시지가 없으면 성장이 없습니다. 자신의 영적 상태를 점검하고 반성하며 조심하는 일이 없을 것이기 때문입니다. 경고에는 징계의 위협도 담겨 있기에 약이 됩니다. 물론 지나치게 하나님을 두려워해서는 안 됩니다. 그렇지만 하나님은 항상 내 편이 되셔서 모든 일이 잘되게 하신다는 식으로 생각하고 하나님을 가볍게 대하지 말아야 합니다. 하나님을 사랑하는 자들에게는 모든 일이 합력하여 선을 이룬다고 하였습니다(롬 8:28). 그런데 하나님을 사랑하는 자라면 하나님의 경고의 말씀을 가볍게 듣지 않아야 합니다. 자녀의 안전과 유익을 위해 경고의 말씀을 주시고 때로는 징계도 하시는 분이 성경의 하나님이십니다.

그럼 무슨 경고를 말하는 것일까요? 저자가 경고하는 죄는 여러 이름으로 나오는데 여기서는 완고하게 되는 것입니다. 하나님께서는 출애굽 구원 이후에 약속된 유업의 땅으로 전진하라고 우리를 부르십니다. 우리가 그의 음성을 듣지 않고 저항하면 마음이 굳어집니다. 하나님은 반복해서 가나안으로 나아가라고 독려하시는데 듣지 않으면 마음이 점점 더 굳어져서 성령의 음성에 전혀 무감각하게 됩니다. 이것은 하나님께서 진노의 맹세를 하시는 시점입니다. 만약 하나님께서 진노의 맹세를 취하시면 광야의 이스라엘 백성처럼 유업의 땅에 들어갈 수 있는 기회가 영원히 상실됩니다.

첫 단계의 구원을 받을 때에는 누구나 믿음을 보입니다. 그런데 그다음 단계에서 시련이 오고 테스트가 시작되면 하나님께 저항하고 하나님을 계속 신뢰하는 믿음을 잘 보이지 않습니다. 이것이 광야 이스라엘 백성에게 일어난 일이었습니다. 그래서 "매일 피차 권면"(13절)하여 누구든지 죄의 유혹으로 완고하게 되지 않게 해야 합니다. 교회는 공동체라서 한 사람이라도 실족하면 공동체 전체에 영향을 미칩니다. 우리는 날마다 깨어서 자신을 위해서만이 아니고 공동체 가족의 어떤 누구도 유업을 받지 못하는 위험에 빠지지 않도록 서로 겸비와 사랑으로 도와야 합니다.

우리가 서로 이런 식으로 격려하면 영적 성장이 오는 것을 가시적으로 목격할 수 있습니다. 우선 다른 성도들을 격려하고 권면하면 나 자신이 성령 안에서 기뻐하게 됩니다. 우리가 그리스도의 복음 안에서 서로 위해주고 격려하면 비록 부담스러운 경고의 말씀 속에서도 하나님의 임재를 느끼고 돌아서는 역사가 일어나게 될 것입니다.

[부록 3]

언약과 하나님의 맹세

교회에서 자주 사용하는 술어 중에는 잘못 사용하거나 혼란을 주는 경우가 있습니다. 언약도 그중의 하나입니다. 우리가 가진 성경책을 구약과 신약으로 나눕니다. 문자적으로 보면 구약은 옛 언약이고 신약은 새 언약입니다. 일반적으로 구약에서 약속된 것이 신약에서 성취되었다고 봅니다. 어거스틴은 이런 말을 하였습니다.

"신약은 구약에 잠재해 있고, 구약은 신약에서 분명하게 드러났다."

(The New Testament is latent in the Old Testament and the Old Testament is patent in the New Testament.)

이 말은 옛 언약을 구약 전체로 보는 것을 전제한 말이기 때문에 정확하지 않습니다. 구약의 여러 언약들이 모두 새 언약으로 연결된다는 생각은 맞지 않습니다. 왜냐하면, 옛 언약은 구약 전체가 아니고 모세 시스템을 가리키기 때문입니다. 즉, 모세 율법이 옛 언약입니다.

그들이 내 언약을 어기며 내 율법을 범함이로다 (호 8:1).

호세아는 여기서 '언약'과 '율법'을 같은 것으로 진술하였습니다. 바울도 마찬가지입니다.

그러나 그들의 마음이 완고하여 오늘까지도 구약을 읽을 때에 그 수건 이 벗겨지지 아니하고 있으니 그 수건은 그리스도 안에서 없어질 것이 라 오늘까지 모세의 글을 읽을 때에 수건이 그 마음을 덮었도다 (고후 3:14~15).

바울은 여기서 '구약'을 '모세의 글'이라고 하였습니다. '구약을 읽을 때에'와 '모세의 글을 읽을 때에'가 동격으로 사용되었습니다. 옛 언약은 곧 모세 율법을 의미하였습니다.

만약 구약 전체를 옛 언약으로 본다면 아브라함 스토리는 창세기에 나오기 때문에 그가 옛 언약 아래에서 살았다는 뜻이 됩니다. 그렇지만 하나님께서 아브라함과 맺은 언약은 모세 언약과 성격이 다른 것이었습니다.

구약에서 언약은 한 가지 이상입니다. 율법 언약은 새 언약 속에 흡수되거나 용해된 것이 아닙니다. 두 언약은 같지 않습니다. 율법 언약은 사실상 끝났습니다. 모세는 아직 살아 있지 않습니다. 살아 계신 분은 예수님입니다. 새 언약은 율법의 경계선을 넘어가며 더 이상 율법 아래 있지 않습니다. 새 언약 백성은 모두 예수 그리스도 아래에서 성령의 능력으로 삽니다. 두 언약은 성격과 목적과 차원이 다르기 때문에 일률적인 언약으로 일원화시키는 것은 모순이며 부작용을 일으킵니다.

❖ 예를 들어, 유아세례를 받는데 그 근거가 무엇입니까? 구약에서 이스라엘 백성이 언약 백성이라는 표식으로 할례를 받았다는 것입니다. 그러니까 신약 시대의 유아세례는 구약의 언약 백성의 할례에 준한다는 말입니다.

❖ 서구사회에는 국교가 있습니다. 예컨대 잉글랜드는 성공회이고 독일은 루터교입니다. 국교주의도 언약 신학에서 나온 것입니다. 하나님께서 이스라엘 국가 전체와 언약을 맺으셨기 때문에 기독교가 국가적인 차원에서 국교가 되어야 한다는 것입니다. 그래서 국교(state church)는 다른 기독교 교파를 박해했습니다. 중세기 때에 로마 황제들과 가톨릭교회는 도나티스트(Donatist)들을 박해하였는데 그들이 국교에 반대했기 때문이었습니다. 종교개혁자들도 유아세례를 거부하고 국교에 들어오지 않는 재침례파들을 박해하였습니다. 17세기 미국의 뉴잉글랜드로 이주하여 식민지를 개척한 청교도들은 회중교회를 세우고 회중교회 멤버가 아니면 시민권과 투표권을 주지 않았습니다. 회중교회를 국교화하려고 한 것이었습니다. 이것은 이스라엘의 국교주의 모델에서 벗어나지 못한 것입니다. 그러나 이런 식의 적용은 신구약의 언약을 모두 하나로 엮어서 적용하기 때문에 오해와 혼란을 일으킵니다.

언약 신학자들은 하나의 언약이라고 하지만, 바울은 항상 '언약들'(롬 9:4; 엡 2:12)이라고 하였고 대조적으로 사용하였습니다. 예를 들면, 모세 언약은 새 언약과 동일선상에 있는 것으로 간주하지 않고 대조적으로 진술되었습니다. 시내 산에서 모세를 통하여 이스라엘과 맺은 언약은 율법 언약(a law~covenant)입니다. 그래서 '언약'과 '율법'이 동의어로 나옵니다. 그러나 신약 교회는 시내 산 언약 아래 있지 않습니다.

히브리서에서도 모세 언약을 첫 언약이라고 부르고 새 언약과 대조하면서 그 차이를 강조하였습니다(히 8:7~8, 13). 예수님의 새 언약은 모세 언약처럼 율법적이지 않습니다. 새 언약은 성령 세례라는 획기적이고 비율법적인 특징이 있으며 수준이 모세 언약보다 훨씬 높습니다. 물론 모세 시스템이 바라본 예표로서의 여러 제사 의식들이 그리스도를 통해 성취되었지만 모세 언약은 이스라엘 백성에게 한정된 임시방편이었습니다. 모세 언약에서는 백성이 율법을 순종하겠다고 맹세했지만(출 19:8) 새 언약에는 맹세의 주체가 하나님이시며 언약의 축복 대상이 이스라엘만이 아닌, 온 세상 백성입니다.

언약의 기원과 종류

성경에 나오는 언약들은 고대 근동 사회에서 널리 사용된 국가간의 정치 조약과 유사합니다.

누가 맹세를 하느냐에 따라 세 가지 형태의 언약으로 나눌 수 있습니다.

1) 의무(순종) 언약 (Covenant of obligation to a senior; Obedience covenant)

종주국과 종속국 사이의 조약으로서 종주국의 왕이 종속국의 왕에게 자신의 업적을 열거하고 종속국을 보호한다는 조건으로 자기 뜻을 순종하게 하였습니다. 그래서 충성 언약이라고 부를 수 있습니다(covenant of loyalty). 종속국의 왕은 맹세로써 충성을 다짐하였으며 문서화된 조약을 신전에 보관하였습니다. 학자들은 신명기가 이러한 고대 언약 체결의 패턴을 따랐다고 봅니다.

2) 쌍무(상호) 언약(two-way covenants between equals/Mutual covenant)

대등한 파드너끼리 약속을 지킬 것을 서로 맹세합니다. 아브라함과 이삭이 아비멜렉과 쌍무 언약을 맺었고 야곱과 라반도 동등한 입장에서 쌍무 언약을 체결하였습니다 (창14:13; 21:27, 32; 26:28; 31:44).

3) 후함의 언약(Covenant of generosity towards a junior; Generosity covenant)

시니어 파트너인 하나님이 주니어 파트너인 이스라엘 백성에게 후한 복을 주신다고 맹세하는 것입니다. 그래서 약속 언약(Promissory covenant)이라고도 합니다. 모세 언약에서는 백성이 하나님께 순종을 맹세했지만 후함의 언약에서는 하나님이 백성에게 복을 내리신다고 맹세합니다.

예를 들면, 하나님은 노아와 그의 가족들에게 세상이 다시는 홍수로 멸망하는 일이 없을 것이라고 맹세하셨습니다(창 6:18; 9:8~17). 아브라함 언약에서도 하나님은 그의 후손에게 땅을 주시고(창 15:18) 그가 여러 민족의 조상이 되게 하시며(창 17:2~7) 아들을 주신다고 맹세하셨습니다(창 17:15~21; 22:16~18). 다윗 언약에서도 하나님께서 다윗에게 맹세하시면서 그의 왕위가 영원할 것이라고 하셨습니다(시 89:3~4)

예수님의 제사장직도 하나님의 맹세로 된 것이므로 영원하다고 했습니다(시 110:4; 히 7:20~21). 예수님이 자기 백성과 맺은 언약도 맹세로 된 후함의 언약입니다.

언약은 단순한 약속이나 언약 조건에 대한 합의서가 아닙니다. 언약의 핵심은 맹세입니다.

"성경에서 언약이라는 것은 맹세를 통한 약속의 확증을 의미한다."(John Murray, vol. 2. Systematic Theology).

언약은 맹세에 의해서 강력한 법적 구속력이 생기는 서약입니다. 언약은 엄밀한 의미에서 맹세가 주어지기 전에는 약속에 불과합니다. 약속은 어길 수 있지만 맹세로 된 언약은 어길 수 없습니다. 말을 바꾸면 약속은 맹세가 들어갈 때 비로소 언약이 됩니다. 따라서 언약의 약속은 맹세와 구분해야 합니다. 그런데 인간이 맺는 언약은 맹세 했더라도 지켜지지 않는 경우가 많습니다. 그러나 하나님께서 자기 백성과 맺는 언약은 반드시 성취됩니다. 하나님 편에서 맹세하셨기 때문입니다. 하나님은 자신의 말씀을 지키기 위해 맹세로 스스로 묶는 셈입니다. 하나님께서 맺어주시는 후함의 언약은 하나님의 맹세로써 성취를 보장합니다.

언약의 요소

언약은 맹세가 주어지기 전에는 확정되지 않았으므로 시간이 걸릴 수 있습니다. 언약에는 징표가 있으며 희생 제물의 피 흘림이 포함됩니다. 후함의 언약은 유업의 상으로 받도록 의도되었습니다. 그래서 하나님의 맹세로 맺어진 언약일지라도 우리 편에서 믿음과 인내로 약속된 유업을 향해 달려야 합니다. 이것이 히브리서의 요점입니다(히 6:12).

> 이는 앞에 놓인 소망을 붙잡으려고 세상에서 피하여 나온 사람들인 우리가, 이 두 가지 변할 수 없는 사실 곧 하나님의 약속과 맹세를 의지하여 큰 위로를 받게 하려는 것입니다. 하나님께서는 약속하시고 맹세하실 때에 거짓말을 하실 수 없습니다. (히 6:18, 새번역).

이러한 언약의 요소들은 노아, 아브라함, 다윗 언약을 비롯하여 새 언약에도 반영되었습니다.

❖ 노아 언약

• 하나님께서 이 세상을 물로써 멸망시키지 않으실 것과 계절의 주기가 계속될 것을 약속하셨습니다(창 8:21~22; 9:11). 이 약속은 맹세로 된 언약이므로 변경되거나 철회될 수 없었습니다(창 9:15~16).

> 이는 내게 노아의 홍수와 같도다 내가 다시는 노아의 홍수로 땅 위에 범람하지 못하게 하리라 맹세한 것 같이 내가 네게 노하지 아니하며 너를 책망하지 아니하기로 맹세하였노니 (사 54:9).

• 수혜 대상은 온 세상이며 노아와 그의 가족 및 땅이었습니다(창 9:8~11).

• 무지개가 언약의 증거로 주어졌습니다(창 9:12~13).

무지개를 보면 하나님이 다시는 홍수로 세상을 심판하지 않는다는 뜻으로 알라는 것이었습니다. 하나님께서 자신의 맹세에 투신하셨다는 증거입니다.

• 노아가 방주 안에서 보호를 받고 방주에서 나온 후에도 번성의 축복을 받은 것은 믿음과 인내로 방주를 짓고 주님을 순종한 결과로 받는 상이었습니다(창 6:22; 7:5; 9:1~3, 7).

• 언약의 성취는 시간이 걸립니다. 언약은 맺자마자 성취되지 않습니다. 하나님은 처음으로 노아에게 "너와는 내가 내 언약을 세우리니"(창 6:18)라고 하셨습니다. 그러나 이것은 언약이 제시(오퍼)되었다는 뜻이지 언약이 당장 맹세로 확정된 것은 아닙니다. 처음에 하나님

은 노아에게 홍수를 대비하여 방주를 짓고 동물을 종류대로 모아 가두고 양식을 저축하라는 지시를 내렸습니다(창 6:13~21). 노아는 오랫동안 방주 건설과 양식 준비를 위해 수고하였습니다. 그가 다시 방주에서 나와서 하나님의 언약의 축복을 받을 때까지는 매우 긴 시간이 흐른 후였습니다.

- 홍수가 끝난 후 노아는 방주에서 나오자마자 여호와께 제단을 쌓았습니다(창 8:20). 그는 깨끗한 짐승으로 번제를 올렸고 하나님은 노아의 희생제물을 기뻐하셨습니다(창 8:21). 중요한 것은 이 희생 제사가 드려진 이후에 하나님이 언약의 약속을 맹세하신 것입니다. 즉, 다시는 땅을 저주하지 않으시고 홍수로 멸하시지 않는다고 하셨습니다. 이때 비로소 언약의 약속이 성취될 것으로 확정되었습니다(창 9:11). 언약의 조인은 희생 제물과 피 흘림에 근거한 것이었습니다.

❖ 아브라함 언약

- 하나님은 아브라함을 부르시고 그에게 여러 약속을 주셨습니다(창12:2~3). 이것은 약속이지 확정된 언약은 아니었습니다. 아직 하나님께서 언약의 약속들을 맹세하시지 않았기 때문입니다.
- 언약에는 희생 제물이 포함됩니다. 하나님은 나중에 아브라함에게 언약 의식을 행하기 위해 제물을 준비시켰습니다(창 15:9~21). 그러나 여기서 언약이 날인된 것이 아니고 오퍼 된 상태였습니다.
- 언약의 축복을 받는 대상은 아브라함과 그의 후손입니다(창 15:13~16).
- 상당한 세월이 지난 후에 하나님은 자신의 언약을 반드시 성취하신다고 맹세하셨습니다(창 22:16). 아브라함이 모리아 산에서 이삭을 결박하여 번제로 바치기 위해 칼을 들었을 때 하늘로부터 네가 네

아들 네 독자까지도 내게 아끼지 아니하였으니 내가 이제야 네가 하나님을 경외하는 줄을 아노라 (창 22:12)는 음성이 들렸습니다. 그리고 두 번째 하늘의 소리가 들렸습니다.

> 여호와께서 이르시기를 내가 나를 가리켜 맹세하노니 네가 이같이 행하여 네 아들 네 독자도 아끼지 아니하였은즉 내가 네게 큰 복을 주고 … 네 씨로 말미암아 천하 만민이 복을 받으리니 이는 네가 나의 말을 준행하였음이니라 (창 22:16~18).

이때 비로소 아브라함에게 주셨던 약속이 언약으로 확정되었습니다. 언약이 확정될 때까지는 시간이 걸립니다. 아브라함의 경우 언약의 약속은 창세기 12장과 15장에서 주어졌지만 그 성취는 창세기 22장의 맹세에 의해 반드시 일어날 일로 확정되었습니다. 이로써 예수님이 아브라함의 후손으로 세상에 오실 것이라는 약속이 불변의 언약으로 보장되었습니다.

• 언약은 순종에 대한 상입니다. 아브라함은 장기간 꾸준한 믿음과 인내로 하나님의 약속을 기다렸고 드디어 이삭을 얻었습니다. 그런데 그 후에 이삭을 번제로 바치라는 하나님의 명령에 순종하였습니다(창 22:3~10). 그가 하나님의 축복을 받은 것은 순종의 테스트에 합격한 후였습니다.

• 언약의 표징은 할례였습니다(창 17:9~11).

❖ 다윗 언약

• 아브라함처럼 다윗도 하나님의 부르심을 받았습니다(삼하 7:8). 다윗은 목자로 있으면서 이스라엘의 왕이 되는 소명을 받았습니다.

- 하나님은 다윗이 어디를 가든지 함께 하시며 모든 원수들로부터 보호하신다고 약속하셨습니다(삼하 7:9).
- 다윗의 이름이 존귀하게 된다고 하셨습니다(삼하 7:9). '이름'은 성경의 큰 약속들의 하나입니다. 하나님은 아브라함에게도 "네 이름을 창대하게 하리니 너는 복이 될지라"(창 12:2)고 하셨습니다. 하나님의 심판에는 당사자의 존재가 멸절되고 그의 이름도 기억되지 않는 것을 포함합니다. 사악한 블레셋 왕들은 멸망되고 그들의 이름이 삭제되어야 했습니다(신 9:14). 하나님은 이름을 유업의 상으로 주십니다.

> 내가 내 집에서, 내 성 안에서 … 기념물과 이름을 그들에게 주며 영원한 이름을 주어 끊어지지 아니하게 할 것이며 (사 56:5).

꾸준한 믿음에 대한 상에는 좋은 평판과 영예를 누리는 것이 포함됩니다. 다윗은 예수님의 예표입니다. 예수님이 받으신 하늘 상의 일부는 하나님께서 그를 높이시고 뛰어난 이름을 주신 것이었습니다(빌 2:9; 엡 1:21). 유업의 상으로 받는 이름은 꾸준한 믿음과 인내를 보인 자들에게 주어집니다(계 2:17; 3:12; 22:4).

- 이스라엘을 안정된 국토에서 살게 하시고 압제에서 해방시킨다고 약속하셨습니다 (삼하 7:10).

> 내가 또 내 백성 이스라엘을 위하여 한 곳을 정하여 그를 심고 그를 거주하게 하고 다시 옮기지 못하게 하며 악한 종류로 전과 같이 그들을 해하지 못하게 하여 (삼하 7:10).

땅에 대한 약속은 다윗 시대에 문자적으로 성취되었습니다. 물론 이스라엘은 우상 숭배 때문에 국토를 빼앗기고 타국의 포로가 되었지만 다시 돌아왔으며 이스라엘 땅은 예수님이 오실 때까지 유지되었습니다(렘 32:37~41). 땅에 대한 아브라함과 다윗 언약은 예수님에게서 온전한 성취를 볼 것입니다. 예수님은 만유의 상속자이시며(히 1:2) 그를 믿는 신자들은 그리스도와 함께한 공동상속자들입니다(롬 8:17; 고전 3:21; 고후 6:10). 궁극적으로 그리스도께 속한 온유한 자들이 땅을 차지하고(마 5:5) 악한 원수들이 닿을 수 없는 새 하늘과 새 땅이 "내 백성 이스라엘을 위하여 한 곳을 정"(삼하 7:10)한 곳이 될 것입니다.

- 다윗에게 안식을 주신다고 약속하셨습니다(삼하 7:1, 11).

왕이 그의 집에 살 때 여호와께서 주위에 있는 그의 모든 원수로부터 안식하게 하셨다. (삼하 7:1, 직역성경).
내가 네 모든 원수로부터 너를 안식하게 할 것이다 (삼하 7:11, 직역성경).

안식은 무사태평한 것이 아니고 불확실한 시기가 끝나고 약속이 확보된 때를 가리킵니다. 다윗은 큰 이름을 받았고 국토는 언약을 통해 철저하게 확보되었습니다. 그에게 주신 약속들에 관한 한, 다윗은 안식에 들어갔습니다. 즉, 하나님의 후함의 언약을 받고 꾸준한 믿음과 인내의 결과로 유업의 상을 획득했다는 확신에 이르렀습니다.

이것은 아브라함이 모리아 산에서 이삭을 바치는 시험에 합격한 후에 받은 하나님의 맹세의 체험과 같습니다(창 22:16). 이 시점에서 하나님 편에서는 맹세하셨고 아브라함 편에서는 유업의 안식에 들어갔습니다. 즉, 언약의 약속이 믿음과 인내로 획득된 것입니다. 하나님은 아브라함에게 주셨던 약속들이 성취되도록 마음을 정하셨기 때문에 약속된 씨는 아브라함의 후손을 통해서 전 세계적인 축복을 가져올 것이었습니다. 즉, 아브라함의 자손으로 오실 예수 그리스도의 오심이 맹세로써 확정되는 순간이었습니다.

- 다윗에게 한 가문을 주시고 그의 아들이 성전 건축을 하며 영원한 왕조를 누린다고 약속하셨습니다(삼하 7:13).
- 하나님은 그의 아들에게 아버지가 되고 그는 하나님의 아들이 될 것입니다(삼하 7:14).

그런데 중요한 것은 그의 아들의 왕국이 영원하다고 한 것입니다(삼하 7:15~16). 이것은 맹세로 주신 약속이기 때문에 반드시 성취될 언약입니다. 맹세로 된 약속이므로 아무리 심각한 죄도 하나님의 마음을 바꾸지 못합니다. 실제로 다윗은 밧세바와 우리아의 사건으로 큰 죄에 빠졌지만 회개하고 용서를 받았습니다.

> 주께서 이르시되 나는 내가 택한 자와 언약을 맺으며 내 종 다윗에게 맹세하기를 내가 네 자손을 영원히 견고히 하며 네 왕위를 대대에 세우리라 하셨나이다 (시 89:3~4).
> 네 집과 네 나라가 내 앞에서 영원히 보전되고 네 왕위가 영원히 견고하리라 하셨다 하라 (삼하 7:16).

다윗 언약은 하나님 편에서 보면 철회의 가능성이 없는 맹세를 하신 것이고(시 89:34~37), 다윗 편에서 보면 여러 해의 원수들과의 투쟁 끝에 하나님의 맹세를 체험하고 안식에 들어가는 때였습니다.

❖ 새 언약

하나님께서는 다윗 왕가가 영원할 것이며 그의 몸에서 날 씨가 하나님의 집을 건축할 것이라고 약속하셨습니다(삼하 7: 12, 13). 하나님의 후함의 언약 성취는 노아와 아브라함을 거쳐 이제 다윗 왕가에 초점이 잡혔습니다. 그런데 솔로몬이 성전을 건축하고 다윗 왕가의 왕들이 다스렸지만, 다윗 언약의 온전한 성취는 왕들의 무능과 백성의 우상 숭배로 갈수록 요원하였습니다. 그래서 선지자들과 시편 기자들은 영원한 왕국을 세울 새로운 다윗 왕을 대망하기 시작하였습니다. 그들은 선지자의 영감으로 '다윗의 그 아들'(The Son of David)만이 언약의 소망을 실현할 것을 알고 믿었습니다.

시편 2편에서는 다윗 왕가의 한 새로운 메시아가 다윗 언약을 성취할 하나님의 아들로 예고되었습니다. 이사야는 아하스 왕에게 다윗 가문에서 태어날 아기에 대해서 말했는데 그 이름은 "전능하신 하나님"이라고 하였습니다(사 7:14; 9:6~7). 예레미야는 하나님이 다윗의 집에서 '한 의로운 가지"(렘 23:5)를 세울 것인데 "그의 이름은 여호와 우리의 공의"(렘 23:6; 22:15~16)라고 하였습니다. 그러니까 이 새로운 다윗은 실제의 다윗보다 훨씬 더 위대하신 분이며 신성을 가지신 메시아로서 온 세상을 다스릴 분이었습니다. 이 새 다윗은 곧 예수님입니다. 그는 진정한 의미에서 선지자들이 대망했던 "다윗의 아들/자손"(막10:47~48; 마15:22)입니다. 바울도 그를 '다윗의 아들'이라고 불렀습니다(롬1:3; 딤후2:8).

누가와 마태도 예수님이 다윗의 가문에서 태어났다고 증언하였고 (눅1:2~27; 마1:1~16,20) 천사도 마리아에게 "주 하나님께서 그 조상 다윗의 왕위를 그에게 주신다"(눅1:32~33)고 알렸습니다. 세례 요한의 부친인 사가라는 예수님의 탄생이 다윗의 집에 구원이 된다고 증언하였습니다(눅1:67~79). 천사들도 구주가 다윗 성에서 태어난 것을 기뻐하였습니다(눅2:10~14).

아브라함에게 주셨던 메시아에 대한 맹세의 언약은(눅 1:73) 다윗 언약에서 구체화되었고 예수님의 탄생과 십자가 희생으로 확정적인 역사적 사실이 되었습니다. 그러나 새 언약의 혜택은 오퍼 된 상태에 있습니다. 그래서 다음 단계는 예수님의 새 언약에 담긴 복을 꾸준한 믿음과 인내로 받아 누리는 것입니다. 그 결과 하나님 나라의 통치가 우리의 삶에서 확장되고 그리스도의 복음이 만방에 전파되어 새 하늘과 새 땅의 소망이 더욱 밝아지며 하나님께 영광이 돌아가게 됩니다.

예수님은 제자들과 유월절 식사를 하셨습니다. 그때 포도주 잔을 가지고 기도하시면서 **이것은 많은 사람을 위하여 흘리는 나의 피 곧 언약의 피니라**(막 14:23)고 하셨습니다. 포도주는 예수님이 흘리실 속죄의 피를 상징합니다(벧전 2:24). 이것은 새 언약의 시작이며 근거입니다. 언약은 희생제물로 시작해야 했습니다. 예수님의 십자가 죽음은 새 언약을 출범시켰습니다. 속죄 피가 없으면 용서도 없고, 용서가 없으면 새 언약의 약속도 없습니다. 언약의 약속은 맹세로 인준될 때까지는 오퍼 된 상태에 있습니다. 새 언약은 자비와 후함의 언약입니다. 그래서 예수님이 우리에게 복을 내리실 것을 맹세하십니다. 그러나 이것은 우리 편에서 충성과 믿음을 보일 때까지는 유효하지 않습니다. 그래서 주님은 우리가 꾸준한 믿음과 인내로 주님의 맹세가 주어지는 지점에 이르기를 원하십니다. 그렇게 할 때 주님은 내가 나를 가리켜 맹세하노니 네가 이같이 행하여….네게 큰 복을 준다(창 22:16~17)고 하십니다. 주님이 일단 맹세하시면 아무것도 변경시키지 못합니다.

[새 언약의 축복들]

히브리서 저자는 하나님께서 예레미야 선지자에게 새 언약의 약속으로 주셨던 말씀들을 인용하여 옛 언약과 새 언약을 대조하고 새 언약의 놀라운 은혜들을 열거하였습니다. 그러나 이것들은 새 언약의 모든 약속들을 망라한 것은 아닙니다. 예를 들어 아브라함 언약에는 열국에 복의 통로가 되고 이름이 창대해지며 땅을 소유하는 것 등이 포함되었기 때문입니다. 예레미야가 예고한 새 언약의 약속들은 다음과 같습니다.

> 또 주께서 이르시되 그 날 후에 내가 이스라엘 집과 맺을 언약은 이것이니 내 법을 그들의 생각에 두고 그들의 마음에 이것을 기록하리라 (히 8:10).

옛 언약인 모세 율법은 하나님의 법이 돌판에 새겨진 성문법이었습니다. 주로 의식법과 형법에 대한 것이었는데 마음에 대한 언급이 거의 없습니다. 율법이 주어진 이후 사십 년이 지나서 모세가 신명기에서 마음을 언급했지만 모세 율법은 사랑을 목표로 한 작은 발걸음이었습니다(레 19:18). 율법의 도덕성도 이웃 사랑에 대한 방향 제시를 하지만 그림자에 불과합니다. 새 언약은 율법의 수준을 훨씬 능가하는 사랑의 계명이며 예수님이 완전히 이루셨습니다(롬 13:8~10; 마 5:17).

마음은 의지나 지성이나 사고의 영역보다 더 넓은 것을 포함합니다. 마음은 생각보다 더 깊은 인격체의 핵심입니다. 마음에 하나님의 법이 기록되면 하나님의 뜻과 마음을 아는 지식이 생기고(고전 2:16) 굳었던 마음이 부드러워져서 영적 감각이 예민해지며 거룩한 삶을 향해 나아가는 새로운 피조물이 됩니다(겔 36:26~27;고후 5:17).

> 나는 그들에게 하나님이 되고 그들은 내게 백성이 되리라 또 각각 자기
> 나라 사람과 각각 자기 형제를 가르쳐 이르기를 주를 알라 하지 아니할
> 것은 그들이 작은 자로부터 큰 자까지 다 나를 앎이라 (히 8:10~11).

역사적으로 이스라엘 백성은 언제나 하나님의 언약 백성이었습니다. 그들은 율법을 소유한 하나님의 거룩한 백성이라고 자처하였습니다. 그러나 그들의 실상은 정반대였습니다. 하나님께서 그들에게 "수만 가지 율법을 써 주었으나 자기들과는 아무런 관계도 없는 것처럼"(호 8:12) 여겼습니다. 그들은 우상 숭배에 빠졌고 마침내 이방 나라의 포로가 되었습니다. 그러나 새 언약 시대가 오면 믿음의 공동체인 교회가 형성됩니다. 공동체 전체가 하나님을 개인적으로 알게 될 것입니다. 다윗 언약에서 약속된 성전 건축은 예수님이 자신의 희생으로 건설하시는 영적 성전으로서 그의 몸인 교회 공동체입니다. 하나님의 거처는 성령으로 거하시는 그리스도의 피로 구속한 교회입니다(엡2:20~22; 히 9:12; 벧전 1:19). 예수님은 하나님의 왕국을 세우기 위해서 세우심을 받은 다윗의 '씨' 입니다. 교회는 오순절을 기점으로 성령을 받고 하나님을 인격적으로 알고 섬기며 하나님의 거룩하심과 인자하심을 온 세상에 드러내는 참 백성이 될 것입니다.

> 내가 그들의 불의를 긍휼히 여기고 그들의 죄를 다시 기억하지 아니하
> 리라 (히 8:12).

새 언약은 피로 맺는 맹세가 핵심입니다. 예수님의 피의 희생이 없으면 용서도 없고 유업의 상도 없습니다. 우리는 믿음으로 그리스도의 속죄 피에 근거해서 하나님의 용서를 받고 새 언약의 축복들을 향해 나아갑니다. 새 언약의 약속에는 성령의 수여가 특징입니다. 주 예수를 믿는 자들에게는 죄의 용서와 함께 성령이 내리고 새 언약의 축복이 성취되도록 인도하십니다(행 2:39). 그러나 이것은 자동적인 것이 아니기에 꾸준한 믿음과 인내와 순종으로 추구해야 합니다. 그 결과 언약의 약속이 하나님의 맹세로 확보된 시점에 들어가는 것을 히브리서에서는 "안식에 들어간다"라고 표현하였습니다.

새 언약의 징표는 세례와 성찬입니다. 세례는 죄를 용서하고 성령을 주신다는 약속에 대한 상징입니다. 세례 자체가 죄를 씻는 것은 아닙니다. 그러나 주의 이름을 부를 때 죄가 용서되고 성령의 약속이 이루어집니다(벧전 3:21; 행 2:38; 22:16). 성찬은 우리가 주 예수의 십자가 대속의 공로에 의지하여 영적 양식을 받는다는 것을 상기시킵니다. 언약 의식에는 언제나 희생제물이 포함되었습니다. 우리를 위한 언약 제물은 그리스도의 피입니다. 그런데 언약의 효과는 우리가 예수 그리스도의 피를 계속하여 의지함으로써 발생합니다. 하나님과 우리 사이의 언약 관계는 맺어졌습니다. 그러나 언약의 축복은 오퍼된 상태에 있습니다. 하나님은 우리를 구원하시고 새 언약의 축복 속으로 들어가게 하십니다. 그러나 아브라함의 경우처럼, 하나님 앞에서 진실과 순종과 믿음으로 행해야 합니다(창 17:1). 새 언약 백성은 육신이 아닌 성령에 심고 성령의 열매를 거두어야 합니다.

[언약은 조건부일까요 무조건부일까요?]

성경에는 하나님께서 마음을 바꾸시는 경우가 종종 있습니다. 하나님은 약속하신 것을 철회하시기도 하고 심판의 경고를 해제하시기도 합니다. 니느웨 성은 40일 만에 멸망한다고 하셨지만, 그들이 회개했을 때 심판은 거두어졌습니다. 또한 꾸준한 믿음을 보이지 않을 때에도 약속하신 축복을 보류하십니다. 그럼 예수 그리스도는 어제나 오늘이나 영원토록 동일하시니라(히 13:8)는 말씀과 모순되지 않습니까?

우리는 하나님의 약속이 맹세로 확정될 때까지는 취소될 수 있음을 기억해야 합니다. 하나님의 맹세는 모든 일의 최후 확정(히 6:16)입니다. 예를 들어 사울 왕을 버리시겠다는 하나님의 결정이 내린 이후로는 뜻을 바꾸시지 않았습니다. 사울 왕은 왕권을 박탈당했고 다시 회복하지 못하였습니다. 이것은 사울 왕이 지속적으로 불순종했기 때문에 하나님께서 사울에 대해서 작심하신 이후에 일어났습니다. 그래서 하나님은 일단 맹세하신 일에는 절대로 뜻을 바꾸시지 않는다고 하였습니다.

이스라엘의 영광이신 하나님은 거짓말도 안 하시거니와, 뜻을 바꾸지도 않으십니다. 하나님은 사람이 아니십니다. 그러므로 하나님은 뜻을 바꾸지 않으십니다. (삼상 15:29, 표준역).

멜기세덱의 제사장 반열에 대해서도 "주께서 맹세하시고 뉘우치지 아니하시리라"(히 7:21;시 110:4)고 하였습니다. 예수님은 맹세가 없이 된 아론의 제사장 직분을 따르지 않고, 맹세로 된 멜기세덱의 반열을 따랐기 때문에 그의 제사장직은 영원하다고 하였습니다(히 7:11~17, 20, 24), 28). 맹세는 언약의 약속들이 상속될 것인지 아닌지를 결정하는 분기점입니다. 하나님은 맹세로 준 약속이 아닌 경우에는 자신의 목적을 변경하실 수 있습니다. 하나님의 본질에 속하는 성품과 속성은 불변입니다. 그러나 자기 백성과 맺는 언약 관계에서는 맹세가 없으면 약속이 취소되거나 변경될 수 있습니다.

언약은 약속으로 머물러 있는 한, 조건부입니다. 그러나 하나님께서 부르신 소명을 따라 내가 행하기를 원하시는 것을 쉬지 않는 믿음과 인내로 획득하는 지점에 이르면 언약은 하나님의 맹세에 의해 무조건적이 됩니다. 한 번 받은 신자의 구원은 신분이나 소속에 관한 한, 바뀌지 않습니다. 그러나 언약의 약속은 상실될 수 있습니다. 언약의 축복을 그냥 당연시하거나 하나님이 주실 것이라고 쉽게 낙관하지 말아야 합니다. 부지런한 믿음과 오래 기다리는 인내가 없으면서 언약의 약속이 성취될 것이라는 기대는 보장 없는 낙관입니다. 하나님께서 약속하신 것이 하나님의 맹세로 확정되기까지는 지연과 방해와 연약함이 있습니다. 지연은 하나님에게서 오고, 방해는 사탄에게서 오며, 연약함은 나에게서 옵니다. 그래서 히브리서의 저자가 말하듯이 게으르지 말고 꾸준한 믿음과 오래 참음이 있어야 한다고 권면하였습니다(히 6:12).

그런데 우리에게 큰 격려가 되는 것이 있습니다. 주님이 하늘의 대제사장으로서 우리를 위해 중보하시는 것입니다. 이 죄 많고 힘든 세상에 우리와 같은 육신을 입고 오셔서 인간의 삶을 사셨던 예수님은 우리의 연약함을 아시고 깊이 동정하십니다(히 4:15). 주님은 오늘도 믿음과 인내로 언약의 맹세를 기다리며 수고하는 주의 자녀들을 향해 포기하지 말고 달리라고 응원하십니다. 주님은 우리에게 성령의 계속적인 임재를 약속하시며 십자가 사랑의 삶으로 인도하십니다. 우리 각자에게 소명을 주시고 이를 성취하도록 섭리하십니다. 우리가 주님을 신뢰하면 새 언약의 새롭고 복된 영역으로 들어가게 하십니다. 주님은 우리가 "피곤한 손과 연약한 무릎을 일으켜 세우고"(히 12:12) 새 언약의 약속들을 획득하도록 날마다 돕기를 원하십니다. "저는 다리로 하여금 어그러지지 않고 고침을 받게 하라"(히 12:13)고 했습니다. 새 언약의 많은 복은 우리가 달려가서 붙잡아야 할 하늘에 속한 보물들입니다. 그 보화의 가치를 깨닫고 힘써 믿음의 경주를 하여 언약의 약속들을 상속받는 성도들이 되어야 하겠습니다.

17.
그리스도의 참여자
히브리서 3:14~19

우리가 시작할 때에 확신한 것을 끝까지 견고히 잡고 있으면 그리스도
와 함께 참여한 자가 되리라 (히 3:14).

본 절은 히브리서의 중심 주제인 유업을 이해하는 데 핵심적인 내
용을 담고 있습니다. 그러나 본 절을 구원에 대한 말씀으로 이해하는
경우가 많기 때문에 다소 설명이 필요합니다. 본 절은 하나님의 안식
에 들어가지 못하는 위험에 대한 경고에 달린 권면입니다. 하나님의
안식은 천국이나 첫 구원을 가리키지 않습니다. 그렇게 보면 광야 세
대의 절대 다수가 구원받지 못했다는 말이 됩니다. 그들이 받지 못한
것은 구원이 아니고, 약속의 땅으로 주신 가나안 유업이었습니다. 이
제 본 절의 세 가지 요소를 하나씩 짚어보도록 하겠습니다.

첫째, 우리가 시작할 때에 확신한 것이 무엇입니까?
둘째, 어떻게 하는 것이 끝까지 견고히 잡고 있는 것입니까?
셋째, 그리스도와 함께 참여하는 것은 무슨 의미입니까?

우리가 시작할 때에 확신한 것이 무엇입니까?

시작하는 것은 믿음을 갖기 시작한 때를 가리킵니다. 믿음은 확신하는 것입니다. 이스라엘 백성이 유월절 양의 피를 믿고 애굽의 속박에서 풀려났듯이, 우리가 예수 그리스도의 속죄 피를 믿으면 죄가 용서되고 하나님의 자녀가 됩니다(요 1:12). 하나님의 자녀들은 의롭다는 인정을 받고 마귀의 영역에서 그리스도의 나라로 옮겨집니다(골 1:13~14). 그들은 영원히 멸망하지 않으며 아무도 그들을 그리스도와 하나님의 손에서 빼앗지 못합니다(요 10:28).

예수님의 구원을 확신한 것은 내가 처음으로 주 예수를 믿었을 때 시작된 일입니다. 유감스럽게도 시작은 좋았지만 끝이 좋지 않은 경우가 많습니다. 이스라엘 백성의 출애굽은 좋은 출발이었습니다. 그들은 유월절 양의 속죄 피를 믿고 확실한 출발을 하였습니다. 그들 앞에는 젖과 꿀이 흐르는 가나안이라는 유업의 땅이 기다리고 있었습니다. 그들의 장래는 양양하였습니다. 그들은 구원을 받았고 하나님의 무한한 축복을 누릴 수 있는 위치에 있었습니다. 그런데 실제로 어떤 일이 일어났습니까? 출애굽 첫 세대는 극소수를 제외하고는 가나안에 당도하지 못했습니다. 그 까닭이 무엇입니까? 그들은 시작할 때에 확신한 가나안 유업의 약속을 끝까지 견고히 붙잡지 않았습니다. 바꾸어 말하면 꾸준한 믿음을 갖지 않았기 때문에 가나안 복지에 들어가지 못했습니다. 구원은 그리스도에 대한 단순한 믿음으로 받지만 그 믿음이 꾸준히 지속되지 않으면 하나님께서 약속하신 유업을 상속받지 못합니다.

어떻게 하는 것이 끝까지 견고히 잡고 있는 것입니까?

　히브리서 저자는 특별한 방법론을 제시하지 않습니다. 그는 이스라엘 백성이 왜 광야에서 실패했는지를 밝히고 독자들이 그들로부터 교훈을 받도록 권유합니다. 출애굽 첫 세대의 실패 원인은 한마디로 불신이었습니다. 그들은 처음에는 하나님의 구원을 확신하였지만 광야의 시련 앞에서 크게 흔들렸습니다. 그들은 바로의 속박에서 해방된 것은 부인할 수 없었지만 광야에서 하나님이 그들을 돌보시고 가나안까지 인도하실 것은 믿지 않았습니다. 그들은 가나안 유업에 대한 하나님의 약속을 불신하고 모세의 말을 따르지 않았습니다. 그들은 출애굽 때 가졌던 믿음을 광야에서 지속시킬 수 없었습니다. 그 결과 그들은 거의 대부분이 광야에서 죽었습니다.

　그럼 그들의 구원은 어떻게 되는 것일까요? 거듭난 교인도 구원을 잃을 수 있다는 뜻일까요? 아니면 마음이 완고해진 자들은 처음부터 거듭난 적이 없다는 뜻일까요? 둘 다 맞지 않습니다. 히브리서 저자는 여기서 첫 구원의 유효성을 말하는 것이 아니고, 하나님이 약속하신 유업의 상실을 말합니다. 이들이 하나님의 안식에 들어가지 못했다는 말도 마지막 구원이 아닌, 첫 구원 이후에 받는 유업에 대한 경고입니다. 모세는 광야 세대가 애굽으로 다시 돌아갈 수 있다고 말하지 않았습니다. 그럴 가능성이 전혀 없었기 때문입니다. 그들은 유월절 양의 피를 믿고 애굽을 떠났습니다.

　이스라엘 백성은 때때로 애굽으로 돌아가기를 원하였습니다. 만약 그들이 애굽으로 돌아갔다면 그들의 구속이 번복되었을 것입니다. 그런데 그들 중에 한 사람이라도 애굽으로 돌아간 사람이 있었습니까? 아무도 없었습니다. 모세는 백성에게 애굽으로 돌아가지 말아야 한다고 권면하지 않았습니다. 전혀 가능성이 없는 문제였기 때문입니다. 출애굽의 구속은 이미 지나간 일이었습니다. 이스라엘 백성은 애굽을 영원히 떠났습니다. 모세가 광야 세대에게 경고한 것이 무엇이었습니까? '너희가 반역하면 애굽으로 돌아간다'는 것이 아니고, 전진하지 않으면 젖과 꿀이 흐르는 유업의 땅에 닿지 못한다는 것이었습니다. 히브리서 저자도 같은 의미에서 처음 시작할 때 확신한 것을 끝까지 붙잡으라고 하였습니다. 이것은 이미 성취된 구속이 번복되는 일을 막으려는 것이 아니고, 유업의 상실 가능성에 대한 경고였습니다. 어떻게 해야 출애굽 이후에 광야의 시련을 견디며 가나안에 닿을 수 있을까요? 끝까지 하나님의 구원을 확신하고 유업의 약속을 신뢰하는 꾸준한 믿음이 있어야 합니다.

[성경의 경고 본문을 어떻게 이해해야 할까요?]

믿음을 두 단계로 보면 도움이 됩니다. 첫 단계의 믿음은 예수 그리스도를 자신의 대속주로 믿는 것입니다. 둘째 단계의 믿음은 첫 구원 이후에 오는 새로운 상황에서 꾸준한 믿음을 적용시켜 하나님의 약속들을 계속해서 신뢰하는 것입니다. 출애굽 세대는 이 두 번째 믿음의 단계에서 하나님을 꾸준히 신뢰하지 않았습니다. 이들은 하나님께서 그들을 약속의 땅으로 인도하신다는 말씀을 반복적으로 들었지만 불신하였습니다. 그들은 하나님께 저항하고 악한 마음을 품고 불평만 하다가 마침내 하나님의 진노의 맹세를 받았습니다.

그들은 처음에는 양의 피를 믿고 애굽을 떠남으로써 하나님의 구원을 확신하는 믿음을 보였습니다. 첫 단계는 이미 성취되었습니다. 그들은 죄를 용서받았고 하나님의 의로운 백성이 되었습니다. 이것은 순전한 은혜의 선물이었습니다. 그런데 두 번째 단계는 그들이 꾸준한 믿음으로 약속된 유업의 땅을 차지하는 것이었습니다. 히브리서를 포함하여 신약에 나오는 많은 경고는 두 번째 단계의 믿음에 대한 것입니다. 히브리서 저자는 독자들의 첫 확신이 가짜거나 혹은 받은 첫 구원을 상실할 수 있다고 경고하지 않았습니다. 그는 첫 구원은 영원히 결정된 사건으로 간주하였습니다.

> 이 뜻을 따라 예수 그리스도의 몸을 단번에 드리심으로 말미암아 우리가 거룩함을 얻었노라 (히 10:10).
> 그가 거룩하게 된 자들을 한번의 제사로 영원히 온전하게 하셨느니라 (히 10:14).

그리스도에 대한 믿음으로 받은 첫 구원은 영원히 확정되었습니다. 한번 의롭다는 선언을 받으면 취소되거나 변경될 수 없습니다. 그러나 하나님을 지속적으로 신뢰하는 꾸준한 믿음으로 약속의 땅으로 나아가지 않으면 유업은 상실될 수 있습니다. 그래서 의롭게 하는 믿음에는 거룩하게 하는 성화의 믿음이 따라야 합니다. 단순한 첫 믿음에는 적극적인 믿음이 수반되어야 합니다. 그리스도를 믿는 첫 번째 믿음이 확신의 시작이라면, 나머지 크리스천 삶은 계속적인 확신에 머무는 것입니다. 우리가 주님께 속한 착하고 신실한 종이라는 칭찬을 받으려면 끝까지 믿음의 끈을 놓지 않아야 합니다(3:6).

그럼 왜 두 번째 단계의 믿음이 필요한 것일까요? 출애굽 후에 광야를 거쳐가도록 한 까닭이 무엇이었을까요? 우리는 모두 광야가 없는 가나안 직행을 원합니다. 바로의 속박으로부터 풀려난 출애굽 세대의 입장에서 보면 구원을 받았으므로 광야는 불필요한 장애물이었습니다. 그러나 하나님 편에서 보면 광야는 반드시 거쳐가야 할 영적 성숙을 위한 훈련장이었습니다. 왜 하나님께서는 백성을 가나안으로 쉽게 인도하시지 않고 "그 광대하고 위험한 광야 곧 불뱀과 전갈이 있고 물이 없는 간조한 땅을 지나게"(신 8:15) 하셨을까요? 한마디로 백성의 순종을 테스트하기 위해서였습니다.

> 네 하나님 여호와께서 이 사십 년 동안에 네게 광야 길을 걷게 하신 것을 기억하라 이는 너를 낮추시며 너를 시험하사 네 마음이 어떠한지 그 명령을 지키는지 지키지 않는지 알려 하심이라 너를 낮추시며 너를 주리게 하시며 또 너도 알지 못하며 네 조상들도 알지 못하던 만나를 네게 먹이신 것은 사람이 떡으로만 사는 것이 아니요 여호와의 입에서 나오는 모든 말씀으로 사는 줄을 네가 알게 하려 하심이니라 (신 8:2~3, 16).

이스라엘 백성은 하나님으로부터 시험받는 것을 싫어하고 반항했습니다. 그래서 "그들이 항상 미혹되어 내 길을 알지 못하는도다"(히 3:10)라고 했습니다. 시련을 거치게 하는 하나님의 길은 우리 편에서 보면 전혀 달갑지 않습니다. 그렇지만 하나님의 길은 마침내 우리에게 복을 가져오기 위한 목적이 있습니다. 광야는 순종과 믿음을 테스트하기 위해 반드시 거쳐야 하는 과정입니다. 우리는 왜 하나님께서 거친 광야를 지나게 하시느냐고 묻지 말아야 합니다. 하나님은 항상 우리의 최선을 위해 활동하십니다. 힘들고 고통스런 일들이 일어난다고 해서 하나님을 의심하거나 원망하지 말아야 합니다. 광야는 호의호식을 하는 곳이 아닙니다. 애굽과 가나안 사이에 광야가 있다는 현실을 받아들이십시오. 광야는 두 번째 단계의 믿음이 피어나느냐 않느냐에 따라 축복의 장소가 될 수도 있고 재앙의 장소가 될 수도 있습니다. 출애굽 첫 세대는 광야에서 축복이 아닌 재앙을 자청하였습니다.

그런데 우리는 이들에 대한 히브리서 11장 29절의 증언도 함께 읽어야 합니다. 그들은 믿음으로 홍해를 마른 땅을 지나가듯이 건넜다고 했습니다. 그들은 믿음의 선열들의 목록에 포함되었습니다. 그들이 모두 믿음의 영웅들이었지만 가나안 땅에 들어가지 못하고 광야에서 죽은 것은 유업 상실에 대한 엄숙한 경고입니다. 그들은 첫 단계에서는 믿음의 전사(戰士)들이었지만 두 번째 단계에서는 불신의 거장들이었습니다. 유다서는 두 번째 단계의 믿음 생활에서 실패한 또 다른 증언입니다.

> 너희가 본래 모든 사실을 알고 있으나 내가 너희로 다시 생각나게 하고
> 자 하노라 주께서 백성을 애굽에서 구원하여 내시고 후에 믿지 아니하
> 는 자들을 멸하셨으며 (유 1:5).

출애굽 세대의 첫 출발은 믿음의 거보였지만 다음 단계에서는 불신의 답보 상태에 머물다가 하나님의 심판을 받았습니다. "먼저 된 자로서 나중"(마 20:16) 된다는 예수님의 말씀이 실감되는 사건입니다. "후에"로 번역된 헬라어는 듀테론(deuteron)으로서 두 번째 단계 혹은 "그 다음"(새번역)이라는 의미입니다. 다시 말해서 첫 번째 상황에서 믿음의 모범이었던 자들이 두 번째 상황에서는 불신의 모델이 된 것입니다. 바로 이 점이 히브리서의 포인트입니다. 즉, 우리가 처음에 가졌던 믿음의 확신을 두 번째 단계에서도 붙잡고 있어야 한다는 말입니다.

우리는 환경이 변하고 상황이 힘들어져도 첫 번째 믿음을 다음 단

계에서도 꾸준히 이어가야 합니다. 두 번째 단계는 시련 속에서 믿음이 영글고 성숙되는 기간입니다. 하나님께서 자기 백성을 테스트하는 시기이기 때문에 불평하거나 포기하지 말고 끈기 있는 믿음으로 날마다 주의 이름을 불러야 합니다.

양의 피를 믿고 애굽을 떠났다면 구원은 잃지 않습니다. 광야에서 한 사람도 애굽으로 되돌아가지 않았다는 사실은 무엇을 말합니까? 역구속(逆救贖)을 받은 자가 아무도 없었다는 것입니다. 하나님께서 자기 아들의 피로써 구속한 백성을 지옥에 보내시지 않습니다. 그러나 주님의 약속을 끝까지 신뢰하지 않고 유업의 상을 향해 전진하지 않는 자녀들은 죽을 때까지 광야를 벗어나지 못합니다. 그런 사람들은 불속에서 뛰쳐나오는 사람처럼 자기 영혼만 겨우 구원받고 하나님께서 주기를 원하셨던 유업의 복을 놓칩니다(고전 3:15). 우리는 첫 번째 상황에서는 잘 믿었다가 두 번째 상황에서 불신과 불순종으로 마음이 미혹되지 말아야 합니다.

히브리서 저자는 신자들이 믿음에 끈기를 보여야 함을 힘주어 말합니다. 그는 하나님이 광야 사십 년 동안 누구에게 진노하셨느냐고 묻습니다(16~17절). 그런데 이 질문은 누구에게 던진 것입니까? 히브리서의 독자들입니다. 이것은 우리도 이스라엘 백성처럼 유업을 상실할 위험과 가능성이 있다는 경고입니다. 광야 세대가 겪었던 일들은 우리도 헤쳐나가야 합니다. 유업의 땅을 향해 믿음과 인내로 나아가는 일은 우리의 자유 사항이 아니고 책임 사항입니다. 유업의 땅은 우리가 책임을 지고 힘써 차지하고 소유해야 하는 곳이기 때문입니다(수 1:6, 11, 15). 유업은 하나님께서 무조건적으로 주시거나 강권적으로 명령하시는 것이 아니라 우리의 유익과 하나님의 영광을 위해서 꾸준한 믿음과 순종으로 힘써 차지하라는 지시입니다. 우리가 유업을 차지하면 우리에게 복이 되고 하나님의 이름을 높이는 것이므로 하나님에게 영광이 됩니다.

유업은 내가 받아도 좋고 안 받아도 좋은 것이 아닙니다. 예수 믿고 천국만 들어가면 족하다고 여기고 안일하게 살지 말아야 합니다. 그것은 우리를 구속하신 하나님의 선한 목적을 깨달은 자의 자세가 아닙니다. 하나님의 목적은 구속받은 백성을 광야를 거쳐 가나안으로 인도하여 약속된 유업을 즐기며 안식을 누리게 하는 것입니다.

광야를 거치지 않는 가나안은 신기루입니다. 광야의 삶을 허락하신 하나님의 선한 뜻을 알지 못하고 불평이나 답보 상태로 안일하게 살 것이 아닙니다. 그것은 하나님의 은혜에 대한 모욕입니다. 우리는 흔들리는 무릎을 일으켜 세우고 방황하지 말고 바른 길로 나아가야 합니다(히 12:12~13). 유감스럽게도 우리는 더디 깨닫고 더디 실천합니다. 그런데 자비하신 하나님은 우리의 연약함을 잘 아시기에 크게 동정하시고 기꺼이 도우십니다(히 2:17~8). 우리의 광야는 인간의 몸으로 이 세상에 오셨던 예수님을 바라보면 견딜 수 있습니다. 주님은 온갖 시련을 겪으시고 승리하셨습니다. 이 순간에도 하나님 우편 보좌에서 우리의 대제사장으로 기도하시는 예수님을 신뢰하며 그분의 도우심에 의지하고 살면 거친 광야에서도 꽃이 피고 시내가 흐르는 것을 체험할 수 있습니다(시 107:35; 사 35:1,7).

그리스도와 함께 참여하는 것은 무슨 의미입니까?

우리가 시작할 때에 확신한 것을 끝까지 견고히 잡고 있으면 그리스도와 함께 참여한 자가 되리라 (3:14).

본 절을 오해하면 구원은 나의 거룩한 행위에 달린 것입니다. 순종하는 믿음을 끝까지 붙들면 참된 교인이라는 증거이고 안 그러면 가짜 교인입니다. 진짜 교인은 완고해지지 않기 때문에 끝까지 믿음을 지킨다는 해석입니다. 그렇게 되면 구원은 현재의 삶에서 확신할 수 없고 죽어보아야 알 수 있다는 결론에 이릅니다. 이것이 상당수의 복음주의 주석가들이 취하는 입장입니다. 새번역에도 "우리가 처음 믿을 때에 가졌던 확신을 끝까지 가지고 있으면 우리는 그리스도께서 주시는 구원을 함께 누리는 사람이 될 것입니다"라고 번역하였습니다. 그러나 원문에는 '구원'이라는 말이 없이 그냥 '그리스도의 참여자'(메토코이 투 크리스투/sharers of Christ)입니다.

히브리서 전체의 주제를 구원이 아닌 유업으로 보면, 이 어구의 의미는 그리스도와 함께 유업을 나누는 공동 상속자라는 뜻입니다. 저자의 의도는 본 절에서 어떻게 해야 마지막 구원을 받는지를 알리려는 것이 아닙니다. 그는 그리스도께서 약속하신 유업의 축복들을 소유하기 위해서 무엇이 필요한지를 말합니다. 그 대답은 항상 꾸준하고 끈기 있는 믿음입니다.

본 절은 유업과 관련된 영적 체험에 대한 말씀입니다. 히브리서의 독자들은 이미 구원받고 거듭난 교인들이었습니다. 저자는 그들의 크리스천 신분을 의심하거나 참된 교인들이 아니라는 암시를 하지 않았습니다. 그는 그들을 3장 1절에서 "거룩한 형제들"이라고 불렀고 12절에서 다시 "형제들"이라고 불렀습니다. 그리고 그는 자신을 포함시켜 '우리가'(3:6, 14) 처음 확신한 것을 굳게 잡고 있으면 하나님의 집이 되고 그리스도와 함께 참여한 자가 된다고 하였습니다. 저자가 히브리서 독자들을 교인으로 간주했음이 분명합니다. 따라서 본 절을 구원의 진위성에 대한 말씀으로 해석하지 말아야 합니다.

그리스도와 함께 참여하는 것은 하나님의 안식에 들어가는 것입니다(3:11, 18). 하나님의 안식은 사후 천국이 아니고 하나님이 약속하신 유업을 받아 누리는 것입니다. 예수님이 먼저 개척하신 유업의 영광과 존귀의 관을 공유하는 것입니다(히 2:9~10). 예수님이 십자가 고난과 순종으로 닦아놓은 유업의 길을 꾸준히 따라가서 약속된 복을 나누는 것입니다. 히브리서 전체의 강조점은 꾸준한 믿음과 인내가 우리를 하나님의 안식에 들어가게 하는 목적을 성취시키고 현세와 내세에서 유업의 상을 받게 한다는 것입니다.

하나님의 안식의 영역으로 들어가서 주님과 함께 유업의 은혜 속에 머무는 것은 첫 구원 이후에 바랄 수 있는 성도의 최상의 복입니다. 믿음과 순종, 인내와 희생, 사랑과 헌신의 삶을 사는 성도들은 지상에서부터 하나님의 각별한 동행과 임재를 체험합니다. 그들은 자신이 받은 소명이 이루어질 것을 확신하며 힘써 주를 섬깁니다.

하나님의 안식은 아무것도 하지 않는 정지된 휴식이 아니고 적극적으로 참여하여 즐기는 활동입니다. 예수님은 안식일에 병자를 고쳤다고 비난하는 유대인들에게 "아버지께서 이제까지 일하시니 나도 일한다"(요 5:17)라고 하셨습니다. 이것을 히브리서 저자는 "안식일의 안식"(히 4:9, 직역성경)이라고 불렀습니다. 이스라엘 백성이 약속의 땅으로 들어갔을 때 먹고 마시고 쉬기만 한 것이 아니고 가나안 땅이 주는 무한한 자원을 활용하고 발전시키는 일을 하면서 번영을 누렸습니다. 우리도 줄기찬 믿음과 확신으로 복음의 진리를 전하고 십자가에 정욕과 탐심을 못 박으며(갈 5:24) 살 때에 성령의 임재와 그리스도의 왕권적 능력을 체험합니다. 주님은 때때로 나의 메마른 광야에 화초가 피고 시냇물이 흐르게 하시며 내게 꼭 필요한 위로와 격려의 말씀을 들려주십니다. 때로는 깨닫지 못했던 성경 말씀이 샛별처럼 떠오르게 하시고 성령의 세미한 음성이 감지되게 하십니다. 유업의 영역에 들어가 있으면 두려움이 사라지고 담대해져서 하나님의 집으로서의 기능과 역할을 잘 감당할 수 있습니다(3:6).

그러나 불순종과 불신으로 마음이 완고해지면 하나님의 집으로서 쓰임을 받는 기능과 역할에 손상을 입습니다. 구약 시대에 레위인들은 하나님의 집을 상징하는 장막에서 봉사하였습니다. 그런데 그들의 사역은 일정 나이가 되면 중단되었습니다. 일종의 은퇴였습니다. 물론 신자가 은퇴하는 일은 없지만 하나님의 집으로서의 기능이 정지된 듯한 삶을 살 수 있습니다.

에베소 교회는 그들이 예수님의 말씀을 경청하지 않으면 촛대가 옮겨진다는 경고를 받았습니다(계 2:5). 즉, 교회가 주 예수의 복음을 비치는 등대의 기능을 상실할 수 있다는 것입니다. 그래서 히브리서 저자는 "시작할 때에 확신한 것을 끝까지 견고히 잡고"(14절) 있으라고 했습니다. 바울도 "푯대를 향하여 그리스도 예수 안에서 하나님이 위에서 부르신 부름의 상을 위하여 달려가노라"(빌 3:14)고 고백하였습니다. 그는 유업의 목표를 향해 달리는 자에게 유업이 상으로 주어진다는 것을 기억하라고 격려하였습니다(골 3:24).

광야 세대처럼 살면 하나님의 집으로서 기능할 때에 체험하는 은혜들을 상실합니다. 즉, 하나님의 각별한 임재와 복음의 증인이 되는 기회와 신실한 섬김에서 오는 기쁨과 하나님의 깊은 사랑과 섭리를 깨닫는 영적 감동과 하나님 나라의 경이로운 차원을 바라보며 감사하고 찬양하는 일과 하나님을 살아 계신 분으로 확신하는 영적 체험들이 달아납니다.

예수님은 자신의 계획과 목적을 나누며 가깝게 교제할 수 있는 동반자를 찾으십니다(계 3:4, 20). 내가 주님의 동반자가 되기 위해 시련을 참고 모든 일에서 주님을 바라보면 내적 힘과 평안을 누리며 주님과 함께 유업을 나누는 공동 상속자의 영광된 계열에 서게 됩니다(롬 8:17). 그리스도의 참여자가 됨으로써 받는 유익과 은혜는 성도의 삶에 강력한 동기부여가 됩니다. 하나님께서는 그리스도의 십자가로 우리를 구원하시고 그리스도의 유업을 공유하는 영광을 상으로 주십니다. 이들은 요한계시록에서 언급된 이기는 자들입니다. 이기는 자들은 현세에서부터 상을 받고 내세에서 더욱 온전한 상을 받습니다(막 10:28~31). 그들은 이 세상에서 주를 섬기면서 많은 어려움을 겪지만 어둠의 나라와 싸울 때 하나님 나라의 로열 파워를 체험하고 승리합니다. 그들은 성령의 인도를 받으면서 말씀과 기도를 통해 하나님과 밀착된 교제를 갖습니다.

이기는 자들은 예수님의 왕권에 참여합니다.

예수님은 이기는 자들에게 여러 복된 약속들을 하셨습니다. 이기는 자에게는 낙원에 있는 생명나무의 열매를 주시고(계 2:7), 감추었던 만나와 새 이름이 새겨진 흰 돌을 주십니다(계 2:17). 흰 돌은 당시의 고대 사회에서 입장권으로 사용되었습니다. 이것은 하나님의 인정을 의미합니다. 새 이름은 크리스천의 새로운 신분입니다(사 62:2; 65:15). 아브라함의 이름은 원래 아브람이었는데 새 이름을 받았고, 사라도 야곱도 다 새 이름을 받았습니다. 새 이름은 새 사람으로서 새로운 능력을 받는 것을 시사합니다. 중요한 것은 이들이 모두 꾸준한 충성과 믿음으로 새 이름을 받았다는 사실입니다. 그래서 새 이름은 일종의 상으로 받은 셈이었습니다.

이기는 자들은 예수 그리스도의 왕권적 다스림에 참여하여 악의 세력을 파괴하는 사역에 동참합니다(계 2:26~27). 그들은 흰 옷을 입을 것이며 생명책에 특기될 것입니다(계 3:5). 그들은 하나님 성전에 기둥이 되고(계 3:12) 예수님의 보좌에 함께 앉는 영광을 누립니다(계 3:21; 눅 22:28~30). 이러한 원더풀한 약속들은 부분적으로 현세에서 이루어지고 대부분은 내세에서 온전히 성취될 것입니다. 그러나 이러한 축복은 저절로 오지 않습니다. 무엇보다도 주 예수의 십자가 대속을 내가 확실하게 믿어야 하고 그다음 단계로서 꾸준한 믿음과 오래 참음으로 유업의 약속을 향해 전진해야 합니다(히 6:11~12). 첫 단계의 믿음은 거룩한 경건으로 이어져야 하고(벧후 1:5~11) 삶의 마지막까지 주님께 신실해야 합니다(마 25:20~21; 딤후 2:12; 계 2:26).

요한계시록의 이기는 자들에게 준 유업의 약속은 모두 주 예수와 그의 복음을 위해 고난을 당하고 믿음과 충성과 회개와 인내로 하나님의 인정을 받은 자들을 위한 것이었습니다. 예수님은 제자들에게 하나님 나라를 맡기시고 열두 지파를 다스리게 하실 것이라고 약속하셨을 때 그들이 주님의 모든 시험 중에 항상 주님과 함께 했기 때문이라고 밝히셨습니다(눅 22:28; 비교. 딤후 2:12).

주님 자신도 "이기는 사람은, 내가 이긴 뒤에 내 아버지와 함께 아버지의 보좌에 앉은 것과 같이, 나와 함께 내 보좌에 앉게 하여 주겠다."(계 3:21, 새번역)라고 약속하셨습니다. 여기서 '이긴 뒤에'라고

한 것은 이기는 것이 전제된 것입니다. 즉, 예수님이 보좌에 앉은 것은 정복에 따른 것이었습니다. 예수님의 왕권은 정복의 대가였고, 참고 이긴 것에 대한 보상이었으며, 영예로 주어진 상급이었습니다(빌 2:6~11). 상은 상을 받을 수 있는 행위가 전제되었을 때 받습니다.

이제 우리가 던져야 할 질문은 나 자신을 향한 것이어야 합니다. 나는 예수님의 유업에 참여하고 있습니까? 나는 광야 세대의 실패를 반복하지 않기 위해 유업의 약속을 믿고 시련을 견디며 주님을 신뢰하면서 살고 있습니까? 나는 하나님의 안식을 부분적으로라도 체험하며 삽니까?

출애굽 세대는 모세의 리더십에도 불구하고 가나안에 당도하지 못하였습니다. 그들은 하나님께서 모세를 통해서 말씀하셨을 때 불순종하였습니다. 우리도 하나님께서 예수님을 통해 말씀하실 때 불순종할 위험이 있습니다. 그래서 저자는 시편 95편에 이어(히 3:7~11) 그의 독자들에게 광야 세대처럼 동일한 실수를 해서는 안 된다고 촉구합니다(3:16~19). 그는 세 가지 질문을 자문자답 형식으로 제시하였습니다.

첫째, 이 죄에 가담한 자가 누구입니까? 거의 모든 사람들입니다 (3:16)

둘째, 무엇이 그들 위에 형벌을 내리게 했습니까? 범죄입니다 (3:17)

셋째, 그들의 죄의 성격은 무엇입니까? 불순종과 불신이었습니다 (3:18~19)

출애굽 세대의 절대 다수가 죄에 빠졌다는 것은 우리도 동일한 죄에 빠질 수 있음을 시사합니다. 갈렙과 여호수아를 제외하고 출애굽했던 자들이 다 범죄하였습니다. 저자는 하나님을 격노케 한 자들이 다수라는 사실을 강조합니다. 우리는 처음 복음을 믿고 주 예수를 섬길 때에는 대체로 진지하지만 조만간 타성에 젖고 답보 상태에 머뭅니다. 많은 신자가 꾸준한 믿음으로 주님이 약속하신 유업의 목표를 향해 전진하지 않습니다.

출애굽 세대는 홍해를 마른 땅처럼 건넜던 믿음의 영웅들이었지만 광야에서 불신과 불순종의 나쁜 모범이 되었습니다(고전 10:1~5; 히 11:29). 각 시대마다 역사를 초월하여 재현되는 출애굽 세대가 있고 광야의 시험이 있습니다. 수많은 성도가 지금도 가나안의 유업을 받지 못하고 거친 광야에서 생을 마칩니다. 그들의 나쁜 모범이 우리가 가야 할 유업의 길을 견고히 다지게 하는 긍정적 교훈이 되어야 하겠습니다.

18.

하나님의 안식을 누리라

히브리서 4:1~16

> 그러므로 우리는 두려워할지니 그의 안식에 들어갈 약속이 남아 있을지
> 라도 너희 중에는 혹 이르지 못할 자가 있을까 함이라 (히 4:1).
> 그러므로 우리가 저 안식에 들어가기를 힘쓸지니 이는 누구든지 저 순
> 종하지 아니하는 본에 빠지지 않게 하려 함이라 (히 4:11).

장이 바뀌었지만 3장과 4장의 주제는 크게 다르지 않습니다. 저자
는 시편 95편을 앞장에서 인용하면서(3:7~11) 광야 세대처럼 안식에
들어가는 일에 실패하지 말아야 한다고 촉구했습니다(3:12~19). 이제
저자는 본 장에서 하나님의 안식이 가나안 정복 때가 아닌 다른 시기
에 어떻게 적용되는지를 언급하며 안식에 들어가기를 힘써야 한다고
권고합니다.

우리가 두려워 할 것이 있습니다.

성경에는 두려워 말라는 격려나 두려워하지 않는다는 고백이 자

주 나옵니다. 히브리서에서도 죽음이나 원수들을 두려워하지 않는다는 말씀이 있습니다(히 2:14; 11:23, 27; 13:6). 그런데 우리가 가져야 할 경건한 두려움도 있습니다.

본 장은 "그러므로 우리는 두려워할지니"라는 권고로 시작합니다. 3장의 결론은 "이로 보건대 그들이 믿지 아니하므로 능히 들어가지 못한 것이라"(3:19)고 했습니다. 4장 1절에서는 출애굽 첫 세대를 가리키는 "그들이" 히브리서의 독자들인 "너희"로 바뀌면서 "너희 중에는 혹 이르지 못할 자가 있을까 함이라"는 우려로 시작됩니다. 이 경고는 우리 세대에도 적용된다는 뜻입니다.

다시 말해서 우리에게도 두려워해야 할 일이 있는데 그것은 광야의 불신 세대의 특징이었던 불순종 때문에(3:18~19) 우리도 하나님의 안식에 못 들어가서는 안 된다는 경고입니다. 하나님의 진노의 맹세를 받고 약속된 유업의 땅으로부터 차단되는 것은 우리 모두가 크게 두려워해야 할 일입니다.

본 장에서는 우리가 두려워해야 할 이유가 한 가지 더 추가되었습니다. 즉, 마지막 날의 심판대에서 "우리의 결산을 받으실 이"(13절)로부터 유업을 박탈당하는 것을 두려워해야 한다는 것입니다(고전 3:15; 고후 5:10; 롬 14:10~12). 우리는 사후에 천국에만 들어가면 된다는 식으로 안심하지 말아야 합니다. 하나님의 안식은 옵션이 아닙니다. 못 들어가면 너무도 많은 것을 잃을 뿐만 아니라 하나님의 무서운 징계를 받습니다. 가나안에 들어가지 못한 출애굽 첫 세대가 어디에서 어떻게 망했는지를 상기해 보십시오.

하나님의 심판대에 선다고 해서 신자가 구원을 잃는 것은 아닙니다. 그때 받는 심판은 불신자가 받는 정죄의 심판이 아니라 출애굽의 구원 이후에 하나님의 약속을 계속 신뢰하고 살았는지에 대한 평가입니다. 아브라함의 자손들에게 약속한 유업의 복을 받도록 그토록 우리를 권면하셨던 주님 앞에 내가 어떤 모습으로 서게 될지를 생각해 보십시오. 만약 주께서 착하고 충성스러운 종이라는 칭찬 대신에 꾸중을 하신다면 얼마나 민망하고 괴로운 일이겠습니까! 우리는 영혼만 구원을 받고 자신의 모든 것들이 다 타버리는 수치를 당하지 말아야 하겠습니다(고전 3:15).

안식에 들어가라는 오퍼는 열려 있습니다.

1절의 "그의 안식"은 하나님의 안식입니다. 이 안식에 들어갈 약속이 아직 남아 있다는 말은 다소 의도적인 듯합니다. 아마 이렇게 말해야 할 어떤 배경이 있었을 것으로 짐작됩니다. 얼핏 생각해 보아도 출애굽 2세대가 가나안에 들어간 것은 역사적 사실이기 때문에 유업의 약속은 성취된 것으로 여겼을 것입니다. 그래서 히브리서 독자들은 자기들에게는 기회가 없다고 보고 포기하려고 했을 가능성이 높습니다. 그렇다면 "그의 안식에 들어갈 약속이 남아 있다"는 말은 이들에게는 믿을 수만 있다면 기쁜 소식(복음, 2절)이었을 것입니다.

그럼 어떤 의미에서 안식의 문이 아직도 열려 있다는 것일까요? 여호수아가 이스라엘 백성을 데리고 가나안 땅으로 들어가서 정착하지 않았습니까? 이미 끝난 역사적 사건인데 다시 정복할 가나안이 있을까요? 하나님이 약속하신 유업의 땅이 다른 곳에도 있다는 말씀일까요?

만일 여호수아가 그들에게 안식을 주었더라면 그 후에 다른 날을 말씀

하지 아니하셨으리라 그런즉 안식할 때가 하나님의 백성에게 남아 있도
다 (4:8~9).

여호수아가 이스라엘 백성에게 안식을 주지 않았다는 말은 가나
안 정복을 부인하는 말이 아닙니다. 그들은 분명 가나안을 정복하여
약속된 유업의 땅을 차지하였습니다. 그러나 하나님의 안식을 누리
는 일은 일회적인 사건으로 그치지 않습니다. 유업의 약속은 아브라
함과 그의 모든 후손에게 준 것이었습니다. 이스라엘의 가나안 정복
은 국가적인 차원에서 어떻게 유업의 땅을 차지하고 하나님의 안식
에 들어가는 것인지를 드러내는 대표적인 역사적 실례였습니다. 그
러나 유업은 지리적이고 영토적이기보다는(참조 '안식처' 4:1, 3, 5 직역성
경) 질적이고 상태적인 것입니다. 예수님의 재림 전까지 곳곳에 흩어
져 사는 아브라함의 영적 후손에게 적용되는 하나님의 안식은 본질
적으로 하나님과의 영적 체험입니다.

하나님의 안식에 들어가는 것은 한 세대나 한 국가에 제한되지 않
습니다. 가나안 정복은 줄기찬 믿음과 순종으로 유업을 받는 원리를
보여준 것이지 유업의 획득이 한 세대에서 일회로 종결되었다는 뜻
이 아닙니다. 하나님의 안식은 창조 이래로 지금까지 계속 중입니다.
일곱째 날은 하나님이 안식하신 날인데 닫히지 않고 열려진 상태에
있습니다. 그래서 가나안 정복이 끝난 후 오랜 세월이 지났던 다윗
시대에도 "오늘 너희가 그의 음성을 듣거든 너희 마음을 완고하게 하
지 말라"(4:7; 시 95:7~8)고 했습니다. 유업을 취하라는 성령의 음성은
각 시대마다 모든 하나님의 백성에게 울리고 있습니다. 듣고 순종하
는 자녀들은 유업의 상을 받지만 불순종하는 자녀들은 상을 잃습니
다.

가나안 정복의 또 다른 측면은 미완성으로 끝났다는 사실입니다. 처음 여호수아와 함께 가나안에 들어갔던 이스라엘 백성은 첫 단계 정복에서는 나름대로 최선을 다했지만 여러 면에서 미숙하였고 철저하지 못하였습니다. 그들은 산지에 있는 가나안 족속을 몰아내지 못하였고 일부 원주민들을 종으로 부리면서 점차 편한 생활로 해이해졌습니다. 가나안의 블레셋 족속을 비롯하여 주변의 여러 족속을 소탕하고 제압한 것은 다윗 왕 때에 가서 성취되었습니다.

이스라엘 백성의 실책 중에 가장 심각한 죄는 우상 숭배였습니다. 그들은 여호수아와 함께했던 장로들이 생존했던 동안은 여호와를 섬겼지만 그 이후로 가나안의 이교도들의 풍습에 젖었습니다(수 24:31). 그 결과 온 백성이 가나안 땅에서 쫓겨나 바벨론으로 잡혀갔습니다. 그러니까 결국 이스라엘 백성은 국가 단위의 언약 공동체로서는 하나님의 안식을 온전히 누리지 못한 셈이었습니다. 그래서 우리 세대는 달라야 한다는 것입니다. 즉, 유업을 차지하라는 성령의 음성을 들으면 마음을 완고하게 먹지 말고 불절의 믿음과 순종으로 하나님의 안식에 온전히 들어가야 한다는 것입니다. 이런 의미에서 안식할 때가 주의 백성에게 아직도 남아 있습니다.

하나님께서 원하시는 것은 주의 백성이 전체적으로 누구도 빠짐없이 하나님의 안식에 들어가는 것입니다. 그래서 "너희 각자에게 안식하는 일이 남아 있다"고 하지 않고 "하나님의 백성에게 안식하는 일이 남아 있다"(4:9)고 하였습니다. 즉, 전체 백성을 가리킵니다. 이렇게 말한 까닭은 개인적으로는 히브리서 11장에 나오는 믿음의 거장들처럼 하나님의 안식에 들어가는 성도들이 있지만, 백성 전체로 보면 안식이 남았기 때문입니다. 여호수아도 다윗도 하나님의 백성

전체를 하나님의 안식으로 온전히 인도하지 못했습니다. 다윗 이후의 세대도 마찬가지였습니다. 그래서 하나님께서는 전체적으로 하나님의 축복의 맹세를 받고 안식에 들어가는 세대가 나오기를 심히 원하십니다. 이것은 우리에게 매우 큰 도전입니다. 아직도 안식에 들어갈 약속이 남았다는 것은 그 가능성이 열려 있다는 뜻이므로 모든 주의 백성이 하나님의 뜻이 이루어지도록 힘써 기도하며 주의 도우심을 구해야 할 것입니다.

하나님의 안식은 창조 이후로 계속되고 있습니다.

> 그러나 그 말씀을 믿은 우리는 안식에 들어갈 것입니다 … 사실상 하나님께서 세상을 창조하시고 모든 일을 끝마치셨으므로, 그때부터 안식이 있어온 것입니다. (4:3, 새번역).

히브리서 저자는 하나님의 안식을 창세기 때로 소급해서 설명합니다. 하나님이 세상 창조를 마치신 후 제칠일 째 모든 일을 쉬셨다고 했습니다(4:4). 하나님께서 쉬셨다는 것은 얼핏 이해하기 어렵습니다. 하나님께서 인간처럼 피곤하셔서 쉬실 필요가 없는데 무슨 뜻일까요? 우선 하나님의 안식은 무활동을 의미하지 않습니다. 예수님은 안식일에 병자를 고쳤다고 해서 유대인들로부터 비난을 받으셨을 때 "아버지께서 이제까지 일하시니 나도 일한다"(요 5:17)고 하셨고 이어서 "아버지께서 행하시는 그것을 아들도 그와 같이 행하느니라"(요 5:19)고 하셨습니다. 하나님은 창조라는 특정한 사역은 마치셨지만 다른 측면에서는 쉬지 않고 일하십니다. 지금도 하나님 우편에 계신 아들을 통해서 만물을 보존하시고 통제하시며 날마다 운영하십니다(히

1:2~3).

그래서 하나님의 안식을 아무것도 하지 않는 무활동으로 이해하지 말아야 합니다. 혹은 창조 이후의 하나님의 활동을 창조가 계속되는 것으로 오해하지 말아야 합니다. 일부에서는 하나님의 창조 활동은 아직도 진행 중이라는 연속적 창조 교리(a doctrine of continuous creation)를 내세웁니다. 그러나 별들의 확장과 생성 및 소멸은 나무가 자라서 죽고 또 새 나무가 나오듯이 정해진 창조 사이클이라고 할 수 있습니다. 우주 안에서 일어나는 변화는 원래 창조할 때에 내장된 것의 발현이거나 피조계의 보존 방식일 수 있습니다. 성경은 하나님께서 창조계를 돌보시는 섭리를 창조라고 부르지 않습니다. 하나님은 우주의 창조는 마치셨지만 모든 활동을 중단하신 것은 아닙니다.

만일 하나님의 또 다른 창조가 진행 중이라면 성경에서 말하는 하나님의 안식을 이해하는 데 혼란을 일으킵니다. 계속되는 것은 하나님의 안식이지 또 다른 창조가 일어나는 것은 아닙니다. 그렇지 않다면 현재 진행 중인 것으로 주장되는 창조가 마칠 때까지 하나님은 안식하실 수 없다는 말이 됩니다. 성경은 분명하게 하나님께서 엿새 동안의 창조를 마치시고 일곱째 날에 안식하셨다고 말합니다(창 2:1~3). 그런데 또 다른 창조가 진행 중이라면 하나님은 두 번째 안식에 들어가셔야 합니다. 그러나 다른 창조가 마칠 때까지는 하나님께서 안식하실 수 없다는 것은 모순된 개념입니다.

하나님께서는 모세 시대에 이스라엘 백성에게 "그의 안식"(4:1)에 들어갈 기회를 제공하셨습니다. 그런데 이것은 하나님의 안식을 처음으로 누릴 수 있게 되었다는 뜻이 아닙니다. 하나님께서는 창조 사역을 마치시고 자신의 안식을 누리기 시작하셨으며 그의 백성이 이 안식에 들어오기를 원하셨습니다. 이것이 인간 창조의 은혜로운 목적이었습니다. 인간은 여섯째 날에 창조되었고 하나님은 일곱째 날에 안식하셨습니다. 그러니까 인간은 지음을 받은 다음날부터 하나님의 안식에 들어갈 수 있었습니다. 아담과 하와는 창조된 때에 아무것도 가진 것이 없었습니다. 그들은 벌거벗은 몸이었습니다. 그들은 오직 하나님만 의지하고 그분과 함께 교제하여 풍성한 삶을 살도록 의도된 존재였습니다.

일곱째 날에 아담과 하와는 낙원에서 거닐도록 되어 있었다. 그날은 아버지께서 그들에게 창조 사역의 경이를 보여주고 설명하시는 것을 듣는 시간이었다 (Sinclair Ferguson).

그들은 하나님의 창조의 지혜와 능력을 배우며 하나님의 방식으로 자신의 삶을 일궈나가도록 부름을 받았습니다. 이것이 아담의 소명이었고 창조된 목적이었으며 하나님의 안식으로 들어가는 방식이었습니다. 불행하게도 아담과 하와는 불순종으로 하나님의 안식에 들어가지 못하고 에덴 동산에서 쫓겨났습니다. 그럼 인류의 조상이 하나님의 안식에 들어가지 못하고 쫓겨났으니까 모든 후손에게도 문이 닫힌 것일까요? 히브리서 본문은 주의 백성에게 안식할 때가 남아 있다고 말합니다(4:1, 9). 그 이유는 이스라엘 역사에서 믿음과 오래 참음으로 하나님의 안식에 들어간 성도들이 있었으며(6:12; 11장) 다윗 시대에도 하나님의 안식에 들어가라는 권면과 경고가 있었다는 사실입니다. 그래서 히브리서 독자들에게도 안식에 들어가는 문의 오퍼가 열려 있다는 시사입니다. 이것은 우리에게도 똑같이 적용되므로 매우 고무적인 말씀입니다.

[그럼 어떤 의미에서 하나님이 쉬시는 것일까요?]

창세기 1장 31절이 해답입니다.

하나님이 지으신 그 모든 것을 보시니 보시기에 심히 좋았더라 (창 1:31).

이것이 안식의 개념입니다. 보고 좋아하고 즐거워하는 것입니다. 무엇을 보았습니까? 자신이 창조한 세계와 그것이 담고 있는 무한한 가능성을 본 것입니다. 하나님의 안식(God's Sabbath)은 하나님께서 자신이 행하신 것을 바라보고 즐기시는 것이었습니다. 다르게 표현하면, 하나님의 안식은 하나님 자신이 행하신 것에 대한 보상입니다. 하나님의 안식은 자신이 행하신 것을 만족하게 여기며 그 유익을 거두는 기쁨입니다. 즉, 엿새 동안의 창조 사역의 축복 속으로 들어가는 것으로서 자신이 행하신 창조 활동의 유익과 결과들을 즉각적으로 향유하는 것입니다.

하나님께서는 지금도 계속해서 자신의 안식을 누리고 계십니다. 이것이 우리에게 안식할 때가 남아 있다는 것을 입증할 수 있는 원초적인 근거입니다. 하나님의 안식이 끝나지 않았기 때문에 그의 백성에게도 안식의 기회가 주어질 수 있습니다. 이것은 사실상 하나님께서 원래 의도하셨던 것입니다. 창조 기사를 짚어보면 안식의 지속성에 대한 힌트를 얻을 수 있습니다.

창조에서 엿새 동안의 각 끝은 저녁이 되고 아침이 되었다는 형식의 어구로 마무리됩니다(창 1:5, 8, 13, 19, 23, 31). 그런데 일곱째 날의 끝은 이러한 문구가 없이 열려 있습니다. 이것은 무엇을 의미하는 것일까요? 일곱째 날이 아직 끝나지 않았다는 뜻입니다. 그래서 여섯째 날에 지음을 받은 인간이 즉시 일곱째 날의 하나님의 안식으로 들어가도록 계획되었음을 알 수 있습니다. 이것은 너무도 중요해서 십계명에 포함시켜 이스라엘 백성이 안식일을 준수하게 하였습니다. 하나님은 다른 어떤 피조물에게도 그의 안식에 즉시 들어오라는 오퍼를 하시지 않았습니다. 이 큰 특권과 은혜는 하나님을 영원토록 찬양하지 않을 수 없는 이유가 되고도 남습니다. 하나님께서 완전한 세계를 만드신 후에 인류가 그 모든 창조계의 유익을 하나님과 함께 즐기며 수확하도록 의도하셨다는 사실을 생각해 보십시오. 시편 8편의 경탄이 나의 고백이 될 것입니다.

> 사람이 무엇이기에 주께서 그를 생각하시며 인자가 무엇이기에 주께서 그를 돌보시나이까 (시 8:4).

그런데 인류의 조상에게 어떤 일이 일어났습니까? 이 고귀한 하나님의 안식을 누리는 일에 실패하였습니다. 그들이 하나님의 지시에 순종했더라면 하나님이 만드신 모든 창조계의 유익을 충족하게 거두며 즐거워하는 행복한 삶을 누렸을 것입니다. 불행하게도 그들은 하나님께 반항하였고 하나님의 안식에 들어가는 귀한 특권과 기쁨을 놓쳤습니다. 이것이 출에덴의 비극입니다. 그럼 인류에게는 하나님의 안식에 들어갈 수 있는 길이 영영히 닫힌 것일까요?

그렇지 않습니다. 감사하게도 하나님께서는 이스라엘 백성이 안식일을 지키게 하심으로써 하나님의 안식이 여전히 열려 있다는 사실을 상기시켰습니다. 이것은 하나님의 백성에게 안식의 혜택을 주기 위한 매우 은혜로운 조치입니다. 안식일은 단순히 창조 질서의 하나로서 휴식과 예배를 위한 것만이 아닙니다. 안식일은 하나님의 안식에 들어갈 기회가 아직도 남아 있다는 것과 하나님께서 지으신 창조 세계의 유익과 무한한 가능성이 우리 앞에 펼쳐져 있다는 사실을 상기시키기 위해 존재합니다.

안식에 들어가는 것은 신자들이 하나님 자신이 누려오신 것을 함께 누리기 위한 것입니다. 물론 우리가 유업의 상을 받기 위해서 끈기 있는 믿음과 수고를 해야 하지만 하나님의 안식에 들어가는 것은 근본적으로 은혜의 영역입니다. 하나님께서 이미 다 완성하신 창조계에 대한 만족한 기쁨과 유익을 우리 편의 공로나 기여가 없이 공유할 수 있는 혜택이기 때문입니다.

그런데 하나님의 안식이 에덴 동산에서 쫓겨난 아담의 타락한 후손들에게 주어진 까닭은 무엇일까요?

첫째, 인간이 하나님의 안식에 들어와서 창조계의 혜택과 유익을 거두면서 살도록 하는 것이 인간 창조의 목적이었기 때문입니다. 그래서 비록 아담과 하와의 타락이 있었지만 인간 창조의 원래 목적은 폐기될 수 없었습니다. 하나님께서는 선한 뜻으로 세우신 창조의 목적을 성취하십니다. 인간의 불순종과 사탄의 방해에도 불구하고 하나님의 작정된 목적은 주권적으로 이루어져서 마침내 하나님의 이름이 찬양을 받을 것입니다.

둘째, 인간에 대한 하나님의 불굴의 사랑입니다. 물론 하나님은 타락한 인간을 모두 없애고 그들에 대한 일체의 선한 계획을 폐기할 수 있었을 것입니다. 그러나 에덴에서 쫓겨난 인류를 위해 새 길을 여셨습니다. 즉, 자기 아들을 세상에 보내어 인간의 죄를 지고 십자가에서 처형되게 하셨습니다. 그래서 예수 그리스도의 십자가 구원을 믿는 자들이 하나님의 안식에 들어오도록 제2의 기회를 주셨습니다.

하나님께서 세상을 이처럼 사랑하신다는 것은(요 3:16) 미스테리입니다. 하나님을 배신한 인간들을 버리지 아니하시고 여전히 그의 안식에 동참하게 하시는 은혜와 사랑은 우리의 상상을 초월합니다.

하나님의 안식은 지식의 영역에만 머물 것이 아니라 체험으로 알아야 합니다. 체험이 있으려면 안식에 들어가기를 힘써야 합니다. 하나님의 안식에 관심이 없으면 그것이 얼마나 좋은 것임을 모르기 때문에 하나님을 드높이 찬양하며 경배하고픈 마음이 일어나지 않습니다. 하나님의 안식은 신앙생활 전반에서 체험될 수 있습니다.

❖ 자신이 받은 소명에 따라 희생과 인내의 삶을 살 때 하나님의 능력과 위로를 체험합니다.

❖ 그리스도의 이름을 위하여 손해와 무시를 당해도 꿋꿋하게 믿음을 지키면 하나님의 각별한 임재와 돌보심을 의식합니다.

❖ 성령의 열매를 맺기 위해 날마다 주님의 이름을 부르며 자신을 낮추고 회개하는 삶을 살 때 심령에 깊은 평안이 옵니다.

❖ 주님과 복음을 위한 작은 희생이 때때로 놀라운 결실을 하는 것을 보고 기뻐하며 힘을 얻습니다.

❖ 세상 광야의 고달픈 여정에서도 유업의 확신을 갖게 하시고 굶주릴 때 하늘의 만나로 견디게 하시며 목마를 때 바위에서 샘이 솟게 하심을 체험합니다.

❖ 하나님을 신뢰하며 순종할 때마다 심령의 평안과 위로를 받습니다.

❖ 주님의 성품을 본받는 사랑과 헌신의 삶은 성령의 열매를 수확하는 즐거움을 누리게 합니다.

하나님께서는 세상 창조 후에 안식하셨습니다. 인간의 죄악으로 오염된 첫 창조는 그리스도를 통한 새 창조 사역에 의해 갱신되면서 그 유익을 거두는 중입니다. 하나님께서 우리에게 주시려는 안식의 유익은 너무도 무한하여 능히 헤아릴 수 없습니다. 하나님의 약속을 신뢰하며 믿음과 인내로 광야를 거쳐 가나안의 젖과 꿀을 맛보는 성도들은 하나님의 안식의 의미를 체험하며 삽니다. 그들은 우리가 받은 구원이 얼마나 "큰 구원"(히 2:3)인지를 알기에 더욱 주님을 사랑하며 "사람이 무엇이기에 주께서 그를 생각하시며 인자가 무엇이기에 주께서 그를 돌보시나이까"(히 2:6)라고 감탄합니다. 이러한 감탄은 하나님의 안식을 누리고 있다는 증거입니다.

19.
유업의 기쁜 소식
히브리서 4:1~13

그들과 같이 우리도 복음 전함을 받은 자이나 들은 바 그 말씀이 그들에 게 유익하지 못한 것은 듣는 자가 믿음과 결부시키지 아니함이라 (히 4:2).

히브리서 4장에서 '복음'이라는 말이 두 번 사용되었습니다(4:2, 6). 일반적으로 '복음'이라고 하면 십자가 구원을 생각합니다. 그러나 본 장에서는 유업의 약속을 가리킵니다. 즉, 가나안 땅에 대한 '기쁜 소식'입니다. 히브리서에서 처음부터 제시하는 것은 첫 구원의 '복음'이 아니고 그다음 단계의 유업의 약속에 대한 '기쁜 소식'입니다. 출애굽 세대가 첫 구원이라는 의미의 '복음'을 듣고도 믿지 않았기 때문에 하나님의 진노의 맹세를 받고 가나안 천국에 못 들어갔다는 말이 아닙니다. 그들은 유업으로 약속된 가나안 땅에 대한 '기쁜 소식'을 들었음에도 불신했기 때문에 아무런 유익이 없이 광야에서 멸망했다는 것이 본 절의 의미입니다(히 3:16~19; 유 1:5).

이스라엘 백성은 출애굽 때 양의 피를 믿고 구원을 받았습니다.

그들은 유월절 어린 양의 피를 문에 바르고 집안에 있었기 때문에 죽음의 천사가 애굽 전역을 돌며 모든 장자를 칠 때 보호를 받고 애굽에서 해방되었습니다(출 12:1~14, 23, 27). 그들은 애굽 군대의 추격을 받았을 때 두려움으로 잠시 불신하기도 했지만(출 14:10~12) 모세의 격려와 약속을 신뢰하고 믿음으로 홍해를 건넜습니다(히 11:29). 그들은 출애굽의 구원 메시지를 듣고 하나님의 기적을 보았을 때 여호와를 경외하며 모세를 믿었습니다(출 4:31; 14:31). 이들은 어린 양의 피를 믿고 구원을 받았습니다. 히브리서 저자가 염두에 둔 것은 이미 역사적 사실이 된 출애굽의 구원이 아니었습니다. 그가 말하려는 것은 양의 피에 의한 구원의 '복음'이 아니고, 백성의 구출 목적과 목표인 젖과 꿀이 흐르는 가나안 땅의 유업에 대한 '기쁜 소식'이었습니다.

> 그들이 들은 메시지(4:2)는 '복음'(gospel)을 가리키는 것이 아니고, 안식의 약속을 가리킨다. (David L. Allen . NAC Com. p. 272).

이것은 첫 구원 이후에 받은 하나님의 안식으로 들어가라는 부름으로서 구원의 두 번째 단계에 있었던 일이었습니다. 출애굽 세대는 불신했기 때문에 가나안에 들어가라는 '유업의 복음'을 듣고도 실패하였습니다. 모세도 불신했기 때문에 하나님의 진노의 맹세를 받고 가나안에 들어가지 못했습니다(민 20:12; 신 4:21). 그렇지만 모세가 구원을 못 받았다고 말할 사람은 아무도 없을 것입니다. 그는 변화산에 나타나서 예수님과 대화하였습니다(막 9:2~4). 이것은 본문에서 언급한 '복음'이 좁은 의미의 십자가 구원을 가리키지 않는다는 것을 입증합니다.

이스라엘 백성은 가나안 땅에 대한 보고를 받았을 때 불신하였습니다.

본문의 '복음'은 구체적으로 정탐들이 전한 가나안의 좋은 소식입니다. 모세는 정탐들을 보내면서(민 13:17~17) "그들이 사는 땅이 좋은지 나쁜지 … 토지가 비옥한지 메마른지"(민 13:19~20) 알아보라고 지시하였습니다. 그들은 '좋은 소식'(good news)을 가지고 귀대하였습니다.

> 모세에게 말하여 이르되 당신이 우리를 보낸 땅에 간즉 과연 그 땅에 젖과 꿀이 흐르는데 이것은 그 땅의 과일이니이다 (민 13:27).

이것이 출애굽 세대가 받았던 가나안 복지에 대한 기쁘고 좋은 소식이었습니다. 그런데 여호수아와 갈렙을 제외한 나머지 정탐들은 악평을 하며 거인들이 살고 있으므로 정복은 불가능하다고 했습니다. 백성의 반응이 무엇이었습니까? 밤새도록 통곡하며 애굽으로 돌아가자고 하였습니다(민 13장; 14:1~4). 그때 하나님께서 진노의 맹세를 하셨습니다.

> 그러나 진실로 내가 살아 있는 것과 여호와의 영광이 온 세계에 충만할 것을 두고 맹세하노니 내 영광과 애굽과 광야에서 행한 내 이적을 보고서도 이같이 열 번이나 나를 시험하고 내 목소리를 청종하지 아니한 그 사람들은 내가 그들의 조상들에게 맹세한 땅을 결단코 보지 못할 것이요 또 나를 멸시하는 사람은 한 사람도 그것을 보지 못하리라 (민 14:21~23).

이로써 출애굽 세대의 운명이 결정되었습니다. 그들은 어떤 일이 있어도 가나안에 들어가지 못할 것이었습니다. 그들의 삶은 광야에서 종식될 운명이었습니다. 반면, 여호수아는 "여호와께서 우리를 기뻐하시면, 우리를 그 땅으로 인도하여 들이시고 그 땅을 우리에게 주시리라"(민 14:8)고 했습니다. 여기서 우리는 다시 한 번 '복음'이 가나안 유업에 대한 '기쁜 소식'임을 확인할 수 있습니다. '여호와께서 우리를 기뻐하시면'이라는 조건이 붙어 있는 것은 여기서 말하는 '복음'이 '구원'을 가리키는 것이 아니고 꾸준한 믿음과 순종으로 획득해야하는 조건부 유업임을 시사합니다. 출애굽 세대는 처음에는 믿었지만 다음 단계에서는 불신하였습니다. 그래서 하나님께서 그들을 기뻐하시지 않았고 가나안 땅의 유업을 받지 못하게 하셨습니다.

이제 우리 자신에게 적용해 보도록 하겠습니다. 우리도 하나님의 유업을 향해 나아가서 하나님의 안식으로 들어가라는 부름을 받았습니다. 신자들은 이미 어린 양의 피를 믿고 구원을 받았습니다. 그런데 신자들은 또 다른 형태의 '기쁜 소식'을 받았습니다. 그것은 주 예수에 대한 꾸준한 믿음과 순종으로 도착해야 하는 젖과 꿀이 흐르는 약속의 땅이 앞에 놓여 있다는 것입니다. 이곳은 하나님으로부터 넘치는 복이 내리는 유업의 현장이며 주 예수께서 '내가 진정 너를 축복하리라'는 맹세를 하실 때 체험하는 안식의 쉼터입니다. 이스라엘 백성에게 가나안에 대한 좋은 보고가 있었듯이, 우리에게도 좋은 보고가 있습니다. 우리가 가서 차지해야 할 유업은 어떤 것들입니까? 좋은 것입니까? 나쁜 것입니까? 좋은 것입니다. '비옥한 땅입니까? 메마른 땅입니까? 하나님 나라의 축복들로 채워진 비옥하고 풍성한 곳입니다. 그곳은 아름답고 탐스런 열매가 가득한 곳입니다. 가나안 정탐들은 송이포도와 석류와 무화과를 가지고 돌아와서 "과연 그 땅에 젖과 꿀이 흐르는데 이것은 그 땅의 과일이니이다"(민 13:27)라고 보고 했습니다.

우리도 이런 좋은 소식을 받았습니다. 예수님은 첫 창조 때에 타락한 인류를 새 창조의 세계로 인도하기 위해 보내심을 받았습니다. 예수님은 십자가와 부활로 새 창조 사역의 소명을 성취하시고 하나님 우편 보좌에서 안식하십니다. 주님은 그의 보좌로 들어오라고 우리를 초대하십니다. 우리는 주님이 어떻게 하여 자신이 받으신 소명을 성취하시고 유업의 상을 누리고 계신지를 주목해야 합니다. 주님은 꾸준한 믿음과 인내와 순종과 사랑의 삶으로 하나님의 뜻을 따라 새 창조의 목표에 도착하셨습니다. 우리도 그리스도의 길을 본받으면 하나님의 안식과 유업의 상에 이르게 될 것입니다.

우리는 하나님 나라에 대한 풍성한 소식을 받았습니다. 우리는 주님이 오셔서 보여주신 영생의 삶이 어떤 것인지를 압니다. 생명수가 흐르는 새 생명의 축복에 대해서 얼마나 많이 들었습니까? 주님을 믿은 이후로 얼마나 많은 하나님의 약속들을 들었습니까? 하나님의 임재와 능력과 보호하심에 대한 반복된 가르침을 받지 않았습니까? 하나님의 자녀로서 누릴 수 있는 기쁨과 감사와 안전과 격려와 소망과 희생과 사랑의 삶에 대해 항상 듣지 않았습니까? 그런데 이런 축복들을 누리고 삽니까? 예수님이 이루신 새 창조 사역의 안식을 향해 나아가는 중입니까?

문제는 우리가 이 두 번째 단계의 좋은 소식들을 믿음으로 응답하며 인내와 순종으로 붙잡을 것인가 하는 것입니다. 예수님은 새 창조의 안식과 유업에 대한 '좋은 소식'을 알리셨습니다. 주님은 우리 앞에 가나안 정탐들이 그랬듯이, 커다란 막대기에 매달은 풍성한 송이 포도와 석류와 무화과 열매를 보이시며 말씀하십니다.

> 너희 앞에 젖과 꿀이 흐르는 땅이 있다. 이것은 그 땅의 과일들이다. 얼마나 풍성한가? 나는 이것들을 너희에게 주기를 원한다. 나는 믿음의 선구자로서 아버지의 뜻을 따라 새 창조 사역을 마치고 하나님 우편에 앉아 안식한다(히 12:2). 나의 안식으로 들어오라. 내가 수고한 것들을 수확하는 기쁨에 참여하라. 너희도 복음과 하나님 나라를 위해 수고한 모든 것들을 보상받는 기쁨을 누릴 것이다. 나를 신뢰하고 내가 약속한 유업의 땅을 향해 전진하라.

하나님의 안식은 지금도 계속 중입니다. 하나님이 천지 만물의 창조 사역을 마치시고(창 2:1~3) 안식에 들어가신 것은 인간들이 예수 그리스도 안에서 누릴 영적 안식을 미리 예시한 것이었습니다. 그리스도의 안식을 바라보았던 첫 창조의 안식은 이제 "다 이루었다"(요 19:30)고 하신 새 창조의 안식 속에서 새 하늘과 새 땅의 완성을 기다립니다.

하나님의 안식은 말로 다 형용할 수 없는 차원의 세계입니다. 그곳은 고도의 성취감과 창조계의 잠재적 가능성에 대한 경이와 하나님의 놀라운 섭리와 사랑의 돌봄이 전시되는 광대한 영역입니다. 하나님의 안식은 창조주의 거창한 지혜와 능력을 비추는 대형 스크린과 같습니다. 하나님의 안식은 십자가의 신비와 부활 생명의 찬란한 비밀을 펼쳐보이는 하늘의 밀실입니다. 하나님께서는 주 예수의 복음과 하나님이 주신 소명을 위해 고난을 견디며 달려온 자들에게 상을 내리시고 칭찬하시는 영광을 함께 기뻐하자고 초대하십니다. 이와 같은 신이 어디에 있단 말입니까? (출 15:11; 삼하 7:22; 왕상 8:23; 대하 6:14; 시 86:8; 렘 10:6; 미 7:18). 천상천하에 이런 하나님은 성경에만 나옵니다.

광야에서 엎드러진 자들은 소수가 아니고 다수였습니다. 그들은 예외적으로 가나안에 못 들어간 것이 아니고 오히려 들어간 자들이 예외에 속하였습니다. 그들은 가나안 길이 멀어서 못 들어간 것도 아니고 식량이 부족해서 못 들어간 것도 아니었습니다. 그들은 출애굽 이후에 극히 단기간에 가나안에 닿을 수 있었지만 빙빙 돌면서 세월을 허송했습니다. 근본 문제는 그들의 불신이었습니다(3:19; 4:2). 한번 불신한 것이 아니고 꾸준히 불신하였습니다. 꾸준히 믿어야 할 때에 꾸준히 믿지 않았습니다. 이처럼 우리도 첫 믿음 이후에 꾸준한 믿음을 갖지 않으면 하나님께서 주시려고 하는 안식의 유업에 닿을 수 없어 실망하고 체념합니다. 이런 신앙생활은 아무런 진전이 없는 제자리 걸음에 불과합니다. 그래서 히브리서의 저자는 "너희 중에는 혹 이르지 못할 자가 있을까 함이라"(4:1)고 염려하였습니다. 나는 염려하지 않아도 되는지 자신을 살펴보아야 하겠습니다.

4장 3절에서 "이미 믿는 우리들은 저 안식에 들어가는도다"라고 하였습니다. '들어간다'는 동사는 원문에서 현재형이지만 미래형으로 옮길 수도 있습니다(예. 새번역, 직역성경). 그래서 아직 완성되지 않았다는 의미에서 종말론적인 안식으로 해석하기도 합니다.

최근의 동사의 측면에 대한 연구는 현재 시제의 동사가 반드시 현재의 때를 가리키지 않음을 결정적으로 입증하였다. … 그러나 비록 미래 안식이 강조되긴 했지만 Already~but~not~yet의 측면이 있는 것으로 보인다. (Thomas R. Schreiner, Hebrews, BTCP p.136).

저자는 안식에 들어가기를 힘쓰라고 하였고(히 4:1, 11, 14), 현세의 수고로부터 쉼을 얻는다고 약속하였다(히 4:9~10). 이로 볼 때 저자는 주로 미래의 안식을 염두에 두고 있다. 그럼에도 미래의 안식이 현재적 삶의 체험을 터치한다는 인상을 남긴다. 그래서 "오늘"(7절)이라고 하였다. (ESV Study Bible).

물론 하나님의 안식은 미래에 충만하게 체험될 것입니다. 그러나 히브리서의 저자가 강조하는 것은 미래의 안식이 아니고 이 세상에 사는 동안 하나님의 안식을 누려야 한다는 것입니다. 그래서 "오늘 너희가 그의 음성을 듣거든 너희 마음을 완고하게 하지 말라"(3:7~8, 15; 4:7)고 했습니다. 또한 "오직 오늘이라 일컫는 동안에 매일 피차 권면하여 너희 중에 누구든지 죄의 유혹으로 완고하게 되지 않도록 하라"(3:13)고 했습니다. 그리고 출애굽 세대가 안식에 들어가지 못하고 광야에서 엎드러졌다고 했습니다(3:17). 모두 하나님의 안식을 현재 이 세상에서 '오늘'의 단위로 들어가야 한다는 말씀입니다. 내일로 미룰 일이 아니라는 것입니다. 신자들에게는 지금 현재 하나님의 맹세로 받을 수 있는 넘치는 안식이 기다리고 있으므로 들어가기를 힘써야 한다는 권면입니다(히 4:11). 그래서 게으르지 말고 부지런한 믿음으로 유업의 땅을 향해 전진하라고 촉구했습니다(6:11~12). 하나님의 안식에 들어가기를 소홀히 하거나 거부하면 하나님의 진노의 심판을 받는다는 것이 저자의 경고입니다. 이것은 모두 미래의 안식에 대한 말씀이 아니고 현세에 방점이 찍힌 엄숙한 진술입니다. 예수님도 말씀하셨습니다.

수고하고 무거운 짐진 자들아 다 내게로 오라 내가 너희를 쉬게 하리라
… 나의 멍에를 메고 내게 배우라 그리하면 너희 마음이 쉼을 얻으리니
(마 11:28~29).

예수님이 주시는 "마음의 쉼"은 그리스도를 믿어 새로운 피조물이 된 하나님의 자녀들에게 약속된 여러 가지 영적 축복들을 지상에서 현재적인 체험으로 누리는 것을 의미합니다.

하나님의 안식은 세상에서부터 들어가야 하고 유업의 상은 내세에서 온전히 받게 될 것입니다. 이런 의미에서 현세의 안식은 미래의 안식에 영향을 준다고 말할 수 있습니다. 그러나 히브리서의 저자가 강조하는 것은 미래보다는 현재의 체험적 안식입니다. 그래서 4장 3절은 원문의 현재형 의미대로 '저 안식에 들어간다'라고 옮기는 것이 저자의 의도를 살리는 것이라고 봅니다.

"이미 믿는 우리들"은 누구입니까?

모든 신자들일까요? 만일 그렇다면 모든 신자들이 하나님께서 그들에게 약속하시는 것을 상속받는데 모두 성공한다는 말이 됩니다. 이것은 분명 사실이 아닙니다. 만약 모든 크리스천이 예외 없이 전원이 안식에 들어간다면 안식을 놓치는 것을 두려워할 필요도 없고 들어가려고 힘쓸 필요도 없을 것입니다(4:1, 11).

"이미 믿는 우리들"은 모든 성도를 가리키는 것이 아니고 일부 성도를 가리킵니다. 사실인즉, 모든 신자가 꾸준한 믿음으로 하나님의 안식에 들어가지 않습니다. 광야에 엎드려졌던 자들은 계속해서 하나님의 안식에 들어가기를 거부하였습니다. 그래서 하나님께서는 그

들이 가나안에 들어가지 못할 것이라고 맹세하셨습니다(민 14:21~22). 이 일은 갑자기 발생하지 않았습니다. 하나님은 "이 백성이 … 어느 때까지 나를 믿지 않겠느냐?"(민 14:11)고 하셨습니다. "어느 때까지"란 그동안 수없이 하나님께서 백성의 불신을 참으셨다는 것을 시사합니다. 하나님께서는 일시적인 작심으로 금방 화가 나서 진노의 맹세를 하시는 분이 아닙니다. 하나님은 노하기를 더디하십니다. 그러나 무한정 참기만 하시지는 않습니다. "어느 때까지"라고 하는 것은 '이제 하나님의 바꿀 수 없는 결정의 시간이 되었다'는 의미이기도 합니다. 이때가 되기 전에 마음을 돌이켜 하나님의 약속의 땅을 향해 전진해야 합니다.

하나님께서는 광야의 이스라엘 백성을 전염병으로 멸절시키고 모세로 하여금 그들보다 "더 크고 강한 나라"(민 14:12)를 세우시겠다고 하셨습니다. 그러나 모세의 중보 기도로 백성은 용서를 받았습니다(민 14:20). 그들은 구원을 잃은 것이 아니고 유업을 잃었습니다. 그들은 가나안에 대한 '기쁜 소식'을 믿는 일에서 실패하였지 어린 양의 피에 대한 '복음'을 믿는 일에서 실패한 것이 아닙니다. 마이클 이튼 (Michael Eaton)의 표현이 매우 적절합니다.

✻ 한 번 이스라엘이면 언제나 이스라엘이다(Once Israel, always Israel).

✻ 한 번 구원받았으면 항상 구원받는다(Once saved, always saved).

✻ 구원은 확보되었지만 유업은 열려 있다(Salvation secure, inheritance open).

문제는 첫 번째 단계에서는 믿고 구원을 받지만 두 번째 단계에서 불신으로 유업을 잃는 것입니다. 출애굽 세대는 처음에는 잘 믿었지만 유업의 길을 꾸준한 믿음으로 가지 않았기 때문에 하나님의 진노의 맹세를 받고 가나안 유업을 영원히 상실하였습니다. 하나님의 진노의 맹세를 들은 백성은 즉시 자신들의 범죄를 자복하며 다음 날 가나안으로 들어가겠다고 팔을 걷어붙였습니다. 그렇지만 때는 이미 늦었습니다. 그들이 하루 전에 할 수 있었던 일이 24시간 후에는 할 수 없는 일이 되었습니다. 그들은 하나님의 맹세를 뒤집을 수 없었습니다. 이제 젖과 꿀이 흐르는 땅으로 들어가는 일은 영원히 불가능하게 되었습니다(민 14:40~45).

이것은 우리에게 주는 엄숙한 경고입니다. 동시에 이미 믿는 우리들은 저 안식에 들어간다는 말은 믿음에 꾸준하기로 굳게 투신한 자들은 조만간 하나님의 안식에 들어간다는 고무적인 격려입니다. 이것은 독자들에 대한 히브리서 저자의 매우 긍정적인 평가입니다. 그는 '믿는 우리들'이라고 하였습니다. 즉, 불신에 빠지지 않은 우리들이라는 말입니다. 다시 말해서 열 명의 정탐들처럼 두려움과 불신을 조장한 자들이 아니고 여호수아와 갈렙과 같은 믿음을 가졌다는 것입니다(히 6:9; 10:39). 그래서 하나님의 안식에 들어간다고 하였습니다.

이것은 사후 천국에서의 안식이 아니고 현재 이 땅에서 누리는 안식을 말합니다. 강조점은 믿음을 가진 자들은 현재 하나님의 안식에 들어가는 과정에 있다는 것입니다. 그래서 믿음에 꾸준하여 힘써 유업의 땅으로 나아가면 하나님의 자비의 맹세를 언제라도 기대할 수 있다는 것입니다. 여기서 믿는다는 말은 그리스도를 믿는 신자들의 신앙을 가리키는 것이 아니고(행 2:44; 4:32; 살후 1:10), 가나안 정탐들의 보고를 받았던 위기 상황에서처럼(민 14장) 유업에 대한 '기쁜 소식'에 투신하는 믿음을 가리킵니다. 저자의 강조점은 현재 하나님의 안식으로 들어가는 과정이므로 포기하지 말고 더욱 힘쓰라는 것입니다.

꾸준한 믿음이 없이는 하나님을 기쁘게 해 드릴 수 없습니다. 젖과 꿀이 흐르는 땅에 대한 믿음이 없이는 그 땅으로 전진할 수 없습니다. 또한 하나님께 나아가는 자는 하나님이 자기를 찾는 자들에게 상 주시는 분임을 믿어야 합니다(히 11:6). 하나님의 안식은 어떤 사람들에게 옵니까? 젖과 꿀이 흐르는 유업의 땅에 들어가는 것을 불가능하고 두려운 일로 여기게 하는 부정적인 도전에 맞서 이렇게 말하는 자들입니다.

「가나안 요새들이 나를 좌절시키지 못한다. 거인들이 나를 하나님의 약속으로부터 떼어놓지 못한다. 내가 메뚜기처럼 작아 보여도 나는 하나님의 약속을 믿고 전진할 것이다」

하나님의 말씀의 위력

하나님의 말씀은 살아 있고 활력이 있어 좌우에 날선 어떤 검보다도 예리하여 혼과 영과 및 관절과 골수를 찔러 쪼개기까지 하며 또 마음의 생각과 뜻을 판단하나니 (4:12).

'하나님의 말씀'이라고 하면 금방 성경책이 떠오릅니다. 그러나 우리가 생각하는 성경책은 당시에는 구하기도 힘들었고 신약은 완성되지도 않은 때였습니다. 성경 말씀이 곧 하나님의 말씀인 것은 사실입니다. 그러나 문맥에 따라 의미의 각도가 다를 수 있습니다. 예를 들어 히브리서 13장 7절에서는 "하나님의 말씀을 너희에게 일러주고 너희를 인도하던 자들"이라고 했는데 그 의미는 복음 메시지를 전해 준 지도자들을 가리킵니다. 그러나 여기서는 '하나님의 말씀'은 일반적인 의미의 복음이 아니고 성령께서 직접 우리 귀에 들려주시는 살아 있는 하나님의 음성입니다. 그래서 "그러므로 성령이 이르신 바와 같이 오늘 너희가 그의 음성을 듣거든"(4:7) 마음을 완고하게 먹지 말라고 하였습니다. 그의 음성은 곧 성령의 감동으로 히브리서에서 들려오는 살아 있는 하나님의 말씀입니다. 범위를 좁혀서 말하면 문맥상 유업에 대한 말씀으로서 유업의 상을 받고 못 받는 문제의 심각성을 하나님의 심판과 연계시켜 경고한 것입니다. 그렇다면 우리가 히브리서에서 강조하며 경고하는 말씀, 곧 하나님의 안식에 들어가는 일을 얼마나 심각하고 진지하게 받아들여야 하겠습니까!

하나님께서 성령으로 말씀하실 때에는 그것이 어떤 형태로 오든지 듣는 사람에게 강력하고 쉽게 잊혀지지 않는 영향을 줍니다. 하나님의 말씀은 헛되이 되돌아가지 않고 긍정적이거나 부정적인 결과를 낳으면서 의도된 목적을 성취합니다(사 55:10~11). 히브리서에서 하나님은 독자들에게 하나님의 안식에 들어가는 것과 유업의 상을 말씀하셨습니다. 그들이 듣고 순종하면 복을 받고 불순종하면 복을 박탈하십니다. 우리는 성령의 음성에 대한 우리의 반응에 따라 무엇을 얻거나 잃습니다(고전 3:14~15). 하나님의 말씀은 자기 백성의 현재와 미래의 운명에 심각한 영향을 줍니다.

하나님이 주시는 말씀은 양날칼보다도 예리하여 혼과 영과 관절과 골수를 꿰뚫고 갈라놓는다고 하였습니다. 이 표현은 우리 몸 속에 있어 접근할 수 없는 가장 깊은 부분까지도 하나님의 말씀이 들어가서 실체를 밝혀낸다는 뜻입니다. 즉, 우리의 내적 생명 속을 훤히 들여다보기 때문에 우리 마음 속의 생각과 의도를 정확하게 식별한다는 것입니다. 우리는 하나님 앞에서 변명할 수 없습니다. 속이지도 못합니다. 우리가 하나님의 눈에 벌거숭이로 드러나기 때문입니다.

　우리는 하나님의 안식으로 들어가라는 성령의 음성이 들릴 때 지체말고 실천에 옮겨야 합니다. 우리의 심장을 살피고 폐부를 꿰뚫는 하나님의 살아 있는 말씀이 조만간 우리에게 복이 되거나 손해가 되는 어떤 결정을 내릴 것이기 때문입니다. 우리는 진노의 맹세가 아니면 축복의 맹세를 경험할 것입니다. 하나님께서는 안식에 들어가라는 성령의 음성을 우리가 듣고 어떻게 할 것인지를 지켜 보십니다.

> 각 사람의 마음을 살피고, 심장을 감찰하며, 각 사람의 행실과 행동에 따라 보상하는 이는 바로 나 주다. (렘 17:10, 새번역).

20.

어떻게 안식에 들어가는가?

히브리서 4:1~16

그러므로 우리가 저 안식에 들어가기를 힘쓸지니 이는 누구든지 저 순종하지 아니하는 본에 빠지지 않게 하려 함이라 (히 4:11).

본 절은 히브리서 3장 7절부터 시작된 본 항목의 결론으로서 본서의 가장 긴 경고 본문입니다. 그런데 저자는 어떤 종류의 힘씀을 생각하고 있는 것일까요? 구체적으로 관련된 내용을 알지 못하면 실천에 도움이 되지 않습니다. 힘써야 하는 이유와 방법을 알아야 목적을 성취할 수 있습니다.

우리가 힘써야 하는 것은 처음으로 구원받기 위해서 노력하는 것이 아닙니다.

구원은 내 편에서 힘써 쟁취하는 것이 아닙니다. 구원은 예수 그리스도의 대속적 희생을 믿고 그분을 나의 주님으로 영접할 때 받습니다. 내 편의 공로에 근거하지 않고 예수님의 십자가 공로에 의존하여 빈손 들고 나가서 받는 것이기 때문에 '은혜'라고 합니다. 구원은 하나님께서 거저 주시는 은혜의 선물입니다. 주 예수 그리스도를 대속주로 믿는 순간에 하나님께서 우리의 모든 죄를 용서하시고 의로운 백성으로 받아주십니다. 그런데 히브리서의 저자는 이 점을 크게 발전시키지 않습니다. 다만, 그는 독자들의 구원을 의심하지 않았습니다. 그는 그들을 "하늘의 부르심을 받은 거룩한 형제들"(3:1)로 인정하였습니다. 그들이 영원한 구속을 받았다고 본 것입니다(히10:10, 14). 저자는 독자들이 받은 구원의 진정성을 조금도 의심하지 않았습니다. 독자들의 구원 문제에 대한 언급은 이 정도에서 그칩니다. 그 까닭은 그의 메시지의 주된 내용과 초점이 하나님의 안식과 유업이기 때문입니다.

구원은 단순한 믿음으로 받고, 유업은 힘씀으로 받습니다. 그래서 바울은 부름의 상을 위하여 달려간다고 하였고, 힘을 다하여 수고한다고 하였습니다(골 1:29; 빌 4:14). 만일 누구나 받는 상이라면 왜 구태여 달리고 수고하겠습니까? '안식'을 구원이 아닌 천국으로 본다고 해도 모순입니다. 주 예수를 믿는 신자가 이왕 다 들어갈 천국이라면 왜 달릴 필요가 있습니까? 달리지 않는 신자의 믿음은 가짜라고 말할지 모릅니다. 그러나 바울은 자신의 믿음이 가짜가 아니라는 것을 증명하기 위해서 달린다고 말하지 않았습니다. 또한 자신이 구원받기 위해서 달렸다고 말하지도 않았습니다. 그는 상으로 받을 의의 면류관을 위해 힘써 선한 싸움을 싸웠다고 고백하였습니다(딤후 4:7~8; 골 3:24). 바울이 구원이 아닌, 상을 위해 힘썼듯이 히브리서 저자가 힘쓰라고 한 것도 첫 구원이 아닌 유업의 상이었습니다.

꾸준한 믿음으로 인내하며 부지런히 힘써야 합니다.

우리는 여러분 각 사람이 소망의 확실한 보증을 위하여 끝까지 동일한 열심을 보여주기 바랍니다. 이는 여러분이 게으르지 않아서, 믿음과 오래 참음으로 약속을 상속받는 자들을 본받는 자들이 되게 하기 위함입니다. (히 6:11~12, 직역성경).

이 본문은 유업을 얻는 가장 뚜렷한 방법을 제시합니다. 유업 획득에도 믿음이 필요합니다. 그러나 한 번 믿는 것으로 끝나는 것이 아니고 꾸준히 하나님의 유업의 약속을 신뢰하고 믿어야 합니다. 꾸준성이 없으면 아무일도 성취할 수 없습니다. 꾸준하려면 게으르지 말아야 합니다. 면류관을 받기 위해 달리는 자가 뛰었다 쉬었다 할 수 없습니다. 쉬지 말고 꾸준히 달려야 합니다.

예를 들어 성령의 음성을 듣는 일에 게으르면 성경 말씀을 통해 주시는 하나님의 구체적인 지시나 인도를 받지 못합니다. 또한 환경이나 다른 계시의 통로를 통해 오는 성령의 직접적인 메시지에 둔감해집니다. 그래서 자신에 대한 하나님의 뜻에 어둡고 신앙생활에 활력이 없습니다.

영적인 일에 게으르면 육적인 일에 연루되기 쉽습니다. 그래서 날마다 하나님을 찾아야 하고 그분의 음성을 지속적으로 들어야 합니다. 하나님은 여러 방법으로 우리에게 말씀하십니다. 우리는 그분의 말씀을 듣고 우리의 삶을 그분이 기뻐하시는 뜻에 따라 짜여지도록 해야 합니다. 유업의 길은 평탄대로가 아닙니다. 여러 가지 방해가 있고 시련이 옵니다. 꾸준하고 인내하라는 말은 유업을 상속받기 위해서 수많은 도전이 있음을 암시합니다.

❖ 아브라함은 아들을 낳을 것이라는 약속을 받았지만 수십 년씩 지연되었습니다. 큰 약속일수록 큰 도전과 테스트를 받습니다. 아브라함은 그의 인생의 후기에서 하나님의 축복의 맹세를 받았습니다. 그 시점에서 아브라함은 하나님의 안식에 들어갔고 그가 받았던 약속이 획득되었습니다.

❖ 다윗은 어렸을 때 하나님께서 사울의 왕권을 빼앗으신 후에 사무엘 선지자로부터 기름 부음을 받았습니다(삼상 16:12~13). 그러나 그가 실제로 왕으로 등극한 것은 여러 해 동안 사울의 박해를 받고 블레셋과의 싸움을 거친 후였습니다. 다윗은 많은 시련과 위기를 지나면서 하나님을 끝까지 신뢰하고 왕으로서의 자격을 갖추기 위한 훈련을 받아야 했습니다.

❖ 광야 2세대는 가나안에 들어가려고 했을 때 범람하는 요단 강과 철옹성같은 여리고 성에 직면하였습니다. 가나안은 들어가서 차지하기만 하면 되는 빈 땅이 아니었습니다. 가나안은 강한 적들이 살면서 자기들의 땅을 지키는 곳입니다. 가나안의 유업은 여러 시련과 위협에도 불구하고 하나님의 지시에 순종하여 힘써 점령해야 하는 곳입니다.

우리의 구원은 처음 주 예수를 믿었을 때 확보되었습니다. 그러나 하나님의 자녀가 된 신분상의 구원과 하나님의 눈에 의롭다는 선포를 받은 칭의 구원은 다음 단계의 유업 신앙으로 이어져야 합니다. 유업은 근면과 꾸준한 믿음과 오래 참음으로 확보됩니다. 이것을 "소망의 풍성함"(6:11, 개역) 혹은 "소망의 확실한 보증"(6:11, 직역성경)을 얻는 길이라고 했습니다.

그런데 막상 유업의 소명을 성취하기 위해 나서면 두려움이 옵니다. 시련을 감당하기가 버겁고 자신이 없습니다. 몇 번 시도하다가 실패하면 용기를 잃고 제자리에 멈추어버립니다. 우리는 하나님과 그의 복음을 위해서 무엇을 성취하려고 하면 자신의 연약함을 발견합니다. 그래서 힘쓰지 않고 예수를 믿을 수 없을까 하고 궁리합니다. 우리의 기도는 대체로 쉽게 살게 해 달라는 것입니다. 하나님께서는 자신의 안식에 들어오라고 우리를 초대하셨지만 그 길이 용이하고 편한 삶이라고 약속하시지 않았습니다. 오히려 거친 광야를 지나는 길이니 줄기찬 믿음으로 순종의 걸음을 걷지 않으면 광야에서 죽고 가나안 복지에 이르지 못한다고 경고하셨습니다.

이 시점에서 우리는 용기를 얻기보다는 기가 죽습니다. 출애굽 세대는 어중이떠중이들이 아니었습니다. 그들은 광야의 불순종으로 유명하지만 초기에는 바로의 학정 밑에서 여호와의 구원을 호소하였고, 유월절 양의 피를 믿고 애굽을 떠났으며, 홍해를 마른 땅처럼 건넜던 믿음의 용사들이었습니다(히 11:28~29). 우리라면 이런 믿음을 가질 수 있었을까요? 그들은 광야에서 하나님께 불평하고 반항했습니다. 그런데 만약 우리도 그들과 같은 역경에서 살았다면 어떻게 되었을까요? 결코 그들보다 더 낫지 않았을 것입니다. 열두 명의 이스라엘 정탐들은 각 지파의 지도자들이었습다. 그들은 사십 일 동안 가나안 전역을 몰래 다니며 상황을 탐지하고 돌아왔습니다. 이것이 얼마나 위험한 일이었겠습니까? 우리에게 그런 담력이 있었을 것 같지 않습니다. 그런데 그들은 그처럼 용감한 지도자들이었지만 여호수아와 갈렙을 제외하고는 가나안 정복을 몹시 두려워하였습니다(민 13장).

그렇다면 우리 같은 소시민들이 어떻게 유업의 땅으로 들어갈 수 있겠습니까?

이제 우리는 왜 히브리서의 저자가 하나님의 안식에 힘써 들어가라고 하면서 순종하지 않았던 자들의 나쁜 본을 따르지 말라고 경고한 후에 대제사장이신 예수님을 언급하는지를 이해하게 됩니다.

> 우리에게 있는 대제사장은 우리의 연약함을 동정하지 못하실 이가 아니요 모든 일에 우리와 똑같이 시험을 받으신 이로되 죄는 없으시니라 (4:15).

우리는 모두 압력과 시련에 약하고 위기 앞에서 두려워합니다. 우리는 누군가의 도움이 필요합니다. 그런데 우리를 가장 잘 도울 수 있는 분이 계십니다. 하나님의 아들이신 예수 그리스도입니다. 예수님은 우리처럼 세상에서 똑같이 시험을 받으셨습니다. 그래서 우리가 받는 고통을 이해하시고 깊이 동정하십니다. 예수님은 자신의 유업을 성취하시고 하늘 우편에 앉으셨습니다. 예수님은 우리를 위한 대제사장으로서 하늘에서 섬기십니다. 예수님은 동정과 사랑으로 가득하시기에 우리의 어려움을 기꺼이 도와주십니다. 그래서 **은혜의 보좌 앞으로 담대히 나아갈 것이니라**(4:16)고 했습니다.

예수님은 열두 제자들과 함께 지내시면서 그들의 믿음이 흔들리고 자주 주님의 말씀을 이해하지 못하며 서로 다투며 헛된 욕망으로 주님을 따랐던 것을 늘 보셨습니다. 우리도 그들과 별로 다르지 않습니다. 우리는 영적으로 쉽게 해이해지고 죄에 얽매입니다. 그래서 우리는 자신의 부족을 의식할 때마다 주님의 도우심을 간절히 바라며 은혜의 보좌 앞으로 나아가 엎드려야 합니다. 그러면 주께서 우리를 긍휼히 여기시고 도우신다고 약속하셨습니다(4:16). "많은 아들들을 이끌어 영광에 들어가게 하시는 일"(2:10)이 예수님의 사역입니다.

희생과 수고를 감수하며 힘써야 합니다.

안식은 그리스도를 믿고 나서 꾸준한 믿음을 보인 이후에 오는 축복입니다. 시련에도 불구하고 순종하는 지속적인 믿음은 안식으로 들어가는 지름길입니다. 하나님께서는 우리를 구원하시고 그다음 단계에서 우리가 가야할 곳을 지정해 주시며 큰 복을 내리신다고 약속하십니다. 그런데 하나님의 뜻을 행하려면 희생할 것들이 있습니다. 아브라함은 하나님의 부르심을 받고 유업의 땅으로 나아갔을 때 "고향과 친척과 아버지의 집을 떠나"(창 12:1) 먼 곳으로 이주하였습니다. 하나님의 안식으로 들어가는 일은 수고와 희생을 요구합니다. 그것은 내가 소중히 여기는 것들을 내려놓거나 목표로 삼았던 어떤 일들을 포기하는 것일 수 있습니다.

우리가 하나님의 인정을 받고 축복의 맹세를 듣는 지점에 이르려면 새로운 성품과 가치관을 가져야 합니다. 예를 들어 악감을 품고 살거나 사랑을 베풀지 않거나 교만하거나 이기적이면 하나님의 안식에 들어가지 못합니다. 내가 세상적인 가치관으로 살면서 하나님의 안식에 들어가려고 하면 하나님께서 외면하십니다. 흔히 하나님이 약속하신 복에는 관심이 있으면서 하나님이 요구하시는 일에는 무관심합니다. 보통 수준의 삶을 살면서 최고 수준의 복을 원하는 것은 유업의 길이 아닙니다. 우리는 보통 수준의 기본적인 도덕 생활은 어렵지 않게 할 수 있습니다. 대부분의 이교도들도 상당히 도덕적입니다.

그러나 "이미 믿는 우리들"(4:3)은 불신과 불순종에 빠지는 다수의 보통 신자들이 아닙니다(3:17~19). 그들은 하나님 나라와 의를 구하는 소수의 "적은 무리"(눅 12:32)입니다. '적은 무리'는 예수님을 따르기 위해 세상에 속한 것들을 버리는 참다운 제자들을 대표합니다. 바울은 그들을 "그리스도 예수의 사람들"(갈 5:24)이라고 불렀습니다. 그들은 육체와 함께 정욕과 탐심을 십자가에 못 박은 자들입니다(갈 5:24). 그들은 예수님의 멍에를 메고 날마다 배웁니다. 예수님은 유업의 상을 위해 모든 것을 제쳐놓고 오직 한 걸음의 자세로 사셨습니다. 우리가 예수님을 절대모델로 삼고 그분의 꾸준한 믿음과 희생을 닮으려고 힘쓰면 출애굽 세대의 실패를 반복하지 않을 것입니다.

새 창조의 안식으로 들어가라

하나님은 엿새 동안의 창조 사역을 마치시고 일곱째 날에 안식하셨습니다. 그런데 하나님의 안식은 인류를 위한 매우 복된 목적을 가진 것이었습니다. 하나님은 자신이 지은 창조계를 보시고 매우 만족해 하셨습니다. 하나님은 인간에게 만물을 다스리는 청지기 노릇을 하게 하셨습니다. 인간은 하나님의 대리자로서 창조계를 돌보면서 하나님의 능력과 지혜를 찬양하고 자연계의 신비를 날마다 보고 즐길 수 있는 특권을 받았습니다. 인간이 하나님의 지시와 인도를 받으면서 창조계를 하나님의 뜻에 따라 관리하고 통제하며 창조계의 무한한 내재적 가능성을 발휘시켜 더욱 놀라운 세계가 되게 하는 것은 하나님의 안식에 들어가는 복된 사역입니다. 이러한 인간의 청지기적 소명이 일궈내는 열매들은 하나님의 안식을 더욱 깊은 차원으로 승화시킵니다.

하나님께서는 원래부터 자신이 즐기는 안식을 인간도 함께 누리도록 계획하셨습니다. 이것은 다른 어떤 피조물에게도 주어지지 않은 특혜였습니다. 그런데 인류를 대표하는 아담이 불신과 불순종으로 에덴동산에서 쫓겨남으로써 하나님의 안식에 들어가는 특권을 박탈당하였습니다. 다행하게도 여기서 인류의 불행한 역사는 끝나지 않습니다. 은혜로우신 하나님께서는 새로운 소망의 기회가 있다는 것을 알리기 위해 아담과 하와에게 가죽옷을 입혀 주셨습니다. 인류의 조상이 에덴동산에서 가지고 나온 것은 이 가죽옷뿐입니다. 가죽옷은 그 임자가 피를 흘리고 죽었다는 뜻입니다. 이것은 먼 후일에 인류의 죗값을 대신 치르기 위해 하나님의 어린 양으로 십자가에 달리실 예수 그리스도에 대한 상징적 예표입니다. 그때가 오면 예수 그리스도의 새 창조 사역에 의해 하나님의 안식에 들어가는 상실된 특권이 회복될 것이었습니다.

그러니까 하나님께서는 자신이 즐기는 안식을 인류도 함께 누릴 수 있는 가능성의 재도입을 계획하셨습니다. 이 프로그램은 이스라엘 국가와 관련되었습니다. 예수님이 오실 때까지 이스라엘은 모세 율법에서 규정된 안식일을 지켜야 했습니다. 안식일 준수의 목적은 하나님께서 원래 의도하셨던 하나님의 안식에 들어가는 일이 신령한 시간표에 의해 전개된다는 것을 알리는 것이었습니다. 이것은 너무도 중요해서 안식일을 어기면 사형에 처하였습니다. 그런데 하나님의 안식을 누리는 일은 일차적으로 이스라엘 백성이 유업의 땅으로 약속된 가나안 정복을 통해 체험할 수 있도록 계획된 것이었습니다. 안식일 준수는 하나님의 안식을 상기시키는 하나의 징표였습니다. 그래서 예수님이 안식일의 주인으로 오셨을 때 안식일의 법적 측면은 제쳐졌으므로 예수님의 새 창조 사역의 혜택을 입는 자들은 안식일 법에서 해방되었습니다. 이레 중 하루를 쉬는 것은 좋은 아이디어지만 특정한 날을 반드시 지켜야 하는 것은 아닙니다. 바울은 "어떤 사람은 이 날을 저 날보다 낫게 여기고 어떤 사람은 모든 날을 같게 여기나니 각각 자기 마음으로 확정"(롬 14:5)하라고 했습니다. 또 골로새서에서는 "그러므로 먹고 마시는 것과 절기나 초하루나 안식일을 이유로 누구든지 너희를 비판하지 못하게 하라"(골 2:16)고 했습니다. 중요한 것은 모세 율법에 따라 특정한 날을 지키는 것이 아니라, 하나님께서 예수 그리스도의 새 창조 사역을 통해 누리게 하시는 하나님의 안식을 취하는 것입니다. 즉, 예수님을 통해서 성취된 새 창조 사역을 보고 즐거워하며 그것이 가져오는 온갖 복된 열매를 수확하는 것입니다.

하나님께서는 그리스도를 통해 우리를 새롭게 창조하시고 그 창조의 유익에 우리도 동참하도록 하셨습니다. 이것이 하나님의 안식에 들어가는 것입니다. 첫 창조 이후부터 하나님이 누리셨던 안식은 그리스도의 새 창조 사역에 의해 인류가 다시 하나님의 안식에 들어갈 수 있는 길을 열었습니다.

하나님의 안식은 유업 획득의 원리에 따라 약속된 것입니다.

모세는 가나안으로 들어가기 직전에 온 이스라엘 백성에게 말했습니다.

내가 너희의 조상 아브라함과 이삭과 야곱에게 맹세하여 그들과 그들의

후손에게 주리라 한 땅이 너희 앞에 있으니 들어가서 그 땅을 차지할지
니라 (신 1:8).

하나님의 안식에 들어가려면 하나님께서 약속하신 유업을 취해야
합니다. 이스라엘 백성에게는 가나안 땅이 유업으로 소유해야 하는
영역이었습니다. 그래서 가나안으로 진입하여 적군을 무찌르고 그들
의 소유를 차지해야 했습니다. 가나안 복지는 이스라엘 백성의 꾸준
한 믿음과 순종이 있을 때 그들의 소유가 될 수 있었기 때문에 보상
의 성격을 가진 것이었습니다. 이 원칙을 적용한 말씀이 히브리서 6
장에 나옵니다.

우리가 간절히 원하는 것은 너희 각 사람이 동일한 부지런함을 나타내
어 끝까지 소망의 풍성함에 이르러 게으르지 아니하고 믿음과 오래 참
음으로 말미암아 약속들을 기업으로 받는 자들을 본받는 자 되게 하려
는 것이니라 (히 6:11~12).

하나님의 안식은 약속된 유업을 지속적인 믿음과 인내로 시련을
통과했을 때 들어갑니다. 이스라엘 백성은 가나안을 정복했을 때 그
들이 건축하지 않은 아름다운 성읍에 있는 주택에서 살았고, 멋진 가
구와 물건들로 채워진 집을 차지하였습니다. 그들은 자기들이 파지
않은 우물을 사용하였고 자기들이 가꾸지 않은 포도원과 오렌지 밭
에서 배불리 먹었습니다(신 6:10~11). 이것은 하나님의 안식을 즐기는
실질적인 체험입니다. 그렇지만 이러한 안식은 앞으로 예수님이 오
셔서 자기 백성을 유업의 길로 인도하실 것에 대한 상징적 예시였습
니다.

하나님께서는 우리 죄를 대속하기 위해서 자기 아들을 화목 제물이 되게 하셨습니다(요일 4:10). 예수님은 우리의 유월절 양으로 십자가에서 희생되셨습니다(고전 5:7). 그리고 그를 믿는 자들은 새로운 피조물이 되게 하셨습니다(고후 5:17). 예수님도 자신의 창조 사역을 마치시고 안식에 들어가셨습니다. 이것은 하나님의 첫 창조의 안식이 바라보았던 새 창조의 안식으로서 전우주적이고 영적인 차원이 포함된 것입니다. 이제 성삼위 하나님이 원하시는 것은 구원받은 자녀들이 이 우주적인 새 창조의 안식으로 들어와서 원래 의도되었던 인간 창조의 목적이 온전히 피어나게 하는 것입니다.

실제적인 측면에서 보면 이스라엘 백성은 가나안 정복의 소명을 받았습니다. 가나안은 그들이 차지할 유업의 땅이었습니다. 이 소명을 성취하는 길은 하나님의 약속을 믿고 시련을 견디며 이기는 자가 되는 것입니다. 마찬가지로 신약 교인들도 유사한 소명을 받았습니다. 예수님은 부활하신 후에 제자들에게 복음 전파의 소명을 주셨습니다. 우리의 유업은 일차적으로 우리의 소명과 관련된 것입니다. 이스라엘 백성의 경우처럼 국가 단위의 소명도 있고 개인적인 소명도 있습니다. 이스라엘 백성 전체가 가나안 진격에 가담했지만 나중에는 레위 지파처럼 성전 사역에 부름을 받은 지파도 있었습니다. 사사 시대에는 국가의 위기를 극복하기 위해 특정 개인들이 지도자의 소명을 받았습니다. 사역에로의 부름은 하나님의 구원 사역에 무엇인가 기여할 수 있는 기회와 능력을 받는 것입니다.

우리에게도 교회적으로 받는 소명이 있고 개인적으로 받는 부름이 있습니다. 전체적으로 보면 하나님의 구원을 전하고 그리스도의 주 되심을 드러내는 것이 모든 성도의 소명입니다. 또한 주 예수의 형상을 닮아 성령의 열매를 맺어야 하는 성품의 소명이 있습니다(갈 5:22~23). 이러한 부름의 성취를 위해 굽히지 않는 믿음과 인내와 사랑의 삶을 살 때에 하나님의 축복의 맹세를 체험합니다.

하나님의 안식은 가나안처럼 지리적이고 물질적이기보다는 영적 체험입니다. 때로는 자신이 받은 소명의 성격에 따라 물질적 측면이 포함될 수 있을지라도 물질 자체는 안식이 아닙니다. 그러나 물질적 은혜를 통해서도 소명이 성취되는 것을 깨닫는 경우라면 영적 안식의 체험이 될 수 있습니다.

하나님의 안식은 여러 형태로 의식될 수 있습니다.

• 말로 표현할 수 없는 하나님의 깊은 사랑과 심대한 구원의 섭리를 깨닫는 감동

• 나의 보잘것 없는 기여가 하나님이 거두시는 새 창조의 한 열매라는 사실을 알게 되는 기쁨

• 믿음의 시련 후에 하나님이 역사하셨음을 확신하고 감사하는 일

• 새 언약의 약속들이 나의 삶에서 응답되는 일

• 하나님의 임재를 체험하고 두려움과 불안에서 해방되는 일

이러한 레벨의 영적 복은 지상에서 믿음과 인내와 순종으로 주님의 길을 신실하게 따를 때에 받는 보상입니다.

아브라함은 모리아 산의 정상에서 이삭을 바칠 때까지 오랜 세월을 기다렸습니다. 그는 여러 번 넘어졌고 고통스런 시련을 겪었지만 하나님께서 그의 길을 계속 인도하셨습니다. 사실은 그가 하나님의 약속 성취를 기다렸다기보다는 하나님께서 그가 모리아 산의 정상에 오르기를 기다리셨습니다. 하나님께서는 아브라함이 올랐던 믿음과

순종의 정상에서 맹세하셨습니다.

> 또 네 씨로 말미암아 천하 만민이 복을 받으리니 이는 네가 나의 말을 준
> 행하였음이니라 하셨다 하니라 (창 22:18).

예수님이 세상에 오시는 일은 이때 역사적인 사건으로 확정되었습니다. 아브라함은 자신의 후손을 통해 예수 그리스도가 오실 것을 의심 없이 믿었습니다. 그런데 예수님은 그 후 수천 년이 지나서 베들레헴에서 태어났습니다. 그러나 하나님의 시간표에는 예수님이 이미 태어나신 것과 다름이 없었습니다. 하나님이 맹세하셨기 때문입니다. 아브라함은 예수님에 대한 기쁜 소식을 듣고 하나님의 안식에 들어갔습니다. 이것이 하나님의 안식이 지닌 역설적 측면입니다. 예수님의 오심에 대한 하나님의 맹세가 있었고 아브라함이 하나님의 안식에 들어갔지만 예수님은 아브라함의 생전에 오시지 않았습니다.

그러나 아브라함은 하나님의 시간표 안에 들어가 있었기 때문에 예수님의 오심을 기성사실로 믿고 기다릴 수 있었습니다. 기다림 자체가 그에게는 기쁨이었습니다. 이미 발생한 일이나 다름없는 사건이었기 때문입니다. 우리가 하나님의 안식에 들어가면 설령 유업이 가시적으로 내 생애에서 성취되지 않아도 여전히 큰 소망과 깊은 확신으로 기뻐할 수 있습니다. 예수님은 아브라함이 어떤 안식을 누렸는지를 이렇게 증언하셨습니다.

> 너희 조상 아브라함은 나의 때 볼 것을 즐거워하다가 보고 기뻐하였느
> 니라 (요 8:56).

우리가 이같은 수준의 안식을 누리고 예수님으로부터 이와 같은 증언을 듣게 된다면 얼마나 기쁘고 복된 일이겠습니까! 우리에게 아직 **그의 안식에 들어갈 약속** (4:1)이 남아 있습니다. 우리 모두 꾸준한 믿음 생활을 통해 하나님의 안식에 들어가는 복을 누려야 하겠습니다.

.

21.
자기 일을 쉬느니라
히브리서 4:10

그런즉 안식할 때가 하나님의 백성에게 남아 있도다 이미 그의 안식에 들어간 자는 하나님이 자기의 일을 쉬심과 같이 그도 자기의 일을 쉬느니라 그러므로 우리가 저 안식에 들어가기를 힘쓸지니 이는 누구든지 저 순종하지 아니하는 본에 빠지지 않게 하려 함이라 (히 4:9~11).

본 절은 구원론에 대입시키면 오해하기 쉽습니다. 안식에 들어가는 것은 천국에 들어가거나 첫 구원을 받는 것을 뜻하지 않습니다. 구원은 내가 힘쓰고 노력해서 얻는 것이 아닙니다. 불순종으로 가나안에 들어가지 못했던 출애굽 세대는 애굽으로 돌아간 것이 아니고 광야에서 죽었습니다. 그들은 히브리서 11장에 열거된 믿음의 선열 중에서 양의 피를 믿고 모세를 따라 굳은 믿음으로 홍해를 건넜던 자들로 기록되었습니다(히 11:29). 그들이 잃은 것은 첫 구원이 아니고 가나안의 유업이었습니다.

안식에 들어간 자가 자기 일을 쉰다는 의미는 무엇입니까?

> 이미 그의 안식에 들어간 자는 하나님이 자기의 일을 쉬심과 같이 그도 자기의 일을 쉬느니라 (4:10).

첫째, 구원받기 위해서 힘쓰던 일체의 행위를 버려야 한다는 의미가 아닙니다.

여기서 말하는 안식은 내가 구원받고 누리는 영혼의 안식이 아니라 하나님의 안식입니다. 하나님의 안식으로 들어가라는 초대는 처음으로 주 예수를 믿고 구원을 받으면 다른 방법으로 구원을 받으려고 애쓰던 일체의 시도를 그치게 된다는 의미가 아닙니다. 즉, 예수님이 길과 진리와 생명이므로 다른 구원의 방식을 버리라는 뜻으로 보면 히브리서의 주제와 맞지 않습니다. 히브리서의 주제는 구원론이 아니고 유업론입니다. 그러므로 유업의 관점에서 본 절을 이해해야 합니다. 지금까지 저자는 하나님의 약속들이 성취되는 유업의 안식을 다루고 있었다는 점을 기억하십시오.

하나님의 안식에로의 초대는 구약 시대에는 믿음의 공동체인 이스라엘의 언약 백성에게 주었고, 신약 시대에는 주 예수를 믿는 교회에 주었습니다. 본 권면이 강조된 히브리서의 독자들도 모두 크리스천들이었습니다.

본 절을 구원의 관점에서 해석하면 자기 일을 쉬는 것은 자신의 자원과 노력으로 구원을 얻으려고 하는 시도를 그친다는 뜻이 됩니다. 그래서 "수고하고 무거운 짐진 자들아 다 내게로 오라 내가 너희를 쉬게 하리라"는 주님의 초대에 대입시킵니다. 본문에서 말하는 안식의 초대는 첫 구원을 받기 위해서 자기 의존과 자기 능력을 포기하고 빈손 들고 주께 나아가라는 의미가 아닙니다. 본 절은 "하나님이 자기의 일을 쉬심과 같이, 그도 자기의 일을 쉬느니라"고 하였습니다. 이것은 하나님의 방식대로 쉬게 된다는 말입니다. 하나님이 어떻게 쉬셨습니까? 마지막 엿새 날까지 창조 활동을 계속하신 후에 쉬셨습니다. 이것이 하나님의 안식 패턴입니다. '안식에 들어가는 것'은 구원을 받기 위해서 자기 신뢰나 노력을 중단하는 것과는 다른 의미입니다.

둘째, 안식에 들어가서 자기 일을 쉬는 것은 아무것도 안 하는 것이 아닙니다.

안식에 들어가는 것은 죽거나 은퇴하는 것이 아닙니다. 자기 일을 쉬는 것은 유업을 향한 꾸준한 믿음 생활이 하나님의 축복의 맹세에 이른 시점입니다. 이것은 약속의 열매를 확실히 거두기 시작하는 때로서 소명의 목표에 닿았다는 뜻입니다. 그렇지만 일체의 활동을 중단한다는 의미는 아닙니다. 이것은 유업의 약속을 성취하기 위해 그동안 힘써 왔던 시간이 종료된 것입니다. 다른 선한 일들이 남아 있을지라도 기본적인 약속의 실현이 이제 맹세에 의해서 상속되었음을 가리킵니다. 하나님께서는 첫 창조를 마치시고 안식에 들어가셨지만 다른 일들을 하고 계십니다. 이것이 요한복음 5장 17절에서 예수님이 "아버지께서 이제까지 일하시니 나도 일한다"고 하신 말씀의 포인트입니다. 그러나 6일간의 창조는 끝났습니다. 하나님은 이 창조 사역으로부터 쉬고 계십니다. 이처럼 안식에 들어간 신자들도 마찬가지로 자기 일로부터 쉽니다. 우리가 하나님의 맹세를 받았다면 아직 다른 일들을 할지라도 우리 생애의 일에 관한 약속을 확보하는 기간은 채워졌기 때문에 쉰다고 했습니다. 그렇지만 자신이 받은 소명이나 유업 획득을 위한 여러 활동이 일시에 완결되고 중지된 것은 아닙니다.

예를 들어 아브라함은 하나님의 축복의 맹세를 받고 안식에 들어 갔지만 계속해서 믿었고 정상적인 활동을 했습니다. 그는 노년에 가서 자기 인생의 최상의 부름을 성취하였습니다. 이 시점에서 그는 가나안에 대한 그의 소명으로부터 철수하려는 유혹을 받았습니다. 어떤 이가 와서 아브라함에게 그의 가족들이 먼 메소포타미아의 하란에서 잘살고 있다고 알려 주었습니다(창 22:20~24). 하란에는 그가 보지 못한 조카들이 있었습니다. 이 정보는 그로 하여금 리브가를 이삭의 아내로 얻게 하였지만 그에게 유혹도 되었을 것입니다. 그는 가나안에 땅이 없었습니다. 씨에 대한 약속은 성취되었습니다. 그는 이제부터 그의 후손을 통한 축복이 중단될 수 없음을 알았습니다. 그는 자신의 본향이 어디에 있다는 것을 알았습니다. 하나님의 맹세로 그가 받은 약속이 메소포타미아의 하란만이 아니고 온 세상에 복을 가져올 것을 믿었습니다. 그가 태어난 육신의 고향은 그가 받은 약속의 씨가 이루게 될 새 하늘과 새 땅에서만 영원한 의미가 있을 것이었습니다.

안식에 들어갔다고 해서 유혹이 없는 것이 아니고 할 일이 없는 것도 아닙니다. 아브라함은 사라가 죽은 후에도 후처를 두고 여러 명의 자녀를 낳았으며 이삭과 서자들에게 재산을 분배했습니다(창 25:1~6). 이삭이 태어난 이후에도 아브라함은 6명의 아들을 더 보았습니다(창 25:2). 그는 이삭을 결혼 시킨 후에 35년을 더 살았습니다(창 25:20). 그에게는 창세기 22장에서 맹세의 언약을 받은 이후에도 할 일이 남아 있었습니다(창 23~24장). 그는 굳고 줄기찬 믿음으로 더 깊은 안식의 영역으로 계속 나아갔습니다. 안식에 들어가는 것은 모든 측면에서 자신이 받은 소명으로부터 손을 떼는 것이 아닙니다. 그러나 자신의 일이 완전하게 종결되지 않았을지라도 필생의 일은 성취된 것과 마찬가지입니다.

예수님이 아브라함의 씨로서 태어나는 일은 창세기 22장 16절에서 하나님이 맹세하신 시점에서 불변의 사건으로 확정되고 날인되었습니다. 그런데 예수님이 실제로 인간으로 세상에 오신 것은 2천 년이 지난 후였습니다. 하나님의 맹세의 약속과 실현 사이에는 장구한 간격이 있을 수 있습니다. 그러나 맹세로 된 언약은 어김없이 실현됩니다. 그래서 아브라함은 이것을 확고하게 믿었으므로 예수님의 도래를 멀리서 바라보고 즐거워했다고 예수님이 증언하셨습니다(요 8:56).

한편, 아브라함은 안식에 들어간 후에 한 가지 더 큰 믿음을 발휘할 일이 있었습니다. 그는 하나님의 안식에 들어갔습니다. 그의 필생의 사역은 성공할 것이 확실시되었습니다. 그러나 이제 그는 무덤 너머의 유업의 도전에 직면해야 했습니다. 사라는 이미 죽었고 자신도 고령이었습니다. 그런데도 그에게는 소유한 땅이 없었습니다. 그는 약속의 가나안 땅에서 이방 나그네처럼 거류하였습니다(히 11:9). 그러나 그는 낙심하지 않고 하나님의 약속이 온전히 성취될 사후의 세계를 주목하였습니다. 그가 바라본 곳은 의가 깃들인 새 하늘과 새 땅이었습니다(벧후 3:13).

가나안은 첫 불입금에 불과합니다. 아브라함의 자손은 가나안 땅에 제한되지 않는 온 세상을 상속받을 것이었습니다(롬 4:13). 유업의 마지막 단계는 갱신된 땅에서 하나님의 영원한 안식에 들어가는 것입니다. 우리는 죄와 불의가 넘치는 이 고난의 세상에서 믿음과 인내로 삼습니다. 자비하신 주님은 우리의 수고를 크게 동정하시고 작은 줄기로나마 젖과 꿀이 흐르게 하십니다. 성령의 위로가 있게 하시고 하나님의 세미하고도 강력한 음성에 담긴 새 창조의 메시지를 듣게 하십니다. 가나안의 젖과 꿀은 마침내 무덤을 너머 폭포수처럼 부어질 것입니다. 베드로는 그의 독자 교인들이 예수님을 눈으로 보지 못하였지만 믿고 말할 수 없는 영광스러운 즐거움으로 기뻐한다고 증언하였습니다(벧전 1:8). 예수님은 제자들에게 보지 못하고 믿는 자들을 복되다고 하셨습니다(요 20:29).

우리는 아브라함처럼 하나님의 안식에 들어가기 위해 힘써야 합니다. 그런데 하나님의 맹세의 지점에 이른 후에도 할 일이 남아 있음을 기억해야 합니다. 우리는 계속 믿어야 하고 계속해서 나아가야 합니다. 유업 신앙은 흔들리지 않는 기초를 가진 하나님의 도성을 무덤 너머로 바라봅니다(히 11:10; 시 18:2). 보이지 않지만 보는 것처럼 믿고 기다릴 수 있는 까닭은 하나님께서 맹세로써 주 예수를 우리의 대제사장이 되게 하시고 유업의 보증이 되게 하셨기 때문입니다(히 7:20~21).

셋째, 하나님의 안식은 자신이 성취한 것에 대한 상을 받는 것과 같습니다.

하나님께서 어떻게 쉬셨는지 생각해 보십시오. 적극적으로 완성된 창조계를 보시며 심히 기뻐하시고 그에 따른 창조계의 가능성과 유익을 놓고 즐거워하셨습니다. 이것이 하나님이 쉬시는 방식이었습니다. 결코 무활동이 아니라 높은 차원의 성취에서 오는 만족과 기쁨을 한껏 누리시는 것이었습니다. 온 우주를 창조하시고 마지막으로 인간을 지으신 후에 큰 보람을 느끼시고 모든 일이 계획대로 차질 없이 성취된 것을 즐거워하셨습니다. 이 기쁨의 보상을 함께 공유하며 누리기 위해 줄기찬 믿음과 오래 참음으로 하나님께로 나아가는 것이 하나님의 안식에 들어가는 방식입니다.

하나님의 안식은 다르게 표현하면 "안식일의 안식"(4:9, 직역성경)입니다. 아무것도 하지 않는 안식이 아니라 하나님께서 누리시는 일곱째 날의 안식으로 들어가는 것입니다. 안식일의 끝은 닫히지 않았습니다. 하나님께서는 창조가 끝난 이래로 지금까지 장구한 기간의 일곱째 날의 안식, 곧 '안식일의 안식'(Sabbath~rest)을 하고 계십니다. 이러한 하나님의 안식은 예수 그리스도의 안식과 동일선상에 있습니다. 예수님은 세상에 계셨을 때 부단한 믿음과 순종으로 하나님이 주신 소명을 완수하고 십자가와 부활을 거쳐 현재 하나님 우편에 좌정하셨습니다. 이것은 예수님이 받으신 상입니다. 예수님은 자신의 안식의 상을 누리고 계십니다. 예수님은 자신이 성취한 사역을 심히 기뻐하시면서 보람을 느끼십니다.

이사야 선지자는 예수님의 고난을 묘사하면서 "그가 자기 영혼의 수고한 것을 보고 만족하게 여길 것이라"(사 53:11)고 하였습니다. 히브리서도 "그는 그 앞에 있는 기쁨을 위하여 십자가를 참으사 부끄러움을 개의치 아니하시더니 하나님 보좌 우편에 앉으셨느니라"(히 12:2)고 증언합니다.

> 그는 자기 앞에 놓여 있는 기쁨을 내다보고서 부끄러움을 마음에 두지 않으시고 십자가를 참으셨습니다. 그리하여 그는 하나님의 보좌 오른쪽에 앉으셨습니다. (히 12:2, 새번역).

예수님은 십자가의 고난이 심히 수치스런 죽음이지만 자신의 희생적인 사역의 결과로서 얻게 될 주의 자녀들이 나올 것을 믿고 크게 만족하며 기뻐하셨습니다. 그 결과 예수님은 하나님의 우편 보좌에 앉는 큰 상을 받으셨습니다. 예수님은 지금도 하늘 보좌에서 자신의 수고의 열매를 거두고 계십니다. 이것이 천국에서의 예수님의 안식입니다. 하나님께서는 첫 창조 때에 인류가 들어가지 못했던 하나님의 안식을 연장하시고 후세대의 새 백성이 예수 그리스도의 새 창조 사역을 통해 하나님이 약속하신 안식으로 들어가도록 새길을 여셨습니다.

넷째, 신자가 하나님의 맹세로 상을 받았을 때 느끼는 것에 대한 기술입니다.

하나님의 맹세를 체험하고 약속의 성취를 확신하면서 사는 것은 마치 '자기의 일을 쉬는 것'과 같습니다. 하나님의 맹세 자체가 곧 성취는 아닙니다. 그러나 성취가 확실하다는 것을 보장합니다. 그래서 직역성경 6장 11절은 "소망의 확실한 보증을 위하여" 열심을 내야한다고 옮겼습니다. 하나님의 맹세는 그 자체로서 약속의 성취는 아니지만 "확실한 보증"입니다. 그때 우리는 하나님께서 자신의 창조 사역을 마치시고 매우 즐거워하셨을 때 경험하셨던 것을 낮은 분량으로 체험합니다. 수고하며 힘쓰던 긴장된 분위기가 편안하고 여유 있는 분위기로 바뀝니다. 유업의 성취가 손에 들어온 것이나 다름없기 때문입니다. 하나님의 맹세를 체험하면 깊은 확신으로 목표 달성에 집중하게 됩니다. 나태하거나 피동적이지 않고 당황하거나 염려하지 않습니다. 두려워하거나 매사에 신경을 쓰며 전전긍긍하지 않습니다. 부질없는 염려나 불안으로부터 해방됩니다. 전체적인 분위기는 담대한 확신과 침착함과 안정된 활동입니다. 유업 성취에 대한 보장이 하나님의 전능하신 손에 있음을 알기 때문에 심리적으로 매우 평온하고 주변의 부정적인 일들에도 흔들리지 않습니다. 하나님께서 주권적으로 일을 이루신다는 것을 전적으로 신뢰하며 그 어느 때보다 더욱 하나님의 뜻에 순복하는 생활을 하게 됩니다.

안식에 들어가는 것과 자기 일을 쉬는 것은 하나님이 뜻을 세우시고 모든 것을 통제하시며 이루어나가신다는 것을 보는 체험입니다. 주님을 따라가는 우리의 삶은 힘들지 모릅니다. 그러나 그런 수고로 인한 고통은 하나님의 주권적 능력에 의해 약속이 성취된다는 것을 깨달으면 점차 사라집니다. 성령께서는 이런 식으로 자주 우리를 격려하면서 하나님의 안식으로 들어가게 하십니다. 하나님의 맹세 이전의 삶이 고달픈 농번기의 수고였다면 안식에 들어간 후의 삶은 즐거운 수확기라 할 수 있습니다. 수확의 기쁨과 보람은 하나님의 축복의 맹세를 받는 자들이 누리는 상급이며 높은 차원의 영적 체험입니다.

하나님의 맹세는 유업의 획득을 보장합니다. 그래서 아직 유업이 완전한 형태로 손에 들어오지 않았지만 이미 들어온 것처럼 여기고 살 수 있기 때문에 신앙생활에 활기와 안정감과 기쁨이 있습니다.

2차 대전을 생각해 보십시오. 1945년 5월 8일을 V~Day라고 부릅니다. 연합군이 나치 독일을 멸망시키고 전쟁을 종료한 전승기념일입니다. 그런데 1년 전에 D~Day(공격개시일)가 있었습니다. 1944년 6월 6일 놀만디 해역 상륙작전이 성공한 날로서 2차 대전이 연합군의 승리로 확정되는 전환점이었습니다. 이날부터 연합군은 승전의 확신 속에서 계속 진격하여 히틀러의 아성인 베를린까지 점령하였습니다. 놀만디 상륙은 나치 정권의 패배를 역전시키는 일이 불가능한 결정적인 사건이었습니다.

하나님의 안식에 들어가는 것은 V~Day가 아니고 D~Day입니다. 전쟁은 완료되지 않았지만 승전은 확정되었습니다. 이날은 믿음의 삶이 끝나는 날이 아니고 유업의 약속이 확고하게 성취되기 시작하는 날입니다.

다섯째, 허물과 죄가 많아도 하나님의 안식에 들어가서 쉴 수 있습니다.

하나님의 맹세를 체험하고 그의 안식에 들어간 대표적인 인물들은 아브라함과 다윗과 바울이라고 할 수 있습니다. 이들의 삶은 성경에 자세히 적혀 있기 때문에 그들이 자기의 일들로부터 어떻게 쉬었는지를 살필 수 있습니다. 이들은 큰 믿음과 깊은 헌신으로 주를 섬겼습니다. 그러나 이들은 모두 큰 죄인들이었음에도 하나님의 맹세를 체험하고 안식하였습니다. 아무리 크고 심각한 죄를 지었어도 하나님의 안식에 들어가서 자기 일을 쉴 수 있다는 것은 우리에게 큰 격려가 됩니다.

❖ 아브라함

아브라함의 생애에 많은 수고가 있었습니다. 전진과 후퇴가 반복되었고 하나님의 약속을 기다리지 않고 자기 뜻대로 행하기도 했습니다. 그는 애굽과 그랄에서 자기 목숨을 보호하려고 아내를 누이라고 속였다가 하마터면 사라가 바로와 그랄 왕 아비멜렉의 첩이 될 뻔하였습니다(창 12:10~13, 15, 19; 20:1~13).

그는 씨에 대한 하나님의 약속을 의심하기도 하였고(창 15:2~3), 편법으로 아들을 낳으려고 사라의 몸종인 하갈과 동침하여 이스마엘을 낳았습니다(창 16:1~4). 아브라함이 지은 죄는 하나님께서 약속하신 유업을 불신한 행위였으므로 매우 심각한 죄였습니다. 그러나 자비하신 주님은 그를 오래 참으시고 여러 시련을 거쳐 모리아 산의 정상에 오르게 하셨습니다. 하나님은 믿음과 헌신의 정상에 오른 아브라함에게 "내가 이제야 네가 하나님을 경외하는 줄을 아노라"(창 22:12)라고 하시고 그에게 주셨던 약속들이 모두 성취될 것이라고 맹세하셨습니다(창 22:16~18). 아브라함은 탈선의 길에서 정로의 길로 돌이키고 하나님이 약속하신 예수 그리스도의 도래를 멀리서 바라보며 무한히 기뻐하였습니다. 그는 하나님이 맹세하셨기 때문에 어떤 일이 있어도 천하 만민이 복을 받을 구주가 오실 것을 대망하며 남은 일들을 처리하면서 담대하게 살았습니다.

❖ 다윗

다윗은 이스라엘 최대의 왕입니다. 그런데 그도 대단히 큰 죄를 지었습니다. 그는 밧세바를 취하기 위해서 그녀의 남편인 우리아를 고의로 최전선에 보내어 죽게 하였습니다. 그는 유부녀와 간음하였고 무고한 사람을 죽인 살인자였습니다. 그럼에도 다윗은 하나님의 맹세를 받을 만큼 여호와를 충성되게 섬겼습니다.

주께서 이르시되 나는 내가 택한 자와 언약을 맺으며 내 종 다윗에게 맹세하기를 내가 네 자손을 영원히 견고히 하며 네 왕위를 대대에 세우리라 하셨나이다 (시 89:3~4).

다윗은 그의 말년에 반란이 일어나 예루살렘 궁에서 나와 피신하는 중에서도 침착하였고 위기를 담대하고 지혜롭게 처리하였습니다. 그런 에너지와 담력이 어디에서 나왔겠습니까? 자신의 왕권이 무너지지 않을 것을 확신할 수 있는 하나님의 맹세로부터 나왔습니다. 이러한 움직일 수 없는 확신은 쉼터와 같습니다. 아직 고난이 있을 수 있습니다. 다윗은 반란을 진압하는 과정에서 왕위를 노렸던 압살롬을 잃고 극한 슬픔에 빠졌습니다. 그는 반란에 가담했던 배신자들을 처단하고 사태를 수습해야 하는 중요한 임무도 맡았습니다. 그러나 그는 당황하지 않고 차분하게 일을 진행시켰습니다. 약속의 성취는 전적으로 확실하고 안전했기 때문입니다. 다윗에게는 남은 일들이 있었지만 그것은 고역이 아니고 기쁜 수확이었습니다. 하나님의 뜻이 성취되는 확고한 결과가 보장된 일은 어렵지 않습니다. 다윗은 하나님이 보여주시는 일을 행하기만 하면 되었으므로 자기 일을 쉬는 것과 같았습니다.

❖ 바울

바울은 처음에는 교회를 박해했던 무서운 핍박자였습니다. 그는 많은 교인을 강제로 잡아다가 투옥시켰습니다. 그런데 그는 이방 선교의 소명을 받고 사도로서 헌신하였습니다.

> 내가 이미 얻었다 함도 아니요 온전히 이루었다 함도 아니라 오직 내가 그리스도 예수께 잡힌 바 된 그것을 잡으려고 달려가노라 … 푯대를 향하여 그리스도 예수 안에서 하나님이 위에서 부르신 부름의 상을 위하여 달려가노라 … 오직 우리가 어디까지 이르렀든지 그대로 행할 것이라 (빌 3:12~16).

바울은 그의 생애에서 자신의 달음질의 목표가 확보되었다고 확신한 때가 있었습니다(딤후 4:6~8; 참조. 행 20:24, 27). 그는 자신의 달려갈 길을 마치고 믿음을 지켰다고 고백하였습니다. 그는 의의 면류관이 자기를 위해 예비된 것을 알았습니다. 그는 하나님의 맹세를 받은 셈이었습니다. 물론 그는 이 고백 이후에 즉시 천국으로 직행한 것이 아닙니다. 그는 아직도 할 일이 남아 있었습니다. 그래서 디모데에게 마가를 대동하고 로마로 오라고 지시하였고 겉옷과 책들을 가져오라고 부탁했습니다(딤후 4:11, 13). 그는 계속해서 말씀을 공부하고 집필할 계획이었습니다. 비록 처형의 날이 임박했지만 초조하거나 두려워하지 않고 끝까지 하나님의 나라와 복음을 위해 자신을 바칠 작정이었습니다. 그가 복음의 승리와 자신의 소명이 열매를 맺을 것을 확신하지 못했다면 다른 길을 택했을 것입니다. 그는 하나님의 맹세를 체험했기 때문에 자신의 사역이 성공할 것을 조금도 의심하지 않았습니다.

의심이 없으면 쉼을 얻습니다. 확신이 있으면 힘들어도 다시 일어섭니다. 하나님의 안식에 자신을 일치시키면 자기 일을 쉬고 하나님이 일궈내시는 주권적 섭리의 열매를 수확합니다. 하나님의 안식에 일단 들어가면 자기 뜻은 사라집니다. 내 뜻이 중단되면 하나님의 뜻을 따르기가 쉽습니다. 그때부터 믿음 생활의 피로와 긴장에서 풀려나고 자기 일로부터 쉼을 얻습니다. 우리는 자신이 예전에 비해 하나님과 매우 가까워진 것을 발견합니다. 죄의 유혹은 여전히 있을지라도 넘어지는 일이 줄어들고 하나님에 대한 사랑과 순종이 나를 기쁘고 행복하게 한다는 사실을 새롭게 의식합니다.

우리는 실족하기 쉬운 연약한 존재들입니다. 아브라함도 다윗도 바울도 죄인들이었습니다. 그러나 그들은 모두 하나님의 안식을 누렸으며 자신들이 받았던 소명을 달성하였습니다. 그들도 우리처럼 연약했던 죄인들이었지만 하나님께서 자신의 안식으로 초대하셨습니다. 그들은 실수와 약점에도 불구하고 줄기찬 믿음으로 하나님의 부르심을 따라갔습니다. 그들은 마침내 하나님의 맹세를 받고 약속된 유업의 상을 받았습니다. 그들은 하나님의 안식에 들어갔습니다. 그들은 믿음의 투쟁을 마치고 하나님과 함께 새 창조의 열매를 수확하며 쉬는 중입니다. 우리도 그들이 이룬 승리의 삶에서 격려를 받고 저 안식에 들어가기를 (4:11) 힘써야 하겠습니다.

22.
육체로 오신 예수님
히브리서 5:1~6:2

> 대제사장마다 사람 가운데서 택한 자이므로 하나님께 속한 일에 사람을
> 위하여 예물과 속죄하는 제사를 드리게 하나니 (히 5:1).

저자는 4장에서 하나님의 안식에 들어가기를 힘쓰라고 한 후에 순
종하지 않았던 세대의 유업의 상실을 상기시키고 이어서 하나님의
심판대 앞에 서게 될 날이 있음을 경고하였습니다. 그런데 그는 독자
들을 격려하기 위해서 예수님이 동정에 찬 대제사장으로서 승천하셨
으니 도움을 받기 위해 은혜의 보좌 앞으로 담대히 나아가라고 했습
니다. 이제 본 장에서 저자는 예수님의 대제사장직에 대해서 더 자세
히 진술합니다. 사실상 저자는 예수님의 제사장직을 유업과 관련된
중심 주제로 삼고 여러 장에 걸쳐 가장 많은 분량을 할애하고 있습니
다. 그는 예수님이 모세 율법의 제사장 직분을 성취시켰다고 말합니
다. 레위 지파의 제사장들은 앞으로 오실 대제사장이신 그리스도의
그림자였습니다.

대제사장은 천사가 아니고 인간입니다.

　이스라엘의 대제사장은 "사람 가운데서 택한 자"(1절)였습니다. 일반 사람과 동일한 인성을 입었기 때문에 인간의 연약성을 지녔음을 시사합니다. 그래서 자신들도 죄에 빠지는 약한 존재들이기에 다른 사람들을 동정하고 관대하게 이해해 줄 수 있었습니다(5:2). 그들은 백성을 위하여 속죄제를 바쳤습니다. 속죄제는 죄를 용서받기 위한 제사입니다. 그럼 대제사장은 어떻게 됩니까? 그도 죄인이기 때문에 당연히 자신을 위해 속죄제를 바쳐야 했습니다(5:3). 이것은 중요한 포인트입니다. 이스라엘의 대제사장은 자신들의 죄를 위한 제물을 바쳤지만 예수님은 자신을 위해 속죄제를 바칠 필요가 없었습니다. 예수님은 죄가 없으시기 때문입니다(4:15).

　모세 율법의 제사장 제도의 결정적 흠은 백성을 대표하는 대제사장 자신이 죄인이라는 사실입니다. 한 죄인이 다른 죄인을 위해서 속죄 제사를 올리는 것은 임시 방편이지 영구적이고 완전한 제사가 될 수 없습니다. 율법은 죄가 없는 대제사장이 나타날 때까지만 부득이 상징적으로나마 죄가 있는 인간을 대제사장으로 세웠습니다.

> 사람들에게 약점이 있어도 율법은 어쩔 수 없이 그들을 대제사장으로 세우지만, 율법이 생긴 이후에 하나님께서 맹세하신 말씀은 영원히 완전하게 되신 아들을 대제사장으로 세우셨습니다.(히 7:28, 새번역).
> 참으로 이러한 대제사장이 우리에게 합당하니, 그는 거룩하시고 순결하시고 죄인들로부터 떠나셔서 하늘보다 더 높게 되신 분입니다. (히 7:26, 직역성경).

대제사장직은 자원제가 아니고 임명제였습니다.

아무리 하나님을 힘껏 섬기고 싶어도 스스로 대제사장이 될 수 없었습니다. 대제사장이 되려면 모세 율법에 명시된 대로 아론의 가문에 속해야 하고 하나님이 임명하셔야 했습니다. 예수님은 하나님의 아들로서 하나님께서 직접 영원한 대제사장으로 임명하셨습니다 (5:5~6). 예수님의 대제사장직은 불완전한 율법 제도의 제사장 제도보다 당연히 더 낫고 완전한 것임은 말할 나위도 없습니다.

저자는 예수님의 대제사장직의 우월성을 시편 2편과 110편의 인용으로 입증합니다. 시편 2편 7절은 너는 내 아들이니 내가 오늘 너를 낳았다 (히 5:5)라고 말합니다. 이 구절은 많이 오해되어 왔습니다. 지금도 일부 유사 기독교에서는 예수님이 피조물이라고 주장합니다. 그러나 '너를 낳았다'는 말은 문자적인 의미가 아닙니다. 하나님께서 예수님을 어떤 직분에 확정적으로 임명하셨다는 뜻입니다. 즉, 예수님을 하나님의 아들로 선포하신 것입니다.

본문의 문맥은 이스라엘의 대제사장직에 비해서 예수님의 대제사장직이 훨씬 월등하다는 것을 드러내는 것입니다. 예수님은 하나님의 신적 아들이십니다. 예수님은 일반 제사장들과 같은 피조물이 아닙니다. 그는 하나님의 기름 부음을 받은 메시아입니다. 따라서 하나님이 예수님을 낳았다는 말을 피조물이라는 의미로 보면 본 시편의 인용 의도와 맞지 않습니다

본문은 율법 시대의 대제사장직이 하나님의 임명을 받았던 것처럼, 예수님도 하나님의 임명을 받았다는 점에서는 유사하다는 것을 암시합니다. 그러나 예수님은 신적 근원을 가지셨으며 하나님께서

친히 예언의 말씀에 의해 메시아로 임명하셔서 온 세상을 다스리게 하셨다는 점에서 크게 대조적입니다. 그런데 언제 이런 일이 일어났습니까?

성결의 영으로는 죽은 자들 가운데서 부활하사 능력으로 하나님의 아들로 선포되셨으니 곧 우리 주 예수 그리스도시니라 (롬 1:4).

예수님의 부활은 천상 즉위식이었습니다. 예수님은 부활하신 후에 제자들에게 하나님께서 "하늘과 땅의 모든 권세를 내게 주셨다"(마 28:18)라고 하셨습니다.

하나님은 자신의 아들을 시온에 왕으로 세우셨다(행 13:33; 시 2:6). 하나님은 아들이 승천하여 아버지 우편에 좌정했을 때 그를 능력을 가진 왕으로 낳으셨다. (Michael Eaton, Acts, p. 181).

예수님은 부활 이후로 인성을 가지신 신적 주권자로서 만물의 통치자가 되셨습니다. 이 같은 예수님이 현재 우리의 대제사장으로서 하늘 보좌에 좌정해 계신다는 사실을 생각해 보십시오. 그는 구약의 대제사장이 바라보았던 모든 이상과 목표를 다 성취하셨습니다. 율법 시대의 대제사장은 땅에 있는 손으로 만든 장막의 지성소에 들어가서 중보했지만 예수님은 사람의 손으로 만들지 않은 하늘 지성소에 들어가셔서 하나님 앞에서 직접 우리를 위해 중보하십니다(히 9:24).

시편 110편의 인용에서 "네가 영원히 멜기세덱의 반차를 따르는 제사장이라"(5:6)고 한 것은 그리스도가 모세 시스템의 대제사장보다 더 큰 분이라는 것을 말합니다. 예수 그리스도는 멜기세덱을 닮은 대제사장이었습니다. 멜기세덱은 살렘(예루살렘)의 왕이었고 또한 지극히 높은 하나님의 제사장이었으며(창 14:18~20) 영원한 존재였습니다(히 7:3). 그는 아브라함을 만나 축복하였고 아브라함의 전리품에서 십일조를 받았습니다. 그는 왕이면서 제사장이었기 때문에 대제사장도 되시고 메시아 왕도 되시는 예수 그리스도를 예표하였습니다(시 110:2; 슥 6:9~14). 요점은 예수 그리스도의 대제사장직이 아브라함의 후손을 따라 나온 레위 지파의 대제사장보다 우위에 있다는 것입니다. 다시 말해서 그리스도가 부활하신 「제사장~왕」으로 지명되어 하나님의 백성을 위해 중보하시고 다스리신다는 것입니다. 만약 히브리서의 독자들이 박해 때문에 유대교로 복귀하려고 시도했다면 이러한 예수님의 영원하고 우월한 대제사장직에 대한 논증은 설득력이 컸을 것입니다. 저자는 멜기세덱에 대한 진술을 7장에서 다시 자세히 다루게 될 것입니다.

예수님은 인간의 연약함을 지닌 대제사장이었습니다.

> 그는 육체에 계실 때에 자기를 죽음에서 능히 구원하실 이에게 심한 통곡과 눈물로 간구와 소원을 올렸고 그의 경건하심으로 말미암아 들으심을 얻었느니라 (히 5:7).

본 절은 예수님이 심한 통곡과 눈물로 간구했다고 했기 때문에 우리를 당황케 합니다. 예수님이 그렇게 약하신 분이었을까요? 이것은 평소에 우리가 생각하는 예수님의 모습이 아닌 듯합니다. 그런데 바로 이 부분이 예수님의 대제사장직을 이해하는 열쇠입니다. 본 절의 키워드는 '육체'입니다. 예수님은 인간의 몸으로 세상에 오셨습니다. 그래서 인간의 본유적인 연약성을 지니고 사셨습니다. 예수님은 너무 피곤해서 광풍과 파도가 들이치는 배에서 곤히 주무셨고, 극한 슬픔에 빠지셨습니다. 여러 번 굶주리셨으며 실망도 하시고 화도 내시며 눈물도 흘리셨습니다. 예수님은 마음이 심히 고민하여 죽게 되었다고까지 하셨습니다(막 14:34). 제자들은 예수님을 홀로 두고 모두 도망쳤습니다. 가룟 유다는 예수님을 팔아넘겼습니다. 예수님은 홀로 남는 고독과 배신의 의미를 아십니다. 예수님은 하나님의 신적 아들이라고 해서 고난에서 면제되지도 않았고 만사를 기적의 능력으로 해결하지도 않았습니다.

> 그는 멸시를 받아 사람들에게 버림을 받았으며 간고를 많이 겪었으며
> 질고를 아는 자라 마치 사람들이 그에게서 얼굴을 가리는 것 같이 멸시
> 를 당하였고 우리도 그를 귀히 여기지 아니하였도다 (사 53:3).

예수님은 온갖 불의와 고통을 당하셨습니다. 인간의 삶이 얼마나 고달프고 불공평한 것인지를 날마다 보고 겪었습니다. 마침내 예수님은 세상에서 가장 불의한 재판을 받고 십자가에서 처형되었습니다. 레위지파의 어떤 제사장도 예수님처럼 고통스런 삶을 살지 않았습니다. 예수님이 이해하지 못하고 동정하지 못할 인간의 상황은 없습니다. 또한 예수님이 자신의 대속으로 속죄할 수 없는 죄인도 없습니다. 레위 지파의 제사장들은 백성을 위해 제물을 바쳤지만 살인이나 간음, 안식일 위반과 같은 심각한 죄를 위해서는 속죄할 제물이 없었습니다. 그러나 예수님은 자신의 완전한 삶과 죄가 없는 하나님의 어린 양으로서 모든 종류의 죄를 위한 제물이 되셨습니다.

완전한 대제사장이 되기 위한 훈련

> 그가 아들이시면서도 받으신 고난으로 순종함을 배워서 온전하게 되셨
> 은즉 자기에게 순종하는 모든 자에게 영원한 구원의 근원이 되시고 하
> 나님께 멜기세덱의 반차를 따른 대제사장이라 칭하심을 받으셨느니라
> (히 5:8~10).

　예수님은 하나님의 아들이시지만 고난을 당하심으로써 순종을 배
우시고 다른 사람의 고통을 크게 동정할 수 있는 마음을 품어야 했습
니다(5:8). 예수님이 통곡하며 기도하시고 피땀을 흘리시면서 아버지
께 탄원하셨다는 것은 얼핏 이해하기 힘듭니다. 신령한 하나님의 아
들이시고 죄도 없으신데 몇 마디 기도하시고 받은 줄로 믿으시면 되
지 않았을까요? 왜 갈등을 느끼고 번민하면서 눈물로 소원을 올려야
했을까요? 왜 하나님께서 자기 아들의 기도를 척척 응답하시지 않으
셨을까요? 예수님은 기도에서 자신의 뜻을 죽이고 하나님의 뜻을 찾
아야 했습니다. 예수님이 기도 응답을 받으신 것은 그가 하나님의 아
들이시기 때문이 아니고 그의 경건하심 때문이었습니다(7절).
　고난을 겪지 않은 자들은 일반적으로 고통 받는 사람들에 대해서
그다지 동정적이지 않습니다. 하나님은 예수님이 개인적으로 고통을
경험하기를 원하셨습니다. 나이아가라 폭포에 대해서 아는 것과 실
제로 빗발치는 물보라를 맞으며 우레 같은 폭포 소리를 듣는 것은 다
릅니다. 백두산을 사진으로 보는 것과 실제로 가서 보는 것과는 차이
가 있습니다. 플로리다의 케네디 스페이스 센터에서 우주선을 쏘아
올리는 것을 T.V로 보는 것과 실제로 들어가서 발사되는 광경을 가
까이에서 직접 보는 것과는 큰 차이가 있습니다. 하나님께서는 예수

님이 자기 백성에게 오는 시련과 유혹들을 머리로만 알지 않고 인간의 몸으로 직접 경험하여 알기를 원하셨습니다. 이것은 동정적인 구원자가 되기 위해 반드시 필요한 과정이었습니다.

> 그리고 완전해지셔서 자기에게 순종하는 모든 사람에게 영원한 구원의
> 근원이 되셨습니다.(히 5:9, 직역성경).

예수님이 완전해지셨다는 말은 오해하기 쉽습니다. 마치 과거에는 완전하지 않았다가 나중에 완전하게 되신 것처럼 들립니다. 예수님은 항상 하나님을 순종하셨지만 경험적으로 보면 순종의 레벨은 달랐습니다. 어렸을 때 부모에게 순종하는 것은 착한 일입니다. 그런데 성년이 되어 부모를 돌보는 것도 착한 일입니다. 그러나 이것은 서로 차원이 다른 효도입니다.

예수님은 처음에는 어린 소년으로 사셨습니다. 그는 지상의 부모와 하늘 아버지에게 순종하였습니다(눅 2:49~52). 그다음 성년이 되어 메시아의 부름을 받았습니다(막 1:9~11). 그는 수많은 시련 속에서 아버지의 뜻에 따라 십자가에 죽기까지 순종하셨습니다(빌 2:8). 그는 무서운 고난 속에서 순종의 정점에 이르렀습니다. 이것은 예수님이 완전한 구주와 흠 없는 대제사장이 되시는 사건이었습니다(히 5:10).

하나님의 아들도 고난을 통해 순종을 배우셔야 했다면 우리도 같은 길을 거쳐야 합니다. 하나님께서는 점증적으로 예수님의 어깨에 무거운 짐을 얹으시고 극한 시험과 시련 속에서도 하나님의 뜻에 따라 순종하는 훈련을 시키셨습니다. 예수님은 극도의 시험과 고난 속에서 하나님을 철저하게 순종하셨습니다. 예수님은 인간으로서 십자가 고난의 삶을 사셨기 때문에 우리의 고통을 이해하시고 인간의 연

약성을 깊이 동정하십니다. 이것이 예수님에게 영원하고 완전한 대제사장이 될 자격을 부여하였습니다.

하나님께서 왜 예수님을 부유한 가정에서 태어나게 하시지 않았을까요? 가난한 집안에 태어나서 목수일을 하게 하신 것은 하층민으로서 힘들게 살아야 하는 사람들의 고통을 이해하게 하려는 것이었습니다. 왜 예수님은 눈물의 기도를 올려야 했을까요? 눈물에 젖은 절박한 사람들의 기도를 동정하기 위해서였습니다. 왜 예수님이 거칠고 무례한 인간들로부터 뺨을 맞는 모욕을 당하시고 불의한 재판을 받으셔야 했습니까? 억울한 일을 당하고 하나님의 공의를 바라는 사람들 편에 서기 위해서였습니다. 왜 유다가 열두 사도 속에 끼였을까요? 유다같은 배신자들이 우리 가운데 있기 때문입니다. 독신으로 사신 것도 어쩌면 홀로 사는 인간의 고독을 이해하게 했을지 모릅니다. 예수님은 십자가에서 '어찌하여 나를 버리시나이까'라고 울부짖었습니다. 예수님에게도 영적 문제가 있었습니다. 우리의 깊고 절실한 영혼의 외침을 예수님 이외에 누가 이해하겠습니까! 예수님의 삶 전체가 거친 인생의 광야에서 고통받는 주의 자녀들을 동정하고 품어주기 위해 하나님의 섭리로 짜여진 각본이었습니다.

우리의 모든 어려움을 인간의 삶의 현장에서 직접 겪으신 예수님이 우리의 대제사장이라는 것이 본문의 강조점입니다. 예수님은 구약 시대의 제사장들이 자신들의 죄와 연약함으로 감당할 수 없었던 역할을 완수하셨습니다. 예수님은 가장 동정적이고 가장 큰 능력을 가지신 영원한 대제사장으로서 우리를 위해 하늘에서 날마다 쉬지 않고 중보하십니다. 우리가 예수님의 이름으로 기도하는 이유가 바로 여기에 있습니다. 예수님이 동정적인 대제사장이 되셔서 지금도 살아 계시기에 우리도 약속받은 유업의 상을 위해 달리며 하나님의 나라를 위해 무엇인가 가치 있는 기여를 하도록 힘써야 하겠습니다.

초보를 버리고 성숙으로(5:11~6:20)

5장 11절에서 시작하는 본 항목은 6장 마지막 절까지 계속되는 긴 곁가지(digression)입니다. 본 줄거리와 무관한 것은 결코 아니지만 5장 10절에서 언급한 멜기세덱에 대한 이야기가 이어지지 않고 곁길로 나갔다가 7장 1절에서 다시 돌아옵니다. 그래서 5장 10절과 7장 1절을 붙여서 읽으면 매우 자연스럽습니다. 그러나 본 항목의 곁가지는 구조적으로만 그런 것이지 사실상 히브리서의 중심 주제인 유업 신앙을 이해하는 데 매우 중요한 열쇠가 됩니다.

저자는 앞에서 우리가 예수님을 하늘의 대제사장으로 삼고 살아야 한다고 촉구하였습니다(4:14~16). 그다음 예수님이 어떻게 레위적 제사장 직분을 성취하셨는지를 설명하였습니다(5:1~7). 또한 이어서 예수님이 고난을 통해 하나님을 순종하셨고 구원의 근원이 되셨으며 더 높고 더 나은 레벨의 자격을 얻으셨다고 강조하였습니다(5:8~10). 그런데 본 서신의 저자에게는 한 가지 문제가 있었습니다. 그것은 독자들이 예수님을 멜기세덱에 견주어 가르치는 것을 과연 알아들을 수 있겠느냐는 의문이었습니다.

> 멜기세덱에 관하여는 우리가 할 말이 많으나 너희가 듣는 것이 둔하므로 설명하기 어려우니라 (5:11).

저자는 이 시점에서 멜기세덱에 대한 가르침을 뒤로 미루고 독자들의 미숙한 영적 상태에 대한 문제를 다룹니다. 히브리서 교인들은 영적으로 침체된 상태에 있었습니다. 그들은 하나님을 담대하게 섬기지 못하고 반항적이 될 위험이 있었습니다. 그들에게는 복음의 기본 진리에 대한 확신이 낮고 예수님을 한 천사로 보는 그릇된 주장을 반대할 능력이 없었습니다. 그들은 벌써 정리됐어야 할 기본 교리를 놓고 계속해서 논의하였습니다. 그들은 하루 이틀 교회 생활을 한 것이 아니기 때문에 다른 사람을 넉넉히 가르칠 수 있어야 했음에도 아직 영적 유년기를 벗어나지 못하였습니다. 그래서 저자는 그들이 젖먹이와 같아서 성장에 꼭 필요한 단단한 음식을 먹을 수 없다고 질책하였습니다(12~14절).

우리는 어떠합니까? 복음의 기본 교리를 확신하고 다른 사람들에게 복음의 진리를 설명할 수 있을까요? 많은 교인이 교회는 오래 다녔어도 그리스도와 복음에 대해 의외로 잘 모르는 경우가 적지 않습니다. 성경의 기초가 닦여있지 않은 상태에서 교회 활동에만 익숙하면 예수님은 나름대로 믿을지라도 성경에서 말하는 예수님을 예수님답게 알고 따르지 못합니다. 히브리서의 독자들은 젖먹이 수준에 머물러 있었습니다. 그렇게 믿어도 좋다면 왜 하나님께서 저자의 입을 통해 그들을 면박했겠습니까? 예수님의 대제사장직에 대해 가르치려면 멜기세덱에 대해서 설명해야 하는데 그들은 **하나님의 말씀의 초보**(12절)도 제대로 파악하지 못한 무지한 상태에 머물렀습니다.

우리나라에 유사 기독교와 이단들이 많습니다. 그들이 끌어들인 멤버들의 상당수가 기존 교회에 다녔던 사람들입니다. 왜 이런 현상이 일어납니까? 교회에서 복음의 진리를 제대로 가르치지 않았기 때문입니다. 이단과 사이비 종교를 탓하기 전에 예수를 믿는다고 자처하는 우리 자신들을 먼저 돌아보아야 합니다. 우리가 과연 어느 수준에서 주 예수를 믿는지를 자성할 때가 되고도 남았습니다. 그래서 히브리서 저자는 **그러므로 우리가 그리스도의 도의 초보를 버리고 … 완전한 데로 나아갈지니라**(6:1~2)고 했습니다. '완전'하다는 것은 전반적인 성숙이나 어떤 목표에 이르는 것을 가리킵니다(5:8~9; 눅 13:32). '그리스도의 도의 초보를 버린다'는 말은 복음의 기본 진리를 폐기하라는 말이 아닙니다. 기본적인 복음 교리를 놓고 왈가왈부하지 말고 정리해서 확신한 후에 성숙한 수준으로 나아가라는 권면입니다.

왜 많은 전통적인 기성교회 멤버들이 신천지와 같은 사이비 이단 종교에 빠집니까? 성경의 진리와 이단 교리의 거짓을 분별할 수 없기 때문입니다. 왜 영적 분별력이 없습니까? 한 마디로 성경을 모르기 때문입니다(5:13~14). 반드시 성경을 배우면서 교회에 다녀야 합니다. 주일만 챙기는 교인이 되지 마십시오. 예수님에 대한 성경의 가르침을 확지하고 복음의 진리를 더 알려고 힘쓰지 않는 성도들은 우는 사자처럼 삼킬 자를 찾아다니는 사탄의 마수에 붙잡히기 십상입니다(벧전 5:8~9). 단단한 음식을 감당할 수 있는 영적 성인이 되어야 하겠습니다(14절).

어린아이들은 인생의 어려움을 잘 감당하지 못합니다. 그들은 아는 것이 적고 경험도 미미합니다. 영적 어린 아이도 마찬가지입니다. 우리는 교회 생활을 즐길지라도 성경 말씀의 가르침을 받으며 성숙하지 못하면 하나님께서 교회와 개인에게 정해주신 유업의 목표에 닿지 못하고 죄악과의 싸움에서 밀리다가 하나님의 징계의 대상이 되기 쉽습니다. 그래서 **완전한 데로 나아갈지니라**(6:2)는 말씀은 우리에게 경각심을 불러 일으킵니다. 생명체는 자랄수록 양분이 더 필요합니다. 건물을 지으면서 빌딩 블록을 하나씩 올려놓듯이 우리도 영적 양식을 날마다 공급하여 거짓 교리와 속임수에 넘어가지 않아야 합니다. 교회 다니는 것 자체로 안주하지 말고 우리의 멜기세덱이신 예수님을 더 알아가며 성경을 잘 배우도록 힘써야 합니다. 그러면 경건 생활에도 틀이 잡히고 진리와 거짓을 분별하는 능력이 생기며 성령의 음성을 자주 듣게 될 것입니다.

23.
은혜를 버리는 사람들
히브리서 6:3~8

하나님께서 허락하시면 우리가 이것을 하리라. 한 번 빛을 받고 하늘의 은사를 맛보고 성령에 참여한 바 되고 하나님의 선한 말씀과 내세의 능력을 맛보고도 타락한 자들은 다시 새롭게하여 회개하게 할 수 없나니 이는 그들이 하나님의 아들을 다시 십자가에 못 박아 드러내 놓고 욕되게 함이라.

땅이 그 위에 자주 내리는 비를 흡수하여 밭 가는 자들이 쓰기에 합당한 채소를 내면 하나님께 복을 받고 만일 가시와 엉겅퀴를 내면 버림을 당하고 저주함에 가까워 그 마지막은 불사름이 되리라 (히 6:3~8).

본 항목에 실린 히브리서 6장 4절에서 6절은 불과 세 절에 불과하지만 성경에서 가장 논란이 많은 단락입니다. 전통적인 해석들의 골자는 다음과 같습니다.

✱ 이들은 진정으로 거듭난 교인들이 아니다. 복음의 맛만 보고 그리스도는 영접하지 않았다.

✱ 이들은 진정으로 예수를 믿었지만 나중에 배신하여 구원을 잃

었다.

이러한 주장들은 본문을 구원에 대한 가르침으로 이해한 해석입니다. 그러나 히브리서 전체의 중심 주제를 구원이 아닌, 유업(상)이라고 보면, 이들은 구원을 잃은 것이 아니고 상을 잃었습니다. 히브리서의 경고 본문들은 구원의 진위성 여부나 구원 상실의 가능성에 대한 경고가 아니고 유업 상실의 가능성과 그 위험에 대한 가르침입니다.

본 단원은 히브리서의 저자가 이미 언급한 2:1~4절과 3:7~4:13절의 경고 내용과 동일한 연장선에 있습니다.

히브리서 6:4~6절의 경고는 내용상 앞 부분의 경고들과 일치하는 것으로 보아야 합니다. 우선 앞 문맥의 경고 대상이 누구였습니까? 신자들이었습니까? 불신자들이었습니까? 신자들이었습니다. 전체 본문에 나오는 '우리'(2:1, 3; 3:14; 4:1~2, 3)는 히브리서 저자를 포함한 교인들입니다. 그렇다면 6장 본문을 구원받지 못한 자들에 대한 말씀으로 간주할 수 없습니다. 일부에서는 구원받은 성도라도 나중에 배신하면 구원을 잃을 수 있기 때문에 해당 본문이 그런 사람들에 대한 경고라고 봅니다. 그러나 한 번 받은 구원은 취소되지 않습니다 (요 3:18; 10:28~29; 골 1:13~14; 롬 8:33~39).

본문은 구원받은 자들로 자처할지라도 실상은 거듭난 적이 없는 사람들에 대한 경고라고 주장하기도 합니다. 그러나 본문의 '우리'는 구원 여부가 불분명한 사람들이 아니고 "이미 믿는 우리들"(4:3)이며 "하늘의 부르심을 받은 거룩한 형제들"(3:1)입니다. 10장에 보면 이들은 복음과 그리스도를 위해 박해를 받은 자들이었습니다(10:32~34).

히브리서의 저자는 이들을 모두 그리스도를 구주로 믿는 교인들로 간주하였음이 분명합니다.

그래서 구원 자체를 잃을까 봐 두려워하라고 하지 않고 구원을 등한시하면 안 된다고 하였습니다(2:3). 구원을 등한시하는 것은 구원을 배척하는 것이 아니고 받은 구원에 대한 자세가 진지하지 않은 것을 말합니다. 즉, 귀한 구원을 가볍게 여기면 하나님의 징계를 받는다는 뜻이지 배도하여 구원을 잃는다는 경고가 아닙니다(딤전 4:14). 광야 세대처럼 불신과 불순종을 하면 가나안의 유업을 받지 못하고 광야에서 죽는다는 것이 앞 문맥의 포인트입니다. 그러니까 구원과 상관된 말이 아니고 유업과 관계된 말씀입니다. 멜기세덱에 대한 언급에서도 저자는 독자들의 구원 문제를 다룬 것이 아니고 그들의 성숙 문제를 다루었습니다. 이것은 독자들이 이미 구원받은 성도라는 것을 전제한 말입니다.

David Allen은 히브리서 5:11~14절을 독자들의 성숙에 대한 세 가지 지표로 요약합니다.

첫째, 그들은 다른 사람을 가르칠 수 없다.

둘째, 그들은 단단한 음식이 아닌 우유가 필요하다.

셋째, 그들은 영적으로 선악을 구별할 수 있는 훈련이 되지 않았다.

여기서 주목해야 할 특기 사항은 이 문단이 구원이 아닌 성화의 이슈를 다룬다는 것입니다. 그는 이러한 문맥이 히브리서 6:1~8절의 올바른 해석에 결정적인 단초가 된다고 봅니다. (David L. Allen, The New American Commentary, Hebrews, pp. 338~339)

따라서 6장의 경고는 앞 문맥의 경고 본문들처럼 구원이 아닌 유업 상실 가능성의 위험에 대한 가르침으로 해석하는 것이 옳다고 봅니다. 본문은 하나님의 진노의 맹세를 암시합니다.

> 하나님께서 허락하시면 우리가 이것을 하리라 (6:3).

이 구절은 앞뒤로 연결되는 다리 역할을 하는 중요한 핵심 구절입니다. 하나님이 허락하시면 복음의 초보에 묶이지 않고 "완전한 데로 나아갈 수"(2절) 있지만, 하나님께서 허락하시지 않으면 영적 진보가 없이 제자리 걸음만 하고 만다는 것입니다. 말을 바꾸면 하나님께서 진노의 맹세를 하실 정도로 꾸준히 주를 신뢰하지 않고 받은 소명의 성취를 위해 순종하지 않으면 가나안에 해당하는 유업의 상을 박탈당한다는 경고입니다. 이것이 앞에서 언급한 구원을 소홀히 여기는 것입니다.

한번 빛을 받고 (4절)

'한번'은 반복될 수 없는 일회성 사건입니다. 단 한번으로 끝났다는 말입니다. 빛을 받는 것은 회심을 가리킵니다. 그리스도를 단번에 믿고 거듭났다는 것입니다. '빛'은 어두운 심령을 비추어 영혼이 하나님께 대하여 깨어나는 복음의 빛을 말합니다(히 10:32). 원문의 뜻은 '보게 한다'(enlightened)는 말인데 다음 구절들에서도 사용되었습니다.

> 너희 마음의 눈을 밝히사 … (엡 1:18).
> 그 중에 이 세상의 신이 믿지 아니하는 자들의 마음을 혼미하게 하여 그리스도의 영광의 복음의 광채가 비치지 못하게 함이니 … (고후 4:4).

어두운 데에 빛이 비치라 말씀하셨던 그 하나님께서 예수 그리스도의 얼굴에 있는 하나님의 영광을 아는 빛을 우리 마음에 비추셨느니라 (고후 4:6).

전날에 너희가 빛을 받은 후에 고난의 큰 싸움을 견디어 낸 것을 생각하라 (히 10:32).

하나님께 마음을 돌리는 회심은 어떻게 일어나는 것일까요? 복음의 초자연적인 신령한 빛이 우리 마음에 비칠 때 예수 그리스도의 얼굴에 있는 하나님의 영광을 아는 지식의 빛이 우리에게 들어와서 복음을 믿고 회심하게 됩니다. 히브리서의 독자들은 복음의 빛을 받고 회심한 성도들이었습니다. 여기서 '빛'을 받았다는 것을 희미한 빛이거나 스쳐가는 일시적인 빛이라고 생각하지 말아야 합니다. 그런 희미하고 지나가는 빛을 받고 회심하는 사람은 아무도 없습니다. 복음의 빛은 마음의 눈을 밝힙니다. 이 빛은 하나님의 영광을 드러내는 "복음의 광채"(고후 4:4)입니다.

하늘의 은사를 맛보고 (4절).

"하늘의 은사"는 '하늘의 선물'(heavenly gift)입니다. 그리스도의 복음으로 하나님께로 돌아온 자가 받는 영적 혜택들입니다. 예를 들면, 거듭남과 죄의 용서, 칭의와 성령의 내주 등입니다.

'맛본다'는 말은 혀 끝으로만 맛보는 피상적인 체험이 아니고 확실하고 영구적인 것을 가리킵니다. 베드로는 "너희가 주의 인자하심을 맛보았으면"(벧전 2:2~3) 신령한 젖을 사모하라고 하였습니다. 여기서 맛본 것은 실제로 체험한 것을 가리킵니다. 예수님은 죽음을 맛보셨다고 했습니다(히 2:9). 맛보는 것을 겉으로 흉내만 냈다는 식으로 본다면 예수님은 실제로 죽지 않으셨다는 말이 됩니다. 성령의 내주나 용서나 칭의의 신분을 받는 것들은 실제로 일어난 일들입니다. 맛본 것은 확실하게 먹고 삼킨 것에 대한 비유적 표현입니다.

성령에 참여한 바 되고 (4절).

직역성경과 새번역에서는 "성령을 나누어 받고"라고 옮겼습니다. 참여했다는 것은 성령의 활동과 능력이 공동체적으로나 개인적으로 드러난 것을 체험한 것을 가리킵니다(히 3:14; 12:10). 저자는 아마 성령에 의한 거듭남의 체험이나 성령 세례 혹은 공적 안수로 받은 성령의 은사(딤전 4:14) 등을 염두에 두었을 것입니다.

하나님의 선한 말씀 … 맛보고도 (5절)

하나님의 선한 말씀을 맛보았다는 것은 복음이 좋은 소식임을 체험했다는 말입니다. 신자는 예수 그리스도의 구원의 진리가 얼마나 귀하다는 것을 압니다. "하나님의 말씀은 살아 있고 활력이 있어… 마음의 생각과 뜻을 판단"(히 4:12)하며 "교훈과 책망과 바르게 함과 의로 교육하기에 유익"(딤후 3:16)합니다. 하나님의 말씀은 죽은 영혼을 살리고 영원한 구원을 선포하며 하나님의 뜻을 알리고 하나님이 어떤 분인지를 계시하는 "생명의 말씀"(행 5:20; 빌 2:16)입니다. 요한일서에서는 "생명의 말씀"을 예수님 자신과 일치시켰습니다(요일 1:1).

내세의 능력을 맛보고서도 (5절)

'내세'는 예수님의 초림으로 시작된 메시아 시대와 재림 및 그 이후의 영원한 세계를 포함합니다. 그런데 내세의 능력을 맛본 것은 사후가 아닌 현세에서 장차 올 하나님 나라의 영광과 권능을 부분적으로 경험한 것을 가리킵니다.

❖ 성령의 부음으로 하나님의 넘치는 사랑을 체험하는 일(롬 5:5)

❖ 하나님의 자녀임을 날인하는 성령의 증거를 받는 일(엡 1:13; 롬 8:16)

❖ 하나님의 직접적인 임재의 체험

❖ 하늘 상급의 시식

❖ 십자가 사랑의 희생과 헌신으로 피어나는 순후한 교제

❖ 새 하늘과 새 땅에 대한 감동된 소망으로 크게 기뻐하는 찬양

❖ 거룩한 열정과 성령의 은사로 하나님을 섬기는 일

❖ 초자연적인 성령의 활동에 쓰임을 받는 일 등등입니다.

이러한 일들은 장차 올 세상의 영광스러운 일면들입니다. 그런데 구원받은 신자로서 이런 영적 체험들을 했음에도 의도적으로 하나님을 등지고 계속해서 불순종의 길로 나간다면 어떻게 될까요? 하나님의 자녀가 되면 많은 특권을 누립니다. 천상에 속한 복들은 세상 복과 비교할 수 없습니다. 그런데 이러한 신령한 복을 받아 누리는 체험에는 큰 책임도 따릅니다. 그 책임이란 하나님의 말씀을 꾸준히 신뢰하고 복종하여 약속된 유업의 목표에 닿기 위해 전진하는 것입니다.

타락한 자들은 다시 새롭게 하여 회개하게 할 수 없나니 이는 그들이 하나님의 아들을 다시 십자가에 못 박아 드러내 놓고 욕되게 함이라 (6절).

이 구절은 많은 논란을 불러 일으켰습니다. '타락한 자들'은 누구입니까? 전통적으로 '배교자'를 가리킨다고 봅니다. 그래서 배교자는 받은 구원을 잃거나 혹은 처음부터 구원받은 적이 없는 일종의 모방

교인이라고 해석합니다. 그러나 구원이 아닌, 유업이 히브리서의 중심 주제라고 보면 이것은 구원의 상실이나 가짜 교인에 대한 말씀이 아니고, 하나님의 진노의 맹세로 인해서 유업의 상을 잃는 자들을 가리킵니다.

타락한 자들은 (6절).

'타락'이란 번역은 원문의 뜻에 신학적 뉘앙스를 가미시킨 단어입니다. 교회에서 일반적으로 사용하는 '타락'의 의미는 아담의 타락을 연상케 하는 말로서 하나님과의 관계가 끊어진 인류의 죄악 된 상태를 가리킵니다. 그래서 본 절의 '타락'을 '배교'로 쉽게 연결시킵니다. 원어의 의미는 '곁으로 떨어진다'(헬. 파라핍토; to fall aside, fall by the wayside)는 것이므로 '타락'이란 번역은 지나치게 강한 말입니다. 마태복음 6:14~15절과 마가복음 11:25절에서는 명사로 사용됐는데 우리말 성경에서는 '잘못', '허물', '죄' 등으로 번역하였고, 영역에서는 trespasses, failures, wrongdoing, offences, sin 등으로 옮겼습니다. '타락'이란 단어가 원문상으로 그리 강한 의미로 사용되지 않았음을 알 수 있습니다. 히브리서 6:6절의 '타락'은 '배교'의 선입견을 주입시키는 의미로 볼 필요가 없습니다.

개역개정에는 "타락한 자들"이라고 하였고 한글 킹제임스와 새성경은 "떨어져 나간 사람들"이라고 했습니다. 새번역은 다른 역본에서처럼 "타락하면"이라고 했습니다. 이 두 형태의 번역은 많은 영역본에서도 마찬가지입니다. 그런데 만일 '타락하면'이라는 조건부가 되면 마치 타락이 실제로는 일어날 수 없지만 가상적인 상황을 전제한 것으로 주장하는 근거가 될 수 있습니다. 다시 말해서 구원받은 자들은 타락할 수 없지만(6:9) 타락하면 회복 불능이라는 경고를 통해서 그러한 타락을 막는 방편으로 삼았다는 것입니다. 그러나 일어날 수 없는 일을 놓고 가상적으로 가정해서 경고한다는 것은 비현실적입니다.

히브리서 저자가 '타락한 자들' 혹은 '떨어져 나간 사람들'이라고 한 것은 그런 일이 실제로 발생할 수 있다고 보았기 때문입니다. 사실상 그런 역사적 사례를 광야 세대와 에서의 스토리에서 제시하고 있습니다(히 3:17~19;12:16~17). 그렇지만 그들이 배교하여 구원에서 떨어져 나간 것은 아니었습니다. 떨어져 나가는 것은 믿음의 정로를 걷지 않고 곁길로 다니다가 하나님의 진노 아래 들어가는 것을 말합니다. 이것은 복음을 부인하고 배척하는 문제가 아니라 복음의 진리를 실생활에서 실천하고 적용하지 않는 상황을 가리킵니다. 이것이 히브리서 크리스천들이 당면한 위험이었습니다. 우리는 본 절을 히브리서 전체의 메시지에 비추어 해석해야 합니다. 몇 군데만 잠시 훑어 보겠습니다.

2:3 우리가 이 같이 큰 구원을 등한히 여기면 어찌 그 보응을 피하리요

저자는 구원을 소홀히 여겨서는 안 된다고 하면서 그럴 경우에는 심각한 결과가 온다고 경고하였습니다.

3:6 우리가 소망의 확신과 자랑을 끝까지 굳게 잡고 있으면 우리는 그의 집이라
3:14 우리가 시작할 때에 확신한 것을 끝까지 견고히 잡고 있으면 그리스도와 함께 참여한 자가 되리라

여기서는 꾸준한 믿음을 지키면 하나님의 집으로서의 역할과 소명을 성취한다고 격려합니다.

> 3:11 내가 노하여 맹세한 바와 같이 그들은 내 안식에 들어오지 못하리라 하였다 하였느니라

하나님이 진노의 맹세를 하시면 아무도 이것을 뒤집지 못합니다. 하나님의 맹세는 작정된 결과를 반드시 낳습니다. 그래서 떨어져 나가는 일이 필연적으로 발생하고 신자는 하나님의 안식에 들어가지 못합니다. 히브리서 4:1절과 11절에도 곁길로 떨어져 나가는 위험에 대한 경고가 나옵니다.

> 3:12 형제들아 너희는 삼가 혹 너희 중에 누가 믿지 아니하는 악한 마음을 품고 살아 계신 하나님에게서 떨어질까 조심할 것이요

꾸준한 믿음을 거부하고 살아 계신 하나님으로부터 등을 돌리는 일을 경계하는 내용으로서 히브리서 6장 6절의 아이디어와 흡사합니다.

히브리서 6장 6절의 요점은 무엇입니까? 원인과 결과로 표시할 수 있습니다.
▶ 원인: 히브리서 2:3절에서처럼 구원을 등한시하고, 히브리서 3장에서처럼 하나님의 음성 듣기를 거부한 것입니다.
▶ 결과: 이러한 무시와 불신이 너무도 오랜 세월 동안 몸에 굳어서 하나님께서 마침내 진노의 맹세를 하신 것입니다. 이렇게 되면 신

자는 회복될 수 없는 상태로 떨어지고 성숙을 위한 영적 진전이 완전히 막힙니다.

> 이는 그들이 하나님의 아들을 다시 십자가에 못 박아 드러내 놓고 욕되
> 게 함이라 (6절).

예수 그리스도의 원수들은 예수님을 십자가에 못 박았습니다. 그런데 곁길로 떨어진 신자들마저 예수님에게 극도의 고통을 줄 수 있었습니다. 하늘에 속한 신령한 은혜를 체험했음에도 "이같이 큰 구원을 등한히 여기고"(3절) 무시하며 순종하지 않는 것은 예수님을 다시 십자가에 못 박는 것과 같습니다. 반복된 불순종은 예수님의 심장에 비수를 꽂고 돌이키지 않는 탈선은 예수님의 가슴에 슬픔이 고이게 합니다.

예수님은 우리가 곁길로 떨어져 나갈 때마다 극심한 모욕을 당하십니다. 신자들이 예수님을 십자가에 매달고 못질을 하는 것을 원수들이 본다고 상상해 보십시오. 그들이 신자들을 어떻게 생각하겠으며 예수님을 또한 어떻게 생각하겠습니까? 그들은 실제로 십자가에 달린 예수님을 조롱하였습니다(막 15:29~32). 만약 제자들이 예수님을 못 박는 것을 그들이 보았다면 몇 배로 더 예수님을 모욕하며 저런 제자들을 둔 예수님이 무슨 구주냐고 비웃었을 것입니다. 그리고 제자들을 향해 자기들의 주를 못 박는 배은망덕한 쓰레기같은 인간들이라고 욕했을 것입니다.

슬프게도 이런 일이 지금 우리 눈앞에서 일어나고 있습니다. 세상 사람들이 교회와 교인들의 한심한 작태를 보고 얼마나 욕질을 하고

있는지 모릅니다. 더욱 슬픈 것은 미디어에 노출되어 세간의 눈살을 찌푸리게 하는 몰지각한 교인들이나 부도덕한 목회자들이 예외가 아니라는 것입니다. 극소수의 나쁜 교인들과 몇몇 부패한 목회자들이 세상의 욕을 먹는다고 하기에는 사회가 너무도 많은 교회와 교인을 손가락질하며 멸시합니다. 세상 어디에도 기독교를 우리나라 사람들처럼 경멸하는 곳은 없을 것 같습니다.

십자가의 구원을 받은 신자들이 교인답지 않은 삶을 청산하지 못하고 어둠에 속한 곁길로 계속 걸어다니면 수치와 불명예를 당하고 마침내 하나님의 진노의 형벌을 받습니다. 그런 신자들은 영적 귀머거리가 되어 가나안의 안식처에 이르지 못하고 영적 진보를 하지 못합니다. 이런 지경에 이르면 마음이 완악해져서 회개가 불가능합니다. 그들은 주님을 십자가에 못 박는 불순종과 불신을 회개하지 않았습니다. 사실상 그들은 예수님을 자신에게 못 박았습니다. 예수님은 그들에게 죽은 것과 같습니다. 그들은 하나님의 음성을 전혀 듣지 못하는 영적 죽음의 상태에 자신들을 스스로 던졌습니다. 이들은 아무도 도울 수 없습니다.

출애굽 첫 세대는 광야에서 수없이 하나님을 대항하였고 불순종하다가 가나안 복지 입성을 거부당하였습니다. 마침내 그들 위에 하나님의 진노가 내렸습니다. 비록 하나님께서 그들의 죄를 용서하셨지만(민 14:20), 가나안은 못 들어갔습니다. 그들은 천국은 들어갔지만 유업의 축복을 잃었습니다. 그들은 불에서 뛰쳐 나온 자처럼 뜨거운 화상을 입고 알몸의 수치를 당하였습니다(고전 3:15, 히 12:25, 29).

땅이 그 위에 자주 내리는 비를 흡수하여 밭 가는 자들이 쓰기에 합당한 채소를 내면 하나님께 복을 받고 만일 가시와 엉겅퀴를 내면 버림을 당하고 저주함에 가까워 그 마지막은 불사름이 되리라 (7~8절).

이 말씀은 하나의 비유입니다.
♣ 땅: 신자의 마음 밭
♣ 자주 내리는 비: 여러 번 임한 하나님의 말씀
♣ 복을 받고: 하나님의 축복의 맹세
♣ 가시와 엉겅퀴: 불신과 불순종
♣ 버림을 당하고 저주함에 가까움: 하나님의 진노의 맹세
♣ 불사름: 수확이 없음

　본 비유가 주는 도전은 비가 어떤 종류의 땅에 떨어져서 어떤 열매를 맺느냐는 것입니다. 땅은 우리 마음 밭입니다. 우리 마음이 하나님을 불신하고 구원을 가볍게 여기며 하나님의 말씀을 무시하면 하나님이 기대하시는 열매를 맺지 못하고 곁길로 빠지다가 마침내 하나님의 진노를 당한다는 것입니다. 반면, 하나님이 기뻐하시는 신실하고 충성된 신앙생활을 하면서 약속된 유업의 목표를 향해 꾸준히 나아가면 하나님의 축복의 맹세를 받아 소명을 성취한다는 것입니다.
　우리의 마음 밭은 어떠합니까? 두 가지 가능성이 있습니다. 하나는 하나님의 말씀이 우리 마음에 내릴 때 유익하게 되거나 아니면 무익하게 되는 것입니다. 순종과 꾸준한 믿음의 좋은 열매를 맺든지 아니면 불순종의 가시와 엉겅퀴만 냅니다. 땅에 대한 하나님의 결정이 조만간 내릴 것은 불가피합니다. 하나님께서 우리 마음 밭의 농작물이 유용한지 무용한지에 따라 축복과 진노의 맹세를 하십니다.

그런데 한 가지 질문이 있습니다. 왜 하나님의 '축복의 맹세'와 대조시키는 대목에서 '저주의 맹세'라는 말 대신에 '저주에 가깝다'고 했을까요? 하나님의 자녀는 아무리 심각한 곁길로 떨어져도 하나님의 영원한 저주를 받고 멸망되는 일이 없기 때문입니다. 저주에 가까운 것은 신자의 무익하고 무용한 삶의 심각한 상태를 가리킵니다. 이것은 사후의 영원한 운명에 대한 말씀이 아닙니다. 현 세상에 사는 동안 하나님이 약속하신 가나안 복지에 들어가는 특권을 박탈당하고 영적 진보가 없이 광야에서 여생을 마친다는 엄숙한 선언입니다. 젖과 꿀이 흐르는 가나안에 들어가는 것은 이 세상에서 하나님의 축복의 맹세를 받고 못 받는 문제입니다.

하나님의 거듭된 경고를 무시하고 크나큰 구원의 은혜를 망각하며 자신이 받은 유업의 소명에 불신실한 불효한 크리스천들은 저주에 가까운 자들입니다. 그렇지만 그들은 십자가의 속죄 피로 구속받은 성도들이기 때문에 영원한 저주를 받지 않습니다. 성도는 하나님의 영원한 구속을 받고 그리스도의 보혈로 영원히 거룩하게 되었습니다. 그런데 이러한 성도의 신분은 그 자체로서 영적 열매를 자동으로 생산하지 않습니다. 영원한 구원을 받았을지라도 성도의 마음 밭에는 가시와 엉겅퀴가 나올 수 있습니다. 그 정도가 심해서 저주에 가까운 위험한 경우도 적지 않습니다. 무익하고 해로운 것들은 다 태워집니다. 그럴지라도 구원은 잃지 않습니다. 다음 평행절들을 읽어 보십시오.

누구든지 그 공적이 불타면 해를 받으리니 그러나 자신은 구원을 받되 불 가운데서 받은 것 같으리라 (고전 3:15).

사람이 내 안에 거하지 아니하면 가지처럼 밖에 버려져 마르나니 사람들이 그것을 모아다가 불에 던져 사르느니라 (요 15:6).

오직 무서운 마음으로 심판을 기다리는 것과 대적하는 자를 태울 맹렬
한 불만 있으리라 (히 10:27).

여기서 신자가 영원한 형벌을 받는다고 말하지 않았습니다. 각 절
에서 '불'이 언급되었지만 이것은 지옥불이 아니고 불충한 교인들이
받는 징계의 불입니다. 하나님이 주신 귀한 소명을 받들지 않는 무용
한 처신을 하는 신자들에게 주는 하나님의 무서운 경고입니다.

히브리서 6:4~9절의 주된 포인트는 모든 신자는 하나님의 음성
을 듣기 위해 마음을 부드럽게 먹어야 한다는 것입니다. 왜냐하면 신
자가 계속해서 곁길로 걸으면 하나님께서 영적 성숙으로 나아가는
길을 막으실 수 있기 때문입니다. 즉, 하나님의 진노의 맹세에 이르
는 지점에 닿는 것입니다. 그렇게 되면 비록 하나님의 자녀로서의 구
원받은 신분은 유지될지라도, 하나님이 주시기를 원하는 가나안 유
업의 목표에는 이르지 못합니다. 그런 신자는 회개하여 새롭게 될 수
없으며 완고한 마음에 단단히 묶여 버립니다. 마치 출애굽 세대와 같
아서 광야를 벗어나지 못합니다.

감사하게도 반항적이었던 출애굽 세대 가운데 한 사람도 애굽으
로 되돌아가는 역(逆)구속을 받지 않았습니다. 이렇듯, 주 예수를 자
신의 구주로 고백하고 믿은 신자라면 구원을 잃거나 지옥에 가는 일
은 없습니다. 하지만 마치 불난 집에서 알몸으로 뛰쳐나오는 사람처
럼 아무것도 손에 쥔 것이 없이 인생을 다 불태운 사람과 같을 것입
니다(고전 3:15). 그런 신자도 천국에 갑니다. 예를 들어 영적 사물에
관심이 없고 육적이었던 에서는 나중에 울며 회개했어도 회복될 수
없었습니다. 이삭이 죽음의 병상에서 진노의 맹세를 했기 때문입니

다. 에서는 여전히 이삭의 가문에 속했지만 유업을 상속받지 못하였습니다(창 27장). 그는 구원을 잃지 않았어도 장자권을 잃었습니다. 하나님의 진노의 맹세가 내리면 주님으로부터 '잘하였도다. 착하고 충성된 종'이라는 칭찬과 상을 받지 못합니다. 이렇게 되지 않기 위해 우리는 하나님의 음성에 귀를 기울이고 신실한 믿음과 오래 참음으로 자신의 마음 밭을 잘 가꾸며 주님의 칭찬을 들을 수 있는 순종의 삶을 살아야 하겠습니다.

24.
약속을 유업으로 받는 자들
히브리서 6:9~20

사랑하는 자들아 우리가 이같이 말하나 너희에게는 이보다 더 좋은 것
곧 구원에 속한 것이 있음을 확신하노라 (히 6:9).

저자는 주 예수를 믿다가 곁길로 넘어진 자들이 유업을 상실하는 위험에 대해 매우 엄한 경고를 하였습니다(6:4~8). 그런 자들은 다시 새롭게 회복될 수 없고 하나님의 아들을 십자가에 못 박는 죄를 범하는 것과 같다고 하였습니다. 그들은 영적으로 너무도 무감각하여 하나님의 음성을 듣지 못합니다. 그들은 하나님의 진노의 맹세를 받는 지점에 이르렀습니다. 그들은 더 이상 유업을 향해 나아가지 못하고 하나님이 약속하신 복을 받지 못합니다.

이런 말을 들은 히브리 교인들은 혹시나 자신들도 그런 죄에 빠져 하나님이 노하신 것이 아닌지 염려했을 것입니다. 복음을 지키기 위해 힘쓰던 그들은 여러 가지 시련으로 사기가 죽고 침체된 상태에 있었기에 이런 무서운 경고는 마음을 더 무겁게 했을 것입니다. 경고는 필요하므로 생략할 수 없습니다. 그런데 감당하기 어려울 정도로 지

친 자들에게는 낙심하지 않도록 격려가 필요합니다. 그래서 히브리서의 모든 경고에는 격려가 따릅니다.

더 좋은 것 (9절)은 무엇일까요? "곧 구원에 속한 것"이라고 했습니다. 그냥 '구원'이라고 하지 않고 '구원에 속한 것'이라고 했기 때문에 그것이 무엇인지 궁금합니다. 본 절에서 '더 좋은 것'은 '구원에 속한 것'이라는 등식이 성립합니다. '더 좋은 것'은 구원 자체가 아니고, '구원에 속한 것'입니다.

더 좋은 것들'(the better things)이 무엇인지에 대한 유일한 설명은 '구원에 속한 것'(things that accompany salvation)이다. 그런데 저자는 '더 좋은 것들'이 구원으로 들어가는 문이라고는 말하지 않는다. (David Allen, NAC, p. 394).

9절에서 '구원에 속한 것'을 구체적으로 명시하지는 않았지만 10절을 보면 이것이 상(유업)이라는 것을 쉽게 알 수 있습니다.

하나님은 불의하지 아니하사 너희 행위와 그의 이름을 위하여 나타낸 사랑으로 이미 성도를 섬긴 것과 이제도 섬기고 있는 것을 잊어버리지 아니하시느니라 (6:10).

저자가 구원에 속한 것을 언급한 즉시 독자들의 사랑의 선행을 하나님께서 잊지 않으신다고 하신 것은 그들이 구원을 이미 받은 자들임을 전제한 것입니다. 이 말씀은 독자들이 선행으로 자신들의 구원이 참되다는 것을 증명했다는 뜻이 아닙니다. 저자의 의도는 그의 독자들이 구원을 받은 자들로서 곁길로 떨어지지 않았다는 것입니다.

만일 그렇다면 저자는 그들에게 서신을 쓸 필요도 없었을 것입니다(9절).

'더 좋은 것' 혹은 '구원에 속한 것'은 그들의 선행에 따르는 상을 가리킵니다. 11절에서도 저자는 자신이 원하는 것이 독자들의 구원이 아니라, 구원 이후에 받아야 할 유업임을 명시하였습니다.

> **우리는 여러분 각 사람이 '소망의 확실한 보증'을 위하여 끝까지 동일한**
> **열심을 보여주기 바랍니다** (6:11, 직역 성경).

개역개정에는 '소망의 풍성함'이라고 했는데 소망을 충만하게 확신한다는 뜻입니다(full assurance of hope). 그럼 무엇을 소망한다는 말일까요? 꾸준하고 부지런한 믿음을 가지고 힘쓸 때 유업의 상이 온다는 것을 확신하며 즐거워한다는 것입니다. 저자는 이어서 유업을 확보하는 방법에 대해 더 구체적으로 알리며 그런 사람들의 본을 받으라고 격려합니다.

> **게으르지 아니하고 믿음과 오래 참음으로 말미암아 약속들을 기업으로**
> **받는 자들을 본받는 자 되게 하려는 것이니라** (6:12).

유업 획득 조건은 꾸준한 믿음과 인내입니다. 처음 구원을 받을 때에는 누구나 믿음을 갖습니다. 그런데 그다음 단계부터 유업의 소망을 위해 달리는 '꾸준한 믿음'이 필요합니다. 이때 여러 시련이 오고 영적 테스트를 받는 과정이 있기 때문에 게으르거나 참지 못하면 유업을 받지 못합니다. 12절에서 약속들을 기업(유업)으로 받는 자들을 본받게 한다는 말은 11장에 나오는 믿음의 선진들에 대한 예시를 내다본 것입니다. 저자는 11장에서 꾸준한 믿음과 인내로 하나님이 약속하신 유업을 받은 이스라엘의 훌륭한 모범들을 전시할 것입니다.

아브라함은 오래 참아 하나님의 맹세의 약속을 받았습니다(6:13~20).

본 항목은 아브라함이 "오래 참아 약속을 받았느니라"(15절)라고 강조합니다. 12절에서 "믿음과 오래 참음으로" 약속의 유업을 받은 자들을 본받으라고 하고서 그 대표적인 실례로 아브라함을 제시하였습니다. 이것은 히브리서 전체의 주제가 유업이라는 사실을 다시 확증하는 것입니다.

아브라함이 약속을 받은 것은 구원이 아니고 상입니다. 하나님께서 아브라함에게 복을 주신다고 맹세하신 것은(13~14절) 창세기 22장에 나옵니다. 그러나 아브라함이 믿음으로 의롭게 된 것은 그 보다 훨씬 이전인 창세기 15장에 나옵니다(창 15:6). 그러므로 아브라함에게 하나님이 맹세하신 것은 그에게 유업으로 주신 약속들이었습니다. 이 약속들은 하나님께서 아브라함을 부르셨을 때 주셨던 축복들입니다. 아브라함은 여러 가지 약속들을 받았습니다. 즉, 그가 큰 민족을 이루고 그의 이름이 창대하게 되며, 만민이 그로 말미암아 복을 얻을 것이라고 했습니다. 그의 후손이 땅을 유업으로 받고 그에게 약속된 아들에게서 메시아가 태어나실 것이라고 했습니다(창 12:2~3). 그런데 그의 후손이 번성하고 그의 씨로 말미암아 천하 만민이 복을 받는 것은 그가 하나님을 오래 기다리며 하나님의 명령을 준행한 것에 대한 상이었습니다(창 22:18).

그런데 언제 이 약속의 성취가 확정되었습니까? 아브라함이 모리아 산의 정상에서 이삭을 바쳤을 때였습니다. 그때 아브라함은 믿음의 정상에 이르렀고 하나님의 축복의 맹세를 체험하였습니다(16절).

> 네가 네 아들 네 독자까지도 내게 아끼지 아니하였으니 내가 이제야 네
> 가 하나님을 경외하는 줄을 아노라 (12절).

하나님께서는 과거에는 아브라함이 하나님을 경외하는 줄을 모르셨다는 뜻일까요? 이것은 인간적인 표현일 뿐입니다. 하나님은 항상 인간의 마음속을 다 아십니다. 본 절의 의미는 아브라함이 꾸준한 믿음과 순종으로 하나님의 맹세를 받는 지점에 이르렀다는 말입니다. 그래서 그에게 약속된 복들이 반드시 내린다는 것을 알린 것입니다. 이 순간에 예수님이 아브라함의 후손으로 오시는 일이 아무도 변경할 수 없는 역사적 사건으로 날인되었습니다. 물론 아브라함의 시점에서 보면 그가 받았던 약속들은 먼 미래에까지 뻗어나갑니다. 구주 예수님은 2천 년 전에 오셨지만 아브라함의 믿음의 후손은 아직도 늘어나는 중입니다. 그들이 상속받을 온 세상의 땅도 예수님의 재림을 기다립니다(롬 4:13).

> 하나님은 약속을 기업(유업)으로 받는 자들에게 그 뜻이 변하지 아니함을
> 충분히 나타내시려고 그 일을 맹세로 보증하셨나니 (17절).

이것이 "우리 앞에 있는 소망"이며 "우리에게 큰 안위"(18절)가 됩니다. 우리가 주 예수를 신실하고 꾸준하게 신뢰하며 우리에게 주신 약속들을 기다리는 인내심을 갖는다면 언젠가 하나님께서 기뻐하시는 축복의 맹세를 받게 된다는 것입니다. 이것은 하나님의 안식에 들

어가는 것과 같습니다. 약속의 성취는 이미 발생한 사건만큼이나 확실합니다. 이러한 소망 속에서 힘을 얻고 주를 힘써 섬기는 삶은 하나님이 주시는 유업의 상에 이르게 합니다. 그런데 나의 결단이나 노력만으로 되는 것이 아닙니다. 우리는 유업의 선구자이시며 믿음의 최대 영웅이신 주 예수를 바라보아야 합니다(히 12:2). 주님은 유업의 길을 개척하시고 지금은 하늘의 대제사장으로서 우리가 유업을 받도록 도우십니다(6:20).

저자가 원하는 것은 우리가 아브라함의 모범을 따르고 주님의 대제사장 되심에 의존하여 하나님의 맹세의 축복을 받는 것입니다. 이것은 끝까지 믿음을 지키면 드디어 영원한 구원에 이르게 된다는 말이 아니고, 구원 이후에 오는 하나님의 유업의 상을 목표로 삼고 믿음과 인내의 삶을 살라는 권면입니다. 그래서 6장 전반부에 나온 '타락한 자들'에 대한 경고는 구원이 아닌 유업 상실의 가능성에 대한 말씀이었음을 다시 확인할 수 있습니다.

하나님의 약속들은 어떤 것일까요?

히브리서에서 하나님의 약속은 유업과 관련된 것입니다. 아브라함은 하나님의 약속을 받은 대표적인 인물입니다. 그가 받은 약속들은 무엇에 대한 것이었습니까? 영원한 구원입니까 아니면 '구원에 속한 것'이었습니까? 아브라함은 첫 구원 이후에 하나님께서 넘치게 부어주시려는 유업의 약속을 받았습니다. 그런데 그는 이 약속의 성취를 위해 하나님의 말씀을 끝까지 신뢰하며 순종하는 꾸준성을 보여야 했습니다.

히브리 교인들은 어려운 여건 속에서도 교우들에 대한 그들의 사랑으로 하나님의 칭찬을 받을 것이었습니다(10절). 그들이 주님의 이름으로 성도를 사랑하고 섬긴 선행을 하나님이 잊지 아니하신다는 뜻이 무엇입니까? 이들이 신자라는 증거입니까? 그래서 구원받는다는 뜻일까요? 그렇다면 선행과 사랑의 봉사가 구원의 조건이 됩니다. 그러나 구원은 행위가 없이 믿음으로 받는 은혜의 선물입니다. 10절은 히브리서의 주제가 유업(상속, 상)임을 다시 드러낸 것입니다. 후속 본문이 일률적으로 "약속들을 기업으로 받는 자들"(12, 17절)에 대한 진술입니다.

하나님의 약속의 범위는 하나님을 섬기는 모든 영역을 포함합니다. 이러한 많은 약속들은 우리가 취해야 할 유업의 목표들입니다. "각 사람"(11절)이 받는 약속들은 개별적이므로 일일이 다 열거할 수 없습니다. 우리는 먼저 성경에서 모든 하나님의 자녀들에게 해당하는 공동체적인 약속들을 주목해야 합니다. 한편, 유업의 약속은 주로 우리 각자가 받은 소명 성취에 대한 것입니다. 히브리서 11장에 예시된 인물들은 "각 사람"마다 독특한 은사를 받고 자기의 소명을 이루기 위해 불굴의 믿음으로 약속을 상속받았습니다(12절).

❖ 아벨은 구약의 희생제사 제도를 개척하였습니다.
❖ 에녹은 믿음으로 죽음을 이기는 하나님의 능력을 증시하였습니다.
❖ 노아는 하나님의 심판을 예고하며 방주를 준비하고 자기 가족을 보호하였습니다.
❖ 아브라함은 믿음의 조상이 되었습니다.
❖ 사라는 불임이었으나 임신과 출산의 능력을 받았습니다.

❖ 모세는 하나님의 상급을 바라고 애굽의 보화와 명성을 버렸습니다.

❖ 삼손은 블레셋의 다곤 신전을 붕괴시켰습니다.

각 성도는 복음과 그리스도의 왕국을 위해서 성취해야 할 무엇이 있습니다. 이것은 각자를 위한 하나님의 개별적인 뜻이며 굳건한 믿음과 인내로 차지해야 할 유업입니다. 하나님의 약속들은 성경 전체에 깔려 있습니다. 왜 그렇게 많을까요? 우리는 아마 구원받은 것으로 족하다고 생각할지 모릅니다. 단지 주 예수를 나의 구주로 믿고 영원한 구원을 받았는데 더 이상 무엇을 바라겠습니까? 그런데 하나님께서는 여기서 만족하시지 않습니다. "더 좋은 것"(9절)들이 잔뜩 있기 때문입니다. 하나님은 우리가 주님을 믿고 첫 구원을 받은 순간부터 더 좋은 것들을 넘치게 받기를 원하십니다. 그것은 구약적인 표현으로는 젖과 꿀이 흐르는 가나안 복지입니다. 하나님께서는 우리가 믿음과 인내와 순종의 삶으로 유업의 땅에 도착하여 "잘하였도다 착하고 충성된 종아"(마 25:21, 23)라는 칭찬을 받기를 원하십니다.

한편, 하나님께서는 광야에서 가나안으로 백성을 인도하는 모세에게 자신의 임재와 동행을 보장하셨습니다(출 3:12).

> 내가 반드시 너와 함께 있으리라 … 내가 친히 가리라 내가 너를 쉬게 하
> 리라 (출 3:12; 33: 14).

하나님의 동행과 안식에 대한 약속은 하나님께서 이미 아브라함과 이삭과 야곱에게 맹세한 것이었습니다(출 33:1). 하지만 이 약속은 "게으르지 아니하고 믿음과 오래참음으로"(12절) 시련을 견디며 힘쓰

는 자들에게만 유효합니다. 그래서 아브라함이 "오래 참아 약속을 받았다"(15절)고 했습니다. 약속을 받는 것은 유업을 상으로 받는다는 뜻입니다(6: 12, 15, 17; 10:36).

유업은 쉽게 받는 것이 아닙니다. 약속은 과정을 거쳐야 하기 때문에 즉시 성취되지 않습니다. 도전과 방해를 예상해야 합니다. 하나님의 축복의 맹세가 나에게 적용되고 체험될 때까지 끈기 있는 믿음을 행사해야 합니다. 아브라함에게 준 씨의 약속처럼 여러 해가 걸릴 수 있습니다. 하나님은 유업을 시련과 테스트를 거쳐 받도록 계획하셨습니다.

> 너희에게 인내가 필요함은 너희가 하나님의 뜻을 행한 후에 약속하신
> 것을 받기 위함이라 (히 10:36).

온갖 역경을 오래 견디면서 하나님의 뜻을 먼저 행하지 않으면 유업을 받을 수 없습니다. 이것은 연약한 우리가 스스로 이행하기에는 너무도 벅찬 일입니다. 우리는 지연과 시련 속에서 주저앉기 쉽습니다. 모세는 하나님의 소명을 받고 자신의 심정을 털어놓았습니다.

> 내가 누구이기에 바로에게 가며 이스라엘 자손을 애굽에서 인도하여 내
> 리이까? (출 3:11).
> 오 주여 보낼 만한 자를 보내소서 (출 4:13).

우리도 모세처럼 느낄지 모릅니다. 그런데 주께서는 우리의 두려움과 연약함을 다 이해하십니다. 대제사장이신 예수님이 우리를 깊

이 동정하시며 도우십니다. 우리에게 소명을 주신 주님은 능력도 함께 주십니다. 그래서 현세의 삶에서 우리가 받은 약속의 일부라도 성취되는 시점에서 하나님의 안식에 들어가는 체험을 할 수 있습니다. 하나님의 약속에는 주님이 주시는 영예와 새 하늘과 새 땅에서 받을 "상속의 몫"(골 1:12, 새번역)과 부활한 몸의 가시적 영광이 포함됩니다. 저자는 하나님이 불의하셔서 믿음의 행위를 잊거나 상주는 일을 제쳐놓는 분이 아니라고 강조하였습니다.

히브리서 저자는 그의 성도들이 11장에 나오는 이스라엘의 믿음의 투사들의 목록에 덧붙여질 수 있다고 격려하였습니다. 그들은 자신들이 생각하는 것보다 영적으로 훨씬 더 민감하여 성령의 음성을 들을 수 있기에 좌절하거나 두려워할 필요가 없었습니다. 그래서 저자는 예수님이 먼저 유업의 길을 개척하시고 대제사장이 되어 그들을 도우신다고 하였습니다.

궁극적으로 우리가 하나님의 유업을 받을 수 있다는 확신은 아브라함에게 하신 하나님의 맹세와 우리의 대제사장이신 예수님에게 하신 하나님의 맹세에 근거합니다(17절). 유업의 확신에 대한 또 다른 근거는 예수님이 우리 영혼의 닻과 같기 때문입니다.

> 이 소망이 있으니, 그것은 안전하고 확실한 영혼의 닻과 같아서, 휘장 안에까지 들어가게 해 줍니다. 예수께서는 앞서서 달려가신 분으로서, 우리를 위하여 거기에 들어가셔서, 멜기세덱의 계통을 따라 영원히 대제사장이 되셨습니다. (히 6:19~20, 새번역).

배에서 닻을 바다에 던지면 바닥으로 가라앉습니다. 배에 있는 사람들의 눈에는 닻은 보이지 않습니다. 그렇지만 배가 떠내려가지 않기 때문에 닻이 해저에 고정된 것을 압니다. 예수님도 마찬가지입니다. 예수님은 부활하신 후에 우리 눈에서 사라지셨습니다. 그렇지만 예수님의 존재가 없어진 것은 아닙니다. 예수님은 바다 속이 아닌, 하늘의 지성소로 들어가셨습니다. 주님은 "우리가 흘러 떠내려가지 않도록"(2:1) 우리를 주님의 닻에 묶어 두셨습니다. 우리가 "많은 아들들을 이끌어 영광에 들어가게 하시는"(2:10) 하나님의 뜻을 좇아 "위에서 부르신 부름의 상을 위하여 달려"(빌 3:14)간다면 우리는 이미 하늘 지성소에 있는 예수님의 닻에 견고하고 안전하게 묶여 있는 셈입니다.

예수님은 하나님 우편에 좌정하셨습니다. 예수님은 이미 자신의 상을 받으신 우리의 선도자(先導者)이십니다. 이제 우리도 각자의 상을 받고 하나님을 찬송하기를 원하십니다. 우리 각자가 하늘에 보물을 쌓는 것은 주님의 선한 뜻입니다. 그리스도 안에 있는 온갖 좋은 것들, 곧 구원에 속한 은혜의 풍성한 유업을 소망하는 것은 구원이 단순히 예수 믿고 천국가는 것 이상의 차원임을 뜻하는 것입니다. 그것은 그리스도에 의한 새 창조의 유익을 수확하면서 하나님의 안식에 참여하는 일입니다. 우리 모두가 이러한 유업 신앙의 길을 따라 살아야 하겠습니다.

25.
멜기세덱과 예수님
히브리서 7:1~10

이 멜기세덱은 살렘 왕이요 지극히 높으신 하나님의 제사장이라 여러
왕을 쳐서 죽이고 돌아오는 아브라함을 만나 복을 빈 자라 (히 7:1).

저자는 5장 10절에서 멜기세덱에 대한 이야기를 멈추고 6장 20절
까지 히브리 교인들의 영적 미성숙과 유업 상실에 대한 경고와 아브
라함이 받은 하나님의 맹세를 길게 다루었습니다. 이제 저자는 5:10
절에서 끊어졌던 멜기세덱의 주제로 다시 돌아갑니다. 7장 전체가 멜
기세덱에 대한 상세한 진술이며 10장까지 멜기세덱의 반열을 따른
예수님의 대제사장직이 얼마나 온전한 것인지를 논증하기 위해 성전
제도와 대조시킵니다.

그럼 왜 이렇게 장황스레 예수님의 대제사장직을 변증해야 했을
까요? 많은 사람이 이 부분 때문에 식상하여 히브리서에 대한 흥미를
잃습니다. 우리는 스피드 시대에 삽니다. 정보기술의 혁신으로 손가
락 한 번이면 온 세상을 들여다볼 수 있습니다. 현대 사회는 속도가

느리면 도태됩니다. 그런데 성경은 느린 책입니다. 급하게 보려고 하면 답이 나오지 않습니다. 그래서 성경을 묵상해야 한다고 말합니다. 묵상은 시간이 걸립니다.

성경 말씀을 천천히 읽고 묵상하지 않은 채 다른 사람의 말만 들으면 주입식이 되어서 판단 능력이 생기지 않습니다. 많은 교인이 매주 설교를 듣지만 말씀의 진위성을 가려서 듣는 판별력이 없기 때문에 성경에 없는 말들을 해도 그대로 받아들이고 성경에서 가르친 적이 없는 비복음적인 방식으로 교회를 운영해도 불만이 없습니다. 그 원인이 무엇입니까? 근본적으로 성경을 스스로 묵상하고 깨닫는 것이 없기 때문입니다. 물론 건전한 설교도 들어야 하고 참고 서적들을 통해 도움을 받아야 합니다. 그렇지만 제일 중요한 것은 말씀을 찬찬히 읽으면서 질문도 던져보며 생각하는 훈련을 익히는 것입니다. 급하게 서두르기 때문에 결국 다 망쳐버립니다. 기초가 약한 곳에 홍수가 나면 모두 쓸려가지 않습니까? 모래 위에 집을 짓는 것과 같습니다(마 7:26).

히브리 교인들은 유대교의 압력을 받고 갈등을 느꼈습니다.

저자는 히브리 교인들이 유대교로 돌아가고픈 유혹을 받았기 때문에 그것이 얼마나 위험하고 어리석은 일인지를 알려줄 필요가 있었습니다. 아마 히브리서는 A.D. 70년 예루살렘 성전이 파괴되기 이전에 쓰여졌을 것입니다. 성전에서는 여전히 희생 제사를 올렸고 많은 유대인이 절기 때 모여 제물을 바쳤으며 화려한 복장을 한 제사장의 축도를 받았습니다. 이런 민족적 종교 의식에 참여하지 못하는 히브리 교인들은 소외감을 느꼈을 것입니다. 그래서 저자는 이들을 보호하기 위해 예수님이 유대교의 제사장들보다 훨씬 더 나은 분이므로 모세법에 따른 성전제도에 가담할 필요가 없음을 설득시켜야 했습니다. 그러다보니 성전에 대한 자세한 진술과 변증을 하게 된 것이었습니다. 이것은 예수님의 신분에 대한 문제였습니다. 사실 기독교의 핵심은 예수님입니다. 예수님이 누구이신지를 잘 깨닫고 믿으면 다른 여러 문제들에 대한 해답이 나옵니다. 저자는 히브리서의 첫 장에서부터 예수님의 위대성과 탁월성을 지적하였습니다.

- 예수님은 하나님의 아들이십니다.
- 예수님은 만유의 상속자이십니다.
- 예수님은 창조의 대행자이시며 보존자이십니다.
- 예수님은 하나님의 영광의 광채시며 그 본체의 형상이십니다.
- 예수님은 죄를 깨끗하게 하셨습니다.
- 예수님은 하나님 우편에 좌정하셨습니다.
- 예수님은 천사보다 높으신 분입니다.
- 예수님은 구원의 창시자입니다.
- 예수님은 우리가 고백하는 신앙의 사도입니다.
- 예수님은 신실한 대제사장입니다.
- 예수님은 모세보다 높으신 분입니다.

이와 같은 거창한 기독론은 히브리서의 대전제이며 "예수를 깊이 생각하라"(3:1)와 "예수를 바라보자"(12:2)는 것이 본서의 표어입니다. 복음은 하나님의 아들이신 예수 그리스도가 어떤 분이라는 것을 선포합니다(막 1:1). 복음이 선포하는 예수님을 알고 믿는 것이 구원입니다. 예수님이 과연 누구이신지를 안다면 세상의 어떤 것에도 눌릴 것이 없고 유혹될 것도 없습니다. 히브리 교인들은 모세의 영향을 받고 자랐습니다. 그들은 모세 시스템의 유대교로부터 완전히 탈피하지 못하고 모세적인 크리스천으로 머물 위험이 컸습니다. 그래서 저자는 예수님의 대제사장직을 모세 체제의 대제사장직과 대조시키고 예수님이 멜기세덱의 계통을 따른 천상적 제사장이심을 크게 강조하였습니다.

오늘날 우리나라 교회의 문제도 어쩌면 비슷하다고 할 수 있습니다. 우리는 예루살렘 성전이나 모세와는 무관하다고 생각할지 모릅니다. 예루살렘에는 성전도 없고 모세도 없으며 제사장도 없습니다. 그런데 우리나라 교회에는 일반적으로 말해서 아직도 성전이 있고 제사장이 있으며 모세가 살아 있습니다. 교회당을 지으면서 성전 건축이라고 하고, 목사가 제사장과 같은 권위와 축복권을 행사합니다. 모세 율법의 십일조가 헌금의 대종을 이루고 십계명이 크리스천의 좌표입니다.

그럼 예수님이 가르치신 참 성전의 의미와 대제사장의 실체와 산상설교와 바울의 헌금 원칙은 어디로 간 것일까요? 이런 신약의 가르침이 뒷전으로 제쳐지고 아직도 모세 율법과 그릇된 교회 전통이 교인들의 신앙생활을 지배한다고 해도 과언이 아닙니다. 그래서 예수님이 누구이신지를 바르게 알고 믿어야 합니다.

예수님이 구약의 율법을 완성하셨다면 예수님이면 충분합니다. [예수 + 모세]도 아니고, [예수 + 교회 전통]도 아닙니다. 예수님을 처음 믿었을 때에는 다른 아무것도 없었는데 교회에 다니면서 예수님 이외에 교회에서 정한 여러 규칙과 관습들이 추가됩니다. 그래서 항상 제대로 이행하지 못한다는 죄책감에 시달립니다. 예수님을 믿고 자유를 느끼기보다는 속박된 삶으로 되돌아갑니다. 해결책은 기독론입니다. 예수님이 누구이신지를 성경이 가르치는 대로 믿고 다른 "모든 무거운 것과 얽매이기 쉬운 죄를 벗어버리고"(히 12:1) 살면 됩니다.

멜기세덱은 예수님의 대제사장직을 설명하기 위한 예시입니다.

창세기 14장에는 아브라함이 롯을 구해내고 돌아오는 길에 멜기세덱을 만나는 장면이 나옵니다. 그는 갑자기 나타났다가 갑자기 사라졌습니다. 그의 출생도 모르고 그의 죽음이나 족보를 아는 사람이 없습니다. 그래서 저자는 멜기세덱을 예수님의 신분을 설명하는 좋은 예시로 삼았습니다.

> 살렘 왕 멜기세덱이 떡과 포도주를 가지고 나왔으니 그는 지극히 높으신 하나님의 제사장이었더라 (창 14:18).

멜기세덱은 왕과 제사장직을 겸하였습니다. 그는 살렘이라고 하는 도성을 다스리는 왕으로서 실제 인물이었습니다. 살렘은 나중의 예루살렘입니다. 그는 왕이면서도 제사장 역할을 할 수 있었는데 이런 겸직은 고대 이스라엘에서는 일어날 수 없었습니다. 그 까닭은 이스라엘의 왕들은 유다 지파에서 나왔고, 제사장들은 레위 지파에서 나왔기 때문입니다. 모세 율법에 따르면 예수님은 레위 지파가 아니었기 때문에 지상에서는 성전 사역을 할 수 없었습니다. 그러나 그는 부활하신 후에 승천하여 하나님 우편 왕위에 앉으셨고(8:1) 하늘 성소에서 섬기시는 대제사장이 되셨습니다(8:2; 9:11~12, 24).

멜기세덱의 이름은 '의의 왕'이라는 뜻입니다. 그는 '살렘'을 통치하였는데 살렘은 평화를 의미합니다. 그래서 멜기세덱은 의와 평화로 다스리는 어떤 분(Someone)의 그림입니다. 예수님은 복음을 전파하심으로써 하나님의 의를 드러내시고(롬 1:17) 우리를 구원하여 하나님과의 평화를 이루시는 평강의 왕이십니다(눅 2:14; 사 9:6).

멜기세덱은 아브라함보다 훨씬 더 높은 분입니다.

멜기세덱은 "지극히 높으신 하나님의 제사장"(창 14:18)입니다. 그는 전쟁으로 피곤한 아브라함에게 빵과 포도주를 공급하였고 하나님께서 그에게 복을 내리시도록 축복하였습니다(창 14:19). 그때 아브라함은 그에게 십일조를 바쳤습니다.

> 이 사람이 얼마나 높은가를 생각해 보라 조상 아브라함도 노략물 중 십
> 분의 일을 그에게 주었느니라 (7:4).

본 절의 포인트는 낮은 사람이 높은 사람에게 십일조를 바친다는 것입니다. 즉, 멜기세덱 제사장의 우월성을 지적한 말입니다. 말하자면 멜기세덱으로 예시된 예수님이 아브라함보다 더 크신 분이라는 것입니다.

그런데 우리나라 교회에서 대부분 이 사건을 십일조의 기원으로 봅니다. 우리가 십일조를 해야 하는 이유는 믿음의 조상인 아브라함이 십일조를 바쳤기 때문이라고 합니다. 이것은 잘못된 논리입니다. 아브라함의 십일조는 우리나라 교회에서 행하는 십일조가 아니었습

니다.

첫째, 아브라함의 십일조는 그에게 전쟁의 승리를 안겨주신 하나님께 올리는 감사헌금이었습니다(창 14:20). '십일조'라는 용어 때문에 우리가 하는 십일조와 동일한 것으로 간주하지 말아야 합니다. 십일조는 당시의 근동문화에서 통례적으로 바친 헌물의 분량이었습니다. 그러나 오늘날 우리가 하는 십일조의 근원은 모세 율법에 정해진 것으로서 성전 유지와 레위 지파의 생계를 위해 필요했던 제도였습니다. 오늘날의 교회는 구약 성전을 중심으로 하나님을 섬기지 않습니다. 물체적인 성전도 없고 레위 지파도 없습니다. 따라서 성전제도의 운영을 위해 율법에서 규정한 십일조를 낼 이유가 없습니다.

둘째, 아브라함의 십일조는 율법 이전 시대에 물품으로 바친 헌물이었습니다. 율법에는 소산물의 십일조를 바치라고 했는데 아브라함은 전리품의 십일조를 단 한 번 멜기세덱 제사장에게 바쳤습니다. 그의 십일조는 율법에 근거한 것이 아니고 성령의 인도에 의한 자원 감사헌물이었습니다. 신약 성경에는 어디에서도 아브라함이 멜기세덱에게 십일조를 바쳤기 때문에 우리도 십일조를 교회에 바쳐야 한다고 가르친 곳이 없습니다. 예수님도 바울도 그런 가르침을 주지 않았습니다.

십일조는 구약 율법으로 정한 것인데 예수님이 율법을 완성시켰기 때문에 더 이상 법적 구속력이 없습니다. 그런데 이렇게 말하면 율법이 생기기 이전부터 아브라함이 십일조를 했으므로 이를 지켜야 한다고 주장합니다. 이것은 아브라함의 십일조를 현재의 십일조에 그대로 대입시킨 논리입니다.

아브라함의 십일조가 단 1회로 그친 특별한 상황에서 일어났던 감사헌물이었다면 오늘날의 십일조와 동일선상에 놓고 전자가 있었기 때문에 후자도 있어야 한다고 말할 수 없습니다. 서로 성질이 다른 것을 놓고 전후 연속성을 주장할 수 없기 때문입니다. 모세 율법에 지정된 십일조 규정은 아브라함의 십일조를 전례로 삼지 않았습니다. 서로 상관이 없기 때문입니다. 모세 율법의 십일조는 주로 성전 제도의 유지를 위한 것이었고 자선이나 공동체 식사 등을 위한 목적으로 별도의 십일조가 추가되었습니다. 현대 교회의 십일조는 아브라함의 십일조나 모세 율법의 십일조와 성격이 다르기 때문에 같은 것으로 연결지을 수 없습니다. 아브라함의 십일조는 오늘날의 매달 십일조나 의무적인 십일조가 아니었습니다. 모세법의 십일조는 성전 제도의 종식과 함께 소멸되었다고 보아야 합니다. 신약 교회는 예수 그리스도 안에서 성취된 율법의 수준을 넘어가는 새 언약 백성의 가르침으로 살아야 합니다. (참고. '헌금 이야기', 이중수 지음)

멜기세덱의 제사장직은 영원합니다.

> 아버지도 없고 어머니도 없고 족보도 없고 시작한 날도 없고 생명의 끝
> 도 없어 하나님의 아들과 닮아서 항상 제사장으로 있느니라 (7:3).

이 말씀은 매우 신비하게 들립니다. 멜기세덱의 정체가 수수께끼입니다. 창세기에 나오는 중요 인물들은 모두 족보가 있는데 멜기세덱만 없습니다. 성경은 그의 조상이나 출생 및 죽음에 대해서 침묵합니다. 이것은 하나님의 섭리라고 볼 수 있습니다. 그의 제사장직을 누가 임명하였고 언제 시작되고 언제 끝났는지 아무도 모릅니다. 이것은 그의 제사장직이 아론의 계통처럼 세습적으로 상속받은 것이

아님을 시사합니다. 그렇다면 누가 그에게 영원한 대제사장직을 주었을까요? 하나님이 그에게 주셨다고 보아야 합니다. 바로 이 점이 그가 예수님의 그림이 되는 측면입니다. 그의 스토리는 예수 그리스도의 스토리를 닮았습니다. 예수님은 세상이 창조되기 전에 하나님의 아들로 존재하였습니다. 예수님에게는 시작도 끝도 없습니다. 예수님의 제사장직은 영원합니다. 하나님께서 예수님을 영원한 대제사장으로 세우셨기 때문입니다.

멜기세덱은 여러 면에서 가장 위대한 인물이었습니다.

이 사람이 얼마나 높은가를 생각해 보라 (히 7:4; 비교. 3:1).

구약에서 멜기세덱은 잠시 언급되었을 뿐인데(창 14:18~20; 시 110:4) 히브리서 저자는 누구도 언급하지 않은 예수님과 멜기세덱의 관계를 성령의 감동으로 깊이 있게 강해합니다. 그가 제시하는 멜기세덱의 위대성은 다음과 같습니다.

첫째, 멜기세덱은 십일조를 받은 자로서 위대합니다.

아브라함이 멜기세덱에게 십일조를 드린 것은 상대방을 신뢰하고 존대한다는 표시였습니다. 율법에서도 레위 지파는 다른 지파들의 십일조 지원을 받을 수 있는 위치에 있다고 보았습니다. 이스라엘 백성은 레위 지파의 제사장들을 재정적으로 지원함으로써 그들의 중요성을 인정하고 존대하였습니다(5절).

레위 족보에 들지 아니한 멜기세덱은 아브라함에게서 십분의 일을 취하고 약속을 받은 그를 위하여 복을 빌었나니 (6절).

멜기세덱은 아브라함으로부터 십일조를 받았습니다. 또한 아브라함은 레위 자손의 조상이므로 그의 후손인 레위인들도 아브라함 안에서 멜기세덱에게 십일조를 바친 셈이었습니다(7:9~10). 레위인들은 백성으로부터 십일조를 받았지만 자신들도 십일조를 제사장들을 위해 바쳐야 했습니다. 그런데 그들은 이미 아브라함이 십일조를 바칠 때에 자신들도 포함되었으므로 멜기세덱은 레위인들의 서열보다 훨씬 더 높습니다.

한편, 멜기세덱은 레위인이 아니었음에도 십일조를 받았습니다. 그런데 그가 존경받는 이스라엘의 "조상 아브라함"(7:4)으로부터 십일조를 받은 것은 그가 레위인이 되는 것과 아무 상관이 없이 된 일이었습니다.

예수님의 경우도 마찬가지입니다. 그는 위대한 구주이시며 "이 같이 큰 구원을"(2:3) 주시는 분입니다. 그런데 예수님은 레위 지파에 의해서 이루어진 예배 시스템을 따르지 않았습니다. 예수님의 제사장직은 율법에 근거한 것이 아니었습니다. 중요한 것은 아브라함이 이스라엘 민족의 선조이며 매우 위대한 인물이었음에도 멜기세덱을 자기보다 훨씬 더 큰 인물로 대우한 것이었습니다.

우리도 예수님을 동일한 관점으로 보아야 합니다. 예수님은 하나님에 의해서 맹세로써 직접 임명된 대제사장이시기에 우리의 찬송과 감사의 예물을 받기에 합당하신 분입니다(히 7:21). **그대는 원수들을 그대의 손에 넘겨 주신 가장 높으신 하나님을 찬양하시오.**(창 14:20, 새번역).

참고로, 6절에서 "약속을 받은 그"라고 한 것은 약속의 성취를 보았다는 뜻이 아니고 약속을 가지고 있다는 의미입니다. 그래서 영문 성경에서처럼 '약속들을 가진' 그를 축복하였다고 옮겨야 정확합니다 (blessed him who had the promises). 아브라함은 아직 하나님이 주신 약속들을 믿음과 인내로 획득한 단계에 오지 않았습니다. 멜기세덱은 약속을 확보한 아브라함을 축복한 것이 아니고 그가 하나님의 맹세로 약속들을 소유하게 되기를 빌었습니다. 하나님이 처음으로 약속을 하실 때는 약속을 가진 것이고, 그 약속이 하나님의 맹세로 확보되었을 때에는 약속을 받은 것입니다.

둘째, 멜기세덱은 축복의 수여자로서 위대합니다.

약속을 받은(가진) 그를 위하여 복을 빌었나니 (7:6).
논란의 여지 없이 낮은 자가 높은 자에게서 축복을 받느니라 (7:7).

아브라함이 아무리 위대해도 멜기세덱을 축복할 수는 없었습니다. 그는 멜기세덱에게 감사헌물은 바쳤지만 자신에게는 제사장의 축도권이 없었습니다. 그가 멜기세덱으로부터 축복을 받은 것은 자신이 낮은 자의 위치에 있음을 말합니다. 유대교에서는 아브라함이 최대의 조상으로 추앙되었지만 아브라함 자신이 낮은 자로서 멜기세덱의 축복을 받았다는 것은 예수님이 아브라함과 그의 후손에게 복을 내릴 수 있는 위치에 있음을 암시합니다.

셋째, 멜기세덱은 하나님의 계시자로서 위대합니다.
멜기세덱은 아브라함에게 하나님이 어떤 분인지를 알렸습니다. 하나님은 지극히 높으신 분이며, 하늘과 땅의 소유주이시며, 대적을 이기게 하시는 분입니다(창 14:18~20).

아브라함은 자신의 승전이 천지만물을 주관하시는 지극히 높으신 하나님의 도우심 덕분이었음을 확인받았습니다. 그는 하나님께서 자기가 처했던 곤궁에서 헤쳐나오게 하시고 멜기세덱 제사장을 보내셔서 빵과 포도주를 공급하셨음을 알고 크게 기뻐했을 것입니다. 그가 바쳤던 십일조는 이러한 계시와 공급에 대한 감사의 표현이었습니다.

예수님은 우리의 멜기세덱 제사장입니다. 예수님은 제자들에게 그의 살과 피를 먹고 마시라고 하셨습니다. 예수님이 우리의 생명입니다. 예수님은 날마다 우리를 진리의 말씀으로 먹이시고 부활 생명으로 생동하게 하십니다. 우리는 예수님의 십자가 사랑의 승리에 힘입어 주 예수의 군병이 되어 온갖 어둠을 물리칩니다(딤후 2:3).

> 누가 우리를 그리스도의 사랑에서 끊으리요 환난이나 곤고나 박해나 기근이나 적신이나 위험이나 칼이랴 … 그러나 이 모든 일에 우리를 사랑하시는 이로 말미암아 우리가 넉넉히 이기느니라 (롬 8:35~37).

넷째, 멜기세덱은 레위인들처럼 죽지 않는 영원한 제사장으로서 위대합니다.

레위인들은 보통 사람들이었습니다. 그들은 모두 죽었습니다(8절). 물론 멜기세덱도 죽었습니다. 그는 신화적인 인물도 아니고 유령이나 환상이 아닌 실제 인물이었습니다. 그러나 구약에서 그의 죽음에 대한 기록을 찾을 수 없습니다. 그래서 그가 예수 그리스도의 영원한 제사장직을 묘사하는 좋은 그림이 될 수 있었습니다. 레위인들은 제사장들로서 섬겼지만 50세에 퇴직하였고 모두 죽음으로 끝났습니다.

예수님의 경우는 그의 죽으심 이후에도 승천하여 하나님 우편에 앉으심으로써 그의 제사장직은 영속적입니다.

본 단원의 중요한 요점은 예수님이 예루살렘 성전의 제사장들보다 월등하다는 것입니다. 성전에서는 화려하고 전통적인 의식들로 가득한 예배가 진행되고 있었습니다. 예수님을 메시아로 믿는다고 해서 이단 취급을 받으며 따돌림을 당하던 히브리 교인들은 전통 예배가 때로는 그립고 유대교와 타협하면 삶이 훨씬 수월할 것으로 여겼을 것입니다. 그런 유혹을 이길 수 있는 길은 예수님이 예루살렘 "성전보다 더 큰 이"(마 12:6)며 성전의 대제사장보다 더 월등하신 분임을 인식하는 것이었습니다. 예수님이 누구이신지를 제대로 알고 믿는지 아닌지가 우리가 늘 마주치는 신앙 문제의 관건입니다. 우리는 히브리서의 저자가 힘써 가르치는 기독론에 대한 이해를 넓혀가야 합니다. 그래서 유대교뿐만 아니라 예수님의 충족성을 해치는 구습에 속한 교회의 여러 그릇된 전통이나 비성경적인 신앙관으로부터 하루속히 탈피해야 하겠습니다.

26.
더 좋은 소망
히브리서 7:11~28

레위계통의 제사 직분으로 말미암아 온전함을 얻을 수 있었으면 (백성이 그 아래에서 율법을 받았으니) 어찌하여 아론의 반차를 따르지 않고 멜기세덱 의 반차를 따르는 다른 한 제사장을 세울 필요가 있느냐 (히 7:11).

본 항목은 모세 율법 시스템의 약점을 지적하고 옛 언약과 "더 좋은 언약"(22절)을 대조시킵니다. 율법은 "더 좋은 소망"(19절)으로 대치되었다는 것이 저자의 주장입니다. 다시 말해서 옛 언약 시대의 제사장들은 새 언약 시대의 주인공으로 오신 예수님의 제사장직에 의해 무용하게 되었다는 것입니다. 이것은 당시의 유대인들에게는 매우 충격적인 파문을 일으키는 새로운 패러다임이었습니다. 모세 율법은 유대인의 종교적 편람이었고 민족적 정체성을 드러내는 주축이었습니다. 이스라엘에서 율법은 거의 절대적인 권위를 가졌고 율법의 영원성을 믿었습니다. 그런데 히브리서 저자는 멜기세덱 제사장에 대한 탁월한 통찰을 통해 율법의 위치와 효력을 재조명하였습니다. 그의 가르침은 우리가 옛 언약과 새 언약의 차이를 구별하고 특별히 율법과 복음의 관계를 바르게 이해하는데 결정적인 가이드라인을 제시합니다.

모세 율법이 정한 레위 계통의 제사장직은 완전하지 않았습니다(11절).

"멜기세덱의 반차를 따르는 다른 한 제사장"(11절)은 예수님입니다. 개역개정의 '반차'라는 말은 잘 쓰지 않는 단어입니다. 계통, 반열, 서열 혹은 순서라는 의미입니다. 저자는 만약 레위 계통의 제사장직이 온전했다면 왜 다른 방식으로 세워진 제사장이 필요했겠느냐고 묻습니다. 이것은 날카로운 질문입니다. 그때나 지금이나 율법은 영원하다고 믿는 사람들이 많습니다. 그렇다면 여기서 저자는 이 주장을 뒤집는 셈입니다. 레위 지파에서 제사장이 나오도록 율법에서 규정했는데 다른 출처에서 나온 비(非)레위 지파의 제사장이 있다는 것은 율법의 불변성에 대한 도전입니다. 멜기세덱의 계통을 따르는 다른 제사장의 존재는 레위 지파 제사장들에게 흠이 있다는 뜻입니다. 그들의 사역은 불완전하였습니다.

예를 들어, 제사장은 백성을 대신하여 하나님께 나아가서 죄의 용서를 구해야 하는데 제한적이었습니다. 이들은 심각한 죄들을 감당하지 못했습니다. 간음, 우상 숭배, 불효자, 안식일 위반, 살인 등은 율법에서 용서되지 않았기 때문에 제사장도 어쩔 수 없었습니다. 율법이 정한 제사 방식으로는 모든 죄를 처리하지 못합니다. 모세법 아래의 제사장들은 무지하거나 미혹된 자들을 너그럽게 대할 수 있었습니다(히 5:2).

그러나 고의로 죄를 범하는 자는 용납할 수 없었습니다(민 15:30). 그래서 다윗이 고의로 간음과 살인을 범했을 때 모세법이 그를 도울 수 없었으므로 "주께서는 제사를 기뻐하지 아니하시나니 그렇지 아니하면 내가 드렸을 것이라"(시 51:16)고 하였습니다. 그가 할 수 있는 일은 모세법을 무시하고 하나님의 용서를 구하기 위해 회개하며 하나님께로 곧장 가는 것이었습니다. 이것은 새 언약을 내다본 믿음의 행위였습니다. 세상 죄를 지고 가는 예수 그리스도의 십자가 대속은 최악의 죄들도 용서하는 능력이 있습니다.

율법은 영원하지 않습니다.

구약에서 때로는 율법의 규례들을 영원하다고 하였지만 당사자의 평생이나('종신토록', for the rest of my life, 창 43:9; 출 21:6) 혹은 관련된 기한(the relevant period)이 끝나는 것을 가리킵니다.

• 유월절 규례를 영원히 기념하여 '대대로' 지키라고 했을 때 그 의미는 모세의 율법 시대가 끝날 때까지를 가리켰습니다(출 12:14; 12:17, 24).

• 성전의 등불 관리나 제사장의 예복 및 수족 정결의식에 대한 규례도 영원히 지키라고 했는데 마찬가지 의미입니다(출27:21; 28:43; 29:9; 30:21).

• 안식일 준수가 영원한 언약이라고 한 것도 (출 31:16~17) 같은 문맥에서 이해되어야 합니다.

율법은 잠정적인 법이었기 때문에 일정 기간 동안만 유효하도록 애초부터 계획된 것이었습니다. 따라서 레위 지파의 계통을 따르지 않은 다른 종류의 제사장이 세워진 것은 율법의 원래 의도와 한계성을 고려해 보면 전혀 이상하지 않습니다.

율법은 불충분합니다.

* 율법의 제사 의식들은 죄인들이 거룩하신 하나님께 나아가는 길을 터놓았지만 같은 죄인들인 레위 제사장들을 통한 간접적이고 불완전한 방식이었습니다. 여러 제사 의식들은 그 자체로서는 하나님과의 밀접한 교제와 평안을 누리기에는 불충분하였습니다.

* 모세법의 도덕 수준은 너무 낮았습니다. 일부다처제를 금지하지 않았고 쉽게 이혼할 수 있었으며 주인과 여종 사이의 동침을 허락했습니다.

* 율법 종교는 성전과 성일과 음식 및 위생 규례 등에 집중합니다.

* 율법은 인간의 내면을 거의 다루지 않기 때문에 지키는 것이 용이한 점도 있습니다. 믿음이 없이도 외형적으로 지켰다고 보기 때문입니다. 바울도 한때 그렇게 생각한 듯합니다(빌 3:6). 물론 열 번째 계명을 진지하게 대한다면, 전적 좌절을 일으킵니다. 이것이 로마서 7:7~25절의 포인트입니다. 율법은 죄를 촉발시키고 갈수록 더 강력한 힘으로 죄인을 사로잡습니다. 율법에 따라 거룩해지려고 애쓸수록 실패를 거듭합니다.

* 율법은 형벌의 두려움 아래 죄인을 묶어둡니다. 율법은 어느 정도 이스라엘을 가나안 족속처럼 우상 숭배와 부도덕과 불의의 범람으로 완전히 파멸되지 않도록 막아 주는 역할을 하였습니다. 그러나 율법의 효능은 제한적이었고 이스라엘은 결국 우상 숭배 때문에 이방인의 지배를 받았습니다.

율법은 레위 제사장들이나 경배자들을 하나님 앞에 완전하게 세우지 못했습니다. 하나님께서는 자기 백성을 다시 하나님께로 데리고 갈 수 있는 완전한 능력을 구비한 구주(2:10)와 선한 양심으로 하나님의 부르심에 따라 살 수 있는 경배자들을 찾으셨습니다. 그런데 이러한 하나님의 소원은 모세 시스템의 제사장이나 동물 희생에 의존해서 성취될 수 없었습니다(9:9).

율법은 변경되고 폐지되었습니다.

> 제사 직분이 바꾸어졌은즉 율법도 반드시 바꾸어지리니 … 전에 있던 계명은 연약하고 무익하므로 폐하고 (율법은 아무 것도 온전하게 못할지라) 이에 더 좋은 소망이 생기니 이것으로 우리가 하나님께 가까이 나아가느니라 (7:12, 18~19).

제사 직분이 바뀌었다는 것은 율법의 변화를 가리킵니다. 옛 계명은 완전하지 않기 때문에 폐지되었고 새 계명으로 대치되었습니다. 옛 계명 아래에서는 하나님께 나아가기 위해서 성전과 레위 제사장과 동물의 희생제물이 필요했습니다. 그러나 이제는 예수님이 영원한 대제사장이 되셨으므로 모세 시스템은 모두 폐지되었습니다.

그럼 율법은 내버려도 된다는 말일까요? 그렇지 않습니다. 율법이 폐지되었다는 말은 다른 것으로 대치되고 원래의 목표가 달성되었다는 뜻입니다. 구약은 율법 제도가 사라지고 옛 언약이 새 언약으로 대치될 것을 예고해 왔습니다(렘 31:31~34; 시 40:6~7). 이것은 모세 시스템이 그 자체로서 나빠서가 아닙니다. 율법은 하나님이 주셨습니다. 그러나 율법은 복음을 예시한 그림자였지 복음의 실체는 아니었습니다. 율법은 임시적이고 예수님은 영구적입니다. 율법은 앞으로 오실 그리스도의 그림이었고 복음은 실제로 세상에 오신 그리스도의 실체를 선포합니다. 율법은 예언적이고 예수님은 성취적입니다. 율법은 부분적이고 불충분합니다. 제사장 직분은 변경되었을 뿐만 아니라 모세법을 통해서 하나님께 접근하는 모든 시스템이 예수 그리스도로 대치되었습니다.

율법은 예수님을 바라보게 하는 표지판이었고 화살표였습니다. 예수님이 오신 후로는 율법의 역할은 끝났습니다. 이제 주의 백성은 예수님의 속죄 피로 구원을 받고 하나님께 직접 나아갑니다. 이것이 "더 좋은 소망"(7:19)입니다. 신약 교인들은 율법 아래 있지 않습니다. 율법을 잘 지키면 하나님과 가까운 교제를 할 수 있고 영적으로 성숙해진다고 생각하지 말아야 합니다. 우리는 그리스도를 통해 거룩한 삶을 살아야 하고 성령 안에서 하나님과 직접 교제해야 합니다.

율법은 크리스천 삶을 하나님이 원하시는 완전한 수준으로 인도할 수 없다는 것이 히브리서 저자의 논증입니다. "더 좋은 소망'을 두고 "연약하고 무익"(7:18)한 옛 계명의 소망에 의지하는 것은 어리석은 일입니다. 흔히 신자는 십계명을 지켜야 한다고 말합니다. 그러나 십계명도 예수 그리스도를 가리키는 율법의 표지판입니다. 십계명의 의는 거룩하므로 지켜야 합니다. 그러나 액면대로 지키는 것이 아니라 그것이 바라보았던 목표인 예수 그리스도의 수준에서 지켜야 합니다. 이것은 십계명의 수준을 넘어가는 것을 의미합니다. 신약 성도는 율법을 의도적으로 지키려고 해서 지키는 것이 아니라 그리스도의 사랑의 법을 실천함으로써 율법의 의도와 목적을 간접적으로 성취하고 더 나아가게 됩니다.

예를 들면, 단순히 도적질하지 않는 것이 아니고 가난한 자를 돕기 위해서 수고하는 것입니다(엡 4:28). 또한 육체적으로 간음하지 않는 것이 아니라 마음으로도 음욕을 품지 않는 것입니다(마 5:28). 이것이 십계명이 바라본 목표와 이상이었습니다. 우리는 율법이 예수 그리스도로 대치되었음을 확지하고 율법에 근거한 규정이나 관습을 교회나 개인 신앙생활의 지침으로 삼지 말아야 합니다. 예수님은 율법보다 높은 분입니다. 예수님은 레위 지파의 제사장들보다 훨씬 더 우위에 있습니다. 율법 종교는 교회당 건물을 우선시하고 장소에 집착합니다. 모임과 행사 위주의 프로그램을 강조하며 신자생활이 조직화된 교회의 테두리 안에 갇히게 합니다. 이러한 비자율적이고 일방적인 현대교회의 모습은 신약의 교회관과 율법 성취의 관점에서 재조명되어야 합니다.

신약 성도는 의를 가리키는 십계명까지도 그 수준을 넘어가도록 성령의 동기부여를 받습니다. 성령은 사랑의 원리로 율법의 한계를 넘도록 인도합니다. 우리가 성령 안에서 행하면 율법을 지킬 뿐만 아니라 율법의 수준을 상회하며 많은 열매를 맺습니다(갈 5:22~23; 6:8). 단순히 이웃 공동체를 사랑하는 것이 아니고(레 19:18) 원수까지도 사랑하며 박해하는 자를 위해 기도합니다(마 5:43~44). 한 두번의 용서로 그치지 않고 무한대로 용서하는 것입니다(마 18:21~22). 이것은 율법이 요구하지 않은 복음의 삶입니다. 율법은 그런 삶을 살 수 있는 능력을 줄 수 없습니다.

그러나 예수님은 "불멸의 생명"(7:16)을 가지셨으므로 영생에 속하는 "더 좋은 소망"(19절)과 "더 좋은 언약의 보증"(22절)이 되십니다. 모세법은 이제 더 이상 유효하지 않습니다. 율법의 시효는 모두 지났습니다. 우리는 모세가 아닌, 예수님 아래에서 삽니다. 모세 시스템은 끝났습니다. 그러나 율법은 악한 것이 아닙니다. 하나님이 주신 법이었습니다. 크리스천은 율법 아래 있지 않으면서 율법의 요구를 만족시키고 더 나아갑니다. 신자는 성령에 복종함으로써 율법의 상한선을 넘는 '그리스도의 법'(갈 6:2)으로 삽니다.

[율법의 실체는 무엇인가?]

율법은 연약하고 무력합니다(18절). 율법은 아무것도 완전하게 하지 못합니다(19절). 율법은 약점을 가진 사람들을 제사장으로 세웠습니다(28절). 율법은 변경되고 폐지되었습니다(12, 18절). 이것이 7장 후반부에서 저자가 지적하는 율법의 실체입니다.

율법은 용서를 받고 깨끗한 양심으로 하나님을 섬기는 일에는 힘이 거의 없었습니다. 기껏해야 사람들을 악행에서 어느 정도 억제시키는 정도였습니다. 그나마 형벌의 두려움을 통해서 통제되었지만 율법의 제재력은 별 효과가 없었습니다.

율법은 죄를 확신시켜서 회개에 이르게 할 수 없습니다. 죄인에게 죄를 확신케 하는 것은 성령의 역할입니다(요 16:8; 행 2:36~41). 개역성경에서 율법이 우리를 그리스도께로 인도하는 초등교사가 되었다고 번역했기 때문에(갈 3:24) 율법의 역할을 오해합니다. 그러나 이 구절은 메시아가 오실 때까지(until Christ came) 율법이 우리의 가정교사 역할을 했다고 번역하는 것이 옳습니다(참조. 직역성경, 새번역, ESV, NIV).

그리스도께로 우리를 인도하는 것은 율법이 아니고 성령입니다. 율법이 만약 죄를 확신시키고 그리스도께로 인도하는 기능이 있었다면 율법에 정통했던 율법학자나 바리새인들은 모두 예수님의 제자가 되었을 것입니다. 그러나 그들은 율법을 잘 알면서도 죄 없는 예수님을 정죄하고 죽였습니다. 바울도 회심하기 이전에 크리스천들을 박해했는데 그는 유대교의 거장인 가말리엘의 문하생으로서(행 22:3) "율법의 의로는 흠이 없는 자라"(빌 3:6)고 고백했습니다.

율법은 죄인을 의롭게 하지도 못하고 영생을 주지도 못합니다. 율법은 하나님께 가까이 나아가는 자들을 완전하게 할 수 없습니다 (7:19). 율법은 이스라엘의 국가적 삶을 어느 정도 통제하고 악을 견제하도록 의도된 것이었지만 그 역할도 인간의 죄 때문에 성공하지 못했습니다(롬 7:11). 율법은 희생 제물을 바치는 자들의 경미한 죄를 용서하고 의식상의 부정을 씻기며 피부병 등의 질병으로부터 치유되는 소망을 갖게 했지만 경배자를 하나님 앞에 완전한 자로 세울 수 있는 '더 좋은 소망'을 기다려야 했습니다.

신약 성도들은 하늘의 대제사장이신 주 예수의 속죄 피와 중보로 하나님께 담대히 나아갑니다(4:14~16). 새 언약 백성은 교회당 건물이나 옛 계명에 속한 규례나 안식일이나 십일조 등을 가지고 하나님 앞으로 나아갈 필요가 없습니다(골 2:16). 그런 방식의 예배 시스템은 율법의 폐지와 함께 끝났습니다.

> 이런 것은 장차 올 것들의 그림자일 뿐이요, 그 실체는 그리스도에게 있습니다. (골 2:17, 새번역).
> 율법은 아무것도 완전하게 하지 못하였습니다. (히 7:19, 새번역).

하나님의 맹세로 영원하고 완전한 대제사장이 되신 예수님만이 우리를 하나님 앞에 완전한 자로 세웁니다(7:28). 이제 우리는 "더 좋은 언약"이신 예수님을 모시고 성령 안에서 자유와 기쁨 속에서 하나님을 섬겨야 합니다.

[옛 언약은 폐기되었는가?]

크리스천들에게는 옛 언약은 법적으로 끝났습니다. 그런데 율법을 폐기했다는 말은(7:18) 완전히 무용지물이 됐기 때문에 쓰레기 통에 내버렸다는 뜻은 아닙니다. 율법의 폐기는 다른 더 좋은 것으로 대치되고 성취되었다는 뜻입니다. 쉽게 말하면 율법이 가리킨 것은 예수님이었습니다. 이제 예수님이 오셨기 때문에 율법은 자신의 역할을 마친 셈입니다. 그래서 신자는 율법이 아닌 예수님의 다스림을 받습니다. 예수님 아래 있으면 율법의 요구는 거의 무의식적으로 충족됩니다. 더 높은 수준의 법으로 살면 낮은 수준의 법은 구태여 지키려고 하지 않아도 되는 것과 같습니다. 그렇지만 신약 성도들이 모세 율법 아래 있지 않다고 해서 율법에 담긴 하나님의 선한 의도를 외면하는 것은 아닙니다. 오히려 예수 그리스도의 권위와 모범과 가르침을 따라 성령으로 행하기 때문에 율법의 요구를 넘어서게 됩니다. 이것이 신약 성도들이 율법을 적용하는 방식입니다.

다시 말해서 크리스천은 예수 그리스도의 사랑을 실천하는 "그리스도의 법"(갈 6:2)으로 삽니다. 이것은 야고보가 말하는 "최고의 법"(the royal law, 약 2:8)으로서 십계명과 같은 모세의 규례가 아닙니다. 이런 의미에서 신자는 모세법 아래 있지 않으며 십계명도 새 삶의 절대적 표준이 될 수 없습니다. 그럼 십계명을 버려도 되는 것일까요? 아닙니다. 새 언약 백성은 성령 안에서 행함으로써 모세법을 성취하고 그것이 요구하는 수준을 초월합니다.

'최고의 법'은 곧 '그리스도의 사랑의 법'입니다. 그리스도의 법은 믿음과 생명과 율법으로부터의 자유와 안식의 길로 인도합니다(롬 3:27; 8:2; 약 2:11). 모세 율법은 거룩한 삶을 바라보게 하지만 지킬 수 없기 때문에 죄책감을 일으키며 형벌의 두려움 속에서 전전긍긍하게 하는 속박입니다(행 15:10). 그러나 그리스도의 로열 법(royal law)은 십자가 사랑에 바탕한 적용을 하기 때문에 양심의 자유를 주고 구원의 확신을 심어줍니다. 이처럼 예수님의 로열 법은 율법이 제공할 수 없었던 자유와 용서, 하나님의 사랑과 자비를 체험하게 하고 기쁨으로 주님을 섬길 수 있게 하므로 '더 좋은 언약'입니다.

예수님의 제사장직은 맹세로 임명되었습니다.

> 그들은 맹세 없이 제사장이 되었으되 오직 예수는 자기에게 말씀하신 이로 말미암아 맹세로 되신 것이라 주께서 맹세하시고 뉘우치지 아니하시리니 네가 영원히 제사장이라 하셨도다 (7:21).
> 여호와는 맹세하고 변하지 아니하시리라 이르시기를 너는 멜기세덱의 서열을 따라 영원한 제사장이라 하셨도다 (시 110:4).

레위 지파의 제사장직과 예수님의 제사장직 사이의 근본 차이는 하나님의 맹세의 유무입니다. 레위 지파에서 나온 제사장직은 맹세가 없이 된 것이었지만, 예수님의 제사장직은 맹세로 된 것이었습니다. 그래서 하나님은 레위 지파의 제사장 제도를 말소시켰지만, 예수님의 제사장직은 영원하다고 했습니다. 그 까닭은 하나님의 맹세는 변경이나 취소가 불가능하기 때문입니다. 2천 년이 지났지만 예수님의 대제사장직은 변함이 없습니다. 맹세로 된 언약이기에 절대로 바뀔 수 없습니다(히 7:20, 21). 이것은 매우 중요한 불변의 사실을 알려줍니다.

첫째, 레위 제사장들처럼 예수님은 50세에 은퇴하거나 돌아가시지 않았습니다. 예수님은 은퇴할 연령에 닿기 훨씬 이전에 대속의 십자가에 달리시고 대제사장의 자리에 오르셨습니다. 예수님의 제사장직은 레위 계통의 제사장들처럼 매번 바뀌지 않습니다. 그래서 다른 제사장으로 대체할 필요가 없이 홀로 영원히 제사장이 되십니다.

> 제사장 된 그들의 수효가 많은 것은 죽음으로 말미암아 항상 있지 못함
> 이로되 예수는 영원히 계시므로 그 제사장 직분도 갈리지 아니하느니라
> (7:23, 24).

예수님의 대제사장직은 하나님의 맹세로 된 것이므로 바뀌지 않으며 그 효력도 항상 유효합니다. 그래서 우리는 은퇴나 죽음으로 중단되지 않는 예수님의 대제사장직의 긍휼하심과 기도에 의존하여 하늘 아버지께로 나아갈 수 있습니다.

예수님은 부활하신 대제사장이십니다. 그래서 불멸의 부활 생명의 능력으로 그의 자녀들을 하늘 아버지께로 데리고 가십니다. 그러기 위해서 예수님은 레위 지파의 계통을 따르지 않는 별도의 제사장이 되셔야 했습니다(13~15절). 만약 우리가 율법이 정한 제사장의 봉사를 따른다면 결코 예수님의 섬김을 받을 수 없을 것입니다. 예수님은 레위 지파가 아니기 때문입니다. 예수님이 우리를 동정하고 완전하게 하는 대제사장이 되시려면 전혀 다른 시스템 안에 있어야 했습니다. 그래서 16절에서 "그는 육신에 속한 한 계명의 법을 따르지 아니하였다"고 했는데 율법의 계명이 육신에 속했다는 말이 아니고 "그는 제사장의 혈통에 대해서 규정한 율법에 따라 제사장이 되신 것이 아니라"(새번역)는 말입니다. 예수님은 우리를 율법의 영역에서 해방시키고 자신이 가지신 "불멸의 생명의 능력"(16절)을 나누어 주십니

다. 이것은 레위 제사장 제도에서는 불가능한 일이었습니다. 레위 제사장들은 모두 죽었기 때문입니다. 그들에게는 영원한 생명이 없었고 그들의 직무도 예수님이 오실 때를 기다리는 임시방편의 그림자였습니다.

둘째, 예수님의 대제사장직은 우리의 영원한 구원을 보장합니다.
하나님께서는 예수님을 대제사장으로 임명하시면서 맹세하셨습니다(20~21절). 이것은 예수님의 대제사장직이 영원하다는 것을 의미합니다. 예수님이 영원한 대제사장이 되신 것은 하나님의 맹세에 의한 것이기 때문에 우리의 구원은 전적으로 안전합니다. 예수님은 베드로에게 "내가 너를 위하여 네 믿음이 떨어지지 않기를 기도"(눅 22:32) 하였다고 하시면서 "너는 돌이킨 후에 네 형제를 굳게 하라"(눅 22:32)고 당부하셨습니다. 예수님의 대제사장적 기도는 우리의 커다란 실족이나 회복 불능처럼 보이는 일에서도 회복되게 합니다. 그런데 예수님이 베드로를 위해서 기도하신 것은 그가 받은 첫 구원을 상실하지 않도록 하기 위함이 아니고, 그의 믿음이 떨어져서 크게 낙심하지 않도록 하기 위함이었습니다.
하늘 아버지께서는 맹세로 예수님을 대제사장으로 세우셨기 때문에 예수님의 기도를 거절하지 않으시고 항상 응답하십니다.

그럼 예수님은 우리를 위해 어떤 것들을 놓고 기도하실까요? 요한복음 17장의 예수님의 기도에서 몇 가지 구체적인 실례를 발견할 수 있습니다.
• 우리의 안전을 위해 기도하십니다(요 17:11). 이 세상은 사탄의 기만과 악행으로 가득 찬 곳입니다. 악의 세력은 복음 사역자들과 성

도들을 주요 표적으로 삼고 공격합니다.

- 우리의 거룩한 삶을 위해 기도하십니다(요 17:17, 19). 우리가 복음의 진리에 따라 사는 것이 하나님의 뜻입니다.
- 교회 연합을 위해 기도하십니다(요 17:11, 21~23). 교회는 사랑 공동체라야 합니다. 사랑이 없는 곳에 분열과 싸움이 생깁니다. 사랑이 있으면 예수님의 제자라는 객관적 증거가 됩니다(요 13:34~35).
- 우리가 주님의 하늘 영광을 보도록 기도하십니다(요 17:24). 여기에는 예수님이 받으신 하늘의 유업도 포함됩니다.

예수님은 유업의 약속을 받기 위해 힘써 달리는 자들을 영광에 들어가게 하시는 일에 투신하셨습니다(히 2:10). 예수님의 대제사장직은 우리가 높은 레벨의 영광에 미칠 수 있는 유업의 영역으로 들어가는 길을 터놓았습니다. 이제 예수님의 영원한 제사장적 중보로 하나님의 자녀들은 누구나 영예와 유업의 상을 받을 수 있는 위치에 있습니다.

> 그러므로 자기를 힘입어 하나님께 나아가는 자들을 온전히 구원하실 수 있으니 이는 그가 항상 살아 계셔서 그들을 위하여 간구하심이라 (7:25).

예수님은 레위 지파의 제사장 계열을 따르지 않았습니다. 그는 레위 지파가 아니므로 율법으로부터 자유하셔서 은퇴할 필요도 없고 죽지도 않습니다. 그는 하나님의 맹세로 대제사장직을 받았으므로 그의 직분은 바뀌지 않습니다. 그래서 예수님은 우리를 위해 항상 중보하십니다.

이러한 예수님의 특징은 예수님이 완전한 구원을 주시는 분이라는 결론에 이르게 하였습니다. 본 절에서 언급된 '구원'은 첫 구원이 아니고 부활한 몸으로 하늘의 상을 받고 온 우주를 주님과 함께 돌보며 다스리는 마지막 구원을 가리킵니다. 다음 구절도 같은 문맥의 구원입니다.

> 이와 같이 그리스도께서도 많은 사람의 죄를 짊어지시려고, 단 한 번 자기 몸을 제물로 바치셨고, 두 번째로는 죄와는 상관없이, 자기를 기다리고 있는 사람들에게 나타나셔서 구원하실 것입니다. (히 9:28, 새번역).

예수님의 재림은 또 한 번의 속죄제물을 바치기 위함이 아닙니다. 속죄제사는 초림 때 이미 십자가에서 바쳤습니다. 그래서 예수님의 재림은 속죄 사역이 아닌 총체적인 마지막 구원에 초점이 잡혀 있습니다. 그런데 누가 예수님의 재림을 그토록 간절히 기다릴까요? 그들은 이미 구원받은 성도들입니다. 그럼에도 그들을 구원하기 위해서 예수님이 두 번째 나타나신다는 것은 첫 구원 이상의 무엇이 있다는 의미입니다. 바울은 주님의 재림 때에 자신이 받을 의의 면류관에 대해 말했습니다.

> 이제 후로는 나를 위하여 의의 면류관이 예비되었으므로 주 곧 의로우신 재판장이 그 날에 내게 주실 것이며 내게만 아니라 주의 나타나심을 사모하는 모든 자에게도니라 (딤후 4:8).

'주의 나타나심을 사모하는 모든 자'에게 면류관이 준비되었다고 하는 말은(딤후 4:8) '자기를 기다리고 있는 사람들에게 나타나셔서 구원'(히 9:28)하신다는 말과 동등합니다. 이 두 구절을 대등절로 본다면, 여기서 말하는 '온전한 구원'은 첫 구원 이후에 꾸준한 믿음과 순종으로 받는 유업의 상이 포함된 것으로 이해할 수 있습니다.

그런데 누가 이 영광된 마지막 구원을 갈망하며 삽니까? 모든 교인들입니까? 바울도 히브리서의 저자도 의의 면류관과 마지막 구원의 영예를 조건적으로 제한하였습니다. 주의 재림을 사모하고 선한 싸움을 싸우며 달려갈 길을 마치고 믿음을 지킨 자에게 이 은혜가 내린다고 하였습니다(딤후 4:7). 바울은 골로새서 3장에서도 "우리 생명이신 그리스도께서 나타나실 그 때에 너희도 그와 함께 영광 중에 나타나리라"(골 3:4)고 하고서 "그러므로 땅에 있는 지체를 죽이라"(골 3:5)고 했습니다. 그는 이어서 "옛 사람과 그 행위를 벗어 버리라"(골 3:9)고 하였고 남편과 아내 및 종들에 대한 자세를 교훈한 후에 "여러분은 주님께 유산을 상으로 받는다는 사실을 기억하십시오"(골 3:24, 새번역)라고 했습니다. 여기서도 유업의 상이 조건부라는 것을 확인할 수 있습니다.

예수님은 우리의 하늘 대제사장으로서 우리가 완전한 구원을 받도록 지금도 기도하시며 섭리하십니다. 첫 구원의 은혜는 오직 믿음으로 받습니다. 그러나 마지막 구원의 영광은 하나님의 나라와 주 예수의 복음을 위해 꾸준히 수고하는 성도들에게 임할 것입니다. 나는 완전한 구원을 주실 수 있는 주님을 깊이 신뢰하며 더 좋은 소망 속에서 살고 있습니까?

27.
더 좋고 아름다운 것
히브리서 8:1~6

지금 우리가 하는 말의 요점은 이러한 대제사장이 우리에게 있다는 것
이라 그는 하늘에서 지극히 크신 이의 보좌 우편에 앉으셨으니 성소와
참 장막에서 섬기는 이시라 (8:1~2).

본 장은 예수님의 대제사장직이 어떤 것인지를 옛 언약의 제사장
직과 대조하고(1~6절) 그다음 예수님이 새 언약의 중보자로서 행하시
는 사역이 어떤 것인지를 설명합니다(7~13절). 앞에서 저자는 예수께
서 멜기세덱의 계통을 따라 영원히 대제사장이 되었다고 했습니다
(6:20; 7:20~22). 그런데 예수님은 레위 지파의 제사장이 아니기 때문
에 예루살렘 성전에서 제사장으로 섬길 수 없었습니다. 그럼 예수님
은 어디서 어떤 종류의 희생제물로 제사장 노릇을 하시느냐는 질문
이 생깁니다. 또한 예수님이 더 좋은 약속을 주셨다면 그것이 어떤
점에서 더 좋은 언약이 되는지를 묻게 됩니다. 본 장은 이에 대한 답
변입니다.

예수님은 하늘의 대제사장이십니다.

예수님은 지상에서 성전 사역을 하시지 않았습니다. 예수님은 레위 지파가 아니기 때문에 레위 대제사장이 될 수 없었습니다. 그래서 그의 제사장 사역은 부활과 승천을 통해 하늘 성소에서 일어나야 했습니다. 여기서도 예수님의 우월성이 두드러집니다. 지상의 제사장들은 하늘 성소의 원형을 본받아 세운 "모형과 그림자"(5절)에 해당하는 상징적인 성전에서 섬겼습니다. 그러나 예수님은 하늘 "성소와 참 장막에서 섬기는 이"(2절)십니다.

> 그리스도께서는 참 성소의 모형에 지나지 않는, 손으로 만든 성소에 들어가신 것이 아니라, 바로 하늘 성소 그 자체에 들어가셨습니다. 이제 그는 우리를 위하여 하나님 앞에 나타나셨습니다. (9:24, 새번역).

예수님의 사역은 두 단계입니다. 모든 대제사장은 예물을 가지고 성소로 들어갑니다. 제사장의 핵심 사역은 제물을 바치는 것입니다. 예수님도 제물을 바쳐야 했습니다. 그런데 레위 지파의 제사장들처럼 동물의 피를 바친 것이 아니고 자신의 생명을 바쳤습니다(9:12). 이것이 십자가의 대속적 죽음입니다. 예수님은 우리가 지불했어야 할 죗값을 자신의 목숨으로 완불하셨습니다. 이로써 첫 단계 사역이 끝났습니다. 우리의 죄를 용서받기 위한 속죄 사역은 종료되었습니다.

여기서도 예수님의 우월성이 입증됩니다. 레위 지파의 제사장들은 그림자와 상징인 동물 희생을 바쳤지만 예수님은 실체인 자신의 몸을 산 제물로 바쳤습니다. 그 결과 죄인들이 믿음으로 하나님의 용서를 받을 수 있는 길이 열렸습니다. 누구든지 예수님의 십자가 희생을 자신이 받아야 할 형벌을 대신한 것으로 믿고 하나님께 돌아가면 구원을 받습니다. 그런데 구원은 여기서 끝나지 않습니다. 더 좋은 소망(7:19)이 있고 더 좋은 약속과 언약(8:6)이 있습니다. 이를 위해 예수님은 지금 두 번째 단계의 사역을 하늘 성소에서 진행 중이십니다. 그럼 예수님의 두 번째 단계의 사역은 어떤 것일까요? "많은 아들들을 이끌어 영광에 들어가게 하시는 일"(2:10)입니다. 하나님은 예수님을 통해 이 일이 이루어지도록 예수님으로 하여금 대속적 죽음의 고난을 거치게 하셨습니다(2:10).

예수님은 하나님 우편에 앉으셨습니다.

예수님이 승천하신 즉시 하나님 우편에 앉으신 것은 너무도 당연하게 생각됩니다. 예수님은 왕이시고 주님이시며 하늘 아버지의 신적 아들이시기 때문입니다. 그런데 히브리서의 관점에서 보면 예수님이 하나님 우편에 좌정하신 것은 매우 큰 격려가 됩니다.

첫째, 예수님의 일단계 사역이 끝났다는 확인입니다.

장막에는 의자가 없었습니다. 제사장들의 사역은 늘 반복해서 계속되었기 때문에 앉을 수가 없었습니다. 날마다 해마다 제물을 바치고 용서를 받아야 했기에 제사장들의 일은 끝나지 않았습니다. 또한 대제사장도 죽었기 때문에 다음 순번의 대제사장이 선임자의 사역을 이어받아야 했습니다. 동물 희생의 피는 백성의 죄를 영구적으로 씻을 수 없었습니다. 그것은 예수님의 속죄의 피를 상징하는 그림에 불과하였습니다. 예수님은 자신의 흠 없는 피를 십자가에서 화목제물로 바치고 하나님의 진노가 거두어지는 길을 열었습니다(롬 3:25;고후 5:18~19). 이제 주 예수를 대속주로 믿는 자는 하나님의 진노의 심판을 받지 않고 하나님의 자녀가 되는 권세와 영생을 받습니다(요 1:12; 3:15~16). 그런데 이것을 어떻게 확인할 수 있겠습니까? 예수님이 "하늘에서 지극히 크신 이의 보좌 우편에 앉으셨다"(8:1)는 사실이 이를 명증합니다. 이것은 예수님의 속죄 사역이 끝났음을 증명하는 인증 샷입니다.

그럼 예수님의 십자가 희생을 하나님께서 종결적인 속죄 사건으로 받아주셨다는 것을 어떻게 알 수 있습니까? 하나님께서 예수님을 다시 살리신 것입니다. 예수님은 우리의 대속제물이 되셨습니다. 하나님께서 그를 살리신 것은 그의 대속이 받아졌다는 뜻입니다. 따라서 그를 믿는 자들이 의롭다는 인정을 받습니다(롬 4:25). 예수님은 부활하신 후에 승천하셨습니다. 예수님이 지금 어떤 모습으로 계신지를 생각해 보십시오. 세상에 계실 때에 우리의 구원을 위해 필요한 모든 일을 마치시고 이제 하나님 우편 보좌에 앉아 계신다고 하였습니다. 그렇다면 우리가 하나님의 자녀로 받아진 것을 조금도 의심할 여지가 없습니다.

더러 하나님의 보좌를 흔드는 기도라는 말을 쓰는데 무엄하고 비성경적인 표현입니다. 예수님의 보좌가 흔들릴 수 있을까요? 성경에는 하나님의 보좌는 절대로 흔들리지 않는다고 하였습니다. 인간의 하잘것 없는 힘으로 흔들리는 보좌라면 누가 믿겠습니까?

주의 보좌는 예로부터 견고히 섰으며 주는 영원부터 계셨나이다 (시 93:2).

예수님의 보좌는 요지부동(搖之不動)입니다. 모든 성도의 안전은 영원히 보장되었습니다. 예수님이 지극히 높으신 하나님의 보좌 우편에 좌정하신 것은 속죄 사역이 완료된 사실을 확증합니다. 그래서 우리는 영원한 구원을 확신하고 안심할 수 있습니다.

둘째, 예수님의 두 번째 단계의 사역이 시작되었다는 증거입니다.
예수님의 첫 단계 사역이 완료되었다고 해서 모든 것의 마지막은 아닙니다. 예수님이 보좌에 앉으신 것은 왕권을 행사하는 위치에 있다는 뜻입니다. 예수님은 "유대인의 왕"(마 2:1; 요 19: 19)으로 세상에 오셨을 때 배척을 당하셨습니다. 그러나 하나님께서는 예수님을 유대인만이 아니고 온 세상 만민의 왕으로 앉히시고 다스리게 하셨습니다.

내가 네 원수로 네 발등상이 되게 하기까지 너는 내 우편에 앉아 있으라

하셨도다 (행 2:35).

예수님은 지금 현재 온 세상을 하나님의 대리자로서 통치하고 계십니다(마 28:18). 우리 눈에는 세상은 아직도 전과 다름없이 불의와 고통과 죄악으로 가득 차 있습니다. 그러나 주님은 십자가와 부활로 사탄의 머리를 강타하셨고 악의 잔당들을 소탕하시는 중입니다.
주님이 보좌에서 하나님의 통치 대리자로서 행하시는 일 중에 가장 중요한 것은 주의 백성을 주님의 영광의 보좌로 인도하는 것입니다(참조. 요한복음 17장). 속죄 사역은 끝났지만 하나님의 안식과 유업으로 들어가게 하는 일은 현재 진행 중입니다. 첫 번째 단계의 사역이 끝났기 때문에 두 번째 단계의 사역도 끝날 때가 올 것입니다. 높고 거룩한 보좌에서 전능한 왕권을 행사하시는 주님을 신뢰한다면 언젠가 우리도 예수님과 함께 보좌에 앉아 세상을 다스리게 될 것입니다 (마 19:28; 눅 22:30).

예수님은 율법이 자신에 대해 상징한 모든 것들을 성취하셨습니다. 예수님은 자신의 몸을 산 제물로 드림으로써 완전한 헌신과 속죄를 이루셨습니다. 예수님 자신이 화목제와 번제와 속죄제입니다. 율법에서 예고되었던 것들이 예수님의 삶과 죽음에 의해 모두 성취되었습니다. 하나님께서는 예수님에게서 구원의 조건이 모두 충족된 것을 아시고 만족하십니다. 예수님에게 주어진 왕권은 영원히 확보되었습니다. 예수님의 즉위식은 예수님이 의의 왕으로서 하나님의 뜻에 따라 두 번째 단계의 사역도 성취할 것을 보증합니다.

예수님은 더 좋은 약속과 언약의 중보자이십니다.

그러나 이제 그는 더 아름다운 직분을 얻으셨으니 그는 더 좋은 약속으로 세우신 더 좋은 언약의 중보자시라 (8:6).

본 절에는 '약속', '언약', '중보자' 라는 세 단어가 함께 나옵니다. 히브리서에서만 아니고 성경 전체에서 사용된 중요한 술어들입니다.

약속: 주로 하나님이 자기 백성에게 조건부로 주시는 것인데 성경에 수천 개가 언급되었습니다. 약속들은 유업으로 받을 수 있지만 줄기찬 믿음과 인내와 순종이 필요합니다. 율법에도 약속이 있고 예수님에게도 약속이 있습니다. 약속에는 하나님의 축복이 들어 있습니다. 율법에 나온 약속들은 이스라엘에게 준 것이었습니다. 율법을 지키고 우상 숭배를 멀리하며 이방인의 악습을 따르지 않는 높은 수준

의 도덕이 유지될 때에는 국가적 차원의 안보, 경제적 번영, 병충해나 자연 재앙으로부터의 보호, 국민 건강과 같은 축복이 포함되었습니다(신 27:26).

반면, 예수님이 주시는 약속은 율법의 약속들보다 훨씬 더 영적이고 광범위하여 국가적 영역을 넘어서 모든 나라의 성도들과 교회 공동체에게 해당됩니다. 그래서 예수님의 약속은 "더 좋은 약속"(6절)입니다. 그런데 이러한 약속들은 하나님이 복을 내리기로 맹세하시면 반드시 성취됩니다. 그럼 하나님의 약속은 어떤 것일까요? 크게 나누면 하나님의 모든 백성에게 해당하는 보편적인 약속이 있고, 개별 성도에게 주는 개인적인 약속이 있습니다. 조금 더 구체적으로 나누어 분류할 수 있지만 모든 약속들을 다 포함시킬 수는 없습니다.

• 아브라함에게 주셨던 약속(창 12:2~3)

율법이 있기 이전에 아브라함에게 준 유업의 약속들은(창 12:2~3) 그의 믿음의 후손인 우리에게도 적용됩니다(갈 3:7). "이 약속들은 아브라함과 그 자손에게 말씀하신 것"(갈 3:16)이기 때문입니다. 하나님께서는 아브라함의 방패와 상급이라고 하셨습니다(창 15:1). 하나님은 우리의 전신갑주(엡 6:13)이며 상을 주시는 분입니다(히11:6).

• 영원한 구원의 약속(행 2:21; 16:31; 롬 10:9, 13)

예수님을 자신의 죄를 지고가신 대속주로 믿는다고 고백하면 즉시 의롭다는 선언을 받고 하나님과의 틀어진 관계가 회복됩니다. 구원은 오직 그리스도의 피의 대속을 믿음으로써 받습니다. 나의 선행이 전혀 개입되지 않고서 단지 믿음으로 하나님의 자녀가 됩니다. 이러한 신분은 변하거나 취소되지 않습니다. 의롭게 된 자들은 하나님의 눈에 항상 의롭습니다. 거듭난 자들은 항상 거듭난 상태에 있습니다. 예수님을 믿어 의롭게 된 우리의 영적 신분은 전적으로 안전합니다(요 10:28~29). 예수님의 십자가에 기반된 죄의 용서는 불변입니다.

- **마귀로부터의 보호와 하나님의 임재와 동행의 약속**(약 4:7~8)

그런즉 너희는 하나님께 복종할지어다 마귀를 대적하라 그리하면 너희를 피하리라 하나님을 가까이하라 그리하면 너희를 가까이하시리라 (약 4:7~8).
너희 염려를 다 주께 맡기라 이는 그가 너희를 돌보심이라 (벧전 5:7).

- **겸손하고 통회하는 자들과 고난을 당하는 자들을 높이시고 돌보시며 굳건하게 하신다는 약속.**

그러므로 하나님의 능하신 손 아래에서 겸손하라 때가 되면 너희를 높이시리라 (벧전 5:6).
잠깐 고난을 당한 너희를 친히 온전하게 하시며 굳건하게 하시며 터를 견고하게 하시리라(벧전 5:10).
그러므로 일렀으되 하나님이 교만한 자를 물리치시고 겸손한 자에게 은혜를 주신다 하였느니라 (약 4:6).

- **하나님 나라와 교회에 대한 약속**

우리의 구원은 순전히 개인적인 문제가 아닙니다. 하나님은 세상 전체를 위한 거대한 계획과 목적을 가지고 계십니다. 우리가 구원을 받은 것은 이러한 하나님 나라의 일꾼이 되어 복음을 전하며 교회가 주의 영광을 드러내게 하려는 것입니다. 주님은 복음이 전파될 때에 함께 하시겠다고 약속하셨습니다(마 28:18~20). 주님의 교회는 영광스러운 모습이 될 것입니다(엡 5:27). 교회는 우리가 세우는 건물이 아닙니다. 교회의 주인은 목사가 아니고 예수님입니다. 교회는 주님의 백성입니다. 주님은 "내가 이 반석 위에 내 교회"(마 16:18)를 세운다고 하셨습니다. 그래서 하나님의 교회는 죽음의 권세도 파괴할 수 없습니다(마 16:18). 하나님께서는 주님의 교회가 영광스럽게 되도록 우리에게 소명 성취에 필요한 능력을 주시고 그리스도의 성품을 드러내는 생명과 경건에 속한 모든 것을 주신다고 약속하셨습니다(벧후 1:3; 롬 8:32). 우리는 개인적인 필요에 앞서 먼저 하나님 나라에 대한 교회의 소명이 우선임을 알고 주님의 약속을 붙들어야 합니다. **그런즉 너희는 먼저 그의 나라와 그의 의를 구하라 그리하면 이 모든 것을 너희에게 더하시리라** (마 6:33).

• 상의 약속

예수님의 산상설교에 나오는 팔복은 약속으로 가득 차 있습니다 (마 5:1~12). 특히 상에 대한 약속이 두드러집니다. 예수님 때문에 박해를 받는 자들에게는 "하늘에서 너희의 상이 큼이라"(마 5:11~12)고 하였습니다. 은밀하게 구제하고 골방에서 기도하며 위선자의 금식을 하지 않는 자들은 아버지께서 갚으신다고 했습니다(마 6:3~4, 6, 17~18). 예수님은 땅에 보물을 쌓아 두지 말고 안전한 하늘에 쌓아 두라고 하셨습니다(마 7:19~20). 그렇게 하는 성도들은 주님으로부터 잘하였다는 칭찬을 받는다고 약속하셨습니다(마 25:21, 23). 주님과 복음을 위해 희생한 성도들은 현세와 내세에서 여러 배의 보상을 받습니다(막 10:29~31). 히브리서 11장에 실린 믿음의 선열들처럼 주를 위해 선한 싸움을 싸우고 자신이 받은 소명을 끝까지 잘 마친 자들은 주의 재림 때에 의의 면류관을 받을 것입니다(딤후 4:7~8).

> 보라 내가 속히 오리니 내가 줄 상이 내게 있어 각 사람에게 그가 행한 대로 갚아 주리라 (계 22:12).
> 각 사람의 마음을 살피고, 심장을 감찰하며, 각 사람의 행실과 행동에 따라 보상하는 이는 바로 나 주다 (렘 17:10, 새번역).

• 마지막 영광의 약속

주님이 오실 때 우리 몸은 영광스럽게 변화되고 온 세상이 새롭게 되며 죄와 죽음과 고통이 없는 새 창조의 세계에서 주님과 함께 세세토록 왕 노릇 할 것입니다(살전 4:16, 17; 벧후 3:8~13; 계 21:3~7; 22:3~5). 바울은 현재 우리가 당하는 고난은 장차 우리에게 나타날 영광과 비교할 수 없다고 하였습니다(롬 8:18). 우리에게 이러한 소망이 있으니 참으면서 기다리라는 것이 바울의 권면입니다(롬 8:25).

이러한 약속들은 총괄적입니다. 예를 들면, 구원의 확신, 죄의 용서, 성령의 선물(행 2:38~39), 소명의 성취, 성화, 하나님의 임재와 보호, 성령의 능력, 상급(히 11:6; 마 5:12), 하나님과의 교제, 하나님의 안식에 들어가는 것, 부활한 몸의 가시적 영광(롬 8:18) 등입니다. 하나님께서는 우리가 완전한 구원을 받고 하나님을 찬양하도록 그리스도 안에 있는 온갖 신령한 복들을 약속하셨습니다(엡 1:3~6). 베드로는 이것을 "보배롭고 지극히 큰 약속"(벧후 1:4)이라고 불렀습니다.

그런데 하나님의 약속들은 내 편에서 가만히 있어도 저절로 성취되는 것이 아닙니다. 우리가 믿어야 하고 구해야 합니다. 예수님과 친숙한 교제를 하면서 하나님의 약속들을 늘 마음에 담아두고 힘쓰는 것이 응답받는 기도의 비결입니다. 신약 성도의 삶은 날마다 하나님의 능력을 체험하며 주께서 주신 많은 약속들의 성취를 누리는 것으로 이루어져야 합니다.

언약: 약속에 하나님의 맹세가 들어간 것이 언약입니다. 맹세는 약속의 실현을 확보합니다. 이 경우에는 약속이 취소될 수 없으며 반드시 성취됩니다. 그러나 사람이 하는 언약은 깨어지기 쉬우며 성취의 보장이 없습니다. 모세 언약은 율법 언약이었는데 백성 편에서 율법을 지키겠다고 맹세했지만 지켜지지 않았습니다(출 19:8;24:1~11). 옛 언약의 축복은 이스라엘 백성이 모세의 성문 율법을 순종할 때 왔습니다. 그런데 하나님의 약속은 아브라함의 경우처럼, 지속적인 믿음과 오래 참는 성도들에게 하나님께서 축복의 맹세를 하실 때 성취됩니다. 우리는 꾸준한 믿음과 인내로써 언약의 약속을 상속받습니다.

중보자: 양편 사이를 연결하고 화해시키는 역할을 합니다. 예수님은 우리와 하나님 사이를 중재합니다. 우리에게 중보자(mediator)가 필요한 것은 죄인이 스스로 거룩하신 하나님께 접근할 수 없기 때문입니다(딤전 6:16; 출 20:18~19; 신 18:16). 그래서 하나님께서는 예수님을 중보자로 세우시고 우리가 예수님을 통해서 하나님께 나아가도록 주선하셨습니다. 하나님께서도 예수님을 통해서 우리를 받아주시고 교제하십니다. 이것이 우리가 예수님의 이름으로 기도하는 까닭입니다.

율법 시대에는 모세가 중보자 역할을 하였습니다. 하나님은 그를 통해서 율법을 이스라엘 백성에게 주셨고, 모세는 하나님께 이스라엘 백성을 대신하여 기도하였습니다. 모세는 장차 오실 또 다른 선지자의 모형이었고(신 18:15) 자기보다 더 위대하신 중보자의 선두였습니다. 모세가 예고했던 분은 곧 예수님이었습니다(행 3:22~24). 그런데 새 언약의 중보자이신 예수님은 모세보다 더 큰 영광을 누리시기에 합당하신 분입니다. 모세는 하나님과 이스라엘 백성 사이의 중보자로서 섬겼지만 인간의 한계를 벗어날 수 없었습니다. 그래서 그는 죽었습니다. 그러나 예수님은 하나님께서 맹세로 세우신 영원한 중보자이십니다. 이것은 하나님께서 어떤 일이 있어도 우리를 버리시지 않을 것을 보장합니다(눅 22:32).

모세의 중보 사역은 지상에서 끝났지만 예수님의 중보 사역은 하늘에서 아직도 계속 중입니다. 예수님은 100% 인간이면서 100% 신성을 가지신 분입니다. 예수님은 인성과 신성을 겸비하신 하나님의 신적 아들이십니다. 이러한 자격을 갖춘 중보자는 세상에 없습니다. 예수님은 완전한 인간의 삶을 사셨습니다. 그 후 인성을 가진 채로 승천하셨습니다. 그래서 지금도 인성을 갖춘 중보자로서 우리를 위해 하늘에서 섬기십니다. 이 사실은 우리에게 너무도 큰 위로와 격려가 됩니다.

예수님은 인간의 모든 상황과 일체의 희노애락을 이해하십시다. 특별히 우리의 연약함을 동정하십니다(4:15). 우리가 시험을 당하고 걸핏하면 넘어지며 쉽게 고통과 좌절에 빠진다는 것을 아십니다. 예수님은 세상에서 많은 고난을 당하셨습니다. 그래서 고통받는 자들을 도우실 수 있습니다(2:18). 하나님께서는 많은 자녀들이 영광의 유업으로 들어가는 일을 돕도록 예수님으로 하여금 고난의 삶을 살게 하셨습니다(2:10). 예수님은 신성을 가지신 하나님의 아들이시며 우리의 완전한 대제사장이시므로 하늘 아버지께 우리의 필요와 소원을 알리며 오늘도 살아 계신 중보자로서 섬기고 계십니다. 이 사실을 믿는다면 우리는 훨씬 더 힘을 내어 주 예수께로 날마다 더 가까이 나아가게 될 것입니다.

28.
새 언약은 무엇인가?
히브리서 8:7~13

저 첫 언약이 무흠하였더라면 둘째 것을 요구할 일이 없었으려니와 그
들의 잘못을 지적하여 말씀하시되 주께서 이르시되 볼지어다 날이 이
르리니 내가 이스라엘 집과 유다 집과 더불어 새 언약을 맺으리라 (히
8:7~8).

새 언약이라 말씀하셨으매 첫 것은 낡아지게 하신 것이니 낡아지고 쇠
하는 것은 없어져 가는 것이니라 (히 8: 13).

본문은 옛 언약과 새 언약을 대조하고 그 차이점을 드러냅니다.
옛 언약(첫 언약)은 결함이 있었으므로 새 언약(둘째 언약)으로 대체될 필
요가 있었습니다. 여기서 우리는 구원의 역사가 두 단계로 나뉜 것을
알 수 있습니다. 옛 언약은 모세 율법으로 이스라엘 백성을 다스리며
새 언약 시대의 온전한 구원을 바라보게 하였습니다. 새 언약 시대는
예수님이 오셔서 자신의 완전한 삶과 십자가 희생으로 옛 언약의 율
법적 요구를 충족시키고 세상 모든 백성에게 구원의 복음이 선포되
게 한 새로운 시대입니다.

옛 언약은 실패하였습니다.

하나님께서는 모세를 통해 율법을 주셨습니다. 이스라엘 백성은 율법을 지키겠다고 하나님께 맹세하였습니다(출 19:8). 율법은 여호와 경배를 위한 여러 가지 규정들을 정하고 이스라엘 백성의 삶을 통제하였습니다. 율법은 분명한 목적이 있었는데 이스라엘 백성이 이교도들처럼 극심한 죄에 빠지지 않도록 억제하고 복음의 길을 준비하게 하는 것이었습니다. 그러나 이스라엘 국가는 점차 타락하여 우상 숭배에서 벗어나지 못하였습니다.

그럼 율법에 결함이 있었기 때문일까요? 율법은 죄인이 어떻게 하나님께 나아갈 수 있으며, 하나님은 어떤 분인지를 여러 의식과 규정들을 통해 가르쳤습니다. 율법은 이스라엘 백성을 이방 민족들과 구별하고 거룩한 백성이 되게 하는 역할에서는 별다른 문제가 없었습니다(레 19:2). 그럼에도 실패한 까닭은 율법이 처음부터 잠정적이고 제한적인 기능만 가졌기 때문이었습니다.

첫째, 율법은 이스라엘 백성을 형벌의 두려움으로 통제하였습니다. 이것은 그들이 아직 성년이 되지 않았기 때문에 필요한 방법이었습니다. 율법은 예수 그리스도가 오실 때까지만 이스라엘을 지도하도록 의도된 잠정법이었으므로 영구적으로 작동될 수 없는 한계가 있었습니다. 이런 의미에서 옛 언약을 대표하는 율법은 새 언약에 비해서 흠이 있었다고 말할 수 있습니다. 그렇지만 당시의 이스라엘 백성을 위한 율법의 한시적 기능과 역할에 비추어 본다면 율법은 그 자체로서 적절하였습니다.

둘째, 율법은 무엇을 행해야 하고 행하지 말아야 한다는 계명을 주면서도 그것들을 위한 능력은 주지 않았습니다. 율법은 자체적으로 솟아나는 생명력을 공급하지 않습니다. 행위자를 돕는 것은 법의 소관이 아닙니다. 법을 지키고 안 지키는 것은 전적으로 행위자의 책임입니다. 백성은 율법 순종을 맹세했지만, 순종할 능력이 없었습니다. 그들은 형식적으로 성전 예배에 참석하고 각종 의식을 행했지만 마음은 떠나 있었습니다.

그들은 내 언약 안에 머물러 있지 아니하므로 내가 그들을 돌보지 아니하였노라 (히 8:9).

율법은 일정 기간이 지난 후에 실효성이 없다는 것이 드러나지 않을 수 없었습니다. 예레미야 선지자는 예수님이 오시기 수백 년 전에 미리 이 사실을 직시하고 새 언약의 필요성을 외쳤습니다(8:7~9).

신약 교인들은 마치 '구약 성도'인 듯이 살지 말아야 합니다. 구약 성도는 건물 중심의 예배와 성전 제도와 율법에 의존하였습니다. 우리는 너무도 오랜 세월을 소위 성전 건축에 집착하고 목회자의 단일 리더십과 율법 전통에 따른 십일조와 기복주의 신앙으로 기독교를 개인주의와 이기적 종교로 탈바꿈하는 잘못을 저질러왔습니다. 현대 교회는 예수님의 가르침으로 산다기보다는 모세 시대의 영역에 머물러 있지 않은지 반성해야 합니다. 우리는 모세 율법이 고대했던 새 시대 안에 들어와 있습니다. 전통적으로 내려오는 잘못된 교회 관례나 비복음적인 방식들을 버리고 예수님의 가르침과 성령의 인도로 하나님의 나라를 우선으로 삼아야 합니다(마 6:33).

옛 언약에 속한 것들은 종결되었습니다. 성막, 성일, 희생제물, 안식일 준수, 십일조, 할례, 음식 규례 등등의 율법이 다 끝났습니다(골 2:16~17). 신약은 법령집이 아닙니다. 우리는 법규나 묵은 전통을 따라 사는 것이 아니고 구주 예수님의 인격체 안에서 산상설교와 신약 서신의 권면을 모델로 삼는 새 언약 백성입니다. 신약 성도는 율법 시대의 유한한 지상 성전의 대제사장이 아닌, 하늘 성소의 영원한 대제사장이신 예수님의 중보 덕분에 믿음을 유지하며 삽니다.

[옛 언약과 새 언약의 비교]

• 옛 언약은 대체로 외형적이었습니다. 그래서 열 번째 계명을 제외하면 마음으로 믿지 않고도 지킬 수 있었습니다. 반면, 새 언약은 내면적이며 영적입니다. 주로 사랑의 계명인데 새마음을 받아야만 지킬 수 있습니다. 옛 언약은 마음을 바꿀 수 없지만 새 언약은 마음에 변화를 일으키고 거듭나게 합니다.

• 옛 언약은 국가의 안녕과 도덕을 도모하였는데 형벌의 두려움으로 질서가 유지되게 하였습니다. 새 언약은 교회 공동체의 영성을 도모하되 법규에 의한 형벌이 아닌, 회복을 위한 징계의 두려움을 동기부여로 삼습니다.

• 옛 언약은 국가적 차원에서 국민의 안전과 평화를 약속하였고 (갈 3:12; 레 18:5), 새 언약은 특정 국가나 민족을 초월하여 모든 크리스천들에게 영원한 생명을 줍니다.

• 옛 언약은 칭의나 성화나 구원의 확신을 주지 못합니다. 새 언약은 영원한 용서와 구원의 확신을 제공합니다.

• 옛 언약은 양심을 깨끗하게 하지 못합니다. 새 언약은 그리스도의 속죄피를 믿을 때 완전한 용서를 받으므로 깨끗한 양심으로 하나님께 나아가게 합니다.

- 옛 언약은 성령을 주지 않습니다. 새 언약은 오순절 사건에서처럼 성령 시대를 엽니다.
- 옛 언약은 새 생명을 줄 수 없기 때문에 부활 생명을 체험하지 못하지만 새 언약은 그리스도가 주시는 새 생명 가운데서 살게 합니다(롬 6:4).

새 언약에 대한 본문 내용은 일곱 가지 약속으로 구성되었습니다(히 8:7~13).

1) 내 법을 그들의 생각에 두리라.
2) 내 법을 그들의 마음에 기록하리라.
3) 내가 그들의 하나님이 되리라.
4) 그들이 나의 백성이 되리라.
5) 새로운 공동체가 나를 알 것이다.
6) 나는 그들의 불의를 긍휼히 여길 것이다.
7) 나는 그들의 죄를 기억하지 않을 것이다.

하나님의 법을 우리 생각에 두고 마음에 기록하십니다.

또 주께서 이르시되 그 날 후에 내가 이스라엘 집과 맺을 언약은 이것이니 내 법을 그들의 생각에 두고 그들의 마음에 이것을 기록하리라 (8:10).

"내 법"은 본 절에서 모세 율법을 가리키지 않습니다. "율법은 장차 올 좋은 일의 그림자일 뿐"(10:1)입니다. 그림자를 생각 속에 넣고 마음에 기록할 수는 없습니다. '내 법'은 옛 언약의 율법이 아님이 분명합니다. 그럼 무엇입니까? 구약에서 율법(Torah)은 때로는 법규보다는 법의 깊은 의도나 그것이 지향하는 목표를 가리킵니다. 시편에서 "율법을 주야로 묵상"(시 1:2)한다고 한 것은 수천 개의 율법 조항을 묵상한다는 뜻이 아니고 율법이 지향하는 궁극적인 의로움과 사랑의 계명을 숙고한다는 의미입니다(레 19:18).

'율법'의 유사어들은 모세 율법이 없었던 아브라함 시대에도 비전문적인 개념으로 사용되었습니다.

> 이는 아브라함이 내 말을 순종하고 내 명령과 내 계명과 내 율례와 내 법
> 도를 지켰음이라 하시니라 (창 26:5).

이 점을 고려한다면, 본 절에서도 '내 법'은 모세법과 관련된 전문 술어가 아님을 알 수 있습니다. 율법은 그림자로서 궁극적으로 의로움과 사랑으로 인도되는 삶을 지향하였습니다. 모세 율법은 예수님이 오심으로써 자신의 소원을 성취하였습니다. 예수님은 사랑의 주로서 세상에 오셔서 율법의 가장 은밀한 부분인 이웃 사랑을 완전하게 성취하셨습니다(레 19:18). 예수님은 율법의 모든 요구를 자신의 완전한 삶으로 충족시키고 십자가에서 인류에 대한 이웃 사랑의 절정에 이르렀습니다. 그래서 바울은 "사랑은 율법의 완성"(롬 13:10)이라고 하였고, 야고보는 이웃 사랑이 "최고의 법"(약 2:8)이라고 하였습니다. "내 법"은 곧 "그리스도의 법"(갈 6:2)입니다. 새 언약 백성에게 하나님이 주시는 법은 돌판에 새긴 율법이 아니고, 마음판에 새긴 사랑의 법입니다(고후 3:3). 물론 십계명의 도덕적 측면을 포함하지만 율법의 요구를 넘어가서 성령의 능력으로 사랑의 계명을 실천하는 것입니다.

'생각'(minds)이 사고의 영역이라면, 마음(hearts)은 인격체의 핵이

며 중심입니다. 그래서 내가 마음으로 믿으면 구원을 받는다고 하였습니다(롬 10:9~10). 생각과 마음이라는 두 단어는 합쳐서 인간의 깊은 내면을 총칭합니다. 하나님의 법이 인간의 생각과 마음에 들어오면 성령의 활동에 의해 하나님의 뜻을 분별하게 되고 복음의 진리를 순종하려는 내적 열망이 생깁니다. 새 언약이 옛 언약과 다른 결정적 차이는 성령에 의해 사랑의 계명으로 율법의 수준을 능가하는 새 생명의 강력한 지배를 받는 것입니다.우리는 예수님을 믿고 구원을 받을 때 새 마음을 받습니다.이 새 마음은 사랑의 계명을 지키려는 동기를 부여하고 대제사장이신 예수님의 중보에 의존하게 합니다. 그리스도의 법은 사랑의 계명이며, 성령의 법은 사랑의 계명을 따라 살게 하는 능력입니다. 성령은 생명의 영이십니다(롬 8:2). 신자는 성령으로부터 생동력을 받아 하나님을 순종하고 율법의 요구가 성취되는 길로 인도됩니다(겔 36:26~27). 그래서 내 속에 하나님의 법을 넣어주는 것은 성령을 따르게 된다는 말로 이해할 수 있습니다.

육신을 따르지 않고 그 영을 따라 행하는 우리에게 율법의 요구가 이루어지게 하려 하심이니라 (롬 8:4).

바울은 이 같은 성령의 활동을 '성령의 법'(롬 8:2)이라고 부릅니다. 그러니까 그리스도의 법인 사랑의 계명과 성령의 법인 생명의 활동이 신자의 삶 속에 깊숙이 들어와서 가치관과 성품과 동기와 영적 이해와 지식과 의지와 성향의 변화를 일으켜 옛 언약에서처럼 실패하지 않게 한다는 것입니다. 예수님의 사랑의 계명을 성령의 인도에 따라 실천하면 율법의 요구를 상회하는 수준에 이를 수 있습니다. 그래서 새 언약 백성은 하나님을 항상 기쁘게 해 드릴 수 있는 새로운 위치로 자리잡은 셈입니다(롬 5:18). 그런데 새 언약의 약속들이 금방 현실로 드러나는 것은 아닙니다. 새 언약의 은혜는 우리에게 점증적인 영적 이해와 복음의 열망을 고조시키고 하나님과의 각별한 교제의 영역으로 인도합니다.

그러나 이러한 영적 발전은 성취의 과정을 거치기 때문에 실패도 하고 좌절도 겪습니다. 우리가 하나님의 자녀가 되는 것은 소속적인 면에서는 확정된 일입니다. 그러나 기능적인 면에서는 더디고 비효율적인 경우가 많습니다. 그래서 꾸준한 믿음이 필요하고 주 앞에 겸손히 엎드리는 회개와 간절한 기도가 요구됩니다. 그렇게 할 때 때때로 우리는 하나님의 맹세에 의해서 괄목할 영적 진보를 수확합니다.

하나님은 우리의 하나님이 되시고 우리는 그분의 백성이 됩니다.

나는 그들에게 하나님이 되고 그들은 내게 백성이 되리라 (10절).

이것은 '언약 양식'(The covenant formula) 문구입니다. 하나님께서 아브라함과 모세에게 사용하셨고 예레미야와 에스겔서에서도 자주 등장합니다(창 17:8; 출 6:7; 렘 30:22; 겔 11:20). 구약 선지자들은 이 언약이 이스라엘 백성의 불순종으로 깨어졌지만 새 언약 시대가 오면 온전히 성취될 것이라고 예언하였습니다. 옛 언약 때에는 하나님의 백성은 이스라엘 백성이었습니다. 그러나 새 언약 시대에는 주 예수를 믿는 모든 사람이 하나님의 백성입니다. 하나님의 백성은 특정 국가가 아니고 범세계적인 교회 공동체입니다.

하나님의 백성이 되는 것은 세상 앞에서 하나님을 대표하는 사람들이 되었다는 뜻입니다. 옛 언약에서 이스라엘 백성은 세상과 하나님 사이에서 중보하는 제사장 나라가 되고 거룩한 백성이 되라는 소명을 받았습니다(출 19:6). 이 소명은 이제 교회로 넘어왔습니다(벧전 2:9~10). 세상은 교회를 보고 하나님과 복음에 이끌려야 합니다. 아직 이런 수준에 이르지 못한 것은 교회가 하나님의 백성 노릇을 잘못하고 있다는 증거입니다. 어떻게 고칠 수 있을까요? 하나님의 약속을 굳게 믿어야 합니다. '나는 그들에게 하나님이 되리라'고 하신 말씀의 의미를 생각해 보십시오.

우리는 세상에 구원의 복음을 전하고 선한 삶의 모범을 보이라는 소명을 받았습니다. 하나님께서는 우리에게 주신 소명에 따라 필요한 것들을 공급하신다고 약속하셨습니다. 이 약속에는 하나님의 임재의 체험과 악으로부터의 보호가 포함됩니다. 그런데 하나님의 임재와 보호의 약속은 시련과 난관이 없다는 뜻은 아닙니다. 세상과 사탄은 하나님의 자녀들을 미워하고 복음의 진리가 성경의 약속대로 알려지는 것을 싫어하며 반대합니다. 신자들이 하나님의 약속을 붙잡고 살려고 하면 반대를 당하고 어려운 일들이 생기기 마련입니다. 그래서 줄기찬 믿음으로 하나님의 동행과 보호를 신뢰하고 인내하며 받은 소명을 일궈나갈 때 내가 하나님께 속한 백성이며 주님이 나의 하나님이 되신 것을 확신하는 일들을 경험하게 됩니다. 그러면 갈수록 하나님의 뜻을 아는 지식에 풍성해지고 주의 임재에 민감해지며 주님과의 교제를 즐기게 됩니다.

정리하면, 주님이 우리 하나님이 되신다는 것은 세 가지 혜택을 주신다는 약속입니다. 즉, 하나님의 임재와 교제와 보호입니다. 구약 백성은 성소에서 이러한 은혜를 체험하였습니다. 새 언약 백성은 예수 그리스도 안에서 하나님의 임재를 체험하고 주님과 교제하며 악으로부터 보호를 받습니다.

우리가 하나님의 백성이 되는 것은 무엇보다도 하나님의 거룩한 모습을 반영하여 십자가 구원을 전파하고 주님의 아름다운 성품과 사랑으로 하나님의 나라가 속히 임하도록 힘쓰는 것입니다.

하나님을 모두 친밀하게 아는 새로운 공동체가 형성됩니다.

> 또 각각 자기 나라 사람과 각각 자기 형제를 가르쳐 이르기를 주를 알라 하지 아니할 것은 그들이 작은 자로부터 큰 자까지 다 나를 앎이라 (11절).

새 언약의 한 특징은 새로운 공동체에 대한 약속입니다. 새 공동체는 주 예수를 믿는 각곳의 신자들로 구성된 범세계적인 교회 공동체입니다. 우리는 새 언약의 약속들을 너무 개인적으로 대하지 말아야 합니다. 물론 '각각'이라고 했기 때문에 개인에게도 적용되지만 선생이 필요 없을 정도로 모든 성도가 한 공동체로서 주님을 알게 된다고 하였습니다. 이것은 교회의 영광스런 비전입니다. 하나님의 백성 전체가 하나님의 아들을 알고 영적으로 성숙한 성인이 되며, 그리스도의 충만한 분량에까지 이르게 된다면 얼마나 좋은 일이겠습니까!(엡 4:13). 사람들은 언제 이 약속이 성취될 것인지 궁금해 합니다. 적어도 이 비전은 히브리서의 독자들에게는 본 서신이 쓰여졌을 당시에는 성취되지 않았습니다. 그들은 "하나님의 말씀의 초보에 대하여 누구에게서 가르침을 받아야 할 처지"(히 5:12)였기 때문입니다. 오늘날의 교회도 크게 다르지 않습니다. 대체로 교인들은 성경을 잘 알지 못하고 교회 안에는 거듭나지 않은 명칭만의 교인들이 적지 않습니다.

본 절에 대한 주석가들의 해석은 그들이 가진 천년왕국관에 따라 달라집니다.

전천년: 예수님이 지상에서 다스리는 문자적인 천년 기간에 있을 일이다.

후천년: 예수님의 재림 전에 전세계적인 부흥이 일어나고 유대인들이 회심하는 때다.

무천년: 초림부터 재림 사이에 일어나는 일이다.

그런데 하나님을 아는 지식이 모든 성도에게 넘치는 때가 언제인지 알려고 하기보다는 현재 우리 각자가 하나님을 아는 일에 힘쓰는 것이 더 중요합니다. 히브리서의 저자가 원하는 것은 새로운 교회 공동체가 하나님을 아는 일에 게으르지 말고 끝까지 꾸준한 믿음과 인내로 전진하라는 것입니다(6:11~12). 하나님의 약속은 가만히 있어도 저절로 성취되는 것이 아닙니다. 하나님의 약속은 하나님의 기뻐하시는 뜻입니다. 우리에게 주기로 정하셨지만 약속된 복은 우리가 거두어들여야 합니다.

새 언약의 약속 성취는 유업의 성취 원리와 같습니다. 수확하는 일은 우리 각자의 소명입니다. 전세계 교회 공동체가 주를 아는 일에 최고의 수준까지 이르는 일은 언제일지 아무도 정확하게 알 수 없습니다. 그때가 언제이든지 우리는 현재의 주어진 삶 속에서 주를 아는 일에 최선을 다해야 합니다. 새 언약의 약속에는 명령의 측면이 있습니다. 우리 자신들이 약속된 복을 취해야 하고 그 열매를 거두어야 합니다.

> 주 여호와께서 이같이 말씀하셨느니라 그래도 이스라엘 족속이 이같이 자기들에게 이루어주기를 내게 구하여야 할지라 (겔 36:37).

29.

주를 알라
히브리서 8:11~12

또 각각 자기 나라 사람과 각각 자기 형제를 가르쳐 이르기를 주를 알라

하지 아니할 것은 그들이 작은 자로부터 큰 자까지 다 나를 앎이라 내가

그들의 불의를 긍휼히 여기고 그들의 죄를 다시 기억하지 아니하리라

(히 8: 11~12).

새 언약의 대표적인 특징은 각 성도와 교회가 공동체적으로 주를
아는 것입니다. 그래서 구태여 주를 알아야 한다고 가르칠 필요가 없
을 정도로 주님을 아는 일이 일반적이고 보편적인 체험이 된다는 것
입니다. 이것은 놀라운 약속입니다. 그런데 과연 주님을 아는 것이
무슨 의미일까요?

새 언약의 약속들은 옛 언약과 대조되는 것이기 때문에 옛 언약에
서 이스라엘 백성이 어떻게 주를 알았는지를 먼저 살펴야 합니다. 구
약 선지자들이 이스라엘 백성을 비판한 것을 보면 주로 그들의 우상
숭배와 사회 불의였습니다.

이스라엘 백성은 조상 대대로 여호와 하나님을 섬겼지만 이방 신

들의 영향을 받아 하나님을 우상처럼 대하였고 기복신앙과 부도덕으로 일관하였습니다. 그들은 할례받은 언약 백성이라고 자부하였지만 하나님과의 인격적인 사귐이 없었습니다. 그들이 이방 나라로 잡혀간 원인은 하나님을 바르게 알고 섬기는 지식이 없었기 때문이었습니다(사 5:13). 그들은 제물을 바치지 않거나 안식일을 어기거나 음식 규례를 범해서가 아니고, 하나님이 어떤 분인지를 모르고 자기 욕심대로 섬겼기 때문에 망하였습니다. 그들은 종교 활동은 부지런히 했어도 하나님의 성품을 닮는 일에 관심이 없었으며 하나님이 세상을 구원하기 위해 이스라엘을 사용하시는 선한 뜻에 주목하지 않았습니다. 여호와 종교는 의식 종교가 되었고 율법은 이스라엘 공동체의 길잡이로서 제 구실을 할 수 없었습니다.

[하나님을 아는 지식은 어떤 것입니까?]

• 하나님을 아는 지식은 하나님의 길을 아는 것입니다.

내가 참으로 주의 목전에 은총을 입었사오면 원하건대 주의 길을 내게 보이사 내게 주를 알리시고 나로 주의 목전에 은총을 입게 하시며 이 족속을 주의 백성으로 여기소서 (출 33:13).

모세는 하나님의 길과 영광을 보여 달라고 기도했습니다(출 33:18). 하나님을 아는 지식은 하나님이 자기 백성을 인도하시는 방식과 교회와 세상에 대한 하나님의 계획과 뜻을 아는 것입니다(히 3:10). 이러한 '주의 길'은 구원의 역사를 통해 자세히 진술되었으므로 성경을 읽고 배우면 됩니다. 지금은 모세 시대와 달리 신구약 성경이 완성되었으므로 하나님의 길을 더욱 쉽게 이해할 수 있습니다.

• 하나님을 아는 지식은 하나님의 영광스러운 성품과 속성을 아는 것입니다(호 2: 19~20). 즉, 하나님의 내적 본성에 속하는 공의, 은총, 자비, 신실하심(2:19; 4:1) 등을 체험적으로 아는 것입니다. 그래서 하나님을 아는 지식이 없다는 것은 이러한 하나님의 내적 속성과 성품을 드러내는 삶을 살지 않는다는 말과 연결됩니다. 이스라엘 백성은 이 같은 하나님의 성품이 배어 있는 율법을 지키지 않았기 때문에 하나님을 아는 지식이 없으므로 망한다고 하였습니다(호 4:1).

하나님은 자신의 계명을 통해서 이스라엘 백성이 하나님을 깊이 알기를 원하셨습니다. 그래서 율법을 지키는 자녀들에게는 여러 가지 복을 내리시면서 하나님의 선하심과 자비하심을 점차적으로 더 드러내시고 하나님의 사랑과 능력을 더욱 체험케 하였습니다. 그 결과 하나님을 아는 지식이 쌓이면서 하나님의 성품을 더 많이 익히며 하나님의 영광스런 성품을 본받게 될 것이었습니다.

[하나님을 아는 방법]

보편적으로는 누구나 성경을 통해서 하나님이 어떤 분인지를 알 수 있습니다. 구체적으로는 예수님을 보고서 압니다. 예수님은 하나님이 보내신 신적 아들이시며 하나님의 본체의 영광과 형상이기 때문입니다(고후 4:6; 빌 2:6; 히 1:3). 예수님은 '나를 본 자는 아버지를 보았다'고 하셨습니다(요 14:9). 예수님을 통하지 않고는 구원의 하나님을 정확하게 알 길이 없습니다(요 14:6~7). 그래서 바울은 "예수를 아는 지식이 가장 고상하기 때문에"(빌 3:8) 모든 것을 배설물로 여긴다고 하였습니다. 기독교 신앙은 도덕이나 선행에 앞서 하나님을 아는 문제를 가장 중시해야 합니다. 예수님은 호세아 선지자의 말을 빌려 나는 인애를 원하고 제사를 원하지 아니하며 번제보다 하나님을 아는 것을 원한다 (호 6:6)고 하셨습니다(마 9:13; 12:7).

하나님을 알려면 단순한 믿음으로 시작해야 합니다. 복음의 기본 사실들을 성경이 말하는대로 믿어야 합니다. 제일 먼저 예수님을 구속주로 믿어야 합니다. 그다음 그분의 가르침에서 하나님의 뜻과 계획을 발견하고 그분의 성품을 보고 하늘 아버지가 어떤 분이신지를 배워야 합니다. 이렇게 얻어진 하나님을 아는 지식은 의롭고 경건한 삶과 이웃 사랑으로 표출됩니다. 약자에 대한 자비나 동정심은 하나님을 아는 지식의 부산물입니다.

> 그는 가난한 자와 궁핍한 자를 변호하고 형통하였나니 이것이 나를 앎
> 이 아니냐 여호와의 말씀이니라 (렘 22:16).

사도 요한은 "우리가 그의 계명을 지키면 이로써 우리가 그를 아는 줄로 알 것이요"(요일 2:3)라고 했습니다.

이 말씀은 계명을 지키는 사람이 예수 그리스도를 믿고 구원받은 사람이라는 말이 아닙니다. 이 말씀은 구원 여부를 가리는 테스트가 아니고, 하나님과 갖는 교제의 밀착성에 대한 언급입니다. 여기서 '안다'는 말은 밀접한 교제를 통해 체험적으로 깊게 안다는 뜻입니다. 교제는 상호적입니다. 주님의 사랑의 계명을 지키면 하나님은 그런 자녀들에게 자신을 조금씩 더 보여 주십니다. 이것이 하나님을 더 알아가는 방법입니다. 야고보는 "하나님을 가까이 하라 그리하면 너희를 가까이하시리라"(약 4:8)고 했습니다.

하나님을 아는 일은 단순히 하나님에 대한 사실들을 개념적으로 아는 것 이상입니다. 하나님을 순종과 사랑의 관계를 통해서 체험해야 합니다. 주님을 순종하고 사랑하면 깊은 레벨의 교류가 생깁니다. 주님의 계명을 지키는 것은 주님에 대한 사랑의 표현입니다. 주님은 "너희가 나를 사랑하면 내 계명을 지키리라"(요 14:14)고 하셨습니다. 우리가 주님을 사랑하면 주님도 우리를 사랑하시고 아버지와 함께 우리에게 자신을 나타내신다고 약속하셨습니다(요 14:21). 이것은 상호적이고 생동하는 사랑의 관계로서 하나님을 훨씬 더 가깝게 알게 합니다.

바울은 우리의 빛나는 모범입니다. 그는 주님을 아는 일을 교리적으로 깨닫고 신학적인 체계를 세우는 것으로 만족하지 않았습니다. 그에게는 주님을 아는 지식은 주님의 사랑이 가장 뚜렷하게 드러난 십자가와 사망의 권세를 짓누른 부활 능력을 몸소 체험하는 것이었습니다(빌 3:10~11). 이 일을 위해 바울은 모든 것을 버리고 오직 주님 한분에게 집중하였습니다.

한편 새 언약 백성은 이스라엘의 신정 시대에 잠정적으로 주어졌던 율법에 의존하지 않고 이보다 훨씬 높고 완전한 수준의 예수님의 사랑의 계명으로 하나님을 알아갑니다. 그런데 그리스도의 형상으로 빚어가는 성령의 인도는 우리 편의 노력과 협력이 없으면 결실하지 못합니다. 마음이 새로워져서 죄악 된 욕망을 제어하고 그리스도의 뜻에 따라 살려면 항상 주님과 교제하며 성령의 음성에 귀를 열어야 합니다. 하나님을 아는 일에는 끈기와 굳은 결심과 희생이 요구됩니다. 새 언약의 약속들은 무조건적인 보장도 아니고 강요된 명령도 아닙니다. 그것들은 메시아 시대의 축복을 위한 사랑의 권유입니다.

줄기찬 믿음과 꾸준한 인내로 나아가면 하나님을 아는 지식은 하나님과 갖는 교제의 체험 속에서 깊어지고 넓혀집니다. 원하는 자들은 주 예수께서 공급하시는 생명수 샘물을 값없이 넘치게 마실 수 있습니다. 생명수는 하나님과 어린 양의 보좌로부터 흘러나옵니다(계 22:1; 사 49:10).

> 또 내게 말씀하시되 이루었도다 나는 알파와 오메가요 처음과 마지막이라 내가 생명수 샘물을 목마른 자에게 값없이 주리니 이기는 자는 이것들을 상속으로 받으리라 나는 그의 하나님이 되고 그는 내 아들이 되리라 (계 21:6~7).

생명수는 영혼의 갈증으로 주를 찾는 자들을 위해 항상 준비되어 있습니다. 이것들은 상속으로 받는다고 하였습니다. 자동으로 받는 것이 아니고 변치 않는 믿음과 신실한 순종의 삶으로 죄와 싸워 이기며 사랑을 실천하는 자들이 받는 유업의 선물입니다.

하나님의 법이 우리 생각과 마음에 새겨지고, 하나님이 우리의 하나님이 되시고, 우리가 하나님께 속한 백성이 되며, 전 세계 교회 공동체가 하나님의 뜻과 계획과 성품을 친밀하게 아는 지식으로 가득 차게 되는 것은 새 언약 공동체의 숭고한 목표입니다. 이것은 예수님이 오신 이후로 성령 사역에 의해 이루어질 청사진입니다(요일 2:20, 27). 모든 신자가 적극적으로 참여하여 예수님의 가르침에 순종할 때 교회는 장족의 발전을 하게 되고 하나님을 아는 지식과 경험이 날로 증대됩니다. 이사야 선지자도 여호와를 아는 지식이 충만한 때가 온다고 예언하였습니다.

내 거룩한 산 모든 곳에서 해 됨도 없고 상함도 없을 것이니 이는 물이
바다를 덮음 같이 여호와를 아는 지식이 세상에 충만할 것임이니라 (사
11:9).

새 언약의 궁극적인 실현은 미래에 속합니다. 그런데 이 약속이
미래의 어떤 특정한 시기에 있을 일로 제한하면 우리와는 상관없는
일이 됩니다. 히브리서 독자들 당시에 첫 언약은 이미 낡아서 새 언
약으로 대치되었습니다(8:7,13). 그래서 이 새 언약의 약속들은 그들
시대에 바로 적용될 수 있었다고 보아야 합니다. 이 약속들은 지금도
진행 중입니다. 완전한 성취는 더 기다려야 할지라도 현재 우리에게
열려진 유업의 소명이며 누려야 할 은혜입니다. 예수님은 이미 초림
으로 메시아 시대를 여셨고 오순절을 기점으로 성령 세대가 개막되
었기 때문입니다.

어떤 분들은 여호와를 아는 지식이 세상에 충만할 것이라는 약속
은 종말론적인 이상이라고 봅니다. 그러나 사후나 주님의 재림 때에
성취될 일이라면 현재적인 유익이 없습니다. 중요한 것은 현재의 삶
속에서 우리가 어떻게 이 약속을 믿고 메시아 시대의 특징인 성령의
능력으로 사느냐는 것입니다. 예수 그리스도의 중보 사역과 성령의
내적 활동은 강력한 능력입니다. 그러나 하나님을 아는 지식은 점진
적입니다. 새 마음은 즉시 받지만 새 마음이 내 삶에 질적이고 혁신
적인 변화를 일으키려면 시간이 걸립니다. 그 까닭은 우리의 죄와 연
약한 육신 때문입니다. 그래서 훈련과 경험이 필요합니다. 시행착오
를 통해서 배워야 하고 깨달은 것을 실천하는 과정을 거쳐야 합니다.

우리는 자주 넘어집니다. 그럴지라도 하나님의 말씀이 우리 마음

과 생각에 담겨 있으면 연약한 무릎을 다시 일으켜 세우고 재기할 수 있습니다(히 12:12~13). 우리는 넘어질 때마다 새 언약의 약속을 믿고 대제사장이신 주님을 바라보아야 합니다. 지금 당장 이루어지지 않는다고 실망할 필요가 없습니다. 새 언약의 약속은 목표를 향해 진행하는 적극적인 활동을 통해 점차적으로 성취됩니다. 하나님을 아는 지식은 시간이 걸릴지라도 성령의 인도함을 받으면서 성숙해지면 상당한 수준의 영성에 이를 수 있다는 것이 신약 저자들의 공통된 가르침입니다.

하나님의 용서는 새 언약의 은혜들을 받는 발판입니다.

> 내가 그들의 불의를 긍휼히 여기고 그들의 죄를 다시 기억하지 아니하리라 (8:12).

왜 이 말씀을 새 언약의 축복 목록에 넣었을까요? 새 언약의 약속들이 성취되는 근거는 죄의 용서이기 때문입니다. 그래서 용서에 대한 약속은 논리적으로는 다른 약속들보다 맨 앞에 속합니다. 실제로 원문에서 본 절은 "왜냐하면"(For)으로 시작합니다. 개역개정과 새번역에는 이 부분이 빠졌지만, 영문 성경이나 직역성경에는 잘 나와 있어서 용서의 우선 순위를 확인할 수 있습니다.

> 이는 내가 그들의 죄악을 용서하고 그들의 죄를 더 이상 기억하지 않을 것이기 때문이다. (히 8:12, 직역성경)

하나님의 법을 우리 마음과 생각에 담아주시고 우리가 하나님의 백성이 되고 모두 주를 친밀히 아는 새로운 공동체가 형성되는 이유와 근거는 하나님께서 우리의 모든 죄를 용서하셨기 때문입니다. 하나님은 자비를 구하는 자들의 모든 죄를 용서하십니다. 하나님께서 진노의 맹세를 취하셔도 용서는 여전히 받습니다. 이스라엘 백성이 가나안 정탐들의 소식을 듣고 애굽으로 돌아가자고 했을 때 하나님의 진노의 맹세를 받았습니다. 그래도 하나님께서는 "내가 그들을 사한다"(민 14:20~22)라고 하셨습니다. 그들은 가나안 유업을 상실했지만, 하나님의 용서를 받았고 계속해서 하나님의 백성으로 광야에서 모세와 함께 살았습니다. 하나님이 진노의 맹세를 하셨다고 해서 구원을 잃거나 용서가 없다는 뜻은 아닙니다.

그들의 죄를 다시 기억하지 아니하리라 (8:12).

하나님께서 무엇을 잊으신다는 것은 말이 되지 않습니다. 이것은 우리 죄가 그리스도의 십자가 죽음으로 완전하게 처리되었기 때문에 하나님과 우리 사이에 아무런 문제가 없으니 안심하라는 것을 강조하는 그림 언어입니다(요일 1:7; 눅 22:20; 요 1:29). 하나님의 용서는 너무도 철저해서 기억에도 없고 마음에도 남아 있지 않습니다. 하나님의 마음에 없다면 우리 마음에도 남아 있을 필요가 없습니다. 과거의 어리석은 죄악이 생각나서 괴로울 때마다 하나님의 완전한 용서를 생각하고 자신을 괴롭히지 말아야 합니다. 하나님께서 동이 서에서부터 먼 것처럼 우리 죄를 옮기시고 깊은 바다에 던지셨습니다(시 103:12; 미 7:19). 하나님께 자신의 죄를 인정하고 예수 그리스도의 십자가 용서를 믿는다고 고백하면 즉시 용서를 받습니다. 용서받고 깨끗한 양심을 가질 때 기쁨과 감사와 평안이 오고 새 언약의 약속들이 전진합니다.

새 언약은 옛 언약보다 훨씬 더 관용적입니다. 율법은 간음, 우상숭배, 안식일 위반, 불순종의 자녀, 고의로 범하는 죄 등은 사형이었지만 새 언약의 용서는 모든 종류의 죄를 다 포함합니다. 예수님은 세상 죄를 지고가는 하나님의 어린 양이십니다. '세상 죄'는 세상에 있는 모든 죄입니다. 내가 범하는 일체의 죄들도 세상 죄에 속하므로 전부 용서될 수 있습니다. 내가 그리스도의 십자가 용서를 밀어내고 예수님의 대속을 끝까지 부정하지 않는 한, 어떤 죄도 용서받을 수 있습니다. 그래서 하나님의 자비를 얻기 위해 은혜의 보좌로 담대히 나아가라고 했습니다(히 4:16).

❖ 요셉은 애굽에서 자기 형제들의 죄가 드러나는 것을 원치 않았습니다. 그는 다른 사람들을 방에서 다 내보내고 형제들에게 자신의 정체를 밝혔습니다. 그리고 그들에게 말하기를 그들은 자기에게 악을 행했으나 하나님은 그들의 악행을 선으로 바꾸셨다고 하면서 형제들을 위로하였습니다(창 50:20). 그는 애굽인들이 자기 형제들의 악행을 알고 수군거리기를 원치 않았습니다. 그는 형제들을 보호하였습니다. 그렇다면 예수님이 요셉만 못하시겠습니까!

주님은 우리 죄를 깊은 바다에 던지셨습니다. 그리고 잊으셨습니다. 하나님께서 우리 죄를 잊고 기억하시지 않는다는 말씀은 믿어지지 않습니다. 어떻게 모든 것을 아시는 하나님이 한 가지라도 잊어버릴 수 있단 말입니까? 그러나 용서받은 죄는 하나님의 뇌리에서 사라져버렸다고 간주해야 합니다. 우리의 죄가 그리스도의 피로 씻겨지면 (요일 1:7; 눅 22:20) 하나님에게 더 이상 문제가 되지 않습니다.

주님은 율법이 용납할 수 없는 중죄도 모두 용서하실 수 있습니다. 죄를 짓고 후회가 되거나 두려우면 주께 가져 가십시오. 자신의 죄로 인한 피해를 보상할 수 있으면 하십시오. 나머지는 하나님께 다 넘기십시오. 하나님께서 우리 죄를 기억조차 하시지 않기 때문에 우리는 온전히 새 백성이 되어 새 출발을 할 수 있습니다. 용서를 받고 깨끗한 양심을 가질 때 새 언약의 은혜로운 약속들이 성취되기 시작하는 것을 체험하게 될 것입니다.

옛 언약은 새 언약으로 대치되었습니다.

새 언약이라 말씀하셨으매 첫 것은 낡아지게 하신 것이니 낡아지고 쇠 하는 것은 없어져 가는 것이니라 (히 8:13).

히브리서의 대표적인 주제는 그리스도 안에 있는 새 언약의 유업입니다. 크리스천은 옛 언약에 비해서 더 좋고 나은 언약의 주인이신 예수님으로 삽니다. 예수님은 하나님의 최종적이고 절대적인 말씀이며 천사들이나 모세보다 더 위대하신 하나님의 아들이십니다. 예수님은 천상의 대제사장이시며 자기 백성을 유업의 영광으로 인도하십니다. 13절은 이러한 진술에 대한 마지막 결론으로서 본 항목의 첫 절(7절)과 평행을 이룹니다.

옛 언약은 원래부터 사라질 운명이었습니다. 그것은 영원법이 아니고 잠정법이었기 때문입니다. 율법의 요구는 예수님에 의해서 충족되었고 예수님의 모범과 가르침은 율법의 상한선을 넘었습니다.

새 언약 백성은 옛 언약에 지배되지 않습니다. 모세 언약은 수한이 차서 구원 역사의 뒤안길로 사라졌습니다. 물론 율법에는 하나님의 뜻이 담겨 있고 우리가 참고해야 할 점들이 있습니다. 그러나 모세법의 지배를 받는 종교 생활은 새 언약 백성에게는 시대착오입니다. 예수님은 우리의 태양입니다. 햇볕이 나서 사방이 밝은데 촛불을 켜고 다녀야 할 까닭이 무엇입니까?

세례 요한은 "켜서 비추이는 등불"(요 5:35)이었습니다. 등불은 희미하나마 어둠을 어느 정도 밝힙니다. 세례 요한은 신약 시대의 문턱에서 사역했지만 구속사적으로 보면 구약에 속한 선지자였습니다. 그의 등불은 한시적이었으므로 예수님이 오시자 구속의 무대에서 사라져야 했습니다. 예수님은 세례 요한처럼 이스라엘을 잠시 비추던 등불이 아니고, 온 세상 죄인에게 길과 진리와 생명으로 오신 영원한 "세상의 빛"(요 9:5)이십니다. 우리는 낡고 쇠퇴하는 옛것에 속한 율법적 전통이나 사람이 만든 종교적 관습들에서 해방되어야 합니다.

> 새 포도주를 낡은 가죽 부대에 넣는 자가 없나니 만일 그렇게 하면 새 포도주가 부대를 터뜨려 포도주와 부대를 버리게 되리라 오직 새 포도주는 새 부대에 넣느니라 하시니라 (막 2:22).

예수님은 새 언약의 주인이십니다. 새 언약 백성은 모세의 옷을 입고 예수님을 따를 수 없습니다. 교회가 이런저런 규정이나 제도나 직분의 권위로 신앙생활을 통제하거나 건물에 집착하거나 형식적 예배나 세속적 가치관 등에 물들어 있지 않은지 살펴야 하겠습니다. 우리에게 필요한 것은 옛 언약의 규정이나 도덕이나 성전이나 인간 제

사장들이 아니고 완전하고 더 좋은 예수님 자신이며 그분을 날마다
더욱 알아가는 것입니다.

30.
그리스도의 속죄 피
히브리서 9:1~15

히브리서의 독자들은 유대인 크리스천들이었습니다. 그들은 성전 중심의 유대교로부터 이탈하여 예수님 중심의 기독교로 전향하였습니다. 그들은 조상 대대로 믿어온 오랜 종교 전통에서 벗어나서 전혀 다른 형태의 종교 생활을 했기 때문에 박해를 받았습니다. 특별히 그들이 메시아로 믿는 예수 그리스도는 십자가 처형을 당했으므로 그런 사람을 구주로 경배한다는 것은 다른 유대인들의 눈에는 어리석기 짝이 없었습니다. 또한 예루살렘 성전은 여호와 종교의 상징이었고 유대 민족의 정체성을 드러내는 곳이었으므로 히브리 크리스천들이 성전 예배의 유효성을 부정하는 것은 심한 비난과 반대에 부딪쳤을 것입니다. 그들은 예수 그리스도를 주님으로 섬겼지만 유대교로 복귀하라는 동족의 압력과 유혹에 노출되었습니다.

저자는 히브리 교인들을 돕기 위해 예수님의 뛰어난 신분을 역설하였습니다. 즉, 예수님은 성전을 포함하여 유대교가 중시하는 천사나 모세보다 더 위대하신 분이며 새 언약의 대제사장이심을 강조하였습니다. 본 장은 첫 언약 때의 지상 장막과 예수님이 들어가신 하

늘 장막을 비교하고 예수님이 옛 장막이 상징했던 모든 것의 성취라
고 증언합니다.

장막은 무엇입니까?

여기서 말하는 장막은 솔로몬 성전이 아닌, 모세가 만든 성막입니
다. 성막은 간단한 구조로 된 이동식 장막이었습니다. 두 칸으로 구
성되었는데 첫 번째 칸은 제사장들이 집전하는 성소이고 두 번째 칸
은 대제사장이 일 년에 한 번 들어가는 지성소였습니다. 성소로 들어
가는 지역은 구조물이 아닌 맨 땅이었는데 제단과 물두멍이 있었으
며 바깥 뜰이라고 불렀습니다. 성소로 들어가는 것은 바깥 뜰에 해당
하는 이 세상을 통과하여 하나님의 임재 속으로 들어가는 것을 상징
합니다. 장막은 전체적으로 보면 바깥 뜰까지 포함한 울타리가 있었
기 때문에 세 단위로 나눌 수 있습니다.

장막은 예수 그리스도를 통한 구원을 시각적으로 상징하는 그림
입니다. 바깥 뜰은 이 세상을 가리키고, 장막은 하늘을 가리킵니다.
그런데 하늘에도 성소와 지성소가 두 칸으로 분리되었다고 생각하지
말아야 합니다. 지상의 성소와 지성소가 휘장으로 나누어진 것은 옛
언약이 어떻게 새 언약으로 성취되는지를 보여주기 위해서였습니다.
다시 말해서 성소는 모세 언약 시대의 첫 언약을 대표하고 지성소는
예수님으로 출발하는 새 언약을 대표합니다.

휘장은 구원의 역사가 진전되는 과정을 상징합니다. 휘장은 영구
적인 것이 아니고 임시적입니다. 제사장들은 주로 성소에서 하나님
을 섬겼는데 지성소까지는 들어갈 수 없었습니다. 지성소는 대제사
장이 올 때까지 휘장으로 닫혀 있었습니다. 지상의 대제사장은 일년

에 한 번 잠시 지성소에 들어갔습니다. 그러나 예수님이 대제사장으로 오신 후로는 성소와 지성소가 상징했던 모든 그림들이 실체로 바뀌고 성막은 휘장이 없는 한 개의 하늘 성소가 되었습니다.

예루살렘 성전의 휘장은 예수님의 몸이 십자가에서 찢어졌을 때 위에서 아래로 찢어졌습니다(마 27:51; 막 15:38). 이것은 성소에서 지성소로 가는 길이 열렸음을 알리는 것이었습니다. 예수님이 흘리신 피가 하늘 아버지에게 드려졌음을 극적으로 드러낸 사건입니다. 예수님은 찢어진 휘장을 통과하여 하늘의 시은보좌(施恩寶座)로 올라가셨습니다. 예수님은 이제 하늘 성소의 대제사장이십니다. 그렇다면 히브리서 교인들은 예루살렘 성전의 대제사장이나 모세 시스템에 대해 아쉬워할 것이 없어야 했습니다. 그들은 그림자가 아닌 실체를 믿고 살기 때문입니다. 예수님은 성전보다 더 큰 분이십니다(마 12:6).

장막은 상이한 교제의 레벨을 가리킵니다.

1) 바깥 뜰

장막에 들지 않은 바깥 뜰은 이 세상을 대표합니다. 바깥 뜰에는 제단과 큰 물두멍이 있었습니다. 제단은 속죄를, 물두멍은 죄의 씻음을 상징합니다. 세상은 하나님과 교제하지 않습니다. 그들은 하나님을 알지 못합니다. 그러나 바깥 뜰에서 제사장들이 제단과 물두멍에서 사역했듯이, 이 세상에는 복음의 증인들이 있습니다. 주 예수의 복음을 믿고 회개하면 용서를 받고 하나님께로 나아갈 수 있습니다. 바깥 뜰의 제단과 물두멍은 세상 죄인들을 위한 것입니다. 예수님이 세상 뜰의 제단 위에 희생 제물이 되셨습니다. 그분의 십자가 대속을 믿는 모든 사람의 죄는 그의 피로 씻겨지고 양심도 죄의 오염으로부터 깨끗해집니다.

2) 첫 장막

첫 언약에도 섬기는 예법과 세상에 속한 성소가 있더라 예비한 첫 장막
이 있고 그 안에 등잔대와 상과 진설병이 있으니 이는 성소라 일컫고
(1~2절).

• 진설병: 상 위에 차려놓은 12지파를 대표하는 열두 덩이의 빵
이었습니다(레 24:5~9). 하나님 앞에 드리는 빵이라고 해서 '임재(면전)
의 빵'(the bread of the Presence)이라고도 부릅니다(출 25:30, 영역). 하나님
과의 언약과 교제를 상징하는 것으로서 생명의 빵으로 우리를 먹이
시는 예수님을 예시합니다(요 6:35, 52, 58). 식탁 교제는 상호적입니다.
주의 백성은 자신을 헌신하고 주님은 자신의 몸을 우리를 위해 바치
셨습니다. 주님의 살과 피를 먹고 마시는 자들은 주님의 사랑과 주님
의 헌신으로 삽니다. 주님은 우리가 헌신하기 전에 먼저 우리를 위해
죄 없는 삶을 사셨고 십자가 죽음을 치르셨습니다. 신약에서 구원은
먹고 마시는 잔치처럼, 주님의 공급을 받으며 즐거운 교제를 나누는
것으로 자주 묘사되었습니다(눅 5:27~35; 14:15~24; 요 12:2; 계 3:20).

한편, 주님은 우리의 헌신을 기뻐 받으시며 칭찬하십니다. 우리의
사랑과 희생의 봉사를 날마다 주께 올리며 주님으로부터 영생의 힘
을 받고 사는 것이 생동하는 크리스천 삶의 일과입니다.

• 등잔대: 성소에는 창문이 없었습니다. 등잔불이 유일한 빛이었
습니다. 등대는 가지에 꽃이 핀 아몬드 나무의 모형이었고 일곱 개의

등이 항상 타고 있었습니다(출 25:31~37). 이것은 에덴 동산의 생명나무를 연상시킵니다(창 2:9; 계 22:2). 등대의 불빛은 예수님이 영원한 진리의 빛이심을 상징합니다(요 1:9; 3:19~21; 8:12; 9:5). 복음의 진리는 내 영혼의 어둠을 몰아내고 빛 가운데 행하게 합니다. 빛보다 어둠을 더 사랑하는 자들은 정죄를 받습니다(요 3:19). 그러나 진리를 따르는 자들은 빛으로 나아오며 빛 속에 머물기를 좋아합니다(요 3:21).

3) 지성소

> 또 둘째 휘장 뒤에 있는 장막을 지성소라 일컫나니 금 향로와 사면을 금으로 싼 언약궤가 있고 그 안에 만나를 담은 금 항아리와 아론의 싹난 지팡이와 언약의 돌판들이 있고 그 위에 속죄소를 덮는 영광의 그룹들이 있으니 이것들에 관하여는 이제 낱낱이 말할 수 없노라 (3~5절).

• 언약궤: 최상의 교제는 지성소에서 이루어집니다. 지성소는 하나님의 임재 속으로 들어가는 곳입니다. 언약궤에는 율법(두 돌판)이 보관되었습니다. 그런데 언약궤 위에 희생제물의 피가 뿌려졌으므로 하나님과의 화해와 용서가 보장되었습니다. 그래서 율법은 거룩하지만 불의한 죄인들을 정죄하지 못합니다. 천사들도 경배에 가담합니다. 그들은 언약궤 속에 있는 율법을 가려서 덮듯이 날개를 펼쳤습니다. 지성소에서의 교제는 가장 깊은 레벨의 안식입니다.

그럼 구약 시대의 성도들은 하나님과 깊은 교제를 못 했을까요? 시편을 읽어보십시오. 그들의 영성이 얼마나 깊었는지를 알 수 있습니다. 에녹, 아브라함, 모세, 다윗과 같은 구약 성도들은 하나님과 매우 각별하고 깊은 교제를 하였습니다. 에녹은 하나님과 동행하면서 하나님을 기쁘게 해 드렸고 죽지 않고 하늘로 옮겨갔습니다(창 5:24; 히 11:5). 아브라함은 하나님의 벗이었고(약 2:23; 사 41:8), 모세는 하나님께서 친구처럼 그와 얼굴을 마주하고 말씀하셨습니다(출 33:11). 다윗은 많은 영적 시편을 남겼습니다. 이들 외에도 여러 선지자들이 하나님과 밀접하고 경건한 교제를 가졌습니다.

그런데도 그들은 예수님의 이름도 몰랐고 성전 휘장이 예수님의 죽음으로 찢어져서 지성소로 가는 길이 열리고 새 언약 시대의 성령이 주의 백성 위에 충만하게 내리는 것을 체험하지 못했습니다. "이 사람들은 다 믿음을 따라 죽었으며 약속을 받지 못하였으되 그것들을 멀리서 보고 환영"(히 11:13)했습니다. 그들은 복음의 영광을 일견하였고 하나님이 그들의 구주가 되실 것을 감지했지만 희미하게 알았습니다. 그들은 언젠가 하나님과 훨씬 더 높고 깊은 레벨의 교제가 있을 날을 멀리서 바라보았을 뿐이었습니다.

그들에 비하면 우리는 훨씬 더 높고 깊은 차원에서 하나님을 알고 사귑니다. 우리는 이제 구약 성도들이 들어갈 수 없었던 지성소의 영광과 축복 속으로 들어가게 되었습니다. 신약 성도는 속박의 영에서 해방되어 성령으로 하나님을 아빠 아버지라고 부르고(롬 8:15), 하나님의 사랑이 우리 마음속에 부어지는 것을 체험하며(롬 5:5), 우리가 하나님의 자녀임을 선포하는 성령의 증언을 듣습니다(롬 5:16). 우리는 죄책감에 눌려 하나님 앞으로 나아가지 못하는 두려움 속에서 살지 않습니다. 지성소에는 언약궤가 있고 그 안에 두 돌판이 있었는데 죄인들에게 죄책감을 일으켰습니다.

그러나 율법은 예수님의 피로 덮여 있기에 나를 정죄하지 못합니다. 사탄이 나의 죄를 기억나게 하고 하나님 앞에 고발하여도 아무 소용이 없습니다. 나는 그리스도의 대속의 피로 씻겨졌고 하나님의 용서를 받았기 때문입니다. 그래서 제물의 피가 뿌려진 언약궤의 뚜껑을 하나님의 자비가 내리는 곳이라는 뜻에서 시은좌(施恩座, the mercy seat) 혹은 속죄소라고 불렀습니다(출 25:17~22). 히브리서의 저자가 "은혜의 보좌"(히 4:16) 앞에 담대히 나아가라고 한 것은 이러한 배경을 연상시킵니다. '은혜의 보좌'는 예수님이 대제사장으로 섬기고 계신 하늘에 있는 속죄소입니다.

• 금 향로: 향로는 작은 화로를 말하고 분향단은 향을 피우는 제단을 가리킵니다. 그런데 히브리서 9장 4절에는 "금 향로"가 지성소 안에 있었다고 합니다. 그러나 출애굽기에는 분향단은 지성소의 휘장 밖에 두라고 했습니다(출 30:6). 모순된 것 같아서 여러 이론이 제시되었는데 확실하지 않습니다. 향로로 보면 분향단은 성소에 있었고 대제사장이 향을 담은 향로를 지성소로 따로 가지고 들어갔다는 의미가 됩니다. 분향단으로 보면, 성소에서 지성소로 들어가는 휘장에 가까이 있었고 향을 지성소에서 사용했기 때문에 기능적으로 분향단이 지성소에 속한 것으로 언급했을지 모릅니다. 중요한 것은 문자적인 디테일의 일치가 아니고 상징하는 의미입니다. 분향은 하나님께 올리는 기도를 상징합니다(눅1:8~10; 계 5:8; 8:2~5; 시 141:2).

• 금 항아리: 만나가 담겨 있었습니다. 광야 사십 년 동안 하늘에서 내린 만나는 하나님께서 자기 백성을 돌보신다는 증거였습니다. 불순종과 불평으로 일관했던 광야 세대에게도 하나님은 하루도 굶기지 않고 만나를 공급하셨습니다. 예수님은 생명의 빵입니다. 예

수님을 양식으로 삼는 자는 절대로 굶주리지 않습니다(요 6:31~5; 막 14:22~24). 부자가 된다는 말이 아니라 하나님이 주신 소명 성취를 위해 필요한 것들을 공급받고, 하나님의 사랑의 돌보심을 체험하며, 은혜와 복음의 말씀을 깨닫는 것을 가리킵니다.

• 아론의 싹난 지팡이: 아론의 싹난 지팡이는 광야에서 이스라엘 지파들이 아론의 권위를 불신하고 원망했을 때 있었던 사건과 관계된 것입니다. 하나님은 열두 자파의 지팡이들을 모아 언약궤 앞에 두게 하셨습니다. 이튿날 모세가 보니 아론의 지팡이에 움이 돋고 꽃이 피어 열매까지 달려 있었습니다(민 17:1~11). 이것은 하나님이 아론을 대제사장으로 임명하셨다는 확실한 증거로서 장차 하나님이 보내실 예수 그리스도의 대제사장직에 대한 예증이었습니다.

장막은 에덴 동산의 회복을 내다보는 상징입니다.

장막은 에덴 동산처럼 하나님이 거주하시는 곳으로서 인간들과 만나는 장소입니다(레 8:1~4).

모세는 그 장막을 주님과 만나는 곳이라고 하여, 회막이라고 하였다. (출 33:7, 새번역).

장막은 구조나 그 안에 배치한 기물들에서 에덴동산의 이미지를 엿볼 수 있습니다. 에덴동산의 위치는 동쪽이었는데(창 2:8) 그룹들이 입구를 지켰습니다(창 3:24). 장막의 문도 동쪽을 향하도록 설계되었습니다(겔 47:1).

에덴동산의 금은 순금이었는데(창 2:11~12) 성막의 내부 기물들은 모두 순금이었습니다. 에덴동산에 생명나무가 있었듯이, 성소의 등 잔대는 아몬드 나무의 꽃이 핀 모형을 딴 등대로서 생명나무를 연상시킵니다. 에덴동산에는 "선과 악의 지식 나무"(창 2:9, 직역성경)가 있었는데 지성소의 언약궤 안에는 율법이 있었습니다. 그래서 장막은 타락 후에 금지된 에덴동산의 접근이 예수 그리스도의 속죄 사역에 의해서 어떻게 풀릴 것인지를 예시하는 그림으로서 에덴의 회복에 대한 강렬한 열망을 표출했다고 볼 수 있습니다.

장막 제사는 잠정적이며 양심을 씻지 못합니다.

> 이 장막은 현재까지의 비유니 이에 따라 드리는 예물과 제사는 섬기는 자를 그 양심상 온전하게 할 수 없나니 이런 것은 먹고 마시는 것과 여러 가지 씻는 것과 함께 육체의 예법일 뿐이며 개혁할 때까지 맡겨 둔 것이니라 (9~10절).

장막 제사에 대한 매우 간결한 요점입니다. 장막은 당시의 시점으로 보아 1세기 당시까지의 비유로서 양심을 깨끗하게 할 수 없습니다. 이것은 외형적인 의식으로서 개혁의 때까지 존재하는 한시적 장치입니다. 다른 말로 바꾸면 장막 제도는 실체가 올 때까지만 존속하는 상징적 임시 방편이었습니다. 히브리 교인들은 성막의 모든 상징과 예시가 예수 그리스도의 오심으로 성취되었음을 알아야 했습니다.

장막 제사의 가장 큰 약점은 불완전한 효능입니다. 하나님께 제사하는 주된 목적은 죄의 용서를 받기 위한 것인데 죄의 삯으로 바치는 희생제물은 동물이었습니다. 사람의 죄를 동물의 피로 대신하는 것은 편법입니다. 죄인의 죄를 지고 갈 하나님의 아들이 오실 때까지 염소나 송아지의 피가 잠정적인 속죄의 피로 용인되었습니다.

장막 제사의 하일라이트는 일 년에 한 번씩 대제사장이 온 백성의 죄를 위해 희생 제물의 피를 속죄소에 바르고 뿌리는 대속죄일이었습니다. 그런데 대제사장은 자신도 죄인이었을 뿐만 아니라 죽기 때문에 대제사장직은 영구하지 않았습니다. 대제사장도 바뀌고 속죄 의식도 매해 반복되었습니다. 희생 제물을 바치고 용서를 받지만 일시적이었고 다시 죄를 짓기 때문에 양심이 깨끗하지 않았습니다. 한 번에 영구적인 완전한 용서를 받는 제사는 없었습니다. 장막 제사 자체가 불완전했기 때문입니다.

일회로 끝나는 완전하고 영구적인 제사는 하나님이 준비하신 죄가 없는 완전한 인간이 모든 죄인을 대표하여 자신의 피를 하나님 앞에 드리는 것입니다. 그날이 올 때까지는 아무도 양심의 완전한 자유를 느끼는 용서를 체험할 수 없었습니다. 예수님은 2천 년 전에 세상에 오셔서 "염소와 송아지의 피로 하지 아니하고 오직 자기의 피로 영원한 속죄를 이루사 단번에 성소에 들어가셨습니다"(12절). 예수님의 속죄 사역은 이미 성취되었습니다. 예수님은 자기의 피를 하늘 성소에 뿌리셨습니다. 죄가 없는 완전한 피로 우리 죄를 씻기시고 양심의 자유를 얻게 하셨습니다. 동물의 피도 잠시나마 경배자의 "육체를 정결하게 하여 거룩하게"(13절) 했다면 예수님의 피는 말할 나위도 없습니다.

하물며 영원하신 성령으로 말미암아 흠 없는 자기를 하나님께 드린 그리스도의 피가 어찌 너희 양심을 죽은 행실에서 깨끗하게 하고 살아 계신 하나님을 섬기게 하지 못하겠느냐 (14절).

"만일 우리 마음이 우리를 책망할 것이 없으면 하나님 앞에서 담대함을 얻는다"(요일 3:21)고 하였습니다. 하나님을 섬기는 데 최대의 장애는 깨끗하지 않은 양심입니다. 왜 양심이 깨끗하지 않습니까? 죄의 용서를 확신하지 못하기 때문입니다. 십자가에서 나의 모든 죄가 용서됐다는 것을 믿어야 합니다. 내가 고백한 죄가 완전하게 씻겨졌다는 것은 의심의 여지가 없는 하나님의 약속입니다(요일 1:9; 시 103:12; 사 43:25). 예수님의 속죄 피가 나의 모든 죄를 씻겼다는 사실을 깨닫고 믿지 못하면 마음이 항상 정죄를 당합니다(요일 3:19). 우리는 죄의 용서를 받고 양심이 깨끗해졌을 때 담대한 마음으로 기도하며 구원의 하나님을 기쁨과 감사함으로 섬길 수 있습니다(요일 3:19~22).

양심이 불편하면 하나님을 잘 섬기지 못합니다. 죄책감은 거룩하신 하나님을 회피합니다. 해결책은 언약궤 위에 뿌려진 그리스도의 속죄 피를 믿고 은혜의 보좌 앞으로 담대히 나아가 회개하고 용서를 비는 것입니다. 성소에 차려진 임재의 빵과 등잔대의 불빛은 모든 자녀를 위한 것입니다. 주님의 식탁에서 먹고 마셔야 합니다. 복음의 빛으로 심령이 밝아져서 지성소에까지 들어가야 합니다. 그곳에서 주 예수의 피가 나의 모든 죄를 다 덮고 씻었음을 확신해야 합니다. 우리가 주 예수의 대속을 굳게 믿는다면, 죄책감으로 마음이 눌릴 때나 고난으로 침체되었을 때 보라 아버지께서 어떠한 사랑을 우리에게 베푸사 하나님의 자녀라 일컬음을 받게 하셨는가 (요일 3:1)라고 외칠 수 있을 것입니다. 그러면 우리는 성령의 도우심으로 하나님의 임재를 체험하게 됩니다.

예수님은 새 언약 백성에게 유업을 받게 하려고 속죄의 피를 흘리셨습니다.

> 이로 말미암아 그는 새 언약의 중보자시니 이는 첫 언약 때에 범한 죄에서 속량하려고 죽으사 부르심을 입은 자로 하여금 영원한 기업의 약속을 얻게 하려 하심이라 (15절).

우리는 구원을 너무 단순하게 생각하는 경향이 있습니다. 이를테면 우리가 구원받는 목적은 천국가기 위함이고 하나님은 우리를 구원하여 영원한 하늘나라에서 영영토록 살게 하신다는 것입니다. 이보다는 구원을 단계적으로 보면 하나님의 크나큰 사랑을 더욱 실감할 수 있습니다. 출애굽의 경우 하나님께서는 이스라엘 백성을 바로의 마수에서 해방하셨습니다. 그들은 죄와 어둠의 세계에서 탈출하여 젖과 꿀이 흐르는 가나안을 향하였습니다. 가나안은 천국의 그림이 아니고 하나님이 주기를 원하시는 유업의 땅이었습니다. 이스라엘 백성은 출애굽 때 구원을 받았습니다. 그러나 그다음 단계는 광야를 거쳐 가나안으로 들어가서 안식하는 것이었습니다. 출애굽 구원의 목적은 광야에 머무는 것이 아니라 가나안으로 가기 위한 것이었습니다.

장막의 경우도 마찬가지입니다. 희생 제물을 바치는 제단과 몸을 씻는 물이 담긴 물두멍은 성막 바깥 뜰에 있었는데 하나님의 용서와 거듭난 새 삶의 시작을 상징합니다. 예수님은 성문 밖에서 희생 제물이 되셨습니다. 주 예수의 피를 믿고 죄의 씻음을 받은 자들은 구원을 받습니다. 그러나 이것은 구원의 첫 단계입니다. 다음 단계는 바깥 뜰에 머물지 말고 꾸준한 믿음과 인내로 성소와 지성소에까지 들어가는 것입니다. 지성소는 하나님의 임재를 상징합니다.

하나님의 부름을 받고 주 예수를 구주로 믿은 자녀들은 하나님을 위해 행한 모든 수고와 선행에 대해 칭찬을 받습니다(고전 4:5). 지성소는 우리 편에서는 하나님의 가히 없는 사랑을 절절이 느끼는 곳이고, 하나님 편에서는 하나님에 대한 우리의 사랑을 기뻐 받으시며 '잘하였도다 착하고 충성된 종아'라고 칭찬하시는 곳입니다. 이것이 하나님께서 우리가 받기를 원하시는 유업입니다. 그런데 유업은 모든 자녀가 자동으로 받지 않습니다. "기업의 약속을 얻게 하려 하심이라"(may receive the promised eternal inheritance, ESV)는 말씀은 유업의 상을 얻을 수도 있고 못 얻을 수도 있다는 뜻입니다.

우리는 날마다 그리스도의 피로써 죄를 씻고 깨끗한 양심으로(14절) 하나님의 길을 줄기찬 믿음과 순종으로 힘써 달려갈 때 유업의 상을 받습니다. 그때 우리는 하나님의 안식에 들어가고 수고의 열매를 수확하는 기쁨을 누립니다.

우리는 예수를 믿으면 구원받고 사후에 천국간다는 식으로 간단하게 생각하기보다 구원을 받았으니 다음 단계의 성도의 삶을 살아야 하겠다고 마음먹어야 합니다. 다음 단계는 곧 유업 신앙으로 사는 것입니다. 하나님께서는 우리를 부르시고 거룩한 소명을 주셔서 하나님의 뜻에 따라 주 예수의 나라를 위해 살게 하십니다. 주 예수의 피를 전적으로 의존하며 믿음과 순종과 사랑의 삶을 사는 것은 하나님의 구원 목적이 성취되는 길입니다. 우리는 새 언약 백성으로서 새 약속들을 받았습니다. 예수님은 우리의 더 좋은 약속과 더 좋은 언약이십니다(8:6). 예수님은 세상 장막의 원형인 하늘 성소로 들어가셔서 우리를 위한 중보자의 사역을 현재 하고 계십니다(24절).

우리는 구약 성도들보다 훨씬 더 크고 많은 은혜를 받았습니다. 구약 성도들은 예수 그리스도에 대한 계시를 분명하게 받지 못하였고 성령도 제한적으로 체험하였으며 신약 성경도 없었습니다. 그들은 메시아가 오신다는 것은 알았지만 그의 이름도 몰랐습니다. 그들은 복음을 희미하게 멀리서 바라보며 더 좋은 언약과 약속이 성취될 때를 기다리다가 모두 세상을 떠났습니다.

구약 시대의 이스라엘 백성은 예수님의 십자가 희생이 아직 발생하지 않은 시대에 살았으므로(요 7:39; 12:16, 23) 예수님의 부활 승천과 하늘의 대제사장 사역에 대해 아는 것이 없었습니다. 그래서 첫째 칸 장막이 서 있는 동안에는 아직 지성소로 들어가는 길이 드러나지 않았다고 했습니다(9:8). 즉, 옛 언약 백성은 예수님의 십자가 죽음으로 지성소를 가렸던 휘장이 갈라질 때까지는 하나님과 친밀한 교제를 가질 수 없었습니다. 그러나 이제는 예수님이 오셔서 옛 언약 시대를 종식시키고 성전이 바라보았던 메시아 시대의 모든 상징들을 성취하셨습니다.

예수님은 "장래 좋은 일의 대제사장으로"(9:11) 오셨습니다. 이것은 예수님이 지상에 오셨다는 말이 아니고 하늘 성소에 나타나셨다는 뜻입니다. 예수님은 자신의 속죄 피를 하늘 성소로 가져가서 하늘 아버지께 보이셨습니다. 지상 성막은 하늘 성막의 그림자며 상징입니다. 예수님이 '좋은 일의 대제사장'으로 오신 것은 그의 속죄로 인해서 우리에게 죄의 용서와 하나님과의 친밀한 교제와 양심의 정화와 하나님을 가깝게 섬길 수 있는 특권이 생긴 것을 의미합니다. 예수님은 "염소나 송아지의 피로써가 아니라, 자기의 피로써, 우리에게 영원한 구원을 이루셨습니다."(9:12, 새번역). 우리의 구원은 예수님의 속죄로 확보되었습니다.

그럼 우리는 어떻게 해야 하겠습니까? 예수님의 구원을 확신하고 약속된 유업의 복을 받기 위해 날마다 죄를 고백하고 깨끗한 양심으로 주님을 섬기는 것입니다. 단순히 한 번 받은 구원으로 사후 천국에 들어가는 것이 복음의 전부가 아닙니다. 첫 구원을 받고 의롭게된 하나님의 자녀들은 구원 이후에 오는 더 풍성한 유업의 복을 향해 전진해야 합니다.

31.
더 좋은 제물
히브리서 9:16~28

유언은 유언한 자가 죽어야 되나니 유언은 그 사람이 죽은 후에야 유효한즉 유언한 자가 살아 있는 동안에는 효력이 없느니라 이러므로 첫 언약도 피 없이 세운 것이 아니니 모세가 율법대로 모든 계명을 온 백성에게 말한 후에 송아지와 염소의 피 및 물과 붉은 양털과 우슬초를 취하여 그 두루마리와 온 백성에게 뿌리며 이르되 이는 하나님이 너희에게 명하신 언약의 피라 하고 또한 이와 같이 피를 장막과 섬기는 일에 쓰는 모든 그릇에 뿌렸느니라 율법을 따라 거의 모든 물건이 피로써 정결하게 되나니 피 흘림이 없은즉 사함이 없느니라 (히 9:16~22).

저자는 1세기 당시에 사용된 유언의 예를 들어 언약을 설명합니다. 유언의 개념은 언약과 거의 비슷하기 때문입니다. 사실 오늘날 우리 시대의 유언과 별로 다르지 않습니다. 저자의 요점은 유언을 한 사람이 죽어야 수혜자에게 유산이 돌아가는 법적 효력이 발생한다는 것입니다. 이처럼 언약의 경우에도 피 흘림이 있어야 유업을 받을 수 있다는 것입니다. 물론 수혜자는 아무나 되는 것이 아니고 조건 충족이 되어야 하는데 곧 주 예수의 피를 믿는 줄기찬 믿음과 인내입니다. 이 점에서 옛 언약도 마찬가지입니다(18절). 율법의 복은 동물의 피를 흘리는 희생이 없이는 효력을 낼 수 없었습니다. 언약이 유효하려면 피 흘림이 필요했습니다. 저자는 시내 산 언약에서 모세가 피를 취하여 율법의 두루마리와 백성과 장막과 그 안의 기물 위에 뿌렸다고 했습니다.

"언약의 피"(20절)**를 뿌리는 장막 제도는 예수 그리스도의 십자가 죽음을 예시합니다.**

율법은 피 흘림이 있을 때 많은 죄를 용서할 수 있었지만 살인, 간음, 안식일 어김, 불효와 같은 심각한 죄는 용서할 수 없었습니다. 그러나 예수님의 십자가 피는 모든 종류의 죄를 용서할 수 있습니다(막 3:28). 물론 용서의 근거가 되는 십자가 희생 자체를 부정하거나 그리스도에 대한 성령의 명백한 증거를 배척하는 것은 용서될 수 없습니다. 요점은 하나님께서 인간의 죄를 용서하려면 피 흘림이 반드시 필요하다는 것입니다. 용서는 대속에 근거한 것입니다. 예수님은 인류의 모든 죄를 대신 지고 십자가에서 하나님의 형벌을 받았습니다(요 1:29; 고후 5:21). 이로써 인류에게 용서의 길이 열렸습니다. 예수님의 대속의 피를 믿으면 용서받지 못할 죄가 없습니다.

하늘에 있는 장막도 그리스도의 피로써 정결하게 되어야 합니다.

그러므로 하늘에 있는 것들의 모형물은 이런 여러 의식으로 깨끗해져야 할 필요가 있지만, 하늘에 있는 것들은 이보다 나은 희생제물로 깨끗해져야 합니다. (23절, 새번역).

지상의 성막은 하늘에 본체가 있는 모형이었습니다. 성막은 그리스도의 속죄 사역을 예시하기 때문에 제물의 피로써 정결케 되어야 했습니다. 그렇다면 지상 성막의 원형인 하늘에 있는 성막은 더 좋은 희생제물로 깨끗해질 당위성이 있습니다. 예수님이 더 좋은 희생제물인 것은 말할 나위도 없습니다. 그런데 거룩한 하늘 성소가 예수님의 피 뿌림으로 깨끗해질 필요가 있을까요? 본 절의 의미에 대해 여러 가지 제안이 있습니다.

1) 하늘 성소의 건립에 대한 말씀이다. 하늘 성소는 그리스도의 피로써 시작되었다(Ellingworth, Hebrew, 477).

2) '하늘에 있는 것들'은 영적 차원이므로 하나님이 내주하시는 주의 백성과 양심을 가리킨다. 동물 희생의 피는 외면적인 씻음이지만 그리스도의 피는 영적 영역인 내면을 씻긴다(F.F. Bruce, Hebrews, 228~229).

3) 하늘 성소는 지상 성도들의 죄 때문에 오염되므로 문자적인 정화가 필요하다(W. Lane, Hebrews, 247~248).

4) 하나님의 임재에는 정화의 필요가 없다. 하늘의 정결은 문자적이 아닌 비유적으로 이해해야 한다(Hughes, Hebrews, 379, Thomas Schreiner, Hebrews, 283).

5) 하늘과 그 안에 있는 것들은 성도들이 경배할 때 죄에 오염되므로 깨끗해져야 한다(Alford, Hebrews, 179). 성도라도 완전에 이르지 않았기 때문에 하늘에 접근할 때마다 하늘에 있는 것들이 오염된다(MacLeod).

6) 하늘에 있는 것들은 악한 귀신들을 가리킨다(Michel).

7) 크리스천 유대인들은 기독교의 영적 예배에서 유대교의 많은 거룩한 의식들과 축복들을 놓쳤다고 생각했을 것이다. 그래서 저자는 그의 독자들에게 기독교는 더 큰 희생제물로 수여되는 더 나은 축복들이 하늘에 있다고 말한 것이다(히 12:22~24). 그것들은 십자가의 피로 날인되었다(William Manson).

그런데 하늘에 있는 것들도 깨끗해져야 한다는 말은 어떤 형태로든지 오염된 것을 전제한 것이므로 이율배반적입니다. 하늘은 하나님의 거처를 말합니다. 하나님의 거처를 천국으로 보면 천국에 죄가 있어 정결 사역이 필요하다는 말이므로 일반적인 천국 개념으로는 수용하기 어렵습니다. 저자의 강조점은 예수 그리스도의 피가 하늘에 있는 것까지라도 깨끗하게 한다는 것입니다(참조. 욥15:15). 문제는 하늘이 정결 사역의 대상이냐는 것입니다.

그런데 이율배반적인 두 개의 상반된 명제가 성경에서 허용되는 경우는 없을까요? 예컨대 에덴동산은 원래 죄가 없는 낙원이었습니다. 그러나 낙원에는 사탄이 드나들었고 아담과 하와가 죄에 빠진 곳이었습니다. 그렇다면 에덴동산은 죄에 오염된 것으로 보아야 하지 않을까요? 하나님은 에덴동산이 죄에 물들었다고 해서 폐기하시지 않고 거두어가셨습니다. 그럼 하나님의 거처에는 죄에 오염된 에덴동산이 포함되었으니까 천국에도 죄의 오염이 있다고 보아야 할까요? 사탄은 하나님의 회의에도 참석하였습니다(욥 1:6). 만약 하늘에 악의 존재가 허용되었다면, 이는 하나님의 어떤 신비한 목적과 계획이 있기 때문일 것입니다.

물론 하나님께서는 죄가 있다고 해서 영향을 받지 않습니다. 예수님은 죄악 된 인간 세상에서 죄 없는 완전한 삶을 사셨습니다. 죄가 예수님의 성품과 거룩한 신성에 하등의 영향을 주지 않았습니다. 하나님은 죄의 존재를 허용하시면서도 죄를 완전하게 통제하시고 대구원을 성취하십니다. 하나님은 에덴동산에서 아담과 하와에게 가죽옷을 입혔습니다. 상징적인 의미에서 피 흘림이 있었기 때문에 에덴동산의 오염이 정결케 되었다고 볼 수 있습니다. 이것은 장차 예수 그리스도의 십자가로 사탄이 격파되고 온 세상의 오염이 우주적인 차원에서 완전하게 정화될 것을 내다본 구속사적 사건으로 이해될 수 있습니다.

바울은 예수 그리스도의 피가 우주적인 차원에서 하나님과의 화해를 가져왔다고 했습니다(골 1:20). 죄로 오염된 만물이 하늘까지 포함하여 그리스도의 피로 정화되고 보호된다고 보면 십자가의 효력과 적용 범위는 우리의 상상을 초월합니다.

그의 십자가의 피로 화평을 이루사 만물 곧 땅에 있는 것들이나 하늘에 있는 것들이 그로 말미암아 자기와 화목하게 되기를 기뻐하심이라 (골 1:20).

예수님은 하늘 성소에서 자신을 하나님 앞에 보이셨습니다.

그리스도께서는 참 것의 그림자인 손으로 만든 성소에 들어가지 아니하시고 바로 그 하늘에 들어가사 이제 우리를 위하여 하나님 앞에 나타나시고 (24절).

예수님은 평생 이웃 사랑을 실천하며 하나님을 흠 없이 섬겼습니다. 그는 자기 죄가 없었지만 인류의 죄를 대신 지고 십자가에서 처형되었습니다. 그런데 예수님의 스토리가 여기서 끝났다면 어떻게 되었을까요? 그는 여전히 가장 위대한 삶을 산 종교 지도자로 존경을 받았을 것입니다. 그런데 예수님의 가장 위대한 사역은 사후에 있었습니다.

예수님이 부활하시고 승천하셨을 때 어떤 일이 일어났습니까? 지상에 있는 인간의 손으로 만든 성소가 아닌, 하늘 성소에 들어가셨습니다. 예수님은 지상 사역 중에 예루살렘 성소에 들어갈 수 없었습니다. 레위 지파의 제사장이 아니었기 때문입니다. 예수님은 아론의 제사장직을 따르지 않고 멜기세덱의 계통을 따른 대제사장이었으므로 하늘 성소로 들어가심으로써 자신이 지상 성소의 원형이심을 입증하셨습니다.

예수님이 하늘 성소로 들어가셨을 때 어떤 일이 있었습니까? 우리를 위하여 하나님 앞에 나타나셨다고 했습니다. 이것이 예수님의 가장 위대한 사역이었습니다. 예수님은 하나님께서 맡기신 십자가 대속 사역을 자신의 죽음으로 완수하셨음을 하나님 앞에 보여드렸습니다. 하나님께서는 예수님의 속죄 피를 보시고 기뻐 받으셨습니다. 하나님은 자기 아들의 피를 통해 우리 죄를 덮으시고 씻기십니다. 예수님이 하늘 아버지 앞에 나타나신 것은 십자가 사역이 끝났음을 증명할 뿐만 아니라 우리의 모든 죄가 씻겨지고 용서된 것을 가리킵니다. 예수님이 하나님 앞에 자신을 보이신 것은 마치 이렇게 말씀하시는 것과 같습니다.

「아버지, 제가 돌아왔습니다. 아버지께서 주셨던 십자가 소명을 아버지의 뜻대로 다 마쳤습니다. 이제 제게 속한 자녀들의 죄를 보지 마시고 저를 보십시오. 그들을 위해 저는 십자가의 수난을 겪고 대속의 피를 흘렸습니다.」

하나님은 그리스도의 속죄 피로 가려진 우리를 보시고 무한히 기뻐하시며 만족해 하십니다. 자기 아들을 희생하여 죄인들을 구원하는 것이 하나님의 원래 계획이었는데 이제 그리스도를 통하여 이 놀라운 구속이 이루어졌기 때문입니다.

예수님의 속죄 사역은 종결적이었습니다.

대제사장이 해마다 다른 것의 피로써 성소에 들어가는 것 같이 자주 자기를 드리려고 아니하실지니 그리하면 그가 세상을 창조한 때부터 자주 고난을 받았어야 할 것이로되 이제 자기를 단번에 제물로 드려 죄를 없이 하시려고 세상 끝에 나타나셨느니라 (25~26절).

여기서 가장 중요한 핵심어는 '단번에' 입니다. 예수님은 십자가에서 단 한 번의 죽음으로 하나님께서 요구하시는 모든 희생 제물을 바쳤습니다. 율법 시대에는 동물의 피를 바쳤지만 예수님은 자신의 몸을 바쳤습니다. 옛 언약의 제사장들은 희생 제사를 반복했는데 온전한 구원에 필요한 단번의 제사를 드릴 수 없었기 때문이었습니다. 제사장들 자신이 죽을 수밖에 없는 죄인들이었기에 아무도 자신을 제물로 바칠 자격이 없었습니다. 오직 하나님이 보내신 아들만이 흠 없는 자신을 십자가에 제물로 내주고 단 일회의 제사로 구속을 성취하셨습니다. 하나님이 예수님에게 모든 인간의 죄를 씌워 한 번의 죽음으로 대속의 길이 열리게 하셨으므로 더 이상의 속죄제가 필요하지 않았습니다. 이로써 성전 제사 제도는 종식되었고 성전이 필요하지 않게 되었습니다. 그래서 신약은 히브리서를 비롯하여 예수님의 일회적인 속죄 사건을 여러 곳에서 기록하였습니다.

> 그는 저 대제사장들이 먼저 자기 죄를 위하고 다음에 백성의 죄를 위하여 날마다 제사 드리는 것과 같이 할 필요가 없으니 이는 그가 단번에 자기를 드려 이루셨음이라 (히 7:27).
>
> 염소와 송아지의 피로 하지 아니하고 오직 자기의 피로 영원한 속죄를 이루사 단번에 성소에 들어가셨느니라 (히 9:12).
>
> 이 뜻을 따라 예수 그리스도의 몸을 단번에 드리심으로 말미암아 우리가 거룩함을 얻었노라 (히10:10).
>
> 그가 죽으심은 죄에 대하여 단번에 죽으심이요 그가 살아 계심은 하나님께 대하여 살아 계심이니 (롬 6:10).
>
> 그리스도께서도 단번에 죄를 위하여 죽으사 의인으로서 불의한 자를 대신하셨으니 이는 우리를 하나님 앞으로 인도하려 하심이라 육체로는 죽임을 당하시고 영으로는 살리심을 받으셨으니 (벧전 3:18).

예수님이 단 한 번의 희생으로 속죄 제사를 종료시킨 것은 일회로써 죄가 인류 역사상 처음으로 치명타를 입고 다시 회복될 수 없게 되었음을 의미합니다. 우리는 예수님의 단 일회의 십자가 희생으로 용서를 받을 뿐만 아니라 죄의 영역에서 벗어났습니다. 죄가 우리를 붙잡아두거나 지배할 수 없는 것은 예수 그리스도의 단번의 희생과 함께 우리도 죄에 죽었기 때문입니다. 죄는 아직도 우리를 유혹하며 스토커처럼 성가시게 따라다닙니다. 그러나 죄는 패배자입니다. 죄는 조만간 박멸되고 온 세상은 죄가 없는 새 하늘과 새 땅이 될 것입니다. 예수님은 단번의 희생제물이 되신 후에 하늘 성소로 들어가셨습니다. 그때부터 예수님은 우리를 위한 중보자로서 섬기십니다. 이것은 구원의 역사에서 획기적인 새 시대가 왔음을 의미합니다. 이제 대속주로서의 예수님의 사역은 끝나고 자신의 피를 하늘 아버지께 보이며 자기 백성을 위해 중보하고 변호하시는 대언자의 사역이 시작되었습니다(요일 2:1).

다시 나타나실 주님

> 한 번 죽는 것은 사람에게 정해진 것이요 그 후에는 심판이 있으리니 이와 같이 그리스도도 많은 사람의 죄를 담당하시려고 단번에 드리신 바 되셨고 구원에 이르게 하기 위하여 죄와 상관 없이 자기를 바라는 자들에게 두 번째 나타나시리라 (히 9:27~28).

성경에서 가장 엄숙한 말씀의 하나는 사후에 심판이 있다는 것입니다. 사람이 태어나서 한 번 죽는다는 것은 누구나 압니다. 그러나 사후에 심판이 있다는 것은 성경의 주장입니다. 사후 심판을 믿지 않는 자들도 많습니다. 그런데 성경은 인간이 죄인이기 때문에 반드시 하나님의 심판을 받는다고 말합니다. 죄의 용서를 받지 못한 죄인들은 영벌을 받고 그리스도의 피로써 죄가 씻긴 자들은 영생을 누리며 주를 위해 행한 선행에 대한 보상을 받을 것입니다.

예수님은 처음에 나타나셨을 때는 인간의 죄를 대신 짊어지는 속죄제물이 되기 위해서였습니다. 그러나 예수님은 두 번째 다시 나타나실 것입니다. 이때에는 죄를 담당하기 위한 것이 아니고, 그를 간절히 기다리는 성도들에게 최종적이고 완전한 구원을 가져오기 위함입니다. 예수님은 가시적으로 하늘에서 내려오실 것입니다. 이 경이로운 현상은 죄가 영원히 파괴되고 우리의 구원이 최종 단계에서 완성되었음을 알리는 대단원이 될 것입니다. 우리는 부활한 영화로운 몸으로 주님과 함께 찬란한 새 창조의 세계에서 영원토록 다스릴 것입니다.

그런데 무엇이 이런 구원을 가능하게 합니까? 무엇보다도 하늘 아버지의 크고 깊은 사랑입니다. 하나님께서는 죄로 망가진 세상을 구원하기 위해 자기 아들을 보내시고 만인의 죄를 지고 십자가 수난을 당하게 하셨습니다. 예수님은 아버지의 뜻에 순종하여 자신을 속죄제물로 바친 후에 하늘 성소에 들어가셨습니다. 이제 예수님은 하늘 아버지 앞에서 우리를 위해 변호하시며 우리의 필요를 위해 기도하십니다. 예수님의 중보기도 덕분에 우리는 믿음을 지키며 악으로부터 보호됩니다(눅 22:31~32).

예수님이 하늘 아버지 앞에서 우리를 변호하실 수 있는 근거가 무엇입니까? 우리 죄를 위하여 속죄의 피를 흘린 것입니다. 오직 예수님의 피가 우리를 모든 죄에서 씻기고 하나님의 용서를 가져옵니다. 오직 예수님의 피만이 하나님의 진노에서 우리를 지켜주고 하나님과 화목한 관계가 되게 합니다. 예수님은 죄인들을 대신하여 가장 혹독한 형벌을 받으셨습니다. 예수님의 피에는 세상 모든 죄인들의 죄가 젖어 있습니다. 하나님은 예수님 이외에 다른 어떤 사람의 피도 요구하시지 않습니다. 예수님이 모든 인간의 죄를 품고 죗값을 다 받으셨기 때문입니다.

예수님의 피가 적용되지 않거나 효력이 없는 곳은 존재하지 않습니다. 예수님의 피가 죄인들 위에 뿌려지면 죄가 깨끗하게 씻겨지고, 양심에 뿌려지면 죄책감에서 해방됩니다. 예수님의 피는 성막의 기물에 뿌려지면 성물(聖物)이 되었고, 제단에 뿌려지면 거룩한 제단이 되었습니다. 예수님의 피는 하나님의 깊은 사랑을 대변하고 죄인을 사탄의 마수에서 건져내는 능력을 과시합니다. 예수님의 피는 예수님이 우리를 위해 십자가에서 저주받은 자가 되셨음을 가리킵니다.

> 그리스도께서 우리를 위하여 저주를 받은 바 되사 율법의 저주에서 우
> 리를 속량하셨으니 기록된 바 나무에 달린 자마다 저주 아래에 있는 자
> 라 하였음이라 (갈 3:13).

예수님의 피가 없었다면 인류의 운명은 저주받은 자들로 가득한 세상이 되었을 것입니다. 그러나 주 예수의 피를 믿는 자들에게는 저주가 변하여 구원이 되고, 화가 변하여 복이 됩니다. 날마다 주 예수의 피를 생각하고 하나님께 깊이 감사하는 삶이 되어야 하겠습니다.

32.
거룩하게 된 자들
히브리서 10:1~14

본 장은 8장에서부터 시작한 예수님의 월등한 제사장직의 활동과 유효성에 대한 주제의 연속입니다. 주된 내용은 왜 예수님이 하늘 성소에 가지고 가신 대속의 피가 죄를 씻기는 데 그처럼 효과적인지를 모세 의식의 비효율성과 대조시킵니다. 또한 그리스도의 속죄 희생을 진지하게 받아들이지 않는 자들에 대한 엄중한 경고와 함께 신실한 성도들이 받는 상을 다루었습니다.

율법은 실체가 아닌 그림자입니다.

율법은 장차 올 좋은 일의 그림자일 뿐이요 참 형상이 아니므로 해마다 늘 드리는 같은 제사로는 나아오는 자들을 언제나 온전하게 할 수 없느니라 (1절).

율법은 실체를 흐리게나마 그려보게 하는 그림과 같습니다. 실체가 또렷하게 드러나지는 않지만 그림자처럼 윤곽은 그려집니다. 율법은 "장차 올 좋은 일" 곧 예수 그리스도의 새 언약에 대한 화살표였습니다. 그래서 율법은 그 자체로서 구원을 줄 수 없었습니다. 그림자기 때문에 실체의 생명이 없습니다. 생명이 없는 그림자는 실체로 대치될 때까지만 임시적으로 구원의 아웃라인을 스케치하는 역할에 그쳤습니다.

그럼 구약 성도들은 구원받지 못했다는 뜻일까요? 그렇지 않습니다. 본 절은 율법이 구원의 수단이 아니라는 것입니다. 구약 백성은 영적 단계에서 어린아이와 같았습니다. 그들도 하나님의 구원의 약속을 신뢰했다면 구약 수준에서 모세법이 아닌 믿음으로 구원을 받았습니다. 하나님의 약속을 믿었던 아브라함과 다윗은 모두 믿음으로 의롭다는 인정을 받았습니다(창 15:4~6; 롬 4:38). 아브라함은 구약 시대 사람이었지만 칭의의 모델입니다. 그런데 대다수 이스라엘 백성은 율법이 바라본 "장차 올 좋은 일"보다 율법 자체에 묶여 온 나라가 율법적이 되고 형식과 의식에 사로잡혔습니다. 그래서 저자는 율법의 제한성과 불완전성을 예수 그리스도의 온전한 구원에 비추어 지적할 필요가 있었습니다.

율법에는 죄를 용서하고 죄인의 양심을 씻기는 능력이 없습니다.

율법은 하나님께로 나오는 경배자들을 온전하게 할 수 없다고 했습니다(1절). 온전하게 하는 것은 하나님 앞에서 양심의 가책과 죄책감을 갖지 않게 하는 것입니다. 자신이 하나님 앞에 완전하게 받아졌다는 것을 확신하려면 그리스도의 피가 하나님의 요구를 만족시켰음을 성령으로 깨닫고 믿는 것입니다. 그런데 율법이 영구적인 효력이 없었다는 것을 어떻게 알 수 있습니까? 율법의 속죄 의식이 반복적이었기 때문입니다.

그렇지 아니하면 섬기는 자들이 단번에 정결하게 되어 다시 죄를 깨닫
는 일이 없으리니 어찌 제사 드리는 일을 그치지 아니하였으리요 (2절).

만일 희생 제물을 바치는 일이 양심을 깨끗하게 했다면 제사 제도
는 중단되었을 것입니다. 경배자들의 죄책감이 사라져서 희생제물을
바칠 필요성이 없어졌을 것이기 때문입니다. 옛 언약 아래의 유대인
들은 죄책감에서 벗어날 수 없었으나 율법이 그들에게 아무 도움이
되지 않았습니다. 율법은 죄를 정죄하지만 죄를 막을 수 있는 능력은
주지 못합니다. 율법의 속죄 제사는 항상 반복해야 하므로 죄인을 죄
책으로부터 영원히 풀어줄 수 없고 양심의 자유를 항구적으로 제공
할 수 없습니다.

그런데 이제는 구원 역사에서 양심의 자유를 느끼지 못하고 죄책
감에 시달리던 시대가 끝나고 새로운 시대가 왔다는 것입니다. 물론
새 언약 아래의 신자들에게도 죄책감이 있습니다. 하지만 신자의 죄
책감은 그리스도의 피가 완전한 속죄와 용서를 가져왔다는 사실을
알고 주께로 나아가면 즉시 사라집니다. 그리스도의 피는 항상 즉각
적인 효력이 있기 때문입니다. 그리스도의 피는 율법이 행할 수 없던
것들을 성취하였습니다.

• 하나님께서는 그리스도의 피를 모든 죄인을 위한 대속의 피로
받아주셨습니다. 그래서 더 이상 제물이나 다른 종류의 속죄제가 필
요하지 않습니다.
• 그리스도의 피는 단 일회의 희생으로 하나님이 요구하신 죗값

을 완불했으므로 십자가 희생은 반복할 필요가 없습니다.

• 주 예수의 대속을 믿으면 하나님과의 관계에서 모든 죄를 용서 받고 신분상 하나님의 자녀가 됩니다. 죄인은 그리스도에게 속한 자로서 하나님께 영원히 바쳐졌습니다. 비록 죄책감을 일으키는 죄를 범해도 구원받은 신분은 변하지 않습니다. 하나님은 의로운 자녀로 받아준 성도들을 버리시지 않습니다.

그러나 이 제사들에는 해마다 죄를 기억하게 하는 것이 있나니 이는 황소와 염소의 피가 능히 죄를 없이 하지 못함이라 (3~4절).

대제사장은 일년에 한 번씩 모든 백성의 죄를 대속하기 위해 동물의 피를 가지고 지성소에 들어갔습니다. 대속죄일은 지난 해의 희생 제사의 효력이 사라졌음을 상기시켰습니다. 동물 희생의 피는 양심을 씻기고 죄책을 거두어가지 못했다는 사실을 알렸을 뿐입니다. 율법은 하나님이 주셨으므로 거룩하지만(롬 7:12) 죄를 다루는 능력은 없었습니다. 율법은 이스라엘 국가가 언약 백성으로서 거룩한 삶을 살아야 한다는 것을 가르치고 메시아의 약속을 바라보게 하는 교육적 수단으로서 유용했지만 죄인을 동물의 피로써 의롭게 할 수 없었습니다.

저자의 요점은 이제 "더 아름다운 직분"과 "더 좋은 약속"과 "더 좋은 언약의 중보자"(8:6)이신 예수님이 "장차 올 더 좋은 일"(10:1)의 실체로 오셨으므로 그림자에 불과한 유대교의 율법 의식에 현혹되지 말라는 것입니다. 실체가 왔는데 왜 그림자를 붙잡고 살아야 합니까? 사랑하는 애인이 그리워 매일 사진을 보고 있다가 어느날 애인이 찾아왔다면 어떻게 하겠습니까? 애인이 눈 앞에 와 있는데 계속해서 애인 사진을 보고 있어야 할까요? 그럴 수 없습니다. 그런데 교회에서는 그런 일이 일어납니다.

히브리 교인들은 자신들이 속했던 전통적 유대교로부터 유혹을 받았습니다. 소수가 성전 예배를 떠나 초라한 장소에 모여서 보이지 않는 하나님을 예배한다는 것이 아무래도 실감이 나지 않았을 것입니다. 희생 제물도 없고 제사장도 없이 하나님의 이름을 부르는 것은 너무도 생소한 일이었을 것입니다. 물론 예수님의 단번의 희생 제사로 모든 성전 의식이 끝났다는 것을 알았지만, 제사장이 집전하는 의식들이 주는 신령한 분위기는 소그룹 가정 예배에서는 느낄 수 없었을 것입니다. 일 년에 한 번씩이라도 누구나 참여하는 대속죄일의 성전 예배는 유대 민족의 연대 의식을 고취시켰습니다. 대제사장은 지성소에 들어가서 희생 제물의 피를 언약궤에 뿌리고 향을 피우며 백성을 위해 중보 기도를 올렸습니다. 권위 있고 화려한 제복(祭服)을 입은 대제사장이 지성소에서 나와 백성 앞에서 아론의 축도를 했을 때 모두 기쁨과 감사의 할렐루야를 외쳤을 것입니다. 이러한 예루살렘 성전 예배의 신령한 분위기는 이단시되었던 초대교회의 작은 무리에게 매우 아쉬운 일이었을 것입니다.

우리나라에 신종코로나 바이러스 감염증으로 대면 예배가 제한을 받자 많은 교인이 온라인 예배는 예배보는 것 같지 않다고 하였습니다. 교회당 안에서 보던 예배에 너무도 익숙했기 때문에 교회당을 떠난 예배는 질이 떨어진다고 보는 듯합니다. 교회당에서는 찬양대를 비롯하여 여러 가지 프로그램을 진행시킬 수 있지만 온라인 예배는 집중도 어렵고 실감도 나지 않는다는 것입니다.

히브리 교인들은 성전 예배의 프로그램이 전혀 없는 모임에 점차 실망했을지 모릅니다. 안식일도 지키지 않고, 십일조도 하지 않고, 유대인 절기도 지키지 않는 신앙생활은 맹숭하여 예배보는 맛이 나지 않는다고 느꼈을 것입니다. 그들은 이런 문제로 동족들의 비난과 멸시를 받았을 것입니다. 그래서 바울도 골로새 교인들에게 말했습니다.

그러므로 먹고 마시는 일이나 명절이나 초승달 축제나 안식일 문제로 아무도 여러분을 심판하지 못하게 하십시오. 이런 것은 장차 올 것들의 그림자일 뿐이요, 그 실체는 그리스도에게 있습니다. (골 2:16, 새번역).

그림자에 속하는 것일지라도 관습과 전통이 된 의식이나 세속적인 영향으로 형성된 가치관은 쉽게 버릴 수 없는 듯합니다. 예로써 목회자의 권위주의, 십일조, 교회당 건축, 직분에 따른 계급의식, 외형주의, 물질주의, 이기적인 집착 기도, 복음 교리에 대한 무관심 등등입니다. 우리는 초창기 신약 교회의 가르침과 너무도 동떨어진 형태의 교회를 하고 있는지 모릅니다.

예수님은 우리가 하나님께 바쳐지도록 먼저 자신을 헌신하셨습니다.

히브리서 10:5~7절은 성경의 난외주를 보면 시편 40:6~8절의 인용이라고 나옵니다. 그런데 해당 구약 성경의 본문과 대조하면 차이가 있습니다. 그 이유는 여러 가지입니다. 신약 성경의 저자들은 대부분 구약 성경을 인용할 때 암기된 본문을 사용하였습니다. 그래서 문자적으로 정확하지 못한 경우도 있습니다. 그러나 뜻이 변경되거나 오용된 것은 아닙니다. 또한 신약 저자들이 사용한 구약 성경은 주로 헬라어로 번역된 칠십인역이었습니다. 모든 번역이 그렇듯이 원본을 문자적으로 완벽하게 옮기는 것은 불가능합니다. 그러나 왜곡이나 오류가 있는 것은 아닙니다. 그런데도 그런 것처럼 보이는 경우가 더러 있습니다. 이것은 신약 저자가 구약 성경을 인용할 때 흔히 자신들의 집필 목적에 맞도록 본문을 재구성하거나 일종의 강해적 해석을 거치기 때문입니다. 그래도 항상 원의미를 벗어나지 않는 범위에서 필요한 뜻을 조명해 줍니다.

예를 들어 히브리서 10장 5절에는 "오직 나를 위하여 한 몸을 예비하셨도다"라고 했는데 이것은 70인역의 시편 40:6절을 풀이한 것입니다. 그러나 구약의 히브리 본문은 "당신께서 내 귀를 팠습니다"(시 40:6, 직역성경)라고 되어 있습니다. 그런데 '한 몸을 예비했다'는 말과 '내 귀를 팠다'는 말은 서로 연관이 없어 보입니다. 그러나 한 몸을 예비했다는 것은 귀를 파거나 뚫는 것의 의미를 총체적으로 표현한 것입니다. 모세법에는 소속과 충성을 약속하는 종에 대한 규정이 나오는데 히브리서의 해당 본문에서 인용되지는 않았지만 귀뚫음에 대한 이해에 간접적인 도움이 됩니다.

> 만일 종이 분명히 말하기를 내가 상전과 내 처자를 사랑하니 나가서 자유인이 되지 않겠노라 하면 상전이 그를 데리고 재판장에게로 갈 것이요 또 그를 문이나 문설주 앞으로 데리고 가서 그것에다가 송곳으로 그의 귀를 뚫을 것이라 그는 종신토록 그 상전을 섬기리라 (출 21:5~6).

귀를 뚫은 종은 주인에게 속하여 평생 순종하며 충성할 것을 서약한 사람입니다. 귀는 몸 전체를 대변합니다. 귀를 뚫은 것은 몸 전체를 주인에게 바쳤다는 뜻입니다. '귀를 팠다'는 말은 풀어서 옮기면 '두 귀를 열어주셨다'(새번역)가 됩니다. 귀는 말을 듣는 신체의 일부이지만 몸 전체의 순종을 가리킵니다. 이사야는 말합니다.

> 주 하나님께서 … 내 귀를 깨우치시어 학자처럼 알아듣게 하신다. 주 하
> 나님께서 내 귀를 열어 주셨으므로, 나는 주님께 거역하지도 않았고, 등
> 을 돌리지도 않았다. (사 50:4~5, 새번역).

그래서 한 몸을 예비하셨다는 말은 두 귀가 열려서 주인의 말씀을 잘 깨닫고 순종하며 충성하는 사람을 준비하셨다는 뜻입니다. 그래서 한 몸을 준비한 것은 결국 귀를 팠다는 말과 내용상 일치합니다.

히브리서 저자의 요점은 예수님이 다윗처럼 귀가 파여지고 열려서 하나님의 말씀을 몸 전체로 순종하며 하나님의 뜻을 행하는 한 몸을 받으셨다는 것입니다. 예수님은 동정녀 마리아의 몸에서 성령으로 잉태되어 몸을 가진 인간으로 태어나셨습니다. 하나님께서는 번제와 속죄제를 원치 않으신다고 하셨습니다(8절). 이러한 제사는 동물의 피를 사용한 의식과 형식이므로 죄를 없애 줄 수 없기 때문입니다 (4절). 그래서 하나님께서는 한 몸을 예비하셨습니다. 이 몸은 곧 예수님의 몸입니다. 그럼 예수님이 어떻게 자신의 몸을 바쳤습니까?

• 예수님은 하나님께 전적으로 순종하는 삶을 사셨습니다.
예수님은 십자가에서 자신을 바치시기 전에 완전히 헌신된 죄 없는 삶을 우리를 대신해서 사셨습니다. 예수님은 흠이 없는 하나님의 속죄 양으로서 단번에 십자가 희생이 되셨기 때문에 더 이상의 희생

제사가 불필요하게 되었습니다.

그 첫째 것을 폐하심은 둘째 것을 세우려 하심이라 (9절).

이로써 예수님은 율법의 모든 요구를 성취하셨으므로 옛 언약에 속한 모세 율법은 폐지되었습니다.

- 예수님은 하나님의 뜻에 따라 자신의 몸을 단번에 드리시고 우리가 거룩함을 얻게 하셨습니다(10절).

하나님의 뜻은 예수님이 순종과 희생의 삶을 산 후에 우리의 죄를 지시고 십자가에서 대신 형벌을 받는 것이었습니다. '거룩함을 얻었다'는 말은 첫 구원 때에 하나님의 자녀로 받아지는 성별된 신분을 가리킵니다. 주 예수를 믿으면 하나님의 눈에 이미 거룩한 자녀로 성별되기 때문에 신분적으로 안전합니다. 이것은 예수님이 자신을 단번에 십자가에서 완전한 희생이 되신 것에 근거했으므로 취소되거나 변경되지 않습니다. 우리가 거룩함을 '얻었다'고 했습니다. 이미 완료된 사건입니다. 우리는 여기서 사용한 '거룩하게 되었다'(sanctified, 10:10)는 말을 바울이 사용하는 점진적 성화와 구별해야 합니다(롬 6:19, 22; 살전 4:3).

물론 우리는 하나님의 자녀로서 거룩한 삶을 살아야 합니다. 히브리서에서 이런 권면이 14회나 나옵니다(4:1, 11, 14, 16; 6:1; 10:22~25; 12:1, 28; 13:13, 15). 그러나 우리는 그리스도의 완전한 순종의 대속에 의해 영원히 거룩하게 성별되었다는 사실을 잊지 말아야 합니다(14절). 이 사실을 확신하지 않으면 죄책감에서 해방된 깨끗한 양심으로 거룩한 성도의 삶을 살 수 없습니다.

예수님의 사역은 단계적입니다.

제사장마다 매일 서서 섬기며 자주 같은 제사를 드리되 이 제사는 언제
나 죄를 없게 하지 못하거니와 오직 그리스도는 죄를 위하여 한 영원한
제사를 드리시고 하나님 우편에 앉으사 그 후에 자기 원수들을 자기 발
등상이 되게 하실 때까지 기다리시나니 (11~13절).

저자는 예수님의 속죄 사역의 종결성과 완전성을 거듭 강조합니
다. 예수님의 사역의 완결성과 직분의 위대성은 아무리 강조해도 부
족하기 때문입니다. 예수님이 우리를 위해서 얼마나 중요한 사역을
하셨고 현재 어떤 위치에 계신지를 확실하게 아는 것은 신자 생활의
바탕과 기본입니다.

본문은 옛 언약 시스템의 약점을 지적합니다. 제사장들은 장막에
서 날마다 같은 일을 반복하였습니다. 장막에는 의자가 없었습니다.
제사장들은 일을 마치고 쉴 수 없었습니다. 그들의 일은 날마다 반복
되었기 때문입니다. 그럼에도 그들은 경배자들의 죄를 씻기지 못하
였고 영적 상태를 개선시킬 수 없었습니다. 그들이 앉지 못하고 항상
서서 일한 것은 제사 의식이 미완성임을 가리킵니다.

한편, 성소의 제사장들은 앉을 수가 없었지만 예수님은 한 번에 자
신을 속제 제물로 바치시고 하나님 우편에 앉으셨습니다. 이것은 십
자가 대속 사역이 완벽하게 끝났다는 것과 하나님께서 이를 만족하
게 여기셨다는 뜻입니다. 예수님은 이제 그의 속죄 사역을 믿고 나오
는 자들에게 은혜와 자비를 베풀 법적 위치를 확보하셨습니다. 그래
서 우리는 예수님의 단번에 드린 영원한 제사로 거룩함을 입었으며
하나님께서 우리의 모든 죄를 씻기시고 영원히 받아주셨다는 사실을

믿고 하나님께 나아가게 되었습니다. 이것이 "새로운 살 길"(20절)입니다.

예수님의 다음 단계의 사역은 원수들을 그의 발 아래의 발등상이 되게 하는 것입니다. 이것은 전적 승리의 그림 언어입니다(수 10:24). 예수님은 사탄과 죽음과 죄를 모두 짓밟고 온 세상을 새롭게 하실 것입니다.

우리가 거룩하게 된 것은 점진적으로 성화된다는 의미가 아닙니다.

그가 거룩하게 된 자들을 한번의 제사로 영원히 온전하게 하셨느니라
(14절).

본 절의 거룩함은 현재 진행 중인 점진적 성화로 보기도 하고, 이미 과거에 발생한 사건으로 보기도 합니다. 새번역은 "거룩하게 되는 사람들"이라고 옮겼고, 개역개정과 직역성경은 "거룩하게 된 자들" 혹은 "거룩해진 자들"이라고 번역했습니다. 영문성경도 두 갈래로 번역합니다. 존 파이퍼(John Piper)는 "본문의 동사는 현재 시제로서 계속적인 프로세스를 의미한다."고 해석하여 점진적 성화라고 주장합니다(Glimpsing the Lord in Hebrews 10:14).

그러나 이것은 문맥의 흐름과 맞지 않습니다. 저자가 지금까지 강조한 것은 예수님이 단번의 속죄제사로 그를 믿는 자들이 피 뿌림을 받아 완전히 거룩하게 되어 하나님에게 받아졌다는 것이었습니다. 앞으로 거룩한 삶을 살 때에 비로소 은혜의 보좌로 담대히 들어가는 액세스를 허락받는 것이 아닙니다. 예수님이 단번에 성취하신 속죄 사역에 의해서 우리가 하나님의 거룩한 자녀로 받아졌기 때문에 더

이상의 제물이 필요 없게 되었습니다. 새 언약 백성은 예수님의 단번의 희생으로 하나님의 존전으로 나아갈 수 있는 완전하고 거룩한 신분을 받았습니다. 즉, 우리를 하나님의 자녀로 영원히 성별하여 온전하게 하셨기 때문에 본 절의 거룩은 현재 진행이 아닌, 과거에 이미 발생한 사건으로 해석해야 합니다. 이것은 10장 10절에서 분명하게 확인할 수 있습니다.

이 뜻을 따라 예수 그리스도의 몸을 단번에 드리심으로 말미암아 우리가 거룩함을 얻었노라 (10:10)라고 한 점을 주목하십시오. '거룩하게 된 자들'(10:14, 개역개정)은 앞으로 '거룩하게 되는 사람들'(10:14, 새번역)이 아니고, 위치적으로 확정된 신분을 가리킵니다. 하나님의 백성은 예수님의 희생으로 완전한 신분을 받고 하나님께 나아갑니다. 하나님께서 우리를 완전히 받아주시는 것은 예수님의 완전한 속죄 희생에 근거한 것입니다. 우리가 하나님의 자녀로서 거룩한 삶을 살아야 하는 문제는 하나님께서 우리를 그리스도의 속죄 피로써 성별하셨다는 사실이 전제될 때 구원의 확신을 지니고 하나님께 담대히 나갈 수 있습니다.

한편, 예수님이 자기 원수들을 발등상이 되게 하신다는 말씀은 그의 피로써 '거룩하게 된 자들'과 연관됩니다. 즉, 13절과 14절을 연결해 보면 예수님이 누구를 사용하여 승리를 거두실 것인지를 알 수 있습니다. 예수님은 승천하시기 전에 제자들에게 온 세상 만국에 복음을 전하라고 명하셨습니다(마 28:16~20). 사탄은 그리스도의 왕권을 무시하고 대쟁투를 벌이고 있습니다. 교회는 고난과 박해 속에서 싸웁니다. 마침내 사탄이 패배하고 어둠의 세력들이 예수님의 발등상이 될 것입니다. 이러한 승리의 싸움에 소명을 받은 자들은 그리스도의 보혈로 '거룩하게 된' 하나님의 자녀들입니다. 그래서 우리는 하나님께서 우리를 거룩하게 된 성별된 자녀로 삼으시고 그리스도의 군병으로 불러주신 것을 감사하지 않을 수 없습니다. 또한 하나님 우편에 앉으신 예수님의 왕권에 힘입어 선한 싸움을 싸워 나갈 때 큰 승리를 거둘 것을 믿고 더욱 힘을 내어야 하겠습니다.

33.

새로운 살길
히브리서 10:15~25

8장에서 시작된 새 언약의 대제사장이신 예수님과 옛 언약으로부터의 해방에 대한 주제가 마무리 단계에 이르렀습니다. 이제 예수님이 새 언약의 출범자로 오셔서 옛 언약을 성취하시고 하나님의 백성을 중보하는 유일무이한 하늘의 대제사장이 되셨습니다. 예수님은 십자가 희생을 통해 하늘 성소로 들어가심으로써 모세 시대의 성막 제도를 종식시키고 새 언약 시대를 여셨습니다.

본 항목에서는 8:8~12절에서 이미 인용한 구약 본문을 약식으로 다시 16절과 17절에서 소개합니다.

성경 말씀은 성령의 증언입니다.

또한 성령이 우리에게 증언하시되 (15절).

우리는 성경이 하나님의 영감으로 된 말씀이라고 믿습니다(딤후 3:16~17). 그런데 성경이 현재 우리에게 주시는 살아 있는 말씀으로 들려야 합니다. 히브리서의 저자는 '성령이 우리에게 증언한다' 라고 했습니다. '증언하였다' 가 아니고 지금 '증언한다' 는 것입니다. 성경은 옛날에 기록된 문서지만 성령의 증언으로 오늘 우리에게 들리는 하나님의 음성입니다. 저자는 예레미야 31:33절과 34절을 히브리서 16절과 17절에서 각각 인용하면서 성령이 현재 주시는 말씀으로 적용합니다. 성령이 이런 식으로 성경 말씀을 비쳐주면 정확한 메시지가 되고 강력한 능력을 발휘합니다.

언약은 단순한 약속이 아닙니다.

주께서 이르시되 그 날 후로는 그들과 맺을 언약이 이것이라 하시고 내 법을 그들의 마음에 두고 그들의 생각에 기록하리라 하신 후에 또 그들의 죄와 그들의 불법을 내가 다시 기억하지 아니하리라 (16~17절).

'언약' 의 사전적 의미는 말로써 약속하는 것입니다. 그러나 성경에서 말하는 '언약' 은 종교적 의미를 담은 전문 술어로서 단순한 구두 약속이 아닙니다. 언약은 맹세의 의식으로 맺어지는 법적 약속입니다. 맹세에는 동물 희생이 주로 사용되었는데(창 15:9~11) 고대 근동에는 세 가지 타입의 언약이 있었습니다. 언약은 맹세를 어느 편에서 하는지에 따라 구분됩니다.

첫째, 율법 언약(law covenant).
맹세를 하는 편은 하위 파트너(junior partner)입니다. 모세를 통한 이스라엘과 하나님 사이의 언약이 율법 언약이었습니다. 그래서 백성이 하나님의 율법을 지키겠다고 맹세하였습니다.

둘째, 상호 언약(mutual covenant).

쌍방이 맹세를 합니다. 대등한 관계에서 맺는 언약입니다. 성경에서는 하나님과 이스라엘 백성의 관계를 설명하기 위해서는 상호 언약이 사용되지 않았습니다.

셋째, 자비의 언약(generosity covenant).

상위 파트너가 하위 파트너에게 후한 복을 내리기 위해서 맹세하는 것입니다. '새 언약'이 여기에 해당합니다. 하나님께서 자기 백성에게 복을 내리시겠다고 맹세하는 것입니다. 이것은 모세 언약이 이스라엘에 영구적인 복을 내릴 수 없었기 때문에 생긴 것인데 예레미야 선지자가 미리 예언하였습니다.

[새 언약의 특징은 무엇인가?]

• 하나님께서 아브라함에게는 그의 씨를 통해 만민이 복을 받는다고 맹세하셨고(창22:16~18), 예수님에게는 멜기세덱처럼 영원한 제사장이 된다고 맹세하셨습니다(히 7:15, 16, 21; 시 110:4). 우리도 꾸준한 믿음과 인내로 하나님께서 맹세하시는 지점에 이르면 약속하신 유업을 받습니다(히 6:11~12). 하나님이 맹세하시면 약속의 성취는 무조건적이 되고 유업이 확보됩니다. 하나님은 우리에게 그리스도를 닮는 성품과 하나님 나라를 위한 소명과 거룩한 삶에 필요한 자원과 능력을 주신다고 약속하십니다. 우리는 그리스도를 믿기 때문에 아브라함의 자손이므로 아브라함에 준 여러 약속들을 상속할 수 있습니다(갈 3:7).

• 새 언약에서는 하나님께서 우리의 생각과 마음에 하나님의 법을 넣어 주십니다. 그래서 하나님을 새롭게 섬기는 백성이 되게 하십

니다.

- 하나님께서 우리 죄를 용서하시고 다시는 기억하시지 않습니다. 옛 언약에서는 용서는 피상적이고 잠정적이었으며 양심을 씻길 수 없었습니다.
- 새 언약의 복은 그리스도의 피의 희생에 근거한 것입니다. 예수님은 자신의 피를 하늘 성소에서 하늘 아버지께 제시하셨습니다. 옛 언약은 희생 제사를 반복했지만 새 언약은 단 일회의 희생으로 하나님이 요구하시는 모든 것들을 충족시켰습니다. 예수님의 희생 제사 이외에는 더 이상 아무것도 필요하지 않습니다. 그리스도의 보혈이면 충분합니다. 새 언약은 우리가 하나님을 기쁘게 해 드리는 일에서 실패하지 않고 착하고 충성된 종이라는 칭찬을 상으로 받는 길을 열어두었습니다.

우리는 담대하게 하나님께 나아갈 수 있습니다.

19절의 "그러므로"는 히브리서의 대전환점입니다. 지금까지 저자는 예수 그리스도의 우월성을 여러 측면에서 제시하였습니다. 그 내용들은 예수님의 신분과 성품과 사역입니다.

[예수님의 신분]
- 예수님은 하나님의 종결적인 계시의 마지막 말씀입니다.
- 예수님은 하나님의 신적 아들로서 만유의 상속자이십니다.
- 예수님은 세상 창조의 신적 대행자이십니다.
- 예수님은 하나님의 영광의 광채시며 그 본체의 형상이십니다.
- 예수님은 창조계의 보존자이십니다.

- 예수님은 죄를 속량하고 정결하게 하셨습니다.
- 예수님은 지극히 높으신 분의 우편에 앉으셨습니다.
- 예수님은 천사들보다 더 높으신 분입니다.
- 예수님은 시험(테스트)의 광야를 지나는 우리의 인도자로서 모세보다 더 높으신 분입니다.
- 예수님의 보좌는 영원하며 그의 나라는 의의 나라입니다.
- 예수님은 구원의 창시자이십니다.
- 예수님은 아론보다 높은 영원한 대제사장이십니다.
- 예수님은 더 좋은 언약을 보증하는 분이시며, 더 훌륭한 직분을 맡으셨고, 훨씬 더 좋은 언약의 중보자이십니다.

[예수님의 성품]
- 예수님은 의를 사랑하시고 불법을 미워하십니다.
- 예수님은 고난으로 순종함을 배워서 완전하게 되셨습니다.
- 예수님은 신실하고 자비로우시며 우리의 연약함을 동정하십니다.

[예수님의 사역]
- 예수님은 단번에 자신의 피로써 하늘 지성소로 들어가셔서 율법의 제사제도가 바라보았던 모든 목표를 달성하셨습니다.
- 예수님은 그의 십자가 대속의 피를 믿는 자들이 죄의 용서를 받고 깨끗한 양심으로 하나님께 나아갈 수 있는 길을 여셨습니다.
- 많은 자녀를 영광으로 데리고 가는 일에 헌신하셨습니다.
- 예수님은 마귀를 멸하시고 만인을 심판하시며 꾸준한 믿음과 인내로 주님께 충성한 자녀들에게 약속된 유업을 주기 위해 재림하

실 것입니다.

이제 저자는 이러한 예수님의 모습을 자세히 진술한 후에 목회적인 적용으로 들어갑니다. 앞에서도 간간이 권면했지만(2:1; 3:1, 12, 13; 4:14, 16; 5:6:1~2) 지금은 전체적인 적용입니다. 제일 중요한 것은 율법이 할 수 없던 것을 예수님이 행하셨다는 것입니다. 율법은 죄인을 용서하거나 양심을 깨끗하게 하여 거룩하신 하나님께 나아갈 수 있는 길을 열지 못했습니다. 율법은 그림자였기 때문입니다. 하나님께 나아가는 길은 일시적이고 상징적이며 외형적인 제사 제도를 통해서 성취될 수 없었습니다. 하나님과의 새로운 교제의 길은 종교 시스템에서 오는 것이 아니고 그리스도의 인격체로부터 옵니다. 율법 시스템은 새로운 길을 바라보았을 뿐, 실체를 제공하지 못하였습니다.

율법은 아무 것도 온전하게 못할지라 이에 더 좋은 소망이 생기니 이것으로 우리가 하나님께 가까이 가느니라 (7:19).

성막의 두 칸은 모세 언약과 새 언약을 대변합니다. 예수님은 두 시대 사이의 분기점입니다. 성소의 휘장은 인간의 몸으로 세상에 오셨던 예수님을 가리킵니다. 예수님이 십자가에서 운명하셨을 때 성소의 휘장이 찢겨져 내렸습니다. 율법은 성소와 지성소 사이를 휘장으로 차단했지만 예수님은 자신의 몸이 십자가에서 찢어지셨을 때 성소 휘장이 거두어지게 하셨습니다. 이것은 더 이상 불완전한 모세 의식을 통해 하나님께 나아가지 않고 예수님을 통해 하나님께 나아가는 새롭고 충만한 길이 열렸음을 의미합니다. 예수님은 자신의 피를 가지고 하늘 성소로 들어가셔서 영원한 제사를 드렸기 때문에 옛 언약의 제사 의식들은 모두 종식되었습니다. 예수님은 자신의 대속적 죽음으로 옛 언약을 폐지하고 새 언약의 약속을 성취하셨습니다. 예수님은 복음 시대의 문을 여셨고 하나님과의 개인적이고 인격적인 교제가 가능하게 하셨습니다.

> 그러므로 형제들아 우리가 예수의 피를 힘입어 성소에 들어갈 담력을 얻었나니 그 길은 우리를 위하여 휘장 가운데로 열어 놓으신 새로운 살 길이요 휘장은 곧 그의 육체니라 (19~20절).

저자의 결론적 적용은 예수님의 신분과 성품과 대속 사역은 율법 언약 시대에 접근 불가능했던 거룩하신 하나님의 존전으로 나아가게 한다는 것입니다. '그러므로' 주저하지 말고 동정과 자비가 넘치는 하늘의 대제사장이신 예수님의 피를 의지하고 하늘 아버지께 나아가라는 것입니다. 그런데 여기서 중요한 단어는 '담대함'(헬. 파레시안)입니다. 히브리서에서 여러 번 사용되었는데 (3:6, 직역성경;10:35, 개역성경). 우리가 잘 아는 구절은 "은혜의 보좌 앞에 담대히 나아갈 것이니라"(4:16)는 권면입니다. 그런데 이 단어는 오해하기 쉽습니다. '담대하다'(boldness, confidence)의 사전적 의미는 배짱이 두둑하고 겁이 없고 용감하다는 뜻입니다. 감히 누가 이런 배짱으로 하나님께 나아갈 수 있겠습니까? 본문의 의미가 이런 뜻이 아닐 것은 두말할 필요도 없습니다. 담대하다는 것은 주관적인 자신감으로 대담하게 일을 처리하는 성향을 말합니다. 그러나 이것은 저자의 의도가 아닙니다.

본 절에서 "담대함이 생겼다"(직역성경) 혹은 "담력을 얻었다"(개역개정)라는 말은 개인의 주관적 정서가 아니고 객관적 사실(fact)을 가리킵니다. 담대함을 얻거나 혹은 생겼다는 것은 나에게서 나온 것이 아니라는 말입니다. 그래서 담대한 이유를 가졌다거나, 자유로운 액세스의 인증을 가졌다고 번역할 수 있습니다.

"Having therefore, brothers and sisters, a reason for boldness…" (Michael Eaton).

"Since we have authorization for free access…" (William Lane).

이것은 우리가 담대하게 느끼든지 않든지 현재 우리가 그리스도의 피로 말미암아 무엇을 갖게 되었는지를 말하고 있습니다. 우리는 하나님께 자유롭게 접근할 수 있는 허락을 받았으며 그렇게 할 수 있는 이유가 있다는 것입니다. 저자의 의도는 히브리 교인들이 이런저런 이유로 하나님께 나아가는 일을 주저하지 말고 힘든 때에 더욱 은혜의 보좌로 나아가게 하려는 것입니다.

우리는 하나님께 기도하는 일을 너무 쉽게 여기기도 하고 너무 어렵게 여기기도 합니다. 기도는 어떤 면에서 너무 쉬워도 안 되고 너무 어려워도 안 됩니다. 기도가 너무 쉬워서 입만 열면 무슨 말이든지 아무런 감정이나 생각이 없이 술술 나온다면 진정한 기도가 아닐 수 있습니다. 기도가 너무 어려워서 입을 떼지 못하거나 아예 기도를 안 한다면 하나님과의 관계를 검토해 보아야 합니다.

어떤 경우이든지 히브리서의 저자가 강조하는 것은 우리가 이제 그리스도의 새 언약 아래에서 하나님께 나아가는 새로운 살 길이 열렸다는 것입니다. 그래서 예수님에 대해 지금까지 진술한 "그러므로"(19절)의 내용들을 깊이 생각해 보고 깨달아서 하나님께 자유롭게 나아가게 된 이유가 어떤 것임을 알라는 것입니다. 즉, 은혜의 보좌에 접근하는 인증을 받은 사실을 확신하라는 것입니다. 이것이 담대함을 얻거나 받는 것입니다. 이렇게 해서 하나님께 '담대하게' 나아갈 때에 우리의 기도는 형식이나 중언부언이 되지 않고 성령 안에서 올리는 기쁨과 감사와 감격의 교제가 될 것입니다.

우리는 타락한 세상에 살면서 여러 가지 일들을 겪습니다. 그 중에 죄와 관련된 것으로서 교인의 양심을 더럽히는 일들은 하나님께 나아가는 일을 주저하게 만듭니다. 혹은 삶에 너무 지쳐서 하나님의 이름을 부르는 일조차 힘든 때도 있습니다. 오랜 질병과 생활고로 내일이 막막하거나 말 못 할 고민이 있어 불안과 초조함으로 극도로 긴장할 수 있습니다. 우리가 어떤 형편에 있든지 하나님께로부터 받아서 가진 것이 무엇인지 기억해야 합니다. 우리는 주 예수의 피에 힘입어 하늘 아버지께 나아가는 액세스의 인증을 받았습니다. 우리는 어느 때라도 주 예수의 이름을 부르며 하늘 지성소로 들어가 우리를 지극히 사랑하시는 하늘 아버지를 뵐 수 있습니다. 휘장으로 가려졌던 거룩한 지성소를 그리스도의 피로써 통과하여 하나님 앞에 엎드려 우리의 마음을 열어 보인다고 생각해 보십시오. 영광 중에 계신 자비하시고 은혜로우신 하늘 아버지의 모습에 나의 죄와 염려가 다 사라질 것입니다.

하나님께 나아가려면 마음이 진실해야 합니다.

우리가 마음에 뿌림을 받아 악한 양심으로부터 벗어나고 몸은 맑은 물로 씻음을 받았으니 참 마음과 온전한 믿음으로 하나님께 나아가자 (22절).

'나아간다'는 말은 하나님께 접근한다는 구약적 표현입니다(삼상 14:36; 사 48:16). 히브리서에서는 하나님과의 밀착된 교제를 가리킵니다(4:16; 7:25; 10:1, 22). 그런데 하나님께 가까이 나아가려면 마음이 바로잡혀 있어야 합니다. 편견을 갖거나 완고하지 않고 부드럽고 솔직하며 진지한 자세로 열려 있어야 합니다. 그러려면 "마음에 뿌림을 받아 악한 양심으로부터 벗어나야" 합니다. 그리스도의 피가 나의 모든 죄를 용서하고 나를 하나님의 자녀로 삼게 한 것을 믿으십시오. 그리스도의 피 뿌림이 우리의 양심을 죽은 행실에서 깨끗하게 합니다(히 9:14). 우리가 예수님의 십자가 희생이 하나님께서 기뻐 받으신 제물임을 알면 죄책감에서 풀려납니다. 우리는 더 이상 죄로 인해 더럽혀졌다고 느끼거나 죄책감에 시달릴 필요가 없습니다. 하나님께서 주 예수의 피로써 나의 양심을 깨끗하게 씻기셨기 때문입니다.

몸은 맑은 물로 씻음을 받았으니 (22절).

이것은 세례를 가리키지 않습니다. 구약에서 사용한 물 의식이 새 언약에서 어떻게 성취되는지를 말하는 상징적 표현입니다. 하나님은 모세에게 아론과 그 아들들을 회막 문에서 물로 씻기라고 하셨습니다(출 40:12). 마음에 피 뿌림을 받고 몸을 물로 씻는 것은 구약 의식에 대한 그림 언어입니다. 우리는 구약에서처럼 문자적으로 몸을 물에 씻거나 제물의 피를 뿌리지 않습니다(9:19). 구약의 이러한 의식은 새 언약 시대에서는 영적 체험으로 성취됩니다. 구약의 제사장들이 하나님의 존전에 나가기 전에 물로 씻은 것은 우리에게는 진실하고 겸비한 마음과 맑은 양심으로 하나님께 나아가는 것을 말합니다. 그런데 이것은 과거에 한 번 있었던 일로 그치는 것이 아니고 저자의 권면을 듣는 현장에서 현재적으로 체험되어야 했습니다.

소망의 고백을 굳게 붙들어야 합니다.

또 약속하신 이는 미쁘시니 우리가 믿는 도리의 소망을 움직이지 말며
굳게 잡고 (23절).

'미쁘다'는 말은 믿음성이 있다는 뜻인데 잘 쓰지 않는 단어입니다. 다른 번역에서는 '신실하다'로 옮겼습니다. 하나님은 신실하셔서 여러 가지 좋은 약속을 하시고 우리가 꾸준한 믿음과 적극적인 추구로 열매를 거두게 하십니다. 하나님은 구원받은 자녀들의 삶이 보람되고 유익하도록 많은 약속을 하셨습니다. 우리는 하나님께서 우리를 부르셨다는 것을 압니다. 그런데 불러만 놓고 아무 일도 시키지 않는다면 무의미할 것입니다.

소명은 봉사와 섬김을 전제한 것입니다. 하나님은 우리 각자에게 주신 소명 성취를 위해 필요한 것들을 주신다고 약속하셨습니다. 그것은 하나님 나라에서 무엇인가 기여하게 하고 다른 사람들에게 유용한 사람이 되게 하는 것입니다. 또한 그리스도의 성품을 닮고 하나님이 예비하신 유업을 받기 위해 수고하는 능력을 공급하신다고 약속하십니다. 여기에는 부활한 몸의 가시적 영광과 새 하늘과 새 땅에서의 몫이 포함됩니다. 이러한 약속들은 하나님의 자녀들에게 준 것이지만 유업으로 받게 하십니다. 그런데 유업은 꾸준한 믿음과 인내로 하나님의 뜻을 따라 신실하게 살 때에만 받을 수 있습니다 (히 6:11~12; 고전 3:14; 4:1, 5). 히브리서에서 고백한 신앙의 내용은 주로 하나님은 그를 찾는 자들에게 상 주시는 분이라는 것입니다(3:14;

4:14; 6:11; 10:35).

서로 돌아보아 사랑과 선행을 격려하며 (24절).

본 서신은 교회 공동체에게 보낸 것입니다. 그래서 권면의 말씀은 개별 성도에게 제한된 것이 아닙니다. 개인 신앙은 공동체를 서로 돌보는 사랑의 봉사로 확대되어야 합니다. 신자들은 함께 하늘의 부르심을 받은 거룩한 형제들 (3:1)입니다. 그래서 서로 돌보아야 하고 하나님께서 조만간 약속들을 성취하실 것이라는 기대를 가져야 합니다. 이러한 공동체적인 호소는 본 서신의 중요한 강조점입니다(3:13; 4:1, 11, 25).

모이기를 폐하는 어떤 사람들의 습관과 같이 하지 말고 오직 권하여 그
날이 가까움을 볼수록 더욱 그리하자 (25절).

당시의 히브리 교인들 중에는 성도들의 모임을 등한시하는 자들이 있었습니다. 그 이유는 명시되지 않았지만 아마 박해와 사회적 불이익 때문인지 모릅니다(10:32~34). 만일 교인들이 함께 모이지 않는다면, 복음을 함께 듣고 하나님을 찬양하며 기쁨과 어려움을 서로 나누면서 사랑을 표현하는 일이 자유롭지 못할 것입니다. 공동체와 떨어져 사는 교인은 영적으로 불리한 상태에 있습니다. 가족이 없는 사람은 고독합니다. 신앙생활은 혼자서 감당하기에는 역부족입니다. 예외적이고 일시적인 상황이 아닌 이상, 신자는 함께 모여서 회중 가운데 임재하시는 하나님을 체험하며 서로 사랑과 격려를 주고 받아야 합니다.

요즘은 교회에 다니고 싶지 않다는 분들도 많고 다니다가 아예 안나가는 신자들도 적지 않습니다. 교인들이라면 교회에 가고 싶어 해야 정상입니다. 그렇지 못한 이유가 무엇인지 알아야 하겠습니다. 원인을 속히 찾아내고 최선의 방법으로 고칠 것은 고쳐야 합니다. 주님의 재림이 날로 가까워지고 있습니다. 주께서 오시면 악하고 잘못된 것들을 모두 심판하실 것입니다(30절). 주의 재림은 생각보다 더 빠를 수 있습니다. 반드시 세상 끝이 아니더라도 세상이 다 끝나는 것과 같은 사건들이 발생하여 온 세상이 혼란과 두려움에 빠질 수 있습니다. 우리는 전염병이나 자연 재해나 전쟁과 같은 예외적인 상황이 아닌 이상 더욱 모이기를 힘쓰며 서로 격려하면서 영적 도움을 주고받아야 하겠습니다.

34.

큰 상을 얻는 길
히브리서 10:26~39

'그러므로'로 시작된 앞의 항목(19~25절)은 여러 가지 권면을 담고 있습니다.

- 예수의 피를 힘입어 하나님께 나아가라.
- 유업의 소망을 굳게 잡으라.
- 서로 돌보며 사랑하라.
- 주의 재림이 임박할수록 힘써 모이라.

본 항목은 '왜' 우리가 이러한 권면에 순종해야 하는지를 설명합니다. 그런데 우리말 성경에는 '왜'에 해당하는 말이 생략되었습니다. 한글 킹제임스에만 '이는'이라는 이유를 달았는데 영문 성경은 대부분 For (왜냐하면) 라고 번역하였습니다. 이것은 앞의 항목과 연결되는 중요한 단어이기 때문에 생략하지 않는 것이 좋습니다.

신자도 죄를 짓습니다.

(왜냐하면), 우리가 진리를 아는 지식을 받은 후 짐짓 죄를 범한즉 다시 속
죄하는 제사가 없고 (히 10: 26).

'우리가'라고 했기 때문에 저자를 포함한 신자들이 죄를 지을 수
있음을 말합니다. 누구나 몰라서 죄를 지을 수도 있고 알고도 죄를
짓기도 합니다. 예를 들어 예수님에 대해서 모르면 예수님을 욕하고
모욕하기도 합니다. 바울의 경우가 그랬습니다.

내가 전에는 비방자요 박해자요 폭행자였으나 도리어 긍휼을 입은 것은
내가 믿지 아니할 때에 알지 못하고 행하였음이라 (딤전 1:13).

그러나 일단 복음을 믿고 나면 불신자로 있을 때의 무지한 상태가
아니기 때문에 신자의 죄는 불신자보다 훨씬 더 고의적이고 의도적
인 측면이 있습니다. 물론 불신자도 자기 양심에 거슬러 죄를 짓습니
다. 모르고 짓는 죄가 간혹 있을 수 있고 강요에 의해서 범죄할지라
도 타락한 인간은 어떤 형태로든지 자의로 범하는 죄가 있습니다. 신
자의 죄는 대부분 의도적입니다. 신자가 된 후에 나쁘다는 것을 확실
히 알고도 죄를 짓기 때문입니다. 신자가 된 후에 죄를 지으면 내주
하는 성령과 말씀으로 예민해진 양심이 나를 고발합니다.
그런데 성경의 경고 본문들은 얼핏 들으면 겁을 덜컥 나게 합니
다. 예수 믿고 나서 의도적으로 죄짓지 않는 사람은 아무도 없을 것
입니다. 의도적으로 죄를 지으면 속죄하는 제사가 더 이상 없다고 했
기 때문에 몇 가지 의문을 일으킵니다.
첫째, 의도적인 죄는 한 번이라도 지으면 안 되는가?
둘째, 의도적인 죄는 지속적이고 습관적인 죄인가?

셋째, 의도적인 죄를 짓는 사람은 배교자인가?

넷째, 더 이상의 속죄 제사가 없다는 것은 구원을 잃는다는 의미인가?

여러 가지 답변이 있습니다. 어떤 이들은 거듭난 신자는 의도적인 죄를 짓지 않는다고 말합니다. 혹은 의도적인 죄를 지어도 지속적이고 반복된 죄는 지을 수 없다고 봅니다. 일부 영문 성경에는 '만약 고의적으로 계속 죄를 지으면' 이라고 번역했습니다.

ESV. For, if we go on sinning deliberately,

NIV. If we deliberately keep on sinning,

계속적이고 습관적인 죄에 빠지는 것은 거듭난 신자에게는 있을 수 없고 용납될 수도 없다는 입장입니다. 그래서 이런 사람은 아예 처음부터 거듭나지 않았거나 거듭났어도 배교로 인해 구원을 상실한다는 의미로 해석합니다.

한편, 하워드 마샬(Howard Marshall)은 이러한 동사를 현재 지속형 형태로 강조하는 것은 신약의 다른 곳에서는 없다고 지적합니다(The Epistles of John, NICNT, p.180). 또한 당시의 독자들이 현대 일부 번역에서처럼 특정한 교리에 맞추기 위해 골라낸 이러한 동사의 의미를 포착했을지도 의문입니다.

그런데 과연 몇 번이나 의도적인 죄를 지어야 계속해서 죄를 짓는 것일까요? 혹은 몇 가지 이상의 죄를 고의적으로 지으면 용서받지 못한다는 규정이 있습니까? 이런 식의 질문을 답하려면 죄짓는 횟수와 가짓수를 인위적으로 정해야 할 것입니다. 이것은 분명 본문의 의도가 아닙니다. 그렇다면 본문은 다른 방향에서 조명해야 합니다. 즉, 히브리서 전체의 중심 주제에 비추어 해석하는 것입니다. 히브리서의 중심 주제는 구원이 아니고 유업입니다. 구원을 잃지 않도록 촉구하는 것이 본 서신의 목적이 아니고, 구원받은 성도가 하나님께서 약속으로 주신 유업의 상을 받도록 권면하는 것입니다. 이것이 히브리서의 경고 본문을 이해하는 열쇠입니다.

속죄 제사가 없는 것은 구원의 상실을 의미하지 않습니다.

저자는 9장에서 그리스도의 피가 영원한 속죄를 이루었다고 하였고(9:12), 10장에서 "그리스도의 몸을 단번에 드리심으로 말미암아 우리가 거룩함을 얻었다"(10:10)고 했습니다. 속죄는 예수님의 일회의 희생 제사로 영원히 종결되었습니다. 중요한 것은 저자가 속죄 희생이 철회되거나 무효가 되었다고 하지 않은 것입니다. 이미 영원히 성취된 속죄 사건이 취소될 수 없는 것은 당연합니다. 그래서 이미 거룩함을 얻은 성도들의 구원은 안전합니다.

[의도적인 죄를 지을 때 속죄 제사가 없다는 말은 무슨 의미일까요?]
첫째, 속죄 희생이 더 이상 유효하지 않다는 뜻입니다. 과거에 주 예수를 믿었을 때 받은 첫 구원이 말소되지는 않지만, 그리스도의 속죄 피가 앞으로는 복과 은혜로 작용하지 못한다는 것입니다. 그리스도의 피는 세 가지 효력을 낼 수 있었습니다.
- 영원한 속죄를 이루었습니다(9:12). 이것은 과거 시제로서 이미 완료되었습니다.
- 날마다 더럽혀진 양심을 씻깁니다(9:14). 이것은 현재에 적용됩니다.
- 유업의 상을 받게 할 수 있습니다(9:15). 이것은 조건부입니다.

받을 수도 있고 못 받을 수도 있습니다.

신자는 고의적으로 죄를 지으면 영원한 구원은 잃지 않지만 날마다 오염된 양심을 씻지 못하고 유업을 놓칠 수 있습니다. 만일 의도적이고 반복적인 죄에 빠진 성도가 회개한다면 그리스도의 피가 양심을 씻기고 유업의 상을 받을 수 있는 기회를 받을지도 모릅니다. 그러나 가나안 입성을 거부했던 광야 백성이 나중에 회개도 하고 용서도 받았지만 가나안에 들어가지 못했듯이, 너무 늦은 때가 있습니다(민 14:21~23, 38~45). 그리스도의 피는 우리 각자의 삶에서 영적 활력과 하늘에 속한 생명을 체험하게 합니다. 그러나 의도적인 죄를 계속 즐기면서 하나님의 말씀과 성령의 경고를 무시하면 양심은 더럽혀지고 유업의 상은 상실될 위험에 놓입니다. 그런 경우에 그리스도의 피는 신자를 유업을 향해 전진하도록 인도하는 일에서 효력을 낼 수 없습니다.

둘째, 하나님의 심판의 형벌을 받는다는 뜻입니다.

오직 무서운 마음으로 심판을 기다리는 것과 대적하는 자를 태울 맹렬
한 불만 있으리라 (27절).

'심판'은 불신자들에게만 있는 것이 아닙니다(롬 14:11~12). "주께서 그의 백성을 심판하리라"(30절)고 했습니다. 신자들도 그리스도의 심판대 앞에서 심판을 받습니다(고후 5:10). 그런데 심판의 강도가 매우 높기 때문에 우리를 당황스럽게 합니다. 이것은 언뜻 이해하기 어렵습니다. 하나님은 자기 백성을 사랑하셔서 십자가에 자기 아들까지 희생시켰는데 어떻게 십자가로 구속한 자녀들을 이처럼 무섭게 심판하실 수 있겠습니까? 마치 부모가 자녀를 사랑하지만 무섭게 대할 때가 있듯이, 하나님은 구속받은 자녀를 엄히 징계할 수 있습니다 (히 12:6). 하나님은 오랫동안 회개하지 않고 의도적이고 반복적인 죄를 즐기는 자녀들을 어느날 갑자기 따끔하게 처벌하실 수 있습니다. 이 일은 언제라도 일어날 수 있습니다. 그런데 징계를 받고도 회개하지 않는다면 사후에는 반드시 하나님의 진노를 경험할 것입니다.

> 모세의 법을 폐한 자도 두세 증인으로 말미암아 불쌍히 여김을 받지 못하고 죽었거든 하물며 하나님의 아들을 짓밟고 자기를 거룩하게 한 언약의 피를 부정한 것으로 여기고 은혜의 성령을 욕되게 하는 자가 당연히 받을 형벌은 얼마나 더 무겁겠느냐 너희는 생각하라 (28~29절).

이 말씀은 반복해서 고의적으로 죄를 짓는 일을 심각하게 여기지 않는 신자들에 대해 하나님께서 어떻게 느끼시고 어떻게 판단하시는지를 드러낸 것입니다.

- 하나님의 아들을 완전히 멸시하고 짓밟는 행위이다.
- 예수님의 언약의 피를 부정하다고 여기는 것이다.
- 성령의 은혜를 모욕하는 짓이다.
- 마땅히 엄벌을 받아야 한다.

> 누구든지 그 위에 세운 공적이 그대로 있으면 상을 받고 누구든지 그 공적이 불타면 해를 받으리니 그러나 자신은 구원을 받되 불 가운데서 받은 것 같으리라 (고전 3:14~15).

아무리 큰 죄를 지어도 한 번 받은 구원은 잃지 않습니다. 그러나 하나님은 고의적으로 죄를 짓는 자녀들을 매우 언짢게 보시고 엄히 징계하실 것입니다. 구원만 받으면 다 된 것 아니냐고 생각하지 말아야 합니다. 구원은 너무도 좋은 것이지만, 주 예수의 가르침과 성령의 인도에 순복하지 않고 자기 방식으로 사는 무책임한 교인들은 하나님의 진노의 맹렬한 불을 통과하는 무서운 심판을 받습니다. 죄는 우리를 하나님과 적대 관계에 놓이게 합니다. 우리는 하나님과 원수가 되어 살 수 없습니다(27, 30절).

> 원수 갚는 것이 내게 있으니 내가 갚으리라 하시고 또 다시 주께서 그의 백성을 심판하리라 말씀하신 것을 우리가 아노니 살아 계신 하나님의 손에 빠져들어가는 것이 무서울진저(30~31절).

신자도 하나님의 심판을 받는다는 말은 예수님을 믿는 자는 심판받지 않는다(요 3:18)는 말씀과 모순되는 듯합니다. 그러나 멸망받지 않고 영생을 얻는다는 예수님의 말씀이나(요 3:16) 그리스도 예수 안에 있는 자에게는 결코 정죄함이 없다는 바울의 가르침은(롬 8:1) 구속받은 신자의 신분과 위치가 심판받는다는 뜻이 아닙니다. 그리스도 안에 있는 신자의 위치와 하나님의 자녀가 된 신분은 변하지 않습니다. 구원받은 신자는 지옥의 심판을 받는 것이 아니고 자신의 삶에 대한 평가를 받습니다.

그런데 내가 살면서 쌓아온 모든 것들이 아무 쓸모없는 것들로 드러나서 다 타버린다면 어떻게 되겠습니까? 세상에서 주님을 위해 살기보다 나만을 위해 살았던 일들이 얼마나 무익하고 악한 일이었는지를 깨닫게 될 것입니다. 그때 나의 구원을 위해 십자가 고난을 겪으신 주님 앞에서 몸 둘 바를 모르며 크게 괴로워하지 않겠습니까?

그래서 바울은 하나님의 진노가 불순종의 자녀들에게 임하니 그런 사람들과 섞이지 말라고 경고하였습니다(엡 5:6~7).

성경은 주 예수를 믿고 구원받은 자들이 모두 천국으로 직행한다고 말하지 않습니다. 반드시 그리스도의 심판대를 거친다는 것이 성경의 가르침입니다. 만일 어떻게 살았든지 상관없이 신자라면 무조건 천국으로 무사 통과한다면 그리스도의 심판대가 있어야 할 필요가 무엇입니까? 자신이 산 삶에 대한 평가를 받고 행한 대로 갚아 주시는 하나님의 공의를 체험하는 과정에서(계 22:12; 렘 17:10) 기쁨의 눈물을 흘리는 자도 있을 것이고 고통의 눈물을 흘리는 자도 있을 것입니다. 자신이 받았어야 할 유업의 상을 놓치고 주님의 칭찬을 받지 못하는 자들은 크게 부끄러워하고 후회할 것입니다(요일 2:28).

주님은 모든 성도의 눈물을 씻겨주실 것입니다. 주님의 나라와 의로운 삶을 위해 흘렸던 눈물은 모두 보상될 것입니다(계 21:4). 주님의 심판대 앞에서 죄를 통회하며 흘리는 뼈아픈 눈물도 주님이 닦아 주실 것입니다. 그러나 이때 받는 불충한 신자들의 극심한 고통은 비록 짧은 시간일지라도 주님의 자비가 없다면 아무도 감당할 수 없을 것입니다. 하나님은 자기 백성의 죄를 징계하고 바로잡기 위해 이 세상에서도 불같은 정화의 심판을 자주 집행하셨습니다.

우리는 이런 말씀을 들으면 불편합니다. 그러나 하나님의 심판은 과거부터 있었습니다. 하나님께서 예루살렘을 향해 진노하셨을 때 남여노소를 불문하고 다 죽이라고 하셨습니다. 그때 "내 성소에서 시작하라"(겔 9:6)고 천사에게 명령하셨습니다. 베드로는 "하나님의 집에서 심판을 시작할 때가 되었다"(벧전 4:17)고 경고했습니다.

우리나라 교회는 너무 오랫동안 하나님을 매우 나이브한 분으로 소개하고 감상적인 사랑의 하나님으로 대우하였습니다. 그래서 어떤 결과가 나타나고 있습니까? 현대 교회는 복음을 왜곡하고 각종 비리와 도덕적 타락으로 그리스도의 얼굴에 흙탕물을 끼얹으며 사회로부터 극한 멸시를 받습니다. 그런데도 하나님의 심판 메시지는 별로 전하지 않습니다. 교회는 십자가 사랑을 감상적으로 전하지 말고 하나님의 준엄한 심판 경고를 생략하지 말아야 합니다.

우리는 한 번 구원 영원하다는 은혜 교리를 성경의 가르침대로 제시해야 합니다. 성경은 상도 있고 심판도 있다고 가르칩니다. 양편 교리를 균형 있게 배워야 합니다. 구원은 순전히 은혜로 받지만 은혜 구원을 받은 신자는 유업을 받기에 합당한 삶을 살아야 할 책임이 있습니다. 그리스도의 심판대에서 그릇된 삶에 대한 형벌이 있을 것을 언급하지 않고 거저받는 은혜만 말하는 것은 성경의 가르침을 바르게 전하는 것이 아닙니다. 우리는 영원한 구원의 안전과 함께 하나님의 손에서 받는 심각한 징계의 가능성에 대한 경고를 한 묶음으로 제시해야 합니다. 이것이 짐짓 죄를 범하기를 그치지 않는 신자들을 바로잡는 성경의 방법입니다.

계속해서 의도적으로 죄를 짓기 때문에 거듭난 사람이 아니라거나, 의도적으로 죄를 짓기 때문에 구원을 잃는다고 말하는 것은 신약성경의 접근방법이 아닙니다. 하나님의 징계의 대상이 된 불신실한 신자들을 돕는 최선의 길은 성경의 경고 본문을 있는 그대로 강해하는 것입니다.

성경의 경고는 구원 상실 가능성이 아닌, 상의 상실 가능성을 말합니다.

히브리서에 나오는 경고 본문은 구원을 잃거나 취소한다는 뜻이 아닙니다. 광야 백성은 불평과 불신을 일삼았지만 애굽으로 되돌아가지 않았습니다. 그들이 잃은 것은 유월절 양의 피를 집에 바르고 풀려난 애굽에서의 구원이 아니고, 젖과 꿀이 흐르는 유업의 땅이었습니다. 2장 3절에서 "이 같이 큰 구원을 등한히 여기면 어찌 그 보응을 피하리요"라고 했는데 구원이 취소된다는 말이 아닙니다. 구원을 소홀히 여기면 복음의 능력과 그리스도의 부활 생명이 자신의 삶 속에서 흐르는 것을 체험하지 못하고 그리스도의 심판대에서 부끄러움을 당한다는 경고입니다. 불 같은 심판을 받는다는 경고도(히 10:27) 구원받은 자의 신분이 타버린다는 말이 아니라 상을 잃는다는 것입니다(히 10:35; 고전 3:8). 타버리는 것은 육적인 쾌락과 세상에 속한 자랑거리들입니다(고전 3:12~15; 요일 2:16). 히브리서 12장에서 하나님의 은혜를 거역하는 자에 대한 경고에서도 구원의 상실이 아닌 상의 주제를 다루었습니다. 에서는 유산을 상속받지 못했지만 이삭의 가문에서 쫓겨난 것은 아니었습니다(히 12:16~17).

바울은 하나님 나라를 유업으로 받지 못하는 죄들을 열거하였습니다. 이 중에는 시기와 분노와 질투도 있습니다(갈 5:20~21). 본 절을 구원을 못 받는다는 경고로 오해하는 경우가 많지만 하나님 나라의 복을 현재의 삶에서 누리지 못한다는 뜻입니다. 질투했거나 화를 냈다고 천국에 못 들어간다면 누가 천국에 들어가겠습니까? 바울도 바나바와 심히 다투지 않았습니까? (행 15:36~41). 물론 나중에 회개하고 서로 화해했겠지만 만약 그때 죽었다면 천국에 못 들어갔을까요? 바울이 열거한 죄들을 지으면 구원받지 못하거나 천국에 못 들어간다는 뜻이 아닙니다. 그런 죄들은 하나님 나라의 강력한 능력을 차단하고 하나님의 충만한 복이 나의 삶 속에서 드러나지 못하게 방해합니다. 하나님의 경고는 듣지 않으면 마침내 약속된 상을 잃고 그리스도의 심판대 앞에서 부끄러움을 당할 것을 예고하는 것입니다(요일 2:28).

그런데 너무 두려워하거나 좌절하지 말아야 합니다. 하나님의 경고에는 항상 격려가 따르기 때문입니다. 하나님의 징계의 회초리 끝에는 언제나 자비의 꼬리표가 붙어 있습니다. 그것은 '내가 너를 사랑하니 돌이키고 낙심하지 말라'는 것입니다.

우리가 성경의 경고 본문들을 보면 매우 두려운 생각이 듭니다. 우리는 바울이 빌립보서에서 말했듯이(빌 2:12) 항상 복종하여 두렵고 떨림으로 우리의 구원을 이루어야 한다는 말씀을 심각하게 받아들여야 합니다. 그렇지만 공포에 질려서 살라는 의미는 아닙니다. 하나님은 우리가 진심으로 회개하면 즉시 용서하십니다. 자비하신 하나님께서는 우리의 죄를 날마다 씻기시며 어리석고 못난 과거를 덮어주기를 원하십니다. 우리는 하나님을 경외해야 합니다. 그러나 하나님을 인정사정없는 무자비한 재판관으로 여기고 두려워하지 말아야 합니다. 하나님께서는 우리의 죄악 된 과거보다 한 때 주님을 사랑하며 따랐던 보다 나았던 과거를 늘 회상하고 계십니다.

❖ 스코틀랜드의 Bigger라는 소촌에 어린이 인형 극장이 있습니다. 그 정원에 해시계가 세워져 있습니다. 둥근 해시계의 얼굴 판에 비바람이 불어치는 광경이 그려져 있습니다. 그 사이로 햇살이 비칩니다. 거기에 이런 내용의 시가 적혀 있습니다.

"당신이 일으킨 폭풍과 소나기는 다른 사람들의 입에서나 오르내리게 하십시오. 나는 오직 당신이 비쳐준 따스한 햇살의 시간들만 기억하렵니다."

이것이 하나님의 마음입니다. 하나님께서는 십자가로 구속한 자녀들을 이런 식으로 기억하기를 원하십니다. 우리가 주님의 얼굴에 소나기를 퍼붓고 우박을 던지며, 눈보라를 일으킨 적이 한두 번이었습니까? 그래도 주님은 오래 참으시며 우리가 부족하나마 주님을 섬기고 사랑했던 시절을 신혼의 단꿈으로 회상하십니다. 그리고 그 햇살의 시간들을 가슴에 품고 우리가 회개하고 주께로 다시 돌아오기를 기다리십니다.

하나님은 우리가 받는 고난과 선한 삶을 기억하시고 격려하십니다.

전날에 너희가 빛을 받은 후에 고난의 큰 싸움을 견디어 낸 것을 생각하라 (32절).

내가 어려울 때 누가 나의 과거의 선행을 기억해 주면 위로가 됩니다. 히브리 교인들은 유업의 상을 상실할 수 있는 위험에 대한 엄한 경고를 받았습니다. 그들은 유대교의 압력과 박해 속에서 침체되었습니다. 그들은 몸에 익숙한 전통 종교로 돌아가고픈 유혹으로 갈등을 겪는 중이었습니다. 이런 상황에서 저자는 그들의 과거의 승리를 상기시키며 그때를 '생각하라'고 했습니다. 우리는 현재의 부끄러운 모습을 보고 침체에 빠질 때 하나님을 잘 섬겼던 과거를 회상해 보고 용기를 내어야 합니다. 하나님께서도 그때의 나은 모습을 기억하고 계시기 때문입니다. 사실 기억하실 뿐만 아니라 잊지 않고 갚아주십니다. 저자는 6장의 경고 후에도 히브리서 독자 교인들의 사랑의 봉사를 언급하며 격려하였습니다.

> 하나님은 불의하지 아니하사 너희 행위와 그의 이름을 위하여 나타낸 사랑으로 이미 성도를 섬긴 것과 이제도 섬기고 있는 것을 잊어버리지 아니하시느니라 (6:10).

빛을 받은 후에(32절)는 복음의 빛으로 거듭난 이후를 가리킵니다. 그들은 주 예수를 믿고 나서 심한 반대에 부딪쳤지만 잘 싸워냈습니다. 그들이 "고난의 큰 싸움"을 견뎠다고 했는데 어떤 것들입니까? 비방과 환난과 구경거리가 되고 재산을 빼앗기는 것을 견뎠고 또 그런 처지에 놓인 사람들의 친구가 되어 주었고 죄수들을 동정한 일 등입니다. 하나님께서 우리의 선한 싸움을 일일이 다 기억하신다고 생각해 보십시오. 우리는 잊을지라도 하나님은 잊지 않으십니다. 예수님이 재림하실 때 의인들을 보시고 이렇게 말씀하실 것이라고 했습니다.

> 내가 주릴 때에 너희가 먹을 것을 주었고 목마를 때에 마시게 하였고 나그네 되었을 때에 영접하였고 헐벗었을 때에 옷을 입혔고 병들었을 때에 돌보았고 옥에 갇혔을 때에 와서 보았느니라 (마 25:35~36).

조목조목 다 열거하신 것을 보십시오. 얼마나 놀라운 일입니까? 아무도 모르게 행한 극히 작은 선행도 주님을 위한 것이었다면 상을 받습니다. 주님은 "너희가 여기 내 형제 중에 지극히 작은 자 하나에게 한 것이 곧 내게 한 것이니라"(마 25:40)고 하셨습니다. 우리는 상 받을 일로 여기지 않고 잊어버렸던 일들이 마지막 날에 주의 심판대 에서 상으로 드러나는 것을 보고 크게 놀랄 것입니다.

성도의 의로운 고난의 삶은 상의 동기부여로 견디도록 계획되었습니 다.

히브리서의 교인들은 선하고 희생적인 사랑의 삶을 살았으면서도 박해를 받았고 가진 소유를 다 빼앗겼습니다. 그래도 그들은 오히려 기쁘게 당하였습니다. 어떻게 이렇게 할 수 있었을까요?

더 낫고 영구한 소유가 있는 줄 (34절) 알았기 때문입니다. '영구한 소 유'가 무엇입니까? 천국입니까? 아닙니다. 천국은 선행으로 받지 않 습니다. 선행은 구원받는 자격이 아닙니다. 구원은 그리스도의 십자 가 구속을 신뢰하는 믿음으로 받습니다. 히브리서의 교인들은 주 예 수를 믿었을 때 이미 구원을 받았습니다. 그럼 그들의 선행은 무엇을 위한 것입니까? 유업의 상을 받기 위한 것입니다. 그들은 **큰 싸움** (32 절)을 견디고 **큰 상** (35)을 받을 것이었습니다. 그들이 받을 상은 **약속하 신 것** (36절)입니다.

> 그러므로 너희 담대함을 버리지 말라 이것이 큰 상을 얻게 하느니라 너
> 희에게 인내가 필요함은 너희가 하나님의 뜻을 행한 후에 약속하신 것
> 을 받기 위함이라 (35~36절).

주를 위해 고난을 담대히 받으려면 인내가 필요하다고 했습니다. 이 말씀은 '믿음과 오래 참음'으로 약속된 유업을 받아야 한다는 6장

12절과 대등절입니다. 히브리서의 교인들은 지쳐 있었습니다. 그들은 조상 대대로 지켜온 유대교 전통을 저버린 배신자로 취급되었을 것입니다. 그들은 십자가에 처형된 예수를 메시아로 믿었으므로 성전 경배자들의 눈에는 매우 거슬렸을 것입니다. 그들은 힘이 없는 작은 무리로서 이단시되었기 때문에 멸시와 착취를 당해도 하소연할 데가 없었습니다. 그들에게 필요한 것은 "잠시 잠깐 후면 오실 이"(37절)를 기다리는 인내와 유업의 상을 향한 포기하지 않는 꾸준한 믿음이었습니다(38~39절).

하나님께서는 고난받는 성도들이 상의 동기부여를 받고 견디도록 의도하셨습니다. 상이라고 말하면 거부반응을 보이는 분들이 있습니다. 상을 바라고 하나님을 섬기는 것은 옳지 않다고 봅니다. 신자는 오로지 십자가의 구원에 감사하여 고난을 딛고 희생적인 삶을 살아야 한다고 말합니다. 그런데 십자가도 동기부여입니다. 예수님이 나를 위해 그처럼 큰 희생을 하셨기 때문에 그분을 위해 삽니다. 많은 훌륭한 성도들이 예수님의 발자취를 따라 그렇게 살았습니다.

그러나 우리는 아직도 몸의 구원을 기다리는 연약한 존재들임을 잊지 말아야 합니다. 하나님께서는 우리의 연약함을 돕기 위해서 신실한 자녀들에게 상을 주신다고 약속하셨습니다. 전혀 그렇게 하실 이유가 없습니다. 우리가 주님을 힘껏 섬겼다면 주님이 주신 힘으로 섬긴 것입니다. 주님을 순종했다면 종으로서 마땅히 할 일을 행했을 뿐입니다.

명한 대로 하였다고 종에게 감사하겠느냐 이와 같이 너희도 명령받은 것을 다 행한 후에 이르기를 우리는 무익한 종이라 우리가 하여야 할 일을 한 것뿐이라 할지니라 (눅 17:9~10).

그런데도 하나님은 우리에게 '잘하였도다'라고 칭찬해 주기를 원하십니다. 하나님은 보상에 풍성하신 분입니다. 인간은 상을 받으면 기뻐합니다. 우리가 상을 받고 기뻐하는 모습은 하나님에게도 기쁨이 됩니다. 자녀가 선물을 받고 기뻐하는 것을 보며 흐뭇하게 여기지 않을 부모가 어디 있겠습니까? 하나님의 상과 칭찬과 인정을 받는 것은 인간이 받을 수 있는 최대의 영예입니다.

히브리서의 저자는 그의 독자들이 큰 상을 얻도록 격려하였습니다. 그런데 그의 독자들이 많은 고통과 손실을 초래한 환난을 견딜 수 있었던 까닭이 무엇이었을까요? 저자는 그들이 하나님께서 더 나은 것으로 보상해 주신다는 것을 알았기 때문이었다고 지적하였습니다(34절). 우리는 히브리서의 교인들이 보상을 바랐기 때문에 세속적이거나 우리보다 덜 영적이었다고 감히 말할 수 없습니다. 히브리서의 저자는 그의 독자들에게 과거처럼 큰 상에 대한 기대를 안고 인내하며 믿음을 지키도록 격려하였습니다.

본 항목의 주제는 구원이 아니고 유업입니다(35절). 지옥의 심판이 아니고 유업 상실에 대한 경고입니다. 히브리서의 독자들이 상을 바랐기 때문에 고난을 견디며 담대하게 살 수 있었다면 우리도 마땅히 그래야 합니다. 히브리서의 저자는 그의 독자들이 상을 바랐다고 해서 동기가 물질주의라거나 유치한 수준의 신앙이라고 말하지 않았습니다. 오히려 상을 얻기 위해 고난을 감내했던 과거의 투쟁으로 돌아가라고 권면하였습니다. 상을 바라고 인내하며 주를 섬기는 일은 회피할 일이 아니고 적극적으로 추구해야 하는 믿음 생활의 중요한 동기부여입니다.

상은 보상이나 유업 혹은 기업과 같은 말입니다. 히브리서의 저자는 그의 독자들에게 '큰 상'을 얻으려면 "너희 담대함을 버리지 말라"(10:35)고 했습니다. 본 절의 담대함이란 그냥 용감하다는 뜻이 아니고 예수님의 말씀을 믿고 주님을 확신하며 신뢰한다는 뜻입니다. 다시 말해서 주님이 내 죄를 용서하시고 나를 사랑하시며 여러 모로 내 삶을 이끌어주시는 주님을 확신하며 살라는 것입니다. 그러면 '큰 상'(10:35)을 얻는다고 하였습니다.

[상의 세 갈래 측면]

상은 일종의 보상입니다. 아무것도 행하지 않은 자에게는 상이 없습니다. 학생이 공부를 잘하면 상을 받습니다. 부모는 착한 자녀에게 칭찬을 하고 함께 기뻐합니다. 신자들도 마찬가지입니다. 하나님이 기뻐하시는 일을 행하면 하나님으로부터 잘하였다는 칭찬을 받고 하나님의 즐거움에 참여하게 됩니다(마 25:21, 23). 달리 말하면 하나님의 인정을 받고 하나님과 함께 기뻐하는 것입니다. 이것이 상입니다. 상은 현세에도 받고 내세에서도 받습니다(막 10:30). 상은 물질적인 측면도 있지만 주로 영적이며 하늘에 보물로 쌓였다가 사후에 받습니다(마 6:20). 우리는 상의 구체적 성격은 잘 알 수 없습니다. 신실한 종에게는 더 많은 것을 맡긴다고 했으니까(마 25:21, 23) 아마도 청지기의 역할 분담이 늘어나서 주를 섬길 기회가 더 많아지고 그에 따르는 영예와 주님과의 밀착된 관계를 즐기는 기쁨이 포함될 듯합니다.

첫째, 상은 성령 생활에 따르는 영적 축복들입니다. 우리가 날마다 성령의 인도와 지시에 따라 살면 영생을 거둔다고 하였습니다(갈 6:8). 즉, 사랑과 희락과 화평과 오래 참음과 자비와 양선과 충성과 온유와 절제 등의 영적 열매를 상으로 받습니다(갈 5:22~23).

둘째, 하나님이 약속하신 것들을 상으로 받습니다(히 6:12). 약속의 상을 받으려면 시련을 견디는 꾸준한 믿음과 인내가 있어야 합니다. 마침내 하나님께서 우리에게 약속한 것을 주신다고 맹세하시면 약속은 성취됩니다. 이것을 안식에 들어간다고 말합니다.

셋째, 내세에 받는 영원한 유업입니다(히 9:15). 우리가 주님과 주의 나라를 위해 수고하면 이것들이 하늘에 보물로 쌓입니다(마 6:20). 어떤 형태로 무엇이 쌓이는지 자세히 알 수 없지만 하나님은 우리가 주님을 위해서 행하는 일들을 주목하시고 보상하십니다. 그래서 너희 담대함을 버리지 말고 큰 보상을 기대하라고 하였습니다(히 10:35).

주님이 언제라도 상을 내리시고 칭찬하실 수 있음을 믿으십시오. 히브리서의 강조점은 우리가 계속해서 꾸준한 믿음 생활을 하면 우리 삶에서 하나님이 복을 부어주시는 것을 체험할 수 있다는 것입니다. 성령의 열매를 맺는 삶 속에서 주님과 평화롭고 행복한 관계를 유지하며 주님의 보호와 사랑을 체험하는 것은 신자들의 보편적이고 정상적인 일이어야 합니다.

• 시련과 시험의 난관을 지나 주님의 약속들이 성취되었을 때 하나님이 주시는 안식을 체험하는 것은 하늘의 보상입니다.
• 약속하신 성령을 받기 위한 꾸준한 기도가 응답되어 성령의 능력으로 충만질 때에도 하늘 보상의 은혜를 체험합니다(눅 11:13; 롬 5:5).
• 하나님이 내 삶에서 역사하시면서 주의 뜻을 이루게 하시면 나는 안식을 체험하고 그리스도를 더욱 신뢰하게 됩니다.
• 우리가 이 세상에서 주 예수를 위해 행한 작은 일일지라도 하

늘에 보물로 쌓인다는 것을 알면 주를 섬기는 일이 비록 수고스러워도 기쁨의 소재가 됩니다.

히브리서 저자는 그의 독자들이 비방과 환난과 구경거리가 되며 투옥을 당하고 재산도 빼앗겼지만 이를 기쁘게 당한 이유를 밝혔습니다. 그것은 그들에게 더 낫고 영구한 재산이 하늘에 쌓여 있음을 알았기 때문이라고 했습니다(히 10:32~34). 그들은 주를 위해 받는 일체의 고난과 희생을 후히 갚아주시는 하나님의 약속을 믿었습니다. 우리도 주님을 위해 받는 고난과 희생이 있다면 담대함을 버리지 말고 인내하며 기뻐해야 합니다(10:35~36). 주님과 함께 영구한 우리의 소유를 놓고 기뻐할 날이 올 것이기 때문입니다.

바울도 상에 대해 많이 가르쳤습니다. 잠시 고린도전서를 살피겠습니다.

사람이 마땅히 우리를 그리스도의 일꾼이요 하나님의 비밀을 맡은 자로 여길지어다 그리고 맡은 자들에게 구할 것은 충성이니라 (고전 4:1~2)

그리스도의 일꾼들은 모두 청지기의 직분을 받았습니다. 당시의 청지기들은 노예가 대부분이었습니다. 그들은 주인의 명령대로 행했다고 해서 주인이 감사할 것으로 기대하지 않았습니다(눅 17:9). 그들에게 요구된 것은 종으로서의 신실함이었습니다. 그런데 바울은 주께서 다시 오실 때에 각 사람에게 하나님으로부터 칭찬이 있으리라(고전 4:5)고 했습니다. 그런데 어떤 사람들이 주님의 칭찬을 받습니까? 모든 사람이 아니고 신실한 종들입니다(마 25:21, 23; 고전 4:2; 계

2:10). 만일 누구든지 그 위에 세운 공적이 그대로 있으면 상을 받고 누구든지 그 공적이 불타면 해를 받으리라(고전 3:14~15)고 했습니다.

세상의 원리로 보면 종의 봉사에 보답할 필요가 없습니다. 그러나 하나님께서는 신실한 청지기들에게 상을 주십니다. 그들은 각각 수고한 만큼 자기의 삯을 받을 것입니다 (고전 3:8, 새번역). 노동의 대가로 삯을 받는다는 말은 흔히 거부감을 일으킵니다. 바울이 가르친 은혜 구원과 배치되기 때문입니다. 오직 은혜로 구원을 받았는데 어떻게 보수를 받을 수 있느냐는 질문이 일어납니다. 그런데 하나님은 주 예수를 대속주로 믿으면 비록 아무 공로가 없어도 의롭다고 여겨 주십니다. 그래서 은혜 구원을 받은 자가 주님을 섬기고 보수를 받는 것도 역시 넘치는 은혜의 선물입니다. 하나님은 그토록 후한 분이십니다. 물론 상은 신실한 종이라야 받지만 그럴지라도 주인으로서 하나님이 줄 필요가 없는 상을 주시는 것은 순전한 은혜입니다. 그렇다면 상은 은혜 구원과 배치되지 않습니다. 상은 하나님의 너그러운 성품의 발로이며 청지기직에 대한 충성을 더욱 격려해 줍니다.

35.
유업 신앙의 영웅들(A)
히브리서 11:1~7

본 장은 믿음의 장입니다. 초두에서는 믿음의 정의를 내리고 그 다음은 믿음으로 유업을 획득한 구약 인물들을 예시하였습니다. 저자는 앞 장에서 율법을 따라 행한 반복적인 제사 제도가 예수 그리스도의 단번의 희생제물로 종식되었음을 지적하고 예수님의 속죄 피로 하나님께 나아가는 새 길이 열렸음을 강조하였습니다. 또한 불신실한 삶에 대한 엄중한 경고와 함께 꾸준한 믿음과 인내로 큰 상을 향해 나아가라고 격려하였습니다. 이제 저자는 유업의 상을 향해 달리는 꾸준한 믿음이 실제로 어떤 것인지를 보여 줄 단계에 이르렀습니다.

믿음의 정의

믿음은 바라는 것들의 실상이요 보이지 않는 것들의 증거니 선진들이 이로써 증거를 얻었느니라 (히 11:1~2).

일반적으로 믿음이라고 하면 개인의 주관적인 확신이나 신념을 뜻합니다. 그러나 성경의 믿음은 믿음의 주체인 나 자신보다 내가 믿는 믿음의 대상인 하나님의 신뢰성이 더 중요합니다. 또한 내가 믿는 믿음은 나 자신이 가진 내재적인 능력이 아니고 하나님이 주시는 선물입니다. 그래서 믿음은 복음을 들음으로써 생긴다고 하였고(롬 10:17) 회개도 하나님이 주신다고 했습니다(행 11:18; 딤후 2:25). 내 믿음이 좋아서 구원받는 것이 아닙니다. 내가 스스로 죄를 회개했기 때문에 구원받는 것도 아닙니다. 구원은 전적으로 하나님의 거저주는 은혜입니다. 아무도 하나님을 스스로 믿지 못합니다. 하나님 편에서 먼저 자신을 계시하시고 내가 믿을 수 있도록 이끌어 주셔야 합니다. 타락한 인간은 하나님과의 관계에서 영적으로 죽은 것과 같습니다. 그래서 하나님이 죄인에게 다가오셔서 그리스도가 누구라는 것을 깨닫게 하셔야 합니다. 그 결과 영적으로 죽은 상태였던 죄인이 깨어나서 예수님을 구주로 신뢰하고 믿어야 하겠다는 마음이 일어나게 하셔야 합니다.

나를 보내신 아버지께서 이끌지 아니하시면 아무도 내게 올 수 없으니
오는 그를 내가 마지막 날에 다시 살리리라 (요 6:44).

믿음은 하나님의 말씀이 진리이며 그분의 성품이 전적으로 신뢰할 수 있다는 것을 확신합니다. 그래서 믿음은 하나님이 약속하신 것을 이루실 것이라는 소망에 대한 보증입니다. 믿음은 아직 보이지 않지만 마치 현실로 실현된 것처럼 여기는 담대한 확신입니다.

예를 들어, 바울은 예수의 이름 앞에 모든 무릎이 꿇고 그분을 주님으로 고백할 것이라고 했습니다(빌 2:10~11). 그런데 아직 이 일은

일어나지 않았습니다. 물론 바울 시대 이후로 예수님을 주님으로 경배하는 신자들이 있어 왔지만 온 세계 인구가 예수님 앞에 무릎을 꿇고 그를 주라고 고백하는 일은 성취되지 않았습니다. 그럼에도 바울은 반드시 그렇게 될 것을 믿었으므로 보이지 않는 것을 보는 것처럼 말했습니다.

그런데 이러한 확신도 믿음처럼 내 속에서 나오는 개인의 신념이나 자신감이 아니고 하나님으로부터 받는 것입니다. 히브리서 11장에 나오는 믿음의 선열들은 모두 하나님께서 자기들에게 말씀하신다는 일종의 영적 확신을 받았습니다. 그래서 신자는 순전히 자의로 믿고 확신한다기보다는 성령의 역사로 믿게 되고 확신하게 된다고 말하는 것이 옳습니다. 물론 믿거나 확신하는 주체는 자신이기 때문에 전적으로 피동적인 것은 아니지만 그러한 결정이나 행위는 하나님의 보이지 않는 손길이 작용한 결과입니다. 본 장에 나오는 믿음의 선열들은 하나님께서 주시는 확신을 품고 하나님의 약속을 유업으로 받기 위해 모든 것을 희생하였습니다.

하나님의 칭찬을 받은 자들은 믿음의 영웅들입니다.

이러한 믿음으로 옛 사람들은 칭찬을 받았습니다. (ESV, 2절).

본 장에는 20명 이상의 믿음의 조상들이 열거되었습니다. 그들은 생전에는 대부분 인정을 받지 못하였고 살해를 당하거나 심한 박해와 고난을 겪은 자들도 있었습니다(35~38절). 그러나 그들은 모두 믿음의 영웅들의 목록에 기재되었습니다. 하나님께서 그들을 인정하시고 칭찬하신 것입니다. 중요한 것은 사람들의 인정이 아니고 하나님이 잘하였다고 칭찬해 주시는 것입니다. 세상에서 선한 삶을 사는 자들에게 더러 공로가 인정되고 이름이 알려질지라도 영원한 가치가 있는 것은 하나님으로부터 상을 받는 것입니다. 그런데 어떻게 해야 하나님이 주시는 상을 받을 수 있을까요? 저자의 답변은 믿음의 선진들이 모두 한결같은 믿음과 오래 참음으로 하나님의 약속이 실현될 것을 믿고 끝까지 신실하게 살았다는 것입니다. 하나님께서는 이런 자들을 칭찬하시고 상을 주신다고 약속하셨습니다(마 16:27; 고전 4:5; 계 2:10; 22:12)

창조 신앙은 유업 신앙과 동일한 방식으로 움직입니다.

> 믿음으로 모든 세계가 하나님의 말씀으로 지어진 줄을 우리가 아나니
> 보이는 것은 나타난 것으로 말미암아 된 것이 아니니라 (3절).

저자는 믿음의 열조에 대해 열거하기 전에 갑자기 창조 신앙을 언급합니다. 그 까닭이 무엇일까요? 세상 창조를 믿는 방식이 하나님의 약속을 믿는 방식과 동일하기 때문입니다. 아무도 하나님이 세상을 창조하시는 것을 본 사람이 없습니다. 인간은 그때 존재하지도 않았습니다. 우리는 하나님이 세상을 지으셨다는 말씀을 그대로 받아들이고 믿어야 합니다. 하나님의 창조 사역을 보지 못한 채 믿는 것이 창조에 대해서 알 수 있는 유일한 길입니다. 하나님은 거짓말을 하시지 않으며 말씀하신 것은 언제나 진리입니다. 그래서 하나님이 그의 자녀들에게 주시는 유업의 약속도 성취를 보지 못한 상태에서 믿어야 한다는 것입니다. 그래서 창조 신앙과 유업 신앙이 같은 방식으로 작용한다는 점에서 창조가 믿음의 열조들을 예시하기 전에 언급되었

습니다.

믿음의 모범들은 첫 구원이 아닌 구원 이후의 믿음 생활에 대한 진술입니다.

본 장에서는 '믿음으로' 라는 표현이 반복해서 사용되었습니다. 우리는 '믿음으로' 구원을 받는다는 표현에 익숙합니다. 구원은 행위가 아닌 믿음으로 받는다고 늘 듣기 때문에 본 장은 어떻게 구원을 받는지를 예시한 것으로 오해하기 쉽습니다. 여기서 말하는 믿음은 첫 구원 때 주 예수를 믿는 것을 말하지 않습니다. 믿음으로 구원받은 후에 다시 꾸준한 믿음으로 약속받은 유업을 받기 위해 하나님을 신뢰하는 것을 가리킵니다.

예를 들어 아벨이 동물 희생 제사를 드렸을 때 그는 이미 구원받은 하나님의 자녀로서 하나님의 제단으로 나아갔습니다. 노아도 아브라함도 마찬가지입니다. 그들이 보인 믿음의 모범은 구원받은 성도로서 하나님을 어떻게 섬겼는지를 가리킵니다. 즉, 줄기찬 믿음과 인내로 하나님의 약속을 바라보았다는 것입니다. 첫 구원은 한 번의 믿음으로 받지만 유업은 계속적인 믿음으로만 확보될 수 있습니다.

하나님께서는 각자에게 독특한 소명을 주십니다.

하나님은 구원받은 자녀들에게 할 일을 주십니다. 각 사람마다 재능과 배경과 성격의 차이가 있습니다. 하나님이 주시는 소명은 각자의 특성과 무관하지 않습니다. 모세는 바로 궁에서 받은 교육과 훈련이 있었기 때문에 이스라엘 백성을 인도할 수 있는 리더십이 갖추어졌습니다. 바울은 탁월한 랍비였기 때문에 그리스도인이 된 후에 성경을 새로운 안목으로 조명하고 논증할 수 있는 능력이 있었습니다. 삼손은 거친 사람이었지만 그의 야성적 성격은 블레셋을 강타하는 하나님의 몽둥이로 쓰임을 받았습니다. 노아는 방주를 지으라는 소명을 받았는데 그 이후로 동일한 소명을 받은 사람이 없습니다. 방주 건조는 노아만의 독특한 소명이었습니다. 각 성도는 하나님 나라에서 나름대로의 역할 수행을 위해 부름을 받습니다. 비록 목적과 성격이 유사할지 몰라도 정확히 같지는 않다는 점에서 개인 소명은 독특하다고 말할 수 있습니다.

아벨의 믿음

믿음으로 아벨은 가인보다 더 나은 제사를 하나님께 드림으로 의로운 자라 하시는 증거를 얻었나니 하나님이 그 예물에 대하여 증언하심이라 그가 죽었으나 그 믿음으로써 지금도 말하느니라 (4절).

아벨은 처음으로 희생 제물을 바치는 제사 방식을 개척한 사람이 었습니다. 그럼 아벨은 어린 양의 희생 제사를 올렸기 때문에 가인보다 더 나은 제사를 드렸으므로 하나님이 그를 의롭다고 하셨을까요? 하나님께서 가인의 제물을 받지 않으신 것은 그가 바친 제물 자체의 문제가 아니었습니다. 아벨은 다른 곳에서 동물을 구한 것이 아니고 자신이 목자였기 때문에 당연히 자기가 기른 양의 첫 새끼를 바쳤고 가인은 농부였으므로 밭의 소산을 바쳤습니다. 물론 동물 희생이 예수 그리스도의 속죄를 대변하는 상징적 제물이라는 점에서 구속의 의미가 더 드러나는 것이 사실입니다. 그러나 본문에서는 가인이 동물 희생을 바치지 않았기 때문에 하나님이 그의 제사를 받지 않으셨다고 지적하지 않았습니다. 사실상 율법에서는 모든 종류의 첫 소산을 하나님께 예물로 바치라고 했습니다. 그렇다면 가인이 바쳤던 농사의 소산물 자체에 문제가 있었다고는 보기 어렵습니다.

> 아벨의 희생제물을 하나님께서 받으신 것은 그 제물의 물질적 내용 때문이 아니고, 헌신되고 순종하는 마음의 외적 표현이었기 때문이다 (F.F. Bruce, Hebrews, P. 281, NICNT)

문제가 된 것은 경배자의 마음이었습니다. 아벨은 감사와 겸비의 제물을 바쳤고 가인은 교만한 마음으로 형식적인 제물을 바쳤습니다. 가인의 마음이 바르지 못했다는 것은 하나님이 그의 제물을 열납하시지 않았을 때 보인 반응이 증명합니다. 그는 몹시 분하여 안색이 변하였습니다(창 4:5). 그는 하나님께서 그의 제물을 받지 않으셨을 때 회개하지 않고 오히려 화를 내었고 아벨을 쳐죽였습니다. 제물 자체가 문제가 아닙니다. 이스라엘 백성은 동물 희생을 수백 년씩 제물로 바쳤지만 하나님이 받지 않으셨습니다.

> 여호와께서 말씀하시되 너희의 무수한 제물이 내게 무엇이 유익하뇨 나는 숫양의 번제와 살진 짐승의 기름에 배불렀고 나는 수송아지나 어린 양이나 숫염소의 피를 기뻐하지 아니하노라 (사 1:11).

하나님께서는 이스라엘 백성의 동물 희생 제사를 헛된 제물이라고 하시고 역겨워하셨습니다. 그들의 마음이 죄로 가득찼기 때문이었습니다(사 1:12~17). 하나님께서 아벨을 의로운 자라고 하셨는데 그가 믿음으로 제물을 바쳤기 때문이었습니다. 아브라함도 믿음으로 의롭게 되었습니다. 가인도 믿음으로 의롭게 된다는 점에서는 예외가 아닙니다. 다만 그는 하나님과 이웃에 대한 마음이 올바르지 못하였고 하나님을 형식적으로 믿었기 때문에 의롭다는 인정을 받지 못했습니다.

그는 떠돌이 신세가 될 것이라는 하나님의 심판을 받고 "내가 주의 낯을 뵈옵지 못하리니"(창 4:14)라고 아쉬워했습니다. 그는 겉으로 보면 매우 종교적인 사람이었습니다. 그는 제물을 들고 하나님의 제단을 찾았습니다. 그는 하나님의 축복이 자신에게 유익하다고 보았습니다. 그러나 그에게는 자신을 낮추는 겸손이나 진정한 감사가 없었습니다. 그는 하나님과 형제를 사랑하지 않았습니다.

우리는 여기서 한 가지 교훈을 받아야 하겠습니다. 가인의 마음과 자세로 교회를 다니면 "헛된 제물"(사 1:13)을 바치는 것입니다. 하나님이 의롭다고 하시지 않고 인정하시지 않는 종교 행위는 영적 떠돌이가 되게 합니다. 이것이 곧 히브리서의 저자가 불순종과 완고한 마음에 대해서 여러 번 경고한 까닭입니다.

아벨은 오래 전에 죽었지만 그가 보여준 믿음의 모범은 오늘날에도 빛나고 있습니다. 그는 최초로 진정한 희생 제사 방식을 소개하였고 최초의 순교자가 되었습니다. 그는 하나님으로부터 '잘하였도다'라는 칭찬을 받고 자신의 안식에 들어갔습니다. 그가 믿음의 영웅들의 목록에 제일 먼저 실린 것도 연대적인 순서 이상의 의미가 있다고 봅니다. 그가 남긴 믿음의 증언은 자신의 생애를 넘어 주님의 재림 때까지 메아리칠 것입니다.

에녹의 믿음

> 믿음으로 에녹은 죽음을 보지 않고 옮겨졌으니 하나님이 그를 옮기심으
> 로 다시 보이지 아니하였느니라 그는 옮겨지기 전에 하나님을 기쁘시게
> 하는 자라 하는 증거를 받았느니라 (5절).

에녹이 기여한 것은 죽음을 이기시는 하나님의 능력을 증시한 것입니다. 그가 하나님과 동행한 것은(창 5:24) 하나님을 신뢰하는 한결같은 믿음을 가졌다는 뜻입니다. 그는 하나님께서 그를 기뻐하신다는 것을 알았습니다. 이것은 하나님과의 친밀하고 꾸준한 동행이 주는 체험적인 확신입니다. 그는 스스로 자신이 하나님을 기쁘게 해 드린다고 확신한 것이 아니라 하나님께서 그렇다고 증언하셨기 때문에 흔들리지 않는 굳은 확신으로 살았습니다. 성령의 부음이 있는 새 언약 시대 이전에도 에녹은 그가 하나님을 기쁘게 해 드린다는 성령의 증언을 받았습니다. 그도 아벨처럼 하나님이 약속하신 안식에 들어갔습니다.

이제 저자는 믿음과 상에 대한 관계를 지적합니다. 본 서신의 중심 주제는 유업(상)입니다. 그런데 상을 받으려면 하나님을 신뢰하는 지속적인 믿음이 있어야 합니다. 히브리서의 교인들은 여러 가지 불리한 사회적 여건에서 예수님을 주님으로 믿는 소수 공동체였습니다. 그들은 박해 속에서 과연 하나님이 계신지를 의심하지 않을 수 없는 상황에 놓여 상의 약속마저 붙잡을 수 없게 되었을 것입니다. 그래서 저자는 이들에게 하나님이 그들의 역경 속에 계시며 유업의 상을 주시려고 역사하신다는 사실을 주지시키며 격려하였습니다.

믿음이 없이는 하나님을 기쁘시게 하지 못하나니 하나님께 나아가는 자
는 반드시 그가 계신 것과 또한 그가 자기를 찾는 자들에게 상 주시는 이
심을 믿어야 할지니라 (6절).

본 장에 나오는 구약의 인물들은 모두 믿음의 조상이었습니다. 그
런데 어떤 믿음을 말하는 것일까요? 첫 구원과 관계된 믿음이 아니고
구원 이후의 지속적인 믿음입니다. 상은 일회적인 믿음이 아닌, 하나
님의 약속을 끝까지 붙잡는 꾸준한 믿음으로 받습니다. 히브리서의
교인들은 모두 첫 구원의 믿음을 가진 사람들이었습니다. 그들이 하
나님을 기쁘게 해 드리려면 고난 속에서 인내하며 꾸준히 믿는 것이
었습니다. 그리고 하나님이 계신 것을 믿어야 한다고 했는데 만약 이
것이 하나님의 존재를 믿는다는 의미였다면 히브리서의 성도들에게
는 해당되지 않습니다. 그들은 이미 하나님을 믿었기 때문입니다.

그럼 저자가 무슨 의미로 이 말을 했을까요? 이 말은 저자가 지금
까지 역설해 온 유업의 상에 이르는 꾸준한 믿음의 필요성과 히브리
교인들이 처한 고난의 문맥에서 이해되어야 합니다. 이것은 하나님
께서 그들의 어려운 형편을 다 아시고 그들의 고통 속에 임재하시며
도우실 수 있음을 믿어야 한다는 뜻에서 한 말이었습니다. 막연하게
신의 존재를 믿으라는 것이 아닙니다. 그런 추상적인 믿음은 불신자
들에게도 있습니다. 히브리서의 교인들은 하나님의 존재를 의심하지
않았습니다. 그러나 그들은 고통스런 상황에서 하나님이 개입하시지
않고 멀리 계신 듯한 소외감을 느꼈을 터이므로 그럴 때에도 하나님
을 꾸준히 믿어야 한다는 것이었습니다.

그다음 그들이 또 믿어야 하는 것은 하나님께서 그를 찾는 자들

에게 상 주시는 분이라는 사실이었습니다. 신자에게 상은 십자가 다음으로 가는 가장 강력한 동기부여입니다. 상은 성경의 일관된 사상입니다. 상은 꾸준한 믿음과 인내로 받는 보상입니다. 단순한 믿음으로 받는 칭의와 다르기 때문에 상은 첫 구원이 아닙니다. 칭의 구원은 힘써 받는 것이 아니고 믿음으로만 받습니다. 출애굽한 백성은 가나안의 유업을 동기부여로 받았습니다. 그러나 첫 출애굽 세대는 불순종과 불신으로 가나안 복지를 유업의 상으로 받는데 실패하였습니다. 모세는 장차 하나님이 주시는 상을 바라보았기 때문에 고난을 견디며 애굽의 모든 보화를 포기할 수 있었습니다(히 11:26).

에녹이 하나님을 기쁘시게 하는 자로 인정된 까닭이 무엇입니까? 그는 하나님이 환난 속에서 역사하시며 꾸준한 믿음으로 하나님을 찾는 자들에게 상 주시는 분임을 믿었기 때문이었습니다. 5절 하반부와 6절은 하나님을 기쁘시게 하는 주제의 연속입니다. 그래서 말을 뒤집으면 하나님이 상 주시는 분임을 믿지 않는 자들은 하나님을 기쁘게 해 드리지 않는 사람들입니다.

노아의 믿음

믿음으로 노아는 아직 보이지 않는 일에 경고하심을 받아 경외함으로 방주를 준비하여 그 집을 구원하였으니 이로 말미암아 세상을 정죄하고 믿음을 따르는 의의 상속자가 되었느니라 (7절).

1절의 믿음의 정의에 의하면 믿음은 보이지 않는 것들의 확신입니다. 노아는 아직 보이지 않는 대홍수의 경고를 받고 방주를 준비하였습니다. 그는 120년 동안 사람들의 조롱을 받았지만 하나님의 지시에 따라 날마다 방주를 지으면서 인내하였습니다. 그 결과 그는 대홍수가 왔을 때 세 가지 기여를 하였습니다.

- 자기 가족을 방주에 태워 구원하였습니다.
- 세상을 정죄하는 근거가 되었습니다.
- 믿음에 의한 의의 상속자가 되었습니다.

노아는 하나님의 경고와 지시를 받고 순종으로 하나님의 선한 뜻을 행하였지만 세상 사람들은 그를 비웃고 하나님의 말씀을 무시하였습니다. 그들은 홍수 직전까지 아무 일도 없을 듯이 여기고 먹고마시며 즐겼습니다(눅 17:26~27). 그러나 노아의 경건하고 꾸준한 믿음의 실천은 불신자들에게 심판의 잣대가 되었습니다. 이런 의미에서노아는 세상을 정죄하는 근거가 되었습니다.

노아가 "믿음을 따르는 의의 상속자"가 되었다는 말은 그가 하나님과의 밀접한 관계 속에서 받은 소명을 꾸준한 믿음으로 성취했기때문에 상을 받았다는 뜻입니다. 믿음으로 의롭게 된 자들은 하나님으로부터 상을 상속받도록 의도되었습니다. 노아는 자신이 유업을상속받을 것을 생각하고 동기부여를 받았기에 불신 세상에 맞서서인내하며 방주를 건조하였습니다. 여기서도 유업은 꾸준한 믿음으로받는다는 히브리서의 강조점이 드러납니다.

노아의 방주 사역은 독특한 것이었습니다. 그 이후로 아무도 방주를 지으라는 소명을 받지 않았습니다. 노아는 꾸준한 믿음과 오래 참음으로 하나님이 주신 유업의 약속을 받은 대표적인 인물입니다. 120년간 그는 인내하였습니다. 그동안 그는 불신자들로부터 조롱과 비웃음을 당하였습니다. 지금도 복음은 불신 세상의 무시를 받습니다.그래도 우리는 구원의 방주를 전해야 합니다. 노아의 가족에게 방주가 구원이었다면, 우리에게는 예수님의 십자가가 구원입니다. 우리는 세상이 언제 하나님의 심판을 받고 멸망할지 모릅니다. 우리가 받은 소명은 주님이 재림하실 때까지 복음을 전하는 것입니다. 우리가 쉬지 않는 믿음과 인내로 하나님의 나라를 위해 받은 소명을 포기하지 않는다면 마침내 우리의 유업을 상속받게 될 것입니다.

36.
유업 신앙의 영웅들(B)
히브리서 11:8~19

아브라함의 믿음

믿음으로 아브라함은 부르심을 받았을 때에 순종하여 장래의 유업으로 받을 땅에 나아갈새 갈 바를 알지 못하고 나아갔으며 믿음으로 그가 이방의 땅에 있는 것 같이 약속의 땅에 거류하여 동일한 약속을 유업으로 함께 받은 이삭 및 야곱과 더불어 장막에 거하였으니 이는 그가 하나님이 계획하시고 지으실 터가 있는 성을 바랐음이라 (히 11:8~10).

아브라함은 성경에 나오는 인물 중에 예수님을 제외하고 가장 중요한 사람이라고 해도 과언이 아닙니다. 그는 모든 신자의 조상이며 (갈 3:7) 유업의 최고 모델입니다(갈 3:29; 롬 4:13). 그래서 히브리서 11장에서 제일 길게 다루었습니다. 아브라함은 어떻게 하나님 앞에서 의롭게 되느냐는 칭의의 모델이면서(창 15:6; 갈 3:6) 어떻게 하나님께서 약속하신 유업을 얻는지에 대한 상의 모델이기도 합니다.

아브라함이 받은 소명은 유업의 땅으로 가는 것이었습니다.

아브라함은 장차 유업으로 받을 땅으로 가라는 하나님의 지시를 듣고 순종하였습니다. 그런데 그는 자신이 받을 유업의 땅에 대한 구체적인 정보가 없었습니다. 그가 갈 바를 알지 못하고 나아갔다는 말은 모험을 했다는 의미가 아닙니다. 그는 가나안 지역으로 가야 한다는 것은 알았지만 그 땅이 어떻게 자신에게 유업으로 돌아올 것인지를 몰랐고 자신이 거주할 곳이 정확하게 어디일지도 몰랐습니다. 하나님은 우리에게 소명을 주십니다. 그러나 처음부터 그 소명의 구체적인 내용이나 성취의 시기나 혹은 결과에 관한 정보를 미리 주시지 않습니다. 중요한 것은 부르심을 받았을 때 일단 자리에서 일어서는 것입니다. 이것이 믿음의 순종입니다. 믿음은 처음부터 다 알고 행하지 않습니다. 믿음은 보이지 않는 것들을 확신하고 자신을 맡기는 것이기 때문입니다.

유업은 궁극적으로 하나님이 설계하시고 건축하시는 도성과 관계된 것입니다.

아브라함은 가나안 땅에 도착했지만 정착하지 않고 장막에 살았습니다. 그 까닭이 무엇입니까? 그는 가나안이 궁극적인 유업의 땅이 아님을 알기 때문입니다. 이것은 깊은 통찰입니다. 그가 만약 가나안 땅을 유업의 전부라고 생각했다면 그보다 비교할 수 없이 더 나은 하늘에 속한 영구한 유업을 바라보지 못하고 땅에 집착했을 것입니다. 그러나 그는 가나안이 장차 받게 될 유업의 희미한 그림자에 불과하다는 것을 깨달았습니다. 그래서 그는 흔들리거나 무너지지 않는 굳건한 기초를 가진 장차 올 하늘의 한 성을 바라보며 나그네처럼 살았습니다(10, 13절). 이것이 유업을 바라고 사는 성도들의 올바른 자세입니다.

믿음의 궁극적인 비전은 무덤 너머의 삶에 초점을 둡니다. 약속의 땅마저도 아브라함에게는 영구적인 거처가 아니었습니다. 그는 하나님께서 디자인하신 유업의 상속자였습니다. 그는 상을 위해 살았습니다. 그는 아들과 손자에게도 같은 방식으로 살라고 가르쳤습니다(9절). 하나님의 백성은 하나님의 도성을 바라보고 살아야 합니다. 그런데 하나님이 계획하시고 건축하실 성은 어떤 것일까요?

요한계시록에 의하면 이 성은 거룩한 새 예루살렘 성입니다(계 3:12; 21:2, 10). 이 성은 하나님의 도성이면서 동시에 그리스도의 흠 없는 신부인 교회를 상징합니다(엡 5:26~27). 하나님의 백성으로 구성된 이 새 예루살렘이 아브라함이 바라본 더 나은 본향이었습니다(16절). 아브라함은 이 거룩한 새 예루살렘 성에서 자신이 받게 될 상이 있음을 알았습니다. 그는 그곳에 쌓인 자신의 유업의 몫을 상속받기 위해 변치 않는 믿음과 오래 참음으로 가나안 땅의 삶을 견뎌나가야 했습니다. 하나님이 의도하신 상은 아브라함이 지상의 시련을 감내하며 '이기는 자'가 되게 하는 동기부여였습니다.

이기는 자는 내 하나님 성전에 기둥이 되게 하리니 그가 결코 다시 나가지 아니하리라 내가 하나님의 이름과 하나님의 성 곧 하늘에서 내 하나님께로부터 내려오는 새 예루살렘의 이름과 나의 새 이름을 그이 위에 기록하리라 (계 3:12).

상을 받을 때까지 인내하는 성도는 예수님의 교회인 새 예루살렘 성전의 기둥이 될 것입니다. 성전 기둥이 되는 것은 중추적인 역할과 안전을 상징합니다. 그들은 하나님과 그의 아들이신 그리스도에게 충성했다는 것을 증명하는 영예롭고 영광스런 이름을 받습니다.

믿음은 유업의 상을 바라봅니다.

아브라함은 하나님의 부르심을 받았을 때 자신이 유업의 땅을 받을 것을 알았습니다. 이것이 그가 알지도 못하는 이방의 땅을 향해 갈 수 있는 동기부여를 제공하였습니다. 유업(상, 상속)이 히브리서의 주제라는 것은 여기서도 확인됩니다. 하나님께서는 아브라함에게 가나안 땅을 유업으로 주기를 원하셨고 아브라함은 그 유업을 바라보며 가나안으로 향하였습니다. 하나님은 아브라함을 의롭다고 선포하시고 끝내시지 않았습니다. 하나님께서 우리를 구원하실 때에는 유업의 약속도 함께 주십니다. 출애굽한 백성에게 가나안 복지는 하나님이 주기를 기뻐하시는 유업이었습니다. 그러므로 하나님이 주시는 유업의 상을 바라는 것은 하나님의 선한 뜻을 존중하고 감사하며 순종하는 것을 의미합니다.

믿음은 강력한 능력입니다.

무조건 내가 원하는 것을 믿으면 이루어진다는 식의 믿음 만능이 아니고 하나님께서 믿음을 수단으로 하나님의 뜻이 이루어지게 한다는 점에서 믿음은 강력한 능력입니다. 아브라함이 처음 하나님의 부름을 받았을 때 하나님을 위해서 행한 일은 아무것도 없었습니다. 그러나 그가 하나님의 말씀을 믿었을 때 의롭다는 선언을 받았고 계속해서 하나님을 믿었을 때 유업의 상을 받았습니다. 그는 너무 연로하여 자식에 대한 하나님의 약속이 성취 불능이라고 생각될 때에도 꾸준히 믿었습니다. 그 결과 한 사람에게 준 후손의 약속이 나라를 이룰 만큼 큰 수효가 되었고 그들 중에서 또 다른 한 사람인 예수 그리스도가 태어났습니다. 그리고 그를 구주로 믿는 헤아릴 수 없이 많은 아브라함의 자손이 온 세상에 퍼졌습니다. 아브라함은 오직 하나님의 약속을 붙들고 바랄 수 없는 중에 바라고 믿었습니다(롬 4:18). 그의 믿음은 불가능한 상황에서 놀라운 수확을 거두었고 지금도 거두고 있습니다. 믿음으로 그리스도를 믿고 구원받은 성도들이 아브라함의 자손으로 계속 불어나고 있기 때문입니다(갈 3:7).

믿음은 죽음을 지나 더욱 살아납니다.

> 이 사람들은 다 믿음을 따라 죽었으며 약속을 받지 못하였으되 그것들을 멀리서 보고 환영하며 또 땅에서는 외국인과 나그네임을 증언하였으니 그들이 이 같이 말하는 것은 자기들이 본향 찾는 자임을 나타냄이라
> (13~14절).

믿음은 바라는 것들이 현세에서 이루어지지 않는다고 해서 절망하지 않습니다. 믿음은 소망의 보증이며 보이지 않는 것들의 확신이기 때문입니다. 하나님의 약속은 현실에서 이루어지는 것들도 있지만 그것이 약속 성취의 전부는 아닙니다. 엄밀한 의미에서 모든 하나님의 약속은 미래 지향적입니다. 이 세상에서 더러 성취되는 것은(33절; 6:15) 그 약속의 실체인 무덤 너머의 "하늘에 있는 것"(16절)이 언젠가 완전하게 드러날 것에 대한 한 작은 증거입니다. 그래서 믿음의

선열이 약속을 받지 못한 채 믿음 가운데서 죽었다고 했습니다. 그들은 약속이 부분적으로 성취되는 것을 체험하기도 했으나 이 땅에서 모두 실현되는 것을 보지 못하였습니다(13절). 그래도 꾸준한 믿음으로 완전한 성취의 날을 멀리서 바라보며 나그네로 살았습니다. 아브라함이 대표적인 실례입니다.

> 너희 조상 아브라함은 나의 때 볼 것을 즐거워하다가 보고 기뻐하였느니라 (요 8:56).

아브라함은 하나님의 맹세의 약속을 받고 예수님의 도래를 확신하며 즐거워하였습니다(창 22:12, 16~18). 그러나 이 약속은 어떤 의미에서 받은 것이 아니었습니다. 아브라함이 죽은 이후에도 장기간 실현되지 않았기 때문입니다. 이것은 우리에게 중요한 교훈을 줍니다. 우리가 하나님의 약속을 따라 행하는 어떤 일들의 영향은 무덤을 넘어갑니다. 아벨은 죽었으나 그는 아직도 믿음에 대하여 우리에게 말하고 있습니다(4절).

우리는 자신의 생애 동안에 약속의 획득이 온전히 실현되지 않을 수 있다는 가능성을 염두에 두고 살아야 합니다. 우리의 사역은 아벨처럼 사후에 더 크고 오래가는 영향을 줄지 모릅니다. 인간은 시간에 굴복합니다. 그러나 신자들은 믿음과 인내로 아브라함이나 아벨처럼 사후의 사역을 통해서 시간의 속박과 제한을 극복하고 하나님의 뜻을 성취할 수 있습니다. 하나님 나라에서 믿음의 영웅들은 무덤을 넘어 항구적인 영향을 주고 있습니다.

믿음은 소유에 대한 우리의 가치관에 영향을 줍니다.

믿음은 물질에 집착하지 않고 더 나은 본향을 향모(向慕)합니다. 아브라함과 이삭과 야곱은 장막에서 살았습니다. 그들은 하나님께서 "그들을 위하여 한 성을 예비"(16절)하셨음을 알았기 때문입니다. 믿음의 사람들은 자신들이 이 땅에서 나그네며 거류민이라고 고백하였습니다.(13절, 직역성경). 그들은 주변 사람들의 눈에 세상을 다르게 사는 자들임을 드러내었습니다. 그들은 물욕과 육욕에 물들지 않았습니다. 그들은 하나님을 모르고 욕심대로 사는 가나안 사람들과 편하게 섞여 살 수 없었습니다. 그들은 자신들의 시민권이 하늘에 있는 사람들임을 드러내는 방식으로 살았습니다(빌 3:20).

크리스천은 이 세상에서 정착민이 아닌 순례자로 살아야 합니다. 이곳이 본향이 아닌데 더 나은 본향을 두고 물질에 모든 것을 걸고 계속 살 것처럼 세상에 보물을 쌓지 말아야 합니다. 더 나은 본향의 비전을 품고 사는 성도들은 타락한 세상에서 빛과 소금의 역할을 하되 세상의 욕심과 세속의 꿈에 붙잡히지 않습니다. 오늘날 세상 사람들의 눈으로 볼 때 교인들이라고 해서 특별히 다른 점이 없습니다. 교회와 교인들의 삶에서 하늘 본향을 사모하는 모습을 별로 찾을 수 없기 때문입니다. 우리 자신들은 세상 사람들의 눈에 어떤 모습으로 비치고 있을까요?

하나님은 포기하지 않는 믿음을 보상하십니다.

그들이 나온 바 본향을 생각하였더라면 돌아갈 기회가 있었으려니와 (15절).

사람은 자신이 태어나고 자란 고향에 대한 애틋한 추억을 지니고 그리워합니다. 아브라함은 자신의 소명이 거의 마무리되는 시점에서 고향 소식을 받았습니다. 그의 형제인 나홀에게 자녀들이 많이 생겼다는 것이었습니다(창 22:20~24). 그때 아브라함은 고향으로 돌아가고픈 마음이 간절했을 것입니다. 그는 가나안의 나그네 생활을 접고 귀향하여 친족들과 함께 그가 원래 살았던 갈대아 우르에서 여생을 마치고 싶었을 것입니다. 그러나 아브라함과 그의 가족은 가나안이 비록 이방인의 땅이지만 하나님께서 유업으로 주신 곳임을 믿고 흔들리지 않았습니다. 그는 갈대아 우르로 돌아가지 않았습니다.

아브라함은 늙었지만 그의 믿음은 늙지 않았습니다. 꾸준한 믿음은 늙어서도 계속 자랍니다. 아브라함은 자신이 태어난 고향보다 더 나은 하늘 본향을 바라보며 끝까지 가나안에 머물렀습니다. 하나님은 꾸준한 믿음의 사람들을 귀히 여기십니다.

> 그들이 이제는 더 나은 본향을 사모하니 곧 하늘에 있는 것이라 이러므로 하나님이 그들의 하나님이라 일컬음 받으심을 부끄러워하지 아니하시고 그들을 위하여 한 성을 예비하셨느니라 (16절).

아브라함은 가나안을 자신의 영구한 고향으로 여기지 않았습니다. 그는 지금 하늘 본향에서 안식합니다. 언젠가 그는 하늘에 있는 본향을 바라보던 줄기찬 믿음의 삶이 얼마나 많은 사람에게 큰 영향을 주었는지를 보게 될 것입니다. 하나님은 그처럼 유업을 향해 달려간 믿음의 사람들에게 크게 보상하십니다.

하나님께서 우리의 하나님 되심을 부끄러워하시지 않고 공적으로 우리를 인정하며 자랑스럽게 여기시는 것은 꾸준하고 충성스러운 믿음 생활에 대한 상급입니다. 하나님께서는 아브라함과 그의 후손을 위해 한 성을 예비하셨다고 했습니다. 주 예수를 믿는 우리는 하나님이 계획하시고 건축하시는 이 성에 들어갈 자격을 얻었습니다. 그런데 이 성 안에서 우리가 차지하게 될 역할과 위치의 유업은 포기하지 않는 믿음과 인내로 주 예수를 간절히 기다리며 사는 성도들에게 상으로 주어질 것입니다.

아브라함은 유업의 최대 모델입니다.

저자는 지금까지 독자들에게 유업의 상을 향해 지속적인 믿음으로 하나님이 주신 소명을 이행하라고 독려하였습니다. 그는 불신이나 완고한 마음으로 의도적인 죄를 범하면 상을 잃고 벌을 받는다고 경고했습니다. 그는 예수 그리스도의 피로써 더럽혀진 양심을 씻고 거룩하신 하나님의 존전으로 들어갈 수 있는 길이 열렸음을 강조했습니다. 하늘 지성소의 대제사장은 우리의 연약함을 동정하시고 능히 도우실 수 있는 중보자이시므로 그분의 은혜의 보좌 앞으로 나아가라고 했습니다(히 4:14~16). 그의 요점은 우리가 하나님이 주신 약속을 성취하기 위해서 변치 않는 믿음으로 하나님을 신뢰하고 여러 시련 속에서 오래 견디는 인내가 필요하다는 것이었습니다.

11장에서 저자는 구약의 인물들 중에서 유업의 성취를 위해 신실한 믿음 생활을 했던 사람들을 선택하여 본보기로 제시하였습니다. 그는 아벨, 에녹, 노아를 먼저 언급하고 아브라함을 이삭과 야곱과 사라와 함께 다루었습니다. 그리고 다시 아브라함을 초점으로 잡고 그를 가장 두드러진 유업 신앙의 최대 모범으로 꼽았습니다.

아브라함은 시험을 받을 때에 믿음으로 이삭을 드렸으니 그는 약속들을

받은 자로되 그 외아들을 드렸느니라 그에게 이미 말씀하시기를 네 자
손이라 칭할 자는 이삭으로 말미암으리라 하셨으니 그가 하나님이 능히
이삭을 죽은 자 가운데서 다시 살리실 줄로 생각한지라 비유컨대 그를
죽은 자 가운데서 도로 받은 것이니라 (17~19절).

아브라함이 모리아 산정에서 이삭을 제물로 바친 사건은 창세기
22장에 나옵니다. 이삭은 아브라함이 아들을 주신다는 하나님의 약
속을 수십 년 기다린 끝에 받은 귀한 외아들이었습니다. 그런데 하나
님은 이삭을 번제로 바치라고 하셨습니다. 이삭을 약속으로 받았다
면 그것으로 끝난 것이 아닐까요? 분명 아브라함도 그렇게 생각하고
이삭을 기르며 즐거워했을 것입니다. 그런데 유업의 상은 반드시 일
회로 끝나지 않을 수도 있습니다. 이삭은 많은 약속을 품은 아들이었
습니다. 아브라함에게는 이스마엘도 있었지만 이삭만이 그의 유일한
법적 상속자며 언약의 수혜자였습니다(창 21:10~12; 25:5). 그런데 이
아들을 번제로 바친다면 어떻게 아브라함의 자손이 이삭으로 말미암
을 수 있겠습니까?(히 11:18). 이삭은 당시에 결혼하지 않은 미성년이
었습니다. 그럼에도 하나님께서 아브라함에게 이삭을 바치라고 하신
까닭은 매우 깊은 뜻이 있었기 때문이었습니다.

아브라함은 여러 해에 걸쳐 하나님을 순종하는 삶을 살았습니다.
이제 다시 그는 순종의 테스트를 받았습니다. 받았던 외아들마저 없
어진다면 무슨 소망이 있겠습니까? 그의 후손이 하늘의 뭇별처럼 많
을 것이라고 하셨는데 이삭이 없이 어떻게 이 약속이 이루어진단 말
입니까?(창 15:4~5). 이것은 불가능한 일이었습니다. 그러나 하나님께
서는 아브라함의 자손으로 오실 예수 그리스도에 대한 위대한 계시
를 주기 위해서 모리아 산정에서 이삭을 바치게 하셨습니다(마 1:1; 창

22:2).

그런데 아브라함은 믿음의 눈으로 "하나님이 능히 이삭을 죽은 자 가운데서 다시 살리실 줄로 생각"(히 11:19)하였습니다. 그리고 이것이 예수 그리스도에 대한 구원의 계시임을 통찰하였습니다(요 8:56). 하나님께서는 아브라함의 칼을 거두게 하시고 숫양을 번제로 바치게 하셨습니다.

모리아 산은 대치의 산입니다. 나의 아들을 바치려고 칼을 들면 숫양이 이미 준비되어 있었음을 알게 됩니다. 이것은 그리스도의 대속을 가리킵니다. 하나님께서는 우리 대신 자신의 독생자를 실제로 십자가에 못 박고 우리는 살아나게 하셨습니다. 그런데 아브라함이 하나님을 끝까지 신뢰하며 이삭을 데리고 모리아 산으로 가는 순종이 없었다면 아무일도 일어나지 않았을 것입니다. 이삭은 평소처럼 자랐을 테지만 이삭에게 집중된 하나님의 구원의 약속들은 계시될 수 없었을 것입니다.

아브라함이 깨달은 것은 우리뿐만 아니라 온 인류를 위한 계시입니다. 이것은 십자가에 자신을 제물로 바치고 부활하여 새 생명을 그를 믿는 자들에게 나누어주는 예수 그리스도의 구원 계시입니다. 그렇다면 아브라함이 받았던 이삭의 유업은 순종과 믿음의 두 번째 테스트를 통해서 메시아의 구원에 대한 최대의 계시로 승화되었습니다.

유업 신앙에 대한 하나님의 시험은 가혹할지 모릅니다. 우리 편에서 보면 불가능한 요구입니다. 그러나 꾸준한 순종과 신뢰는 불가능을 넘어 새롭고 광대한 유업의 산에 오르게 합니다. 그곳에서 우리는 주 예수 그리스도의 심대한 구원의 지평을 바라보며 죽었다가 다시 살아난 아들을 되돌려받는 체험을 하게 될 것입니다. 아브라함은 모리아 산에서 인생 최대의 테스트를 받고 합격하여 후대에까지 깊은 영적 영향을 주는 최대의 복을 받았습니다. 하나님은 우리가 테스트에 합격하기를 원하십니다. 우리는 시험을 통과해야 합니다. 하나님은 우리가 그렇게 할 것인지를 보기 위해 기다리십니다.

최대의 테스트를 거친 후에 최대의 복을 받는 것이 유업 성취의 순서입니다. 하나님의 큰 시험은 큰 복을 받는 기회가 됩니다. 최대의 위기가 최선의 복으로 바뀔수 있기 때문입니다. 큰 희생에는 큰 상이 따릅니다. 이 상은 희생의 분량과 비교할 수 없이 큰 것입니다. 바울은 "생각하건대 현재의 고난은 장차 우리에게 나타날 영광과 비교할 수 없도다"(롬 8:18)라고 하였습니다.

우리는 때로 하나님의 뜻으로 확신한 일이 거의 실현되려는 때에 갑자기 무너지는 경우를 경험하기도 합니다. 그래도 우리는 좌절하지 말아야 합니다. 그것은 마지막 단계의 모리아 산의 시험일 수 있습니다. 이것은 "내가 이제야 네가 하나님을 경외하는 줄을 아노라"(창 22:12) 라고 하시는 하나님의 증언이 곧 선포되는 순간일지 모릅니다.

하나님은 시험을 통해 우리를 저 높은 유업의 산정으로 인도하십니다.

하나님께서는 아브라함이 받은 이삭의 유업이 더 크고 뜻깊은 유업으로 승화되도록 모리아 산에서 이삭을 제물로 바치게 하셨습니다. 이것은 잔인하고 무정한 요구처럼 들립니다. 하지만 하나님은 우리의 연약함을 배려하십니다. 하나님은 걸음마를 배우는 아이를 보고 달리라고 요구하시지 않습니다. 언제 이삭을 바치라는 명령이 떨어졌습니까? 백 세에 낳은 이삭이 청소년이었을 때였습니다. 하나님은 우리가 일정한 높이로 자랄 때까지 기다리셨다가 다음 단계의 계단으로 오르게 하십니다.

아브라함이 극도의 테스트를 받게 된 것은 그가 새로운 믿음의 높이로 올라갔기 때문이었습니다. 그는 이삭을 결박하여 번제단의 장작 위에 올려놓고 실제로 칼을 빼어 아들을 잡으려고 하였습니다 (창 22:9~10). 어떻게 이런 일을 행할 수 있었겠습니까? 그는 하나님이 죽은 자를 다시 살릴 수 있다고 믿었기 때문입니다. 그는 산 아래에서 기다리는 종들에게 "우리가 너희에게로 돌아오리라"(창 22:5)고 하였습니다. "우리"라고 했으니까 이삭과 함께 돌아온다는 말이었습니다. 이런 믿음이 어떻게 하루 아침에 생길 수 있겠습니까? 믿음은 하나님과의 오랜 교제를 통해 자랍니다. 아브라함은 백 세가 넘도록 하나님과 동행하며 여러 시련을 거쳤습니다. 그는 여러 번 큰 실수도 했지만 하나님의 축복의 맹세를 받는 지점에까지 이르렀습니다 (창 22:16). 만약 아브라함이 영적으로 성숙하지 못했다면 모리아 산의 시험은 없었을 것입니다. 시험이 없으면 축복도 없습니다. 그래서 우리는 영적 성숙을 위해 하나님과 늘 가까운 교제를 해야 하고 날마다 하나님의 길을 배워나가야 합니다. 하나님의 뜻과 능력과 방식과 성품을 잘 배워나가면 더 높은 수준의 믿음의 테스트가 올 때 보다 잘 준비될 것입니다.

아브라함은 영적으로 깨어 있었기에 이삭을 바치라는 하나님의 명령을 불순종하거나 반대하지 않았습니다. 그는 자신이 그때까지 알아온 하나님을 되돌아보며 영적 논리로 자신을 설득하였습니다.

❖ 하나님은 나에게 씨를 주신다고 약속하셨다.

❖ 나의 씨를 통해서 만국이 복을 받는다고 하셨다.

❖ 그런데 이 씨를 제물로 바치라고 하신다. 그럼 이삭이 죽을 텐데 어떻게 자손이 하늘의 별처럼 많아질 수 있겠는가? 하지만 하나님의 구원의 약속이 실패할 리가 없다.

❖ 나는 하나님이 죽음을 정복하신다고 믿는다. 전능하신 하나님이시지 않은가? 죽은 것과 다름 없던 사라의 태를 여시고 이삭을 낳게 하신 분이 하나님이시지 않았는가! 하나님은 에녹도 죽음을 벗어나게 하셨다. 하나님은 이삭이 죽어도 능히 살려내실 것이다.

아브라함의 마음에는 이삭은 죽은 것과 다름이 없었습니다. 그런데 하나님이 그에게 이삭을 돌려주셨습니다. 이것은 부활을 체험하는 것과 같았습니다. 아브라함의 믿음은 부활 신앙으로 상승되었습니다. 크리스천은 하나님께서 만물을 지으셨다고 믿습니다. 그러나 거기서 그치지 않고 하나님이 죽음을 정복하시는 분이라고 믿습니다. 창조계는 인간의 죄로 오염되었고 죽음이 사방에 널려 있습니다. 그러나 주께서는 죄와 죽음의 세상을 새 창조와 부활 생명으로 채우실 것입니다.

37.
유업 신앙의 영웅들(C)
히브리서 11:20~31

믿음으로 요셉은 임종시에 이스라엘 자손들이 떠날 것을 말하고 또 자

기 뼈를 위하여 명하였으며 (히 11:22).

이삭과 야곱 및 에서와 요셉은 아브라함의 직계 비속인데 에서를
제외하고 모두 믿음의 모델로 제시되었습니다. 이들은 장수했음에도
믿음에 대한 실례는 임종시에 있었던 사건에서 예시되었습니다(21, 22
절). 이것은 유업 신앙이란 꾸준해야 할 뿐만 아니라 죽기 전까지 유
지되어야 한다는 것을 시사합니다.

이삭

믿음으로 이삭은 장차 있을 일에 대하여 야곱과 에서에게 축복하였으며

(20절).

이삭은 하나님의 약속의 성취로 받은 귀한 아들이었지만 그의 생

애는 평범한 편이었습니다. 그래도 그는 임종이 가까웠을 때 자신의 유업 신앙을 분명히 드러내었습니다. 그는 "장차 있을 일에 대하여"(20절) 확신하고 있었습니다. 그는 아브라함에게 주셨던 하나님의 약속이 성취될 것을 믿었으므로 야곱을 이렇게 축복하였습니다.

> 아브라함에게 허락하신 복을 네게 주시되 너와 너와 함께 네 자손에게
> 도 주사 하나님이 아브라함에게 주신 땅 곧 네가 거류하는 땅을 네가 차
> 지하게 하시기를 원하노라 (창 28:4).

그런데 이 축복은 야곱을 그의 외삼촌인 라반에게로 피신시킬 때에 준 것이었습니다. 그 전에 이삭은 야곱을 에서인줄 알고 에서가 받았어야 할 축복을 하였습니다. 그때 그는 야곱을 열국의 주가 되게 해 달라고 축원했습니다. 그런데 조금 후에 에서가 나타나자 이삭은 자신이 야곱에게 속임을 당한 줄 알고 크게 당황하였습니다. 한 번 준 그의 축복기도는 취소될 수 없었습니다. 이삭은 자기에게도 복을 달라고 눈물로 간청하는 에서에게 "네가 오기 전에 …그를 위하여 축복하였은즉 그가 반드시 복을 받을 것이니라"(창 27:33; 히 12:16~17)라고 단호하게 말하였습니다. 그런데 어떻게 이런 확신으로 말할 수 있었을까요? 물론 당시의 족장들의 축복기도는 예언의 성격이 있기 때문에 장차 이루어질 일들이었습니다(창 27:27~29). 그래도 그는 아마 그의 아내 리브가의 태중에서 두 아이가 서로 싸우고 있었을 때 하나님께서 "큰 자가 어린 자를 섬기리라"(창 25:23)는 말씀을 기억하고 이것이 결코 자신의 실수나 야곱의 기만에 그치는 일이 아님을 감지했을 것입니다.

이삭은 처음부터 맏아들인 에서를 크게 축복하기를 원했습니다(창

27:4). 그렇지만 하나님께서는 그의 실수와 야곱의 속임을 주권적인 섭리로 사용하셔서 하나님의 뜻이 이루어지게 하셨습니다. 이삭은 아브라함에게 주셨던 유업의 약속이 에서가 아닌 야곱을 통해서 흘러나간다는 것을 깨닫고 야곱을 에서의 위협으로부터 보호하기 위해 외삼촌인 라반에게로 보냈습니다. 그는 자기가 원한 것을 포기하고 하나님이 원하시는 것이 성공하도록 협력하였습니다. 이것이 이삭이 보인 유업 신앙입니다.

야곱

> 믿음으로 야곱은 죽을 때에 요셉의 각 아들에게 축복하고 그 지팡이 머리에 의지하여 경배하였으며 (21절).

야곱이 요셉의 두 아들에게 축복한 것은 그의 사후에도 하나님의 유업이 후손에게 이어질 것을 믿었다는 증거입니다. 그는 하나님께서 그의 후손을 유업의 땅으로 돌아가게 하실 것을 믿었기에(창 48:21) 자신을 애굽에 장사하지 말고 가나안에 묻으라고 지시하였습니다(창 47:30; 49:29~33). 그는 끝까지 하나님이 주신 유업의 약속을 포기하지 않았습니다. 야곱의 임종 축복기도에서 가장 두드러진 믿음의 표현은 요셉의 두 아들들을 하나님의 뜻에 따라 축복한 것입니다.

요셉은 그의 장남인 므낫세를 야곱의 오른손 편에 세우고 차남인 에브라임을 야곱의 왼손 편에 세웠습니다. 그러나 야곱은 자신의 팔을 엇갈리게 바꾸어 그의 오른손을 에브라임의 머리에 얹고, 므낫세는 맏아들인데도 그의 왼손을 므낫세의 머리 위에 얹고 축복하였습니다(창 48:13~14). 이것은 아무도 예상하지 못했던 일이었습니다. 이것은 하나님께서 기대하지 않은 자를 축복의 상속자로 택하신다는 사실을 드러냅니다. 장자에게 우선권이 있는 것이 상례입니다. 그러나 아브라함의 가문에서는 사람의 뜻이 아닌 하나님의 주권적인 섭리가 항상 작용해 왔습니다.

아브라함은 이스마엘을 사랑했지만 하나님은 이삭을 택하셨고, 이삭은 장남인 에서에게 축복하려고 했지만 둘째 아들인 야곱이 축복을 받았습니다. 야곱은 이러한 하나님의 방식이 자신의 경우에서도 일어난 것을 생각하며 의도적으로 자신의 손을 엇갈리게 놓고 요셉의 두 아들을 축복하였습니다. 사람의 눈에는 장자인 므낫세가 우선이지만 하나님은 자신의 뜻대로 차남에게 야곱의 오른손이 얹히게 하셨습니다. 믿음은 하나님께서 기대하지 않은 일들을 행하실 때 이를 받아들이는 것입니다.

야곱은 하나님께서 가나안 땅에 대한 유업의 약속을 그가 죽은 이후에라도 지키실 것을 믿고 (창 48:21) 언젠가 그의 자손이 애굽을 떠날 날을 바라보며 죽음의 침상에서까지 하나님께 경배하였습니다. 유업 신앙은 하나님의 약속을 확신하는 믿음으로 출발하여 경배로 마칩니다.

요셉

믿음으로 요셉은 임종시에 이스라엘 자손들이 떠날 것을 말하고 또 자기 뼈를 위하여 명하였으며 (22절).

요셉은 애굽의 총리로서 부귀영화를 누렸지만 하나님의 약속들은 애굽이 아닌 가나안 땅에 대한 것임을 잊지 않았습니다. 그는 하나님이 주신 유업의 약속을 그의 형제들에게 굳게 증언하였습니다.

> 나는 죽을 것이나 하나님이 당신들을 돌보시고 당신들을 이 땅에서 인
> 도하여 내사 아브라함과 이삭과 야곱에게 맹세하신 땅에 이르게 하시리
> 라 (창 50:24).

요셉은 그의 형제들에게 장차 애굽을 떠날 때 자신의 유골을 가지고 나가서 가나안에 묻으라고 지시하였습니다(창 50:25; 출 13:19). 이것은 요셉이 야곱의 믿음을 본받아(창 48:21; 49:29) 하나님이 주신 유업의 약속이 그의 사후에라도 반드시 성취될 것을 믿었다는 증거입니다. 이스라엘의 족장들은 모두 하나님의 약속이 그들의 사후에 일어날 것으로 내다보고 꾸준히 믿었습니다. 그들은 하나님께서 주권적으로 섭리하실 때가 올 것을 믿고 기다렸습니다.

유업 신앙은 현실에 묶여 내세의 유업을 기다리지 못하거나 혹은 내세의 유업에 묶여 현세의 삶을 등한시하지 않습니다. 유업 신앙의 한 특징은 하나님을 날마다 신뢰하는 믿음 생활을 하면서 내세의 영광스런 유업을 바라보는 것입니다. 요셉은 애굽이 영원한 본향이 아님을 알았습니다. 그래도 그는 자신이 받은 소명이 애굽의 총리가 되어 바로 왕을 돕는 것으로 알고 애굽에 머물렀습니다. 그러나 그는 언제라도 하나님의 때와 부르심이 있으면 애굽을 떠나야 한다고 말했습니다. "더 나은 본향을 사모"(히 11:16)하는 자들은 지상의 영예나 부귀에 연연해하지 않습니다. 유업 신앙은 우리를 가장 자유로운 사람이 되게 하고 가장 긍정적인 소망으로 살게 합니다.

모세의 부모

> 믿음으로 모세가 났을 때에 그 부모가 아름다운 아이임을 보고 석 달 동
> 안 숨겨 왕의 명령을 무서워하지 아니하였으며 (23절).

이스라엘의 역사에서 믿음의 영웅들을 열거하는 장면에 모세의 부모가 나오는 것은 매우 흥미로운 일입니다. 그들은 평범한 사람들이었습니다. 그러나 그들의 평범함 속에는 남다른 데가 있었습니다. 그들이 '믿음으로' 왕명을 무서워하지 않고 아이를 숨겼다고 했는데 어떤 믿음을 말하는 것일까요? 믿음은 하나님의 말씀을 믿는 것인데 하나님의 구체적인 말씀을 듣지 않고도 믿음을 가질 수 있을까요? 모세의 부모에게는 성경책이 있었던 것도 아니고 선지자들이 와서 하나님의 말씀을 전해주지도 않았습니다. 그럼에도 히브리서 저자는 그들에게도 믿음이 있었다고 하면서 믿음의 조상 중에 포함시켰습니다.

그런데 그들이 믿음을 갖게 된 동기가 특이합니다. 그들은 아이가 출생했을 때 아름다운 모습을 보고 왕명을 어기고 석 달 동안 숨겼다고 했습니다. 이것은 믿음이란 반드시 하나님의 구체적이거나 직접적인 말씀이 없어도 생길 수 있음을 가리킵니다. 모세의 부모는 아이를 보았을 때 무엇인가 특별한 것이 있다고 느꼈음이 분명합니다. 아이가 아름다웠다는 것은 외모가 잘생겼다는 의미 이상일 것입니다(출 2:2). 일개 노예들이 당시의 최대 제국인 애굽의 바로 황제가 내린 명령을 불복할 정도였다면 목숨을 걸고 아이를 보호하려는 어떤 강렬한 내적 충동이 작용했음이 분명합니다. 그들은 아기가 장차 이스라엘을 구원하기 위한 하나님의 계획에 쓰임을 받을 자로 확신한 듯합니다. 그런 아기라면 절대로 죽게 할 수 없다고 판단했을 테고 그것이 하나님의 뜻이라면 바로 왕의 명령을 거역하고 아기를 보호하는

것이 옳다고 여겼을 것입니다.

사도행전에서는 모세가 태어났을 때 "하나님 보시기에" 아름다웠다고 했습니다(행 7:20). 이것은 모세가 하나님의 특별한 목적을 위해 태어났음을 시사합니다. 성령께서는 모세의 부모가 아기를 보았을 때 이러한 하나님의 뜻을 확신하고 아기를 보호하도록 그들의 마음을 움직였을 것입니다. 하나님의 영에 감동을 받고 믿음으로 행한 일이 이스라엘 백성 전체를 애굽에서 해방시키는 영도자를 배출시켰습니다. 이것은 모세의 부모가 받은 영예로운 상이었습니다.

모세

모세는 구약 인물 중에서 아브라함 다음 가는 사람입니다. 그는 이스라엘 백성의 출애굽을 인도한 위대한 영도자였고 그들에게 율법을 전달하였습니다. 그런데 저자는 모세의 율법이나 그의 리더십에 대해서 말하지 않고 그의 믿음에 대해서 말합니다. 그 까닭은 모세가 바로 왕궁의 영화를 버리고 동족과 함께 고난받기를 택하였기 때문입니다. 모세는 많은 것을 잃었지만 하나님의 상을 바라며 믿음으로 인내하였기에 재산을 빼앗기고 박해를 받던 히브리서의 교인들에게 큰 격려가 되었을 것입니다.

모세는 당시의 초강대국인 애굽의 왕궁에서 바로의 손자로 입양되어 최고의 교육과 특권을 누렸습니다. 그런데 그는 부와 권력의 기회를 버리고 비천한 히브리 민족의 지도자가 되는 길을 택하였습니다. 어떻게 이런 선택이 가능했을까요? 그는 여호와 하나님이 히브리 민족을 통해 세상을 구원하는 계획을 가지신 것을 믿었기 때문이었습니다. 그는 물론 바로의 왕궁을 떠나는 것이 매우 위험하고 멸시를 받을 것을 알았지만 세상의 향락과 권세를 누리는 것보다 하나님의 구원 계획에 따라 그의 백성과 함께 하는 것이 훨씬 더 가치있는 일이라고 믿었습니다.

참된 믿음은 유한한 현세의 유익보다 무한한 미래의 영광에 초점을 둡니다. 유업 신앙의 특징은 장기적인 안목으로 사는 것입니다. 유업 신앙은 끝까지 결승을 향해 끈기와 인내로 달리며 경주가 끝난 후에 받게 될 영예의 상을 바라봅니다.

> 그리스도를 위하여 받는 수모를 애굽의 모든 보화보다 더 큰 재물로 여겼으니 이는 상 주심을 바라봄이라 (26절).

모세가 애굽 왕궁의 영화를 내버리고 하나님의 백성과 함께 고난 받기를 택하며 멸시를 견딘 것은 하나님께서 그에게 주실 보상을 바랐기 때문이었습니다. 다시 말해서 모세로 하여금 바로의 왕궁을 포기하게 한 가장 큰 동기는 하나님이 주시는 상이었습니다.

상을 바라고 하나님을 섬기는 것은 그릇된 동기라고 생각하는 분들이 있습니다. 그러나 모세의 동기부여는 물질적이고 상업적인 것이 아니었습니다. 그는 세상이 주는 물질적 혜택과 영화를 버리고 하나님이 주시는 상을 택하였습니다. 그는 눈에 보이는 것들보다 눈에 보이지 않는 것들의 영적 실체를 믿었습니다. 그렇다면 하늘의 상을 바라고 세속의 것들을 제쳐두는 것은 잘못된 것이 아니라 우리가 본받아야 할 유업 신앙의 특징입니다. 우리는 상을 믿었던 모세보다 더 영적이 되려고 시도하지 말아야 합니다. 상의 동기부여는 모세로 하여금 애굽의 왕궁을 떠나게 한 가장 강력한 요인이었습니다. 본 서신에서 거듭해서 나오듯이, 성도들의 삶의 동력으로 작용하는 것은 예수님으로부터 '잘하였도다' 라는 칭찬을 듣고 싶어하는 열망입니다. 모세가 바로 왕을 두려워하지 않은 것은 믿음으로 하나님의 활동을 보고 미래에 받게 될 상을 확신하였기 때문이었습니다.

믿음은 바라는 것들에 대한 보증이며 보이지 않는 것들에 대한 확신입니다. 모세는 바로 왕궁을 떠난 지 40년 후에도 하나님의 말씀을 굳게 붙잡고 있었습니다. 그래서 그는 하나님께서 애굽을 심판하실 때 유월절 양의 피를 문에 바르고 장자의 죽음을 면하라는 명령을 전적으로 신뢰하고 복종하였습니다(28절). 우리는 모두 주님을 위해 무엇인가 기여하고 성취하도록 부름을 받았습니다. 꾸준한 믿음이 없으면 우리가 받은 소명은 이루어지지 않습니다. 그렇게 되면 주님의 칭찬의 근거가 없어집니다. 주님이 칭찬하시지 않는다면 우리에게 내릴 상도 없을 것입니다. 이것은 우리가 두려워해야 할 일입니다. 신약에서 하나님을 두려워하라는 말은(고후 7:1; 벧전 2:17; 계 14:7) 구원의 상실을 두려워하라는 말이 아니고 상의 상실 가능성과 하나님의 징계를 두려워하라는 것입니다(고전 3:15; 엡 5:6~7; 히 10:30~31).

하나님께서는 자기 백성도 심판하십니다. 이것은 불신자가 받는 정죄의 심판이 아니고 크나큰 구원을 등한시하고 하나님이 약속하신 유업을 향해 꾸준한 믿음으로 살지 않은 것에 대한 징벌입니다. 그래서 우리는 '잘하였도다' 라는 주님의 긍정적 평가를 놓칠까 봐 두려워해야 합니다(고전 9:27).
그런데 하나님이 주시는 상은 더러 현세에서 부분적으로 받기도 하지만(신 28장) 주님의 재림 때에 충만하게 내릴 것입니다(마 16:27; 고전 4:5; 계 22:12). 이것들은 구체적으로 다 열거할 수 없고 현 세상에서 다 알 수도 없습니다. 한 가지 분명한 것은 모든 상은 하나님의 인정과 칭찬을 대변합니다. 상은 하나님을 기쁘게 해 드리려고 수고한 것에 대한 보상입니다(히 12:2; 빌 2:7~10). 우리도 모세처럼 이러한 상의 동기부여가 있다면 "보이지 아니하는 자를 보는 것 같이"(27절) 여기며 "그리스도를 위하여 받는 수모"(26절)를 참고 견딜 수 있을 것입니다.

이스라엘 백성

> 믿음으로 그들은 홍해를 육지 같이 건넜으나 애굽 사람들은 이것을 시험하다가 빠져 죽었으며 (29절).

이스라엘 백성은 모두 모세가 받은 하나님의 말씀을 믿고 유월절 양의 피를 각자의 문에 바르고 애굽을 떠났습니다. 그들은 유월절 양의 피를 믿었으므로 모두 죽음의 천사로부터 보호를 받았습니다. 그들은 같은 믿음으로 홍해를 건넜습니다. 그런데 그들을 추격하던 애굽인들은 그런 믿음이 없었으므로 홍해를 건너려다가 익사하였습니다. 출애굽했던 이스라엘 백성은 믿음을 가졌던 세대였습니다. 그들은 어린 양의 피를 신뢰하는 믿음으로 애굽의 속박에서 풀려났습니다. 그들은 구원을 받았습니다. 그들은 다시는 애굽으로 되돌아가지 않았습니다. 그들의 믿음은 홍해 바다 앞에서 흔들렸지만(출 14:10~12) 모세의 말을 믿고 홍해를 마른 땅을 지나가듯이 건넜습니다. 이스라엘은 첫 단계에서는 온 백성이 믿음의 영웅들이었습니다.

그런데 꾸준한 믿음이 있어야만 가나안으로 들어갈 수 있습니다.

가나안을 유업으로 받는 것은 꾸준한 믿음의 여부와 상관없이 보장된 것은 아닙니다. 이스라엘의 첫 출애굽 세대는 첫 단계에서는 믿음의 모델이었지만 두 번째 단계에서는 불신과 불순종의 세대가 되었습니다. 그들이 구원을 잃은 것은 아닙니다. 그러나 그들의 실패는 하나님의 약속에 대한 꾸준한 믿음이 없을 때 무엇을 잃는지를 보여줍니다. 그래서 유다는 이들에 대해 증언하기를 "주께서 백성을 애굽에서 구원하여 내시고 후에 믿지 아니하는 자들을 멸"(유 5절)하셨다고 하였습니다. "후에" 멸하셨다는 말은 두 번째 단계의 불신을 가리킵니다. 그들은 애굽으로 돌아가지는 않았지만 불신으로 가나안의 유업을 잃었습니다. 그러나 그들이 홍해를 건넌 것은 오직 믿음으로만 가능한 일이었습니다. 그래서 그들은 비록 두 번째 단계에서 불순종의 심판을 받았지만 히브리서의 저자는 여전히 그들을 믿음의 영웅으로 간주하였습니다.

믿음으로 칠 일 동안 여리고를 도니 성이 무너졌으며 (30절).

출애굽한 지 사십 년이 지나서 여호수아는 새로운 세대를 데리고 가나안으로 진입하였습니다. 그들 앞에는 난공불락의 여리고 성이 막고 있었습니다. 그러나 백성은 하나님의 말씀을 믿고 여리고 성을 칠 일 동안 돌았습니다. 그랬더니 어떤 결과가 왔습니까? 육중한 여리고 성이 무너져내렸습니다. 믿음은 보이지 않는 것들이 일어날 것이라는 확증입니다(11:1). 믿음의 원리는 매우 간단합니다. 그런데 우리는 믿음보다는 불신에 더 익숙합니다. 믿음의 영웅들이 열거된 것은 하나님의 말씀을 우리도 그들처럼 신뢰하라는 격려입니다.

라합

    라합은 기생이었습니다. 그녀는 부도덕한 배경에도 불구하고 이스라엘 하나님을 믿고 큰 일을 행하는 데에는 아무런 지장이 없었습니다. 나의 죄악 된 과거가 있어도 하나님이 사용하실 수 있습니다. 라합은 이스라엘 정탐꾼을 자신과 가족의 생명을 걸고 도왔기 때문에 이스라엘이 성 안의 정보를 얻고 승리하는데 결정적인 역할을 하였습니다. 그녀는 여리고 성의 우상들을 버리고 이스라엘의 참 하나님을 믿은 이방인 초신자였습니다. 하나님을 위해 큰 일을 하는 것은 반드시 오랜 신앙생활이 뒷받침되어야 하는 것은 아닙니다. 믿음이 있으면 하나님에 대한 극히 작은 지식만으로도 하나님 나라를 위해 커다란 기여를 할 수 있습니다.

38.
유업 신앙의 영웅들(D)
히브리서 11:32~40

내가 무슨 말을 더 하리요 기드온, 바락, 삼손, 입다, 다윗 및 사무엘과 선지자들의 일을 말하려면 내게 시간이 부족하리로다 (32절).

저자는 지금까지 구약에 나오는 믿음의 선열들을 창세기의 아벨부터 여호수아서의 라합까지 열거하다가 중단하면서 그 이후의 사사들과 다윗 및 사무엘과 선지자들의 믿음을 예시하려면 시간이 부족하다고 말합니다. 시간도 시간이지만 당시에는 종이가 고가품이기 때문에 더 길게 쓸 수도 없었을 것입니다. 그래서 저자는 나머지 믿음의 영웅들에 대해서는 자세히 언급하지 않은 채 그들이 받은 고난들을 나열하였습니다.

저자의 포인트는 이들이 모두 속죄의 피를 믿었고 소명을 받아 하나님의 나라를 위해 무엇인가 기여했다는 것입니다. 그들은 약점에도 불구하고 꾸준한 믿음으로 끝까지 달려갈 길을 마쳤습니다. 그들은 자신들이 받은 환난과 박해는 하나님께서 언젠가 보상해 주실 것이라고 믿었는데 이것도 그들이 가졌던 믿음의 특징이었습니다.

한편, 시간이 부족해서 많은 것을 생략해야 할 정도로 말씀에 풍성한 저자로부터 우리는 도전을 받습니다. 믿음에 대해서 몇 마디 하고 나면 할 말이 없어지고, 하나님의 위대한 구원과 예수 그리스도의 가르침에 대해서도 극히 초보적인 범위에만 맴도는 것이 우리의 현실이라면 부끄러운 일이 아닐 수 없습니다. 저자는 히브리서의 독자들에게 "너희가 마땅히 선생이 되었을 터인데 너희가 다시 하나님의 말씀의 초보에 대하여 누구에게서 가르침을 받아야 할 처지"(5:12)라고 했습니다. 그래도 그들은 히브리서와 같은 깊은 내용의 서신을 받아볼 정도였으니 역시 우리 수준에서는 부러운 일입니다. 복음의 내용이 풍성하다는 것은 믿으면서 실제로 나눌 말씀이 별로 없는 것은 성경을 펼쳐보지 않기 때문입니다. 우리 속에 내주하는 성령은 믿으면서 성령의 도우심으로 말씀의 빛을 받으려는 마음이 없다면 성령도 성경도 모르게 됩니다. 풍성한 말씀의 유업을 받는 길도 꾸준한 믿음과 인내입니다. 시간이 부족하여 다 나눌 수 없을 정도가 되는 것이 우리의 목표가 되어야 하겠습니다. 우리는 언제쯤 히브리서의 저자처럼 "내게 시간이 부족하리로다"라고 말할 수 있을까요?

저자가 본 방식대로 우리도 구약의 나머지 인물들에게서 믿음의 행위를 관찰해야 합니다.

저자가 이름만 댄 인물들에 대해서도 다 이야기해 주었다면 참 좋았을 텐데 아쉽다고 느껴집니다. 다행스럽게도 저자는 그들이 믿음으로 하나님의 약속을 획득하기 위해 어떤 고난을 겪었는지를 짧게나마 약술하였습니다(33~40절). 이들에 대해서 더 살피는 것은 우리 각자의 몫입니다.

기드온은 두려움과 열등감에 빠졌던 인물이었습니다. 미디안 족속이 이스라엘을 침략하고 압제할 때에 하나님의 천사가 나타나 "큰 용사여 여호와께서 너와 함께 계시도다"(삿 6:12)라고 격려했습니다. 그러나 기드온은 자신이 이스라엘을 구원할 '큰 용사'가 아니라고 사양하였습니다(삿 6:15). 그는 겸손했다기보다는 우유부단하였습니다. 주님은 언제나 우리를 후하게 평가하십니다. 작은 것도 확대해서 좋게 보시면서 격려하십니다. 기드온은 사실 용사가 아니었지만 주님은 그가 앞으로 될 모습으로 평가하셨습니다. 믿음은 하나님의 평가를 그대로 받아들이는 것입니다. '용사여' 하셨으면 그런 줄로 알고 주의 능력으로 용사의 일을 할 수 있다고 믿어야 합니다(딤전1:12; 빌 4:3). 기드온은 유약한 인물이었지만 마침내 용사의 일을 감당하여 미디안 족속을 물리쳤습니다.

바락은 드보라 여선지자가 이스라엘의 사사로 있을 때 가나안 왕 야빈의 억압에서 백성을 구출하라는 소명을 받았습니다. 그때 바락은 드보라 사사에게 "만일 당신이 나와 함께 가면 내가 가려니와 만일 당신이 나와 함께 가지 아니하면 나도 가지 아니하겠노라"(삿 4:8)라고 했습니다. 바락은 혼자서는 야빈의 군대장관인 시스라를 당할 수 없음을 알았습니다. 그는 자신의 역량을 알고 그 한계 내에서 행했습니다(롬 12:3; 엡 4:7). 이것이 믿음의 한 특징입니다. 무조건 믿고 받아들이면 하나님이 알아서 능력을 주신다는 말을 삼가야 합니다. 이런 식의 주입식 믿음을 강요하고 은사나 능력이 없는 사람에게 억지로 직분을 맡기는 것은 월권입니다.

한편, 바락은 혼자서는 감당할 수 없지만, 드보라 사사가 함께 간다면 승리할 것을 확신하였습니다. 그는 자신의 능력의 한계를 알고 믿음으로 드보라의 동참을 요구했을 때 드보라로부터 "내가 반드시 너와 함께 가리라"(삿 4:9)는 약속을 받았습니다. 그런데 전투에서 기선을 잡은 드보라가 아닌, 바락을 믿음의 영웅으로 제시한 까닭이 무엇일까요? 바락은 다른 사람에게 영광이 돌아가는 것을 상관하지 않고 오직 자신이 할 수 있는 일을 위해 역량껏 행했기 때문입니다.

삼손은 경건한 부모 밑에서 자랐습니다. 그는 여성 편력가였습니다. 그럼에도 믿음의 영웅에 포함되었습니다. 그는 포로로 잡혔을 때에도 계속해서 블레셋의 압제에서 이스라엘을 구원하라는 하나님의 소명이 성취될 것을 믿었습니다. 그는 하나님께 한 번만 더 강하게 해 달라고 간절히 기도했습니다. 믿음은 죄와 어리석음으로 낭비된 삶의 최종선에서도 하나님께서 자기를 사용하실 수 있다고 믿습니다. 삼손은 자신이 죽을 것을 알았지만 상관하지 않았습니다. 그는 자신의 영광이나 더 사는 것을 다 제쳐놓고 오직 하나님의 명예를 위해 빌었습니다. 그는 다곤 신전의 두 기둥을 밀어내어 완전히 붕괴되게 함으로써 생의 마지막 순간에 자신의 소명을 성취하였습니다(삿 16:28~30). 그는 패배한 것으로 보였을 때에도 계속 믿었기 때문에 영웅의 목록에 들어갔습니다(삿 16:28~30).

입다는 창녀가 낳은 아들이었는데 건달패들과 어울려 살았으나 이스라엘 자손이 암몬 자손의 압제를 받자 이스라엘의 장로들이 그에게 도움을 청하였습니다. 그는 믿음으로 당당하게 암몬 자손의 왕에게 이스라엘의 잘못이 없다고 변호하고 하나님의 판결을 신뢰하였습니다. 그는 자신의 신분이 비천하였지만(삿 11:1) 하나님께서 자기를 써주신다고 계속 믿고 에브라임과의 전쟁에서 승리하였습니다(삿

12:1~7). 그는 천하고 거친 배경을 가졌을지라도 하나님 나라를 위해 유용하게 쓰임을 받을 수 있다는 소망을 포기하지 않았습니다.

그런데 그는 하나님이 승리를 주시면 처음 만나는 자를 제물로 바치겠다고 서원하였습니다(삿 11:29~31). 불행하게도 자기 딸이 그를 맞았습니다. 그는 성령을 받았음에도 이런 실수를 하였습니다(삿 11:29). 성령에 충만해도 어리석은 서원을 할 수 있습니다. 그러나 이런 서원은 지킬 필요가 없습니다. 잘못된 서원을 지키는 것은 더 잘못된 일입니다. 실수했으면 예수님의 십자가 보혈에 호소하고 자비를 구하면 됩니다.

입다는 큰 실수를 했지만 믿음의 영웅으로 인정되었습니다. 주님은 우리의 실수와 불의를 용서하시고 다시 일으키십니다. 우리가 계속 주님을 신뢰한다면 다윗의 중죄나 삼손의 어리석은 처신이나 혹은 기드온처럼 열등감이 있어도 하나님은 우리를 떠나지 않으시고 주의 나라를 위해 무엇인가 기여하게 하십니다.

다윗은 믿음으로 골리앗 거인을 쳐서 죽였습니다. 그는 청소년이었지만 골리앗이 이스라엘 군대를 모욕하는 말을 듣고 사울 왕에게 "여호와께서 나를 사자의 발톱과 곰의 발톱에서 건져내셨은즉 나를 이 블레셋 사람의 손에서도 건져내시리이다"(삼상 17:37)라고 증언하였습니다. 그는 또 골리앗에게 이스라엘 군대의 하나님의 이름으로 그를 죽이겠다고 했습니다(삼상 17:45). 그는 누구도 감히 대적할 수 없는 골리앗 장수를 믿음으로 대항하여 이겼습니다. 그런데 그는 밧세바와 간음하였고 그녀의 남편인 충성된 우리아를 죽게 하였습니다(시 51편). 그래도 그는 회개한 후에 여전히 하나님께서 그를 이스라엘의 왕위에 앉히시고 큰 일을 행하게 하실 것을 믿었기에 믿음의 영웅이 되었습니다.

사무엘은 사울 왕이 불순종으로 하나님의 버림을 받은 것을 슬퍼하며 깊은 침체에 빠져 있었습니다(삼상 15:1~31). 그때 하나님이 그에게 이새의 한 아들에게 기름을 부어 왕이 되게 하라고 하셨습니다. 이것은 매우 위험한 일이었습니다. 그래서 사무엘은 하나님께 사울이 이 일을 들으면 그를 죽일 것이라고 했습니다(삼상 16:2). 그럼에도 그는 여호와의 말씀대로 행하여 다윗에게 기름을 부었습니다. 그는 자신의 신변이 위험했어도 믿음으로 하나님의 뜻을 따랐습니다. 그가 이스라엘을 위해 새 왕을 찾아 기름을 부은 것은 자신의 일생에서 가장 큰 소명을 믿음으로 성취한 것이었습니다. 그의 믿음은 불가능한 상황에서도 이스라엘을 위해 왕을 찾는 그의 필생의 사역을 성취하는데 열려 있었습니다(삼상 16:1).

선지자들은 그들이 받는 박해에도 불구하고(마 5:12; 약 5:10) 하나님이 주신 말씀을 끝까지 신뢰하였습니다. 그들은 보통 사람들이었지만 믿음으로 자기들이 받은 선지자의 소명에 충실하여 구속사에 중요한 족적을 남겼습니다.

히브리서에서 등장하는 믿음의 영웅들은 세상의 눈으로 보면 부럽지 않습니다. 그들은 하나님 나라에서는 별과 같이 빛나는 인물들이지만 세상 나라에서는 많은 고난을 겪고 무시를 당하였습니다. 그래도 그들은 믿음으로 거창하고 놀라운 일들을 성취하였습니다.

그들은 믿음으로 나라들을 이기기도 하며 의를 행하기도 하며 약속을 받기도 하며 사자들의 입을 막기도 하며 불의 세력을 멸하기도 하며 칼날을 피하기도 하며 연약한 가운데서 강하게 되기도 하며 전쟁에 용감하게 되어 이방 사람들의 진을 물리치기도 하며 (33~34절).

여기에 언급된 믿음의 행위와 결과들은 믿음의 능력이 얼마나 위대한 일을 성취하는지를 보게 합니다. 믿음은 나라들을 정복하게 하고, 정의를 실천하게 하며, 약속된 것을 실제로 받게 하고, 생명의 위기를 피하게 하며, 약할 때에 강해지고, 전쟁에서 용맹을 떨치며, 이방 군대를 격퇴하게 합니다. 이러한 믿음의 승리를 직접 체험한다면 믿음은 더욱 굳건해지고 하나님에 대한 신뢰가 강화될 것입니다. 믿음은 시련을 통해서 자라고 강해지도록 의도되었습니다.

여자들은 자기의 죽은 자들을 부활로 받아들이기도 하며 (35절)

고대 사회에서 여자들은 무시를 당하였고 흔히 착취와 오용의 대상이었습니다. 그런데 성경에 나오는 여자들 중에는 큰 믿음을 가진 경우가 적지 않습니다. 구약에서 죽은 아들들을 되살려 받은 자들은 사르밧 과부(왕상 17:17~24)와 수넴 여자입니다(왕하 4:17~37).

사르밧 과부는 바닥이 난 통의 밀가루와 병의 기름이 떨어지지 않을 것이라는 엘리야 선지자의 말을 믿었습니다(왕상 17:15). 그녀는 아들이 죽었을 때에도 자신의 죄를 생각하고 괴로워했지만 엘리야의 요청대로 죽은 아들을 넘겨주었습니다(왕상 17:19).

수넴 여자는 아들이 갑자기 죽자 시신을 엘리사 선지자의 침상 위에 눕혀두고 갈멜 산에 있던 엘리사 선지자에게 달려가서 도움을 청하였습니다.

신약에서도 대부분의 부활 사건은 여자들을 돕기 위한 것이었습니다. 예수님은 나인 성 과부의 아들과 (눅 7:11~17) 마리아와 마르다의 오라버니인 나사로를 살리셨습니다(요 11:11~44). 베드로는 가난한 과부들이 그들에게 많은 자선을 행했던 도르가가 죽은 것을 슬퍼하여 도움을 청했을 때 기도하여 살렸습니다(행 9:36~43). 믿음의 조상인 아브라함은 하나님께서 죽은 자를 다시 살리실 수 있다고 믿었습니다(11:19). 부활 신앙은 믿음의 최고봉입니다.

또 어떤 이들은 더 좋은 부활을 얻고자 하여 심한 고문을 받되 구차히 풀려나기를 원하지 아니하였으며 (35절).

'더 좋은 부활'은 무엇과 비교한 것일까요? 여자들이 자기들의 죽은 아들을 살려받은 부활과 비교한 것처럼 들립니다. 즉, 죽은 아들들의 부활은 이 세상에 사는 동안만 유효하지만 사후의 부활은 영원하다는 점에서 '더 좋은 부활'이라고 말할 수 있습니다. 그런데 이들의 '더 좋은 부활'은 고문받는 것과 출옥의 기회를 거절한 순교자의 부활입니다. 그렇다면 일반 신자들의 부활과 질적인 차이가 있다고 볼 수 있습니다(빌 3:1~11; 계 20:4~6). 마지막 부활 사건은 보상과 옳다는 판정을 받는 때이기 때문입니다(마 16:27; 고전 15:40~41; 계 2:23; 6:9~11; 22:12). 그래서 순교자들은 더 크고 영예로운 대우를 받을 것이라고 보면 '더 좋은 부활'이 될 것입니다.

모든 신자는 예수님의 재림 때의 첫 부활에 참여할 것이다. 그러나 모든 신자가 더 좋은 부활을 얻지는 못할 것이다. 이기는 자들만이 이 부활을 나누게 될 것이다. 우리는 이기지 않고서 이기는 자의 면류관을 받을 수 없다. 부활과 그리스도의 심판대에서 받는 상은 우리의 현재의 신실함에 근거해서 주어질 것이다. 어떤 이들은 주님의 재림 때에 부끄러워할 것이다. 어떤 이들은 불로써 구원될 것이다. 어떤 이들은 충만한 상을 받지 못할 것이다. 다른 이들은 더 나은 부활을 얻을 것이다. (Studies in Hebrews, M.R. De Haan, p. 160).

상과 심판에 대한 경고는 신약 전체에서 나옵니다. 이 주제는 예수님을 위시하여 사도들이 강조하였습니다. 예를 들어, 베드로는 신실하고 헌신적인 신자들은 천국에 넉넉히 들어간다고 하였습니다 (벧후 1:11). 사도 요한은 주님의 재림 때에 부끄러워할 자도 있고(요일 2:28) 충만한 상을 받을 자도 있을 것이라고 하였습니다(요이 8). 그는 하나님께서 각자의 행위에 따라 갚아 주신다고 증언하였습니다(계 22:12). 바울은 그리스도의 심판대를 자주 상기시키며 불로써 받는 심판을 경고하였습니다(고전 3:15; 고후 5:10).

또 어떤 이들은 조롱과 채찍질뿐 아니라 결박과 옥에 갇히는 시련도 받았으며 돌로 치는 것과 톱으로 켜는 것과 시험과 칼로 죽임을 당하고 양과 염소의 가죽을 입고 유리하여 궁핍과 환난과 학대를 받았으니 (이런 사람은 세상이 감당하지 못하느니라) 그들이 광야와 산과 동굴과 토굴에 유리하였느니라 (36~38절).

종교의 자유가 보장된 현대 사회에서 사는 기독교인들은 이런 박해에 대한 직접적인 경험이 없습니다. 그러나 아직도 세상에는 기독교를 믿기 때문에 박해를 일삼는 나라들도 적지 않습니다. 대부분의 공산주의 국가나 모슬렘 국가에서는 종교의 자유를 인정하지 않으며 기독교에 대해 호전적입니다. 그런데 하나님의 사람들이 믿음으로 박해를 견디는 것은 어디서든지 언제나 마찬가지입니다.

한편, 믿음만 있으면 하나님이 무엇이든지 다 들어주신다고 말하는 것은 옳지 않습니다. 믿음이 있어도 이 세상에서는 "약속된 것을 받지 못"(39절)하는 경우도 많습니다. 더러 약속을 받기도 하지만(33절) 약속의 온전한 성취는 무덤 너머에서 기다리고 있습니다.

번영주의나 성공주의는 기독교 신앙의 대중적 왜곡입니다. 믿음이란 하나님을 설득하여 물질적 풍요를 확보하고 세상 영화를 누리게 하는 것이 아닙니다. 그릇된 축복 사상에 젖어서 기독교 복음을 샤머니즘이나 재래종교의 구복주의로 전락시키지 말아야 합니다.

우리는 함부로 '믿습니다'라고 외치는 일을 자제해야 합니다. 무엇을 왜 믿는지를 알아야 합니다. 믿음이 시련과 박해와 재산의 손실을 가져온다는 것을 안다면 입버릇처럼 쉽게 '믿습니다'라고 복창하거나 고백하는 일을 자제할 것입니다. 주 예수를 믿으면 주님이 겪으신 고난을 맛보게 되어 있습니다. 베드로는 "선을 행함으로 고난 받는 것이 하나님의 뜻"(벧전 3:17)이라고 했습니다. 제자들이 주님을 따라가야 했던 곳은 화려한 예루살렘 성전이나 헤롯 궁이 아니고 십자가가 세워진 골고다 언덕이었습니다.

복음에 따라오는 고난의 의미를 모르면 예수님의 제자라고 할 수 없습니다. 복음과 그리스도를 위해 꾸준한 믿음으로 자신이 받은 소명을 성취하기 위해 힘쓰는 삶에는 시련이 따라옵니다. 이 세상은 죄로 물든 곳입니다. 사방에 악인들과 어둠의 세력이 도사리고 사탄이 복음 활동을 방해하며 성도들을 괴롭힙니다. 그래서 바울은 "무릇 그리스도 예수 안에서 경건하게 살고자 하는 자는 박해를 받으리라"(딤후 3:12)고 경고했습니다. 베드로도 의를 위하여 살면 고난을 받는다고 전제하였습니다(벧전 3:14). 정의를 위해 살고, 선을 행하며 경건하게 살면 고난을 겪기 마련입니다(요 16:33).

이런 사람은 세상이 감당하지 못하느니라 (38절)라는 말은 아무리 박해를 해도 굽히지 않기 때문에 이길 수 없다는 의미로 들립니다. 그러나 새번역에서는 세상은 이런 사람들을 받아들일 만한 곳이 못 되었습니다 (38절)라고 옮겼습니다. 그 의미는 그리스도의 복음을 가진 거룩한 성도들과 함께 사는 것이 큰 복이지만 세상은 그런 자들을 알아보지 못하고 오히려 박해한다는 것입니다.

오늘날 여러 지역에서 일어나는 박해는 세상이 기독교와 예수님에 대해서 얼마나 악의적인지를 표출합니다. 그런데 왜 히브리서 저자는 이렇게 많은 종류의 고난들을 열거했을까요? 히브리서의 교인들은 비방과 멸시를 당하였고 투옥과 재산을 빼앗겼습니다(10:33~34). 그들은 오랜 기간의 고통 때문에 지쳐 있었습니다. 그래서 여러 형태의 고난을 열거하며 그것들이 믿음으로 사는 크리스천 삶의 일부라는 것을 알릴 필요가 있었습니다. 그래서 우리는 현세에서 구출을 받든지 못 받든지 포기하지 않는 꾸준한 믿음으로 지난 시대의 믿음의 영웅들을 닮아 사후의 '더 좋은 부활'을 바라보아야 한다는 권면입니다.

이 사람들은 다 믿음으로 말미암아 증거를 받았으나 약속된 것을 받지 못하였으니 이는 하나님이 우리를 위하여 더 좋은 것을 예비하셨은즉 우리가 아니면 그들로 온전함을 이루지 못하게 하려 하심이라 (39~40절).

지금까지 열거한 구약 시대의 믿음의 영웅들은 모두 인정을 받았지만 대부분 약속된 것을 받지 못하였습니다. 그들 중에는 더러 약속된 것을 부분적으로 받기도 했지만 장차 올 보상의 맛보기에 불과했습니다(33절). 그럼 왜 이들이 약속된 것을 온전히 받지 못하였을까요? 또 그들이 언제 이 약속의 상을 받게 되는 것일까요?

믿음의 영웅들은 그들의 믿음에 대한 인정을 받았기 때문에 안식에 들어갔습니다. 그들은 상을 받는다는 보장을 받았습니다. 그렇지만 그들은 지금도 하나님이 설계하신 튼튼한 기초를 가진 도성을 기다립니다(10절). 이 도성이 무엇입니까? 하늘의 거룩한 예루살렘 성입니다. 이 성은 언젠가 하늘에서 땅으로 내려올 것입니다(계 21:1~2).

그런데 이 거룩한 예루살렘 도성은 옛 언약 백성만이 아니고 새 언약 백성을 위해서도 준비된 것입니다. 그래서 믿음으로 산 새 언약 성도들의 수효가 찰 때에 모든 하나님의 백성이 다 함께 남편을 위해 신부로 준비된 새 예루살렘 성으로 들어갈 것입니다. 그날은 하나님의 모든 믿음의 자녀들이 영광으로 부활하고, 온갖 고통과 시련에 대한 보상을 충분히 받으며, 시험과 박해를 견디고 승리한 선한 싸움에 대해 착하고 충성된 종이라는 칭찬을 받을 것입니다. 구약의 성도들은 새 언약 백성이 자기들의 유업의 코스를 마칠 때까지는 그들의 마지막 유업인 부활 영광에 들어갈 수 없었습니다. 우리는 하나님께서 마지막 영광을 드러내실 때 옛 언약 성도들과 함께 유업의 상을 받고 하나님을 찬양하며 크게 기뻐할 것입니다.

왜 하나님의 백성에게 고난이 있습니까?

누구도 이 질문을 만족하게 대답할 수 없습니다. 세상에 만연한

악과 죄의 문제는 풀리지 않는 인류의 숙제입니다. 고난의 원인은 대부분 인간의 죄와 잘못된 결정이지만 알 수 없는 고난도 적지 않습니다. 최선의 방책은 고난을 통해 하나님께서 선한 것을 이끌어내신다는 것을 믿고 하나님을 계속 신뢰하는 것입니다. 그리고 우리에게 동정적인 하늘의 대제사장이 계시다는 것을 알고 그분께 나아가 도움을 청하는 것입니다(히 2:17~18; 4:15~16). 또한 주 예수께서 조만간 우리의 고난을 보상하시고 잘하였다고 칭찬하시며 우리의 눈물을 닦아 주실 것을 알고 힘을 내야 합니다(마 5:12; 계 21:4).

우리가 그리스도의 가르침을 따르기 때문에 손해를 보고 치욕을 당하면 복 있는 자라고 했습니다. 하나님의 영이 우리 위에 임하시기 때문입니다(벧전 4:14). 그러나 자신의 죄악된 행동 때문에 발생하는 죄는 피해야 합니다(벧전 4:15). 그 대신 그리스도의 고난에 동참하면 주님께서 영광으로 나타나실 때 크게 기뻐할 것입니다(벧전 4:13).

우리가 배워야 할 교훈은 무엇입니까?

믿음의 열조들의 목록에는 대제사장들이 나오지 않습니다. 왕들도 다윗 왕을 제외하면 언급되지 않았습니다. 그 까닭이 무엇일까요? 그들은 세상에서는 유명했을지라도 하나님의 눈에는 특기할만한 믿음이 없었기 때문입니다. 반면, 믿음의 영웅들은 원래 보통 사람들이었습니다. 그러나 그들은 꾸준한 믿음으로 큰 일을 성취하고 유업 신앙의 모범이 되었습니다. 그들은 모두 약점들이 있었지만 하나님이 구태여 그들의 죄를 지적하지 않았습니다. 다윗의 간음이나 살해 사건도 안 나오고 삼손의 방탕함도 언급되지 않았습니다. 하나님께서는 그들의 연약함을 동정하시고 하나님을 위해서 무엇인가 가치 있는 일을 행하도록 부르셨습니다.

우리에게도 크고 작은 약점들이 있습니다. 그러나 예수님은 인간으로 세상에 오셔서 힘든 여건에서 살아보셨기 때문에 우리의 연약함과 고통을 이해하시고 동정하시며 기꺼이 돕기를 원하십니다(히 4:15~16). 예수님은 고난을 통해 영광의 자리에 오르셨습니다(히 2:9). 예수님은 그를 신뢰하는 자들을 영광으로 인도하실 능력과 자격을 갖추셨습니다(히 2:10). 그러므로 우리가 주 예수를 끝까지 신뢰하면 유업의 상을 받을 수 있다는 것이 히브리서 저자의 강조점입니다.

또 다른 교훈은 믿음의 영웅들은 제각기 독특한 소명을 받고 하나님의 약속들을 상속받기 위해 꾸준히 힘썼다는 것입니다. 예를 들어, 아벨은 하나님이 받으시는 희생제사가 어떤 것인지를 보여주었고, 에녹은 죽음을 정복하는 하나님의 능력을 증시했으며, 노아는 방주를 건조하여 가족을 구하였습니다. 아브라함은 믿음과 오래 참음으로 획득하는 유업의 길을 열었으며, 이삭은 유업의 약속을 자녀들에게 전수하였습니다. 야곱은 죽을 때에도 유업의 약속을 믿고 하나님을 경배했으며, 요셉은 이스라엘 자손이 가나안 땅으로 돌아갈 날을 위해 준비하게 하였습니다. 모세는 하나님으로부터 상 받을 것을 믿고 애굽의 보화와 영예를 포기하였고, 이스라엘 백성은 믿음으로 홍해를 건넜습니다.

히브리서 11장의 관심은 어떻게 믿음으로 구원을 받느냐가 아니라 어떻게 꾸준한 믿음으로 무엇을 성취하느냐는 것입니다. 다시 말해서 구원받은 목적을 어떻게 이루느냐는 것입니다. 우리도 하나님을 위해서 부단한 믿음으로 성취하고 기여해야 할 무엇이 있습니다. 우리 각자의 소명이 어떤 것이든지 우리에게 필요한 것은 꾸준한 믿음과 인내입니다. 하나님께서는 이러한 유업 신앙을 가진 자들을 존중하시고 상 주신다고 약속하셨습니다.

한 가지 더 추가할 교훈은 하나님이 주신 유업의 소명을 잘 감당하면 그 영향이 사후에까지 간다는 사실입니다. 아벨은 "죽었으나 그 믿음으로써 지금도 말하느니라"(히 11:4)고 했습니다. 우리가 부단한 믿음과 오래 참음으로 하나님을 위해서 행하는 일들은 상을 받을 뿐만 아니라 우리의 생애를 넘어가는 긍정적인 영향을 후대에까지 끼치고 많은 수확을 거둘 수 있습니다. 생전에는 별 열매가 없을지 몰라도 주님의 약속을 믿고 사후의 성공을 기대하는 것은 유업 신앙의 한 측면입니다.

우리는 하나님이 주신 유업의 약속을 획득할 준비가 되어 있어야 합니다. 하지만 각자의 생애에서 유업의 성취는 충분히 실현되지 않거나 아브라함의 경우처럼 땅 한 평 받지 못할 수도 있습니다. 아벨처럼 우리도 죽은 이후에 대부분의 사역을 성취할지 모릅니다. 인간은 시간에 굴복합니다. 시간 속에 붙잡혀 살다가 생을 마칩니다. 그러나 그리스도 안에 있는 신자들은 사후의 사역을 통해 시간의 한계를 초극하고 유업의 열매를 거둡니다.

39.
상을 위한 달음질과 징계
히브리서 12:1~13

히브리서 11장은 이스라엘의 역사에서 구약에 나오는 믿음의 영웅들에 대한 목록입니다. 이들을 열거한 이유는 그들이 원래부터 탁월하여 산을 옮길만한 믿음이 있어 큰 일을 행했기 때문이 아닙니다. 그렇다면 그들을 아무도 따라갈 수 없을 것입니다. 사실상 '영웅'이라는 말은 본문에 나오지 않습니다. 다만 그들의 행위가 영웅적이라는 점에서 영어권에서 '믿음의 영웅들'(the heroes of faith)이라고 부릅니다 중요한 것은 이 '영웅'들은 평범한 사람들이었다는 사실입니다. 그들 중에는 아브라함처럼 거짓말장이도 있었고, 야곱처럼 속이기도 하였으며, 모세처럼 살인도 하였고, 다윗처럼 간음도 하였으며, 삼손처럼 방탕하기도 했습니다.

그럼 이들이 다른 점이 무엇입니까? 이들은 보통 사람들이었지만 약점에도 불구하고 믿음과 인내로 하나님을 위해서 큰 일을 행했다는 것입니다. 그래서 평범한 히브리서 독자 교인들뿐만 아니라 우리에게도 커다란 격려가 됩니다. 모든 성도는 누구든지 하나님을 위해서 믿음과 인내로 행할 때에 믿음의 영웅들이 될 수 있습니다.

그런데 11장이 끝나고 12장 1절에서 11장의 믿음의 영웅들을 가리키며 우리에게 구름같이 둘러싼 많은 증인들이 있으니 힘써 믿음의 경주를 하자고 독려합니다. 그다음 즉시 **믿음의 주요 또 온전하게 하시는 이인 예수를 바라보자** (2절)고 말합니다. 여기서 저자는 꾸준한 믿음과 인내로 유업을 획득하는 6장 12절의 주제를 상기시키며 예수님을 믿음의 최대 영웅으로 제시하였습니다. 예수님은 유업의 상을 위한 믿음과 인내의 절대 모범이시며 유업 모델의 최고봉이시라는 것입니다.

우리는 수많은 관중 앞에서 달음질합니다.

> 이러므로 우리에게 구름같이 둘러싼 허다한 증인들이 있으니 … 우리
> 앞에 당한 경주를 하며 (히 12:1).

저자는 크리스천 라이프를 하나의 경주로 묘사합니다. 우리는 경기장에서 달리고 관중석에서는 큰 무리가 열렬하게 응원합니다. 이들은 단순한 관객이 아닙니다. 이들은 다름아닌 히브리서 11장에서 열거된 믿음의 영웅들입니다. 그들은 이렇게 말하며 우리를 격려합니다.

「힘을 내시오. 포기하지 마시오. 우리도 연약한 사람들이었소. 그럼에도 우리는 각자의 소명을 성취하였다오. 당신들도 끝까지 잘 달려야 하오. 여러 면에서 흠이 많고 연약했던 우리도 해냈으니 여러분도 할 수 있소. 힘껏 달리시오! 주님이 결승점에서 상을 준비하시고 여러분을 기다리고 계시오.」

그런데 우리의 달음질이 성공하려면 믿음과 인내가 있어야 합니

다. 달음질은 꾸준해야 합니다. 슬슬 쉬어가면서 산보하듯 달릴 수 없습니다. 결승점을 바라보며 참고 또 참으면서 달려야 합니다. 포기하기 쉽고 지치기 때문에 꾸준한 믿음과 오래 참음이 필요합니다. 바울도 상에 대해 가르치면서 성도의 삶을 달음질에 비교하였습니다.

> 너희도 상을 받도록 이와같이 달음질하라 … 그러므로 나는 달음질하기를 향방 없는 것 같이 아니하고 … 내가 내 몸을 쳐 복종하게 함은 내가 남에게 전파한 후에 자신이 도리어 버림을 당할까 두려워함이로다 (고전 9:24~27).

바울이 버림을 받을까 두려워한 것은 자신의 구원이 상실될 것을 두려워한 것이 아닙니다. 그는 주 예수를 믿음으로써 의롭다는 선언을 받았습니다. 그가 두려워한 것은 구원이 아니고 상이었습니다. 하나님께서는 경기의 주체자이십니다. 구원받은 주의 자녀들에게 달리기를 시키시고 상 주기를 원하십니다. 이것은 하늘 아버지의 후한 배려입니다. 상에 대한 관심을 영적 수준이 낮은 것으로 보지 말아야 합니다. 바울이 왜 자기 몸을 쳐 굴복시킨다고 고백했을까요? 상을 받기 위해 방해가 되는 자신의 그릇된 욕구를 힘써 물리친다는 뜻이었습니다. 하나님은 상을 준비해 놓고 결승점에서 우리를 기다리십니다. 구원받은 하나님의 자녀들은 마치 육상 경기장의 출발점에서 유업의 상을 향해 달리는 선수들과 같습니다.

우리는 홀로 경기장에서 달리지 않습니다. 수많은 믿음의 선열들이 관중석에서 응원하며 힘써 달리라고 외칩니다. 자기들도 피곤한 손과 연약한 무릎을 가졌지만 믿음과 인내로 결승점에 도착했다고 증언합니다. 아벨로부터 시작하여 에녹, 노아, 아브라함, 이삭, 야곱,

요셉, 모세, 홍해를 믿음으로 건넜던 출애굽 세대, 라합, 기드온, 바락, 삼손, 입다, 다윗, 사무엘 그리고 구약의 모든 선지자들이 우리가 달리는 경기장의 관중석에서 벌떡 일어나 손뼉을 치고 주먹을 불끈 쥐어 올리며 계속 달리라고 응원하는 모습을 상상해 보십시오! 그리고 결승점에서 승리의 화관을 들고 우리를 기다리시는 예수님의 모습을 그려보십시오! 얼마나 감격스런 장면입니까! 우리의 달음질이 가장 뜻깊고 영예로운 이벤트가 되도록 하나님께서 연약한 우리에게 힘이 되는 모든 것들을 준비하셨습니다.

그런데 출발점에 머물러 있거나 도중에 포기하면 어떻게 되겠습니까? 주님이 준비하신 상을 받지 못하고 충성된 종이라는 칭찬과 인정을 받지 못할 것입니다. 이것을 우리가 두려워해야 한다는 것이 본 말씀의 경고이며 도전입니다. 하나님이 주신 소명에 무관심하거나 게으른 것은 하나님의 선한 뜻에 대한 무시이기 때문에 심판을 받습니다(히 6:4~8; 10:31).

예수님은 우리를 승리의 결승점까지 데리고 가실 수 있습니다(히 2:10). 예수님은 유업의 개척자이시며 이긴 자들에게 상을 주시는 시상자이십니다. 우리가 주님의 약속을 믿고 고난을 참으며 꾸준히 순종한다면 이기는 자가 되고 승리의 면류관을 받게 될 것입니다(계 2:10).

우리의 달음질을 방해하는 것들을 버려야 합니다.

모든 무거운 것과 얽매이기 쉬운 죄를 벗어 버리고 인내로써 우리 앞에
당한 경주를 하며 (1절).

저자는 지금까지 독자들에게 꾸준한 믿음과 오래 참음으로 앞에 놓인 유업의 상을 받기 위한 달음질을 하라고 독려하였습니다. 그런데 저자는 단순한 구호만 내거는 도덕 설교를 하지 않습니다. 그는 우리가 어떻게 그런 목표에 이를 수 있는지를 알려 줍니다.

그는 경고와 함께 격려도 하였습니다. 하나님이 주신 약속을 경시하고 자기 뜻대로 불순종의 삶을 살면 상을 잃고 심판을 받습니다. 그러나 믿음과 인내로 유업의 약속을 받기 위해 달렸던 선진들의 모범을 따르면 주님의 칭찬과 상을 받는다고 하였습니다. 그는 구체적으로 믿음의 경주를 하는데 방해가 되는 두 가지 요인을 지적하였습니다. 즉, 무거운 것과 얽매이기 쉬운 죄입니다. 무거운 짐을 지고 달리는 사람은 없습니다. '무거운 짐'은 그 자체로서 반드시 나쁜 것은 아닐지라도 십자가에 시선을 고정하고 달리는 일을 늦추게 하는 것들입니다. 과도한 취미 생활이나 스포츠, 드라마, 컴퓨터 게임 등에 몰두하거나 돈과 출세에 대한 집착이나 과민한 염려, 자녀에 대한 집착, 중독성 습관 등은 크리스천 경주를 방해합니다. 어떤 것이든지 성경 말씀을 가까이 하고 하나님의 일에 사용해야 할 시간과 재원을 축내는 것이라면 무거운 짐입니다. '얽매이기 쉬운 죄'는 나를 달리지 못하게 잡아당깁니다. 죄는 행복을 주는 것 같아도 나를 옥죄는 보이지 않는 포승줄입니다. 몸이 묶였는데 어떻게 달릴 수 있겠습니까? 내가 달리려면 이 모든 방해물들을 벗어버리고 가벼운 몸이 되어야 합니다.

그런데 이렇게 말하는 것만으로는 부족합니다. 저자는 그렇게 할 수 있는 충분한 근거와 이유를 1장에서 10장 18절까지 상세히 진술하였습니다. 즉, 예수님의 유일하고 독특한 사역입니다. 예수님은 하늘의 영원한 대제사장으로서 우리를 위해 중보하시며 한 번의 영원한 제사로 완전한 속죄를 이루시고 하나님 우편에 앉으셨습니다(8:25; 9:12; 10:12). 예수님은 그의 피를 믿는 자들의 양심을 씻기시고 하나님을 섬기게 하며 유업의 약속을 받을 수 있게 하십니다(9: 14~15). 그러므로 예수님의 피를 힘입어 하나님께 나아가며 유업의 소망을 굳게 잡고 사랑과 선행의 삶을 살며 함께 교제하면서 주를 경배하라는 것입니다(10:19~25). 그렇게 하지 않는 것은 배신이며 불순종이므로 무서운 벌을 받습니다(10:26~31). 저자는 이러한 강력한 그리스도의 사역에 바탕하여 유업의 목표를 향해 달리라고 했습니다. 그러니까 저자는 우리가 하늘의 상을 받기 위해 힘써 전진해야 할 이유와 근거를 모두 제시한 셈입니다.

우리는 구호만으로는 아무것도 이룰 수 없습니다. 우리에게 흔들리지 않는 확실한 예수 그리스도의 속죄와 하늘 대제사장의 그치지 않는 중보 사역이 전제되어야 합니다. 예수님의 속죄 피를 믿지 않으면 감히 한 사람도 거룩하신 하나님의 존전으로 나아갈 수 없습니다. 예수님의 중보 사역에 의존하지 않고서는 누구도 믿음을 지킬 수 없습니다. 우리는 유업을 향해 달릴 때마다 예수 그리스도께서 우리를 위해 행하신 사역이 어떤 것인지를 항상 염두에 두어야 합니다. 그리고 나의 시선을 훔쳐가고 내 발을 묶는 것들을 경계하며 믿음의 영웅들이 어떻게 목표를 향해 달렸는지를 기억해야 합니다.

믿음은 바라고 보이지 않는 것들에 대한 보증이며 확신입니다 (11:1). 이러한 믿음은 이스라엘의 믿음의 영웅들이 가졌던 특징이었습니다(11:2). 우리도 같은 종류의 믿음으로 그들처럼 하나님의 인정을 받고 약속된 유업의 상을 받아 하나님을 기쁘게 해 드려야 하겠습니다.

하나님은 자녀들을 징계하십니다(3~13절).

12장은 1절에서 믿음의 영웅들을 유업을 위해 달리는 새로운 세대에게 격려의 응원을 하는 증인들로 소개하였습니다. 그다음 2절에서 예수님을 믿음의 최대 영웅으로 제시하고 그분의 모범을 따르라고 권하였습니다. 그런데 3절에서부터 갑자기 징계에 대한 긴 항목이 나옵니다. 히브리서는 성경에서 유업 주제와 함께 징계에 대한 주제를 가장 깊이 있게 다루었습니다. 그런데 왜 이 시점에서 징계 주제를 거론하는 것일까요? 저자는 방금 유업을 향해 달리는 경주자의 자세를 언급하였습니다. 그런데 육상 경기자에게는 강훈련이 필요합니다. 징계는 경주자의 훈련과 관계된 말씀입니다.

하나님의 징계는 부자 관계에서 이해되어야 합니다. 부모가 자식이 잘못된 길로 들어서면 가로막거나 책망하듯이 하나님께서도 우리의 하늘 아버지로서 유사한 일을 하십니다. 그런데 이러한 부성적 징계는 하나님께서 우리를 바르게 키우기 위해서 필요한 사랑의 채찍입니다. 우리가 정해진 트랙에서 벗어나거나 제대로 달리지 않으면 마치 게으른 말에게 채찍을 가하듯이 하나님께서는 우리를 여러 방법으로 편달하십니다. 만약 하나님이 우리를 사랑하시지 않는다면 벌만 주고 끝나겠지만 징계의 목적은 우리의 유익을 위한 것이므로 포기하시거나 악감으로 대하시지 않습니다. 하나님의 채찍 끝에는 언제나 자비의 꼬리표가 붙어 있습니다.

흔히 우리는 다른 사람을 가리켜 하나님이 치셨다고 말합니다. 성경에서 이런 표현이 나오지만 오용하지 말아야 합니다(출 32:35; 삼하 6:7). 하나님은 때때로 우리를 바로잡기 위해 치시지만 회복과 진보를 위한 징계입니다. 유업을 잃거나 실격자가 되지 않으려면 하나님의 교정의 징계를 달게 받아야 합니다(5~6절). 사실상 하나님의 징계는 우리가 하나님의 자녀라는 증거입니다. 내 아버지는 다른 사람의 자식을 징계하지 않습니다. 하나님은 주 예수를 믿는 신자들을 징계하셔서 원하시는 모습의 자녀들이 되게 하십니다. 그래서 "징계는 다 받는 것이거늘 너희에게 없으면 사생자요 친아들이 아니니라"(8절)고 했습니다.

우리는 하나님께서 우리를 사랑하시기 때문에 열심히 기도하고 충실하게 교회 생활하면 어려운 문제들을 해결해 주시고 잘살게 해 주신다고 믿습니다. 그러나 하나님은 고난과 고통이 없는 성도의 삶을 약속하신 적이 없습니다. 하나님께서는 우리의 거룩함과 유업의 상을 위해 필요한 어려움을 허락하시고 징계와 기쁨을 적절한 분량으로 때에 따라 체험하게 하십니다. 그런데 우리는 어려움이 오면 이것이 하늘 아버지의 사랑의 배려라는 것을 잘 잊고 낙심하기 쉽습니다(5절). 그러나 고난과 징계가 자녀들에 대한 하나님의 선한 계획의 일부라는 사실을 기억한다면 하나님이 허락하신 일의 목적을 알고 순응하게 될 것입니다. 징계는 누구에게도 반갑지 않습니다. 그러나 잘 견디면서 받으면 큰 유익이 있습니다.

무릇 징계가 당시에는 즐거워 보이지 않고 슬퍼 보이나 후에 그로 말미암아 연단 받은 자들은 의와 평강의 열매를 맺느니라 (11절).

예수님은 열매 없는 가지를 자르십니다(요 15:2). 열매를 많이 맺게 하려는 목적이 있기 때문입니다. 가지가 잘리는 것은 고통스런 체험입니다. 그러나 잘리는 것은 가지이지 나무의 몸통이 아닙니다. 나무는 전지 작업을 해도 죽지 않습니다. 11절에서 "당시"가 있고 "후에"가 있는 점을 주목하십시오. "당시"는 그때 끝난 일입니다. "후에"는 '당시'의 사건이 가져온 결과입니다. 징계는 끝나는 때가 있습니다. 징계 기간도 길지 않다고 했습니다(10절). 하나님은 비록 징계의 채찍을 드셔도 우리를 십자가의 사랑으로 구속하신 하늘 아버지이십니다. 하나님은 우리의 원수가 아니십니다. 징계는 하나님의 거룩한 성품을 따르게 하는 훈련 도구입니다(10절). 부성적 교정은 한시적입니다. 영원히 계속되지 않습니다. 자비하신 하늘 아버지께서는 우리를 지나치게 길게 징계하시지 않습니다. 욥의 고난도 끝이 있었습니다.

이스라엘의 바벨론 포로 생활에서 보듯이, 우리가 끝없는 포로 생활을 하는 것은 하나님의 뜻이 아닙니다. 하나님이 징계하시는 것은 교육적 훈계를 위한 것입니다. 징계를 받는 세월은 어둡고 힘들어도 영구하지 않습니다. 우리에게는 징계를 위한 포로 생활을 마치고 새 예루살렘으로 귀환할 날이 있습니다. 그때 우리는 새 노래로 하나님을 찬양할 것입니다(사 52장).

징계는 언제 끝날까요? 하나님께서 주시는 교훈을 배웠을 때입니다. 만약 내가 하나님의 징계의 목적을 무시하고 훈련을 받지 않으면 그 징계는 사라질지 모릅니다. 그러나 다른 형태로 다시 돌아옵니다. 그때는 하나님의 징계의 손은 더욱 거칠고 고통스럽습니다. 첫 번째 방식의 징계를 속히 잘 받는 것이 상책입니다.

징계는 강력한 효과를 내도록 의도된 것입니다. 그런데 반드시 나의 반응과 상관없이 긍정적 결과가 나오는 것은 아닙니다. 우리가 징계를 받고 낙심하거나 하나님을 원망하거나 혹은 자책으로 자신을 학대하면 유익이 없습니다. 그러나 징계를 받을 때 겸비와 회개하는 마음으로 참아내면(7절) 하나님께서 기뻐하시고 고통스런 훈련을 줄여주시며 속히 경기장의 트랙으로 되돌아가게 하십니다. 징계는 하나님께서 나를 포기하시지 않으셨다는 증거입니다. 징계를 잘 견디면 자신의 그릇된 신앙생활을 반성하게 되고 하나님 앞에서 진지한 자세로 살게 됩니다.

그런데 징계를 밀어내면 어떤 결과가 올까요? 에서처럼 됩니다. 그는 믿는 가정에서 태어났지만 하나님의 거룩한 소명을 위해 달리는 일에 관심이 없었습니다. 야곱과 비교해서 그가 야곱보다 덜 경건했다고는 볼 수 없습니다. 야곱은 출발부터 특별히 경건하지도 않았고 남을 속여서라도 자신의 유익을 챙기려는 나쁜 기질을 가진 사람이었습니다. 그래도 그는 영적 분별력이 있어 장자권의 가치를 알았습니다. 에서는 영적 축복이 장자인 자기에게 올 수 있었음에도 중요하게 여기지 않았습니다. 그는 야곱에 대한 악감을 장기간 품었고 이방 여자들을 아내로 맞았으며 자신이 믿음과 인내로 소유할 수 있었던 유업보다 세속적인 쾌락을 택하였습니다. 결국 야곱이 그가 받았어야 할 축복을 가로채는 비극이 일어나고 가정에 커다란 불화가 생겼습니다(창 27:27~29). 에서는 뒤늦게 자신의 잘못을 깨닫고 아버지의 축복을 간청했지만 소용이 없었습니다.

음행하는 자와 혹 한 그릇 음식을 위하여 장자의 명분을 판 에서와 같이
망령된 자가 없도록 살피라 너희가 아는 바와 같이 그가 그후에 축복을

이어받으려고 눈물을 흘리며 구하되 버린 바가 되어 회개할 기회를 얻지 못하였느니라 (16~17절).

우리는 에서의 경우에서 교훈을 받아야 합니다. 우리는 하나님이 주시기를 원하는 유업을 경시하지 말아야 합니다. 에서는 울고불고 했지만 예전의 위치로 돌아갈 수 없었습니다. 그는 유업을 상실하고 말았습니다. 그는 아브라함 가문에서 태어난 위치는 잃지 않았지만 유업을 받을 수 있는 기회를 영원히 잃었습니다. 나중에 그는 유업을 원했지만 때는 너무 늦었습니다. 하나님께서 진노의 맹세를 하셨기 때문입니다. 회개하면 용서를 받습니다. 그러나 하나님이 일단 진노의 맹세를 하시면 상실된 기회는 회복되지 않습니다(3:11). 우리는 어떤 일이 있어도 영적 축복을 멸시하는 행위를 삼가고 완고한 마음을 갖지 말아야 합니다(3:12). 악감은 축복의 흐름을 막습니다. 부도덕을 피해야 하고 화평을 추구하며 거룩하게 살도록 힘써야 합니다(14~15절).

어떤 이들은 천국에 들어갈지라도 불 속을 헤치고 나오듯 할 것입니다(고전 3:15). 그들은 구원을 받고 안전할지라도 상실된 기회의 스토리를 지니고 주님 앞에 서게 될 것입니다. 상이 없는 구원은 불의 심판을 거쳐야 합니다. 우리는 늦기 전에 하나님이 주신 유업의 소명을 귀히 여기고 하나님의 징계의 손이 우리를 이끌고 유업의 목적지로 향하게 해야 합니다.

하나님의 징계에 대한 우리의 자세는 무엇입니까?

첫째, 하나님이 우리에게 가르치시려는 것이 무엇인지를 찾아야 합니다.

왜 하나님이 우리를 견책하시는지 생각해 보아야 합니다. 대부분 자신의 잘못을 알기 때문에 왜 징계를 받는지 압니다. 그러나 때로는 알 수 없는 고난을 받기도 합니다. 만약 하나님이 허락하시는 고난이 라면 견딜 수 있는 힘을 달라고 주께 간구해야 할 것입니다.

둘째, 징계는 우리가 하나님께 속한 자녀라는 증거이며 재소명의 부름입니다.

하나님은 세상 사람들이 많은 죄를 짓고도 대부분 빠져나가게 하 십니다. 한 사람이라도 구원을 더 받도록 기회를 주십니다. 하나님 은 악인이 죽는 것을 기뻐하지 않으시고 회개하기를 원하십니다(겔 18:23; 33:11). 그러나 끝까지 돌아서지 않으면 마지막 심판 때에 그들 을 철저하게 심판하실 것입니다.

반면, 하나님의 자녀들은 이 세상에 사는 동안 징계를 받습니다. 징계로 훈련받은 자들은 "의와 평강의 열매"(11절)를 맺습니다. 징계 를 통해서 거룩한 삶을 살게 되면 하나님의 일에 유용한 일꾼이 될 수 있습니다. 하나님의 징계를 내가 받는다면 하나님께서 나를 다시 쓰시려는 계획을 가지셨다는 뜻입니다. 이런 의미에서 징계는 하나 님의 은혜입니다. 나에게 미래가 있다는 뜻입니다. 그래서 낙심하지 말고 늘어진 손을 올리고 힘없는 무릎을 일으켜 세우라고 했습니다 (13절). 이것은 그림 언어입니다. 그러나 문자적으로 적용될 수 있습니 다. 풀어진 양손을 모으고 참회의 기도를 올려야 합니다. 하나님 앞 에 무릎을 꿇고 벗어난 트랙으로 복귀되어 힘차게 달릴 수 있게 해달 라고 간청해야 합니다. 요나 선지자는 하나님의 소명을 저버리고 자 기 길로 갔을 때 징계를 받았습니다. 그는 바다에 던져졌지만 죽지 않고 구출되어 니느웨 성의 대 부흥을 일으키는 일에 크게 쓰임을 받았습니다.

하나님께서는 자녀들의 탈선을 무한정 좌시하시지 않고 때가 되면 징계하십니다. 하늘 아버지의 부성적 사랑의 징계를 받는 것이 진노의 맹세를 받고 유업의 기회를 영원히 상실하는 것보다 낫습니다. 징계를 피하거나 하나님을 원망하기보다 순순히 받으면 하나님을 다시 잘 섬길 수 있는 재소명의 기회가 됩니다.

셋째, 징계는 하나님과의 관계를 진지한 자세로 대하게 합니다.

우리는 하나님을 매우 감상적으로 생각하는 경향이 있습니다. 하나님은 사랑이시니까 우리를 항상 불쌍히 보시고 동정하신다는 것입니다. 그래서 눈물 조금 흘리고 보아 달라고 하면 너그럽게 모든 일을 넘어가시는 분으로 생각합니다. 그렇지 않습니다. 하나님은 사랑이시지만 죄를 무한정 용인하시지 않습니다. 하나님은 자비하시지만 채찍을 버리신 것이 아닙니다. 그래서 하나님의 징계의 채찍을 맞아 본 자들은 하나님을 함부로 대하지 않습니다. 징계의 채찍은 거룩한 열매를 낳습니다. 징계는 두렵고 떨림으로 하나님을 경외하게 합니다. 그래서 경건생활의 최대 동기의 하나는 하나님의 징계라고 할 수 있습니다.

넷째, 징계는 달음질의 성공을 위한 필수 항목입니다. 하나님의 자녀라면 징계는 다 받는다고 하였습니다(8절). 누구도 오로지 결승점을 향하여 완벽하게 달리는 자가 없습니다. 가나안의 유업 쟁취를 방해하는 많은 적들이 있었듯이, 크리스천의 유업 획득을 가로막는 장애물들이 있습니다. 무거운 짐들과 죄가 우리의 달음질을 더디게 하고 넘어지게 합니다. 그래서 경주자는 징계의 강훈련을 받고 다시 일어나서 달려야 합니다. 목표에 이르려면 큰 노력과 희생이 필요합니다. 날마다 자기 십자가를 져야 하고 육신의 소욕을 눌러야 하며 성령의 인도를 받아야 합니다.

우리가 기억해야 하는 것은 힘써 달리는 자들을 위해 주님이 상을 준비하고 계신다는 사실입니다. 우리는 주님이 사랑과 은혜의 상을 준비하셨지만 내가 달리지 않았기 때문에 못 받는 일이 없어야 하겠습니다. 주님을 실망시키는 것은 불효자가 행하는 큰 죄악입니다.

40.

예수님이 받으신 상
히브리서 12:2

저자는 11장에서 유업의 상을 위해 달렸던 믿음의 열조들을 열거하였습니다. 그다음 12장 1절에서 "이러므로"라고 하고서 믿음의 영웅들이 유업 신앙의 증인들이라고 말합니다. 그러니 그들을 본받기 위해 죄와 여러 방해물들을 제거한 홀가분한 복장으로 우리 앞에 놓인 상을 향해 달리라고 권면합니다. 그런데 12장에서 예수님을 믿음의 최대 영웅으로 제시하기 때문에 11장에서 언급한 많은 믿음의 선열들은 절대 모델인 예수님을 소개하는 배경이 되었음을 알 수 있습니다.

그런데 예수님도 유업의 상을 바라고 달렸다고 말하면 불편하게 들릴지 모릅니다. 상에 대한 편견을 가지고 있다면 다른 믿음의 영웅들과 예수님을 같은 부류에 포함시키는 것은 옳지 않다고 볼 것입니다. 예수님도 과연 상을 받기 위해 달렸을까요? 예수님은 상을 전혀 바라지 않고 오직 순수한 헌신으로 하나님을 섬겼다고 말하는 것이 옳지 않을까요? 상을 바라는 것은 낮은 영성이고 상업적이며 이기적인 일이 아닐까요? 우리는 일반적인 상의 개념을 성경 말씀을 해석하는 잣대로 삼지 말고 성경 자체의 진술에서 해답을 찾아야 합니다.

히브리서 12:2

믿음의 주요 또 온전하게 하시는 이인 예수를 바라보자 그는 그 앞에 있는 기쁨을 위하여 십자가를 참으사 부끄러움을 개의치 아니하시더니 하나님 보좌 우편에 앉으셨느니라 (히 12:2).

예수님은 우리의 완전한 모델입니다. 무엇에 대한 모델입니까? 11장의 믿음의 영웅들에 대한 예시의 문맥에서 볼 때 예수님은 유업의 모델입니다. 그래서 예수님이 어떻게 자신의 소명을 완수하고 큰 상을 받으셨는지를 유업의 맥락에서 진술합니다. 예수님은 "그 앞에 있는 기쁨을 위하여" 십자가 고난을 참으셨다고 했습니다. 예수님에게는 분명한 목표와 목적이 있었습니다. 십자가의 고통과 수치를 인내하신 것은 십자가 후에 오는 미래의 기쁨을 얻기 위함이었습니다. 이 기쁨은 상을 받는 기쁨입니다. 그러니까 상의 기쁨이 십자가 수난을 견디는 동기부여가 되었던 것입니다.

그럼 상의 기쁨은 구체적으로 무엇일까요? 예수님의 십자가 수난을 예언했던 이사야 선지자는 "그가 자기 영혼의 수고한 것을 보고 만족하게 여길 것이라"(사 53:11)고 했습니다. 그러니까 예수님의 기쁨과 만족은 십자가로 구속한 신자들을 가리킵니다. 하나님께서는 그들을 예수님에게 유업의 상으로 주셨습니다.

하나님은 마치 왕이 대 승리의 전리품을 나누어 주듯이 자기 종에게 상을 나누어 주십니다. (사 53:12, NIV 주석성경).

하나님께서 예수님에게 "몫"(사 53:12)을 받게 하신다고 했는데 할 당된 몫은 곧 십자가로 구속된 성도들입니다.

바울도 빌립보 성도들을 자신의 기쁨과 면류관이라고 하였습니다 (빌 4:1). 그에게 큰 기쁨이 되는 것은 그가 믿음과 구원의 길로 인도한 성도들이었습니다. 그는 자신이 받을 하늘의 상이 그의 성도들과 함께 묶여 있음을 알았습니다. 예수님의 십자가 피로 구속된 우리는 주님의 기쁨의 상이며 면류관입니다.

그런데 예수님이 십자가의 고난을 참으신 결과는 너무도 놀랍고 엄청난 것입니다. 예수님은 부활하신 후 하나님 우편 보좌에 앉으셨습니다. 이것은 예수님이 받으신 최상의 유업입니다. 물론 예수님은 세상에 오시기 전에도 항상 하나님 보좌 오른편에 좌정하셨습니다. 그런데 부활 이후에 예수님이 하나님의 보좌를 공유하는 것은 더 큰 의미가 있습니다. 예수님은 과거에 없었던 새로운 권위와 영광을 받으셨기 때문입니다. 예수님은 성육신의 주님으로 우주의 왕권을 누리십니다. 다시 말해서 인간의 몸을 벗지 않은 인성과 신성을 가지신 신인(神人, God~Man)으로서 승천하여 하나님의 보좌 우편에 좌정하신 것입니다(행 1:11; 계 1:13). 십자가에서 우리를 구원하기 위해 하나님의 버림을 체험하셨던 주님은 하나님께서 인정하시는 가장 착하고 충성스러운 고난의 종으로서 최대 최선의 영예와 권세를 누리는 자리로 높여지셨습니다.

그의 능력이 그리스도 안에서 역사하사 죽은 자들 가운데서 다시 살리시고 하늘에서 자기의 오른편에 앉히사 모든 통치와 권세와 능력과 주권과 이 세상뿐 아니라 오는 세상에 일컫는 모든 이름 위에 뛰어나게 하시고 또 만물을 그의 발 아래에 복종하게 하시고 그를 만물 위에 교회의 머리로 삼으셨느니라 (엡 1:20~22).

이것은 예수님이 받으신 유업의 절대치입니다. 이사야 선지자는 예수님이 고난을 받으신 후에 높이 들려서 지극히 존귀하게 될 것이라고 예언하였습니다(사 52:13~15). 예수님은 부활하신 후에 제자들에게 하늘 아버지께서 "하늘과 땅의 모든 권세를 내게 주셨다"(마 28:18)고 하셨습니다. 이것은 하나님이 자기 아들을 최고치로 인정하고 칭찬하셨다는 뜻입니다.

예수님이 상을 위해 사셨고 상을 기대하셨으며 상을 달라고 하나님께 요청하셨다고 말하면 상을 싫어하는 분들의 귀에는 거슬릴 것입니다. 예수님은 오직 하늘 아버지에 대한 순수한 순종과 감사와 사랑으로 자신의 소명을 성취하셨으며 상을 바라신 것이 아니라고 주장할지 모릅니다. 경건주의자들은 하나님께 대한 순종은 순수한 사랑과 감사의 행위라야 하므로 상을 바라는 것은 순종의 순수성을 흐리게 한다고 말합니다. 그러나 하나님이 약속하시고 주기를 원하시는 상을 부인하는 것이 더 영적인 것도 아니고 더 나은 경건도 아닙니다.

하나님께서는 달리기의 결승점에서 이기는 자들에게 줄 상을 준비하고 기다리십니다(히 12:1~2). 예수님은 자신이 받은 소명을 위해 힘써 달리셨습니다. 예수님은 상의 기쁨을 생각하시고 십자가 고난을 참으셨기에 하나님 보좌 우편에 앉으셨습니다. 하나님께서는 예수님에게 '착하고 충성된 종아 잘하였도다'라고 칭찬하신 셈이었습니다. 우리도 주님처럼 상의 기쁨을 바라보며 복음과 하나님의 나라를 위해 고난을 감수한다면 주님과 공동상속자가 되고(롬 8:17) '잘하였도다'라는 칭찬과 함께 높임을 받게 될 것입니다.

성경에는 상에 대한 언급이 많습니다. 상은 성경에서 반복되는 주제입니다. 예수님의 산상 설교에서 박해받는 성도들을 격려하는 동기부여로서 "하늘에서 너희의 상이 큼이라"(마 5:12)고 하셨습니다. 그리고 골방의 기도를 들으시는 하나님이 은밀한 중에 보시고 갚아 주신다고 하셨고(마 6:6, 18), "오직 너희를 위하여 보물을 하늘에 쌓아 두라"(마 6:20)고 하셨습니다. 예수님은 하늘 아버지께서 신실한 자녀들에게 상을 주시는 것을 당연시하셨습니다(마 6:1~4). 주님은 우리의 연약함을 아시기에 유업의 경기장에서 상을 들고 응원하십니다. 하나님의 상이 없이도 잘 달릴 수 있다고 생각한다면 일종의 자기 확신이며 인간 본성에 대한 가벼운 인식의 소치입니다.

주님도 상을 위해 달리셨습니다. 모세도 상을 바라고 애굽의 영화를 버렸습니다. 바울도 상을 바라고 달렸습니다(딤후 4:7~8). 바울은 자기 몸을 단련하며 부름의 상을 위하여 달린다고 고백하였습니다(고전 9:27; 빌 3:12~14). 상을 바라는 것을 비영적인 것으로 보거나 상을 바라지 않고 주를 섬기는 것이 참 믿음이라고 생각하는 것은 이상주의 낭만입니다. 예수님보다 더 영적이 되려고 하지 마십시오. 모세보다 더 큰 영성을 가지려고 하지 마십시오. 바울보다 더 경건하려고 하지 마십시오. 히브리서 11장에 나오는 믿음의 선진들보다 더 높은 영성으로 주님을 섬긴다고 자부하지 마십시오. 그들은 모두 상을 기대하고 믿음과 인내로 유업의 트랙을 달렸습니다. 하나님께서는 우리에게 동기부여가 필요하다는 것을 아십니다. 상의 약속은 동기부여입니다. 예수님도 상을 바라고 달리셨다면 나도 마땅히 그 길을 따라야 합니다. 우리는 예수님이 사신대로 살아야 합니다.

빌립보서 2:6~11

그는 근본 하나님의 본체시나 하나님과 동등됨을 취할 것으로 여기지 아니하시고 … 사람의 모양으로 나타나사 자기를 낮추시고 죽기까지 복종하셨으니 곧 십자가에 죽으심이라 이러므로 하나님이 그를 지극히 높여 모든 이름 위에 뛰어난 이름을 주사 … 모든 무릎을 예수의 이름에 꿇게 하시고 모든 입으로 예수 그리스도를 주라 시인하여 하나님 아버지께 영광을 돌리게 하셨느니라 (빌 2:6~11).

본문에서 가장 중요한 핵심어는 9절의 "이러므로"입니다. 6~8절까지는 원인이고, 9절부터 11절까지는 결과입니다.

원인은 무엇입니까? 예수님이 자신을 낮추신 것입니다. 예수님은 하나님과 동등한 신성을 가지셨지만 하늘에 계시지 않고 땅으로 내려와 종의 신분을 취하고 인간이 되셨습니다. 그리고 십자가에서 죽기까지 하늘 아버지에게 복종하셨습니다.

결과는 무엇입니까? 예수님이 높임을 받은 것입니다. 예수님은 지극히 낮아지셨다가 지극히 높여지셨습니다. 그는 모든 이름 위에 뛰어난 이름을 받으셨습니다. 그리고 천상천하의 모든 자들이 예수님의 이름 앞에 무릎을 꿇고 그를 주님이라고 고백하게 된 것입니다. 예수님이 "이러므로"의 결과로 받으신 것은 하나님이 주시는 상이었습니다. 하나님께서는 예수님에게 가장 뛰어난 이름을 주시고 모든 자들로부터 최대의 인정과 경배를 받게 하셨습니다.

하나님은 일찍이 아브라함에게 "네 이름을 창대하게 하리라"(창 12:2)고 약속하셨습니다. 아브라함의 명성은 그의 유업의 일부였습니다. '예수'라는 이름은 그 자체로서 탁월한 것이 없는 보통 사람들의 이름이었습니다. 예수님은 그가 자란 동네 이름을 붙여 '나사렛 예수'로 알려졌는데 그의 생전에는 아무도 예수님의 신적 신분을 충분히 인식하지 못하였습니다. 오히려 사람들은 '예수'를 모욕하고 학대하였고 십자가에 달려 죽게 하였습니다.

그런데 하나님께서 '예수'를 어떻게 하셨습니까? 만인이 예수님을 '주'로 고백하게 하셨습니다. '주'(Lord, 헬라어=퀴리오스)는 구약의 '야훼'(여호와)라는 하나님의 이름을 헬라어로 번역한 것입니다. 그러니까 예수님은 여호와 하나님과 동등한 신성과 권위를 가지신 분임을 온 세상이 인정하고 그분 앞에 엎드릴 것이라는 말입니다. 이것은 예수님이 하늘 아버지로부터 받은 최상의 상급입니다.

하나님은 세상에서 하나님의 뜻을 행하기 위해서 자신을 낮추고 고난을 감수하며 사랑의 삶을 산 자들에게 하늘의 상으로 보상해 주기를 기뻐하십니다. 그래서 바울은 빌립보 성도들에게 "그러므로… 항상 복종하여 두렵고 떨림으로 너희 구원을 이루라"(12절)고 하였습니다. 여기서 '너희 구원을 이루라'는 말은 행위로 구원을 획득하라는 뜻이 아닙니다. 예수님처럼 순종과 사랑의 삶으로 상을 받도록 힘쓰라는 말입니다(빌 2:1~5, 14).

시편 2:8

내게 구하라 내가 이방 나라를 네 유업으로 주리니 네 소유가 땅끝까지 이르리로다

시편 2편은 다윗 왕조에 대한 로열 시편으로서 다윗의 후손으로

태어나실 예수 그리스도에 대한 예표입니다. 예수님은 다윗의 후손으로 오시는 하나님의 기름 부음을 받은 메시아입니다(삼하 7:12, 16). 예수님은 하나님의 아들로서 온 세상을 다스리는 다윗 왕통의 왕위에 등극하셨습니다. 예수님의 즉위식은 십자가 이후의 부활 주일이었습니다(행 13:33; 롬 1:4). 하나님은 예수님에게 이방 나라를 유업으로 주신다고 하셨고 모든 것들이 땅 끝까지 그의 소유가 될 것이라고 약속하셨습니다.

그런데 예수님에게 약속된 유업은 기도로 시작된다는 사실을 주목하십시오. 하나님은 자기 아들에게 "내게 구하라"(8절)고 하셨습니다. 유업은 믿기만 하면 이루어지는 것이 아닙니다. 먼저 하나님께 구해야 합니다. 예수님은 하나님의 아들이셨지만 하나님께 유업의 성취를 위해 열국을 달라고 기도하셔야 했습니다. 예수님은 열국을 유업으로 받기 위해 기도하셨습니다. 열국의 정복은 기도로 시작되었습니다. 하나님 나라는 기도로 출발하고 유업으로 확장됩니다. 하나님께서는 예수님이 원수들을 박멸하고 승리하실 것이라고 하셨습니다(9절). 하나님은 아들에게 소명을 주셨고 상을 약속하셨습니다.

하나님께서는 우리에게도 유업을 주기를 원하십니다. 우리는 예수님처럼 기도로 먼저 구하며 변치 않는 믿음과 오래 참음으로 하나님이 주시는 유업의 상을 받도록 힘써야 하겠습니다. 나는 그저 감사한 마음만 품고 하나님을 섬기고 싶다고 말할지 모릅니다. 그러나 하나님이 원해서 주시려는 것을 사양하는 것은 자기 방식대로 하나님을 섬기겠다는 말입니다. 우리는 물론 감사한 마음으로 주를 섬겨야 하지만 약속된 유업은 적극적으로 고난까지 참으면서 구해야 합니다.

예수님은 유업을 위해 믿음과 순종으로 사셨습니다. 우리는 하나님을 예수님의 방식보다 더 나은 방식으로 섬길 수 없습니다. "그의 아들에게 입맞추라"(12절)고 했습니다. 우리는 이방 나라들처럼 예수님에게 반기를 들거나 그분과 원수가 되지 않았습니다. 그러나 예수님과 화해하는 것은 신자에게도 적용됩니다. 예수님의 방식대로 살지 않는 것은 이방인의 방식을 따르는 것입니다. "여호와께 피하는 모든 사람은 다 복이 있도다"(12절)라고 했습니다. 우리가 예수님의 유업 신앙의 모범을 따라 사는 것은 복 있는 사람이 되는 것입니다.

예수님은 십자가에 벌거벗긴 채 달려 있었습니다. 구경꾼들이 그를 조롱하며 멸시하였습니다. 어떻게 그런 수치를 참을 수 있었겠습니까? 주님은 자기 앞에 있는 상의 기쁨을 생각하고 십자가의 수치와 고통을 참으셨습니다(히 12:2).

그럼 예수님이 바라보신 상의 기쁨은 어떤 것들이었을까요?

• 무엇보다도 십자가의 피로써 구속한 믿음의 자녀들입니다(사 53:11).

• 예수님이 영광과 존귀의 관을 쓰신 모습입니다(히 2:9).

• 예수님의 이름이 십자가 이후에 지극히 크게 높아지는 것입니다.

• 모든 무릎이 그의 이름 앞에 꿇어 엎드리며 그를 주 하나님으로 고백하는 것입니다.

• 예수님이 하늘과 땅의 모든 권세를 받고 그의 자녀들과 함께 만유의 공동 상속자가 되는 것입니다(마 28:18; 롬 8:17; 히 1:2).

• 우주의 왕이 되시고 하나님으로부터 '착하고 충성된 종아 잘하였도다'라는 칭찬을 듣는 것입니다. 예수님은 하늘 아버지로부터 가

장 먼저 착하고 충성된 종이라는 칭찬을 받으실 분이었습니다.

- 예수님의 영광이 하늘 아버지의 영광을 드러낼 것을 바라보며 기뻐하셨습니다.

예수님이 높여지시는 것은 하나님께서 공의로 판단하시고 모든 선행과 희생을 갚아주시는 분임을 온 천하에 증명하는 일이 될 것이었습니다.

우리도 각자 차지해야 할 유업의 소명이 있습니다. 그러나 우리가 받는 상은 나 자신의 명예를 위하기보다는 하늘 아버지를 기쁘게 해 드리고 온 세상에 하나님의 후한 은혜의 선물을 전시하여 하나님께 영광이 되게 할 것입니다. 그렇다면 유업의 상은 우리가 기도와 믿음과 순종과 희생으로 추구해야 할 가장 중요하고 가치 있는 구원의 목표입니다.

그런데 상에 대한 한 두가지 오해가 있습니다.

첫째, 많은 사람이 상을 구원과 동일한 것으로 봅니다. 그래서 상급 사상은 구원을 상거래로 취급하는 것이므로 세속적이고 이기적이라고 단정합니다. 그러나 상과 구원은 구별된 개념입니다. 바울은 공적과 구원을 분명하게 구분하였습니다(고전 3:15). 물론 상업적 이익을 추구하는 것은 하나님과의 관계에서 비영적인 행위입니다. 그러나 거룩한 삶과 선행에 대한 보상을 행위 구원으로 보지 말아야 합니다. 죄인은 전적으로 하나님의 거저 주시는 은혜로만 죄의 용서를 받고 하나님의 자녀가 됩니다.

너희는 그 은혜에 의하여 믿음으로 말미암아 구원을 받았으니 이것은
너희에게서 난 것이 아니요 하나님의 선물이라. 행위에서 난 것이 아니

니 이는 누구든지 자랑하지 못하게 함이라 (엡 2:8~9).

바울은 로마서에서 더욱 분명하게 아무 한 일이 없어도 불경건한 죄인을 의롭다고 하시는 하나님을 믿는 사람은 그의 믿음을 의로 여기신다고 하였습니다(롬 4:5).

그럼 상은 어떻게 다른 것일까요? 상은 내가 추구해야 합니다. 구원받은 성도들은 하나님이 약속하신 유업의 상을 받기 위해 경주하듯 달려야 합니다. 이렇게 말하면 상은 달음질하는 자에게 달린 것처럼 보입니다. 그러나 상도 하나님의 은혜라는 점에서는 칭의 구원과 다르지 않습니다. 하나님은 우리의 헌신과 순종과 사랑의 삶에 대해서 보상할 의무가 없습니다. 우리는 당연히 구원의 하나님을 섬겨야 합니다. 종이 주인을 섬겼다고 해서 주인에게 상을 달라고 요구할 권리가 없습니다. 종은 상을 바라고 봉사하지 않습니다. 봉사는 종의 의무입니다. 그래서 예수님이 제자들에게 말씀하셨습니다.

명한 대로 하였다고 종에게 감사하겠느냐 이와 같이 너희도 명령 받은 것을 다 행한 후에 이르기를 우리는 무익한 종이라 우리가 하여야 할 일을 한 것뿐이라 할지니라 (눅 17:9~10).

이것은 우리 모두가 가져야 할 종의 자세입니다. 그런데 하나님께서는 겸손한 마음으로 주님을 섬기는 충성된 종들을 칭찬하시고 상 주기를 기뻐하십니다(마 25:21, 23; 고전 4:5). 공의로우신 하나님은 우리 모두에게 행한 대로 갚아 주신다고 약속하셨습니다(계 2:23; 22:12; 고전 3:8; 마 16:27; 렘 17:10). 갚을 필요도 의무도 없는 것을 보상하는 것은 은혜입니다. 하나님은 충성되고 신실한 자녀들에게 상 주기를 기뻐하시는 속성을 가지셨습니다. 상이 은혜인 것은 비록 내가 힘쓰고 달려야 하지만, 나에게 동기를 부여하고 달릴 힘을 주는 것은 하나님이시기 때문입니다. 그래서 바울은 두렵고 떨림으로 너희 구원을 이루라고 하고서 곧 이어 유업의 목표를 향해 달리게 하시는 분은 하나님이라고 하였습니다.

> 하나님은 여러분 안에서 활동하셔서, 여러분으로 하여금 하나님을 기쁘게 해 드릴 것을 염원하게 하시고 실천하게 하시는 분입니다. (빌 2:13, 새번역).

> 마지막 구원과 심판에 대한 종말론 자체에는 마지막 '상'의 개념이 내포되어 있다. 그러나 상은 비록 행위에 따른 것이지만 자격에 따른 것이 아니고 선물로 받는 것이다. 마지막 심판이 확실히 있듯이 '상'(reward)과 '손실'(loss)도 분명히 있다. 그런데 본문과 다른 곳에서도 상의 성격은 알려지지 않았다. 본문은 상의 확실성만 확인해 준다. (Gordon Fee, The First Epistle to the Corinthians, NICNT, p. 143).

> 하나님은 우리의 경건을 보상하신다. 이 상은 어떤 면에서든지 번 것이 아니다. 상 자체는 순전한 은혜이며 순전한 자비이다. 하나님 자신이 우리 안에서 역사하신다. 하나님이 자신의 선한 기쁨을 위해서 기꺼이 행하시는데 어떻게 우리에게 상을 주실 수 있단 말인가? 그렇지만 비록 하나님이 먼저 우리로 하여금 그의 복을 붙잡게 하시는 분이지만 하나님은 우리에게 상 주기를 좋아하신다. 우리가 경건한 삶을 살면서 은혜의 선물을 붙잡으면 하나님의 생명이 우리 속에 흐르는 것을 알게 된다. (Michael Eaton, Romans 6:23, ch. 24).

둘째, 상의 추구는 자신의 유익만 생각하는 이기적인 행위라는 것입니다. 그러나 상을 추구하는 것은 하나님이 정해 주신 소명 성취를 위한 순종의 행위입니다. 상의 약속은 유업을 받기 위한 동기부여로 하나님이 주셨습니다. 하나님께서 약속하시고 기뻐하시는 일을 추구하는 것은 잘못된 것이 아닙니다. 또한 상을 받는 것은 하나님의 명예와 관련된 문제입니다. 하나님이 우리의 유익을 위해 마련하신 상은 우리에게만 아니라 하나님 자신에게도 영광이 됩니다. 여러 면에서 부족하고 연약한 우리가 상을 받는다는 사실은 하늘 아버지의 사랑과 능력과 후하심에 대한 증표입니다.

자식이 잘되면 아버지가 존대를 받습니다. 자식의 영광이 결국은 아버지의 영광으로 이어진다는 것은 예수님의 기도에서 확인할 수 있습니다(요 17:1~5).

> 예수께서 이 말씀을 하시고 눈을 들어 하늘을 우러러 이르시되 아버지여 때가 이르렀사오니 아들을 영화롭게 하사 아들로 아버지를 영화롭게 하게 하옵소서 (요 17:1).

예수님이 높아지시면 하나님도 높임을 받습니다. 이처럼 만인이 예수님을 '주님'이라고 고백했을 때 그것은 하나님 아버지께 영광을 돌리는 일이었습니다(11절). 예수님의 궁극적인 목적은 하늘 아버지께 자신의 모든 영광과 업적을 돌려 드리는 것입니다.

> 만물을 그에게 복종하게 하실 때에는 아들 자신도 그 때에 만물을 자기에게 복종하게 하신 이에게 복종하게 되리니 이는 하나님이 만유의 주로서 만유 안에 계시려 하심이라 (고전 15:28).

예수님은 자신이 받은 소명을 완수하신 후에 하나님 나라를 하나님께 바칠 것입니다(고전 15:24). 그리고 계속해서 하늘 아버지를 아들로서 섬기실 것입니다. 예수님은 승천하시고 하나님 우편 보좌에 좌정하셨습니다. 그러나 이러한 영예와 상급은 결국은 하늘 아버지의 위대한 구원과 크나큰 사랑을 온 우주에 드러내는 결과를 낳습니다. 예수 그리스도의 십자가 희생으로 구속받은 성도들은 아무도 자신의 명예를 위한 이기적인 목적으로 상을 추구하지 않습니다. 그들은 주 예수의 모범을 따라 이기는 자들이 되어 상을 받을지라도 결국은 자기들의 면류관을 벗고 주 예수의 보좌 아래 내려놓을 것입니다(계 4:10). 그리고 주님만이 진실로 선하고 충성된 종이시므로 영광과 존귀와 권능을 받으시기에 합당하다고 칭송할 것입니다(계 4:11). 그런데 그때 주 예수께 내어드릴 것이 없다면 어떻게 되겠습니까? 부끄럽고 민망하기가 말할 수 없을 것입니다. 내가 받은 면류관이 없기에 주님께 벗어드릴 수 없다면 주님의 보좌 앞으로 나아갈 수 있는 영광스런 기회를 놓치게 될 것입니다.

반면, 내가 받은 유업의 면류관을 주님 앞에 내려놓을 수 있다면 이보다 더 기쁘고 보람된 일이 없을 것입니다. 그렇다면 상을 추구하는 것을 누가 이기적이거나 상업적인 것이라고 말할 수 있겠습니까!

우리는 '착하고 충성된 종아 잘하였도다'라는 주님의 칭찬을 받기를 원합니다. 그래서 상을 향해 달립니다. 하지만 우리가 진정으로 원하는 것이 무엇입니까? 내가 잘나서 큰 믿음과 인내로 상을 받았으니 나 좀 보라고 외치며 다니는 것이겠습니까? 그럴 리가 없습니다. 우리가 진실로 원하는 것은 주님을 향해 이렇게 고백하는 것입니다.

「주님, 저를 보시고 '잘하였도다 착하고 충성된 종아'라고 하시지 마십시오. 진실로 선하고 신실하신 하나님의 종은 주님이십니다. 주님, 저에게 유업의 소명을 주시고 달릴 힘을 주시며 연약한 저를 도우셔서 상을 받게 하셨사오니 저의 면류관을 받으시옵소서. 이것은 주님의 것입니다.」

41

하나님을 보는 것은 무엇인가?

히브리서 12:14~17

모든 사람과 더불어 화평함과 거룩함을 따르라 이것이 없이는 아무도
주를 보지 못하리라 (히 12:14).

우리는 앞에서 히브리서의 경고 구절들은 구원 상실 가능성이나
구원의 진위성을 경고하는 것이 아니라 유업의 상실 가능성에 대한
경고라고 설명하였습니다. 일반적으로 성경에서 경고가 나오면 구원
에 대한 말씀으로 속단하는 경향이 있습니다. 그래서 "아무도 주를
보지 못하리라"는 오늘의 본문도 구원을 받지 못한다는 의미로 봅니
다. 과연 모든 사람과 화목하지 못하고 거룩한 삶을 살지 못하면 구
원을 못 받는 것일까요? 이런 경고 본문들을 오해하면 구원의 확신이
떨어지고 복음을 필요 이상으로 엄격하게 다루게 됩니다.

하나님을 본다는 말은 사후의 구원을 가리키지 않습니다.

사후의 구원이 모든 사람과의 화목한 관계와 거룩한 성도의 삶에

달렸다면 아마 절대 다수의 교인들이 구원을 받지 못할 것입니다. 하나님을 볼 수 있는 조건이 화목과 거룩이라고 했습니다. 그런데 부모형제와도 화평하지 못한 경우가 허다한데 "모든" 사람과 화평한 관계를 가져야 한다고 했으니 이 조건을 충족시키는 일은 거의 불가능하다고 하겠습니다. 누구도 모든 사람과 화평하지 않습니다. 사이가 안 좋거나 미워하거나 만나고 싶지 않은 사람이 있기 마련입니다. 그렇다면 그들이 천국에 못 들어간단 말일까요? 신자라도 거룩한 삶을 힘써 추구하지 않는 경우도 적지 않습니다.

우리가 하나님을 보는 것을 천국 들어가는 구원의 의미로 보면 믿음에 의한 은혜 구원과 배치됩니다. 화평함과 거룩함이 구원의 조건이기 때문입니다. 신자는 가능한 모든 사람과 화평한 인간 관계를 유지하고(롬 12:18) 거룩한 생활을 해야 하지만 그런 것으로 구원받는 것은 아닙니다. 구원은 아무런 선행의 공로가 없이 불경건한 죄인의 상태에서 주 예수를 자신의 대속주로 믿을 때 받습니다. 그다음은 성도의 거룩한 삶을 살기 시작해야 합니다. 우리는 선한 일을 하며 주님을 섬기기 위해서 구원을 받았기 때문입니다.

> 우리는 하나님의 작품입니다. 선한 일을 하게 하시려고, 하나님께서 그리스도 예수 안에서 우리를 만드셨습니다. 하나님께서 이렇게 미리 준비하신 것은, 우리가 선한 일을 하며 살아가게 하시려는 것입니다 (엡 2:10, 새번역).

그런데 우리에게 문제가 있습니다. 주 예수를 믿으면 매우 큰 변화가 생깁니다. 무엇보다도 우리의 영적 신분과 위치가 달라집니다. 구원받기 이전에는 세상을 죄와 어둠 속에 가두어 두는 사탄의 영토에서 살았습니다(엡 2:2~3). 그러나 이제는 주 예수가 다스리시는 빛의 나라로 옮겨졌습니다(골 1:13~14). 전에는 허물과 죄로 우리 영혼이 하나님과의 관계에서 죽어 있었습니다(엡 2:1). 그때 우리는 육체의 욕심에 끌려 살았지만, 이제는 하나님을 위해 선한 일을 할 수 있는 거듭난 하나님의 자녀들이 되었습니다. 구원의 관점에서 보면 죽었던 영혼이 살아났고 신분적으로는 하나님의 자녀가 되었습니다. 그러나 선한 일을 행하는 일은 완성된 것이 아니고 현재 진행 중입니다.

문제는 거룩한 성화의 삶이 순조롭게 진행되지 않는 것입니다. 주님을 위해 모든 사람과 화평하며 거룩한 삶을 사는 것은 쉬운 일이 아닙니다. 우리는 성화의 과정에서 여러 번 넘어지고 실패합니다. 우리에게는 아직도 옛 사람에 속한 죄의 습성과 육체의 욕구가 찌꺼기처럼 남아 있습니다. 그래서 날마다 정욕과 탐심을 십자가에 못 박아야 합니다(갈 5:24). 진정으로 하나님을 위해서 살고 싶은 성도라면 이 문제로 갈등을 느끼고 고민해 보지 않은 사람은 없을 것입니다. 그럼 어떻게 해결해야 할까요? 히브리서의 저자는 화평하고 거룩한 삶을 살지 못할 때 오는 부정적인 결과를 지적함으로써 문제의 심각성을 알리고 성화의 진보를 위한 길잡이가 되게 합니다.

하나님을 본다는 말은 이 세상에서 하나님의 임재를 체험한다는 뜻입니다.

하나님을 본다는 말은 사후 천국에서보다는 주로 현세에서 하나님의 임재의 축복을 누리는 것을 가리킵니다. 물론 사후 천국에서 "그의 종들이 그를 섬기며 그의 얼굴을 볼 것"(계 22:3~4)입니다. "그때에는 얼굴과 얼굴을 대하여 볼 것"(고전 13:12)입니다. 이것은 현세에서 체험하는 하나님 뵙기의 절정이 될 것입니다. 구약에서는 하나님을 대면하였다는 표현이 많습니다(창 32:30; 출 33:11; 민 12:8; :14; 신 5:4; 34:10; 33:20; 삿 6:22;겔 20:35). 그러나 문자적으로 하나님을 보았다는 뜻이 아니고 하나님의 임재가 매우 리얼하여 하나님이 마치 곁에 계신 것처럼 깊고 높은 차원에서 경험하는것입니다.

그런데 하나님을 보는 것은 현 세상에서부터 시작됩니다. 그렇지만 우리는 세상에서 하나님을 완전한 형태로 볼 수 없습니다. 하나님은 "가까이 가지 못할 빛에 거하시고 어떤 사람도 보지 못하였고 또 볼 수 없는 이"(딤전 6:16)라고 했습니다. 어떤 인간도 하나님의 본체의 영광을 충만하게 볼 수 없습니다. 유한한 인간은 하나님의 절대적 영광의 광채를 감당하지 못합니다. 그래서 하나님의 환상을 극히 부분적으로 본 자들도 심히 두려워하였습니다.

하나님께서는 모세가 주의 영광을 그에게 보여달라고 했을 때 "네가 내 얼굴을 보지 못하리니 나를 보고 살 자가 없음이니라"(출 33:18, 20)고 하셨습니다. 하나님은 자신의 영광을 모세 앞에 지나가게 하실 때 모세를 반석 틈에 두시고 그를 손으로 덮으셨다가 잠시 거두시고 하나님의 얼굴은 못 보고 등만 보게 하셨습니다(출 33:22~23). 물론 하나님의 얼굴이나 등이란 표현은 신인동형(神人同形)으로서 그림 언어입니다.

야곱은 에서의 보복을 두려워하여 식구들과 모든 소유를 먼저 보내고 혼자 남았을 때 어떤 이가 나타나 날이 새도록 그와 씨름하였습니다. 그는 그로부터 축복을 받아내었는데 자신이 죽지 않은 것을 감사하였습니다.

그러므로 야곱이 그 곳 이름을 브니엘이라 하였으니 그가 이르기를 내
가 하나님과 대면하여 보았으나 내 생명이 보전되었다 함이더라 (창
32:30).

삼손의 부친이었던 마노아는 그의 아내와 함께 여호와의 천사를
보고나서 하나님을 보았기 때문에 반드시 죽을 것이라고 무서워하였
습니다(삿 13:21~22).

다니엘 선지자는 여호와의 환상을 보고 혼수 상태에 빠졌습니다.

그러므로 나만 홀로 있어서 이 큰 환상을 볼 때에 내 몸에 힘이 빠졌고
나의 아름다운 빛이 변하여 썩은 듯하였고 나의 힘이 다 없어졌으나 내
가 그의 음성을 들었는데 그의 음성을 들을 때에 내가 얼굴을 땅에 대고
깊이 잠들었느니라 (단 10:8~9).

사도 요한도 주의 환상을 보았을 때 죽은 자와 같이 되었다고 증
언하였습니다.

내가 볼 때에 그의 발 앞에 엎드러져 죽은 자 같이 되매 그가 오른손을
내게 얹고 이르시되 두려워하지 말라 나는 처음이요 마지막이니 곧 살
아 있는 자라 내가 전에 죽었었노라… (계 1:17~18).

반면, 스데반은 예루살렘 공회에서 그리스도와 복음을 변호할 때
성령이 충만하여 예수께서 하나님 우편에 서신 것을 본다고 증언하
였지만 의식을 잃지는 않았습니다(행 7:55). 바울도 공회에서 변호한
날 밤에 예수님이 그에게 나타나셨으나 기절을 하거나 기력이 빠져

나가지 않았습니다 .

> 그 날 밤에 주께서 바울 곁에 서서 이르시되 담대하라 네가 예루살렘에
> 서 나의 일을 증언한 것 같이 로마에서도 증언하여야 하리라 하시니라
> (행 23:11).

한편, 이러한 비상한 상황이 아니더라도 우리 편에서 하나님의 말
씀을 믿고 순종하면 하나님을 볼 수 있습니다. 이것은 육안으로 보는
것이 아니고 성령의 도우심으로 하나님의 임재를 절실하게 의식하는
것입니다.

히브리서의 저자가 말한대로 우리가 화평함을 구한다면 즉시 주
님을 봅니다. 어떤 의미에서 보는 것일까요? 예수님은 산상설교에서
"화평하게 하는 자는 복이 있나니 그들이 하나님의 아들이라 일컬음
을 받을 것"(마 5:9절)이라고 하셨습니다. 내가 사람들과 화평한 관계
를 추구하면 내 마음에 평안이 깃듭니다. 하나님과의 관계에서도 내
죄를 자복하고 하나님을 위해 새롭게 살기 시작하면 하나님의 샬롬
(평화)이 내 영혼에 채워집니다. 내가 싸우지 않고 양보하며 선의로 평
화를 추구하면 십자가의 피로 이루신 하나님의 화평을 반영하는 것
이므로(엡 2:13~17; 골 1:20) '하나님의 아들(자녀)'로 인정되고 하나님의
임재를 체험합니다.

> 메시아의 평화(히. 샬롬, 개인적이고 공동체적인 전반적 웰빙)를 구하는 자들은
> 그들의 하늘 아버지의 성품을 반영하기 때문에 하나님의 아들들로 불리
> 는 궁극적인 상을 받을 것이다. (ESV 주석).

"화평하게 하는 자들은 화평으로 심어 의의 열매를 거둡니다"(약 3:18). 하나님과 우리 사이가 화평하면 복이 있다고 하였습니다(마 5:9 절). 하나님이 우리를 정죄하시지 않고 기뻐하시며 만족해 하시기 때문입니다. '복이 있다'고 하는 말은 하나님이 주시는 축하이며 칭찬입니다. 이것이 심령이 가난하고 애통하며 온유하고 긍휼히 여기며 정직하고 의에 주리며 목마른 자들이 받는 영적 상급입니다(시 11:7). 하나님의 약속을 믿고 거룩한 성도의 삶을 사는 성도들은 박해를 받아도 세상에서 하나님의 임재와 동행을 의식하며 살기 때문에 복 받은 사람들입니다. 그들은 영적 눈으로 하나님을 보며 하나님의 자비와 돌보심을 이 세상에서부터 의식적으로 체험합니다. 주님을 보는 것은 역경에 빠졌다가 구출을 받거나 주님과 가까운 교제를 하며 하나님의 임재의 실체를 체험하는 것을 포함합니다(욥 42:5; 시 11:7; 23:6; 63:2)

> 주님을 본다는 것은 평안 가운데 그분의 얼굴을 뵈옵고 그분의 미소를 받으며 그분의 은총과 그분과의 교제를 누리는 것이다. (William Plummer, 히브리 주석, Baker, 1980, p. 521).

"거룩함을 따르라"는 말씀을 실천하여도 같은 결과가 옵니다. 경건하게 살면 하나님을 봅니다. 이것은 거룩한 삶으로 받는 상급입니다. 사후에만 하나님을 볼 수 있는 것이 아닙니다. 모세는 "보이지 아니하는 자를 보는 것 같이하여 참았다"(히 11:27)고 했습니다. 그는 육안으로 볼 수 없는 하나님을 영적 눈으로 의식하며 살았습니다. 거룩한 삶에는 하나님의 임재와 동행을 의식하는 영적 감각이 생깁니다. 주님은 이런 방식으로 하나님을 항상 모든 일에서 의식하며 사셨습니다.

주님은 **마음이 청결한 자는 복이 있나니 그들이 하나님을 볼 것** (마 5:8)
이라고 하셨습니다. 청결한 마음은 거룩한 삶의 핵심입니다. 일반적
인 도덕적 청결과 마음의 청결은 차이가 있습니다. 세상에는 예수님
을 믿지 않고도 상당한 수준의 도덕 생활을 하는 분들이 있습니다.
그러나 대체로 외형적입니다. 다른 사람의 눈을 의식해서 부도덕을
피하거나 좋은 이미지를 유지하기 위해 자제하는 경우가 많습니다.
도교나 불교에서는 나름대로의 이유로 분수를 지키고 마음을 비우며
무욕(無欲)을 생활화하라고 가르칩니다. 그러나 자기 양심이나 종교적
계율에 묶인 도덕 사상의 수준을 벗어나지 못합니다.

크리스천은 이런 수준을 넘어갑니다. 심령의 청결은 예수 그리스
도의 절대적 본보기와 성령의 도우심이 없이는 불가능합니다. 크리
스천은 하나님의 의와 그리스도의 절대 모범을 따릅니다. 그래서 단
순한 도덕 사상의 차원을 넘어 마음의 청결까지 가능해집니다. 또한
하나님을 본다는 상의 동기부여가 있기 때문에 거룩한 삶에 대한 강
력한 동력을 얻습니다.

❖ 모세는 장차 받을 상을 기대하였기 때문에 그리스도를 위해서
받는 수모를 애굽의 보화보다 더 값진 것으로 여겼습니다(히 11:26).
그는 하나님이 주시는 유업의 상을 믿었기 때문에 애굽의 왕인 바로
를 무서워하지 않았습니다. 두려움이 없으면 놀라운 자유를 체험합
니다. 이것은 그 자체로서 하나님께서 주시는 상의 일부였습니다. 모
세는 애굽의 부요와 영예를 뒤로 남기고 하나님의 구원 계획에 자신
을 던졌습니다. 만약 그에게 너무 많은 것을 잃지 않았느냐고 묻는다
면 그는 아마 이렇게 대답했을 것입니다.

「나는 아무것도 잃지 않았습니다. 나는 그리스도 안에서 모든 것을 얻었습니다. 애굽의 보물과 영예는 내 삶에서 역사하는 하나님의 임재와 동행의 상을 경험하는 것에 비하면 아무것도 아닙니다.」

하나님을 본다는 의미는 일차적으로 천국에 가서 하나님을 눈으로 대면하여 본다는 뜻이 아닙니다. 모세는 보이지 아니하는 하나님을 보는 것처럼 여기며 고난을 참고 살았다고 했습니다(히 11:27). 그가 천국에 들어가서 하나님을 본 것이 아니었습니다. 그는 하나님을 위해서 살면서 하나님의 구원 활동을 볼 수 있었고 하나님의 임재와 동행을 믿음의 눈으로 의식하는 체험을 가졌습니다. 그리고 그는 장차 하나님께서 그에게 '잘하였도다 착하고 충성된 종아'라고 칭찬하실 것을 기대하였습니다. 이것이 그가 하나님을 본 방식이었습니다. 우리도 같은 방식으로 하나님을 볼 수 있어야 합니다.

주님의 임재가 있으면 내 마음속에 샬롬이 자리잡고 염려와 불안에서 해방됩니다. 주님의 임재를 의식하면 주님이 가까이 계시다는 것을 알기 때문에 주님을 늘 생각하게 되어 세상살이가 힘들어도 위로가 되고 답답한 일을 당하여도 힘을 낼 수 있습니다. 하나님은 일찍기 우리 믿음의 조상인 아브라함에게 "너는 내 앞에서 행하여 완전하라"(창 17:1)고 하셨습니다. 우리가 주님 앞에서 행하면 비록 죄가 없는 완전의 수준에는 이르지 못할지라도 많은 승리를 확보할 수 있습니다. 그때 우리는 하나님의 도우심과 동행을 피부로 의식합니다. 주님의 사랑의 섭리를 깨닫게 되고 그리스도의 사랑을 실천하게 됩니다. 이것이 복 있는 삶이며 행복한 삶입니다. 우리는 이 세상에서 이런 방식으로 하나님을 항상 볼 수 있어야 합니다.

하나님을 보는 것과 하나님 나라를 유업으로 받는 것은 유사한 체험입니다.

> 육체의 일은 분명하니 곧 음행과 더러운 것과 호색과 우상 숭배와 주술과 원수 맺는 것과 분쟁과 시기와 분냄과 당짓는 것과 분열함과 이단과 투기와 술 취함과 방탕함과 또 그와 같은 것들이라 전에 너희에게 경계한 것 같이 경계하노니 이런 일을 하는 자들은 하나님의 나라를 유업으로 받지 못할 것이요. (갈 5:19~21).

> 너희도 정녕 이것을 알거니와 음행하는 자나 더러운 자나 탐하는 자 곧 우상 숭배자는 다 그리스도와 하나님의 나라에서 기업을 얻지 못하리니 (엡 5:5).

> 불의한 자가 하나님의 나라를 유업으로 받지 못할 줄을 알지 못하느냐 … 음행하는 자나 우상 숭배하는 자나 간음하는 자나 … 남색하는 자나 도적이나 탐욕을 부리는 자나 술취하는 자나 모욕하는 자나 속여 빼앗는 자들은 하나님의 나라를 유업으로 받지 못하리라 (고전 6:9~10).

바울은 이 본문들에서 부도덕한 사람들은 하나님 나라를 유업으로 받지 못한다고 하였습니다. 그 의미가 무엇일까요? 구원을 못 받는다는 말일까요? 그렇다면 천국에 못 들어간다는 의미가 됩니다. 대부분의 복음주의 신학자들이나 강해자들은 하나님의 나라를 천국이나 구원으로 보기 때문에 유업을 얻지 못한다는 말을 사후 천국에 들어가지 못한다는 의미로 해석합니다. 다만, 이런 죄들은 한두 번 짓는 것이 아니고 습관적으로 저지르는 것이라고 말합니다. 그런 사람들은 처음부터 구원을 받은 적이 없거나, 받았더라도 영원 천국에 못 들어간다고 봅니다.

그러나 하나님 나라는 사후 천국만 의미하지 않으며 유업과 동일하지도 않습니다. 하나님의 나라는 예수님이 오셨을 때 시작되었습니다(막 1:14~15). 누구든지 주 예수를 주님으로 믿고 그분을 왕으로 모실 때 그리스도의 왕국에 들어갑니다. 이것은 현재 이 땅에서 일어나는 일입니다. 그래서 본문에서 언급된 유업을 받는 것은 사후 천국에 들어간다는 의미가 될 수 없습니다.

거듭난 신자는 그리스도의 왕국으로 들어가서 왕이신 그리스도의 다스림을 받습니다. 그런데 육체의 일에 열중한다면 어떻게 되겠습니까? 하나님 나라의 다스림에서 벗어나게 될 것입니다. 어디에서 그런 일이 일어납니까? 현세에서 일어납니다. 바울은 내세의 일을 말하는 것이 아니라 현재 신자들이 살면서 부도덕한 생활을 하면 하나님의 통치가 자신의 삶에서 형성되지 않는다는 것입니다. 그 결과 하나님 나라의 능력을 체험하지 못하고 복의 통로가 되는 역할을 감당하지 못한다는 말입니다. 더 심각한 손실은 하나님이 약속하신 상을 잃는 것입니다. '유업'이라는 말은 구원 용어가 아니고 상급 술어입니다. 그래서 바울은 골로새서 3장 24절에서 '유업의 상'이라고 표현하였습니다. 유업은 곧 상이며 상은 받을 수도 있고 못 받을 수도 있습니다.

육체의 죄에 빠지면 하나님 나라의 복된 체험과 상을 잃습니다. 예를 들면 하나님께서 나의 삶에서 활동하시면서 수확하게 하시는 성령의 열매를 맺지 못합니다(갈 5:22). 하나님께서 나와 함께 동행하신다는 확신이 없습니다. 성령의 인도에 민감한 반응을 보이지 못하고 기도가 잘 나오지 않습니다. 마음에 평안이 없고 신앙생활에 활력을 잃습니다.

신자가 거룩한 삶을 살지 않는 것은 성령을 위하여 심는 것이 아니기 때문에 현세에서 성령의 열매를 거두지 못하고 그리스도의 부활 생명을 체험하지 못합니다. 하나님의 임재와 동행을 의식하지 못하면 하나님을 보는 것이 아닙니다. 현세에서 하나님 나라의 다스림을 체험하거나 혹은 하나님 나라에 들어가는 것은(눅 18:16~17) 하나님을 보는 체험과 본질적으로 동일한 범주의 영적 체험입니다.

우리가 현세에서 신자로서 살 때에 육체의 일에 탐닉하면 하나님의 임재와 능력과 친밀함을 의식하지 못하듯이, 화평함과 거룩함을 추구하지 않으면 하나님의 임재와 동행이 느껴지지 않습니다. 우리는 거듭난 신자로서 명맥은 유지할지 몰라도, 영적으로 무기력하고 하나님이 절실하게 느껴지지 않습니다.

우리는 성경에 나오는 경고를 대뜸 구원에 대한 위협으로 예단하지 말아야 합니다. 성화나 유업에 대한 경고를 구원의 진위성을 가리는 잣대로 삼으면 구원의 확신이 줄고 거룩한 삶에 대한 동기부여가 수축됩니다. 우리는 성경의 경고를 바르게 파악하고 자신의 삶을 살펴야 합니다. 신자가 거룩한 삶을 살지 않고 육체의 일에 빠지면 즉시 악영향이 옵니다. 예를 들어 음행, 적대감, 다툼, 시기, 분쟁, 술 취함, 방탕 등의 죄를 지으면 하나님 나라에 대한 우리의 체험이 금방 손상을 입기 시작합니다. 하나님의 자녀는 이 세상에서 사랑과 희락과 화평과 오래 참음과 자비와 양선과 충성과 온유와 절제와 같은 성령의 열매를 거두도록 의도되었습니다(갈 5:22~23; 롬 14:17). 우리가 육체의 죄에 빠지면 이러한 하나님 나라의 축복을 현세에서 상으로 받지 못한다는 것이 본문 경고의 초점입니다.

말을 바꾸면 그리스도의 생명이 내 삶에서 생동하지 않습니다. 우리는 뿌리는 대로 거둡니다. 내가 주 예수를 나의 대속주로 믿었다면 하나님 나라 안에 있는 나의 자녀된 신분은 안전합니다. 그러나 육체의 일에 뿌리는 신자는 하나님 나라의 여러 가지 은혜로운 체험과 성령의 충만을 받지 못합니다. 무엇보다도 그리스도의 심판대에서 착하고 충성스러운 종이라는 주님의 칭찬을 못 받고 불을 통과하는 무서운 체험을 하게 됩니다(고전 3:15). 그러나 성령의 인도와 가르침을 따라 육체의 소욕을 물리치고 고난을 당하여도 인내하며 주를 계속 꾸준히 사랑하면 하나님을 보는 상의 기쁨을 즐기며 하나님 나라의 다스림 속에서 안전함과 영적 담력을 얻고 하나님께서 함께 하신다는 확신을 갖게 됩니다. 그래서 주님으로부터 충성된 종이라는 칭찬을 받을 날이 올 것을 기대하며 날마다 주께서 약속하신 유업을 향해 달음질할 수 있는 능력을 받습니다.

42.
시내 산과 시온 산의 차이
히브리서 12:18~29

본 항목의 18절부터 24절까지는 새 언약 백성은 시내 산으로 대표되는 모세 율법 아래 있지 않고 예루살렘의 시온 산으로 대표되는 예수 그리스도의 복음 아래 있다는 것을 옛 언약과 새 언약으로 대조시킨 내용입니다. 12장 서두에서 저자는 믿음의 선진들을 본받아 유업의 경주를 하자면서 믿음의 주가 되시는 예수님을 바라보자고 권면하였습니다. 그런데 불신과 무관심으로 잘 달리지 않는 자녀들은 하나님으로부터 징계를 받는다고 하였고 장자권을 한 그릇의 음식으로 팔아넘긴 에서의 예를 들어 경고하였습니다(12:16~17).

이제 본 항목에서는 에서처럼 육적인 사람이 되지 말고, 새 언약의 중보자이신 예수님의 희생의 피를 믿고, 경건함과 두려움으로 하나님이 기뻐하시도록 섬기자고 격려합니다(24, 28절).

시내 산은 율법 아래 있는 상황을 대변합니다.

출애굽한 이스라엘 백성은 걸어서 시내 산 아래에 도착하였습니다. 그때 어떤 일이 있었습니까? 불이 활활 타오르는 산과 흑암이 뒤덮고 폭풍이 일고 나팔소리가 울리고 무서운 소리가 들리는 두려운 광경이었습니다. 짐승이라도 그 산에 닿으면 돌에 맞아 죽을 것이라고 했습니다. 캄캄한 가운데 불길이 치솟고 강풍이 몰아치며 땅이 흔들리면서 뿔나팔소리가 들리는 상황은 사람이 감당할 수 없는 것이었습니다. 그래서 백성은 소리가 그치기를 간청하였습니다. 이스라엘 백성을 애굽에서 그곳까지 인도했던 모세도 심히 두렵고 떨린다고 고백하였습니다(21절).

시내 산의 한 특징은 물체적입니다. 손으로 만질 수 있는 곳이었고(18절) 사물을 눈으로 보고 소리를 들을 수 있었습니다. 그런데 시내 산은 하나님의 보좌가 있는 곳으로 간주되었지만 누구도 감히 접근할 수 없었습니다. 시내 산은 신성시되었고 거룩한 하나님의 임재는 생명을 위협하는 무서운 현장이었습니다.

그런데 이러한 분위기를 오해하면 종교가 본뜻을 잃고 탈선합니다. 지금도 사람들은 여러 종류의 종교 시설과 장소들을 신성시합니다. 중세기 이후로 많은 교회가 눈으로 보거나 만질 수 있는 성자의 유골이나 동상이나 유품들을 전시하고 그 앞에서 종교적 경건을 표현하게 하였습니다. 혹은 이스라엘 땅을 성지라고 부르며 거룩한 장소로 여기고 성지순례를 장려합니다. 물론 역사적 가치를 인정할 수 있는 장소나 건축물이 있을지라도 성지에는 죽은 것들만 있습니다. 성지에는 생명이 없습니다. 시내 산 언약은 땅에 있는 것들입니다. 십계명이 두 돌판에 새겨졌고, 성막의 자재도 땅에서 나왔으며 사람의 손으로 만든 것이었습니다.

시내 산이 두려움의 장소였듯이, 율법도 두려움을 일으켰습니다.

율법은 자비와 용서로 다스리는 것이 아니고 형벌의 위협으로 죄를 억제하는 시스템이었습니다. 율법 제도는 어느 정도 이스라엘을 극심한 우상 숭배에서 보호하고 일정 수준의 도덕을 유지하도록 의도되었지만 결국은 실패하였고 하나님의 심판을 받아 이방 나라에 잡혀갔습니다. 이처럼 하나님의 거룩이 시내 산에서 공포를 일으켰던 것처럼 국가 단위의 심판을 통해 무섭게 실증되었습니다. 이스라엘 백성은 바벨론 포로 이후로 이교도들의 가시적인 우상 숭배와 결별하였습니다. 구약의 하나님은 신약에서도 여전히 거룩하십니다. 그러나 새 언약에서는 하나님의 거룩하심이 예수 그리스도의 십자가 형벌을 통해 온 세상에 전시되었습니다. 하나님의 거룩은 이제 복음 덕분으로 더 이상 공포의 대상이 아니고 예수 그리스도의 거룩하신 성품에 우리가 참여하는 변화를 일으켰습니다(히 12:10; 벧후 1:4).

새 언약은 지리적 장소나 율법에 의존하지 않고 하나님께 나아가는 길을 열었습니다.

옛 언약 백성이나 새 언약 백성은 모두 하나님께 나아갑니다. 그런데 하나님께 나아가는 방식에 현격한 차이가 있습니다. 옛 언약 백성은 동물 희생의 피를 가지고 지상에 있는 성전에서 제사장들의 중보로 하나님께 나아갔습니다. 반면 새 언약 백성은 동물의 피가 아닌, 예수 그리스도의 피 뿌림을 받고 하늘 성소에 계신 하나님께 나아갑니다. 전자는 그림자였고 후자는 실체입니다. 전자는 화살표였지만 후자는 과녁입니다. 새 언약 백성은 상징적인 제사나 물체적인 성산(聖山)이나 손으로 지은 성전을 거치지 않고 곧바로 하늘의 지성소로 들어갑니다. 예수 그리스도의 단번의 희생 제사로 피 뿌림을 받고 죄가 완전하게 용서되었기 때문입니다.

그런데 새 언약은 세속적 부요나 영예를 쫓는 물질주의는 부인하지만 전적으로 영적이거나 비물질적인 것은 아닙니다. 현세에 발을 딛고 살면서도 현실을 부정하고 비물질적인 것만이 신령하고 고차적인 영성의 영역이라고 믿는 것은 복음을 오해한 것입니다. 비물질적이라고 해서 반드시 비영적인 것은 아닙니다. 복음은 타락한 현 세상의 물질계를 하나님의 구원으로 회복시켜야 할 대상으로 봅니다. 그래서 신자는 병든 지구의 갱신을 위한 긍정적 기여를 하면서 살아야 합니다.

이 세상은 새 창조에 의해 변화될 것입니다. 새 창조 사역은 예수님의 오심으로 이미 시작되었으며 현재 진행 중입니다. 우리는 새롭게 될 이 땅에서 새 몸으로 살게 될 것입니다. 복음의 궁극적인 소망은 몸의 부활입니다. 부활 몸은 초자연적인 능력을 가진 새 몸일 테지만 물질적인 측면을 배제할 수 없습니다. 새 하늘과 새 땅은 가시적인 세계입니다. 이런 뜻에서 복음의 세계는 눈으로 보고 만질 수 있는 물질적인 측면이 있습니다. 중요한 것은 복음은 물질적이기 이전에 심령과 영혼의 내적 변화를 거치는 영적 실체라는 사실입니다. 우리는 그리스도의 속죄 피로써 죄의 몸을 씻고 하나님의 의로운 자녀가 되며 성령 안에서 하나님과 교제합니다.

새 언약은 마음에서 출발합니다. 그래서 예수님은 사마리아 여자에게 "영과 진리로 예배"(요 4:24)하라고 하셨습니다. 새 언약 백성은 의식이나 신성시하는 종교 건물이나 절기를 지키지 않고 하나님을 참 마음과 복음의 진리로 섬깁니다. 이런 의미에서 새 언약 백성은 천상적이며 영적입니다.

반면, 율법은 공포를 일으켰습니다. 율법은 하나님의 거룩하심이 형벌의 두려움으로 작용되게 하였습니다. 율법은 죄인들에게 적대적이었지만 복음은 죄인들에게 용서를 제공하고 마음에 평안을 누리게 합니다. 복음은 어둠 대신에 빛을 비추고 두려움 대신에 사랑을 느끼게 합니다. 새 언약 백성은 땅이 흔들리고 암흑 가운데 화염이 뿜어 나오며 뇌성과 번개가 치는 공포의 시내 산 아래에서 장막을 치고 살지 않습니다. 우리는 예수 그리스도의 사랑과 진리의 복음이 선포되는 하늘의 시온 산 아래에서 안식합니다. 어떻게 이런 일이 가능할까요? 예수님이 하나님의 진노의 형벌을 우리 대신 받으셨기 때문입니다. 하나님께서는 자기 아들에게 우리의 모든 죄를 씌우고 십자가에서 엄준한 심판을 내리셨습니다. 예수님은 우리 대신 율법의 저주를 받으셨습니다.

> 그리스도께서 우리를 위하여 저주를 받은 바 되사 율법의 저주에서 우리를 속량하셨으니 기록된 바 나무에 달린 자마다 저주 아래에 있는 자라 하였음이라 (갈 3:13).

이제 하나님께서는 주 예수를 믿는 우리를 원수로 대하시거나 형벌을 내리시지 않습니다. 하나님의 진노가 풀리고 우리와 화해하셨기 때문입니다(골 1:20). 복음은 우리를 형벌의 공포로부터 해방시킵니다. 우리는 그리스도의 사랑을 확신하고 두려워하지 않습니다. 우리는 모세법으로부터 영원히 구출되었습니다. 율법은 그리스도의 십자가 사랑에 의해 뒤로 물러났습니다.

우리는 율법에 죽었습니다. 우리는 하나님과 이웃과의 관계에서 율법의 의로 살지 않습니다. 율법의 의는 예수님이 오신 후로는 새 언약 성도의 길잡이나 표준이 될 수 없습니다. 예수님의 사랑의 법이 훨씬 더 우수하고 높은 표준이기 때문입니다. 사실상 사랑의 법을 따르면 율법의 요구가 충족되고 그 이상의 수준으로 나아갑니다. 이런 의미에서 사랑은 율법의 완성입니다. 율법이 지향하던 목표가 그리스도였기 때문입니다.

말을 바꾸면 율법은 그리스도의 표적 앞에서 멈추었습니다. 그 이상을 넘어가는 것은 율법의 역할이 아니었습니다. 이제 그리스도인은 성령 안에서 예수님의 사랑의 삶을 삶으로써 율법의 수준을 넘어갑니다. 이것이 산상보훈의 삶이며 성령의 인도에 따라 영적 열매를 수확하는 새 언약 백성의 생활 방식입니다(참조. 갈 6:8).

시내 산은 하나님이 이스라엘 백성을 만난 곳이지만 공포의 장소였습니다. 그러나 시온 산은 예수님의 십자가가 세워진 곳이었고 성령이 부어졌으며, 예수 그리스도의 사랑의 복음이 선포된 세계 선교의 발상지였습니다. 이스라엘 백성은 흑암과 폭풍과 호령하는 두려운 말씀들이 귀를 찢는 시내 산 아래에서 장막을 치고 율법의 형벌과 하나님의 맹렬한 불을 두려워하였습니다. 지금도 하나님의 불은 "소멸하는 불"(29절)입니다. 우리는 마땅히 하늘의 경고를 듣고 이 불에 상하지 않도록 조심해야 합니다. 그러나 꾸준한 믿음과 인내로 그리스도 안에 머물러 있는 성도들은 하나님의 불의 심판을 받지 않고 보호를 받습니다.

새 언약 백성은 시내 산이 아닌 갈보리 언덕 산 아래에서 십자가를 바라보며 장막을 친 사람들입니다. 십자가 아래에서 하나님의 가히 없는 사랑을 체험하고 그리스도를 자신의 주님으로 고백한 자들은 두려워하지 않습니다. 오히려 주 예수의 사랑의 복음을 가슴에 안고 세상을 향해 샬롬을 외칩니다.

새 언약 성도는 하나님의 음성을 듣기를 열망하며 더 큰 은혜를 사모합니다.

시내 산에서는 크고 많은 음성이 들렸지만 백성은 너무도 두려워서 귀를 막고 제발 말씀을 그쳐달라고 호소했습니다. 율법을 통해 들리는 하나님의 음성은 엄준하고 위협적입니다. 그러나 십자가를 통해서 들리는 하나님의 음성은 사랑과 용서와 자비의 '기쁜 소식'입니다. 복음에도 심판의 경고가 있습니다(요 5:29). 그러나 복음의 목적은 구원이지 심판이 아닙니다(요 5:24).

하나님이 그 아들을 세상에 보내신 것은 세상을 심판하려 하심이 아니요 그로 말미암아 세상이 구원을 받게 하려 하심이라 (요 3:17).

복음은 '기쁜 소식'입니다. 복음의 소리는 죄인을 부르시는 하나님의 온유한 음성입니다. 복음은 그리스도를 대속주로 믿는 자들에게 구원을 주는 하나님의 능력입니다(롬 1:16). 그래서 시내 산의 경우와 달리, 새 언약 백성은 복음의 소리를 더욱 듣고 싶어하고 복음의 진리로 살기를 원합니다. 복음을 통해서 들리는 하나님의 음성은 부드러운 사랑의 음성이며 하나님의 선한 뜻이 담긴 권면입니다.

우리는 시내 산에 도착한 이스라엘 백성처럼 하나님의 음성을 거부하거나 거역하지 말아야 합니다(25절). 조만간 모든 것이 흔들릴 것입니다(26~29절). 하나님의 뜻이 아닌, 세상에 속한 것들과 하나님을 순종하지 않는 것들은 마지막 날에 다 타버릴 것입니다(29절; 고전

3:12~15). 그래서 우리는 날마다 주의 음성으로 힘을 얻고 "경건함과 두려움으로"(28절) 하나님께서 기뻐하시도록 꾸준한 믿음으로 어려움을 견디며 우리 앞에 놓인 유업의 목표를 향해 힘써 달려야 합니다.

새 언약 백성은 하늘의 예루살렘에 도착하였습니다.

> 그러나 여러분이 나아가서 이른 곳은 시온 산, 곧 살아 계신 하나님의 도성인 하늘의 예루살렘입니다. 여러분은 축하 행사에 모인 수많은 천사들과 하늘에 등록된 장자들의 집회와 만민의 심판자이신 하나님과 완전하게 된 의인의 영들과 새 언약의 중재자이신 예수와 그가 뿌리신 피 앞에 나아왔습니다. 그 피는 아벨의 피보다 더 훌륭하게 말해 줍니다.
> (22~24절, 새번역).

이제 본 서신의 마지막 부분에 이르렀습니다. 저자는 새 언약 백성이 얼마나 큰 은혜를 입었으며 놀라운 특권을 가졌는지를 장엄한 스케일로 진술합니다. 우선 "너희가 이른 곳은 시온 산"(22절)이라고 했습니다. 옛 언약 백성은 시내 산에 도착했지만(18~21절) 새 언약 백성은 두렵고 무서운 시내 산에 있지 않고 시온 산에 도착했다고 말합니다(22절). 시온 산은 예루살렘이나 그 백성과 거의 동의어로 사용되었습니다(시 2:6; 110:2; 사 2:3; 33:20; 62:11). 이스라엘 땅과 예루살렘 성과 시온 산은 모두 하늘에 있는 하나님의 거처에 대한 상징적 그림자입니다. 그래서 "너희가 이른 곳은 시온 산"이라는 말은 히브리서의 성도들이 하나님의 도성인 하늘에 있는 예루살렘에 당도했다는 뜻입니다. 물론 그들은 아직 지상에 있지만 이렇게 말한 것은 그들이 구원받은 성도들임을 반증합니다. 이것은 6장의 경고 구절(6:4~6)의 대상이 거듭난 크리스천들임을 증언하는 대목입니다. 그들은 가짜 교인들도 아니고 혹은 구원을 받았다가 타락하여 구원을 잃을 자들도 아닙니다. 그들은 하늘 예루살렘에 도착한 구원받은 성도들입니다. 그들은 신분적으로 의롭게 된 하나님의 자녀들로서 아직 지상에서 살지만 다른 의미에서 하늘에 있는 자들과 같습니다. 그들은 지상에 있으면서 하늘의 영적 체험에 들어간 성도들입니다.

새 언약 백성의 특징은 한 특정한 도성을 바라보며 사는 것입니다 (11:10, 16; 12:22; 13:14). 이 도성은 지상의 예루살렘 성의 실체입니다. 예루살렘 성은 하늘에 있는 하나님의 본부를 대변하였습니다. 다윗은 예루살렘 성을 정복하고 다윗 왕조의 본부로 삼았습니다. 그런데 이 도읍은 하나님이 택하셨습니다(왕상 11:36). 이 성읍은 다음과 같은 특징으로 유명하였습니다.

예루살렘아 너는 잘 짜여진 성읍과 같이 건설되었도다 (시 122:3).

잘 짜여진 성읍은 규모와 연합과 질서를 대변합니다.

산들이 예루살렘을 두름과 같이 여호와께서 그의 백성을 지금부터 영원까지 두르시리로다 (시 125:2).

예루살렘 성은 하나님이 보호하시는 안전한 왕성입니다.

많은 백성이 가며 이르기를 오라 우리가 여호와의 산에 오르며 야곱의 하나님의 전에 이르자 그가 그의 길을 우리에게 가르치실 것이라 우리가 그 길로 행하리라 하리니 이는 율법이 시온에서부터 나올 것이요 여호와의 말씀이 예루살렘에서부터 나올 것임이니라 (사 2:3).

우리 절기의 시온 성을 보라 네 눈이 안정된 처소인 예루살렘을 보리니 그것은 옮겨지지 아니할 장막이라 그 말뚝이 영영히 뽑히지 아니할 것이요 그 줄이 하나도 끊어지지 아니할 것이며 여호와는 거기에 위엄 중에 우리와 함께 계시리니 … (사 33:20~21).

예루살렘은 하나님의 구원이 펼쳐지는 중심지며 복음의 원산지입니다. 예루살렘은 여호와가 임재하시고 외부의 공격이 불가능한 안전한 처소입니다. 예루살렘 성은 여러 번 외적의 침입도 받았고 완전히 파괴되기도 했습니다. 그럼에도 예루살렘은 다윗 왕조의 터전으로서 여호와 종교의 본산이며 안전과 연합의 대명사였습니다. 이곳은 여호와의 말씀과 임재가 있는 이상적인 왕성이었으므로 하늘의 예루살렘에 대한 그림자였습니다. 우리는 이 하늘 도성을 향해 가는 중입니다.

그런데 어떤 면에서 우리는 이미 이곳에 도착하였습니다. 하늘의 예루살렘은 우리의 본향입니다(히 11:16). 우리는 주 예수를 믿은 이후로 이 세상의 예루살렘이 바라보았던 하늘 도성에 속한 자들이 되었습니다. 우리는 신분적으로는 이미 그리스도 예수 안에서 함께 하늘에 앉히운 자들입니다(엡 2:6). 우리의 시민권은 하늘에 있습니다(빌 3:20). "하나님께서는 그리스도 안에서, 하늘에 속한 온갖 신령한 복을 우리에게 주셨습니다"(엡 1:3, 새번역).

우리는 땅에 있지만 영적인 면에서는 하늘에 속하였고 하늘 양식을 받으며 하늘에 속한 신령한 복을 누리며 삽니다. 우리는 이스라엘 땅과 예루살렘 성전과 시온 산이 그렸던 새 하늘과 새 땅을 지상에서 이미 맛보고 있습니다. 이런 의미에서 우리는 하늘의 천만 천사들과 함께 하나님을 송축하며 이미 완전케 된 의인들의 천상 집회에 참여합니다. 우리는 악의 세력과 싸우는 지상의 전투적 교회로서, 하늘 의인들의 승리한 교회의 대열에 서 있습니다. 우리는 하늘 찬양대와 하늘 사역팀의 일부가 되어 하나님을 함께 섬깁니다.

하늘 교회는 점도 없고 흠도 없는 영광스런 교회입니다.

하늘 교회에는 하늘에 등록된 장자들과 완전하게 된 의인들의 영이 있습니다. 예수님은 교회를 완전하게 하시려고 자신을 내주셨습니다.

> 자기 앞에 영광스러운 교회로 세우사 티나 주름 잡힌 것이나 이런 것들
> 이 없이 거룩하고 흠이 없게 하려 하심이라 (엡 5:27).

장자들은 믿음과 인내로 하나님을 순종한 백성을 대표하는 듯합니다. 이 시점에서 히브리서의 저자는 상을 받는 신자들에게 초점을 맞춥니다. 이들은 반대와 고난에도 불구하고 하나님을 끝까지 충성스럽게 섬긴 자들입니다. 이들은 이기는 자들입니다. 그들에게는 여러 형태의 유업의 상이 주어집니다. 그래서 "이기는 자는 이것들을 상속으로 받으리라"(계 21:7)고 하였습니다. 바울도 비슷한 맥락에서 유업은 신실한 종들이 받는 상이라고 하였습니다(골 3:22~23). 한편, 장자들의 이름이 기록된 것은 그들이 받을 상의 영예를 위한 것으로 보입니다(히 12:23). 장자는 유산을 두 배로 받았으며 가정을 다스릴 권한이 있었습니다. 에서가 잃은 것이 바로 이 부분이었습니다. 그는

이삭 집안의 장자였으나 이긴 자 아니었기에 상속을 받지 못하였고 가정을 다스리는 장자권도 잃었습니다(히 12:16~17).

중요한 것은 우리가 주 예수의 속죄 피를 믿고 하늘에 속한 자녀들이 된 것입니다. 예수님의 피는 우리를 하나님과 화해시켰고 하늘의 신령한 복을 받게 하며 하늘에 있는 완전한 교회의 일부가 되게 하였습니다. 예수님은 우리의 영원한 중보자이십니다. 예수님은 자신의 피로써 우리로 하여금 하늘 지성소로 나아가서 거룩하신 하나님을 경배하게 합니다. 예수님의 속죄 피는 아벨의 피처럼 계속해서 복수를 탄원하지 않습니다. 예수님의 피는 우리를 모든 죄에서 씻기는 용서의 피입니다. 하나님은 예수님의 단번의 속죄제사로 우리를 단번에 받아주셨습니다.

예수님은 '만민의 심판자'로서 주 예수의 피를 믿는 자들이 옳다는 것을 만천하에 공포하고 모든 불의한 자들을 심판하실 것입니다. 아벨의 피는 충분한 보상을 받고 만족할 것입니다. "원수 갚는 것이 내게 있으니 내가 갚으리라"(롬 12:19; 히 10:30; 신 32:35)고 하셨습니다.

우리가 받아야 할 교훈은 하나님의 말씀을 거역하지 말고 주 예수의 십자가 보혈에 의지하여 날마다 하나님께 나아가서 하늘에 속한 은혜들을 받아야 한다는 것입니다(25, 28절). 우리가 예수 그리스도의 피를 의지하고 살면 어떤 유익이 있을까요? 죄로 오염되는 양심이 정화되어 깨끗한 마음으로 주를 섬길 수 있습니다. 주의 은혜를 사모하며 살면 세속적인 것들로부터 보호됩니다. 그리고 이러한 영적인 삶은 하나님께서 받으실만한 수준에 이르게 하고 드디어 하나님의 칭찬과 상을 받게 합니다. 우리에게는 아직도 흠과 결점이 있습니다. 이 세상에 사는 한, 우리는 절대적인 완전함에는 이르지 못합니다. 그래도 주 예수의 은혜를 날마다 갈망하는 자는 하나님께서 그리스도의 피 안에서 너그럽게 용납하시고 받아 주십니다. 우리는 이미 하늘에 들어간 것과 같습니다. 우리의 구원은 확고부동합니다. 우리는 주 예수의 속죄 피가 주는 하늘에 속한 신령한 복들을 놓치지 말고 넘치게 받도록 힘써야 하겠습니다.

새 언약 백성은 만물이 진동할 때 안전합니다.

> 그때에는 그 소리가 땅을 진동하였거니와 이제는 약속하여 이르시되 네가 또 한 번 땅만 아니라 하늘도 진동하리라 하셨느니라 (26절).

'그때'와 '이제'가 대조된 점을 주목하십시오. 그때에는 땅이 진동하였고 이제는 하늘도 진동합니다. 시내 산에서는 하나님의 음성과 임재로 땅이 흔들렸습니다. 그러나 이러한 현상은 앞으로 오게 될 더 큰 흔들림에 대한 희미한 그림자입니다. 예수님이 충만한 영광으로 세상에 다시 오실 때에는 온 우주가 진동할 것입니다. '그때'에는 율법의 소리가 땅을 진동시켰고, '이제는' 복음의 소리가 하늘도 진동시킵니다. 그러나 아무리 진동이 심하여도 하나님의 백성은 예수 그리스도의 피로 보호를 받습니다.

율법의 선포는 시내 산에서 땅을 진동시켰고 이스라엘 백성을 흔들었습니다. 그런데 진동의 흔들림은 이 세상의 특징이기도 합니다. 세상은 안정된 곳이 아닙니다. 거대한 타이타닉호는 빙산과의 충돌로 침몰하였고, 뉴욕 세계 무역 센터는 9/11 테러로 붕괴되었습니다. 2020년에 발생한 코로나 바이러스 감염증(covid~19)은 수백 만의 생명을 앗아갔으며 활동의 자유와 사회적 접촉을 차단시켰습니다. 결코 무너지지 않을 것으로 보였던 것들이 불과 몇 시간도 지탱하지 못합니다. 세상은 항상 흔들리고 있습니다. 하나님의 선한 뜻이 아닌 것들과 하나님 나라에서 가치가 없는 것들은 모두 파괴될 것입니다.

사도 요한은 말합니다.

> 이 세상도, 그 정욕도 지나가되 오직 하나님의 뜻을 행하는 자는 영원히 거하느니라 (요일 2:17).

우리는 하나님의 뜻을 행하는 자들입니까? 세상 왕국에 속한 것들은 주 예수의 재림 때 하나님의 소멸하는 불로 심판을 받고 흔적도 없이 사라질 것입니다. 세상 왕권은 하나님께로 넘어가고 온 세상이 하나님의 영원한 통치를 받게 될 것입니다. 그리하여 주 예수의 피를 믿는 신자들은 흔들릴 수 없는 그리스도의 왕국에서 영구히 안전할 것입니다(28절).

> 세상 나라가 우리 주와 그의 그리스도의 나라가 되어 그가 세세토록 왕 노릇 하시리로다 (계 11:15).

히브리서의 성도들은 박해로 사기가 죽고 마음이 흔들렸습니다. 그들에게 필요한 것은 하나님의 흔들리지 않는 나라를 받았다는 사실을 기억하고 믿음의 손을 내리지 않는 것이었습니다. 그래서 저자는 그들에게 하늘 보좌로 담대히 나아가서 은혜를 더욱 굳게 붙잡으라고 격려하였습니다. 개역개정과 킹제임스역은 "은혜를 받자"(28절)

로 번역했는데 '감사하자'는 말로 바꿀 수 있습니다(개역개정 난외주, 새 번역, 직역성경, ESV, NASB, NIV). 흔들리지 않는 왕국을 받은 것을 감사하며 하나님을 경건함과 두려움으로 섬기는 것은 하나님의 은혜를 계속해서 체험하는 길입니다.

하나님의 은혜로부터 나오지 않은 것은 모두 망하게 되어 있습니다. 우리는 하나님의 은혜의 말씀에서 떠나는 일을 삼가야 합니다. 불순종과 세상 욕심을 따르면 자신의 유업을 몽땅 잃어버릴 수 있습니다. 이것은 에서에게 일어났습니다. 비록 그는 이삭의 가족으로서의 멤버십은 잃지 않았지만 장자의 특권은 야곱에게 넘어갔습니다. 우리에게는 그런 일이 일어나지 말아야 합니다(12:16). 하나님이 은혜로 주시는 유업을 무시하면 하나님의 귀한 음성이 잘 들리지 않습니다. 그래서 유업과 관련된 약속의 체험이나 하나님의 별다른 임재와 능력과 사랑을 느끼지 못합니다. 에서는 눈물로 축복을 간청했지만 유업의 특권을 회복받지 못했습니다(17절). 우리는 에서처럼 될 필요가 없습니다. 우리는 옛 언약이 아닌 새 언약에 도착하였습니다.

그런데 새 언약은 옛 언약보다 훨씬 더 큰 책임을 지워줍니다(25절). 하나님의 말씀을 거역하는 자들은 그리스도의 심판대에서 부끄러움을 당할 것입니다(요일 2:28). 예수님은 우리를 위해 하늘을 통과하시고 우리의 대제사장으로 중보하십니다. 주님의 은혜의 보좌는 우리에게 열려 있습니다. 세상이 우리를 흔들려고 하여도 우리는 흔들리지 않는 하나님의 나라를 받았음을 기억하고 감사하며 주를 기쁘게 해 드리는 삶을 살아야 하겠습니다.

43.
교리와 경건
히브리서 13:1~7

히브리서는 12장에서 교리적 강설을 마쳤습니다. 만약 히브리서가 신학 논문이었다면 여기서 끝났을 것입니다. 그러나 성경 강해는 교리적 논증이 끝났다고 해서 종료된 것이 아닙니다. 성경 강해에는 실천을 위한 적용이 제시되어야 합니다. 적용이 없는 신학은 상아탑의 전시물에 불과합니다. 교인들의 실제적인 생활에 대한 가르침과 적용은 없고 신학자들끼리 주고 받는 학문적 논의는 교회에 별 도움이 되지 않습니다. 참 신학은 성경의 방법을 따르는 것입니다. 성경의 가르침은 언제나 성도들의 거룩한 삶에 귀착됩니다. 교리로 시작해서 적용으로 마무리하는 것이 성경의 순서입니다. 히브리서도 지금까지의 교리적 강해를 마치고 실제적인 적용을 다룹니다. 물론 저자는 교리적 논증을 하면서 군데군데 간단한 적용적 권면을 했지만 전체적인 권면은 마지막 장에서 자세하게 진술하였습니다.

형제 사랑(1절)

"형제 사랑하기를 계속"(1절)하라고 했습니다. 성도의 거룩한 삶은 사랑에서 출발합니다. 바울도 성령의 열매를 열거하면서 사랑을 제일 먼저 언급하였습니다(갈 5:22). 복음은 하나님의 사랑이 핵심입니다. 하나님이 세상을 이처럼 사랑하사 독생자를 주셨습니다(요 3:16). 하나님은 사랑이십니다(요일 4:8). 그런데 하나님의 사랑이 가장 깊고 크게 드러난 곳은 예수 그리스도께서 못 박히신 십자가입니다. 우리는 하나님의 십자가 사랑의 덕분으로 구원을 받고 하나님의 자녀가 되었습니다. 십자가의 사랑을 체험한 자들만이 그리스도 안에서 만난 형제자매를 진정으로 사랑할 수 있습니다. 같은 하나님의 사랑을 서로 체험했기 때문에 받은 사랑을 서로 나누어줄 수 있습니다. 그래서 나에게 사랑이 부족하다면 십자가에 달린 주 예수를 다시 바라보아야 합니다. 사도 요한은 말합니다.

> 보라 아버지께서 어떠한 사랑을 우리에게 베푸사 하나님의 자녀라 일컫음을 받게 하셨는가 (요일 3:1).

히브리서의 성도들은 박해를 받으면서도 서로 사랑으로 대하며 친절을 베풀었습니다 (10:32~34). 저자는 하나님께서 그들의 사랑의 선행을 기억하신다고 격려하면서 계속해서 성도들 사이의 사랑의 관계를 지속하라고 권면합니다(6:10; 10:24). 사랑은 오래 참고 온유하며 질투와 교만을 멀리합니다. 사랑은 이타적이며 진리를 기뻐하고 불의를 미워합니다. 사랑은 악한 것을 생각하지 않습니다(고전 13:4~7). 이런 사랑의 특징이 나타나지 않는 성도나 교회는 십자가 사랑과 진리의 하나님을 드러내지 못합니다.

손님 대접(2절)

초대 교회 당시에는 교회가 요즘처럼 안정적이지 않고 매우 유동적이었기 때문에 정규 사례비를 받고 일정한 교회에서 사역하는 분들이 적었습니다. 대부분의 사역자들은 순회 설교자들이었으므로 그들에게 식사와 숙소를 제공해야 했습니다. 당시의 어려운 상황에서 손님 대접은 큰 부담이었을 것입니다. 순회 교사나 설교자들은 한 사람만 왔다가 금방 떠나는 것이 아니고 여러 명이 그룹으로 다니며 꽤 오래 머무는 경우도 있었으므로 불편함과 경제적 희생을 감수해야 했습니다.

그런데 저자는 아브라함의 경험을 상기시킵니다. 아브라함은 어느 날 자기 장막 앞에 서 있는 사람들을 보고 손님 접대를 했는데 알고 보니 하나님이 보내신 천사들이었습니다. 그들은 아브라함이 수십 년간 기다렸던 사라의 임신 소식을 알려 주었습니다(창 18:1~15). 예수님은 양과 염소의 비유에서 우리의 선행을 받는 수혜자들과 자신을 일치시켰습니다. 또한 마지막 심판 때에 주님의 이름으로 선을 행한 성도들에게 "예비된 나라를 상속"(마 25:34) 받게 하신다고 하셨습니다(마 25:34).

> 내가 주릴 때에 너희가 먹을 것을 주었고 목마를 때에 마시게 하였고 나그네 되었을 때에 영접하였고 헐벗었을 때에 옷을 입혔고 병들었을 때에 돌보았고 옥에 갇혔을 때에 와서 보았느니라 (마 25:35~36).

히브리서의 성도들은 이러한 선행을 고통받는 교우들에게 베풀었습니다(10:32~35). "이것이 큰 상을 얻게 하느니라"(10:35)고 했습니다.

이러한 하나님의 뜻을 행하기 위해 인내하면 약속하신 것을 받는다고 했습니다(10:36). 이 본문은 양과 염소의 비유에서 선을 행한 자들에게 예비된 나라와 영생(마 25:34, 46)이 마지막 단계의 상이라는 것을 보여 줍니다. 바울도 디모데에게 선행이 "장래에 자기를 위하여 좋은 터를 쌓아 참된 생명을 취하는 것"(딤전 6:19)이라고 가르쳤습니다. 선행의 수혜자는 일차적으로 도움이 필요한 형제자매들이지만 궁극적으로는 예수님이 받으시고 예수님이 갚아주십니다. 그리스도의 이름으로 행하는 모든 선행이 주님에게 행하는 일이라고 생각한다면 우리의 선행은 더욱 빛을 내고 더 순수해질 것입니다.

수감자들과 학대받는 자들(3절)

내 몸이 불편하지 않으면 다른 사람이 겪는 불편을 잘 느낄 수 없습니다. 복음과 그리스도를 믿기 때문에 감옥 생활을 하는 교인들은 부당한 고난을 당합니다. 성경에는 그리스도를 위해 고난당하는 신자들이 가져야 할 인내의 자세를 교훈하지만(벧전 2:19~21; 4:13~16), 다른 성도들이 그들에 대해 가져야 할 책임도 지적합니다. 히브리서의 교인들 중에는 옥살이를 하는 분들이 있었습니다. 그들에 대한 다른 성도들의 태도는 어떠해야 한다고 했습니까? 마치 자신들이 감옥에 들어가 있는 것처럼 생각하라고 했습니다. 그러면 고통받는 교우들을 위해 무엇을 해야 할 것인지를 알게 될 것이었습니다.

우리는 학대받는 자들을 잊기 쉽습니다. 처음에는 관심을 두지만 각자의 삶에 바쁘다 보면 무관심해지고 상대를 위해서 기도하는 일마저 소홀해집니다. 그래서 학대받는 자를 생각하라고 했습니다. 그냥 마음으로 생각만 하는 것이 아니고 행동으로 마땅히 행할 바를 행하라는 권면입니다. 우리는 주님의 일을 마음으로 생각은 하면서도 차일피일 미루거나 실천하지 못하는 경우가 적지 않습니다. 회개하고 주님의 도우심을 간구해야 하겠습니다.

결혼과 음행(4절)

하나님께서는 성적 부도덕을 심판하신다고 경고하셨습니다. 현대 사회의 두드러진 죄악은 연령을 불문하고 각계 각층에 퍼져 있는 성적 부도덕일 것입니다. 결혼을 귀히 여기고 침소를 더럽히지 말라는 말은 결혼을 하나님이 정하신 신성한 제도로 여기고 존중하라는 교훈입니다. 이 말씀은 교인들에게 준 권면입니다. 교인들 중에서도 결혼 문제로 오는 갈등과 고통이 크고 지도자들의 성적 부도덕도 세상의 비웃음거리가 되고 있습니다. 하나님은 소멸하는 불이시라고 했습니다(12:29). 우리가 하나님의 무서운 심판이 있을 것을 심각하게 생각한다면 결혼과 음행에 대한 자세에 변화가 올 것입니다(참조. 살전 4:3~8). 가정은 부부의 협력으로 세워집니다. 상대방 배우자가 유혹을 받을 수 있는 여지를 본의 아니게 내 편에서 제공하여 탈선하기도 합니다. 이런 경우라면 하나님께 지혜를 구하고 탈선한 배우자도 회개하고 속히 돌아서도록 서로 협력해야 합니다.

돈의 사랑(5절)

1절에서는 형제를 사랑하라고 했는데 본 절에서는 돈을 사랑하지 말고 가진 것으로 만족하라고 말합니다. 우리가 사랑해야 할 것이 있고 사랑하지 말아야 할 것이 있습니다. 형제 사랑은 많을수록 좋지만 돈은 많을수록 위험합니다. 바울은 돈을 사랑하는 것이 일만 악의 뿌리라고 했습니다(딤전 6:10). 돈은 불확실한 재물입니다(딤전 6:17). 죽을 때 한푼도 가져가지 못합니다(눅 12:20). 재물은 하나님과 가난한 이웃을 위한 유용한 수단이 되어야지 자신의 물욕을 채우고 교만해지며 금력으로 악을 행하는 어리석은 방편이 되어서는 안 됩니다. 돈이 없어도 유혹을 받지만 돈이 많아서 죄를 짓는 일이 더 많습니다. 돈을 번 후에 죄를 짓기도 하지만 악한 방법으로 돈을 버는 경우도 허다합니다.

탐심이 나를 지배하면 나는 돈을 섬기고 돈의 노예가 됩니다. 우리는 두 주인을 같이 섬길 수 없다는 주님의 말씀을 기억해야 합니다(마 6:24). 우리는 둘 중의 하나를 포기해야 합니다. 그러려면 탐심을 버려야 하고 자신이 가진 것으로 만족해야 합니다. 바울은 "우리가 먹을 것과 입을 것이 있은즉 족한 줄로 알 것이니라"(딤전 6:8)고 권면하였습니다.

현대사회는 많은 것들을 생산하고 소비를 자극합니다. 소비할 상품이 많으면 갖고 싶은 욕구도 불어납니다. 가진 것으로 만족하려면 주께 지혜를 구해야 합니다. 가진 것도 각자의 형편에 따라 다를 수 있기 때문에 어느 정도의 물질을 소유하고 살아야 하는지를 잘 판단해야 합니다. 무조건 무소유가 해답이 아닙니다. 두 벌 옷은 필요하지 않을지 몰라도 한 벌은 있어야 합니다(막 6:9; 딤후 4:13). 벗은 몸으로는 살 수 없지 않습니까? 중요한 것은 하나님의 공급을 신뢰하고 물욕의 덫에 걸리지 않도록 자신을 지키는 것입니다. 검소하게 살고 때로는 가난하게 살아도 부자보다 더 부요할 수 있습니다. 어떤 면에서 가난한 성도가 부요할 수 있을까요?

가난하면 필요가 절급하기 때문에 자연히 하나님만 바라보며 기도합니다. 그래서 믿음에 부요하고 하나님을 체험적으로 아는 영적 지식이 풍성할 수 있습니다. 하나님은 우리를 부자가 되게 하시지 않을지 모릅니다. 그러나 우리의 삶에서 하나님의 뜻을 성취하기 위해 필요한 것들을 공급하신다고 약속하셨습니다(13:5~6). 일반적으로 말해서, 믿음이 있는 가난한 성도는 하나님의 은혜를 부자보다 더 많이 경험하고 더 깊은 감사를 하며 삽니다. 가난한 성도는 하나님의 작은 도우심에도 감사가 넘치지만 부유한 자는 대체로 작은 일로 감사하지 않습니다. 그런 소소한 것들은 자신의 수준에서 절실하게 느껴지지 않기 때문입니다. 그러나 하나님은 가난한 자들에게 별다른 복을 내리시려고 그들을 택하셨습니다.

> 내 사랑하는 형제들아 들을지어다 하나님이 세상에서 가난한 자를 택하사 믿음에 부요하게 하시고 또 자기를 사랑하는 자들에게 약속하신 나라를 상속으로 받게 하지 아니하셨느냐 (약 2:5).

우리는 물질적으로 부요하든지 가난하든지 주님보다 더 사랑하는 것이 있다면 세상에 집착했다는 뜻입니다. 자기를 위해서 재물을 쌓아 두고 하나님에 대하여 영적으로 부요하지 못한 것은 매우 위험한 일입니다(눅 12:21). 우리를 향한 하나님의 선한 뜻을 성취하기 위해 하나님께서 필요한 것을 공급하신다는 것을 믿는 믿음이 없으면 항상 염려하고 전전긍긍하기 때문에 자족할 수 없습니다. 그러나 우리도 바울처럼 자족의 비결을 배우면 맘몬신 앞에 절하지 않을 것입니다.

내가 궁핍하므로 말하는 것이 아니니라 어떠한 형편에든지 나는 자족하기를 배웠노니 나는 비천에 처할 줄도 알고 풍부에 처할 줄도 알아 모든 일 곧 배부름과 배고픔과 풍부와 궁핍에도 처할 줄 아는 일체의 비결을 배웠노라 내게 능력 주시는 자 안에서 내가 모든 것을 할 수 있느니라(빌 4:11~13).

지도자 존경(7절)

하나님의 말씀을 너희에게 일러주고 너희를 인도하던 자들을 생각하며 그들의 행실의 결말을 주의하여 보고 그들의 믿음을 본받으라 (7절).

새번역에서는 "그들이 어떻게 살고 죽었는지를 살펴보고, 그 믿음을 본받으십시오."라고 의역했으나 죽었다는 뜻이 아닙니다. 지도자들이 어떻게 여러 시련을 견디는지를 보라는 것입니다. 특별히 옥살이하는 모습을 보고 본받으라는 말입니다(3절). 그들이 그리스도를 믿기 때문에 죽임을 당했다는 증거가 없습니다. 히브리서의 연대를 A.D. 70년 이전으로 본다면 지도자들이 다 죽었기에는 너무 이른 시기입니다. 너희가 죄와 싸우되 아직 피 흘리기까지는 대항하지 않았다고 했습니다(12:4). 마지막 인사에서는 "너희를 인도하는 자들"(24절)에게 문안하라고 했습니다. 그들의 지도자들이 죽지 않았음이 분명합니다. 그런데 '행실의 결말을' 보라고 했기 때문에 죽을 때까지 지켜보라는 뜻으로 오해할 수 있습니다.

그러나 본문은 지도자들을 지금은 신뢰하지 말고 나중에 가서 결정하라는 의미로 볼 수 없습니다. 나중에 가 보아야 안다면 사역자들에 대해서 아무런 신뢰를 할 수 없을 것입니다. 저자는 말씀을 전해 준 사역자들을 위해서 기도하고 감사하라고 했습니다. 또한 그들이 옥중에 있어도 주께서 그들과 함께 하시기에 두려워하지 않을 것이라고 말했습니다(6절). 그래서 그들이 감옥에서 헛된 고난을 받는 것이 아니라 하나님 나라의 발전에 기여한다는 것을 지켜보고 그들의 믿음을 본받으라(7절)는 뜻이었습니다.

만약 나중에 가 보아야 존경할 리더인지 아닌지를 알 수 있다는 뜻이라면 현재로서는 그들로부터 받을 유익이 전혀 없다는 말이 됩니다. 이것은 비현실적인 조언입니다. 하지만 그들은 이미 본받을 만한 믿음 때문에 투옥되었습니다. 그들의 결말은 하나님의 인정을 받게 될 것이니 주의 섭리를 잘 지켜보고 그들을 본받으라는 말입니다. 나중에 가서 그들의 믿음이 진짜라는 것이 확인된다면 너무 늦습니다. 저자의 의도는 리더들의 감금으로 사기가 떨어진 성도들을 격려하는 것이었습니다. 그들의 리더들을 테스트하라는 조언이 아닙니다. 혹은 그들을 죽기 전까지 관찰해 보고 그들을 본받을 것인지 아닌지를 결정하라는 말도 아닙니다. 저자는 사실상 그들의 지도자들에 대해서 확신을 가지고 말하고 있음을 주목해야 합니다. 13장 17절이 이를 증명합니다.

> 너희를 인도하는 자들에게 순종하고 복종하라 그들은 너희 영혼을 위하여 경성하기를 자신들이 청산할 자인 것 같이 하느니라 그들로 하여금 즐거움으로 이것을 하게 하고 근심으로 하게 하지 말라 그렇지 않으면 너희에게 유익이 없느니라 (17절).

그런데 우리의 현실에서 보면 유교적 권위주의가 목사에게 집중되어 있기 때문에 많은 갈등과 불화의 원인이 됩니다. 그러나 기독교는 상하 질서를 중시하는 유교적 권위주의를 가르치지 않습니다. 목사나 장로라는 직분이 있다고 해서 무조건 순종해야 하는 것이 아닙니다. 말씀을 가르치거나 다스리는 자격도 없는데 성도들이 그들의 권위를 억지로 인정하고 따라야 하는 것도 아닙니다. 성경은 지도자의 자격과 일반 성도들의 책무를 다 같이 언급합니다.

> 여러분은 여러분이 맡은 사람들을 지배하려고 하지 말고, 양 떼의 모범
> 이 되십시오. (벧전 5:3, 새번역).

목회자의 타이틀이 있다고 해서 권위적으로 교회를 좌지우지하려는 것은 독단이며 좋은 모범이 아닙니다. 목회자는 하나님의 양 떼를 먹이는 일을 잘 수행해야 합니다(벧전 5:2). 그래서 "잘 다스리는 장로들은 배나 존경할 자로 알되 말씀과 가르침에 수고하는 이들에게는 더욱 그리할 것이니라"(딤전 5:17)고 했습니다. 그렇다면 잘 다스리지 못하고 잘 가르치지 못하는 지도자들도 존경하고 따라야 할까요? 다른 면에서는 존경하고 따라야 할 점들이 있을지라도, 자신의 직분을 제대로 수행하지 못하는 교회 지도자들을 맹목적으로 따라서는 안 됩니다. 복종에는 한계가 있습니다. 하나님의 뜻과 복음의 가르침에 어긋나는 것을 복종할 수 없습니다(행 5:29). 죄를 짓게 하는 것을 순종할 수 없습니다.

물론 우리는 원칙적으로 교회 지도자들을 잘 따라야 합니다. 그들에게도 인간적인 약점과 실수가 있음을 감안하고 대해야 합니다. 성도들에게는 지도자들의 허물을 용서하고 그들을 위해 기도하며 협력하는 자세가 필요합니다. 이것은 교회 연합의 한 요소입니다. 그러나 권위적이고 세속적인 방식으로 교회를 이끌어가며 말씀에 집중하지

않는 사역자는 교회의 순수성을 지키기 위해 경계해야 합니다.

초대 교회의 지도자들은 참으로 훌륭한 점이 많았습니다. 그들은 요즘 사역자들처럼 신학 학위도 없었고 정기적인 월급도 없었습니다. 그래도 그들은 자원하여 복음을 능력 있게 전하였고 감옥에도 기꺼이 갔습니다. 그들은 돈이나 명성을 위해 살지 않고 성도들의 영적 발전을 위해 주야로 수고하였습니다. 각 성도가 그리스도의 충만한 분량까지 자라도록 하는 것이 그들의 목표였습니다(엡 4:13). 그들은 자신들이 하나님 앞에서 성도들의 영적 성숙에 대한 책임을 져야 할 자로 여기며 사역하였습니다. 우리는 이런 지도자들이 우리 시대에도 많이 나오기를 간구하며 또 그런 지도자들을 알아보고 대우할 줄 알아야 하겠습니다. 물질적인 도움도 필요하지만 그들의 기쁨이 되도록 영적으로 자라야 합니다. 그들의 기쁨이 무엇입니까?

> 우리의 소망이나 기쁨이나 자랑의 면류관이 무엇이냐 그가 강림하실 때 우리 주 예수 앞에 너희가 아니냐 너희는 우리의 영광이요 기쁨이니라 (살전 2:19~20).
> 그러므로 나의 사랑하고 사모하는 형제들, 나의 기쁨이요 면류관인 사랑하는 자들아 이와 같이 주 안에 서라 (빌 4:1).

참된 교회 지도자들은 이 같은 기쁨을 위해 삽니다. 그들의 기쁨이 충만하려면 우리가 그들의 가르침을 듣고 복음 안에서 자라가는 것입니다. "그렇지 않으면 너희에게 유익이 없느니라"(17절)고 했습니다. 지도자들의 좋은 가르침을 받고 즐거워하는 것이 영적 발전의 첩경이며 지도자들의 기쁨에 참여하는 특권입니다(고후 1:14). 하나님은 이러한 교제를 축복하시고 교회에 활력이 돌고 은혜와 사랑이 넘치게 하십니다.

우리가 받아야 할 교훈은 무엇입니까?

저자는 긴 교리적 강설을 마친 후에 적용 항목으로 몇 가지 거룩한 삶의 영역을 예시하였습니다. 이것들 이외에도 신자들이 조심해야 할 것들이 많습니다. 우리는 구원받은 것으로 안심할 수 없습니다. 구원을 잃을까 봐 두려워하는 것이 아니라 확실한 구원의 열매가 풍성하도록 힘써야 합니다. 이것은 우리의 책임입니다. 거룩한 삶이 따르지 않으면 자랄 수 없습니다.

신자는 경건한 삶을 살아갈 때에 하나님의 인도하심과 도우심의 손길을 체감하고 죄와 싸우면서 자신의 연약함을 깨닫고 하나님의 능력을 신뢰하게 됩니다. 구원을 받았으면 믿음을 지키는 테스트에 기꺼이 임하여 시련과 유혹을 극복하는 영적 승리의 기쁨을 누려야 합니다. 구원만 받고 몸을 도사리며 안일하게 살려고 하면 전혀 자라지 못하여 일종의 영적 장애자가 됩니다. 경건은 실제적인 삶에서 드러나야 합니다. 구원의 실제적인 목표는 예수님의 성품으로 변화되는 것입니다. 예수님이 행하신 일들을 우리도 다른 사람들에게 베푸는 것입니다. 즉, 형제 사랑을 계속하고, 가난한 사역자들을 대접하며, 복음 때문에 감옥살이하는 형제들을 기억하여 돌보고, 결혼을 존중하며, 돈을 사랑하지 말고, 다른 교훈에 이끌리지 말며(9절) 지도자들에게 순종하고(17절) 하나님의 돌보심과 예수 그리스도를 신뢰하고 사는 것입니다(6, 8절).

이런 삶에는 이기적인 욕심이나 악한 방법을 써서라도 돈을 벌어 편히 살려는 생각이 들어설 자리가 없습니다. 그들은 하나님의 징계도 달게 받고 유업으로 인도하는 하나님의 강한 능력의 손에 자신들을 맡깁니다. 한 가지 소원은 오직 주 예수의 모습이 복음으로 변화된 나의 새로운 성품과 선행을 통해 하나님의 영광이 세상에 드러나게 하는 것입니다(딛 2:14; 엡 2:10).

44.

변치 않는 주님
히브리서 13:8~13

예수 그리스도는 어제나 오늘이나 영원토록 동일하시니라 (8절).

본 절은 히브리서에서 가장 잘 알려진 구절로서 성경 전체에서 자주 인용됩니다. 본 절은 예수 그리스도의 불변성을 포괄적으로 간명하고 인상 깊게 표현한 명언입니다. 전후 문맥을 보면 이 말씀은 신자의 거룩한 삶과 관련된 격려로 준 것입니다. 히브리서의 신자들은 유대교의 압력과 동족으로부터 따돌림을 당하였습니다. 당시의 유대인들이 볼 때 히브리서의 교인들은 조상 대대로 행해온 성전 예배에 참석하지 않고 자기네끼리 모여 십자가에 처형된 예수를 메시아로 믿고 경배하는 일종의 이단들이었습니다. 이러한 상황에서 오직 예수 그리스도만이 유대민족이 기다려왔던 하나님이 보내신 메시아며 새 언약의 중보자(8:6)이심을 믿는다고 고백하는 것은 미움과 냉대를 자청하는 일이었습니다.

그럼 주 예수에 대한 신앙 때문에 박해를 받는 성도들에게 가장 필요한 말씀은 무엇이었을까요? 어제도 오늘도 내일도 변치 않는 신실한 주님의 한결같은 사랑과 능력을 믿고 사람을 두려워하지 말아야 한다는 말씀이었습니다.

히브리서의 성도들은 과거에 '고난의 큰 싸움'을 견뎠습니다(10:32~34).

그들은 사람들의 구경거리가 되었고 비방의 대상이 되었으며 재산까지 빼앗겼습니다. 그런 가운데서 그들은 옥살이하는 교우들을 동정하여 고통을 나누었습니다. 그런데 저자는 마지막 장에서 이러한 선행을 계속하라고 권면합니다(13:1). 왜 계속하라고 했을까요? 교인들이 지쳐 있었다는 증거입니다. 오랜 기간 박해를 받으면 사기가 떨어지고 영적 활력을 잃기 쉽습니다. 사랑이 식어지면 성적 부도덕이 틈을 타고 가난하면 돈의 유혹을 받습니다(13:4~5). 약자의 입장에서 억눌리면 사람을 두려워하게 됩니다. 그래서 저자는 하나님의 신실하신 사랑의 돌보심을 노래한 시편을 인용하였습니다.

> 주는 나를 돕는 이시니 내가 무서워하지 아니하겠노라 사람이 내게 어찌하리요 하노라 (13:6; 시 118:6).

주님은 먼 옛날 이스라엘 백성을 여러 환난에서 보호하시고 역경에서 구출해 주셨습니다. 히브리서의 성도들도 지난날 숱한 고난과 싸워 이겼습니다. 하나님께서 그들을 도우셨기 때문입니다. 그때 그들은 하늘에 있는 유업의 약속을 믿고 사람을 두려워하지 않는 담대한 신앙으로 꿋꿋하게 살았습니다(10:34~35).

그런데 그때 그들을 도우셨던 하나님의 사랑과 능력이 지금은 없어진 것일까요? 저자의 대답은 예수 그리스도는 어제나 오늘이나 동일하시다는 것입니다. 지난날에 주님 안에서 잘 싸운 적이 있었다면 지금도 믿음의 선한 싸움에서 승리할 수 있습니다. 물론 자동적인 보장은 아니지만, 어제의 승리를 주셨던 주님은 오늘의 승리를 위해서 필요한 인내와 능력을 주시고 심령을 강화시키며 주님의 임재를 느끼게 하십니다. 주님은 "내가 결코 너희를 버리지 아니하고 너희를 떠나지 아니하리라"(13:5; 신 31:6; 수 1:5)고 약속하셨습니다.

히브리서의 성도들은 재정적으로 매우 궁핍하였고 동족으로부터 따돌림을 당했지만 주님이 그들과 함께 하신다는 약속을 믿고 두려워하지 말아야 했습니다. 이것은 우리 각자에게 주시는 하나님의 말씀이기도 합니다. 우리를 유혹하고 힘들게 하는 것들이 항상 있기 마련입니다. 그때마다 우리는 주님의 변치 않는 신실하신 사랑의 돌보심을 믿고 두려움과 무기력으로 연약해진 무릎을 일으켜 세우고 주께로 더욱 나아가야 하겠습니다.

히브리서의 성도들은 여러 가지 다른 교훈에 이끌렸습니다(9절).

우리를 위협하고 유혹하는 것들은 사회적 박해나 경제적인 문제만이 아니고 복음의 진리를 왜곡시키는 '다른 복음'(갈 1:6~8)도 있습니다. '다른 복음'은 예수님의 주되심과 십자가 구원의 유일성과 충족성을 밀어냅니다. 그 대신 의식이나 규례를 구원의 필수 요소로 포함시키거나 성경 말씀을 일방적으로 해석하거나 율법적으로 적용합니다. 이것은 기독교 복음의 근간을 침식하는 일이므로 매우 위험한 어둠의 세력입니다.

히브리서의 성도들은 유대교의 음식 규례를 지키지 않기 때문에 박해를 받았습니다(9절). 그들이 유대인의 민족적 표지의 하나인 음식 규례라도 지켰다면 유대교 안에 머무는 자들로 인정되었을 것입니다. 그리고 예수님을 하나님의 아들이 아닌, 천사 정도로 받들었다면 용납되었을 것입니다(히 1:4). 타협하면 사는 것이 쉬워집니다. 타협을 통해 물질적 이득도 생기고 명예도 얻을 수 있습니다. 타협은 박해를 그치게 하는 첩경입니다. 박해 시기에는 순교자도 나오지만 배신자도 나옵니다. 일제 강점기에 신사참배는 우리나라 기독교인들에게 무서운 시험이었습니다. 초대 교회도 로마 제국의 황제 숭배 때문에 큰 시련을 겪었습니다.

음식 규례도 당시의 유대인 기독교인들에게는 커다란 시험이었습니다. 음식 규례는 모세 율법에 속한 것인데 예수님이 오신 후로는 더 이상 지킬 필요가 없어졌습니다. **하나님의 나라는 먹는 것과 마시는 것이 아니요 오직 성령 안에 있는 의와 평강과 희락** (롬 14:17)이기 때문입니다. 바울은 골로새 교인들에게 **그러므로 먹고 마시는 것과 절기나 초하루나 안식일을 이유로 누구든지 너희를 비판하지 못하게 하라** (골 2:16)고 했습니다.

복음의 교리는 처음부터 변한 것이 없습니다. 예수님은 하나님 나라를 선포하시고 복음을 가르치셨는데 지금까지 조금도 달라진 것이 없습니다. 예수님의 말씀은 어제나 오늘이나 마찬가지입니다. 주의 말씀은 영원한 진리의 말씀이기 때문입니다. 바울의 경고처럼 비록 천사가 와서 전한다 하여도 주님의 복음 이외의 것들을 집어넣으려고 하면 타협하지 말고 즉석에서 단호히 거절해야 합니다(갈 1:8).

그런데 왜 복음을 방해하는 일들이 생길까요? 무엇보다도 복음은 생명의 빛이기 때문입니다. 어둠은 빛을 싫어합니다. 어둠의 왕좌는 사탄입니다. 사탄은 하나님을 증오합니다. 그리스도는 하나님의 형상이며 하나님의 아들로서 세상에 오셔서 구원의 복음을 전하셨습니다. 그래서 하나님의 일을 혐오하는 사탄이 사람들의 마음을 어둡게 하여 복음의 빛을 못 보게 막습니다(고후 4:4).

또 다른 이유는 사탄에게 속한 자들이 악령의 영감을 받고 복음을 부패시킵니다. 사이비 기독교나 이단 종파들은 교묘한 방법으로 복음의 순수성을 오염시킵니다. 그들은 사람의 귀와 육욕에 어필하는 말들을 하여 성도들의 헌금을 털고(벧후 2:3) 복음을 마치 포도주에 물 타듯이 희석시켜 변질시킵니다(고후 2:17; 4:2). 거짓 교사들은 지금도 많은 사람을 유혹하여 넘어지게 합니다.

히브리서의 교인들은 유대교의 음식 규례가 아닌, 주 예수의 은혜로 살아야 했습니다(13:9). 그런데 분별력이 없으면 거짓 교사들의 말을 듣고도 은혜받았다고 생각합니다. 복음의 은혜는 성경의 분명한 가르침과 모순되지 않습니다. 새로운 교리를 믿지 말아야 합니다. 복음은 예나 지금이나 동일합니다. 복음은 시대가 달라졌다고 해서 새로운 교리를 제시하지 않습니다. 복음은 완전하기에 보태고 뺄 것이 없습니다. 그래서 성경 말씀을 빼거나 보태면 무서운 심판을 받는다고 경고하였습니다(계 22:18~19; 신 4:2; 12:32).

저자의 요점은 음식 규정이나 이에 준하는 것들은 그리스도를 믿는 신자들에게 아무 유익이 없다는 것입니다. 신자들은 주님의 "은혜의 보좌"(4:16) 앞으로 나아가서 주님이 주시는 풍성한 영적 양식을 받고 살아야지 이런저런 종류의 교묘한 교리나 종교적 규정들을 지키면서 살지 말아야 합니다. 그래서 "마음은 은혜로써 굳게 함이 아름답다"(9절)고 했습니다.

복음의 말씀과 성령의 인도를 통해 주시는 은혜를 체험하는 것이 효력이 지난 소소한 율법의 규정들로부터 오는 은혜보다 백배나 낫습니다. 거짓 교사와 이단 교리는 일정하지 않습니다. 교주가 바뀌거나 시대가 지나면 그들의 말은 거짓으로 드러나고 또 다른 이야기들을 조작하여 기만합니다. 그러나 복음은 시대나 지도자가 바뀌어도 전혀 변하지 않습니다. 복음의 창시자인 예수님과 그의 복음은 어제나 오늘이나 영원토록 불변입니다.

예수님의 복음도 불변의 진리이지만 예수님의 성품도 불변입니다. 예수님은 항상 신실하십니다. 성경에서 우리는 하나님의 신실하심을 거듭 확인할 수 있습니다. 하나님은 공의를 집행하고 사랑과 자비를 보이시는 일에서 신실하십니다. 하나님의 성품이 일정하지 않고 자꾸 변한다면 그분을 신뢰하고 우리 자신을 맡길 수 없을 것입니다. 우리는 예수님이 제자들을 위해서 기도하신 것을 압니다. 그래서 예수님이 우리를 위해서도 지금 하나님 앞에서 기도해 주심을 믿을 수 있습니다. 과거에 주님의 선하심을 맛보았다면 현재에도 동일하게 나를 대하시고 내일도 나를 선하게 대하실 것을 확신할 수 있습니다. 그래서 다윗은 "내 평생에 선하심과 인자하심이 반드시 나를 따르리니 내가 여호와의 집에 영원히 살리로다"(시 23:6)라고 고백하였습니다.

히브리서의 성도들은 별도의 새 제단에서 양식을 공급받아야 했습니다(10절).

히브리서의 저자는 그의 독자 성도들이 유대교의 압력을 받으면서 갈등과 고통을 겪는 것을 잘 알고 있었습니다. 그런데 그가 그들에게 준 말씀은 단호하고 확정적입니다. 한 마디로 유대교로 돌아갈 수 없다는 것이었습니다. 믿지도 않는 유대교의 흉내를 내면서 기독교인 행세를 할 수 없다는 말이었습니다. 그는 앞에서도 여러 번 유대교와 비교하면서 옛 언약과 새 언약의 차이를 지적하였습니다. 예수님은 하나님의 맹세로 되신 더 나은 대제사장이시며(7:20~21), 더 좋은 제물이시며(9:23) 더 좋은 언약의 보증이시며 중보자이십니다(7:22; 8:6). 새 언약은 더 좋은 소망을 주고(7:19) 그리스도의 더 나은 언약의 피 뿌림으로 죄의 용서를 받고 하나님께 담대히 나아가게 합니다(9:13~14; 10:19; 12:24). 그래서 새 언약 백성은 옛 언약에 속하는 성전 제단을 떠나 예수 그리스도의 새 제단에서 영혼의 양식을 공급받습니다.

> 우리에게 제단이 있는데 장막에서 섬기는 자들은 그 제단에서 먹을 권한이 없나니 이는 죄를 위한 짐승의 피는 대제사장이 가지고 성소에 들어가고 그 육체는 영문 밖에서 불사름이라 (10~11절).

유대교는 예루살렘 성전의 제단을 매우 자랑스럽게 여겼습니다. 그들은 국가적 차원의 제사를 성전 제단에서 반복하여 거행하였습니다. 제단은 속죄의 장소였고 경배자의 헌신을 드러내는 매우 중요한 곳이었습니다. 제단이 없는 것은 무신론과 같았습니다. 성전 제단에 익숙한 유대인들의 눈으로 보면 크리스천들은 성전 없는 종교를 믿는 자들이었습니다. 그들은 아마 크리스천들에게 왜 제단이 없느냐고 냉소적인 질문을 했을지 모릅니다. 그렇다면 저자는 여기서 그들에게 제단이 있다는 것을 알리고 그 제단이 유대교의 제단과 어떻게 다르다는 것을 아울러 교육하는 계기로 삼았을 것입니다.

첫째, 기독교의 제단은 눈에 보이는 물질로 만든 제단이 아닙니다.

둘째, 기독교의 제단은 예수님의 십자가입니다.

우리는 '제단'이라는 말을 교회에서 많이 사용합니다. 설교 강대상이나 성찬 테이블을 흔히 제단이라고 부르고, 예배 드리는 것을 제단을 쌓는다고 합니다. 기도도 제단과 연결하여 가정제단, 새벽제단, 구국제단 등등으로 표현합니다. 제단은 구약에서 희생제사를 드렸던 곳이었습니다. 이 제단은 새 언약 시대에는 없어졌습니다. 예수님의 십자가가 옛 언약 시대의 잠정적이고 상징적인 제단의 목적을 성취하고 대치했기 때문입니다. 그래서 우리는 '제단'이라는 말을 구약적 의미로 사용하지 말아야 합니다. 우리는 신약의 십자가 제단에 바칠 것이 아무것도 없습니다. 예수님이 자신의 생명과 몸으로 단번에 바쳐야 할 제사를 다 끝내셨기 때문입니다. 이제는 속죄를 위해 더 바칠 제물이 없습니다. 구약의 제단은 더 이상 필요하지 않습니다. 모세 율법에 따른 성전 제사는 예수님의 십자가로 종결되었습니다.

우리는 제단에 우리의 것을 바치려고 할 것이 아니고 예수님이 십자가 희생으로 이루신 것들을 은혜의 선물로 받아야 합니다. 이러한 의미에서 우리에게는 눈에 보이지 않는 예수님의 제단이 있습니다. 이 제단에서 영적 양식이 공급됩니다. 그러나 예수 그리스도의 대속을 믿지 않으면 십자가 제단에서 양식을 먹을 자격이나 권한이 없습니다.

주님의 십자가는 죄의 용서와 깨끗한 양심과 하나님과의 화평한 관계와 죄에 죽고 하나님을 위해 사는 능력을 제공합니다. 우리는 십자가에서 하나님의 깊은 사랑과 구원의 감격을 체험합니다. 십자가 제단은 입으로 먹는 음식이 아닌 영혼의 양식을 주는 곳입니다(9절). 이 양식은 우리 주 예수 그리스도의 십자가 희생으로 마련되었습니다. 십자가 제단의 양식은 언제나 원하는 자들에게 값없이 제공됩니다. 이 양식은 어제나 오늘이나 영원토록 변치 않고 중단되지 않습니다.

그런데 장막 시스템의 제의적 의식을 좋아하는 자들은 새 언약의 축복들을 놓칩니다. 그들은 예수님과의 개인적인 교제 속에서 체험하는 깊고 많은 은혜와 성령의 인도와 새 생명의 기쁨과 평안을 가질 수 없습니다. 주 예수의 십자가 대속을 믿는 우리에게는 율법의 전통과 의식에 묶여 사는 자들이 전혀 알지 못하는 제단이 있습니다. 이 제단에서는 생수가 강물처럼 흘러나옵니다.

> 누구든지 목마르거든 내게로 와서 마시라 나를 믿는 자는 성경에 이름과 같이 그 배에서 생수의 강이 흘러나오리라 (요 7:37~38).

히브리서의 성도들은 영문 밖으로 나아가야 했습니다(13절).

> 그러므로 예수도 자기 피로써 백성을 거룩하게 하려고 성문 밖에서 고난을 받으셨느니라 그런즉 우리도 그의 치욕을 짊어지고 영문 밖으로 그에게 나아가자 (12~13절).

대속죄일에 희생 제물의 피는 대제사장이 지성소로 가져가고 몸통은 진영 밖에서 태웠습니다. 진영밖은 부정한 곳으로 간주되었습니다. 저자는 이것을 예수님에 대한 그림으로 사용합니다. 말하자면 예수님의 속죄 피는 하늘 지성소에 계신 하나님께 바쳤습니다. 그 결과 예수님의 십자가 대속을 믿는 사람들에게 모든 죄가 용서되는 속죄의 효력이 발생합니다. 그런데 예수님이 처형된 곳은 예루살렘 성문 밖이었습니다. 십자가는 당시에 가장 혐오스런 처형 방식이었습니다. 유대인들은 자기들의 거룩한 예루살렘 성 안에서 십자가 처형을 집행하는 것을 반대하였습니다. 율법에도 특정 제물은 진영 밖에서 잡아 불태웠으며 하나님을 모독하는 자도 진영 밖에서 쳐죽였습니다(민 19:1~6; 레 24:10~14, 23).

예수님이 진영 밖에서 처형된 것은 매우 중요한 의미가 있습니다.
첫째, 예수님은 자기 백성이 하나님 앞에서 영원히 거룩하게 되도록 하나님의 진노가 임하는 진영 밖에서 목숨을 내놓으셨습니다.

이 뜻을 따라 예수 그리스도의 몸을 단번에 드리심으로 말미암아 우리가 거룩함을 얻었노라. (히 10:10).

'거룩함을 얻었다'는 말은 하나님의 자녀로 받아졌다는 뜻입니다. 이것은 확정적입니다. 예수님이 단번에 십자가에서 완전한 속죄제물이 되셨기 때문에 주 예수를 믿는 자들은 하나님의 자녀로 영원히 성별되었습니다. 예수님은 우리가 하나님 앞에서 거룩한 자들로 성별되도록 자신을 수치와 멸시를 받는 진영 밖에서 속죄제물이 되셨습니다.

둘째, 예수님이 치욕을 짊어지고 진영 밖으로 나가셨다면 우리도 그 뒤를 따라야 합니다. 진영 안과 진영 밖은 확연히 다른 두 개의 영역입니다.

> 진영 안은 유대교의 정착된 교제와 규범들을 대변한다. 먼 옛날부터 물려받은 신령한 것들과 함께 이것들을 포기하는 것은 어렵지만 필요한 일이었다. 그들은 관습적으로 진영과 그 안에 있는 모든 것들을 신성시하고 진영 밖에 있는 것은 모두 불경스럽고 부정하다고 여겼다. (F.F. Bruce, Hebrews, NICNT p. 381).

영문(진영) 밖으로 나가자는 말은 옛 언약에 속한 유대교의 진영 밖으로 나가자는 것입니다. 히브리서의 유대인 성도들의 입장에서 보면 유대교의 진영은 모든 것이 익숙하고 편리하였습니다. 조상 대대로 행해온 종교적 관습과 절차들이 몸에 익었기 때문에 갈등이나 고통이 없었습니다. 성전 예배는 여호와 종교의 전통으로 다져진 민족적 선민 의식을 고취시켰고 유대교의 진영에 속했다는 자부심과 안정감을 제공하였습니다. 유대교의 진영 안에는 기존 조직에 순응하고 살면 마찰도 불리할 것도 없었습니다. 모두 유대교의 일원이라는 사회적 공감대가 있어 필요한 도움을 받기 쉬웠고 공동체의 안정된 생활이 보장되었습니다. 반면, 진영 밖은 무시와 배척, 가난과 학대, 고난과 설움이 지배합니다. 그래도 히브리서의 교인들은 진영 밖으로 나가 예수님이 짊어지신 치욕을 기꺼이 받아야 했습니다.

우리는 예수님의 발자취를 따라야 한다고 쉽게 말합니다. 그러나 말이 쉽지 실천은 어렵습니다. 우리는 주님이 가시는 곳은 '어디든지 따라 가오리다'라고 찬송하지만 진영 밖으로 나가신 주님이 어떤 수욕과 고통을 겪으셨는지를 먼저 생각해 보아야 합니다. 예루살렘의 지도자들과 일반 유대인들은 예수님을 하나님이 보내신 신적인 메시아로 인정하지 않았습니다. 그들은 예수님께 침을 뱉고 뺨을 치며 조롱하고 십자가에 못 박았습니다. 예수님은 예루살렘 진영 밖으로 내던져졌습니다. 그럼에도 히브리서의 저자는 "우리도 그의 치욕을 짊어지고 영문 밖으로 그에게 나아가자"(13절)고 했습니다. 그 까닭이 무엇입니까? 예수님은 멸시와 불경의 장소인 진영 밖으로 가셨지만 그곳이 하나님께서 임재하시는 거룩한 땅이 되었기 때문입니다.

예수님은 진영 밖에서 우리를 부르십니다. 우리가 현재 서 있는 곳은 "영구한 도성"(14절)이 아니기 때문입니다. 예수님을 배척한 예루살렘 성은 불경하고 부정한 땅입니다. 그들의 진영은 죄와 부패와 영적 어둠과 악덕으로 가득 찬 곳입니다.

예수님은 거룩하고 경건한 곳이라고 믿었던 유대교의 본산지를 떠나셨습니다. 예수님이 떠난 곳은 공허한 빈터에 불과합니다. 예수님은 부정하고 속된 곳이라고 멸시했던 이스라엘의 진영 밖으로 나가셨습니다. 그곳에서 자신의 속죄 피를 쏟으시고 우리를 거룩한 백성이 되게 하셨습니다. 예수님이 철수하신 진영 안은 불신과 심판의 대상이 되었고 예수님이 임재하신 진영 밖은 은혜와 소망의 안식처가 되었습니다. 예수님은 기존의 잘못된 종교적 가치를 뒤엎고, 첫째와 끝의 순서를 도치시키며, 성스럽고 속된 것의 위치를 바꾸어 놓았습니다.

예수님을 따라 진영 밖으로 나가는 성도들은 비록 세상에서 불리하고 불편하게 살며 불이익을 당할지라도 진영 안에서 편안하게 잘 사는 자들에게서 찾아볼 수 없는 그리스도의 임재가 있습니다. 너희가 그리스도의 이름으로 치욕을 당하면 복 있는 자로다 영광의 영 곧 하나님의 영이 너희 위에 계심이라 (벧전 4:14).

예수님의 임재가 있는 곳에서는 주님의 각별한 보호가 있고 은밀한 사귐이 있습니다. 주님은 유업의 소명을 위해 방해가 되는 무거운 것들과 이런저런 죄의 짐을 벗어버리고 진영 밖으로 나온 성도들을 귀히 여기시고 위로하시며 복을 내리십니다.

예루살렘의 영화는 지나갔습니다. 유대교의 진영 안에서는 받을 상이 없습니다. 상 주시는 분은 진영 밖에 계십니다. 옛 언약은 새 언약으로 대치되었습니다(10:9). 시효와 역할이 끝난 율법의 영역에서 새 언약의 중보자이신 예수님께로 나아가야 합니다. 우리는 이 세상의 '영문 밖으로' 나가서 주님을 만나야 합니다. 죽은 종교의 울타리와 세속의 영문 밖으로 나가야 합니다. 영문 밖으로 나가면 멸시와 따돌림을 당할지 모릅니다. 재정적 손실과 출세의 기회를 잃을 수도 있습니다. 그래도 우리가 진정으로 속해야 하는 곳은 예수님이 가신 진영 밖입니다. 우리는 세속의 예루살렘 제단이 아닌, 전혀 다른 종류의 제단에서 하나님을 섬겨야 합니다.

예루살렘은 우리의 영적 본향이 아닙니다. 율법은 원래 주의 백성이 바라보아야 할 영적 본향의 게시판이 되도록 의도되었습니다. 그러나 부패한 예루살렘 종교가 이를 막고 썩은 전통과 종교적 기득권과 위선과 교만과 돈을 사랑하는 집단적 죄악으로 백성을 타락시키고 하나님의 심판을 자초하였습니다.

오늘날도 멋진 종교 시설과 육신에 어필하는 설교들로 진영 밖으로 나가려는 성도의 발목을 잡는 현대판 예루살렘이 있습니다. 그러나 우리가 바라보아야 하는 것은 장차 올 하늘의 영구한 도성입니다.

예수님은 지상에서 예루살렘 진영 밖으로 나가셨지만, 지금은 하늘의 예루살렘에 계십니다. 우리가 진정으로 주님을 사모하는 자들이라면 수치와 손해를 감내하면서도 주님이 계신 곳으로 날마다 나아가야 할 것입니다.

45.

은혜의 하나님
히브리서 13:14~25

저자는 앞 항목에서 그의 독자 성도들이 어떻게 살아야 하는지를 세 가지 측면으로 교훈하였습니다.

13:9 유대교의 음식 규례가 아닌, 하나님의 은혜로 살아야 한다.

13:10 예루살렘에 있는 제단이 아닌, 갈보리 십자가의 제단으로 살아야 한다.

13:11~13 유대교의 영문 안이 아닌, 영문 밖에서 살아야 한다.

이제 저자는 본 서신을 마치기 전에 구원의 복음이 목표하는 성도들의 궁극적인 본향에 대해 언급하고 하나님이 즐겨 받으시는 제사는 어떤 것인지를 알립니다. 또한 지도자들에 대한 순종을 다시 권면하며 기도해 주기를 부탁합니다.

복음의 소망은 궁극적으로 저 세상적입니다.

복음은 현세에서 하나님의 나라를 위해 선을 행하며 살라고 말합니다. 현세를 무시하거나 부정하는 것은 비기독교적입니다. 하나님은 이 세상을 구원하기 위해 자기 아들을 보내셨습니다. 우리는 이 세상에서 복음을 듣고 주 예수를 믿어 구원을 받습니다. 예수님은 우리가 이 세상에서 빛과 소금의 역할을 하며 부패한 세상에 긍정적인 기여를 하라고 교훈하셨습니다. 그런데 우리는 이 세상에 살지만 이 세상에 속한 자가 아닙니다(요 17:14~16). 우리는 사탄이 지배하는 죄악된 세상의 사상과 행습에서 구출되었습니다(엡 2:2, 5). 우리는 십자가 복음을 이 세상에 전하라는 소명을 받았습니다(마 28:19~20). 그럼에도 우리의 구원이 바라보는 최종점은 이 세상이 아니고 '저 세상'입니다.

그런데 '저 세상'이나 '내세'라고 하면 사후 천국으로 오해하기 쉽습니다. 물론 저 세상은 사후 천국과 연결되었지만 이 세상과 영원히 분리된 어떤 곳을 가리키지 않습니다. 현세와 내세는 질적으로 다른 곳입니다. 그러나 현세와 내세가 하나로 만나는 때가 옵니다.

우리가 여기에는 영구한 도성이 없으므로 장차 올 것을 찾나니 (14절).

본 절에서 "장차 올 것"은 "장차 올 성"(직역성경) 혹은 "장차 올 도시"(새번역)라는 뜻입니다. 땅에서는 영구한 도성이 없지만 하늘에 있는 영구한 도성이 언젠가 땅으로 내려온다는 것입니다. 요한계시록에서도 이 성이 하늘에서 내려오는 것으로 묘사했습니다. **또 내가 보매 거룩한 성 새 예루살렘이 하나님께로부터 하늘에서 내려오니 그 준비한 것이 신부가 남편을 위하여 단장한 것 같더라** (계 21:2).

히브리서의 교인들은 예루살렘에서는 아무도 그들의 크리스천 신앙을 인정하지 않는다는 것을 알고 힘들어 했을 것입니다. 동족으로부터 배척을 받는 것은 고통스런 일입니다. 유대인이면서 유대교의 본산인 예루살렘과 상관이 없게 된 것은 사회생활에도 많은 불이익을 당하게 하였습니다(10:32~33). 그래서 저자는 지상의 예루살렘은 그리스도인들이 연연할 가치가 없으며 영구한 도성은 땅에 있지 않고 장차 올 새 예루살렘이라고 말합니다.

새 도성은 지상의 예루살렘처럼 물체적인 건축물이 아닙니다. 하늘 도성은 유대인과 이방인을 포함하여 주 예수에 대한 믿음으로 의롭게 된 아브라함의 자손들입니다(갈 3:7, 29). 말을 바꾸면 새 예루살렘 성은 주 예수를 믿는 모든 신자들로 구성된 주님의 교회입니다. 이 "살아 계신 하나님의 도성인 하늘의 예루살렘"(12:22)이 어느 날 새로워진 지구로 내려올 것입니다(계 21:2). 그때 우주적 차원의 회복과 갱신이 오고 옛 질서에 속하는 것들은 새 질서의 완전한 세계인 새 하늘과 새 땅으로 대치될 것입니다. 지상으로 내려온 이 하늘의 도성은 곧 하나님의 거처가 되고 주 예수님이 자기 백성과 영원토록 함께 사는 곳이 될 것입니다(계 21:3). 히브리서의 저자는 그의 독자 성도들에게 예루살렘 성이 그들을 멸시하고 박해하여도 그들은 하늘 도성에 속한 사람들임을 강조하고 예수님이 계신 새 예루살렘 성을 고대하며 살아야 한다고 권면하였습니다.

찬송과 나눔의 제사

우리는 현재 이 세상에 살지만 이곳에는 영구한 도성이 없다는 사실을 자신에게 상기시키고 세상에 속한 것에 집착하지 말아야 합니다. 우리가 믿음과 인내로 사모해야 할 것은 세상의 예루살렘이 아니고 하늘의 예루살렘이어야 합니다. 이 죄악된 세상에 살면서 고통받는 의로운 심령들은 저 세상에 속한 영원한 본향을 생각할 때마다 감사의 찬송과 영광을 주님께 돌리게 됩니다.

그러므로 우리는 예수로 말미암아 항상 찬송의 제사를 하나님께 드리자

이는 그 이름을 증언하는 입술의 열매니라 (15절).

이 말은 예루살렘 성전에서 경배하는 유대교 신자들에게도 해당되는 말이 아닐까요? 그들도 시편을 찬송하였고 여호와의 이름을 성전 의식을 통해 증언하지 않았습니까? 그런데 그들에게 없는 것이 있었습니다. 즉, 예수 그리스도를 통한 찬송이 없었습니다. 그들은 동물 희생을 바치면서 하나님을 찬송하였고 제사장의 인도로 기도하였습니다. 그들의 제사는 모두 율법의 규정을 따른 의식이었습니다. 그러나 히브리서의 크리스천들은 "예수로 말미암아" 찬송하였습니다. 동물 희생 대신에 자신을 십자가에 제물로 내놓으신 예수님께 감사하며 예수님의 이름으로 하나님께 기도하였습니다. 그들에게는 동물 희생도 제사장들도 필요하지 않았습니다. 예수님이 모든 것을 다 성취하셨기 때문입니다.

크리스천의 찬송과 증언이 말하는 것은 오직 주 예수 그리스도가 참 메시아며, 하늘의 예루살렘이 모든 신자의 본향이라는 것입니다. 예수 그리스도로 말미암아 드리는 찬송의 제사는 하나님이 기뻐하시는 입술의 열매입니다. 이러한 열매가 우리의 신앙생활에서 넘쳐흘러야 하겠습니다.

하나님께서 기뻐 받으시는 제사는 나눔의 제사입니다.

오직 선을 행함과 서로 나누어 주기를 잊지 말라 하나님은 이같은 제사
를 기뻐하시느니라 (히 13:16).

선행에는 물질이 포함되지 않는 것들도 적지 않습니다. 그러나 신
자들 사이에서 물질을 서로 나누는 것은 실제적으로 꼭 필요한 일
입니다. 구제와 자선은 초대교회의 중요한 프로그램이었습니다(행
6:1~4; 24:17; 고후 8:2, 20; 롬 15:25~27). 특히 가난한 때에 서로 나누는
것은 이웃 사랑의 희생적인 실천입니다.

히브리서의 교인들은 많은 고난을 당하면서(10:32) 재산도 빼앗겼
습니다(10:34). 그런데도 궁핍한 중에서 기꺼이 물질을 나눈 것은 초
대교회의 아름다운 모습입니다. 가난하고 어려울 때 조금씩이나마
나누는 것은 진정한 사랑의 증거입니다. 나누는 것은 크리스천 삶의
특징이어야 합니다. 예수님은 자신의 것을 남김없이 다 나누어 주는
삶을 사셨습니다. 그래서 과부의 두렙돈이 그녀의 생활비 전부를 바
친 것이었다고 칭찬하셨습니다(막 12:41~44). 매주 교회에 가서 예배하
는 것만 제사가 아닙니다. 주일 예배는 빠지지 않으려고 힘쓰면서 하
나님이 기뻐하시는 다른 종류의 제사를 소홀히 한다면 온전한 예배
를 드리는 것이 아닙니다. 선행과 나눔의 제사도 함께 드려야 하겠습
니다.

서로를 위한 기도

우리를 위하여 기도하라 우리가 모든 일에 선하게 행하려 하므로 우리

에게 선한 양심이 있는 줄을 확신하노니 내가 더 속히 너희에게 돌아가기 위하여 너희가 기도하기를 더욱 원하노라 (18~19절).

우리는 기도 부탁을 잘합니다. 그런데 무엇을 위한 것들입니까? 대체로 자기 신상의 어려움에 대한 것들입니다. 하나님의 일과 성도의 거룩한 삶과 직접 관련된 기도 부탁은 그리 많지 않습니다. 이것이 신약 교회의 기도 부탁과 매우 다른 점입니다. 신약 교회는 우리보다 훨씬 나쁜 여건에서 박해를 받으며 살았습니다. 그런데 이상하게도 자녀 문제나 직장 문제나 부부 문제나 돈 문제 등에 대한 기도 부탁은 찾아보기 힘듭니다. 그런 것들이 중요하지 않아서가 아닙니다. 이런 개인 생활과 관련된 원칙적인 가르침들은 신약에 많이 나오지만 성도들이 그런 개인 문제들을 놓고 기도 부탁을 별로 하지 않았습니다. 물론 주기도문에서도 일용할 양식에 대한 기도가 나옵니다. 개인 문제의 필요도 하나님께 청할 수 있고 또 청해야 합니다. 하늘 아버지는 모든 필요의 공급자이시기 때문입니다.

중요한 것은 하나님의 나라와 뜻과 이름을 위한 기도를 우선으로 삼아야 한다는 것입니다. "그리하면 이 모든 것을 너희에게 더하시리라"(마 6:33)고 하셨는데 이 말씀은 약속입니다. 하나님의 나라와 하나님의 의를 먼저 구하면 의식주 문제 등으로 염려할 필요가 없다는 것입니다. 그런데 대체로 그렇게 못하는 까닭이 무엇입니까? 하나님의 돌보심에 대한 믿음이 없고 재물과 자기 잘 되는 일에만 온통 마음이 쏠렸기 때문입니다.

하나님께서는 우리의 필요를 이미 다 알고 계신다고 했습니다. 그러므로 주기도문의 우선 순위에 따라 기도해야 옳습니다. 우리의 기도는 주기도문에 나왔듯이 하나님의 나라와 이름과 뜻으로 시작하고 하나님의 권세와 영광으로 마쳐야 합니다(마 6:5~34).

본문의 기도 부탁에서 한 가지 주목할 점이 있습니다. 저자는 기도 부탁을 하면서 리더들이 바르게 처신하며 깨끗한 양심을 가졌다고 강조합니다. 이것은 자랑이 아니고 성실하게 하나님의 일을 행하고 있으니 자기들을 신뢰하고 기도해 달라는 요청입니다. 다른 교우에게 기도 부탁을 하기 전에 한 번쯤 자신을 돌아보는 것이 바람직합니다. 내가 신실하게 살지 않으면서 자신의 유익을 위한 기도만 부탁한다면 이기적인 요청입니다. 기도자가 안심하고 담대하게 기도할 수 있도록 나 자신이 선한 양심으로 하나님의 일을 행한다는 것을 확인해 줄 필요가 있습니다. 다시 말해서 속이거나 돈을 탐하거나 사람을 이용하는 지도자들이 아님을 알리는 것입니다(살전 2:3, 5, 9~10).

바울은 자신이 부활 소망을 가진 자로서 하나님과 사람 앞에서 양심에 거리낌이 없이 살도록 힘쓴다고 고백하였습니다(행 24:15~16). 그는 고린도교회에게도 자신과 동료 지도자들이 그들을 하나님의 거룩함과 진실함으로 대하였으며 그들의 양심이 이 사실을 증언한다고 진술하였습니다(고후 1:12). 이것은 지도자들에게 주는 도전입니다. 지도자들은 성도들에게 기도 부탁을 할 수 있을 만큼 신뢰도가 높아야 하고 좋은 관계를 유지해야 합니다. 사이가 나쁘거나 불편한 관계라면 기도 부탁을 할 수 없습니다. 우리는 하나님의 나라를 위해서 서로 편한 마음으로 상대방을 위해서 기도할 수 있어야 합니다.

초대 교회 지도자들은 성도들을 보기를 간절히 원했습니다(롬 1:11; 살전 2:17). 히브리서의 저자가 부탁한 기도는 속히 그들을 볼 수 있도록 하나님께 간구해 달라는 것이었습니다. 그에게는 독자 성도들을 방문하는 일을 늦추게 하는 무엇이 있었습니다. 그는 개인적인 사소한 부탁을 한 것이 아니고 성도들을 직접 만나서 주 안에서 섬기기를 원하였습니다. 이런 목적으로 올린 기도가 응답되었을 때 서로에게 큰 기쁨과 감사가 있었을 것은 의심의 여지가 없습니다.

한편, 그들이 한동안 서로 보지 못한 것은 매우 안타까운 일이었겠지만, 그 덕분에 히브리서가 쓰여지게 되어 우리를 비롯한 후세대에게 귀한 유산이 되었습니다. 바울의 경우도 마찬가지입니다. 그의 투옥이 길고 잦았기 때문에 신약 서신의 대부분이 쓰여지게 되었습니다. 하나님께서는 한 성도의 불편과 궁핍이 다른 성도의 편안함과 풍요가 되게 하시고 결국 모든 것이 협력하여 하나님의 선한 뜻이 이루어지게 하십니다.

만약 바울이 아무런 방해가 없이 직접 교회를 방문하여 가르쳤다면 그들은 좋았겠지만 차후 세대들은 주님이 오실 때까지 매우 짧은 분량의 신약 성경만 소유하게 되었을 것입니다. 현재 우리가 가진 신약의 여러 서신들에 담긴 복음의 광대함과 풍성한 내용을 생각해 보십시오. 초대 교회 저자들의 고난과 성도들의 불편은 후속 세대에게 크나큰 복이 되었습니다. 이러한 하나님의 섭리를 알고 나면 하나님의 지혜와 능력을 찬양하고 감탄하지 않을 수 없습니다.

저자가 올린 기도의 내용은 무엇입니까?

양들의 큰 목자이신 우리 주 예수를 영원한 언약의 피로 죽은 자 가운데서 이끌어 내신 평강의 하나님이 모든 선한 일에 너희를 온전하게 하사 자기 뜻을 행하게 하시고 그(분) 앞에 즐거운 것을 예수 그리스도로 말미암아 우리 가운데서 이루시기를 원하노라 영광이 그에게 세세무궁토록 있을지어다 아멘 (20~21절).

저자는 성도들에게 기도 부탁을 했는데 자신도 그들을 위해서 기도하였습니다. 지도자와 성도들이 서로 기도해 주는 것은 중요하고 당연한 일입니다. 우리는 초대 교회의 지도자들은 너무도 훌륭하여 다른 성도의 기도에 의존할 필요가 없었을 것으로 생각할지 모릅니다. 그러나 그렇게 생각한 지도자는 한 사람도 없었습니다. 바울도 형제들에게 기도 부탁을 자주 하였습니다(살전 5:25; 골 4:3; 롬 15:30; 몬 1:12). 그런데 지도자들도 성도들을 위해 늘 간절한 기도를 올렸습니다(살전 3:10; 살후 1:11; 골 1:3, 9). 그들이 무엇을 위해서 기도했는지를 살펴보는 것은 우리들의 중보 기도의 방향을 잡아주는 유익한 길잡이가 됩니다. 히브리서의 저자는 다음과 같은 내용으로 기도하였습니다.

첫째, 하나님은 평강의 하나님이십니다. 하나님을 잘못 알면 무서운 재판관처럼 오해합니다. 그러나 비록 인간의 불순종으로 하나님과의 관계가 어긋났어도 하나님은 죄인들을 용서하고 화해하기 위해 자기 아들을 대속주로 세상에 보내셨습니다. 저자는 동족으로부터의 박해와 유대교의 압력을 받는 그의 독자 성도들이 주님께서 전하신 "화평의 복음"(행 10:36)으로 심령의 평안을 누리기를 원하였습니다.

둘째, 예수님은 양들의 큰 목자장이십니다. 양은 쉽게 길을 잃고 방황하며 자신을 보호할 능력이 없습니다. 양은 고집도 세고 아둔하여 길들이기가 쉽지 않습니다. 그래서 이사야 선지자는 "우리는 다 양 같아서 그릇 행하여 각기 제 길로 갔다"(사 53:6)고 하면서 예수님은 우리를 온순히 인도하는 선한 목자라고 하였습니다(요 10:11).

> 그는 목자 같이 양 떼를 먹이시며 어린 양을 그 팔로 모아 품에 안으시며
> 젖먹이는 암컷들을 온순히 인도하시리로다 (사 40:11).

셋째, 예수님은 영원한 언약의 피로써 우리와 하나님 사이의 원수된 관계를 (골 1:20~23; 엡 2:12~18) 화해시켰습니다. 예수님의 언약의 피는 하늘 성소에 바쳐졌습니다. 하늘 성소에 있는 주 예수 그리스도의 피는 우리를 영원히 보호합니다. 그리스도의 피는 영원한 구속을 보장하고 날마다 우리의 양심을 씻겨 주며 새 생명의 에너지를 공급합니다. 하나님께서는 주 예수의 대속을 믿는 모든 성도들에게 살아 계신 구주가 되게 하기 위해서 죽은 자들 가운데서 예수님을 일으키시고 하나님 우편에 앉게 하셨습니다(12:2).

넷째, 예수님을 통하여 성도의 삶이 이루어집니다. 21절은 히브리서의 성도들이 거룩한 삶으로 회복될 것을 간구하는 기도입니다. 그들은 박해로 지쳐 있었습니다(12:12~13). 그런데 어떻게 선한 일을 하고 하나님의 기뻐하시는 뜻을 행할 수 있겠습니까? 해답은 그리스도입니다. 우리를 온전하게 하시는 분이 누구입니까? 예수님입니다. 그래서 "온전하게 하시는 이인 예수를 바라보자"(12:2)고 하였습니다. 하나님이 기뻐하시는 뜻을 우리가 행하도록 돕는 분도 예수님입니다. 예수님의 능력은 어제나 오늘이나 영원토록 변치 않는다고 앞에서 지적하였습니다(13:8). 그래서 "은혜의 보좌 앞에 담대히 나아가라"(4:16)고 독려하였습니다. 우리는 자기 능력으로 하나님을 온전히 섬길 수 없습니다. 하나님께서는 우리가 받은 소명을 성취하고 성도

의 거룩한 삶을 살기 위해서 무엇이 필요한지를 아시고 도울 준비를 미리 해 놓으셨습니다. 그래서 하나님의 기뻐하시는 뜻이 무엇인지를 알고 날마다 은혜의 보좌로 나아가야 합니다. 이것이 하나님께서 우리가 주 안에서 살아가도록 정하신 방식입니다.

그런데 우리가 하나님께서 주신 소명을 따라 선을 행하며 주의 뜻에 복종하면서 유업의 목표를 향해 나아가는 것은 모두 "예수 그리스도로 말미암아"(21절) 되는 일입니다. 만일 그리스도의 언약의 피가 없었다면 우리는 하나님을 위해 아무것도 행할 수 없었을 것입니다. 그래서 "영광이 그에게 세세무궁토록 있을지어다"라고 했습니다. 그렇다면 우리가 믿음과 인내로 유업의 상을 받는다 하여도(6:12) 모든 영광은 주 예수께로 돌아가야 합니다. 내가 유업의 상을 위해 달리는 것은 주님이 영광을 더욱 받는 일이기에 나 자신을 위한 이기적인 행위라고 할 수 없습니다. 유업의 진정한 목적은 주님의 영광이며 주님을 기쁘게 해 드리려는 것입니다. 하나님께서는 아들의 영광이 더욱 드러나는 것을 기뻐하시고 복을 내리십니다.

히브리서 저자는 그의 기도에서 예수님의 신분과 성품과 사역을 언급하였고, 하나님이 어떤 분이신지를 진술하였습니다. 또한 성도들이 선한 삶을 살고 하나님의 뜻에 맞는 일들을 행할 수 있도록 그리스도로 말미암아 영성이 회복되기를 간구하였습니다.

우리는 무엇을 위해 기도합니까? 내가 올리는 기도의 내용은 나의 영성과 복음에 대한 이해의 레벨을 드러냅니다. 우리도 다른 사람들을 위해 기도할 때 신약 성경에 나오는 많은 기도의 내용을 읽어보고 나의 기도와 비교해 보면 보다 나은 기도를 올릴 수 있을 것입니다. 성경의 기도를 본받는 것이 그릇된 기도를 막는 지름길입니다.

간단한 말씀

이제 히브리서의 저자는 본 서신을 마치면서 간단한 소식과 문안을 전하며 짧은 축도로 마칩니다. 저자는 자신의 서신을 '권면'이라고 합니다. 권면은 교훈과 용기를 북돋아 주는 말씀입니다. 그의 서신은 강해 설교의 모본입니다. 그의 메시지는 심오한 신학적 통찰과 깊은 영성에 기반한 것이지만 매우 압축된 것이므로 훨씬 더 길게 말할 수 있었을 것입니다. 저자는 "간단하게 너희에게 썼느니라"(22절)고 했습니다. 간략하게 요약했다는 뜻입니다. 사실 신약 성경 전체가 요약본이라고 할 수 있습니다.

사도 요한은 예수님이 행하신 일을 낱낱이 다 기록한다면 이 세상도 그 기록한 책들을 다 담을 수 없을 것이라고 하였습니다(요 21:25). 히브리서의 저자는 구약의 믿음의 영웅들의 일을 다 말하려면 시간이 부족하다고 했습니다(히 11:32). 신약 성경의 내용은 요약한 말씀이기 때문에 우리 편에서 압축된 내용들을 성령의 도우심으로 풀어서 강해할 필요가 있습니다. 그런데 강해는 신학강의가 아닙니다. 성경 말씀은 학문적인 연구도 필요하지만 성령의 능력이 드러나는 강해 설교를 통해 전달되는 것이 가장 바람직합니다.

디모데의 출옥 소식

> 우리 형제 디모데가 놓인 것을 너희가 알라 그가 속히 오면 내가 그와 함께 가서 너희를 보리라 (23절).

디모데에 대한 언급은 본 서신의 저자가 바울의 동역자들 중의 한 사람일 것으로 볼 수 있는 대목입니다. 한편, 바울은 순교를 앞두고 디모데에게 투옥된 자기를 부끄러워하지 말고 복음을 위해 고난을 겪으라고 했습니다(딤후 1:8). 디모데는 바울의 권면을 실천했음이 분명합니다. 히브리서의 성도들은 "갇힌 자를 동정"(10:34) 하였는데 디모데를 위해서도 많이 기도하며 고통을 나누려고 했을 것입니다. 이제 디모데의 출옥 소식은 박해로 사기가 떨어진 그들에게 큰 격려가 되었을 것입니다.

문안

> 너희를 인도하는 자들과 및 모든 성도들에게 문안하라 이달리아에서 온
> 자들도 너희에게 문안하느니라 (24절)

저자는 '너희를 인도하는 자들'에게 문안하라고 말합니다. 이것은 본 서신이 교회 지도자들에게 보낸 것이 아니고 일반 성도들에게 쓴 글임을 가리킵니다. 신약 서신들은 대부분 지역 성도들에게 보낸 것입니다. 이것은 우리에게 큰 도전이 됩니다. 우리는 2천 년 전의 신자들보다 교육 수준도 높고 상당히 지적이라고 생각할지 모릅니다. 그런데도 스스로 성경을 읽거나 그 뜻을 이해하려는 노력이 부족한 듯합니다. 일반 성도들은 히브리서가 쉽다고 말하지 않을 것입니다. 사실 성경을 전문적으로 다루는 주석가나 설교자들도 히브리서가 어렵다고 합니다.

그럼 당시의 히브리서를 받아본 교인들도 그렇게 느꼈을까요? 로마서도 일반 성도들에게 보낸 서신이었습니다(롬 1:7). 그런데 만약 너무 어려워서 이해할 수 없는 글들이었다면 일반 성도들에게 서신을 보내지 않고 지도자들에게 보냈을 것입니다. 엄청난 내용이 담긴 신

약의 서신들이 일반 성도들이 듣고 이해하도록 의도된 글들이었다면 우리에게도 같은 목적을 가진 말씀입니다. 그렇다면 우리에게 성경 말씀이 왜 어려운지 곰곰이 생각해 보고 이해의 수준을 높이는 길을 찾아야 할 것입니다.

설교자의 가장 중요한 책무는 성경 말씀을 성도들이 잘 이해하도록 도와주는 것입니다. 그렇지만 성도들이 성경 이해를 위해 설교자에게 전적으로 의존해서는 안 됩니다. 각 성도는 성경을 하나님께서 자기에게 주신 개인적인 말씀이라고 믿고 스스로 성경을 읽어야 합니다. 성경 해석은 목회자나 신학자의 전유물이 아닙니다. 그들에게도 오류가 있고 결함이 있습니다. 물론 성경을 잘 가르치는 분들로부터 도움을 받아야 합니다. 그러나 각 성도는 성경을 스스로 읽고 자신에게 필요한 영적 양식을 공급받을 수 있어야 합니다.

축도

저자는 은혜가 너희 모든 사람에게 있을지어다(25절)라고 축원하며 본 서신을 마칩니다. 본 축도는 디도서 3장 15절과 동일합니다. 은혜가 있기를 축도한 것은 신약 서신의 공통점입니다. 그래서 하나의 형식적인 인사 마무리로 볼 수 있지만 각 서신의 내용에 비추어 보면 '은혜'의 의미가 매우 함축적인 것을 알 수 있습니다.

히브리서의 경우에도 '은혜'는 저자가 말해온 중심 내용들을 염두에 둔 축원입니다. 히브리서에는 하나님께서 성도들에게 약속하신 것들을 많이 다루었습니다. 또한 현재에 소유했거나 미래에 소유하게 될 축복들이 기다린다고 하였습니다. 저자는 이것들을 우리가 '가지고 있다'는 뜻으로 자주 표현하였습니다. 우리가 그리스도의 구원 사역으로 갖게 된 것들은 전적으로 하나님의 은혜입니다. 그래서 저자는 이러한 은혜들을 상기시키는 축도로 본 서신을 마쳤습니다. 그럼 히브리서에서 언급한 우리가 가진 은혜들은 어떤 것들입니까?

우리는 안식의 약속을 받았습니다. 이 안식은 첫 단계에서는 이스라엘 백성에게 약속된 가나안 땅이었습니다. 모세를 따라 나왔던 출애굽 첫 세대는 가나안의 안식에 이르지 못하였으나 여호수아가 인도한 다음 세대는 가나안 땅에 들어갔습니다. 그러나 이 안식은 여호수아가 이스라엘을 위해서 종결적으로 확보하지 못하였습니다 (4:8~9). 가나안은 꾸준한 믿음과 인내로 소유해야 할 유업의 그림이었습니다. 이제 우리는 그리스도를 통해서 이 유업의 땅으로 들어갑니다(히 3:7~4:11).

• 우리는 하늘 성소에서 우리를 위해 섬기시며 하나님 우편 보좌에 좌정하신 위대한 대제사장을 가지고 있습니다(히 4:14; 8:1; 10:21).

• 하나님은 아브라함에게 약속하신 것을 맹세로 보증하셨습니다. 하나님께서 맹세하실 때까지 오래 참으며 유업의 약속을 끝까지 믿는 자들에게는 확실한 유업의 소망을 갖게 하십니다(히 6:13~20).

• 우리는 그리스도의 피를 힘입어 하늘 성소로 들어가는 담대함을 가지고 있습니다. 그래서 우리는 성막과 성전의 실체를 가진 셈입니다(히 10:19).
• 우리는 율법이 선포된 지상의 시내 산이 아닌 십자가의 피가 뿌려진 하늘의 시온 산에 당도하였습니다. 우리는 아직 지상에서 살

지만 영적 위치로 보면 이미 하늘에 도착하여 하나님을 경배합니다 (히 12:18~24).

• 우리는 흔들리지 않는 나라를 가지고 있습니다. 그리스도의 은혜가 아닌, 세상의 것들은 모두 흔들리고 무너집니다. 오직 주 예수의 십자가로 세워진 하나님의 나라만이 영원합니다. 주 예수의 대속의 피를 믿는 우리는 흔들리지 않는 주 예수의 나라에 들어가 있습니다. 그래서 감사하며 하나님을 경외하는 삶을 살아야 합니다(히 12:26~28).

• 예수님은 십자가 제단에 자신을 바치고 우리의 모든 죄를 대속하셨습니다. 세상 제단에는 예수 그리스도의 희생제물이 없습니다. 단번에 자신을 드려 영원한 속죄를 이루고 죄인들과 하나님 사이를 화해시켜 구원의 문을 열게 한 제단은 예수님의 십자가 제단뿐입니다. 우리는 이 제단을 가지고 있습니다(히 13:10). 이 모든 약속과 특권들은 하나님의 순전한 은혜입니다.

이제 본 강해를 마치면서 히브리서의 마지막 축도에 대한 레이몬드 브라운(Raymond Brown)의 매우 적절한 결언을 인용합니다.

'은혜'는 본 서신에서 의미심장한 주제입니다. 이 단어는 특이하면서도 감동적인 문맥에서 자주 나타납니다. 독자들은 '은혜'가 사용된 여러 가지 실례에서(2:9; 4:16; 10:29; 11:15; 12:28; 13:9) 크리스천의 삶은 힘든다는 것을 충분히 인식하였습니다. 그런데 우리는 미약하고 불충분한 자신의 재원으로 살도록 내버려지지 않았습니다. 은혜로우신 하나님은 자기 백성의 모든 필요를 공급하실 것입니다. 하나님은 은혜에 후하십니다.

한편, 본 서신에는 심각하고 필요한 경고가 담겨 있습니다. 그러나 기쁨에 찬 확신으로 마칩니다. 신자들이 그러한 은혜에 의존하는 한, 흔들리거나(12:28) 상실되지 않습니다. 하나님의 무제한의 풍성한 공급 창고는 모든 신자에게 열려 있습니다(4:16). 그것들은 영원히 우리들의 것입니다. (The Message of Hebrews, Raymond Brown, pp. 271~272).